Kid Möchel

Der geheime Krieg der Agenten

Spionagedrehscheibe Wien

Rasch und Röhring Verlag

Die Deutsche Bibliothek – CIP-Einheitsaufnahme

Möchel, Kid:
Der geheime Krieg der Agenten : Spionagedrehscheibe Wien /
Kid Möchel. – Hamburg : Rasch und Röhring, 1997
ISBN 3-89136-614-0

Großer Burstah 42, 20457 Hamburg, Fax 040/37 13 89
Umschlaggestaltung: Peter Albers
Satzherstellung: Alphabeta Druckformdienst GmbH, Hamburg
Druck- und Bindearbeiten: Westermann Druck, Zwickau GmbH
Printed in Germany

Für Andrea

INHALT

Einleitung

Spionage leichtgemacht

»Es dürfte allgemein bekannt sein, daß Nachrichtendienste vieler Staaten die günstigen Möglichkeiten in Österreich für derartige Aktivitäten nützen, meines Wissens Dienste westlicher Staaten in weitaus größerem Umfang, als dies durch die HVA geschah«, sagte der ehemalige DDR-Auslandsspionagechef Markus Wolf Mitte September 1991 gegenüber hochrangigen Beamten der österreichischen Staatspolizei. Daß Markus Wolf zu seiner aktiven Zeit, also bis 1986, überaus gut informiert war, bestreitet niemand. Doch bei der Frage, wer denn nun in Wien die Nase vorne hatte, der Westen oder der Osten, scheiden sich die Geister. Daß freilich die Ostagenten im geheimdienstlichen Wettstreit mit ihren westlichen Gegenspielern in Österreich einen geradezu unglaublichen Ehrgeiz an den Tag legten, will dieses Buch belegen.
Fest steht auch, Wien war nicht nur in der heißen Zeit des Kalten Krieges Schauplatz großer Spionageoperationen. Die Metropole an der Donau gilt nach wie vor als eine der wichtigsten Drehscheiben der internationalen Geheimdienste. In amerikanischen Medien heißt es mitunter, daß fast jedes nachrichtendienstliche Bulletin Wiens Status als Spionagehauptstadt der Welt bestätige. Nur eine Spur differenzierter urteilen europäische Berichterstatter, die Wien meist als »zentrales Spionagenest« beschreiben. Tatsächlich ist die österreichische Bundeshauptstadt Bühne für vielfältige nachrichtendienstliche Kriegsspiele. Neben ihrer Rolle als klassisches Operationsgebiet und Umschlagplatz für Informationen diente Wien immer auch als Agententreffpunkt, Planungs- und Ruheraum, »Übungsgelände« sowie als »Alterssitz« enttarnter Agenten. Vor allem die Sowjets schickten ihre »verbrannten« Spione gern in die Donaustadt. Geheimdienste aus West und Ost gehen in Wien nicht nur der sogenannten Vorfeldaufklärung nach, sondern unterhalten außerdem personalstarke Stützpunkte. Nach Experteninformationen verfügen die meisten der ausländischen Geheimdienste in Wien neben ihren legalen Residenturen an den Botschaften auch über sogenannte illegale Residenturen. Diese streng geheimen Basen sind oft als harmlose Handelsfirmen getarnt. Befremdend dabei ist, daß auch »befreundete« Nachrichten-

dienste aus dem Westen, die mit der österreichischen Staatspolizei und den beiden militärischen Nachrichtendiensten, Heeresnachrichtenamt (HNaA) und Abwehramt (AbwA), auf ihre Art »zusammenarbeiten«, solche Top-secret-Schattenagenturen in Österreich betreiben. Die österreichische Politik verschließt vor diesem Treiben nur allzugern die Augen.

Der Alpenrepublik wurde und wird noch aus einem anderen Grund eine außerordentliche Agentendichte nachgesagt. Die Staaten des Ostblocks waren Meister in der Kunst, ihre diplomatischen Apparate in Wien stark aufzublähen, nur um die vielen Agenten ihrer Nachrichtendienste unter diplomatischen Legenden unterbringen zu können. Und an diesem nachrichtendienstlichen Massenansturm soll sich bis heute kaum etwas geändert haben.

Konkrete Angaben über die Zahl der Spione gibt es allerdings nicht, und auch die Schätzungen schwanken erheblich. Während österreichische Quellen von einigen tausend sprechen – das österreichische Nachrichtenmagazin »profil« berief sich 1989 auf eine Expertenschätzung von rund 8000 Agenten –, wähnten ausländische Medien 10 000 bis 20 000 Kundschafter in Österreich. Doch diese Zahlen gelten in den Augen der österreichischen Staatspolizei als Auswüchse medialer Hysterie. Trotz dieser Kritik verhehlen die Wiener Schlapphüte jedoch nicht, daß Österreich »ein geeigneter Platz für fremde nachrichtendienstliche Aktivitäten« und Wien ein Tummelplatz des weltweit agierenden Kundschaftergewerbes ist.

Nach staatspolizeilichen Erkenntnissen seien »nur« etliche hundert Agenten aus Ost und West in Österreich tätig, gab der frühere Staatspolizeichef Dr. Anton Schulz vor Jahren preis. Je nach Entsenderland, so schätzte der ehemalige Stapo-Chef, seien zwischen 20 und 50 Prozent des Botschaftspersonals und der Beschäftigten in Reisebüros und Luftfahrtlinien nachrichtendienstlich tätig.[1]

Daß gerade Wien sich seit Jahrzehnten den Rang als Hauptstadt des zweitältesten Gewerbes sichert, liegt weder an der sprichwörtlichen Gemütlichkeit noch an den fabelhaften Kaffeehäusern. Nach Ansicht internationaler Experten ist die geopolitische Lage Österreichs eine der Hauptursachen. Als weitere Gründe gelten die Neutralität Österreichs, der UNO-Sitz und nicht zuletzt die spionagefreundliche Rechtsprechung. »Österreich ist durch seine geographische Lage besonders geeignet, Stützpunkt für Nachrichtendienste zu sein«, lautet ein offizielles Eingeständnis, das immerhin im österreichischen Strafgesetzbuch festgeschrieben ist.[2]

Österreich, das sich selbst lange als »Insel der Seligen« sehen wollte, ein unbekümmertes Niemandsland zwischen den beiden großen Machtblöcken, kam in Wahrheit die Rolle als politische Pufferzone und diplomatischer Verkehrsknotenpunkt zu. Wien war das Tor zum Osten und in der Gegenrichtung eine Schleuse in den Westen.

Die österreichische Bundeshauptstadt war lange Zeit auch die Hauptstadt des Ost-West-Handels. Mitte der achtziger Jahre sollen an die 500 Westfirmen von Wien aus mit dem Osten Geschäfte gemacht haben. Daß sich hinter den Fassaden dieser Firmen auch Geheimdienstfilialen verbargen, verwunderte nie wirklich. Amerikanische Geheimdienste kauften mit Hilfe von Ostemigranten – wie zum Beispiel durch den gebürtigen Polen Grzegorcz K. – über Wien Waffen und Militärtechnik des Warschauer Paktes ein. Die Sowjets und ihre Genossen in den Bruderländern nutzten die Außenstellen ihrer staatlichen Handelsfirmen und Transportgesellschaften in Österreich weidlich für ihre Kundschaftereien und ihr geheimes Beschaffungs- oder Schmuggelwesen. High-Tech des Westens, zum Beispiel Computermicrochips, wurde nicht selten über Mittelsmänner nach Österreich geschafft, umdeklariert und über den Flughafen Wien-Schwechat in den Osten ausgeflogen. Nach dem Zusammenbruch des Realsozialismus orteten westliche Experten bald eine Zunahme in den Spionagezweigen Wirtschaft und Wissenschaft.

In einer Ende September 1992 von einer amerikanischen Regierungsstelle aktualisierten Liste von etwa 100 Firmen, die im Verdacht standen, den Osten mit Hochleistungstechnik zu versorgen, fanden sich auch viele in Österreich ansässige Firmen und Personen – Namen, die den internationalen Sicherheitsbehörden sehr vertraut klangen.

Schieber des Ministeriums für Staatssicherheit (MfS) der DDR und der Schalck-Zentrale KoKo taten sich in Österreich noch leichter. Die KoKo-Manager etablierten in Wien auftragsgemäß Repräsentanzen und schafften, was sie an heißbegehrten Waren ergattern konnten, gleich palettenweise nach Ostberlin. Embargogeschützte Elektronik, Nachrichtentechnik, Computer, sowie Waffen, Munition und NATO-Militärtechnik. Der Donaustrand war ein sicherer Hafen für den MfS-Offizier im besonderen Einsatz (OibE), KoKo-Chef Alexander Schalck-Golodkowski, und seine Genossen. Der Standort Wien spielte in seinem internationalen Geflecht von Tarn- und Scheinfirmen eine herausragende Rolle.

Österreich war Hauptumschlagplatz von High-Tech, die durch die COCOM-Regelungen für den Export in den Ostblock gesperrt war.[3] Dieses Kapitel der DDR-Geschichte ist mit all seinen Verbindungen zur österreichischen Bundeshauptstadt in den letzten Jahren durch penible Recherchen deutscher und österreichischer Medien gründlich durchleuchtet worden.

Zurück nach Wien. Daß der tschechoslowakische und der ungarische Geheimdienst die geographische Nähe zu Österreich ausnützten, war so selbstverständlich wie das Amen in der Kirche. Die Anreise nach Wien war ein Katzensprung. Und ohne sich auf das heiße Pflaster eines NATO-Landes begeben zu müssen, konnten die Ostagenten in Wien nahezu ungestört unter anderen amerikanische und deutsche Zielobjekte bearbeiten. War die nachrichtendienstliche Operation gelaufen, setzten sie sich umgehend wieder in ihre Heimat ab. In weniger als einer Stunde waren sie hinter dem schützenden Eisernen Vorhang verschwunden. Die tschechoslowakischen und ungarischen Nachrichtendienste nutzten, nach Informationen österreichischer Experten, auch selbstfabrizierte »Lücken im Eisernen Vorhang«, um heimlich und auf Schleichwegen nach Österreich einreisen und ebenso unbemerkt wieder ausreisen zu können.

Davon abgesehen konnten Bürger aus dem Ostblock problemloser in den neutralen Kleinstaat reisen als in ein NATO-Land. Oft ließen die Reisenden aus den Warschauer-Pakt-Staaten den real existierenden Sozialismus aber auch für immer hinter sich. Sie suchten in der Alpenrepublik um Asyl nach; schließlich war Österreich doch ein klassisches Erstasylland. Viele dieser Flüchtlinge beantragten aber auch Visa für den goldenen Westen. Bevorzugt waren unter anderem die Vereinigten Staaten und Kanada. Viele Emigranten gerieten dabei in die Netze der Geheimdienste beider Machtblöcke.

Auch Österreichs Neutralität trug wesentlich zu der Rolle Wiens als Spionagedrehscheibe bei. Daß Österreich sich nach dem Zweiten Weltkrieg in die Reihen der westlichen Demokratien gesellen konnte, lag vor allem an der glücklichen Nachkriegspolitik samt Staatsvertrag von 1955. Österreich war dem sowjetischen Machtbereich entkommen, der Eiserne Vorhang begann erst rund 60 Kilometer hinter Wien. Diese historische Entwicklung war nicht nur für die Agentenzunft von großem Vorteil, sondern wurde mitunter auch als Argument gegen Österreich verwendet. Während in anderen europäischen Hauptstädten KGB-Agenten in ihrer Beweg-

lichkeit durch rigorose Abwehrmaßnahmen eingeschränkt seien, ließen die Österreicher alle und alles laufen, zitierte die »Washington Post« im Herbst 1989 einen US-Experten. Österreich mache bei der Spionageabwehrjagd nicht mit.
Die Wahrheit hat jedoch mehrere Seiten. Nach Ansicht internationaler Experten begannen sowohl die Sowjetunion als auch die USA, Großbritannien und Frankreich, die damaligen Besatzungsmächte, schon in den ersten Jahren nach dem Krieg mit dem Aufbau ihrer nachrichtendienstlichen Stützpunkte in Österreich. Auch die im Dienste der Amerikaner stehende deutsche Organisation Gehlen, Vorläufer des BND, fühlte sich zwischen Ringstraße und Prater bald wie zu Hause.
In Wien tobte damals ein derart heftiger Agentenkrieg, daß er der ehemaligen k. u. k. Metropole den Spitznamen »die Schießbude« einbrachte.[4] Irrtümlicherweise muß dabei immer wieder Carol Reeds legendärer Kriminalfilm »Der dritte Mann« (1949), Graham Greenes packende Geschichte über den verbrecherischen Medikamentenschmuggel in der kriegsgeschädigten Stadt, als Synonym für Geheimdienstaktivitäten auf Wiener Boden herhalten. Dabei hatte Harry Lime mit Spionage rein gar nichts am Hut.[5]
Doch auch echte Spione drangen in Wiens Unterwelt vor. 1951, zwei Jahre bevor der berühmte Lauschtunnel in der Sektorenstadt Berlin gegraben wurde, besser bekannt als »Operation Gold«, schaufelten in Wien westliche Maulwürfe den ersten Lauschtunnel gegen den Feind im Osten. Männer des britischen Secret Intelligence Service (SIS) buddelten »vier Abhörtunnel zum seinerzeitigen sowjetischen Hauptquartier im ehrwürdigen Hotel Imperial an der Wiener Ringstraße, um dort die Telefonleitungen der Sowjets zu ihrer Moskauer Zentrale anzuzapfen«[6]. Das tiefschürfende Kommandounternehmen lief unter dem Decknamen »Operation Silver«, an dessen Ertrag auch die CIA mitnaschte.[7] Über drei Jahre soll dieser aufwendige Lauschangriff gedauert haben.
Wien bekam schon damals den Ruf als Stadt der Überläufer. So wechselte im Frühjahr 1954 der mittlerweile verstorbene KGB-Major Pjotr Sergejewitsch Derjabin, seinerzeit Chef der sowjetischen Gegenspionage in Wien, die Seiten.[8] In den Jahrzehnten danach sollten ihm noch viele Kollegen folgen.
Noch bevor Österreich von den Alliierten in die Neutralität entlassen wurde, sicherten sich Briten und Amerikaner den strategischen und geopolitischen Brückenkopf Österreich auf ihre Art. Um im Falle eines neuerlichen Krieges Partisanen- und Sabotageeinheiten

sowie eigene Spezialkommandos mit der notwendigen Gerätschaft versorgen zu können, legten die westlichen Alliierten umfangreiche Waffenlager in Österreich an. Viele wurden in den darauffolgenden Jahrzehnten durch Zufall entdeckt und geleert. Anfang des Jahres 1996 mußte die CIA öffentlich eingestehen, daß in Österreich immer noch 79 dieser Waffen- und Sprengstofflager, die Anfang der fünfziger Jahre angelegt worden waren, existierten. Die Kriegsmaterialdepots waren in Vergessenheit geraten und erst durch Aktenfunde bei einem Hausputz in der Zentrale in Langley wiederentdeckt worden.

Als im Herbst 1956 der Aufstand gegen die stalinistische Marionettenregierung in Ungarn tobte, die Rote Armee in Budapest einmarschierte und Tausende Flüchtlinge nach Österreich strömten, fuhren CIA-Agenten ins Burgenland, an die österreichisch-ungarische Grenze, um die Emigranten zu »zählen«. Die CIA-Residentur Wien war in Alarmbereitschaft. Die Einsatzoffiziere diskutierten damals nicht nur über Waffenlieferungen an die Ungarn. Bis sie schließlich von ihrem Chef Allen Dulles zur Besonnenheit gemahnt wurden.

Ungefähr zur gleichen Zeit belauschten vom Horchposten Königswarte aus die Amerikaner, später dann das Fernmeldeaufklärungsbataillon (FMAB) des österreichischen Heeresnachrichtenamts, den Ostblock. Der US-Geheimdienst, der den Österreichern mehr als nur die Händchen hielt, bezahlte nicht nur die Technik dieser Lauschstation. »Selbst die Betriebskosten wurden bis in die späten sechziger Jahre von den USA getragen«, schrieb das österreichische Nachrichtenmagazin »profil«.[9] Die Abhörbänder wurden den »Gönnern aus Übersee« selbstverständlich weiterhin per Luftfracht in die bundesdeutsche Dependance geliefert.

Dreißig Jahre später, 1989, wurde eine amerikanische Firma, die den US-Geheimdiensten nahestehen soll, mit einem Update der »Informationserfassungsanlagen« der Heereslauscher beauftragt.

Österreich verhielt sich in der Regel nur scheinbar neutral, war tatsächlich aber alles andere als unparteiisch und drückte im außenpolitischen Ernstfall beide Augen zu. »Wir waren nie neutral«, behauptet ein altgedienter Stapo-Offizier bei einer Tasse Kaffee am Wiener Getreidemarkt. »Wir haben immer mit allen westlichen Nachrichtendiensten zusammengearbeitet, allen voran mit der CIA und dem BND.« Lange Zeit war es ein Tabu, über die Umtriebe der sogenannten befreundeten Dienste auch nur zu reden. Mitte der neunziger Jahre wurden innerhalb des österreichischen Sicherheitsapparats jedoch vereinzelt Stimmen laut, die das ungenierte Verhalten, das die Westdienste in Wien an den Tag legten, tadelten. Vom Osten war man diese operativen Spionage-Frechheiten ja schon über Jahrzehnte gewohnt. Doch nicht jeder neutrale Staat ließ so mit sich umspringen. In der Schweiz hätten Agenten weit weniger zu lachen gehabt, behaupten Insider. »Die Sowjets haben Österreich deshalb bevorzugt«, sagte zum Beispiel der frühere CIA-Vizedirektor Ray S. Cline im Juli 1985 in der »New York Times«, weil »die Schweizer sehr hartnäckig gegenüber östlichen Nachrichtendienstoffizieren sind«.

Die Österreicher zogen sich in ihr dünnwandiges Schneckenhaus zurück, ganz nach der Devise: Hauptsache keinen Ärger und kein Aufsehen. So redete man sich häufig und gerne darauf aus, daß nur geschätzte 30 Prozent der ausländischen Spionageaktivitäten in Österreich unmittelbar gegen die Alpenrepublik gerichtet seien, die restlichen 70 Prozent fremde Staaten beträfen.

Mitunter gab es auch Verstimmungen, weil die Amerikaner zwar bei den »Befreundeten« nachrichtendienstliches Wissen abfragten, selbst jedoch mit ihren Erkenntnissen über Spionageoperationen gerne geizten und die befreundeten Dienste, dazu zählt sich auch die österreichische Staatspolizei, auf dem trockenen sitzen ließ. So galt schon in den achtziger Jahren der Spruch: In der amerikanischen Presse stünde mehr zu lesen, als die amerikanischen Nachrichtendienste ihren »Befreundeten« mitteilen würden.

Der Einsatz in Wien galt in den Augen der Agenten aus Ost und West nicht nur als extrem karrierefördernd. Wien eilte außerdem ein Ruf voraus, der viele von ihnen mehr als neugierig auf die ehemalige Kaiserstadt machte. »Howard war erfreut, als er erfuhr, daß er auf eine Versetzung nach Österreich vorbereitet werden sollte«, schrieb der amerikanische Autor David Wise. »Ich wollte nach Wien«, gestand der KGB-Spion Edward Lee Howard seinem Biographen, »in die Spionagehauptstadt der Welt. Dort ist allerhand los. Für so einen kleinen Staat ist die dortige CIA-Station sehr groß.«[10]

Tatsächlich unterhält die CIA eine »starke, finanziell gut abgesicherte« Dependance in Wien. Ausgerüstet mit hypermodernen nachrichtentechnischen Anlagen, kümmert sich eine ansehnliche Mannschaft des technischen CIA-Personals um die österreichische Telekommunikation, wie ein hochrangiger US-Beamter in der »Washington Post« im Herbst 1989 bestätigte. So ist es auch nicht verwunderlich, daß man in der österreichischen Staatspolizei unter anderem annimmt, daß auch die Leitungen des österreichischen Innenministeriums und anderer staatlicher Institutionen davon betroffen sein könnten.

»Die CIA-Dienststelle in Wien ist seit vielen Jahren eine der wichtigsten der Agentur in Europa«, schrieb der nach Fidel Castro meistgehaßte CIA-Gegner Philip Agee in seinem Sammelwerk »Die CIA in Westeuropa«. Bei der Wiener Station handle es sich um einen »Horchposten für Europa, der als Basis für besonders wichtige Planungen und taktische Unterstützung von laufenden geheimdienstlichen Aktionen in dieser Region dient«. Bereits in den Nachkriegsjahren gingen »zahlreiche langgediente Mitarbeiter der Geheimdienste getarnt in Wien« ihrer Arbeit nach.[11]

Die Schlapphüte aus West und Ost kommen in die Donaumetropole, um hier ihrem abwegigen Geschäft nachzugehen. Große Gefahren mußten und müssen sie dabei nicht eingehen. Da als Diplomaten getarnte Agenten auch in Österreich strafrechtliche Immunität genießen, müssen sie im Fall der Enttarnung lediglich das Land verlassen. Doch selbst dies durchzusetzen bereitete den österreichischen Behörden über lange Jahre großes Kopfzerbrechen. Genauso die Tatsache, daß erkannte KGB- und GRU-Offiziere in Wien ungeniert als Botschaftssekretäre angemeldet wurden. Diplomatisches Fingerspitzengefühl zählte eben nie zu den Tugenden der Sowjets. Als Signatarmacht des Staatsvertrages nahm man sich vieles heraus. Oft wurden Ostagenten erst auf Druck der Westmächte aus Österreich verabschiedet. Die österreichischen Behörden steckten dabei in einer fatalen Zwickmühle.

Darüber hinaus prädestiniert auch Wiens Rolle als UNO-Stadt sowie Sitz zahlreicher internationaler Organisationen die Donaumetropole als Spionageschauplatz. So haben Ost und West von jeher in ihren UN-Missionen in Wien umfangreiche Agentenstäbe untergebracht. Seit Sommer 1979 residieren die Vereinten Nationen in der sogenannten UNO-City jenseits der Donau, wo laut UN-Büro Wien mehr als 4000 Beschäftigte aus über hundert Ländern arbeiten. Bevorzugtes Arbeitsgebiet der Spione ist die oft gescholtene International Atomic Energy Agency (IAEA), die seit 1957 in Wien residiert. Die IAEA ist nach Angaben von Experten mit Abstand am stärksten mit Agenten durchsetzt.[12] Schließlich laufen in der IAEA die Informationen über die weltweite Atomwaffenrüstung zusammen.

Der 1967 in Wien angesiedelte United Nations Industrial Development Organization (UNIDO) werden etwas niedrigere Agentenquoten nachgesagt. Diese Schattenseiten der UNO-Stadt Wien wurden unter anderem durch Enttarnungen sowjetischer Agenten offenkundig. Die internationalen Geheimdienste sollen aber auch in anderen UN-Büros ihre Fäden ziehen, speziell dort, wo wissenschaftlich-technische Belange behandelt werden.

Wien übernahm auch ein Rolle als Stadt der Abrüstung. Von November 1986 bis Januar 1989 führten Ost und West auf dem Dritten Folgetreffen der Konferenz zur Sicherheit und Zusammenarbeit in Europa (KSZE) in Wien den Entspannungsprozeß weiter. Auch die Verhandlungen über beiderseitige Truppenreduzierungen (MBFR) fanden in Wien ihren Tagungsort. Ob KSZE oder MBFR – wo Rüstung im Spiel und Sicherheit gefragt ist, sind die Geheimdienste am Ball. »Besonderes Interesse hatten die Sowjets an Informationen, die die Abrüstungsverhandlungen in Wien betrafen«, so Gerhard Boeden, ehemaliger Leiter des Bundesamtes für Verfassungsschutz in Köln.[13] Die Kölner Verfassungsschützer hatten immer schon sehr gute Drähte nach Wien.

Doch auch die anderen Staaten trieben ihre Geheimdienste an, schon vor den Verhandlungen möglichst viele Informationen heranzukarren, um sich dadurch bessere Ausgangspositionen zu verschaffen. Die CIA versuchte Agenten aus den sowjetischen Delegationen bei Verhandlungen und Treffen in Wien auszuspähen und anzuwerben. Das KGB machte das in seiner Vertretung bei der UNO in New York nicht anders.[14] Auch der BND war bei den KSZE-Verhandlungen dabei. Dabei sollen die Pullacher auch Journalisten massiv abgeschöpft haben. Zuerst erhielt der BND die journalistischen Rechercheergebnisse, erst sechs Stunden später gingen diese dann an die Redaktionen, wie ein ehemaliger BND-Mitarbeiter versichert.

Glaubt man österreichischen Staatspolizisten, so ziehen ausländische Spione Österreich auch deshalb anderen Ländern vor, weil ihnen hier nur laue gerichtliche Konsequenzen drohen. Spionage wird im österreichischen Strafrecht nach wie vor als Kavaliersdelikt behandelt. Wer einen »geheimen Nachrichtendienst zum Nachteil Österreichs« einrichtet, betreibt oder unterstützt, heißt es unter Paragraph 256 des österreichischen Strafgesetzbuchs (StGB), ist mit einer Freiheitsstrafe bis zu drei Jahren zu bestrafen. Da die Verletzung konkreter Interessen Österreichs oft nicht nachgewiesen werden kann – nicht zuletzt deshalb, weil nationales Interesse nicht wirklich definiert ist –, gehen Agenten in der Regel straffrei aus. Noch billiger kommen Militärspione davon. Ihnen drohen nach Paragraph 319 des österreichischen StGB lediglich bis zu zwei Jahren Haft. Zum Vergleich: Wer in Österreich einen schweren Diebstahl begeht mit einer Beute im Wert von über 250 000 Schilling (ca. 36 000 DM), dem drohen bis zu zehn Jahre Gefängnis.

Selten regt sich politischer Unmut über diese schlampigen Wiener Verhältnisse. Doch als 1989 der US-Diplomat Felix Bloch, der Jahre zuvor in Wien tätig gewesen war, ins Fadenkreuz der amerikanischen Spionageabwehr geriet, wurden wieder einmal kritische Stimmen laut. »Die Affaire Bloch hat einmal mehr gezeigt, daß Österreich, insbesondere aber die Hauptstadt Wien, von einer Anzahl von Geheimdiensten nach wie vor als Ort angesehen wird, an dem nachrichtendienstlichen Aktivitäten praktisch straflos nachgegangen werden kann«, sagte der außenpolitische Sprecher der SPÖ, der Abgeordnete Dr. Peter Jankowitsch in einem Zeitungsinterview.[15]

Nach dem Untergang der kommunistischen Systeme und der Auflösung des Ostblocks war der Jubel über die Zerschlagung der kommunistischen Staatssicherheitsapparate grenzenlos. Die politischen Systeme verschwanden, die Nachrichtendienste bekamen neue Namen und, mit ein wenig Kosmetik, neue Gesichter. Kaum hatte sich aber der Sturm des Umbruchs gelegt, kamen die »nachrichtendienstlichen Profis« auch offiziell an ihre Schreibtische zurück. Nicht zuletzt nach Wien.

Weder der Westen noch der Osten haben seither ihre Spionageaktivitäten spürbar verringert, sagen Experten. Eher im Gegenteil, so soll vor allem im Wirtschaftsbereich vermehrt spioniert werden.

Warum das so ist, erläuterte ein Kommentator der russischen Nachrichtenagentur Itar-Tass 1994 aus Anlaß der Enttarnung des CIA-Agenten Rick Ames als KGB-Maulwurf so: Geheimdienst bleibt eben Geheimdienst – selbst in einer sich wandelnden Welt –, mit seinen eigenen spezifischen Methoden und Interessen. Dabei darf nicht übersehen werden, daß Geheimdienste aus Ost und West eines gemeinsam haben: Ihnen ist meist jedes Mittel recht, um ihr Ziel zu erreichen.

Seit dem Beitritt Österreichs zur Europäischen Union ist das Interesse der östlichen Nachrichtendienste, aber auch vieler anderer, an der Alpenrepublik noch weiter gestiegen, behaupten österreichische Fachleute. So soll Österreich mittlerweile mehr als nur ein Feldversuch in Sachen Wirtschaftsspionage sein. Die Nachrichten-

dienste versprechen sich dank der lockeren Verhältnisse an der Donau nun auch Vorteile in Sachen EU.
Darüber hinaus diskutieren nicht nur Österreichs Militärs derzeit intensiv über einen künftigen NATO-Beitritt. Auch ehemalige Friedenstauben der Sozialdemokratie befürworten diese »kleine Osterweiterung« des Nordatlantischen Bundes mit viel Emotion, obwohl Begriffe wie »nationale Sicherheit« oder »nationales Interesse« in Österreich noch immer Fremdwörter sind. Und wenn sie doch einmal ausgesprochen werden, dann meist von österreichischen Militärs, die Geld für neue Waffensysteme fordern.
Es ist an der Zeit, etwas gegen die unrühmliche Rolle der Alpenrepublik als hochfrequentierten Spionageschauplatz zu unternehmen. Denn die alte Drehscheibe der Nachrichtendienste aus Ost und West gewinnt zunehmend Gewicht als neue Kontaktbörse der Joint-ventures verfeindeter Geheimdienste. Auch aus diesem Grund gilt es, endlich die Lehren aus der Vergangenheit zu ziehen. Denn nahezu alle großen Spionageaffären und Verratsfälle der letzten Jahrzehnte führten nach oder über die Agentenhauptstadt Wien.

Anmerkung zu einigen Schreibweisen: Die Transkription der russischen Namen ist uneinheitlich, da die Namensträger in den vielen Ländern, in denen sie aktenkundig sind, ganz unterschiedlich geschrieben werden – im Englischen und Französischen zum Beispiel anders als im Deutschen. Die jeweils herangezogenen befragten oder zitierten Quellen sind daher im allgemeinen für die Schreibweise verantwortlich.

I Die Nummer eins: Das KGB

Der Krake lebt

Kein anderer Nachrichtendienst der Welt galt so eindeutig als Synonym für Angst, Terror und Tod als das Komitet Gossudarstwennoi Besopasnosti (KGB), das Komitee für Staatssicherheit, der sowjetische Geheimdienst. Als straffe Mutterorganisation aller östlichen Staatssicherheitsagenturen waren das KGB und seine Vorläuferorganisationen einst allmächtig.

Insider wie John Barron und der Überläufer Oleg Gordiewsky sowie die beiden russischen Journalistinnen Jewgenija Albaz und Natalija Geworkjan haben wie viele andere mehr ihr umfangreiches Wissen über die geheime Welt des »Schilds und Schwerts der KPdSU« an die Öffentlichkeit gebracht.

Vieles kam auch über die Erste Hauptverwaltung (PGU) des KGB, die Auslandsaufklärung mit ihren 12 000 Mitarbeitern, ans Tageslicht. Der Spionageschauplatz Österreich kam bei all den Enthüllungen nicht zu kurz. Kaum eine der großen KGB-Auslandsoperationen gegen den Feind im Westen lief ohne eine Szene auf österreichischem Boden ab. Die Moskauer Tschekisten fühlten sich am Donaustrand wie zu Hause.

Schon das Wien der Nachkriegs- und Besatzungszeit war ein Fixpunkt des KGB. Wobei im rauhen Spionageklima die sowjetischen Kundschafteraktivitäten nicht selten in Entführungen gipfelten. Opfer der KGB-Keulenmethode waren Politiker, Polizisten, aber auch harmlose Bürger, die auf Grund von Verwechslungen, Mißverständnissen und der sprichwörtlichen sowjetischen Infiltrationsparanoia in den sibirischen Gulag wanderten.[1]

In den fünfziger Jahren betrieben KGB-Agenten wie Viktor Nikolajewitsch Antonow, Juri Wassiliewitsch Bykow oder Juri B. Kaschlew in Österreich ihr schmutziges Geschäft; letzterer wurde 1971 aus Großbritannien gemeinsam mit rund hundert anderen »Sowjetdiplomaten« ausgewiesen. Der KGB-Offizier Gherman Iwanowitsch Wladimirow war ab 1955 in Wien, in den sechziger Jahren und dann wieder ab 1970 in Deutschland als Kundschafter tätig. Oder Juri Michailowitsch, der nach seinem Wien-Aufenthalt von 1952 bis 1955 Berlin unsicher machte und Anfang der siebziger Jahre zur UNO nach New York wechselte. Der KGB-Agent

Igor P. Sobolew kam 1957 nach Wien und blieb vier Jahre. 1964 wurde der Sowjetspion nach Deutschland versetzt, wo er fünf Jahre später ausgewiesen wurde.[2]
»Im Hauptkonzept der Agenten mischt natürlich auch das sowjetische KGB eifrig mit«, schrieb der Journalist Harald Irnberger, Autor des Geheimdienstbuches »Nelkenstrauß ruft Praterstern«, 1974 in der österreichischen Tageszeitung »Kurier«. »Einerseits koordinieren die Sowjets zwischen Grinzing und Prater die hier geleistete Arbeit der Dienste ihrer Satellitenstaaten. Andererseits ist der Wiener Boden für östliche Fenstergucker vor allem Anwerbe- und Ausbildungsplatz für Agenten, die ihr eigentliches Arbeitsgebiet dann später weiter im Westen finden.«[3]
Wien wurde zum Spionage-Knotenpunkt der Agentenführung und des geheimen Informationsaustausches. Typisch für das Wien des Kalten Krieges war auch der Fall des kanadischen Wirtschaftsprofessors Hugh George Hambleton. Dem KGB war offenbar kein Anreiseweg zu weit. Hambleton war Mitte der fünfziger Jahre in die Fänge des KGB geraten. Der Kanadier, der kurz danach eine Stelle im damaligen NATO-Hauptquartier in Paris antrat, wurde vom KGB-Agenten Alexej Fjodorowitsch Trischin, auch Tritschin, geführt.
Im Frühjahr 1964, der Professor hatte einen Lehrauftrag in Kanada angenommen, fuhr er das erste Mal zu einem Treff nach Wien, wo er drei weitere KGB-Offziere kennenlernte. Sechs Jahre später, im Juni 1970, wurde er erneut per KGB-Befehl nach Wien beordert. Die Unterredung mit seinem KGB-Kontaktmann hatte seinen neuen Auftrag, die Ausforschung der Kernwaffenherstellung in Israel, zum Thema.[4] Als Hambleton dann im August wieder nach Wien kam, konnte er dem KGB-Offizier durchaus Spannendes über Israels Atombombe berichten. Hambleton, der danach in Lima als Wirtschaftsberater der peruanischen Regierung diente, nutzte neben einer Ostberliner Adresse auch einen Wiener Briefkasten für seine Spionagezwecke. Im Juni 1975 sollte es wieder ein Stelldichein in Wien geben. Der Treff klappte jedoch nicht. So hinterließ Hambleton dem KGB die Nachricht, daß er am 15. August 1975 erneut in der Donaumetropole erscheinen werde. An diesem Tag traf er vor einer Wiener Apotheke einen KGB-Kontaktoffizier, der ihn weisungsgemäß abholte. Wenig später wurde der kanadische Spion mit einer sowjetischen Diplomatenlimousine in die ČSSR kutschiert und von dort nach Moskau geflogen. Intensive Schulungen standen auf dem KGB-Stundenplan.[5]

Danach wurde der Professor durch eine private Affäre mit einer Jugoslawin offenbar von seinen Spionageaufträgen abgelenkt. Der Kontakt zum KGB wurde für einige Zeit eingeschränkt.
Im Mai 1978 war Wien erneut an der Reihe. Das KGB verlangte von Hambleton diesmal, daß er ein Jahr in Washington oder New York zubringen solle. Darauf folgten die Stationen Belgrad, Kairo, Wien und London. Mitte November 1978 wurde er vom KGB per Eilbefehl nach Wien beordert.[6] Unter einem massiven Aufgebot an sogenannten Abdeckern teilte der KGB-Offizier dem Kanadier mit, daß dessen letzter Brief aus London allem Anschein nach von einem westlichen Nachrichtendienst geöffnet worden sei. Die Moskauer Kundschafterzentrale gab Alarmstufe rot.
Der Abenteurer auf der KGB-Reiseroute erhielt zur Überbrückung noch eine Handvoll Dollar mit auf den Weg. Als er 1979 nach Kanada zurückkehrte, kam jedoch das dicke Ende, denn die kanadische Abwehr hatte ihn bereits seit zwei Jahren im Visier gehabt. In seiner Wohnung fanden die Ermittler ein sogenanntes Luminaire, ein Gerät zur optisch-akustischen Datenübermittlung sowjetischer Provenienz. Laut John Barron kam es danach zu folgendem Geschäft: Hambletons Wissen über das KGB gegen die Niederschlagung der Strafverfolgung. Drei Jahre später reiste der KGB-Professor unüberlegt nach Großbritannien. Die Briten kannten aber im Gegensatz zu den Kanadiern keine Gnade. Am 6. Dezember 1982 wurde Hambleton von einem Londoner Gericht der Spionage für das KGB für schuldig erkannt und zu zehn Jahren Haft verurteilt.
Hambleton war nur einer von vielen Ostagenten, die in Wien ihre Instrukteure und Führungsoffiziere trafen. Kein Wunder, betrieben doch die Sowjets in der Donaustadt einen besonders großen Agentenstützpunkt. In den achtziger Jahren waren etwa tausend sowjetische Staatsbürger als Diplomaten in Wien akkreditiert. Die gesamte sowjetische »Kolonie« in Österreich, die unter der strengen Kontrolle des KGB stand, war aber durch Verwaltungspersonal und Familienanhang noch um einiges größer. Wo welche »Diplomaten« zu wohnen hatten, war genau festgelegt. Genossen, die an der Botschaft tätig waren, fanden Unterkunft im Gebäudekomplex Sternwartestraße 74 im 18. Wiener Gemeindebezirk und in der Kleinen Stadtgutgasse in Wien-Leopoldstadt, die Herren der Handelsmission in der Argentinierstraße logierten in der Technikergasse 5 im vierten Bezirk und die UN-Mission-Mitarbeiter im Missionskomplex im 22. Bezirk. Außerdem besaßen die Sowjets

auch im 13. Bezirk eine Immobilie, ganz zu schweigen von den sicheren Häusern, über die das KGB verfügte. Den KGB-Sicherheitsoffizieren war es so ein leichtes, die eigenen Kollegen zu überprüfen. Die besagten Gebäude in Wien erbten die Russen aus dem Nachlaß der Sowjetunion.

Nach den Umwälzungen in der UdSSR wurden die Vorschriften, wo die Diplomaten Quartier zu beziehen haben, nach Informationen westlicher Beobachter aufgehoben. Die Diplomaten geben seither zwar die Botschafts- oder UN-Missionsadresse als Wohnanschrift an, mieten sich aber tatsächlich ganz woanders ein. Wo genau, ist nicht immer klar, da sie nicht dem österreichischen Meldegesetz unterliegen. »Dieser Umstand wird durchaus nachrichtendienstlich genutzt«, so ein hochrangiger Wiener Beamter, »weil sie wissen, daß sie ständig beobachtet werden.« – »Die Zahl der in den sowjetischen Missionen tätigen Personen ist von Haus aus stark aufgebläht, um die Möglichkeit zu schaffen, die in Aussicht genommene Zahl der KGB- und GRU-Mitarbeiter in diesen Personalstand abgedeckt einbauen zu können«, heißt es in einer Analyse des britischen Geheimdienstes aus dem Jahr 1990. Nach vorsichtigen Schätzungen westlicher Experten und Nachrichtendienste waren etwa 30 Prozent der akkreditierten Sowjetdiplomaten in Wahrheit KGB- und GRU-Agenten. Viele Quellen sprechen sogar von 50 Prozent und mehr. Nach Schätzungen der österreichischen Staatspolizei sollen zum Beispiel rund 40 Prozent der sowjetischen Mitarbeiter der Internationalen Atombehörde in Wien Agenten gewesen sein. Darüber hinaus darf nicht übersehen werden, daß die sowjetischen Nachrichtendienste Wien von jeher auch für Kurzaufenthalte ihrer Agenten nutzten. Dies hatte einen enormen Vorteil: Die österreichischen Behörden erlangten davon oft keine Kenntnis, und wenn doch, waren die Herren KGB-Offiziere meist schon wieder über alle Berge.

Schaltzentrale für den Agentenkrieg in Wien war die Botschaft in der Reisnerstraße, wo sich auch die Residentur des KGB befand. Seit Mitte der achtziger Jahre war sie im wesentlichen wie folgt gegliedert:

- Linie KR: Sicherheit und Spionageabwehr, die in der KGB-Zentrale dem Direktorat K – Spionageabwehr – entsprach.
- Linie PR: Politische wirtschaftliche Aufklärung, entsprach dem Direktorat A – Aktive Maßnahmen.
- Linie X: Wissenschaft und Technik, entsprach dem Direktorat T – Wissenschaftlicher und Technischer Nachrichtendienst.

- Linie OT: Operative und Technische Unterstützung, entsprach dem OT-Direktorat.
- Linie EM: Bespitzelte die Emigranten.
- Linie I: Computer, entsprach dem Direktorat I.
- Linie N: Illegale, entsprach dem Direktorat S in Moskau.

Hinzu kamen noch die Fernmeldeaufklärer, Chiffrierer, Funker, Schreibkräfte und anderes Verwaltungspersonal. Nach dem Umbruch in der UdSSR wurde die Linie EM aufgelöst, aber eine zusätzliche Linie ER – Wirtschaftliche Informationen – eingerichtet.
Zur Linie N – »Illegale«: Diese KGB-Agenten, die unter falschen Identitäten eingesetzt wurden, zählten zu den wichtigsten Mitarbeitern. Neutrale Länder eigneten sich ganz besonders gut für Schleusungen von »Illegalen« in den Westen, wie neben dem KGB unter anderem auch die HVA exzessiv unter Beweis stellte.
Im Juli 1986 kam ein 26jähriger Mann, der sich »Heinrich Handschuh« nannte, nach Österreich. Er stellte sich einer betagten Dame in Wien als ihr Enkelsohn vor. Die alte Frau war von dem Familienzuwachs äußerst angetan und erkannte den neuen Verwandten sofort an. Da es keine weiteren Angehörigen mehr gab, konnten die Angaben des stirnglatzigen Twens mit den buschigen Augenbrauen und dem Schnauzbart nicht überprüft werden. Zehn Tage danach verstarb die »frischgebackene« Großmutter.[7] Später wurde »Handschuh« die österreichische Staatsbürgerschaft zuerkannt. Erst im Jahr 1990 kam der Tag der Wahrheit. Der Neo-Österreicher erhielt einen Einberufungsbefehl des österreichischen Bundesheeres. Nach Informationen aus seinem damaligen Umfeld, die Ermittler befragten Nachbarn und Bekannte, soll »Handschuh« darauf mehr als nervös reagiert haben. Schließlich verschwand er auf Nimmerwiedersehen. Später gab er noch zwei Lebenszeichen von sich. Einmal schickte er eine Ansichtskarte aus Rom, ein andermal eine aus Paris an Bekannte. Die österreichische militärische Abwehr nahm seine Spur auf und alarmierte das Innenministerium.[8] Am 22. März 1991 wurde gegen »Heinrich Handschuh« Haftbefehl wegen Desertion erlassen.
Experten des Innenministeriums sind überzeugt, daß »Handschuh« als »Illegaler« im österreichischen Heer für Moskau spionieren sollte.[9] Hatte ihn zum Schluß doch der Mut verlassen? Oder hatte er andere Spionageaufgaben zu erfüllen, und die Einberufung zum Heer war durch einen Planungsfehler »passiert«? Fest steht: Der Fall des mutmaßlichen Spions »Heinrich Handschuh« ist bis heute ungeklärt.

Spannend war jene »Illegalen-Schleusung«, die in Finnland aufflog und bei der ebenfalls klare Spuren nach Wien führten. Als am 23. April 1992 »James Tristan Peatfield« und »Anna Maria Nemeth« mit einer Aeroflot-Maschine auf dem Flughafen in Helsinki ankamen, legte das Paar britische Pässe vor. Gleichzeitig gaben die beiden an, ein Woche in Österreich und davor eine Woche in Moskau verbracht zu haben. Der slawische Akzent des Paares machte die Beamten stutzig. Von ihren britischen Kollegen erfuhren die Finnen schließlich, daß sich die in den Pässen genannten Personen zur Zeit mit Gewißheit im englischen Königreich aufhielten. Das Paar wurde verhaftet. Im Handgepäck fanden die finnischen Ermittler einen Sony-Kurzwellenempfänger ICF-7600D, eine Drahtantenne der Typs AN-61 sowie rund 30 000 US-Dollar und 295 DM in bar. Ebenso Plastiktüten deutscher Geschäftsketten, rote Spiralblocks und Notizbücher mit historischen Daten, Personen und Aufzeichnungen über Ausgaben.
Das Paar selbst schwieg zunächst. Am 25. April 1992 beichteten sie dann doch ihre wahre, nämlich russische Herkunft. »Peatfield« verlangte nach einem Vertreter der sowjetischen Botschaft in Helsinki und einem Übersetzer. Die getrennt vernommene »Frau Nemeth« gab zu, daß sie Natalja Walerjewna L. heiße und »James Peatfield« ihr Ehemann Igor Iwanowitsch L. sei. »Bei den Verhören waren die beiden sehr überzeugend und entschlossen«, heißt es in einem vertraulichen Papier aus dem hohen Norden vom Mai 1992. Die Angaben der beiden Verhafteten waren anfangs eher nichtssagend und klangen einstudiert. »Die Verhöre haben ergeben, daß Igor und Natalja L. eindeutig Illegale sind«, urteilten die Ermittler. »Es gibt keinen eindeutigen Beweis dafür, daß die beiden sich je vorher in westlichen Ländern aufgehalten haben.« Ihre britischen Reisepässe waren nicht nur äußerst gute Fälschungen, wie die finnischen Ermittlungsbehörden feststellten, sondern auch höchstwahrscheinlich gleichen Ursprungs wie der Paß eines Anvar Kadyrov alias James Couper, eines russischen Illegalen, der 1991 in Neuseeland enttarnt worden war. Die Pässe wiesen aber noch eine weitere Eigenheit auf: russische Visa, gültig vom 15. April bis 15. Juli 1992, die von der russischen Botschaft in Wien ausgestellt worden waren.
Die Wiener Dependance der Moskauer Agentenzentrale spielte in Sachen Agenten-Logistik auch schon früher eine wesentliche Rolle. Nach Informationen westlicher Abwehrexperten konnten erkannte, sogenannte verbrannte KGB-Agenten, nach ihrer unfrei-

willigen Rückkehr an die Moskwa, ihre künftigen Destinationen für Auslandseinsätze an zwei Fingern abzählen: Schwarzafrika oder Wien lautete die Alternative. Viele entschieden sich für die österreichische Bundeshauptstadt.

Welches Spiel das KGB mit den Österreichern trieb, konnte man an der Affäre um den hochrangigen KGB-Offizier Lew Nikolajewitsch Chapkin sehen. Der Russe sollte im Januar 1991 als Erster Sekretär an der sowjetischen Botschaft in der Reisnerstraße akkreditiert werden. Er war bereits zuvor ganz unbehelligt nach Österreich eingereist. Kein Wunder, denn Chapkin kannte die österreichischen »Bräuche« nur zu gut, hatte er doch schon einmal ein Gastspiel im Diplomatenmantel am Donaustrand absolviert.

Der KGB-Offizier hatte eine Bilderbuchkarriere als Spion hinter sich. So war er von 1975 bis 1978 KGB-Resident in Stockholm.[10] Als er nun zum zweitenmal nach Wien kam, war er im Rang eines Generalmajors und mittlerweile stellvertretender Leiter der Ersten Hauptverwaltung. Zu dieser Zeit war Chapkin in der Welt der Geheimdienste so bekannt, daß einige westliche Länder bereits Einreisesperren gegen ihn verhängt hatten.

Der KGB-Mann habe bei der Einreise auf seinem Visum falsche Angaben gemacht und müsse daher Österreich wieder verlassen, forderte der damalige Innenminister Dr. Franz Löschnak Ende Januar 1991.[11] Tags darauf kündigte der österreichische Außenminister an, er werde den Abzug des Oberspions umgehend und nach den Regeln der Diplomatie in die Wege leiten. Anfang Mai 1991 berichtete der »Kurier«, daß der »neue Wiener KGB-Chef« noch immer vor Ort sei. Die Österreicher drohten daraufhin mit einem Visumentzug und der Ausweisung. »Die UdSSR aber hat bisher sogar den ›Kompromiß‹ abgelehnt, Chapkin könne zwar einige Monate in Wien bleiben, solle dann aber ›von sich aus‹ heimkehren.«[12] Weil sich die Sowjets nicht »erpressen« lassen wollten, verweigerten sie im Gegenzug einem österreichischen Diplomaten in Moskau die Akkreditierung. »Bis Ende der achtziger Jahre war es überhaupt unmöglich, einen Russen nicht zu nehmen«, so ein hoher Beamter der Wiener Sicherheitsbehörde. Hitzige Debatten zwischen Außenamt und Innenministerium waren jeweils die Regel. Diplomaten seien grundsätzlich gute Menschen, hätte das Außenamt gewöhnlich argumentiert, heißt es von Insidern. Später ging man im Außenamt dann doch dazu über, vor einer Visumserteilung Informationen über etwaige Sicherheitsbedenken bei den Sicherheitsbehörden einzuholen.

Schon einige Jahre zuvor war das KGB ernstlich in Zugzwang geraten. Westliche Abwehrerfolge und die politischen Umwälzungen hatten rasche Reaktionen verlangt. Als Michail Gorbatschow 1985 das Generalsekretariat der KPdSU übernahm, wurden auch erste Veränderungen in der Welt der sowjetischen Geheimdienste spürbar. Speziell die Erste Hauptabteilung des KGB, die Auslandsaufklärung, begann ihre Taktiken zu ändern. Der Hauptgrund war die neue Politik von Glasnost und Perestroika. Gleichzeitig mußten die sowjetischen Geheimdienste Jahre »schwerer Rückschläge« einstecken. So zum Beispiel im September 1985, als die Briten 31 sowjetische Diplomaten wegen Spionageverdachts des Landes verwiesen, oder im Herbst 1986, als 80 Sowjets die USA verlassen mußten. 1989 wiesen die Engländer nochmals eine beachtliche Gruppe sowjetischer Spione aus dem Königreich. Dadurch wurde auch die Kette der sowjetischen Informationsbeschaffung für geraume Zeit schmerzlich beschädigt. Für das KGB bedeutete dies, neue Mittel und Wege finden zu müssen, um das Plansoll zu erreichen. Auch das KGB wurde durch die Reformpolitik gezwungen, die Effizienz seiner Arbeit zu verbessern.

Im Oktober 1988 war Wladimir Krjutschkow zum Chef des KGB ernannt worden. Krjutschkow leitete seit 1974 die Auslandsaufklärung des KGB und galt als alter Fuchs in seinem Geschäft. Er löste nun den Alt-Tschekisten Viktor Michailowitsch Tschebrikow ab, der immer noch fest an die Weltverschwörung gegen die UdSSR glaubte. »Das KGB wendet bei der Rekrutierung neuer Agenten viel straffere und aggressivere Methoden an«, hieß es 1990 in einem Papier des britischen Geheimdienstes, und »das KGB legt auf längere ›Kultivierung‹ dieser Operationen weniger Wert als bisher«.

Gorbatschows Politik der Öffnung bedeutete keineswegs eine Schwächung der sowjetischen Auslandsaufklärung. Trotz des Druckes, der auf den sowjetischen Geheimdiensten lastete, bewiesen sie Flexibilität und paßten sich den neuen Gegebenheiten relativ rasch an. Ja, mehr als das. Das KGB begann eine PR-Kampagne, genannt »Öffnung nach außen«. Ein 20 Mann starkes Büro für Öffentlichkeitsarbeit unter Viktor Podlesnist und Oleg Tsarew, einem Großbritannien-Spezialisten, begann damit, dem Westen ein »neues« KGB zu verkaufen. Selbstverständlich war das nichts anderes als Kosmetik.

»Es gibt keinen Grund mehr für Angst vor dem KGB«, versicherte KGB-Chef Krjutschkow im Januar 1990 einer Mitarbeiterin des

österreichischen Nachrichtenmagazins »profil«. »Wir sind dabei, einen Rechtsstaat zu errichten und die Gesetze zu verteidigen.«[13] Was Krjutschkow darunter tatsächlich verstand, bewies er deutlich mit dem Putsch gegen Michail Gorbatschow im August 1990. Zuvor mauserten sich die als Diplomaten getarnten sowjetischen Agenten zu aufgeschlossenen Gesprächspartnern bei Botschaftsempfängen und internationalen Cocktail-Small-talks. Plötzlich gab es auch unter den sowjetischen Auslandsbeamten fast nur noch freundliche Reformer, die die Perestroika wie einen Orden auf ihrer Brust trugen. Doch die ungewohnt strahlende Fassade sollte nur von den unveränderten Zielsetzungen ablenken. Um ihren Interessen mehr Nachdruck zu verleihen, wurden sogenannte gezielte Beeinflussungsoperationen gestartet. »Dabei bediente man sich auch der Manipulation internationaler Medien und Einflußagenten«, wie britische Intelligence-Experten schriftlich festhielten. Doch die Veränderungen innerhalb der verschiedenen nationalen Geheimdienste der ehemaligen Warschauer-Pakt-Staaten hinterließen bei den Sowjets große Lücken. Fortan mußten ihre Dienste auch noch diese Lücken ausfüllen. »Die Bulgaren blieben jedoch mit den Sowjets in engem Kontakt und haben in jüngster Zeit westliche Zielpersonen in Ländern der Dritten Welt anzuwerben versucht«, stellten die Agenten Ihrer Majestät der Königin Elisabeth II. im Dezember 1990 fest.
Als die neue politische Führung Veränderungen der sowjetischen Nachrichtendienste ankündigte, war auch von einer Reduzierung der Spionagetätigkeiten im Ausland die Rede. Ende September 1992 hatte der damalige Chef des russischen Auslandsgeheimdienstes SWR, Jewgenij Primakow, gegenüber der »Sunday Times« erklärt, er habe auf Grund der Etatkürzungen dreißig Auslandsbüros schließen und die Operationen in zahlreichen Ländern einstellen müssen. Die russische Spionage konzentriere sich nun im wesentlichen »auf die westlichen Länder, insbesondere auf die technischen und wissenschaftlichen Bereiche«.[14]
In den Jahren 1991 und 1992 konnten die österreichischen Experten und ihre westlichen Kollegen tatsächlich einen leichten Personalrückgang an den Residenturen in Wien beobachten. Im internationalen Schnitt reduzierten die Russen den Personalstand ihrer Agenten an den Auslandsvertretungen um etwa 20 Prozent. Nach Experteninformationen belief sich der Abbau in Wien im Gegensatz dazu nur auf etwa zehn Prozent. Bald darauf sahen professionelle westliche Beobachter jedoch viele altbekannte Gesichter

aus Moskau wieder. Die sowjetischen Diplomaten hatten, nach westlichen Informationen, schon immer schlechter verdient als ihre internationalen Kollegen. So soll ein SU-Diplomat an der Wiener Botschaft im Schnitt etwa 12 000 Schilling erhalten haben, womit er keine großen Sprünge machen konnte. Die bei der UNO eingesetzten Kollegen schöpften dagegen rund 80 000 Schilling ab, mußten aber nach Aussagen österreichischer Experten »freiwillig« zwei Drittel an die Botschaft oder Dienstbehörde abführen. Auf diese Weise kamen die Sowjets pro Kopf auf mehr als 50 000 Schilling, also harte Devisen, an denen es in der UdSSR von jeher mangelte.

Insgesamt sollen, nach sehr vorsichtigen Schätzungen, rund 3500 sowjetische Agenten von KGB und GRU im Ausland ihrem geheimen Handwerk zur Nachrichtenbeschaffung nachgegangen sein. Lauscher, Sicherheitsbeamte und sonstige Agenten sind darin nicht inbegriffen. In Österreich sind heute rund 500 russische Staatsbürger mit Diplomatenstatus angemeldet. Über 100 werden dem KGB, richtiger dem Nachfolgedienst SWR (Slúschba Wnéschnij Raswédki), zugerechnet.

Galt Genrik Kokorev als einer der dienstältesten KGB-Residenten in Wien, der hier knapp zehn Jahre lang die Fäden zog, so gilt der seit 5. Mai 1992 in Wien akkreditierte russische Botschaftsrat Nikolai S. in den Augen der westlichen Nachrichtendienste als derzeitiger Resident des russischen Geheimdienstes SWR.

Die Öffnung gegenüber dem Westen und das wirtschaftliche Interesse westlicher Firmen an der ehemaligen UdSSR sind den Nachrichtendienstlern beim Knüpfen neuer Kontakte gerade heute äußerst hilfreich. Nachrichtendienstliche »hard ware«, also Geheimmaterial, wurde aber schon immer nach dem marktwirtschaftlichen Prinzip »cash and carry« beschafft.

Die neuen Herren des KGB-Nachfolgedienstes SWR versuchten und versuchen die Segnungen des kapitalistischen Westens zu kopieren und stampften deshalb eine Vielzahl von Firmen zwecks Geldbeschaffung aus dem Boden. Das Gründungskapital dafür stammte nicht selten aus dem großen, wohlgefüllten Topf der KPdSU.

Waren es nach dem Zerfall der UdSSR anfangs etwa 80, so wurden 1996 bereits an die 1500 Joint-ventures zwischen österreichischen Unternehmen und Firmen aus der ehemaligen Sowjetunion gezählt. Abgesehen von der Verwicklung vieler Geschäftspartner aus der ehemaligen UdSSR in die sogenannte Organisierte Kriminalität, zählen rund zehn Prozent dieser Joint-ventures nach Schätzung österreichischer Abwehrspezialisten zum Einflußgebiet der russischen Nachrichtendienste. Dies bedeutet in erster Linie, daß diese Firmen von ehemaligen KGB- und GRU-Offizieren ins Leben gerufen wurden beziehungsweise geleitet werden. Für die Counter-intelligence liegt der Verdacht nahe, daß diese Herren als »Wirtschaftstreibende« reaktiviert wurden. Denn die neuen russischen Dienste, aber auch die Kundschafterdienste der anderen ehemaligen Sowjetrepubliken, finanzieren einen bestimmten Teil ihrer Spionagetätigkeit aus den Gewinnen dieser Firmen. Bei einer direkten Ansprache durch westliche Nachrichtendienste bekennen sich die Ex-KGBler ganz offen zu ihrer Vergangenheit, geben jedoch vor, heute mit den Diensten nichts mehr zu tun zu haben. Westliche Experten sind da allerdings oft ganz anderer Meinung, ein Nachweis ist jedoch nur in den seltensten Fällen erfolgreich zu führen.

Der Agent zwischen den Welten

Eine Reise nach Wien war für die in Polen geborene Amerikanerin Ewa eine willkommene Abwechslung. Auch wenn die Donaustadt nur ein Zwischenstopp auf dem Weg in den Skiurlaub im Nobelwintersportort Zürs am Arlberg sein sollte. Ewas Ehemann wollte zuvor in der Donaustadt angeblich das Angenehme mit dem Nützlichen verbinden und hatte hier eine geschäftliche Verabredung vereinbart.[1]
Flughafen Wien-Schwechat, 18. Dezember 1975. Die Linienmaschine der BEA aus Washington, Flug-Nr. 552, landete pünktlich. Die österreichischen Einreiseformalitäten für die amerikanischen Touristen waren nicht der Rede wert. Ein kurzer Blick in die Reisepässe, und schon wurden sie vom Grenzbeamten freundlich durchgewinkt. Ewa Blanka und Nicholas George Shadrin stiegen in ein Taxi Richtung Innenstadt. Kurz nach 14 Uhr traf das Ehepaar im Luxushotel Bristol am Kärntnerring gleich neben der Wiener Staatsoper ein. Die Shadrins bezogen das Zimmer Nummer 361 im dritten Stock. Das Nobelquartier hatten sie über eine amerikanische Fluggesellschaft gebucht. Ewa erkundigte sich sogleich beim Portier nach dem Spielplan der Wiener Opernhäuser. Sie orderte für den nächsten Tag zwei Karten für die Abendvorstellung in der Volksoper, für den Tag darauf nur eine Karte für die Staats-

oper. Rein gar nichts war an dem amerikanischen Touristenpaar auffällig. Außer vielleicht, so erinnerte sich das Personal, daß das Pärchen immer erst gegen ein Uhr mittags sein Zimmer verließ.
Gleich am ersten Tag, kurz vor sechs Uhr abends, verließ Nick Shadrin das Hotel. Er ließ sich in einem Taxi zur Votivkirche gegenüber der altehrwürdigen Universität kutschieren. Vor dem Sakralbau des Historismus, den Zugereiste gern mit dem Stephansdom verwechseln, hatte sich der Amerikaner mit seinen »Geschäftspartnern« verabredet. Im schummrigen Licht des weihnachtlichen Christbaummarktes traf Nick auf Oleg Kozlow, einen sowjetischen Staatsbürger, den er schon von zahlreichen Treffen in Washington kannte. Die beiden Männer stapften etwa fünfzig Meter durch den Schnee zu einer schwarzen Limousine, die mit laufendem Motor neben einer U-Bahn-Baustelle wartete. Am Steuer saß Michail Kuryschew, ebenfalls Sowjetbürger. Auch ihn kannte Nick bereits. Eine gute halbe Stunde kurvte das Trio scheinbar planlos durch die Straßen der einstigen Habsburgerstadt. Dann entschied man sich, zum Essen zu fahren. Kozlow schlug ein Lokal an der Donau vor, wo es exzellenten Fisch gäbe. Kuryschew wollte jedoch mit der Begründung, er sei dort zu bekannt, nicht mitkommen. Er brachte Oleg und Nick zum nächsten Taxistandplatz. Keine halbe Stunde später nahmen die beiden im Restaurant Landhaus Winter am Albener Hafen Platz. Sie orderten Karpfen und Wodka. Drei Doppelte kippte Nick hinunter, dazu viel Wasser. Alkohol vertrugen die strapazierten Nieren des Mannes mit der hohen Stirn und den dicken Augenbrauen nur noch schlecht. Starker Schneefall hinderte die Gäste geraume Zeit an der Rückfahrt in die Innenstadt. Mit großer Verspätung kam dann doch ein Taxi. Nach kurzer Fahrt stieg Nick in ein anderes Taxi um. Er sollte nicht in Begleitung Olegs gesehen werden. Kurz nach zehn Uhr abends betrat er sein Hotelzimmer.
Dort erwartete ihn bereits Besuch. Für Ewa war »Ann Martin« eine Arbeitskollegin ihres Mannes, die er von irgendeiner US-Regierungsstelle kannte. In Wahrheit hieß »Ann Martin« aber Cynthia Hausman und war von der CIA.[2] Nick unterhielt sich eine Weile mit der hochgewachsenen Dame. Dann wünschten sie sich eine gute Nacht.
Der nächste Tag war mit einem ausführlichen Stadtbummel inklusive Shopping und einem Besuch in der Volksoper am Währinger Gürtel ausgefüllt. Tags darauf mietete Nicholas Shadrin beim Autoverleih AVIS am Kärntner Ring, einige Häuserblocks vom

Bristol entfernt, einen Audi 100. Er legte seine Bank American Card (4335 190 000 469) und den Führerschein vor, ließ einen Blanko-Kreditkartenbeleg abziehen und unterschrieb den Mietvertrag (A 1812786) für zwei Tage. Anschließend machte der 100-Kilo-Mann mit dem deutschen Mittelklassewagen scheinbar eine nette Stadtrundfahrt. Exakt 36 Kilometer, laut Tachozähler. Danach parkte er das Leihgefährt an einer Nebenfahrbahn direkt vor dem Hotel ein. Nick schlenderte in die Hotel-Lobby, schlürfte an der Bar einen Drink und ging auf sein Zimmer. Für 19 Uhr hatte er mit seinen sowjetischen Freunden ein weiteres Meeting ausgemacht.

Nicholas Shadrin legte besonderen Wert auf gute Kleidung. Er schlüpfte in seine dunkelblauen Breeches, streifte sich einen etwas helleren Cashmere-Sweater über und griff zum marineblauen Pierre-Cardin-Sakko mit den goldenen Knöpfen und den darauf eingravierten Ankern. Trotz seines wuchtigen Kopfes und seiner rabenschwarzen Haare hatte der baumlange Shadrin etwas von einem englischen Lord, der gerade dabei war, seiner Schiffscrew Order zu geben, die Anker der Privatyacht zu lichten. Nicholas Shadrin steckte sein Elefantenleder-Portemonnaie in die linke Brusttasche, griff sich eine Packung seiner englischen Lieblingszigarettenmarke International und zog einen rostfarbenen Wollmantel an, in dessen Innentasche er ein Kuvert mit 1000 US-Dollar in Zehndollarnoten steckte.

Kurz nach halb sieben Uhr abends verließ er das Hotel Bristol. Er ließ sich ein Taxi rufen, und ab ging die Fahrt über den Ring Richtung Votivkirche. Ewa saß ungefähr zur gleichen Zeit in der Wiener Staatsoper. Als sie nach zehn Uhr aus der Vorstellung in ihr Hotelzimmer zurückkam, war von Nick weit und breit nichts zu sehen. Es wurde Mitternacht, und Nick war immer noch nicht da. Kurz vor zwei Uhr früh rief sie bei Ann Martin, der Arbeitskollegin ihres Mannes, an. Nick hatte ihr Anns Telefonnummer »für den Notfall« auf einem kleinen Zettel notiert. Ann Martin versuchte, Ewa Shadrin zu beruhigen, Nick werde sicher bald kommen, beschwichtigte sie. Als Nick gegen 5.30 Uhr noch immer nicht zurück war, rief Ewa neuerlich bei Anne an. Wieder nichts Neues. Ewa Shadrin konnte sich das Verschwinden ihres Mannes nicht erklären. Was sie nicht ahnen konnte: Nick Shadrin sollte nie mehr zurückkehren.

Am 23. Dezember 1975, gegen Mittag, beglich die völlig geschockte Amerikanerin die Hotelrechnung von 7300 Schilling und checkte aus. In Begleitung von Ann Martin reiste sie wenige Stunden später über Frankfurt in die USA. Nicks Gepäck nahm sie mit, seinen Reisepaß hinterließ sie in der Wiener US-Botschaft.

Am 24. Dezember 1975, knapp vor zwölf Uhr mittags, rief ein Konsularbeamter der amerikanischen Botschaft im Wiener Innenministerium an und meldete, daß der US-Staatsbürger Nicholas George Shadrin, geboren am 19. 5. 1928 in Leningrad, UdSSR, seit 20. Dezember als vermißt gelte. Der Anrufer fügte hinzu, daß Ewa Shadrin mitgeteilt habe, ihr Ehemann sei Mitarbeiter einer US-Regierungsstelle. Der US-Diplomat wollte diese Information allerdings als derzeit noch ungesichert eingestuft wissen.

In einem Routinecheck klapperten die Wiener Sicherheitsbehörden zuallererst die Krankenhäuser ab. Ohne Erfolg. Somit war ein Unfall oder Selbstmord für die Polizei faktisch auszuschließen. Die Wiener Ermittler befragten anschließend die Hotelangestellten. Ein Zimmermädchen namens Elfriede wollte Nicholas Shadrin noch einen Tag nach seinem mysteriösen Verschwinden im Hotel gesehen haben. Er habe im dritten Stock vor dem Aufzug gestanden und sei wohl in Gedanken versunken gewesen, gab sie zu Protokoll. Denn als sie ihn grüßte, habe er zwar den Kopf gehoben, aber ihren Gruß nicht erwidert. Elfriedes Kollegin konnte diese Angabe nicht bestätigen. Sie erinnerte sich nur an Ewa Shadrin, denn die hatte ihr aufgetragen, das Zimmer zu säubern. Dabei war dem Stubenmädchen aufgefallen, daß eine fremde Dame im Zimmer war.

In der Wiener US-Botschaft nahm man längst an, daß Nick Shadrin entführt worden war. Es herrschte Alarmstimmung, denn die Amerikaner wußten mehr, als sie preisgeben wollten. Daß die Sowjets mit dem Verschwinden Shadrins zu tun hatten, war bald klar. Zug um Zug lüfteten sich die ersten Schleier amerikanischer Geheimniskrämerei. Nicholas Shadrin sei nicht nur ein früherer Staatsangehöriger der Sowjetunion, gaben die Amerikaner schließlich an, sondern Überläufer und Mitarbeiter der Defense Intelligence Agency (DIA), des Geheimdienstes des amerikanischen Verteidigungsministeriums. Eine entsprechende Identitätskarte mit Foto habe er, nach ihrer Ansicht, bei sich getragen.

Nach den Spielregeln der Diplomatie forderte die US-Regierung vom Erzfeind UdSSR nun Genugtuung. Wo war der US-Staatsbürger Shadrin? Am 30. Dezember 1975 übergab ein Gesandter der US-Regierung im Moskauer Außenministerium eine scharfe Protestnote. Und Wien war wieder einmal Kampfschauplatz im Kalten Krieg.

Aus Artamonov wird Shadrin

Der in Wien scheinbar spurlos verschwundene Nicholas George Shadrin war ein Mann mit Vergangenheit. Und er hatte in seinem Leben mehr als einen Namen getragen. Er hieß früher Nikolai Fjodorowitsch Artamonov und war Kapitän der sowjetischen Kriegsmarine. Im Frühjahr 1958 führte ihn ein neues Kommando nach Polen. Im Flottenstützpunkt Gdingen instruierte Artamonov indonesische Marineangehörige über die Grundregeln der schippernden Kriegskunst. Die Indonesier hatten den Sowjets kanonenbestückte Seelenverkäufer zum Bestpreis abgenommen und sollten diese künftig auch manövrieren können.[3]

An der polnischen Ostseeküste lernte der verheiratete Russe die blutjunge Ewa kennen. Die beiden verliebten sich Hals über Kopf. Mehr noch: Der Legende nach wurde eiligst eine Flucht Richtung Westen geplant. Im Juni 1959 war es dann soweit. In einem motorisierten Beiboot türmten Nikolai und Ewa aus dem polnischen Machtbereich. Nach rund 24 Stunden stürmischer Fahrt erreichten sie bei Kalmar schwedisches Festland. Artamonov und seine Geliebte baten in Schweden um Asyl. Die Flüchtlinge wurden in die Obhut der königlich-schwedischen Marine genommen. Ein Offizier übernahm ihre Betreuung und der Marinegeheimdienst die Befragung.

Flüchtlingen gegenüber war man in Schweden schon immer aufgeschlossen, doch ein sowjetischer Überläufer samt polnischer Freundin brachte das neutrale Land denn doch in eine diplomatische Zwickmühle. Hinzu kam, daß man Überläufer in Schweden damals nur sehr schlecht schützen konnte, weil die sowjetischen Geheimdienste im schwedischen Königreich massiv tätig waren. Eine Rückentführung oder gar ein Mord lag zumindest im Bereich des Möglichen. Einziger Ausweg: Man mußte die Flüchtlinge wie heiße Kartoffeln einfach weiterreichen. Da kamen nur die Amerikaner in Frage, und die übernahmen schließlich die Gäste der Schweden. Von der Stockholmer US-Botschaft wurde das Pärchen in ein »sicheres Haus« verfrachtet und dort von US-Geheimdienstlern befragt. Gleichzeitig wurde ihre Schleusung vorbereitet.

Am 1. August 1959 startete in Stockholm eine DC-3, getarnt mit Hoheitszeichen des Internationalen Roten Kreuzes, und landete am Abend auf dem Frankfurter Flughafen.[4] Mit an Bord waren Nikolai und Ewa. In einem Häuschen außerhalb der Rhein-Main-Großstadt mußte das Pärchen etliche Tests über sich ergehen lassen. Nicht alle Agenten der CIA-Betreuungsmannschaft waren vom »Überläufer« Artamonov überzeugt. Viele hegten damals erhebliche Zweifel an seiner »Echtheit«. Trotzdem gab es schließlich grünes Licht.

Drei Wochen später traf das gemischte Doppel in den Vereinigten Staaten ein. In Virginia brachte man die beiden, zwecks weiterer »Behandlung«, einigermaßen komfortabel unter. Hier mußten sie nun auch ihre Vergangenheit ablegen. Aus Ewa Blanka Gora und Nikolai Artamonov wurde das Ehepaar Ewa Blanka und Nicholas George Shadrin. Spuren verwischen hieß die Devise, um die Sowjets von ihnen fernzuhalten. Die Sowjets brauchten aber gar nicht erst zu suchen. Der antikommunistische Fanatismus der amerikanischen Kalten Krieger verwandelte so manchen Freistoß in ein Eigentor. 1960 wurde Nick Shadrin öffentlich dem Ausschuß über Anti-Amerikanische Aktivitäten präsentiert, als wichtiger Zeuge gegen die UdSSR. Aus Sicherheitsgründen tarnte man den Exilrussen mit einem mageren Oberlippenbärtchen. Shadrin verkündete vor dem Tribunal und den TV-Kameras, die roten Teufel im Kreml hätten seit 1955 einen nuklearen Überraschungsangriffsplan gegen die USA in ihren Schreibtischschubladen. Genau das wollten die Scharfmacher damals hören. Solch eine Bestätigung war Gold wert. Die amerikanische Rüstungsindustrie erfreute sich dann auch sehr bald neuer Regierungsaufträge.

Die Sowjets, die das Hearing-Spektakel aus nächster Nähe mitverfolgt hatten, konterten sogleich mit sibirischer Verbitterung. Sie verurteilten den ehemaligen SU-Fregattenkapitän wegen Hochverrats zum Tode. In der kommunistischen Einheitspresse wurde dieses »Urteil in Abwesenheit« abgedruckt. Das beseitigte auch die letzten Zweifel an der Redlichkeit von Shadrins Seitenwechsel.

Der Spezialist für die rote Kriegsmarine wurde danach von der CIA an die Marine ausgeliehen. Als Konsulent diente Shadrin dem Office of Naval Intelligence (ONI), also dem Marine-Geheimdienst der USA. Fünf Jahre später wurde er in die neugegründete Defense Intelligence Agency (DIA) aufgenommen. 1965 erhielten die Shadrins die US-Staatsbürgerschaft.

Im Sommer 1966 stand dann plötzlich das KGB auf der Matte. Wie hatte das KGB seinen verlorenen Sohn aufgespürt? Eine Erklärung klang äußerst plausibel. Wie amerikanische Zeitungen berichteten, telefonierte Ewa Shadrin regelmäßig mit ihrer Mutter in Polen. Die polnischen Telefonleitungen waren vom KGB angezapft. Somit war es kein Kunststück, Anrufer und Telefonnummern zu identifizieren. Die Sowjets behaupteten Jahre später, Shadrin habe sich selbst an die sowjetische Botschaft in Washington gewandt. Jedenfalls sollen zwei KGB-Agenten auf Shadrin zugekommen sein, um ihn für sein früheres Heimatland anzuwerben. Shadrin beichtete diesen Vorfall dem FBI.[5] Die Spionageabwehr des Federal Bureau of Investigation heckte daraufhin einen Plan aus. Shadrin hatte in die Rolle eines Doppelagenten zu schlüpfen und auf das Angebot der Kreml-Spione einzugehen. Er sollte das KGB mit sogenanntem Spielmaterial füttern. Dokumente, die Shadrin den Genossen in der Folge übergab, wurden extra für diesen Zweck von der CIA in Langley getürkt. Diese gefährliche Doppelrolle führte Shadrin 1971 schließlich ins Ausland. In Montreal sollte es zu einem Treffen mit seinen russischen Freunden kommen. Unklar blieb aber, ob auch Shadrins Europatour im Jahr 1969 bereits einen »doppelten Boden« hatte.

1972 stand Wien auf der Reiseroute. Der »Counterman« Shadrin wurde von seinen US-Auftraggebern an die Donau geschickt, um die KGB-Führungsagenten zu treffen. Die Sowjetkundschafter brachten Shadrin für mehrere Tage an einen geheimen Ort, in ein sicheres Haus. Nach Informationen amerikanischer Geheimdienstexperten soll kein Geringerer als Wladimir Aleksandrowitsch Krjutschkow, damals Vizechef der Ersten Hauptverwaltung des KGB, der Auslandsaufklärung, vor Ort gewesen sein.[6] Krjutschkow stieg sieben Jahre später zum Leiter der Auslandsaufklärung auf, wurde 1988 zum KGB-Chef ernannt und pensionierte sich 1990, durch den Putsch gegen Gorbatschow, frühzeitig selbst. Der KGB-Offizier hatte sich aber schon Jahrzehnte zuvor einen unrühmlichen Namen gemacht. 1956 diente der KGB-Kader Krjutschkow nämlich als Dritter Sekretär des Botschafters Juri Andropow an der Budapester Botschaft und war damals maßgeblich an der Niederschlagung des Ungarn-Aufstands beteiligt.[7]

Zurück zu Shadrin. Wenn es zutraf, daß der KGB-Topoffizier Krjutschkow den Genossen Spion aus den USA in Wien traf, dann lag die Annahme nahe, daß Shadrin damals befördert wurde oder einen Orden für seine Verdienste bekam. Die KGB-Führungsoffiziere hatten aber auch verschiedenste Spionagegeräte, unter anderem einen brandneuen Kurzwellensender nach Wien mitgebracht. Sie brachten Shadrin die dafür nötigen Fingerübungen im Schnellverfahren bei. Anschließend flog Nick wieder in die Staaten zurück.[8] Treffen dieser Art gehörten zu den Standards des KGB. Während solcher intensiven Meetings konnten die Kundschafter aus Moskau ihren Westagenten auf den Zahn fühlen. Stand er noch auf ihrer Seite? Spielte er womöglich ein doppeltes Spiel? Die Agenten der permanenten Weltrevolution fürchteten nichts mehr als Verrat made in USA. Deren Verräter schätzten sie dagegen sehr.

Nick Shadrin vollendete im selben Jahr an der George Washington University seine Dissertation über »Die Entstehung der sowjetischen Seemacht« und erhielt seinen Doktortitel, den Ph.D. Endlich war der Sprung in die Etage der Akademiker geschafft.

Drei Jahre später, im besagten Dezember 1975, riefen die Sowjets Shadrin erneut nach Wien. Einige US-Abwehragenten hatten große Bedenken – einen Ex-Überläufer in so kurzen Abständen nach Wien zu schicken schien ihnen zu gefährlich. Schließlich konnten dort die KGB-Kundschafter ihrer Ansicht nach nach Belieben schalten und walten.

CIA und FBI einigten sich schließlich auf ein Notprogramm. Offiziell wurde die Operation Shadrin als FBI-Operation deklariert.[9] Das Meeting Shadrins mit seinen Landsleuten hatte unter Aufsicht einer CIA-Agentin stattzufinden. Die CIA-Residentur in Wien wurde aus der heiklen Sache angeblich herausgehalten. Der CIA-Resident, George Weisz, soll sich dann auch sicherheitshalber in den Weihnachtsurlaub verabschiedet haben. Wann sich der ehemalige Überläufer Shadrin in der Donaumetropole aufhalten würde, darüber hatte man die CIA vor Ort vorschriftsmäßig informiert. Schließlich war mit verstärkten Aktivitäten der Sowjetkundschafter zu rechnen. Eine Observation Shadrins in Wien durch amerikanische Dienste wurde im vorhinein ausgeschlossen. Zu riskant, denn die russischen Counterparts hätten das Doppelspiel erkennen können. Somit waren Shadrin alle Wege offen. Nur »Ann Martin« alias Cynthia Hausman, die Arbeitskollegin vom CIA, war Shadrin als Oberaufseherin zugeteilt worden.[10] Ihr hatte Nick Shadrin über seine Treffen Bericht zu erstatten. Schon nach dem ersten Treff mit den Agentengenossen von der Moskwa fragte sie ihren Schützling im Hotelzimmer über seine Gespräche mit den Kontaktleuten aus.

Shadrins KGB-Kontakte waren dem FBI und der CIA seit vielen Jahren bekannt. Kontakt Nummer eins war Oleg Aleksejewitsch Kozlow, 1931 in Moskau geboren und von 1968 bis 1972 Dritter Sekretär und Vizekonsul an der sowjetischen Botschaft in Washington. Kontakt Nummer zwei war Michail Iwanowitsch Kuryschew, eine große Nummer im KGB. Kuryschew fungierte als stellvertretender Leiter der Abteilung Gegenspionage im KGB. Ab 1967 war er als erster Sekretär in der europäischen Abteilung des Moskauer Außenministeriums tätig. Nach amerikanischen Zeitungsmeldungen soll Michail Kuryschew damals an der sowjetischen Botschaft in Wien als Botschaftssekretär, später als Chef der Konsularabteilung gearbeitet haben. Tatsächlich findet man den Namen Kuryschew in den seinerzeitigen diplomatischen Verzeichnissen des Wiener Außenministeriums. Nach Angaben der Wiener Staatspolizei waren die beiden jedoch nicht identisch. Verwechslung oder Verschleierung – die Antwort blieb offen.

Die KGB-Agenten Oleg Kozlow und Michail Kuryschew reisten wahrscheinlich ganz unauffällig mit Diplomatenpässen in Österreich ein. Da Diplomaten damals für Kurzzeitaufenthalte in Österreich keine Einreiseerlaubnis benötigten, wurde ihre Ankunft auch nicht registriert. Beim ersten Treff hätten ihm die beiden eröffnet, so sagte Shadrin beim »debriefing« durch seine Kontrollagentin in Wien aus, daß er in den Rang eines Obersten des KGB befördert worden sei.[11]

Auch Shadrins spätere Wien-Sightseeing-Tour im Audi-Leihwagen erfolgte auf Order der russischen Agenten. Wahrscheinlich wollte das KGB abklären, ob Shadrin amerikanische Schatten folgten. Das KGB mußte sichergehen, daß diese Operation in Wien ohne Komplikationen ablaufen konnte. Die Spione aus der Kälte waren bekannt dafür, daß sie bei sensiblen Aktivitäten rigorose Abwehrmaßnahmen ergriffen. Es gab noch eine andere Vermutung. Shadrin sei mit dem Mietwagen, über genau vorgeschriebene Umwege, zu einem sicheren Haus der Sowjets in der Umgebung Wiens gefahren. Doch das Resultat blieb das gleiche: Nick Shadrin blieb nach dem zweiten Treff verschwunden.

»Der schlimmste Fehler war«, gestand Richard Helms, ehemaliger Director of Central Intelligence (DCI), in einem Zeitungsinterview ein, »Shadrin diese Reise in eine Stadt wie Wien zu erlauben, wo das KGB alles leicht kontrollieren konnte.«[12]

Wurde der frühere West-Überläufer und KGB-Oberst Shadrin von seinen Landsleuten aus Österreich geschleust? Ging er freiwillig? Wurde er entführt?

Die Autoren William R. Corson, Susan B. und Joseph J. Trento zeichneten in ihrem Buch »Maulwürfe« die geheime Ausreise des Rückläufers Shadrin nach und beriefen sich dabei auf Akten des österreichischen Innenministeriums. Ihre Version ist jedoch umstritten. Nach diesen Informationen habe Kuryschew, im Beisein

Kozlows, dem Doppelagenten und DIA-Mitarbeiter Shadrin ein Reisedokument, ausgestellt auf dessen richtigen Namen Nikolai Fjodorowitsch Artamonov, auf dem Parkplatz vor dem Restaurant Landhaus Winter am Albener Hafen übergeben und »mündliche Anweisungen über seine Weiterreise die Donau hinab nach Bulgarien erteilt«. »Die Fahrt zur Bootspier dauerte weniger als eine Viertelstunde«, heißt es darin weiter. Auf einem sowjetischen Donaukahn sei der KGB-Oberst dann Richtung Ungarn geschippert.[13] Warum hätte Shadrin alias Artamonov nach Bulgarien fahren sollen, wenn doch Bratislava und Budapest so nahe lagen?

Ewa Shadrin konnte jedenfalls nichts über den Verbleib ihres Mannes in Erfahrung bringen. Sie war von den amerikanischen Dienststellen schwer enttäuscht und fühlte sich hintergangen. Deshalb beauftragte sie den US-Rechtsanwalt Richard Copaken, Licht in die mysteriöse Angelegenheit zu bringen und Druck auf die US-Regierung auszuüben. Anfang 1976 besprach US-Außenminister Henry Kissinger, so heißt es in einer Meldung der Deutschen Presse-Agentur, mit dem sowjetischen Botschafter in den USA, Anatol Dobrynin, den Fall Shadrin. Wochen später antwortete der Sowjetdiplomat trocken: »Shadrin hatte beim Treffen vor der Votivkirche gebeten, in die UdSSR zurückkehren zu dürfen.« Laut Dobrynin sei Shadrin jedoch am geplanten Rückreisetag, dem 20. Dezember 1975, nicht erschienen. Im Dezember 1976 schrieb US-Präsident Gerald Ford einen vertraulichen Brief an Leonid Breschnew mit der persönlichen Bitte um Shadrins Freilassung.

Ewas Anwalt Richard Copaken versuchte auch Ostberlin zu mobilisieren. Nach Informationen amerikanischer Medien setzte sich Copaken mit dem bekannten DDR-Rechtsanwalt Wolfgang Vogel in Verbindung. Er versuchte einen Checkpoint-Charlie-Austausch nach dem klassischen Muster des Kalten Krieges, gibst du mir meinen Spion, gebe ich dir deinen Spion, einzufädeln. Copaken hatte auch Wunschkandidaten parat: den deutschen Kanzlerspion Günter Guillaume und dessen Frau Christl. Die Regierung Ford winkte kopfschüttelnd ab. Im Weißen Haus wußte man, daß die deutsche Bundesregierung dabei nicht mitspielen würde. Und so war es auch.

»Die Guillaumes bleiben, wo sie sind«, sagte Regierungssprecher Klaus Bölling der Deutschen Presse-Agentur (dpa). Folglich wurden etliche andere Personen in Betracht gezogen, wie zum Beispiel der damals in Chile einsitzende Kommunist Jorge Montes. Doch auch daraus wurde nichts.

Mitte August 1977 meldete die sowjetische Wochenzeitung »Literaturnaja gaseta«, nachdem die amerikanische Presse die Affäre um das Verschwinden des Doppelagenten Shadrin alias Artamonov noch einmal aufgekocht hatte, der US-Geheimdienst CIA habe den »Überläufer« vor seinem Wiedereintritt in die kommunistische Heimat ermorden lassen. Für die Sowjets lag der Grund auf der Hand: »Shadrin beklagte sich in Wien über seine Arbeit in den USA«, sagte ein »Igor Kozlow«, angeblich Artamonovs KGB-Kontaktmann, der Zeitung. »Artamonov wollte zu seiner ersten Frau in die Sowjetunion zurück.« Eine Entscheidung über seine Rückkehr, so Kozlow weiter, hätte man Artamonov für den nächsten Tag versprochen. Doch dann hätte Artamonov alias Shadrin einen Fehler begangen, welchen, sagte Kozlow nicht. Die CIA sei ihm daraufhin auf die Schliche gekommen, und schon sei es um ihn geschehen gewesen. Die westliche Presse nahm diesen zweifelhaften Köder des KGB auf. Die Abteilung Desinformation des KGB hatte gut lachen. Wieder einmal war eine James-Bond-Story erfolgreich in die Welt gesetzt worden.

Interessant an dem sowjetischen Zeitungsartikel war aber noch etwas anderes. Der zitierte KGB-Insider nannte sich »Igor Kozlow«. Ein »Igor Kozlow« soll eine Hauptrolle in der ganzen Shadrin- alias Artamonov-Affäre gespielt haben, das behaupten jedenfalls Corson und Trento in ihrem Buch. Igor Kozlow, ein KGB-Offizier, mit dem genannten Oleg Kozlow weder identisch noch verwandt, hatte sich den Amerikanern als Top-Quelle angeboten. Im Gegenzug verlangte er von der CIA streng geheimes Material. Sein Plan war, durch seine nachrichtendienstlichen Erfolge seinen Aufstieg im KGB zu beschleunigen, um dann von der KGB-Spitze aus den Herren in den Staaten ergebenst dienen zu können. Die Amerikaner sollen auf dieses eigenartige Angebot eingegangen sein. Kozlows Zielobjekt für seinen Karriereplan war Shadrin. Igor soll demnach den ehemaligen Überläufer unter den Augen der höchsten amerikanischen Agenten geführt haben.[14] Auch Ewa Shadrin äußerte den Verdacht, ihr Mann sei benutzt worden, um die Position eines russischen Agenten im sowjetischen Geheimdienst zu stärken, schrieb sie im Mai 1978 in einem Brief an den demokratischen US-Senator Birch Bayh. Doch mit dieser Kozlow-Operation schien etwas schiefgelaufen zu sein. In amerikanischen Publikationen war von einer Informations-Einbahnstraße die Rede. Die Amerikaner wurden abgeschöpft, Informationen aus dem KGB gab es für sie jedoch so gut wie keine. Außerdem, schrieb Ewa Shadrin in diesem Brief weiter, sei der Verdacht nicht von der Hand zu weisen, daß der russische Agent ein reiner Provokateur gewesen sei.

Räuberpistole oder KGB-Drehbuch – die ganze Affäre um Shadrin-Artamonov hätten sich die Amerikaner von Anfang an ersparen können, wäre seine Vita genauer überprüft worden. Sein Lebenslauf wies jedenfalls einige Ungereimtheiten auf, zum Beispiel, was seine schulische Laufbahn betraf. Doch es kamen noch mehr abweichende Details ans Tageslicht. Der Fregattenkapitän Artamonov hatte vor seinem Polen-Auftrag anscheinend ganz unseemännische Aufgaben ausgeführt oder einen gleichnamigen Doppelgänger. Denn im März 1958 reiste ein sowjetischer Diplomat mit dem Namen Nikolai Fjodorowitsch Artamonov in Österreich ein und stieg in einem Innenstadthotel ab. Später fand sich auch ein Hinweis auf einen Sowjetbürger namens Artamonov und dessen Frau bei der Internationalen Atombehörde in Wien.

Die Version, Artamonov sei als Infiltrationsagent von den Herren im Kreml nach Amerika geschickt worden und nach Beendigung seines Auftrags im heroischen Kampf gegen den Kapitalismus wieder heimgekehrt, klang lange Zeit am glaubwürdigsten.

Das Mysterium um Shadrin alias Artamonov rief aber auch Leute auf den Plan, die aus dem Verwirrspiel der Geheimdienste und dem Elend Ewa Shadrins Kapital schlagen wollten.

Leonard Hulse Ralston, Special Agent des FBI an der US-Botschaft in Bern, mietete sich Mitte Dezember 1977 im Wiener Hilton ein. Ralston, als Legal Attaché in Bern zugeteilt, war im Auftrag seines Headquarter in Washington wegen einer sehr heiklen und unangenehmen Angelegenheit nach Wien gekommen. Der Ehefrau des vor zwei Jahren entführten Nicholas Shadrin sei über Telefon mehrmals mitgeteilt worden, berichtete er dem Wiener Stapo-Beamten Gustav Hochenbichler kurz vor Weihnachten, daß ihr Mann unter einem anderen Namen im Westen lebe.[15] Da dieser Geld benötige, wie der mysteriöse Anrufer vorgegeben hätte, habe sie auf ein bestimmtes Konto einer europäischen Bank einen geforderten Betrag eingezahlt. Ein Australier aus Brisbane namens William Joseph F. habe den Betrag auftragsgemäß abgehoben und solle das Geld nun einem älteren Deutschen namens »Eric Müller« übergeben. Zu diesem Zweck träfen sich William Joseph F. und »Eric Müller« nun in Wien.

Tatsächlich traf William Joseph F. am Heiligabend 1977, aus London kommend, mit einer Linienmaschine der Austrian Airlines,

Flug-Nr. OS 456, auf dem Flughafen Wien-Schwechat ein. Ein Observations-Team der Wiener Stapo lag bereits auf der Lauer. Special Agent Ralston holte William Joseph F. ab, denn das FBI versprach sich von ihm weitere Informationen über das Verschwinden oder den Aufenthaltsort Shadrins alias Artamonov.

William Joseph F., ein kräftiger Mittvierziger mit auffällig rundem Gesicht, und Ralston ließen sich mit dem Flughafen-Shuttle ins Hilton in die Landstraßer Hauptstraße im dritten Wiener Gemeindebezirk chauffieren. In der Klimt-Bar erzählte F. dem FBI-Agenten, daß er nach dem Zweiten Weltkrieg in Deutschland bei der Royal Air Force stationiert gewesen sei, wo er auch besagten Eric kennengelernt habe. Er erzählte von Millionengeschäften, die er in Australien getätigt habe, daß ihn die Banken jedoch in den Ruin getrieben hätten, und er schwärmte von Frankreich, wo er derzeit als Kapitän auf einer Yacht seine Zeit totschlage. Was wußte F. nun aber über Shadrin?

Er wisse nichts über den Aufenthalt Shadrins, gestand er Ralston, dessen Gesichtszüge sich merklich verkrampften. Doch sein Freund »Eric Müller« wisse etwas darüber, sagte F. nach einer kurzen Pause, da sei er ganz sicher.

Nach dieser Unterhaltung in der Klimt-Bar fuhr William Joseph F. in die Innenstadt und quartierte sich in einem Hotel am Petersplatz ein. Er hatte dort für fünf Nächte ein Zimmer gebucht. Aber William Joseph F.s ominöser Bekannter »Eric Müller« kam nicht. Am zweiten Weihnachtsfeiertag bestellte FBI-Agent Ralston William Joseph F. in sein Zimmer ins Hilton. Der versprach sehr überzeugend, seinen Kumpel zu suchen. Zuerst gingen die beiden zum Casino in der Kärntner Straße, denn Eric war angeblich ein fanatischer Spieler. Doch das Casino hatte Ruhetag. F. trieb es noch bunter. Er gab vor, daß beim British-Airways-Schalter ein Telegramm für ihn eingetroffen sei, das nur von »Eric Müller« sein könne. Doch der BA-Schalter hatte schon geschlossen. Das vermeintliche Telegramm existierte überhaupt nicht, wie sich später herausstellen sollte.

Als der umtriebige Australier William Joseph F. dann in der noblen Bristol Bar einen ziemlich klein geratenen Mann um die Fünfzig begrüßte, schien die Sache doch noch zu klappen. Die beiden Herren promenierten ein kurzes Stück über die Kärntner Straße, betraten die Bar des Hotels Sacher, nahmen im Blauen Salon Platz und kippten einige Drinks. Schnell war klar, auch das war nicht »Eric Müller«, sondern ein schottischer Sportjournalist, den F. auf dem Flug von London nach Wien kennengelernt hatte. Nun war die Geduld des FBI am Ende. Ralston, der im FBI-Auftrag für F.s Auslagen aufkam, setzte F. in die nächste Maschine nach London. Doch zuvor hatte das FBI die Kollegen von New Scotland Yard benachrichtigt. Mit William Joseph F. nahmen diese einen alten Bekannten in Empfang. »Die Geschichte eines Gauners schlägt le Carré«, titelte der Londoner »Observer« am 1. April 1979. F., besser bekannt unter seinem Spitznamen »Goldfinger« und dafür, daß er Gold, Lincoln Continentals und schöne Frauen sammelte, hatte Ewa Shadrins Anwalt angerufen, 3000 US-Dollar für Informationen über Shadrin verlangt und den Betrag in Monaco abgehoben. Die CIA verständigte daraufhin das FBI, das FBI den französischen Geheimdienst, da William Joseph F. ja in Frankreich lebte. Obwohl F. später bei einem Polygraphentest des FBI mit Pauken und Trompeten durchgesaust war, nahmen die US-Bundeskriminalbeamten seine Angaben in Sachen Shadrin anfangs durchaus ernst. Bis sie die traurige und spesenintensive Erfahrung machen mußten, daß »Eric Müller« nur in F.s blühender Phantasie existierte.

Nach dreiwöchiger Verhandlung verurteilte der Knightsbridge Crown Court den Spion von eigenen Gnaden zu eineinhalb Jahren Haft. Richter Phelan sagte abschließend: »Sie haben das Elend dieser verzweifelten Frau auf das schändlichste ausgenützt.«

Das Elend Ewa Shadrins sollte noch weiter andauern. Shadrin sei 1975 vom KGB in Wien entführt und hingerichtet worden, meldete der amerikanische Fernsehsender NBC Ende Oktober 1985, unter Berufung auf den KGB-Überläufer Vitali Jurtschenko. Tatsächlich hatte der spätere Rückläufer angegeben, daß Shadrin, als ihn die sowjetischen Agenten entführen wollten, bei einer Rangelei auf dem Autorücksitz unbeabsichtigt betäubt und getötet worden sei.[16] Auch KGB-General Oleg Kalugin soll von einem Unfall gesprochen haben. »Tatsächlich finden sich in den Aufzeichnungen der österreichischen Staatspolizei Akten über einen mysteriösen Autounfall am westlichen Stadtrand von Wien«, schrieb die »Presse« im Oktober 1985. Das Opfer konnte damals nicht identifiziert werden. Die abenteuerlichste Version über Artamonovs Verbleib setzten aber die amerikanischen Autoren Corso und Trento in die Welt. Am 17. Mai 1988 wurde in Moskau der Admiral Sergei Groschkov, Kommandeur der sowjetischen Marine und Artamonovs Schwiegervater, zu Grabe getragen. Neben der vollzählig angetretenen Prominenz habe – so Corso und Trento – auch Nikolai Fjodorowitsch Artamonov in vollem Ornat am offenen Grab gestanden.

Ein Norweger in Wien

21. Januar 1984. An diesem Sonntag morgen liefen in den Osloer Büros der internationalen Nachrichtenagenturen Associated Press und Reuter die Fernschreiber heiß. Die Norweger wurden von einem handfesten Skandal wachgerüttelt. »Norwegischer Ministerialbeamter unter Spionageverdacht festgenommen«, tickerte es über die Fernschreiber, »Vizeinformationssekretär soll für die UdSSR spioniert haben.« Am nächsten Tag wurde im Kongeriket Norge der »größte Spionageskandal seit dem Zweiten Weltkrieg« ausgerufen.
Bereits am Samstag hatte der königliche Generalstaatsanwalt Maghar Florheim in einer knappen Meldung verlautbart, daß der stellvertretende Sekretär des Presse- und Informationsamtes des norwegischen Außenministeriums, Arne Treholt, am Freitag auf dem Osloer Flughafen Fornebu festgenommen worden war. Der 41jährige Treholt habe über 60 Geheimdokumente bei sich gehabt und sei auf dem Weg nach Wien zu einem Treffen mit seinem KGB-Führungsoffizier gewesen.
Ein großer Erfolg für die norwegische Sicherheitspolizei Sikkerhetsinstruksen, die seit Jahren einen unerbittlichen Kampf gegen die nachrichtendienstliche Infiltration aus dem Reich des KGB führte. Eine hohe Zahl sowjetischer Agenten tummelte sich auf dem Boden des nordischen NATO-Staates. Auch in Norwegen waren die Sowjets mit einer überdurchschnittlich starken Botschaftsmannschaft präsent. Mehrere Dutzend Personen umfaßte dieser aufgeblähte »Diplomatenstab«. Der Großteil davon ging, unter einem außenamtlichen Deckmantel, der illegalen Kundschafterei nach. So auch die KGB-Offiziere Jewgenij Skobejew und Wladimir Wladimirowitsch Andorow, die Anfang der siebziger Jahre in Oslo ihr Unwesen trieben, und der KGB-Agent Dimitri D. Dawidow, der 1972 nach Wien versetzt worden war.[1] Der militärische Geheimdienst der Sowjets, die GRU, war ebenfalls mit einer »Mannschaft samt Ersatzspielern« vor Ort. Im feindlichen NATO-Bereich konnte der Kundschafterstab der Roten Armee den Herren im Kreml gar nicht groß genug sein. Anfang der Siebziger tummelten sich die GRU-Offiziere Anatolij Morosow, Gennadij Solokin und Jewgenij Georgjewitsch Potapow am Skagerrak.
Bereits seit 1977 suchte die norwegische Abwehr im Osloer Außenamt nach einem Maulwurf, einem Verräter im Dienste des KGB.[2] Denn am 27. Januar 1977 war die damals 64jährige Außen-

amtssekretärin Gunvor Galtung-Haavik, Deckname »Greta«, von der Sicherheitspolizei verhaftet worden. Oleg Gordiewsky, KGB-Offizier an der Londoner Botschaft der UdSSR und Doppelagent im Dienste Ihrer Majestät, hatte dem britischen SIS, nach seinen eigenen Angaben, den heißen Tip gegeben.[3] Gunvor Haavik wurde in flagranti ertappt, als sie sich mit Aleksandr Kirillowitsch Prinzipalow traf, einem KGB-Agenten, der als Dritter Sekretär an der sowjetischen Botschaft in Oslo tätig war. Haavik, die acht Jahre an der norwegischen Botschaft in Moskau gedient hatte und wahrscheinlich auch dort angeworben worden war, gestand, fast dreißig Jahre für die Herren an der Moskwa spioniert zu haben. Ihr war eine Liebesaffäre zu einem ehemaligen russischen Kriegsgefangenen namens Wladimir Koslow zum Verhängnis geworden, als das KGB sie mit dieser Liaison erpreßte.

Fünf Angehörige der sowjetischen Botschaft in Oslo und ein Mitarbeiter der Nachrichtenagentur Tass mußten nach Haaviks Verhaftung eiligst heimreisen, darunter auch der KGB-Resident in Norwegen, Gennadij Titow. Die ertappte Außenamtssekretärin starb sieben Monate später an einer etwas mysteriösen Herzattacke.[4]

Im Zuge ihrer Ermittlungen kam die norwegische Sicherheitspolizei zu dem Schluß, es müsse ein weiterer Spion im Sold des KGB in Osloer Regierungskreisen seiner verschwörerischen Tätigkeit nachgehen. Es ließ sich zwar nicht mehr wirklich nachvollziehen, was die Sekretärin Gunvor Haavik während ihrer langjährigen Spionagetätigkeit alles verraten hatte, doch es deuteten viele Indizien auf eine weitere Lücke im Regierungsapparat hin. Noch im selben Jahr bestätigten Überläufer des KGB die Vermutungen der norwegischen Behörden, »daß ein weit einflußreicherer Mann in der Osloer Regierung Moskaus Geschäfte betreibe«[5]. Nach langen und mühevollen Untersuchungen kamen die norwegischen Abwehrbeamten zu dem Schluß, auch der Ministerialbeamte Arne Treholt müsse zum Kreis der Verdächtigen gezählt werden. Treholt wurde daraufhin längere Zeit überwacht – für die norwegische Abwehr eine besonders heikle Operation.

Denn Arne Treholt, im Dezember 1942 geboren, stammte aus einer sehr angesehenen Familie. Die politische Karriere war ihm gewissermaßen in die Wiege gelegt worden: Vater Thorstein Treholt gehörte als Landwirtschaftsminister zweimal der sozialdemokratischen Regierung an. Arne studierte Politologie und Volkswirtschaft, diskutierte sich an die Spitze der Studentenbewegung und war Chef der Jungsozialisten der norwegischen Hauptstadt. Fünf Jahre lang arbeitete er bei der sozialdemokratischen Tageszeitung »Arbeiderbladet« und schrieb dort gegen den Vietnamkrieg und die NATO. Die Zeit des Prager Frühlings verbrachte er als Korrespondent in der tschechoslowakischen Hauptstadt, wo er sich auch privat engagierte und ein uneheliches Kind zeugte. Nach einem kleinen Zwischenstopp in einem Forschungsinstitut für internationale Angelegenheiten wechselte Treholt 1972 ins norwegische Handelsministerium, als persönlicher Sekretär des Ministers. Der Kampf gegen die griechischen Obristen lag ihm damals besonders am Herzen, und er schloß Freundschaft mit dem späteren griechischen Premier Andreas Papandreou und der exilierten Schauspielerin Melina Mercouri. Treholt opponierte gegen Norwegens Beitritt zur Europäischen Wirtschaftsgemeinschaft und gegen die amerikanischen Militäreinrichtungen in seiner Heimat.

Kontakte zu den Sowjets hatte der Jungpolitiker wahrscheinlich schon seit Ende der sechziger Jahre. Einer seiner Ansprechpartner war der KGB-Offizier Jewgenij Alexandrowitsch Beljajew. Den smarten Sowjetdiplomaten hatte Treholt im Herbst 1967 auf einem Cocktailempfang der Sowjets in Oslo kennengelernt. Der damals 35jährige KGB-Offizier Beljajew, der von 1961 bis 1965 im damaligen Wüstenkönigreich Libyen stationiert gewesen war, kam nach einem pflichtgemäßen Heimataufenthalt im Sommer 1967 nach Norwegen. Der dunkelhaarige Russe mit dem stechenden Blick war offiziell Dritter Botschaftssekretär. Seine auffällige Kontaktfreudigkeit und ungeduldigen Anwerbungsversuche outeten ihn jedoch sehr schnell als Geheimdienstler. Beljajew versuchte anfangs die Verbindung zu seinem norwegischen Zielobjekt Treholt möglichst rasch zu festigen, besuchte ihn oft, ging mit ihm essen und hielt unter anderem auch telefonisch Kontakt. Beljajew machte seinem Gesprächspartner darüber hinaus immer wieder kleine Geschenke, wie es bei Anwerbungen gang und gäbe war. Zum Einstand brachte Beljajew unter anderem Kaviar und eine Flasche Wodka in Treholts Wohnung.[6]

Dem KGB-Offizier schien an seinem norwegischen Gegenüber sehr viel zu liegen. Immer wieder nahm er Kontakt zu Treholt auf, wie die späteren Ermittlungen ergaben. Der KGB-Kundschafter verhielt sich dabei durchaus geduldig und legte keine nachrichtendienstliche Hast an den Tag. Anfangs rief er ohne viel Umschweife direkt über die Botschaftsleitung bei Treholt an. Später agierte der

KGB-Agent nach den Regeln der Konspiration, benutzte für die Vereinbarung von Treffs ausschließlich öffentliche Telefonzellen und verließ schon Stunden vor den geheimen Rendezvous seinen »Arbeitsplatz«. Die Rendezvous bedurften schließlich einer sorgfältigen Vorbereitung. Zu dieser Zeit, so sind sich westliche Nachrichtendienste sicher, hatte Treholt selbst noch keinen direkten Zugriff auf Verschlußmaterial. Seine Stärke lag darin, über einen großen politischen Freundeskreis zu verfügen.
1971 wurde der KGB-Offizier Beljajew nach Moskau zurückbeordert. Sein Nachfolger war zu diesem Zeitpunkt schon vor Ort. Im Juni 1971 trat Gennadij Fedorowitsch Titow, der damals gerade seinen 39. Geburtstag feierte, seinen Dienst im Königreich Norge an. Der KGB-Offizier Titow war zuvor an der Sowjetbotschaft in London gewesen, einer Schaltzentrale des KGB, ehe er als Erster Sekretär nach Oslo übersiedelte. In Wahrheit war der Russe mit dem ovalen Gesicht und der hohen Stirnglatze Stellvertreter des Osloer KGB-Residenten und leitete die »politische Linie« der Geheimdienstfiliale. Titow, Jahrgang 1932, war im russischen Karelien geboren und laut Gordiewsky im halbkriminellen Milieu aufgewachsen, wo er gelernt hatte, sich mit List, Tücke und Ellenbogen durchs Leben zu kämpfen. Der Genosse Titow verlor in Norwegen keine Zeit und ging sogleich seinen Aufgaben nach. Zuerst traf er sich mit der altgedienten Kundschafterin Gunvor Galtung-Haavik. Die Außenamtssekretärin wurde später allerdings von einem anderen Mitarbeiter der Osloer KGB-Residentur betreut.
Auch zu Treholt hielt Titow anfangs sehr regen Kontakt. Im ersten halben Jahr traf man sich drei- bis viermal im Monat in verschiedenen Restaurants der Hauptstadt. Es scheint, als sei dies eine Art Vorbereitungszeit für spätere Aufgaben gewesen. Im Gegensatz zu Beljajew war der Neue zeitweise von großer Ungeduld beherrscht. Titow wußte über sein Operationsgebiet im skandinavischen Norden exzellent Bescheid, besonders über die politischen Belange des NATO-Staates. Der immer etwas verschmitzt blickende Titow gönnte sich nach außen hin persönliche Ansichten, die von den offiziellen Verlautbarungen und Meinungsdiktaten der KPdSU mitunter stark abwichen. Wahrscheinlich lag seine Stärke gerade darin, den zu führenden Agenten eine »andere, auch Kritik vertragende Sowjetpolitik« vorzugaukeln. Mit dieser Rolle spielte sich der Genosse Offizier gekonnt ins Vertrauen seiner »Partner«, um daraus dann freundschaftliche Beziehungen zu entwickeln. Titow

beherrschte auch die Methode, dem Zielobjekt zu schmeicheln und dessen Geltungsdrang zu befriedigen. Doch mit der Zeit erhöhte er konstant den Druck auf sein »Opfer«. Zu Treholt schien sich für den leitenden KGB-Agenten eine besonders gute Beziehung anzubahnen.

Zu Beginn der geheimen Kontakte kümmerte sich auch der Sowjetspion Titow, wie schon zuvor sein Vorgänger Beljajew, nur um ein Mindestmaß an Konspiration. Später aber, als man die Zahl der Treffen einschränkte, wurden diese geheimdienstlichen Zusammenkünfte ausschließlich nach genauen Anweisungen und stundenlangen Vorbereitungen durchgeführt. Telefongespräche wurden so gut es ging vermieden. Anrufe in die Botschaft waren gestrichen, für geplatzte Treffen gab es Ausweichtermine nach einem genauen Plan. Tarnung und Verschleierung waren großgeschrieben. Titow, der vorgab, für die Sicherheit der Botschaft zuständig zu sein, war bereits 1972 zum Chef der norwegischen KGB-Residentur avanciert. Offiziell war er Botschaftsrat.

Währenddessen kletterte auch Treholt die berufliche Karriereleiter rasch hinauf. 1973 wurde er zum persönlichen Sekretär des Handelsministers Jens Evensen ernannt, mit dem Treholt nicht nur die EWG-Gegnerschaft und NATO-Ablehnung verband. Der erfahrene Politiker Evensen war darüber hinaus ein väterlicher Freund des aufstrebenden Jungsozialisten. »Das Gespann galt fortan als glücklicher Beweis eines erfolgreichen Brückenschlages zwischen den aufmüpfigen Jungsozialisten und dem gestandenen politischen Establishment«, hieß es dazu in der deutschen »Zeit«.

Nach der sogenannten Energiekrise von 1973 begann der Westen neue Logistiken für einen erneuten Ernstfall auszuarbeiten und Mineralölreserven anzulegen. Die Ölkrise hatte den Europäern die Abhängigkeit von den Ölförderländern der arabischen Welt erschreckend vor Augen geführt. Im norwegischen Handelsministerium wurden Nachschub-Szenarios für den Kriegsfall festgeschrieben und eine Liste der Öllager sowie die genaue Einbindung der mächtigen Handelsmarine in einen militärischen Krisenfall aufgezeichnet. Nach der Enttarnung Treholts 1984 soll die Osloer Regierung diese Pläne sofort abgeändert haben. Die Spekulationen über den Schaden, der der NATO durch diesen Verrat entstanden war, kannten keine Grenzen.

1974 wurde Treholts Dienstherr Evensen an die Spitze des neugegründeten Seerechtsministeriums berufen. Adlatus Treholt folgte ihm und wurde zwei Jahre später mit der Funktion eines

Staatssekretärs belohnt. Nun war der Karrierist endlich Regierungsmitglied. Ein Jahr später begannen die Norweger äußerst heikle Verhandlungen mit den sowjetischen Nachbarn. Dabei ging es um die längst überfällige Grenzziehung und die Fischereirechte in der Barentsee. Aus diesem sogenannten Grauzonen-Abkommen, das Treholt aushandelte, gingen die Russen im Herbst 1977 als strahlende und kompromißlose Nutznießer hervor. Die norwegischen Sicherheitsbehörden vermuteten, laut Agenturmeldungen, daß Treholt die gesamte Verhandlungsstrategie nicht nur ausgearbeitet, sondern auch an Moskau verraten hatte.[7] Zu jener Zeit jedenfalls wurde die norwegische Sicherheitspolizei auf Treholt aufmerksam. Nur handfeste Beweise fanden sich damals noch nicht.

Monate zuvor war die KGB-Affäre um die Sekretärin Gunvor Haavik ans Tageslicht gekommen. Die verbitterten Norweger reagierten auf die aufgedeckte Infiltration durch das KGB mit Ausweisungen sowjetischer Diplomaten. Gennadij Titow, Deckname »Henry«, war einer von fünf Diplomaten, die im Zuge dieser Affäre zu unerwünschten Personen erklärt wurden und Norwegen verlassen mußten. Damit war der Kontakt Titows zu Treholt für einige Zeit unterbrochen.

Doch das KGB wußte sich schnell zu helfen. 1979 wurde der ehrgeizige und eloquente Politiker Treholt, das Seerechtsministerium war inzwischen aufgelöst worden, an die norwegische UN-Mission nach New York weggelobt. Treholt kümmerte sich dort im Range eines Botschaftsrats um die wirtschaftlichen Angelegenheiten. Doch bevor er seine Heimat Richtung New York verließ, bekam er Besuch von den Sowjets. Der etwas finster blickende Leonid Alexejewitsch Makarov, 45, sowjetischer Botschaftsrat und neuer KGB-Resident in Oslo, überbrachte Grüße von Titow. Er übermittelte Titows Wunsch nach einem geheimen Treffen in der finnischen Hauptstadt Helsinki. Makarov war kein unbeschriebenes Blatt in den Karteien westlicher Geheimdienste. Der KGB-Offizier diente von 1967 bis 1972 in der dänischen Hauptstadt Kopenhagen, damals ein sehr beliebtes KGB-Operationsgebiet.

Im Januar 1979, wenige Tage vor seiner Übersiedlung nach Manhattan, soll Treholt die Gastfreundschaft des KGB in Helsinki auch tatsächlich in Anspruch genommen haben. Titow hatte sich als Führungsoffizier Treholts auf der norwegischen Agentenbühne zurückgemeldet. In der KGB-Zentrale hatte der Offizier eine beachtliche Karriere gemacht. Er war zu Krjutschkows Assistenten aufgestiegen und leitete ab 1979 die Dritte Abteilung der Auslandsaufklärung, zuständig für Skandinavien, Großbritannien und Irland sowie Asien und Australien.

Titow kam zum Rendezvous der besonderen Art in Begleitung eines jungen aufgeweckten Agentenkollegen. Sein Name: Wladimir Iwanowitsch Schischin. Schischin, Jahrgang 1949, eine elegante Erscheinung mit gewelltem, dunklem Haar, auffällig dicken, hochverlaufenden Augenbrauen und einem jungenhaften Gesicht, sprach vorzüglich Norwegisch. Kein Wunder, war er doch Mitte der siebziger Jahre an der Osloer Sowjet-Dependance als Zweiter Botschaftssekretär für die Pressearbeit verantwortlich gewesen. Im Juli 1977, kurz vor seinem 28. Geburtstag, hatte Schischin offiziell seine Heimreise an die Moskwa angetreten. Der KGB-Novize sollte allem Anschein nach als Treholts neuer »Sachbearbeiter« aufgebaut werden. Denn das Moskauer Außenministerium teilte den jungen Kundschafter Schischin, auf Wunsch des KGB, der sowjetischen Mission bei den Vereinten Nationen in New York zu. Offiziell hieß es, Schischin bearbeite den Aufgabenbereich »Mittlerer Osten« in der russischen UN-Mission.

Schischins Ankunft in den Staaten verzögerte sich jedoch. Erst im Frühjahr 1980 traf der KGB-Mann in New York ein. In der UNO-Hauptstadt kam es dann auch zu den »zufälligen« Treffen mit Treholt. Das erste Meeting in Übersee war bereits in Helsinki vorbereitet worden.

Treholt, ein ausdauernder und begeisterter Läufer, joggte jeden Morgen, bevor er die UNO-Bühne betrat, durch den New Yorker Central Park. Unter die Jogger sollen sich auch andere Schattenmänner gemischt haben, darunter KGB-Kundschafter Schischin. Aber auch Beamte des FBI waren dabei. Schischin und Treholt trafen sich außerdem im UNO-Gebäude. Der weitläufige Gebäudekomplex war ideal für konspirative Treffen. Über Blickkontakt wurden die Treffs vereinbart. Eine knappe halbe Stunde nach dem ersten Augenkontakt trafen sie sich im Sekretariatsgebäude an der UN-Plaza. Die Kontakte mußten verdeckt ablaufen, offene Treffen waren laut KGB-Regieanweisung nicht erlaubt. Deshalb fuhren die beiden mit dem Lift etliche Etagen nach oben. Das Treffen fand dann an einem stillen Fleckchen in einer der Bibliotheken statt. Laut KGB-Anweisung sollte Treholt sein Material in einem Briefumschlag oder eingeschlagen in einer amerikanischen Tageszeitung transportieren. Schischin nahm dann das unauffällig abgelegte »Päckchen« an sich. Zu dieser Zeit waren die Sowjets unter anderem scharf auf Nachrichten über den Iran-Konflikt und über die US-amerikanischen Beziehungen zum Mullahregime. Afghanistan, das die Sowjets damals besetzt hielten, und Dauerbrenner Polen standen ebenso auf der Tagesordnung wie auch der Sicherheitsrat der Vereinten Nationen selbst.

Weitere Treffen fanden, fern der UNO-Gebäude, in verschiedenen New Yorker Restaurants statt. Doch Schischin und Treholt hatten offenbar keinen guten Draht zueinander. So soll sich der Norweger beim KGB wiederholt über die »miesen Restaurants« beschwert haben, die Führungsoffizier Schischin zum Tête-à-tête aussuchte. Doch die strengen Anweisungen der Moskauer Zentrale ließen dem jungen KGB-Agenten nur wenige Entscheidungsfreiheiten. Ging es um die Finanzen, waren die Drahtzieher an der Moskwa mindestens so knausrig wie linientreu. Abänderungen der nachrichtendienstlichen »Planwirtschaft« kamen nicht in Frage. Schischin war ein gehorsamer Befehlsempfänger und führte die Order der KGB-Obersten tapfer aus. So waren auch die »miesen Lokale« bald kein Thema mehr, denn Schischin gab vor, diese Kaschemmen aus Gründen der Sicherheit auszuwählen.

Außer den Kontakten zwischen Treholt und seinem jungen KGB-Abschöpfer gab es ein Haupttreffen von ganz besonderem Stellenwert. Einmal im Jahr traf Treholt den KGB-Chefagenten Gennadij Titow in einem sogenannten Drittland wie Finnland, der Schweiz oder Österreich. Das hatte einen einfachen Grund: Der neutrale Boden war bei weitem nicht so heiß. Die Gefahr, in einem dieser Länder der Spionage überführt zu werden, war nach Ansicht der Sowjets viel geringer. Obwohl ihnen gerade die Schweizer gelegentlich ordentlich zusetzten. Jedenfalls hatten die westlichen Geheimdienste dort keinen direkten Zugriff. Das Wann und Wo der »Drittland-Rendezvous« bestimmte Titow, die genauen Daten übermittelte in der Regel Schischin. Um sich durch diese Reisen keinem Verdacht auszusetzen, verband Treholt diese Trips mit beruflichen Anlässen oder privaten Besuchen in der Heimat.

Im Sommer 1980 begab sich der Osloer Diplomat nach Österreich. Am 4. Juli traf Treholt in Wien ein. Er mietete im Hotel Intercontinental für zwei Tage das Einzelzimmer Nummer 719.

Am selben Tag noch kam es zum Treffen mit Gennadij Titow, dem Topagenten des KGB. Das geheime Stelldichein fand in Wiens bekanntestem indischem Restaurant statt, dem Taj Mahal in der Nußdorfer Straße 33 im neunten Wiener Gemeindebezirk. Titow war sehr erfreut über das Wiedersehen, er hatte Treholt seit Jahren ins Herz geschlossen. Dieses Arbeitsessen in Wien diente »der Auffrischung und Aufrechterhaltung der alten Beziehungen« und »zum mündlichen Informationsaustausch zwischen Ost und West«.

Ob Treholt zwischen den Curry-Gerichten irgendwelche Dokumente oder schriftliche Unterlagen über den Tisch schob, konnten die Beobachter nicht feststellen. Laut Pressemeldungen soll Treholt eine derartige Übergabe vehement in Abrede gestellt haben. Hotel- und Reisekosten für Treholts Wien-Aufenthalte übernahm die »Firma«. Die Erste Hauptverwaltung des KGB zahlte Treholts Spesen. In seiner New Yorker Zeit soll Treholt, laut eigenen Angaben vor den Ermittlern, an die 20 000 DM erhalten haben.

Von der Donaumetropole als Treffpunkt sichtlich angetan, wurde im Frühsommer 1981 der nächste Wien-Besuch angesetzt. Die Gelegenheit war günstig, da Treholt an einer UNO-Sitzung am Genfer See teilzunehmen hatte und ein kleiner Abstecher an die Donau kaum auffallen würde.

Am 19. Juni trafen sich Titow und der Norweger wieder im Taj Mahal. Die Sowjets gingen diesmal mit etwas mehr Vorsicht an die Sache heran. Die KGBler hielten die Augen offen und setzten sogenannte Abdecker ein. Treholt und Titow sprachen sehr angeregt miteinander, unter anderem über die »Sicherheit« Treholts. Titow soll dabei seinen Schützling anfangs beschwichtigt haben. Später habe er aber durchblicken lassen, daß eine »Selbstabschaltung« Treholts für die Sowjets nicht in Frage käme. »Supervision« nach der bewährten KGB-Methode. Treholt und Titow saßen eine ganze Weile zusammen. Der hochrangige KGB-Offizier erkundigte sich über das »New Yorker Verfahren«, also über die Informationsübermittlung an Schischin, und er monologisierte ausführlich, laut Aktenlage, über die verhängnisvolle Aufstellung amerikanischer Raketen auf deutschem Boden.

Drei Jahre verbrachte der ungewöhnliche Karrierist Treholt bei der UNO in New York. Während dieser Zeit geriet er auch ins Visier der Spionageabwehr des amerikanischen Bundeskriminalamtes FBI. Mitte September 1980 hatten die norwegischen Sicherheitsbehörden bei den Kollegen in Washington um Hilfe nachgesucht.[8] Dem FBI, das seit Jahren intensiv die sowjetische Botschaft und andere Missionen der UdSSR auf amerikanischem Boden überwachte, waren Treholts Kontakte zu den Sowjets angeblich bereits aufgefallen.[9] Osloer Zeitungen berichteten später, daß FBI-Agenten damals sogar in Treholts Nachbarwohnung in New York eingezogen seien, um ihn so besser unter Beobachtung halten zu können.[10]

Im Sommer 1982 kehrte der ehrgeizige Norweger in seine Heimat zurück. Treholt schrieb sich für den Herbst als Student in der nationalen Verteidigungsakademie ein. Das paßte den Sowjets allerdings nicht in den Kram. Als Gennadij Titow die überraschende Botschaft von den bevorstehenden militärischen Studien seines norwegischen »Freundes« erfuhr, ordnete er aus Sicherheitsgründen neue Verhaltensregeln an. Keine Extratouren mehr, lautete die Order.

Unauffälligkeit und Bedecktheit waren angesagt. Treffen mit den Sowjets wurden während dieser Zeit auf Eis gelegt. Den Sowjets lag die Angelegenheit schwer im Magen, hatte sich doch nun das Risiko einer Entdeckung von Treholts Machenschaften stark erhöht. Verteidigungsakademien und deren Angehörige, wo auch immer in der Welt, stehen im allgemeinen unter besonderer Beobachtung der Geheimdienste. Sollte dies eine Falle sein? Wenn ja, wer war ihnen auf der Spur?

Der KGB-Agent Schischin verlor mit Treholts Abgang plötzlich seine heimliche Aufgabe in New York. Er hätte, nach dem Plan des KGB, noch mindestens zwei weitere Jahre im Big Apple sein geheimes Unwesen treiben sollen. Doch erst im Juni 1983 verließ Schischin endgültig die amerikanische UNO-Metropole. Der Grund der großen Verzögerung: Eile bei der Rückberufung Schischins hätte den Verdacht seiner KGB-Führungstätigkeit womöglich erhärtet.

Im Frühjahr 1983 beendete Treholt den 28. Hauptkurs an der Militärakademie. Ehrgeizig wie er war, hatte er dafür hart gebüffelt. Seine Zulassung zur Akademie war umstritten gewesen. Hätte man ihn jedoch nicht teilnehmen lassen, argumentierte die Regierung später, hätte man ihn auch gleich offen warnen können, daß er unter Beobachtung stehe. Da sich die norwegischen Behörden nicht sicher waren, wie sich Treholt während des Kurses verhalten würde, schmuggelte man angeblich einen Aufpasser in den Kurs. Während seines Studiums soll Treholt aber keinen direkten Zugang zu Geheiminformationen gehabt haben, wurde später beschwichtigt.

Nach Abschluß der Armeeschulung stand einer neuerlichen Kontaktaufnahme mit den Sowjets nichts mehr im Wege. Treholt trat in der Zwischenzeit wieder in die Dienste des Außenministeriums und arbeitete dort in der Wirtschaftsabteilung.

Am 14. Mai 1983 reiste Treholt nach Helsinki. Ein Troß norwegischer Schattenmänner folgte ihm, hieß es später in den Pressemeldungen.
Im Helsingforser Restaurant Mestari Talli im Toivo Kuulan Park traf er sich, wie verabredet, mit seinem KGB-Offizier Titow. Treholt legte eine Zeitung auf den Tisch, die Titow danach einsteckte. Was er darin genau übergeben hatte, konnten die Ermittler damals nicht feststellen. So wurde angenommen, Treholt habe niedergeschriebene Informationen vom Verteidigungsakademiekurs auf diese Weise weitergegeben.
Für den Sommer wurde ein erneutes Treffen in Wien festgelegt. Am 20. August 1983 mietete Treholt im Intercontinental das Zimmer 1207. Der Skandinavier und sein russischer Topoffizier hatten an diesem Tag ein Stelldichein vereinbart. Wieder zog die norwegisch-sowjetische Gesellschaft die indische Küche der deftigen Schnitzel- und Gulasch-Gastronomie Wiens vor. Und, wie auf einem Präsentierteller, flanierten Titow und Treholt unbekümmert über die Nußdorfer Straße. Heftig gestikulierend, redete Titow, mittlerweile in den Generalsrang befördert, auf Treholt ein. Das konnten die lauernden norwegischen Abwehragenten jedenfalls beobachten. Die örtlichen FBI-Agenten, so wurde vermutet, sollen ihren norwegischen Kollegen bei der Observation tatkräftig geholfen haben. Die österreichische Staatspolizei war von den Norwegern über ihre Abwehroperation jedoch nicht informiert worden. Mit Spiegelreflexkameras samt Teleobjektiv hielten die Abwehragenten jene Szene fest, die später als bildlicher Spionagebeweis um die Welt gehen sollte.
Doch da war noch ein dritter Mann, der mitspazierte: Genosse Aleksandr Georgijewitsch Lopatin, wie Titow ein älteres Semester des KGB, mit Stirnglatze und schütterem Hinterkopfhaar. Der damals 52jährige KGB-Offizier sollte angeblich als neuer Führungsagent Treholts installiert werden. Lopatin war in der westlichen Geheimdienstwelt schon lange kein Unbekannter mehr. Von 1967 bis 1972 hatte er in Schweden in den geheimen Reihen der Kundschafterelite der KPdSU gedient.[11] Zwei Jahre später, im Januar 1974, war er als Erster Sekretär an der Sowjetbotschaft in der norwegischen Hauptstadt aufgetaucht. Im späten Frühjahr 1976 hatte er sich allerdings an die Moskwa verabschiedet. Treholt soll bei dem erwähnten Dreiergespräch lediglich offene Berichte verschiedener wichtiger und weniger wichtiger Gesellschaften übergeben haben. Darunter auch Anmerkungen zu den High-Tech-Export-

verbotsbestimmungen COCOM und norwegische Außenamtsbulletins. Irgendwann schnitt Titow das Thema »toter Briefkasten« an. Der spätere KGB-General hatte sich auch schon einen genauen Ort für das Versteck in Oslo ausgedacht. Am nächsten Tag traf man sich nochmals zum Small talk im Hotel Intercontinental am Stadtpark. Daraufhin reiste Treholt wieder ab.

Für den kommenden Januar war der nächste Wien-Termin geplant. Doch dieses Meeting konnte Treholt nicht mehr einhalten. Keine 20 Tage nachdem Treholt den Posten eines Leiters der Presseabteilung im norwegischen Außenministerium angetreten hatte, verhafteten die Fahnder der norwegischen Sicherheitspolizei den vermeintlichen KGB-Agenten am Osloer Flughafen. Mit dem Flug-Nr. SK 677 der Scandinavian Air wollte Treholt kurz nach Mittag dieses 20. Januar über Kopenhagen nach Wien fliegen. Den Rückflug hatte er für den 29. Januar 1984 gebucht.[12]

In Treholts Reisegepäck entdeckten die Abwehrbeamten über 60 geheime Unterlagen. Bei der Durchsuchung seiner Wohnung förderten sie eine Unzahl hand- und maschinegeschriebener Berichte ans Tageslicht, zum Beispiel über Gespräche mit diversen Politikern und aufschlußreiche Tagebuchnotizen. Der Skandal um Treholt erschütterte das Land. Im hohen Norden war plötzlich Feuer im Dachstuhl. Die sowjetisch-norwegischen Beziehungen näherten sich dem absoluten Nullpunkt. Die Norweger erklärten die »erkannten« KGB-Agenten Beljajew, Schischin, Lopatin und Makarov im Februar 1984 kurzerhand zu Personae non grata. Titow, der den Spitznamen »Krokodil« führte und den seine Kollegen ebensowenig mochten wie fürchteten, war diese zweifelhafte Ehre bereits 1977 zuteil geworden. Gleichzeitig wurden folgende Sowjetbürger als unerwünschte Personen ausgesperrt:[13]

- Juri Anatoljewitsch Anisimow, geboren 1937, Erster Botschaftssekretär in Oslo (1980–1984) und erkannter GRU-Offizier.
- Anatolij Aleksejewitsch Artamonov, geboren 1948, Botschaftsrat an der Handelsmission der UdSSR in Oslo (1982–1984) und erkannter GRU-Offizier.
- Igor Wladimirowitsch G., geboren 1948, Direktor der Firma K.-B. und der KGB-Tätigkeit verdächtigt.
- Stanislaw Iwanowitsch Tscherbotok, geboren 1937, seit 1979 Erster Sekretär der Sowjetbotschaft in Oslo.
- Michail Iwanowitsch Utkin, geboren 1948, Botschaftsrat an der Osloer Handelsmission der Sowjets (1980–1984) und erkannter KGB-Offizier.

Damit wurde die Sowjetfiliale mit einem Schlag auf einen Stand von 89 Personen reduziert, was jedoch immer noch extrem hoch war.

Wie es in der westlichen Hemisphäre der Nachrichtendienste Usus ist, informierten die Spionageermittler aus dem hohen Norden die befreundeten Dienste detailliert über ihre Revanchemaßnahmen.

Die Sowjets versuchten krampfhaft, den Schwarzen Peter an die Norweger zurückzugeben. In einer Erklärung beschwerte sich die Osloer Sowjetbotschaft bitterlich, die norwegische Abwehr hätte versucht, einen sowjetischen Diplomaten in Wien zum Übertritt in den Westen zu überreden. Man habe ihm dafür eine halbe Million US-Dollar geboten. Erfolg allerdings sei den Norwegern trotz des stattlichen Taschengelds aus der Staatskasse nicht beschieden gewesen.

Der Fall Treholt barg aber noch eine weitere nachrichtendienstliche Facette, weshalb die Anklage gegen den Norweger später um den Vorwurf der Spionagetätigkeit zugunsten des Irak erweitert wurde.

Etwa 1980 war Treholt, angeblich über seine guten griechischen Kontakte, einem fülligen Araber vorgestellt worden. Dieser Mann nannte sich Mohammed Radhi und war Mitarbeiter der irakischen Botschaft in Athen. Mohammed Radhi, in westlichen Geheimdienstkreisen besser bekannt unter seinen Decknamen »Samir Jafar« sowie »Abu Haidar«, war ein erkannter Offizier der Generaldirektion des irakischen Geheimdienstes (DGI). Der hochrangige Agent Saddam Husseins diente von 1971 bis 1983 in der griechischen Hauptstadt, anschließend wechselte der Spion vom Euphrat an die irakische Botschaft in Paris. Von hier aus soll Radhi eine Reihe geheimer Operationen der Iraker geleitet haben. Westlichen Geheimdiensten, besonders den skandinavischen, war er immer wieder aufgefallen. Radhi konnte mit seiner Neugierde den Russen locker das Wasser reichen. Er interessierte sich für Waffen und Munition skandinavischer Provenienz, deren Einkaufsmöglichkeiten und »Nachschublinien« sowie für Informationen über den Erzfeind Iran.

Treholt und Radhi trafen sich unter anderem in Athen, im Hotel Hilton, aber auch in Paris. Immer wieder kontaktierte Radhi seinen Bekannten aus dem hohen Norden telefonisch, und er gab ihm auch die Anschrift eines Postfachs in einem Athener Vorort bekannt. Daß Treholt dem Agenten Saddam Husseins außer harmlosen Zeitungsartikeln auch geheime Informationen zukommen ließ, wurde von den Ermittlern laut Medienberichten zwar angenommen, aber nicht bewiesen.

Ende Januar 1985 wurde dem einstigen Karrierepolitiker Arne Treholt der Prozeß gemacht. Es war der größte Landesverratsprozeß in der norwegischen Nachkriegsgeschichte. »Ich habe in den Punkten, auf die in der Anklageschrift Bezug genommen wird, niemals etwas preisgegeben, was sich auf die Sicherheit des Landes bezog«, sagte Treholt nach der Verlesung der Anklageschrift und erklärte sich gleichzeitig für nicht schuldig. Seine Kontakte zum KGB gestand er zwar ein, jedoch wollte er sie eher als unorthodoxen Versuch der Klimaverbesserung zwischen West und Ost verstanden wissen.[14]

Der Angeklagte sah sich in erster Linie als Opfer einer bösen Kampagne. Eine Hexenjagd habe man gegen ihn eröffnet, ließ Treholt vermelden. Er sei Opfer einflußreicher Kreise in Norwegen und den USA geworden, denen die Annäherung des Königreichs an Sowjetrußland ein Dorn im Auge sei.[15] In rund 30 Briefen, die Treholt aus der Haftanstalt schleusen ließ und in denen er unter anderem die CIA und das FBI als Urheber der Konspiration gegen ihn anführte, gestand er aber doch ein, beiden Staaten (UdSSR, Irak) geheime Papiere überlassen zu haben.[16]

Während des Prozesses enthüllte der Staatsanwalt des Staatssicherheitsgerichts eine weitere pikante Szene aus den Ostbeziehungen Treholts. Im Januar 1975 habe der Angeklagte in Moskau an einer wilden Champagnerparty teilgenommen, die in einer Sexorgie geendet habe. Im Restaurant des Moskauer Hotels Sowjetskaja sei Treholt eine junge attraktive Frau am Nachbartisch aufgefallen. Als seine norwegischen Kollegen den Speisesaal verließen, sei er aus gutem Grund geblieben. Nach dem Champagner sei Treholt mit seiner weiblichen Begleitung in eine Privatwohnung gegangen, wo weitere Frauen dazugestoßen seien. Später hätten sich noch ein paar ebenso ausgelassene Herren hinzugesellt. Treholt sei bis in den Morgen geblieben.

Dem KGB seien diese nächtlichen Eskapaden nicht entgangen. Ein Sowjetagent habe Treholt dann auch Fotos von dieser feucht-fröhlichen Party gezeigt. Daß er mit diesem kompromittierenden Material zur Zusammenarbeit mit den Sowjets gezwungen worden sei, hatte Treholt zwar anfangs in einem Polizeiverhör behauptet, später aber als »Irrtum« bezeichnet.[17]

Im Juni 1985 wurde der ehemalige Diplomat im Außenamt zu einer Haftstrafe von 20 Jahren verurteilt. Das Gericht war zu der

Ansicht gekommen, Treholt habe zwischen 1972 und 1983 für den KGB Spionage betrieben.[18] Erschwerend wurde die Tatsache gewertet, daß er ab 1982 ein Jahr lang als Student der nationalen Verteidigungsakademie »Geheiminformationen über Norwegens Landesverteidigung und NATO-Pläne weitergegeben haben soll«. Zur Haftstrafe kam noch eine empfindliche Geldstrafe in Höhe von 1,1 Millionen Kronen (damals rund 400 000 DM). Diese Summe soll der ehemalige Polit-Hans-Dampf von den Kreml-Herren für seine Dienste entgegengenommen haben.

In Sachen Verrat zugunsten des Irak sprachen ihn die Osloer Richter frei. Treholt habe dem irakischen Geheimdienst keine Namen eventueller norwegischer Kontaktleute genannt, wie ihm ursprünglich vorgeworfen worden war.[19] Doch mit dem Prozeßende war Treholt längst nicht aus den Schlagzeilen.

Im Sommer 1986 erhielten die norwegischen Behörden einen detaillierten Hinweis, daß Treholt seine Flucht aus dem Gefängnis plane. Der Journalist Egil U., ein Freund Treholts, soll sein Wissen über die Vorbereitungen der Polizei zugetragen haben. Mit zwei Komplizen wolle der ehemalige Diplomat über Spanien nach Schwarzafrika, Senegal oder Gambia abtauchen.[20] Falsche britische Reisepässe hätten dem Fluchtwilligen dabei helfen sollen. Doch Afrika sei, laut damaligem Ermittlungsstand, nicht Treholts Endziel gewesen. Er wollte eigentlich nach Ostdeutschland, wurde öffentlich spekuliert, wo sein ehemaliger Führungsoffizier Gennadij Titow im Sowjethauptstützpunkt Karlshorst eine führende Rolle einnahm.[21] Der Krjutschkow-Günstling Titow war zu diesem Zeitpunkt die Nummer zwei des KGB im deutschen Arbeiter-und-Bauern-Staat. Er soll nach dem Zusammenbruch des ostdeutschen Regimes an der Verbringung der wertvollen MfS-Akten in die KGB-Zentrale beteiligt gewesen sein. Später wurde er zum Stellvertreter des KGB-Vorsitzenden Wladimir Krjutschkow ernannt.[22]

Bei Treholts verhindertem Fluchthelfer fand sich auch ein Brief, den der verurteilte KGB-Spion an seinen früheren KGB-Meister geschrieben hatte. Anscheinend rechnete Treholt mit einer Unterstützung durch die UdSSR. Zwei mutmaßliche Fluchthelfer Treholts wurden verhaftet, namhafte Geldbeträge in deren Wohnungen beschlagnahmt und Treholt selbst zwei Tage vor dem Tag X in ein anderes Gefängnis in Ullersmo verlegt.[23]

Im April 1991 lehnte das norwegische Justizministerium ein Gnadengesuch Treholts ohne Begründung ab.[24] Daraufhin wandte sich der Spion über seinen Anwalt an den norwegischen König

Harald V. Aufgrund seines schlechten Gesundheitszustandes und dem Ende des Ost-West-Konflikts, so argumentierte der Anwalt, sei Treholt heute alles andere als ein Sicherheitsrisiko. Norwegens König schloß sich dieser Meinung an. Im Juli 1992 wurde der frühere KGB-Agent, dem letztlich eine Reise nach Wien zum Verhängnis geworden war, vom Monarchen begnadigt.

Deckname »Emil«

Am 12. August 1987 erschien der Ostberliner Rechtsanwalt Wolfgang Vogel mit zwei Mandanten und üblichem Stasi-Troß am hessisch-thüringischen Grenzübergang Herleshausen. Die Ärztin Dr. Christa-Karin Schumann war eine der beiden Mandanten. Anfang Juni 1979 hatte sie versucht, gemeinsam mit ihrem Lebensgefährten, dem früheren Konteradmiral Winfried Baumann, über Ungarn in den Westen zum BND zu fliehen. Der Plan war jedoch kläglich gescheitert. Mitte Juli 1980 wurde Winfried Baumann von einem DDR-Gericht zum Tode verurteilt und erschossen. Dr. Schumann wurde im selben Jahr von einem DDR-Gericht zu 15 Jahren Haft verurteilt.

Der zweite Mandant war Wilhelm Wilms, ein Zigarettenverkäufer im Dienste des Kölner Bundesamts für Verfassungsschutz. Der eifrige DDR-Besucher hatte laut »Spiegel« die Aufgabe gehabt, die Verbindung zwischen der DKP und der SED zu durchleuchten. Später ließ er sich scheinbar von der Stasi anwerben, wurde aber zwei Jahre später enttarnt. Urteil: lebenslänglich. »Der Tausch gehört zu den großzügigen Gastgeschenken, die Erich Honecker und Helmut Kohl derzeit im Vorfeld des Honecker-Besuchs in der Bundesrepublik wechseln«, schrieb der »Spiegel« dazu im August 1987 unter dem Titel »Gunst der Stunde«.

Die Bonner Vertreter hatten ihrerseits drei Herrschaften zum Austausch mitgebracht. »Zwei weniger wichtige Mitarbeiter des Ministeriums für Staatssicherheit« (»Spiegel«) und den KGB-Mitarbeiter Manfred Emil Rotsch, damals 63 Jahre alt. Der Rüstungsingenieur Rotsch war am 20. September 1984 wegen langjähriger Spionage für die Sowjets verhaftet worden. Im Juli 1986 hatte ihn das Bayerische Oberste Landgericht in München zu achteinhalb Jahren Haft verurteilt. Rotschs verräterische Geschäfte hatten sich zu einem großen Teil auf österreichischem Boden abgespielt, denn in der Alpenrepublik traf er seine Ostkundschafter.

Rotsch kam 1924 in einer kleinen Ortschaft im Kreis Aussig am Fuße des böhmischen Mittelgebirges zur Welt. Volksschule, Schlosserlehre, Kriegseinsatz, Gefangenschaft hießen die prägenden Stationen seiner jungen Jahre. 1949 ging er zum Studium auf die Technische Hochschule in Dresden, wo er sich vier Jahre lang zum Ingenieur im Flugzeugbau ausbilden ließ. Danach trat er in einen volkseigenen Betrieb in Pirna ein, in dem der sowjetische Düsenjäger MiG-17 in Lizenz gebaut wurde. Später arbeitete der junge Techniker in dem Ostberliner Projektierungs- und Konstruktionsbüro Kohle. Doch dann, gab Rotsch später zu Protokoll, habe »Harry«, ein früherer Studienkollege, ihn als Kundschafter des Friedens angeworben. »Harry« habe ihn erpreßt, da er frühzeitig von seinen Ausreiseplänen erfahren habe. »Harry« drohte, laut Aktenlage, diesen Fluchtplan zu verraten, bot aber gleichzeitig an, das Problem mit einer »Gegenleistung« aus der Welt zu schaffen. Die Gegenleistung bedeutete nichts anderes, als eine gewisse »Erklärung« zu unterschreiben. Und Rotsch, der keinen Ausweg gesehen haben will, unterzeichnete diese Verpflichtungserklärung tatsächlich.

Im Mai 1954 wurde Rotsch beauftragt, in den Westen Deutschlands umzuziehen und sich eine Stelle in seinem beruflichen Fachbereich zu suchen. In einem Schnellkurs wurden Rotsch die Grundkenntnisse der Konspiration beigebracht. Unter anderem Geheimschreibverfahren (Latenzschrift) und das Anlegen von Verstecken, von toten Briefkästen (TBK). Die Einschleusung in die Bundesrepublik war als Verwandtenbesuch getarnt. Die Legende, Ostflüchtling zieht zu seiner Familie in den Westen, war auch deshalb plausibel, weil seine Eltern schon seit Ende der vierziger Jahre in Westdeutschland lebten. Im Januar 1954 hatte er ihnen schon einmal einen Besuch abgestattet. Vielleicht hatte er damals nur die Lage sondiert? Oder suchte er gar schon nach einem passenden Unterschlupf? Einer nachrichtendienstlichen Perspektive?

Mitte der fünfziger Jahre traf Rotsch seinen Freund »Harry« wieder. Rotsch hatte in der Zwischenzeit bei den Heinkel-Werken angeheuert. »Harry« ließ nun die Katze aus dem Sack: Er wies den Flugzeugtechniker nachdrücklich auf seine geheime Verpflichtung hin. »Harry« war damals wahrscheinlich hauptberuflich, so nahmen Experten an, im Staatssekretariat für Staatssicherheit (SfS), dem Vorläufer des Ministeriums für Staatssicherheit, tätig.

Zu Beginn seiner Kundschafterlaufbahn schrieb Rotsch alle paar Wochen Briefe an eine Tarnadresse in Ostberlin. Mitte 1956 reiste

Rotsch zu einem Treffen in die DDR-Hauptstadt. In seinem Handgepäck führt er erste Konstruktionspläne mit sich. Zwei Jahre danach traf er Freund »Harry« in der belgischen Hauptstadt Brüssel. Ein Jahr später wechselte Rotsch zu einer Außenstelle der Flugzeugfirma bei München. 1960 wurde Rom als Treffpunkt auserkoren. Diesmal kannte Rotsch seinen Gesprächspartner nicht.

In der Zwischenzeit deponierte er etliches Material, das er vorher gefilmt hatte, in Verstecken in München und Speyer.[1]

Zwei Jahre später wurde Rotsch wieder in die Höhle des Löwen, nach Ostberlin bestellt. Vermutlich standen Nachschulungen oder nachrichtendienstliche Fortbildung auf dem geheimen Lehrplan. Man brachte ihm jedenfalls den Umgang mit Mikraten, auf Punktgröße verkleinerte Textseiten, bei und impfte ihm das Abhören und Entschlüsseln von Radiotelegrammen ein.

Mittlerweile mußte dem Ingenieur klargeworden sein, daß die materialhungrigen Schattenmänner im Osten keineswegs dieselbe Muttersprache hatten wie er. Rotsch war nämlich längst für das KGB tätig. Freund »Harry«, so mutmaßten Insider später, war wohl, wie so oft, als eine Art »lebende Krücke« eingesetzt worden. Schließlich war die persönliche Bekanntschaft der beiden von Anfang an von großem nachrichtendienstlichem Wert. Im Herbst 1963 wurde Rotsch nochmals nach Ostberlin geladen. Er traf einen Kundschaftergenossen aus Moskau, den er nur mit Vornamen kannte. Die Treffen im Osten der geteilten Stadt waren durchaus riskant, und Rotsch hätte leicht in Verdacht geraten können. Später wurde Ostberlin als Treffpunkt gestrichen.[2] Damit endete auch die Zuständigkeit der Ostberliner KGB-Residentur.

Von diesem Zeitpunkt an fanden alle Treffs auf Anordnung des KGB ausschließlich in Österreich statt.[3] Das »neutrale« Österreich kannten die Sowjetagenten ja beinahe so gut wie ihre eigenen Wohnungen, die Bewegungsfreiheit in der Alpenrepublik schätzten sie ungemein. Auch die operative Führung Rotschs wurde an die Residentur in Wien abgetreten. Rotsch hielt von nun an über die österreichische Filiale des KGB Kontakt zu seinen Auftraggebern.[4]

Im Jahr 1963 traf Rotsch einen seiner KGB-Führungsoffiziere zum erstenmal in Wien. Insgesamt waren, über die Jahre, mehr als eine Handvoll KGB-Offiziere in die operative Führung des deutschen Flugzeugtechnikers eingebunden. An die zwölfmal im Jahr trafen die KGBler ihren teuren Schützling. Das KGB beglich jeweils die

Spesen, die für das Zustandekommen der jeweiligen Treffs anfielen, und so an die 300 DM gab es noch extra auf die Hand. Später legten die Sowjets noch 200 Mark drauf, und Ende der siebziger Jahre stockte das KGB nochmals um 300 auf 800 DM auf. Eine Art Treuebonus samt Inflationsausgleich?
Die Haupttreffen mit dem KGB fanden jetzt in der Mozartstadt Salzburg statt. In der Regel traf man sich dreimal im Jahr an der Salzach. Immer nur an Samstagen und um die Mittagszeit, so zwischen 11 und 13 Uhr. Im Garten des barocken Schlosses Mirabell, im Zentrum der erzbischöflichen Altstadt, wurde still und heimlich Kontakt aufgenommen. Die Zielorte waren stets in stark belebten Gassen, an Straßenkreuzungen oder vor Geschäften. Rotsch mußte dabei eine konspirative Prozedur über sich ergehen lassen, im wahrsten Sinn des Wortes, denn er hatte jedesmal eine gewisse Kontrollstrecke zu durchlaufen. Die ortskundigen Abdecker des KGB konnten so die »Reinheit der Luft« mehrfach prüfen. Nachdem Rotsch den nachrichtendienstlichen »Orientierungslauf« hinter sich hatte, mußte er wieder an den Ausgangspunkt zurückkehren. Dort wartete dann der Kontaktmann vom KGB. Kam Unvorhergesehenes dazwischen, verschob man den Treff auf Sonntag. Konnte man auch dann nicht zusammenkommen, so ließen die Herren vom KGB aus Sicherheitsgründen eine ganze Woche verstreichen. Dann wurde das Treffen erneut versucht. Als Tourist getarnt, mit bäuchlings baumelnder Kleinbildkamera, mußte Rotsch unter anderem durch die Altstadt flanieren, von der engen Königsgasse in die Linzer Gasse einbiegen, um vor der dortigen Apotheke haltzumachen. Eine Zeitung in der einen Hand signalisierte: Alles klar, Treffen nach Plan.[5] Gab es Probleme, so mußte Rotsch seinen täglichen Lesestoff in eine Außentasche seiner Kleidung stecken. Dem KGB war nichts zu abwegig, um die Sicherheit der Quelle und seiner Führungsoffiziere zu gewährleisten. Kannte Rotsch seinen sowjetischen Treffpartner noch nicht, dann hatten beide zur Erkennung ein kurzes Frage-und-Antwort-Spiel abzuspulen, ganz so, als wären sie Laiendarsteller einer Straßentheatertruppe. »Kennen Sie ein Schuhgeschäft Salamander?« hatte der KGB-Mann Rotsch zu fragen. »Nein, hier nicht, nur in Linz«, mußte dieser daraufhin wie aus der Pistole geschossen antworten. Das war's dann auch schon, und einer Materialübergabe stand nichts mehr im Weg.
Die Hauptstadt Wien diente als sogenannter eiserner Treff, womit der Nottermin innerhalb des nachrichtendienstlichen Treffpro-

gramms bezeichnet wird. Für den Fall, daß ein Agent seine Standardtreffen nicht einhalten konnte und die Verbindung zum Führungsoffizier abzureißen drohte, hatte man bereits zu Beginn der geheimen Zusammenarbeit einen bestimmten Ort und genauen Zeitpunkt festgelegt, der eine Begegnung, wenn auch unter besonderen Sicherheitsvorkehrungen, möglich machen sollte.

Rotsch und seine KGB-Führung hatten als solchen eisernen Treff ausgerechnet den Platz um den Pallas-Athene-Brunnen vor dem Parlament an der Wiener Ringstraße gewählt. Als Zeitpunkt wurde das jeweils erste Wochenende im November bestimmt.

In Wien verfügte Rotsch außerdem, laut Verfassungsschutzbericht von 1984, über eine Deckadresse: ein Postfach in einem Postamt des 20. Wiener Gemeindebezirks.

Im Herbst 1969 trat Rotsch in den Dienst des größten deutschen Rüstungsriesen Messerschmitt-Bölkow-Blohm (MBB), da sein vorheriger Arbeitgeber, die Junkerswerke, in diesem Unternehmen aufgegangen waren. Rotsch saß nun plötzlich an der Top-Quelle der deutschen Rüstung. Das KGB hatte mit ihm das große Los gezogen. Und die Sowjets wußten ihre Quelle zu schätzen und zu schützen.

Ende 1971 wurde den Sowjets der Boden in der Festspielstadt Salzburg zu unsicher. So zogen es die Kundschafter vor, in das ebenso idyllische wie touristische Umland Salzburgs auszuweichen. Die noblen Kurorte Bad Hofgastein und Bischofshofen wurden nun zur Materialübergabe aufgesucht, ebenso die Ortschaft Fuschl und die oberösterreichische Salzstadt Bad Ischl mit ihrem kaiserlich-königlichen Flair.

Für seine Materiallieferungen soll Rotsch auch Prämien erhalten haben. Und er war sein Geld wert. Über 16 Jahre lieferte der MBB-Abteilungsleiter umfangreiche Informationen über die geheimsten Top-Projekte der deutschen Militärtechnik. »Der Sowjetspion Manfred Rotsch war der erfolgreichste bisher bekannt gewordene Agent im Herzen der bundesdeutschen Rüstungsindustrie«, schrieb Heiner Emde bereits 1986 in seinem Buch »Spionage und Abwehr in der Bundesrepublik«.

Die Sowjets erhielten vollen Einblick in das »Tornado«-Kampfflugzeugprojekt samt seinen Konstruktionsplänen und in die volle Palette der Zusatzausrüstungen. Dabei muß erwähnt werden, daß auch andere Ostagenten das »Tornado«-Projekt ausspionierten.

Von Rotsch erfuhr die UdSSR alles bis ins kleinste Detail über die Rakete Kormoran sowie die französisch-deutsche Gemeinschaftsproduktion der Panzerabwehrwaffen Hot und Milan. Und auch die Geheimnisse der modernen Hubschraubertechnik von MBB waren für die KGB-Kundschafter bald offene Bücher. Rotsch kannte außerdem die Zukunftsplanungen der Bundesluftwaffe durch die Geheimstudie »Technologien zukünftiger Kampfflugzeuge«, behauptet Autor Janusz Piekalkiewicz in seinem Spionagelexikon. Unter anderem auch das Projekt »Jäger 90«.

Auch in der aktualisierten Ausgabe der amerikanischen Studie »Soviet Acquisitation of Militarily Significant Western Technology« wird Rotsch in der Auflistung erfolgreicher sowjetischer Spionageoperationen gegen die westliche Rüstungsindustrie angeführt. Mit der Anmerkung: Der Leiter der Planungsabteilung des Flugzeugherstellers MBB lieferte Informationen über den Tornado des europäischen Panavia-Konsortiums an das KGB. Moskau war, gerade in diesem Zusammenhang, über den Stand der Verhandlungen zwischen MBB und der NATO oft früher informiert als die Bonner Regierung.[6] Innerhalb der Ersten Hauptverwaltung des KGB, der Auslandsaufklärung, war das Direktorat T – Wissenschaftlicher und Technischer Nachrichtendienst – für diese erfolgreiche Beschaffung verantwortlich.

An der Wiener KGB-Filiale in der Reisnerstraße waren die KGB-Agenten der Residentur-Linie X – Wissenschaft und Technik – wiederum für die operative Abschöpfung zuständig. Diese KGB-Offiziere waren oft selbst ausgebildete Techniker oder Rüstungsfachleute, die unter dem diplomatischen Schutzmantel eines Botschaftsattachés für wissenschaftliche Angelegenheiten meist leichtes Spiel hatten. Aber auch die Tarnung als Angestellte der Handelsmission sowie Mitarbeiter der wirtschaftlichen Sektion bei der ständigen Vertretung der internationalen Organisationen erfreute sich in den Zeiten der Hochblüte sowjetischer Massenkundschafterei großer Beliebtheit. Doch nicht alle waren in den offiziellen diplomatischen Stützpunkten angesiedelt.

Auch der sowjetische Staatsbürger Aleksandr Oumnow soll, nicht zuletzt von Rotsch, als einer der führenden KGB-Agenten identifiziert worden sein. Der 1946 in Moskau geborene Oumnow kam im Oktober 1979 in die österreichische Hauptstadt. Er mietete sich in der Colloredogasse im 18. Gemeindebezirk ein, einen Steinwurf vom sowjetischen Botschaftswohnblock in der Sternwartestraße entfernt. Oumnow lebte bis Mai 1985 in Wien und forschte für seine wissenschaftlichen Arbeiten am Internationalen Institut für angewandte Systemanalyse im Schloß Laxenburg. Und das noch

Monate, nachdem Rotsch vom Verfassungsschutz der Spionage für das KGB überführt worden war.
Laut Piekalkiewicz hatte der französische Geheimdienst DST eine KGB-Quelle namens Farewell, der den Franzosen streng geheime Unterlagen aus dem Direktorat T – Wissenschaft und Technik – zukommen ließ. Darunter Dokumente, die klar auf einen Maulwurf bei MBB hinwiesen. Es dauerte aber noch drei weitere Monate, ehe Rotsch Ende September 1984 verhaftet wurde. Die Ermittler konnten dabei eine Vielzahl von Unterlagen sicherstellen. Knapp drei Jahre verbrachte Manfred Rotsch hinter Gittern, bis er an jenem 12. August 1987 ausgetauscht wurde. Doch das Leben im Osten bot offenbar nicht das, was sich der frühere Ostspion für seinen Lebensabend erträumt hatte. Keine drei Monate nach seiner Ausreise kehrte er nach Westdeutschland zurück.

Verrat an der NSA, an den USA

»Die vermutlich erfolgreichste Infiltration in den Vereinigten Staaten gelang dem KGB zu Beginn der achtziger Jahre im Fall Pelton«, schrieben Christopher Andrews und Oleg Gordiewsky 1990 in ihrem Buch »KGB«. Diese Einschätzung, aus damaliger Sicht durchaus zutreffend, mußte später relativiert werden. Heute weiß man, daß Aldrich Ames, der 1994 enttarnte KGB-Maulwurf in der CIA, in dieser Disziplin wohl konkurrenzlos die Nummer eins war.
Doch das soll Ronald William Peltons »Verdienste« nicht schmälern. Er war es schließlich, der den sowjetischen Kundschaftern einen tiefen Einblick in die National Security Agency (NSA), den elektronischen Spionageapparat der USA, und ihre höchst geheimen Operationen verschaffte.
Die NSA wurde 1952 auf Anweisung des damaligen Präsidenten Harry S. Truman als eigenständige Agency innerhalb des amerikanischen Verteidigungsministeriums ins Leben gerufen. Heute ist die NSA mit Sitz in Fort George G. Meade im Bundesstaat Maryland (Anne Arundel County) der mit Abstand größte Geheimdienst der USA. Bereits Ende der siebziger Jahre beschäftigte diese Horch- und Lauschzentrale der Vereinigten Staaten 70 000 Mitarbeiter.[1]
Die NSA betreibt sogenannte Signal Intelligence (SIGINT), zu deutsch Fernmeldeaufklärung. Weltweit überwacht sie Nachrich-

tenverbindungen, unter anderem von Bodenstationen und Schiffen aus sowie per Satelliten. »SIGINT spielt weiterhin eine bedeutende Rolle bei der Aufrechterhaltung des Supermacht-Status der USA«, heißt es dazu unter »About NSA« auf der NSA-Homepage im Internet. Die Agency sieht sich selbst als die Nationale Kryptologische Anstalt der USA und ist stolz darauf, die besten »codemakers and codebreakers« der Vereinigten Staaten zu beschäftigen. Im Bereich der Datenübermittlung und Computerhochtechnologie sowie der Sprachforschung und -analyse gilt die NSA als unerreicht. Chef der US-Lausch-Division ist heute Vizeadmiral J. M. »Mike« McConnell, 53. Der gelernte Militärgeheimdienstler ist der 13. Direktor der NSA und untersteht wie alle US-Nachrichtendienste dem Director of Central Intelligence (DCI), der gleichzeitig auch CIA-Chef ist.

Ronald William Pelton, Jahrgang 1941, trat 1964 in die NSA ein und war später in der Abteilung tätig, deren Aufgabe es war, die Sowjetunion zu »bearbeiten«. Zu seinem Betätigungsfeld zählten Kostenrechnung, Materialbeschaffung, Programmplanung und -lösung. 1979 nahm Pelton von der NSA Abschied, nachdem er seinen privaten Bankrott hatte erklären müssen. Mit Pelton ging es von da an immer steiler bergab. Er trennte sich von seiner Frau, hatte erhebliche Alkoholprobleme und versuchte, sich mit verschiedenen Jobs über Wasser zu halten.[2]

Etwa sechs Monate später, im Januar 1980, bot er sich schließlich den Sowjets, genauer der KGB-Residentur in Washington an. Die Sowjets, speziell die dafür zuständige KGB-Abteilung 16, waren naturgemäß hoch erfreut über diese einzigartige und vielversprechende Quelle. Obwohl Pelton kein »aktuelles« Material mehr liefern konnte, war er doch in der Lage, den Sowjets einen detaillierten Überblick über die geheimen NSA-Operationen gegen die UdSSR, ihre Arbeitsweise und Technologie zu verschaffen. Er fertigte für seine neuen Arbeitgeber eine 60 Seiten starke Studie über die US-Signal-Parameter an und verriet ihnen 57 von der NSA angezapfte sowjetische Nachrichtenquellen.[3] Darunter war auch die hypergeheime Langzeitoperation mit dem Code IVY BELLS. Anfang der siebziger Jahre war es den USA gelungen, im Ochotskischen Meer im Osten der UdSSR ein Tiefseekabel der Sowjets mittels eines Spezialabhörgerätes anzuzapfen. Dieser Kabelstrang am Meeresboden galt in den Augen der Sowjets als völlig sicher, und so konnten die USA viele Geheimnisse der Roten Armee, darunter Daten über Tests ballistischer Raketen auf Kamtschatka,

»abstauben«. Kompliziert war nur die Bergung der Bänder, die von speziellen Tiefsee-Robotern gehoben werden mußten.[4] Nach sechs Jahren brach der bis dahin äußerst ergiebige Informationsfluß plötzlich ab. Die Spezialisten der sowjetischen Marine bescherten dem Lauschwunder der Amerikaner 1981 ein jähes Ende, indem sie, in einer Nacht-und-Nebel-Aktion, den US-Tiefseekabel-Scanner »beschlagnahmten«. Ron Pelton hatte die Top-Operation seiner ehemaligen Kollegen verraten.[5]

Als sicherer Treffpunkt mit dem KGB diente Ron Pelton Wien. Nachdem er sich den Sowjets angeboten hatte, reiste er bereits im Oktober 1980 in die Donaumetropole, um hier die Einzelheiten seiner künftigen Zusammenarbeit mit den Herren aus Moskau zu besprechen. »Einmal wohnte er sogar mehrere Tage beim sowjetischen Botschafter«, weiß Watergate-Aufdecker Bob Woodward in seinem Buch »Geheimcode Veil« zu berichten. Auch die Geldübergaben sollen in Wien stattgefunden haben.[6] Insgesamt soll Pelton um die 35 000 US-Dollar vom KGB bar auf die Hand bekommen haben.[7] Im Frühjahr 1983 und Mitte April 1985 beehrte Pelton die österreichische Hauptstadt mit weiteren Besuchen. Auch bei diesen Gelegenheiten hatte ihn das KGB zu »Arbeitsbesprechungen« bestellt. In Wien traf Pelton sich mit dem Offizier Anatoli Slawnow, Jahrgang 1928, der jedesmal extra für diese Treffs nach Österreich entsandt wurde.[8] Zumindest findet sich sein Name nicht unter den in Wien stationierten Sowjetdiplomaten, die in einer Kartei des Außenamtes aufgelistet sind.

Erst am 24. November 1985 konnte die FBI-Abteilung Counterintelligence (CI) Ronald W. Pelton im Bundesstaat Maryland festnehmen. Der Kurzzeit-Überläufer Vitali Sergejewitsch Jurtschenko, der nach drei Monaten in CIA-Gewahrsam wieder in seine Heimat zurückkehrte, hatte der amerikanischen Abwehr den entscheidenden Tip gegeben. Jurtschenko war Sicherheitsoffizier des KGB an der Washingtoner Botschaft gewesen, als Pelton sich dort andiente. Er war es auch, der damals Peltons ersten Anruf entgegennahm und den Amerikaner in die diplomatische Vertretung einlud, wo dieser dann auch prompt auftauchte.[9]

Bei einem von Peltons ehemaligen Arbeitgebern, einer Firma in Silver Springs, stellten die FBI-Agenten Unterlagen sicher, die weitere Verbindungen Peltons zu Österreich dokumentieren. Unter anderem Belege über ein im Oktober 1984 geführtes Telefongespräch Peltons mit einem Anschluß in Wien, weiter einen Telexkontakt mit einem österreichischen Bankier und möglicherweise auch Kontakte nach Graz sowie in eine kleine burgenländische Gemeinde. Weitere Nachforschungen in diese Richtung hatten für die amerikanische Seite jedoch kaum Bedeutung und wurden deshalb auch nicht angestellt. Anfang Juni 1986 wurde Ron Pelton von einem amerikanischen Gericht zu lebenslanger Haft verurteilt.

Das Wiener Verfahren

Der Spionagering der »Familie Walker« war eine nationale Katastrophe, das behaupten jedenfalls amerikanische Nachrichtendienstexperten. Zumindest der US-Marine war ein nachrichtendienstliches Desaster, ein kryptographisches »Pearl Harbor«, widerfahren, das seinesgleichen suchte. 17 Jahre lang hatte der Marineangehörige John A. Walker die Sowjetunion mit geheimsten Unterlagen, kryptographischen Schlüssellisten, codierten Meldungen und streng vertraulichen Marine-Handbüchern beliefert. Dafür bediente er sich auch seines Bruders und seines Sohnes, beide ebenfalls Angehörige der amerikanischen Seestreitkräfte. Nach seinem Abschied von der Flotte warb er seinen Flottenkameraden Jerry Whitworth an, führte ihn und höhlte so die strengsten Geheimnisse der US-Marine systematisch aus. Die Sowjets waren dadurch nicht nur über fast jedes US-Seemanöver im Bilde, sondern konnten auch verschlüsselte Meldungen der U.S. Navy mitlesen und sich an den vermeintlich geheimsten amerikanischen Informationen über die sowjetische Flotte nachrichtendienstlich ergötzen.

Begonnen hatte die außergewöhnliche Spionageaffäre im Januar 1968. John Walker, ein ehemaliger U-Boot-Funker und späterer Fernmeldeoffizier des Oberkommandos der atlantischen U-Boot-Flotte, fuhr nach Washington, um den Sowjets einen Besuch in ihrer Botschaft abzustatten. Walker litt an einer beruflichen Sinnkrise und hatte darüber hinaus massive Geldprobleme. Er betrat, ohne großes Aufsehen zu erregen, das exterritoriale Gebäude und wurde dort einem KGB-Offizier vorgeführt. Walker stellte sich als Geheimnisträger der Marine vor, der die nachrichtendienstliche »Ware«, die durch seine Hände ging, profitabel veräußern wolle.

Zur Untermauerung seiner Glaubwürdigkeit hatte Walker eine Schlüsselliste der Chiffriermaschine KL-47, die zum Adonis-System gehörte, mitgebracht. Der Schlüssel war jeweils 30 Tage lang gültig.[1] Zwar war dieses Gerät nicht das Neueste in Sachen Kryptographie, aber für das feindliche Ausland dennoch gut brauchbar. Mit ebensoviel Mißtrauen wie Interesse wurde Walker von dem KGB-Offizier ausgefragt. Der Agent Moskaus kam mit Walker, entgegen allen Vorsichts- und Sicherheitsregeln, tatsächlich ins Geschäft. Anschließend schleusten die Sowjets ihren neuen Mann in der U.S. Navy mit einem Diplomatenfahrzeug aus der Botschaft und ließen ihn erst nach einer umwegreichen Fahrt durch Washington an einer Ecke aussteigen.

Leute mit einem beruflichen Hintergrund, wie ihn Walker hatte, galten als Ziel Nummer eins der Sowjetspionage. In der Regel erkundigte sich das KGB sehr genau über seine »Zielobjekte«, deren Lebensgewohnheiten, Laster und Vorlieben. Je genauer sie einen »Mitarbeiter« durchleuchten konnten, desto stärker konnten sie ihn an sich binden. So wurden Vorlieben eines Agenten im allgemeinen gefördert und unterstützt. Das KGB wußte, daß ein bei guter Laune gehaltener Spion relativ konstante Qualität liefern würde. Zuckerbrot und Bargeld wirkten oft wahre Wunder. Die andere, ebenso erfolgreiche Methode war Erpressung. Entdeckten die KGB-Kundschafter an einer Zielperson irgendein Laster, so wurde dieses als Druckmittel eingesetzt.

Im Fall Walker kannte die Washingtoner KGB-Mannschaft anfangs nur den Namen. Und das nur deshalb, weil sie darauf bestanden hatten, seinen Dienstausweis zu sehen.

Einen Monat nach seinem »walk in« stellte sich John Walker mit der ersten Lieferung geheimen Materials bei den Sowjets ein. Das KGB revanchierte sich mit mehreren tausend US-Dollar. Das Risiko, das sie mit Walker eingegangen waren, schien sich für beide Seiten bezahlt zu machen. Schon bald waren komplizierte Übergabeverfahren, die einer der KGB-Offiziere entwickelt hatte, nur noch Routine. Leere 7up-Dosen fungierten als Signalzeichen zwischen dem KGB-Führer und seinem US-Spion. Die Limonadedosen wurden genau dann in einem abgesteckten Gebiet aufgestellt, wenn eine Übergabe bevorstand oder erfolgreich erledigt worden war oder Walker den Erhalt seines Agentlohns signalisieren wollte. Walker füllte fleißig tote Briefkästen mit Top-secret-Material aus der Flotte, die Sowjets hinterlegten im Gegenzug Geld und neue Anweisungen.

Im Sommer 1971 wurde Walker auf das amerikanische Versorgungsschiff »USS Niagara Falls« zugeteilt. Drei Jahre lang diente er dort als »Verwalter sämtlicher geheimer Schlüsselunterlagen«.

Das KGB hatte damit einen Mann im Herzen der schwimmenden US-Kriegsmaschinerie – ein nachrichtendienstlicher Volltreffer. Walkers Material ermöglichte es den Sowjets unter anderem, den gesamten Funkverkehr der Amerikaner, den sie aufgezeichnet hatten, im nachhinein zu entschlüsseln. Später lieferte Walker darüber hinaus einen Übungsplan der US-Flotte mit allen Details. Seit diesem Zeitpunkt wußten die Sowjets, wie sich die amerikanische Marine in einer kriegerischen Auseinandersetzung verhalten würde, wo die Schwachstellen waren und welche Informationen die US-Marine über den Gegner in Erfahrung gebracht hatte. Im Ernstfall hätte dies wohl einen tödlichen Ausgang für die U.S. Navy zur Folge gehabt. Für Walker rollte der Rubel. Die Sowjets dankten ihm seine Dienste reichlich.

Im Juli 1976 schied Walker aus den Diensten der U.S. Navy. Eine routinemäßige Sicherheitsüberprüfung stand ins Haus. Eine Enttarnung seiner KGB-Aktivitäten schien nicht ausgeschlossen. Zumal er Jahre zuvor einer Sicherheitsüberprüfung nur dadurch entkommen war, indem er den diesbezüglichen Aktenvermerk einfach gefälscht hatte. Walker hatte sich sozusagen selbst das Sicherheits-Okay gegeben. Nun wurde ihm der Boden aber doch zu heiß. Seine Spionagetätigkeit für das KGB wollte er auf keinen Fall aufgeben. Im Gegenteil. Über seine nachrichtendienstliche Zukunft hatte er sich längst Gedanken gemacht und taktisch klug vorgeplant.

Bevor Walker der Marine den Rücken kehrte, warb er seinen Kameraden Jerry Alfred Whitworth an. Whitworth und Walker kannten sich seit Anfang der siebziger Jahre. Im Marineausbildungszentrum San Diego waren sie sich zum erstenmal begegnet. Whitworth diente seit 1956 mit zeitweiligen Unterbrechungen in der U.S. Navy. Mitte der Siebziger ließ er sich in Satellitenkommunikation ausbilden und übernahm einen Außenposten auf dem Marineatoll Diego Garcia im Indischen Ocean. Whitworth war Geheimnisträger, später auch Verschlußsachenverwalter, wie Walker im Stabsdienst der Navy, und er hatte Zugang zu Top-Material. Walker hatte ihm anfangs vorgegaukelt, alle möglichen Seiten hätten Interesse an geheimem Material, unter anderem auch die Israelis.[2] Das klang durchaus einleuchtend, denn im Nahen Osten war die Hölle los. Die Israelis hatten den Sechs-Tage-Krieg gerade hinter und den Jom-Kippur-Krieg noch vor sich. Die Lage war äußerst gespannt. Walker war höchst erfreut über seinen Lieferanten, der mit dem Elan eines Novizen an die Auskundschafterei heranging. Walker spielte deshalb seit 1976 nur noch die Rolle eines Agentenführers, der seine Lieferanten abschöpfte, Unterlagen übernahm und die gutdotierten Spionageprämien austeilte.[3]

Der Zivilist Walker war mittlerweile in die Branche eines *private investigator* gewechselt, eine Tarnung, die nur von Vorteil sein konnte.

Nach dem erfolgreichen Jahr auf dem Flottenstützpunkt Diego Garcia heuerte Whitworth auf dem Flugzeugträger »USS Constellation« an. Wo auch immer die »Constellation« vor Anker ging, reiste Walker an, um vor Ort Material von Whitworth zu übernehmen. Nach einer späteren Rekonstruktion durch das FBI trafen sich »Führungsoffizier« Walker und seine Agent Whitworth innerhalb von neun Jahren mindestens 22mal zu Übergaben von geheimsten Unterlagen. Walker gab diese eilig an seine KGB-Offiziere weiter, kassierte den Spionagelohn und fuhr danach erneut zu Whitworth, um ihm seinen Anteil am Verratsgeschäft persönlich auszuhändigen. Insgesamt sollen so 332 000 US-Dollar übergeben worden sein. Zumindest seit 1977 bestanden die sowjetischen Kundschafter aber darauf, die Treffs mit Walker im fernen Ausland, weitab vom feindlichen Operationsgebiet, abzuhalten.

Im August 1977 bestellten die KGB-Agenten ihren Mann aus Norfolk in die marokkanische Hafenstadt Casablanca, fast so, als hätten sie ihre Treffpunkte nach einem Filmlexikon ausgewählt. In der legendären Stadt am Atlantik, arabisch Ad-Dar Al-Bayada, bewegten sich Spione aus aller Welt so sicher wie Seemänner auf Deck bei Windstärke acht.

Walker, der wenige Tage zuvor in Hongkong von Whitworth aktuelles Material ausgehändigt bekommen hatte, mußte in Casablanca sehr genaue Anweisungen des KGB befolgen. Der erste Treff war bereits geplatzt, da Walkers Zeitplan durch einen ungünstigen »Fahrplan« der »USS Constellation« in Verzug geraten war. So kam es zu einem Ersatzmeeting. Wie üblich mußte der Agent Umwege machen und die Richtungen mehrmals wechseln, um etwaige Verfolger auszumachen und in die Irre zu leiten. In Casablanca übergab Walker ein Päckchen mit Minox-Mikrofilmen, die Whitworth angefertigt hatte. Darunter war der gesamte Funkplan der US-Pazifikflotte.[4] Nach der Geldübergabe erhielt der Kundschafter in Sachen U.S. Navy von seinem KGB-Führungsoffizier neue Anweisungen für weitere Meetings. Die Sowjets wollten bei der Wahl des Treffpunkts offenbar auf Nummer Sicher gehen, denn ab 1978 trafen sie sich mit ihrem Mann aus dem amerikanischen Norfolk ausschließlich in Wien.

Der Boden in den Staaten war zu heiß geworden. Denn John Walker war für das KGB nicht nur ein schwieriger, sondern oft auch unberechenbarer Partner, den sie mehr schlecht als recht im Griff hatten. Von einer »Führung« konnten die Offiziere des KGB oft nur träumen. John Walker war zeitweise völlig unlenkbar.[5] Das machte die Treffen und Kontakte mit ihm auf amerikanischem Boden zu brandgefährlichen Unternehmungen. Eine Lösung mußte gefunden werden. Das KGB beschloß, die Treffs mit dem Sicherheitsrisiko John Walker ins good old Europe zu verlegen. Wien wurde als neuer Kontaktort auserkoren.

Im Januar 1978 flog John Walker auftragsgemäß nach Italien, in die oberitalienische Modemetropole Mailand. Anschließend begab er sich zum Bahnhof im Herzen der Stadt und fuhr mit einem Schnellzug nach Wien, wo er am Südbahnhof ankam. Rund einen halben Tag hatte die Reise mit der Bahn gedauert. Walker hatte die Abfahrtszeiten der verschiedenen Züge gut studiert und für alle Fälle auch die Ankunftszeiten auf einem kleinen weißen Zettel notiert. Nichts wurde dem Zufall überlassen. Doch sein Besuch in der österreichischen Hauptstadt war alles andere als ein Vergnügen. Die Sowjets hatten nicht verabsäumt, Walker strengste Regeln mit auf den Weg zu geben.

Als nach der Enttarnung Walkers 1985 zwei Dutzend FBI-Agenten dessen Haus in Norfolk durchsuchten, stießen die Beamten in seinem Arbeitszimmer nicht nur auf unzählige Papierstapel, eine Vielzahl an Dokumenten und handschriftlichen Notizen, sondern auch auf einige Straßenskizzen und einen Stadtplan Wiens. Das wohl interessanteste Stück Papier, das sie sicherstellen konnten, war ein Schreiben, auf dessen Kopf in Blockbuchstaben »The Vienna Procedure« stand.[6] Die Spionageabwehr des FBI hatte einen Jahrhundertfund gemacht. Noch nie zuvor hatten die amerikanischen Bundesfahnder einen derart detaillierten Regieplan des KGB in Händen gehabt.

Auf diesem Papier hatte das KGB die Instruktionen für Walkers Wien-Besuche penibel festgeschrieben. Die Anweisungen der »Vienna Procedure« waren so genau wie der Konstruktionsplan eines technischen Zeichners. Fein säuberlich hatten die Herren aus Moskau ihrem »Beauftragten« auf einem weißen DIN-A4-Blatt in Blockbuchstaben die Route zum Treff beschrieben. Noch mehr: Sie wiesen ihn auch haargenau an, wo er sich wie zu verhalten hatte.

Um ihm den Treffpunkt zu verdeutlichen, war der Ort am Blattende nochmals genau aufgezeichnet.
Am Nachmittag des 21. Januar 1978 machte sich der ehemalige Marine-Unteroffizier zu seinem Treffen mit dem KGB-Kontaktagenten auf. Zuerst mußte John Walker zum prächtigen Schloß Schönbrunn in den 12. Wiener Gemeindebezirk fahren. Das Prachtschloß der einstigen k. u. k. Monarchie, für dessen Glanz Maria-Theresia Mitte des 18. Jahrhunderts gesorgt hatte, ist eine der großen Wiener Touristenattraktionen. Walker spazierte, wie es ihm aufgetragen worden war, durch den weitläufigen Schloßpark mit seinen kunstvoll gestutzten Bäumen stadteinwärts. In der rechten Hand trug er eine kleine Papiertasche, ganz so als führte er Reiseproviant mit sich. Links hatte er seine Kameratasche geschultert.[7] Walker huschte durch einen Nebenausgang vom ehemals kaiserlichen Gelände, querte die Grünbergstraße und bog in die Schönbrunner Schloßstraße Richtung Innenstadt ein. Genau 15 Minuten nach sechs Uhr abends, so hieß es in den Instruktionen, traf er an der Ecke Schönbrunner- und Ruckerstraße beim Küchengeschäft Komet ein. Zwei Minuten mußte er dort vor der Auslage verharren und die Küchenangebote studieren. Danach schlenderte er in die nah gelegene unscheinbare Fabriksgasse, die sich keine 50 Meter weiter befindet. Dort ging er einige Schritte auf und ab und machte wieder kehrt. Damit war erst der Anfang gemacht. Die Russen ließen Walker die ganze Gegend durchkämmen. Es schien, als solle er sich jeden einzelnen Pflasterstein merken. Danach mußte er die Straßenseite wechseln. Und es war wieder Zeit, auf die Uhr zu sehen. Denn genau um 18.22 Uhr, so hatten es die KGB-Agenten vorgeschrieben, hatte Walker vor dem Elektrogeschäft Fernsehkratky ein kleine Pause einzulegen.[8] Die Anweisungen waren tatsächlich mehr als pingelig. So hatte das KGB seinem US-Spion sogar vorgeschrieben, vor welchem der Schaufenster er stehenbleiben sollte. Häuserblock um Häuserblock mußte Walker umrunden. Die Russen wollten auf Nummer Sicher gehen, denn sie hegten den Verdacht, daß ihr Topspion aus den USA von seinen Landsleuten beschattet werden könnte. Walker wurde jedoch nicht von US-Agenten beobachtet, sondern einzig die KGB-Abdecker folgten ihm auf Schritt und Tritt.
Von der Ruckergasse bog der Amerikaner schließlich nach rechts in die Nymphengasse, ging einen Häuserblock entlang und schwenkte links in die Ehrenfelsgasse und gleich nochmals links in die Haschkagasse ein. John Walker marschierte durch den 12. Wie-

ner Gemeindebezirk, als sei er ein recherchierender Geometer oder Städteplaner. Dabei durfte er weder zu schnell noch zu langsam gehen, denn das KGB hatte ihm ein Zeitlimit vorgegeben. »Es dauert rund 40 Minuten, um diese Route abzugehen«, schrieb der ortskundige KGB-Agent in die Anweisung. Walker hatte sich daran zu halten, wollte er die Übergabe nicht gefährden.

Genau fünf Minuten vor 19 Uhr tauchte Walker dann vor dem Herrenbekleidungsgeschäft Bazala auf, an der Ecke Meidlinger Hauptstraße und Füchselhofgasse. Hier, in der belebten Einkaufsstraße, sollte dann innerhalb der nächsten drei Minuten mit ihm Kontakt aufgenommen werden, so stand es jedenfalls in der handschriftlichen Instruktion.

Für den Fall, daß etwas Unvorhergesehenes dazwischenkommen sollte, wie das Auftauchen lästiger Beschatter, hatte man ebenfalls vorgesorgt. Konnte aus besagten Gründen kein Kontakt aufgenommen werden, so sollte Walker in den nächsten Tagen die verwinkelte »KGB-Rallye« durch den Bezirk Meidling wiederholen.

Doch an diesem Tag lief alles wie am Schnürchen. Mit einer Ausnahme: Das Wetter ließ zu wünschen übrig. Es war verdammt kalt in Wien. Ein kräftiger, eiskalter Wind aus dem Donautal blies durch die Gassen. Walker wartete. Plötzlich hörte er rücklings eine Stimme. Jemand sprach ihn in englisch an, der Akzent klang ihm fast vertraut. Die finstere, kräftige Gestalt, die sich an ihn herangepirscht hatte, war, nach Erkenntnissen westlicher Nachrichtendienste, Prokopij Iwanowitsch G., einer von Walkers KGB-Führungsoffizieren. Walker und G. kannten sich bereits. Fünf Monate zuvor hatten sie sich zum erstenmal in Casablanca getroffen. Walker übergab dem Mann aus Moskau ein Päckchen. G. verschwand für wenige Minuten, kam dann aber wieder zurück, um mit seinem US-Schützling weiter durch die Kälte zu spazieren. Der sowjetische Kundschafter fragte seinen »Arbeitnehmer« dabei nach allen Regeln der Spionagekunst aus. Der Russe war schließlich lange genug im Kundschaftergeschäft.

Prokopij Iwanowitsch G.[9] war Ende der zwanziger Jahre in der russischen Tundra zur Welt gekommen und hatte nach dem Zweiten Weltkrieg ein Sprachenstudium an der Leningrader Universität begonnen. Ende der fünfziger Jahre war er in die dänische Hauptstadt Kopenhagen übergesiedelt, um seine Dänisch-Kenntnisse zu verbessern. Kurze Zeit später tauchte G. unter der Legende eines Diplomaten an der sowjetischen Botschaft in Kopenhagen auf. Anfang der sechziger Jahre nahm er den Rang eines Dritten Sekretärs der UdSSR-Dependance am Öresund ein. Später wurde G. zum Zweiten Sekretär der Botschaft ernannt und bekam gleichzeitig die »Pressearbeit« übertragen. Für westliche Nachrichtendienste galt damit G.s KGB-Zugehörigkeit als nahezu gesichert.

Fünf Jahre später verließ G. das Königreich der Dänen und kehrte nach Moskau zurück. Erst zwei Jahre danach tauchte er wieder im Westen auf. KGB-Offizier G. diente ab Ende 1967 an der sowjetischen Botschaft in London. Doch Ende der sechziger Jahre trieben es die sowjetischen Nachrichtendienstler auf der Britischen Insel gar zu bunt. Darunter auch Botschaftssekretär G., der längst zu den aktivsten Spionen des Kreml gezählt wurde. Ende September 1971 riß der britischen Regierung endgültig der Geduldsfaden: G. und 104 seiner Diplomatenkollegen im Dienste von KGB und GRU mußten das Vereinigte Königreich umgehend verlassen.[10] Eine derartige Massenausweisung hatte die Welt noch nicht gesehen. Der Zorn der Briten war groß. Der KGB-»Überläufer« Oleg Adolfowitsch Ljalin, ein Agent der Londoner KGB-Residentur und Sabotage-Spezialist der Abteilung V, hatte die Damen und Herren in London nicht nur über die sowjetische Unterwanderung ihrer Regierungsstellen und Institutionen informiert, sondern auch über Pläne von Giftanschlägen im Kriegsfall.[11] Die Londoner KGB-Residentur erholte sich, laut Oleg Gordiewsky, nie mehr wieder von diesem Schlag.

Wo G. anschließend eingesetzt wurde, blieb im dunkeln. Es wird aber angenommen, daß er wiederum in der KGB-Zentrale in Moskau tätig war. G., so stellte sich später heraus, gehörte der Abteilung 16 der Ersten Hauptverwaltung (EHV) des KGB an. Die 16. Abteilung, die aus zwei anderen KGB-Abteilungen hervorgegangen war, hatte die Aufgabe, westliche Fernmeldeeinrichtungen zu bespitzeln und deren Personal, sprich Verschlüsselungsexperten und Chiffrierer, sowie Verwaltungsbeamte kryptographischer Dienststellen anzuwerben. Die geheimen Fäden wurden in der Regel in der Zentrale gezogen und unterlagen ganz besonderen Geheimhaltungsvorschriften. Die Dokumente und Akten dieser Abteilung wurden gehütet wie der Heilige Gral, ihre Sachbearbeiter waren abgeschottet wie ein geheimer Zirkel von Tempelrittern. Der 16. Abteilung gingen Offiziere aus anderen KGB-Referaten zur Hand, die für einzelne operative Hilfsdienste angefordert wurden. Offiziere der 16. Abteilung oder solche, die dieser zugeteilt waren, arbeiteten immer nur an einem Fall. Sie spielten, so die Einschätzung von Experten, die ganz besonders braven Diplomaten. West-

liche Spionageabwehrbehörden hatten es deshalb sehr schwer, gerade diesen 16ern auf die Spur zu kommen. Observationen über lange Zeiträume brachten oft nicht einmal einen einzigen Hinweis auf illegale nachrichtendienstliche Tätigkeiten. Die Observations-Teams westlicher Aufspür-Institutionen klebten manchmal monatelang an den Fersen dieser KGB-Agenten. Die dürftigen Ergebnisse waren nicht einmal die Aktenvermerke wert, die daraufhin angelegt wurden. Im Gegenteil. Die Überwachungsaktionen endeten nicht selten in einer quasi »Unbedenklichkeitserklärung« für das sowjetische Zielobjekt, obwohl im nachrichtendienstlichen Bereich solche Bewertungen auf einen bestimmten Zeitraum und Ort beschränkt bleiben. »Hier und jetzt ist der sowjetische Staatsbürger nachrichtendienstlich nicht ›angefallen‹«, hieß es da. Wie bei allen anderen Abwehr- und Aufkärungsmaßnahmen konnte man erst durch Hinweise sogenannter befreundeter Dienste den Anfangsverdacht gegen ausländische »Diplomaten« indizieren. Und danach operativ loslegen.
Denn nur wenige Male im Jahr leerten die Männer der 16. Abteilung tote Briefkästen. Die Prozedur des Leerens eines Verstecks wurde von einem speziell für Überwachungsaufgaben geschulten KGB-Team abgedeckt. Die Treffen mit ihren »Schlüsselagenten« überwachten die Moskauer Schlapphüte noch strenger. Sie fanden in der Regel nur in sogenannten sicheren Ländern wie etwa in Staaten der Dritten Welt oder aber, von den Russen bevorzugt, in Wien statt.
Anfang 1976 wurde Prokopij G., nach Erkenntnissen westlicher Nachrichtendienste, wieder zu einer Auslandsmission ausgeschickt. Der KGB-Offizier kam, wie im Laufe der Jahrzehnte so viele andere Agentenkollegen auch, nach Wien. Der damals 48jährige firmierte als Erster Sekretär der UN-Mission der Sowjetunion in der österreichischen Hauptstadt. Die Mission bei den Vereinten Nationen war seit Jahren ein Hort des sowjetischen Geheimdienstes. Hier gab es schließlich viele Möglichkeiten, Agenten zu plazieren. Die 1967 gegründete United Nations Industrial Development Organization (UNIDO) und besonders die 1956 gegründete International Atomic Energy Agency (IAEA), beide mit Sitz in Wien, wurden von den Sowjets weidlich als Tarnung genutzt.
Mitte Juli 1978 reiste Walker erneut für wenige Tage nach Wien, um seinen Führungsoffizier zu treffen. Er stieg im noblen Hotel Intercontinental in der Johannesgasse, mit Blick auf den Stadtpark,

ab. Rund zehnmal besuchte KGB-Agent John Walker in der Folge die österreichische Hauptstadt zu nachrichtendienstlichen Treffen und Materialübergaben. Die Agenten des FBI konnten an Hand von Walkers Notizen in Terminkalendern und von Reiseunterlagen – wie zum Beispiel Flugtickets und Hoteleintragungen und nicht zuletzt durch die Kreditkartenabrechnungen – seine Reisebewegungen sehr genau nachzeichnen. Anfangs kam Walker immer zu Jahresbeginn nach Wien, und ein zweites Mal gegen Mitte oder Ende des Jahres.

Nach Angaben amerikanischer Zeitungen soll Walker in Wien vom KGB an Spionagekameras und Aufnahmegeräten geschult worden sein. Die Wahrscheinlichkeit, daß Walker sich tatsächlich in einem sicheren Haus der Sowjets irgendwo im Wienerwald detaillierten technischen Schulungen unterziehen mußte, ist jedenfalls groß. Die Methode, Agenten für zwei, drei Tage aus dem Verkehr zu ziehen, um sie im Eilverfahren fortzubilden, war auch bei den Sowjets in Wien durchaus üblich. Doch wie so oft blieb es auch im Fall Walker bei der Vermutung, genährt durch Erfahrungswerte. Beweise gab es nicht.

Belegt ist dagegen eine weitere »Vienna Procedure«. Diesmal hatten die Sowjets statt des zwölften, den fünften Wiener Gemeindebezirk, Margareten genannt, ins Auge gefaßt. Walker, so lauteten die Anweisungen des KGB, mußte kurz vor sieben Uhr abends mit einer Plastiktüte die Margaretenstraße stadteinwärts schlendern, vorbei an der Spengergasse und dann rechts in die Pannsachgasse einbiegen. Punkt 19 Uhr sollte er dort vor dem linken Fenster eines Geschäfts stehenbleiben, die Tüte in die linke Hand nehmen und dort verweilen. Anschließend ging es weiter Richtung Bacherplatz, dann rechts in die Arbeitergasse und wieder links in die belebte Reinsprechtsdorferstraße. Danach fünf Gassen bergauf, Jahngasse, Spengergasse, Wimmergasse hießen die nächsten Stationen. Doch damit waren die Instruktionen für den nachrichtendienstlichen Spießrutenlauf noch lange nicht beendet. Siebenbrunnengasse, Gartengasse, Castelligasse hießen die weiteren Durchlaufstationen der KGB-Anweiser. An die 25 Minuten durfte er für den Weg bis dahin brauchen. In der Castelligasse war ein Elektrogeschäft, vor dem mußte er sich postieren. Mit einem Schwenk in die Zentagasse war der KGB-Parcours schließlich beendet. Denn am Schluß hieß es lapidar: »Danach gehen Sie, wohin Sie wollen.« Fraglich ist, ob Walker diesen KGB-Plan auch tatsächlich genau einhielt. Denn mitunter soll es zu Abänderungen der

Routen gekommen sein. Der Grund: Die vorgegebenen Wegstrecken waren schlicht zu kompliziert.

Am 28. Juni 1979 reiste Walker wieder nach Wien. Zwei Tage später übergab er seinem Moskauer Kontaktmann, während sie durch die malerischen Straßen der Donaustadt flanierten, erneut eine Ladung Filme. Das hochgeschätzte Material hatte ihm Jerry Whitworth Tage zuvor ausgehändigt. Daß Walker erst zwei Tage nach seiner Ankunft in Wien seinen Führungsoffizier traf, entsprach den Regeln der konspirativen Treffprozedur des KGB. So hatte das KGB zwei Tage Zeit abzuklären, ob Walker irgendwelche Schattenmänner oder sonstige Abwehragenten auf den Fersen waren. Diese Abklärungsmaßnahmen dienten im besonderen Maße der Sicherheit des sowjetischen Führungsoffiziers, der im Falle einer Beschattung den Treff mit Walker nicht wahrgenommen hätte. Walker selbst konnte in dieser Zeit seine Rolle als harmloser Tourist mimen. Insgesamt fünf Tage hielt sich der Amerikaner diesmal in Wien auf. Denn nach dem KGB-Kontakt mußte er weitere zwei Tage verstreichen lassen, ehe er den Atlantik wieder überqueren durfte.

Dieser Besuch in Wien war für Walker von ganz besonderer Bedeutung. Sein KGB-Führungsoffizier hatte ihm freudig offenbart, die Sowjetführung habe ihn wegen seiner Verdienste um den Weltfrieden zum Admiral der sowjetischen Flotte ernannt.[12] Eine einschmeichelnde Methode, die Ostdienste auch heute noch anwenden. Einerseits befriedigt man damit die Eitelkeit der Agenten. Denn Verrat wird nicht selten deswegen verübt, weil der Verräter geltungssüchtig ist, sich im Berufsleben zurückgesetzt und von seinen Vorgesetzten schlecht behandelt fühlt. Durch den Verrat hat er die Möglichkeit, es »denen« so richtig zu zeigen. Andererseits wird der Verrat als elitäre und wichtige Tätigkeit aufgewertet, indem dem Verräter ein offizieller Titel zuerkannt wird. Der Verräter muß den Verrat zwar im geheimen begehen, seine Auftraggeber vermitteln ihm aber das Gefühl, er führe eine überaus wichtige »staatstragende« Arbeit aus, die sie sehr wohl zu würdigen wüßten. Und zu guter Letzt bindet man durch Titel und Orden den Verräter noch stärker an sich. Der Geheimdienst gaukelt dem Agenten eine »neue berufliche Heimat« in der Schattenwelt vor und nimmt ihn so als fixes Mitglied in die umsorgende »Geheimdienst-Familie« auf. Alle diese Bemühungen der Agentenzentralen haben einen guten Grund: Auch die hartgesottensten Agenten fallen in regelmäßigen Abständen in »Verratsdepressionen«, also

Gemütszustände, in denen sie sich Gedanken über das Risiko ihrer »Arbeit« machen, den Sinn ihrer illegalen Kundschafterei in Frage stellen und schließlich ans Aufhören denken. Da wirken die Placebos »Titel und Orden« wie Glückspillen für das angekratzte Agenten-Ego.

Am 23. Januar 1980 landete der KGB-Spion aus dem amerikanischen Norfolk ein weiteres Mal in Wien-Schwechat. Diesmal hatte Walker nur eine bescheidene Lieferung bei sich. Sein Lieferant Jerry Whitworth war von der »USS Niagara Falls« ins Navy-Nachrichtenzentrum Alameda gewechselt. Dort bekam Whitworth zwar eine Menge geheimes Material in die Hände, aber er konnte dies nur sehr eingeschränkt reproduzieren. Der KGB-Führungsoffizier händigte Walker auch bei diesem Wien-Besuch keinen Verratslohn aus. Das Risiko, daß Walker bei einer Kontrolle am Flughafen mit einem stattlichen Bargeldbetrag erwischt werden könnte, war einfach zu groß. Die »Belohnung« lag Mitte Mai in einem toten Briefkasten in der Nähe Washingtons. Ende November 1980 kam Walker zur Freude der Sowjetagenten neuerlich nach Wien. Diesmal entsprach das Material völlig dem nachrichtendienstlichen Gusto der Russen. Sie stellten deshalb eine Sonderprämie in Aussicht. Am 1. Dezember flog Walker in die Staaten zurück.

Ab 1982 reiste Walker nur noch einmal im Jahr, und zwar im Januar oder Februar, nach Wien. Anscheinend hatte sich in den Usancen zwischen dem KGB und Walker Grundlegendes geändert. Im Januar 1982 war Walkers Führungsoffizier Prokopij G. aus Wien abberufen worden. Er kletterte wenig später die Karriereleiter in der Abteilung 16 des KGB steil bergauf, wurde Stellvertretender Abteilungsleiter im KGB. Wie üblich wurde die erfolgreiche Quelle John A. Walker an einen Nachfolger G.s weitergereicht. Im Februar 1982 wurde die »Operation Walker« dem neuen KGB-Mann in Wien übergeben.

Am 10. Februar mietete sich Walker im Hotel Regina am Rooseveltplatz 15, im Neunten Wiener Gemeindebezirk ein. Er bezog das Zimmer 333. John Walker legte seinen US-Reisepaß vor, der gewissenhafte Portier schrieb die Daten des amerikanischen Gastes, Walker John, Columbia, nebst dessen Geburtsdatum ins Gästebuch Nr. 94.

Drei Tage später kam es dann zum Stelldichein mit dem alten und dem neuen KGB-Führungsoffizier. Interessant war dabei, daß G. zu dieser Zeit offiziell nicht mehr in Österreich akkreditiert war, wie professionelle Beobachter feststellen konnten. Der neue KGB-

Abschöpfer war um etliches jünger als G., etwa um die Vierzig, hatte das Format eines Kleiderkastens und einen Kopf wie ein Halloween-Kürbis. Auch er war Agent der 16. Abteilung der Ersten Hauptverwaltung des KGB, sind die Ermittler überzeugt. Walker übergab die übliche Menge Filmmaterial. Erst drei Tage nach der »Geschäftsübergabe« reiste der Spion wieder heim in die USA.

Ein Jahr später, Mitte Januar 1983, stieg der ehemalige U.S. Navy-Unteroffizier und selbständige Privatermittler aus Norfolk im Wiener Hotel Intercontinental ab. Wie immer war er alleine angereist. Walker griff zum Kugelschreiber und trug seine persönlichen Daten in Blockbuchstaben ins Gästebuch ein und zeichnete im Feld Unterschrift des Einzutragenden mit seinem Namen. Auffällig an Walkers Schrift war, daß seine E einem griechischen Sigma oder der spiegelverkehrten Zahl 3 glichen, seine N einem kopfstehenden Z. Außerdem waren die Buchstaben so krakelig aneinandergereiht, als wollte jeder einzelne von ihnen in eine andere Richtung fliehen. Walker bekam das Zimmer Nummer 907, für satte 1350 Schilling, knapp 200 Mark pro Tag. Am zweiten Tag seines Wien-Aufenthalts ließ sich Walker ein Diner im Hotelrestaurant ganze 500 Schilling, rund 70 Mark, kosten. Im übrigen bemühte er, zweimal täglich, lieber die Etagenkellner um so manche eßbare Kleinigkeit und Getränke. Als Walker am 17. Januar 1983 auscheckte, standen knapp 10 000 Schilling, rund 1500 Mark, zu Buche, die er bar beglich. Interessanterweise war Walker einen Tag länger als ursprünglich angekündigt geblieben.

Ende 1983 schied Walkers beste Quelle, Jerry Whitworth, aus der U.S. Navy aus. Dieser hatte damit eine lang angekündigte Drohung wahr gemacht. Doch Walker hatte bereits eine neue Quelle zur Hand. Sein Sohn Michael Lance, Schulabbrecher und eine Zeitlang Detektiv im väterlichen Büro, war Ende 1982 in die Marine eingetreten. Im Laufe des darauffolgenden Jahres hatte Vater John den Jungen mit Geldversprechungen in die KGB-Falle gelockt. Ab 1984 versah der Junior Dienst auf dem US-Flugzeugträger »Nimitz«. Doch an geheime Unterlagen kam er anfangs nicht heran.

Am 3. Februar 1984 jettete John A. Walker wieder in die Donaumetropole. Diesmal logierte der »geheimnisvolle Privatdetektiv« aus Norfolk im Hilton-Hotel in der Landstraßer Hauptstraße, an der Ostseite des Wiener Stadtparks, und traf seinen KGB-Kontaktmann bereits am nächsten Tag. Walker mußte ihm schweren Herzens den Ausstieg der Top-Quelle Whitworth beichten.

Ein harter Schlag für die Russen. Walkers KGB-Freund bescherte die Hiobsbotschaft eine mentale Auszeit. Es dauerte geraume Zeit, bis er sich wieder fing. Die Mitteilung ging dem Sowjetagenten durch Mark und Bein, stellte sich doch nun die Frage, wie die strengen Herren in der Zentrale reagieren würden. Die KGB-Obersten waren, wie nicht anders zu erwarten, stinksauer.
Zwei Tage später checkte Walker aus dem Hilton aus, blätterte mehrere tausend Schilling auf den Rezeptionstresen und reiste noch am selben Tag in die Staaten zurück.
Über die nächste Kontaktaufnahme wurde Walker mittels des toten Briefkastens im Raum Washington in Kenntnis gesetzt.
Dieser tote Briefkasten in einem Waldgebiet außerhalb Washingtons hatte dem KGB und Walker seit langem gute Dienste bei ihren brisanten Tauschgeschäften, Ware gegen Geld, erwiesen.
In einer KGB-Mitteilung, die Walker in diesem Briefkasten fand, so der KGB-Experte John Barron, beschwerten sich die Agentenführer jedoch darüber, daß die Filme der letzten Lieferung von Whitworth komplett unbrauchbar gewesen seien. Damit war Whitworth alias »D« aus dem Rennen. Selbst eine Art »Abfindung« für Whitworth hatten die Russen gestrichen, ihr »njet« klang endgültig. Whitworth war sauer. Wochen später schrieb der beleidigte Whitworth unter dem Kürzel »RUS« einen Brief an das FBI, in dem er über seine Machenschaften berichtete. Seine wahre Identität gab er aber nicht preis.
Trotz all der Probleme flog John Walker am 17. Januar 1985 wieder nach Wien. Es sollte das letzte Mal sein. Denn Walkers Ex-Frau Barbara und Tochter Laura hatten ebenfalls mit dem FBI Kontakt aufgenommen. Sie brachten die Agenten der Spionageabwehr, wenn auch mit mehreren vergeblichen Anläufen, auf Johns Spur.
Mitte Mai 1985 schien die Telefonüberwachung durch das FBI endlich den entscheidenden Hinweis zu bringen. Eine Tante Walkers war gestorben und sollte zwei Tage später zu Grabe getragen werden. John Walker teilte seinen völlig schockierten Verwandten mit, er könne am Begräbnis nicht teilnehmen, er habe unaufschiebbare, berufliche Verpflichtungen. Die Trauergemeinde traute ihren Ohren nicht. Ihre Überredungskünste gingen aber ins Leere.[13]
Der 19. Mai 1985 war ein Sonntag. John Walker verließ am Morgen sein Haus in Norfolk, stieg in seinen weißen Chevrolet und kutschierte ganz gemütlich durch die Stadt. Dabei fuhr er derart mit der Kirche ums Kreuz, als wolle er ganz bewußt Umwege

machen. Er hielt des öfteren seinen Chevi an, kramte im Wagen herum, fuhr weiter, bog in Hauseinfahrten, drehte um und tuckerte dann in die Gegenrichtung davon. Der frühere Marineangehörige hatte das Spiel, unliebsame Verfolger aufzuspüren und abzuschütteln, gut gelernt. Doch diesmal war das FBI in der Überzahl. Die Federals hatten Walker, bis auf wenige Momente, durchgehend unter Beobachtung. Mittlerweile war es bereits Nachmittag. Walker umkurvte mit seinem Chevi die Hauptstadt Washington und steuerte in nordwestlicher Richtung nach Maryland. Danach verließ er die Hauptstraße und durchfuhr das dicht bewaldete Montgomery County. Irgendwann verschwand er plötzlich auf einer der unzähligen Nebenstraßen. War das Glück auch diesmal auf Walkers Seite? Das Blatt wendete sich noch einmal zugunsten der Bundeskriminalbeamten. Am Abend kam der KGB-Spion wieder retour, hielt an einer Kreuzung, stieg aus, drehte ein Runde und schwirrte wieder ab. Minuten später tuckerte eine blaue Limousine an den FBI-Agenten vorüber. Die Beamten staunten nicht schlecht. Der Wagen mit dem Kennzeichen DSX144 war auf einen sowjetischen Diplomaten zugelassen. Alexej Gawrilowitsch Tkatschenko, Dritter Sekretär und später stellvertretender Leiter der Konsularabteilung an der Sowjetbotschaft in Washington. Tkatschenko war erkannter KGB-Offizier, Überwachungsspezialist und Walkers Briefträger in den Staaten. Gute 40 Minuten nach seinem Erscheinen verließ der Russe das Überwachungsgebiet wieder. Bleifuß war angesagt. Anscheinend hatte er Lunte gerochen, denn das Erkennungszeichen Walkers, eine Getränkedose, die »saubere Luft« signalisieren sollte, hatte der Russe vergeblich gesucht.

In der Dunkelheit suchten die FBI-Teams die Gegend ab. Und tatsächlich fanden sie Walkers toten Briefkasten. Der Spion hatte ein umfangreiches Paket in einem Müllsack versteckt und für seine sowjetischen Freunde hinterlegt. Die Agenten der Spionageabwehr kamen aus dem Staunen nicht mehr heraus: Ganze 129 Geheimdokumente enthielt ihr Fang. Beigelegt war ein persönlicher Brief Walkers an seinen Führungsoffizier, in dem er die aktuelle Lage seiner Aktivitäten und Lieferanten sowie zukünftige Vorhaben beschrieb. Die geheimen Unterlagen stammten fast ausschließlich von der »USS Nimitz«, einem berühmten Flugzeugträger, auf dem Michael Walker, Johns Sohn, seinen Dienst versah. Wenig später kehrte Walker wieder an den Tatort zurück. Schließlich schuldeten ihm die Sowjets noch Geld. Doch er konnte den Spionagesold der Russen in dem Versteck nicht finden, obwohl

seine »Ware« verschwunden war. Nervös und abgehetzt suchte er das Weite. Walker fuhr Richtung Maryland und quartierte sich in einem Motel ein.
Der Rest war für das FBI reine Routine. Man mußte den Agenten Moskaus nur noch abholen. Da die FBI-Männer wußten, daß John Walker eine Schußwaffe trug und nichts mehr zu verlieren hatte, wurde Walker zeitig in der Früh unter dem Vorwand, ein Betrunkener habe sein geparktes Auto gerammt, aus seinem Zimmer gelockt und im Handumdrehen festgenommen.
Den Erfolg meldeten die FBI-Agenten umgehend der Zentrale. Michael Walker, dessen Schiff gerade im israelischen Haifa vor Anker lag, wurde vom Naval Investigative Service (NIS) noch an Bord der »Nimitz« festgesetzt und, nachdem er ein Geständnis abgelegt hatte, in die USA ausgeflogen.
Arthur Walker alias K., Johns Bruder, auch er ein ehemaliger Korvettenkapitän und Mitarbeiter einer US-Rüstungsfirma, der seinem Bruder ebenfalls zugeliefert hatte, ging am nächsten Tag ins Netz. Laut Pressemeldungen war er Fachmann für die Jagd auf fremde U-Boote. Auch Jerry Alfred Whitworth wurde vom FBI in die Mangel genommen und verhaftet. Wenige Tage nach der Verhaftung der KGB-Spione verließ auch Alexej Tkatschenko die Washingtoner Kundschafterbühne. Tkatschenko setzte sich klammheimlich in die sichere Heimat ab.
Der KGB-Spion John Arthur Walker und sein Sohn Michael Lance wurden im Oktober 1985 verurteilt. Vater John, dem Agentenring-Führer, brummte ein US-Gericht zweimal lebenslänglich und zusätzliche hundert Jahre Haft auf. Sohn Michael bekam nach einem Deal mit dem Gericht die Milde der US-Justiz zu spüren: 25 Jahre Haft. Arthur Walker wurde im November 1985 zu dreimal lebenslänglich plus 40 Jahren Haft verurteilt. Und im Frühjahr 1986 wurde Jerry Whitworth von einem Gericht in San Francisco zu sage und schreibe 365 Jahren Haft verurteilt.

Flucht in den Osten

Läuft ein Agent zum gegnerischen Dienst über, so hat er, neben vielen anderen, vor allem mit einem Problem zu kämpfen, und das heißt Glaubwürdigkeit. Der Agent muß seine neuen Herren davon überzeugen, daß er nicht nur physisch, sondern auch »ideologisch« die Seiten gewechselt hat und von nun an zu ihnen gehören will.

So bringen Überläufer zum Einstand in der Regel Kostproben ihrer Spionagekunst mit. Wobei der Umfang der geheimen Unterlagen sehr unterschiedlich sein kann, aber ausreichen muß, um die »Manager« der mißtrauischsten aller Geschäftsbranchen mit echten Informationen im Interesse eines Vertrauensaufbaus zu füttern. Wichtig dabei ist, daß die mitgebrachten Angaben für die neuen Herren überprüfbar sind. Ist der lange Prozeß des Überlaufens einmal abgeschlossen, bedient man sich des Abtrünnlings auch propagandistisch. Marktschreierisch und schadenfroh wird der gegnerischen Seite über die Öffentlichkeit mitgeteilt, welch großes Leck der Verräter in ihre Geheimhaltung gerissen habe, dann werden ihm, zur weiteren Verschleierung, Verrats-Heldentaten zugeschrieben, die eigentlich andere Agenten vollbracht oder andere Quellen verursacht haben, und schließlich bestätigt der Überläufer die Linie und die Einschätzung jenes Geheimdienstes voll und ganz, dessen Geld er von nun an nimmt. Diese Bestätigung gilt als eine der wichtigsten Aufgaben eines Überläufers, denn er frischt damit die Existenzberechtigung des Geheimdienstes, nicht nur in der Öffentlichkeit, gehörig auf.

Überläufer bergen aber auch ein gewaltiges Risiko für die Dienste: Denn auch falsche Überläufer, also Doppelagenten, gehen nach der gleichen Methode vor wie echte. »Um seine ehrlichen Absichten zu demonstrieren, muß der falsche Überläufer echte Informationen von Wert mitbringen«, analysierte der amerikanische Autor David Wise in seinem Buch über Edward Lee Howard mit dem Titel »Flucht nach Moskau« den gefinkelten Modus. Bevor die falschen Überläufer mit gezinkten Karten ihr Schauspiel beginnen können, müssen sie also echte »Top-Infos« ausplaudern.

Als der hochrangige KGB-Offizier Vitali Jurtschenko im Sommer 1985 über Rom in die Vereinigten Staaten desertierte, mußten aus besagten Gründen zwei seiner »Kollegen« daran glauben. Auffällig war dabei, daß Jurtschenko keine operativen Agenten verriet, sondern zwei Ex-Nachrichtendienstler, die beide mehr als ausgebrannt waren. Einer war der schon beschriebene Ex-NSA-Mitarbeiter Ron W. Pelton, der andere hieß einfach nur »Robert« und war ein früherer CIA-Mann. Den Klarnamen wollte oder konnte Jurtschenko nicht preisgeben.

Nach David Wise' Rekonstruktion des Falles Howard[1] gab Jurtschenko aber so genaue Hinweise auf »Robert«, daß die US-Spionageabwehr sich an Hand dieser Puzzle-Steine schnell ein klares Bild machen konnte. Erstens hätte die CIA diesen »Robert« auf einen Moskau-Einsatz vorbereitet, doch dieser hätte später den Plan über den Haufen geworfen. Zweitens hätte sich »Robert« mit den KGB-Leuten in Österreich getroffen, offenbarte der KGB-Offizier in einer CIA-Plauderstunde in einem sicheren Haus in Virginia. Die CIA-Herren hätten die Affäre gern für sich behalten und intern geregelt, der Blamage wegen, munkelten Experten, aber das sei dann doch nicht möglich gewesen.[2] Der Maulwurf war bald als Edward Lee Howard entlarvt.

Ed Lee Howard wurde am 27. Oktober 1957 in Alamogordo in New Mexico als Sohn eines Sergeants der U.S. Air Force geboren. Als er fünf war, zog die Familie Howard nach Deutschland. Vater Kenneth wurde auf der Air Base Hahn in Rheinland-Pfalz stationiert. 1965 ging es wieder in die Staaten zurück. Danach folgte ein Aufenthalt auf der Britischen Insel. 1972 schloß Edward Lee sein Betriebswirtschaftsstudium, ein Semester hatte er in München verbracht, in den Staaten mit Auszeichnung ab. Nun mußte ein Job her. Nach einem vierjährigen Abstecher im »Friedenskorps« und einem Job bei der Agency for International Development (AID) heuerte er 1980 bei der CIA an. Howard wurde eingestellt, obwohl er angeblich gestanden hatte, verschiedenste Arten von Drogen konsumiert zu haben.[3] Langley, Virginia, hieß von nun an sein Dienstort, Directorate of Operations seine Division.

Anschließend zogen die Howards nach Vienna, Virginia, in ein nettes Häuschen am 9654 Haven Drive. In der Zwischenzeit ließ die CIA ihrem Novizen die bunte Palette des Spionage-Ausbildungsprogramms angedeihen, die Nichteingeweihte nur aus actionreichen Spielfilmen kennen. Edwards Frau Mary trat ebenfalls in die »Firma« ein, und zwar als Sekretärin im Direktorat für Operationen.

Nach dem Abschluß seiner Spy-Ausbildung im Camp Peary kam Howard in die Europa-Abteilung, ins Referat für die DDR. Aber nur für kurze Zeit. »Howard war erfreut, als er erfuhr, daß er auf eine Versetzung nach Österreich vorbereitet werden sollte«, schreibt David Wise. »Ich wollte nach Wien«, gestand Howard seinem Biographen, »in die Spionagehauptstadt der Welt. Dort ist allerhand los. Für so einen kleinen Staat ist die dortige CIA-Station sehr groß.« Doch aus dem Spionage-Highlife an der Donau wurde nichts. Dafür bekam er ein Angebot von der UdSSR-Abteilung für einen Feindeinsatz in Moskau. Das roch nach Abenteuer.

Als er zusagte, wurden er und seine Frau in die besonderen Schliche der Arbeit im kommunistischen Feindesland eingewiesen, dem schwierigsten und gefährlichsten Einsatzgebiet der Welt, behauptet der Experte John Barron. Howard sollte als Führungsoffizier in der Kreml-Stadt – unter den Tausenden Augen des KGB – Agenten im Dienste der CIA treffen, abschöpfen und instruieren. Die Vorbereitungen für die Moskau-Stationierung umfaßten unter anderem einen Russisch-Sprachkurs. Eine Angewohnheit prädestinierte ihn, durch langjährige Übung, ganz besonders für den Einsatz in der Sowjetunion. Darin hätte er dem widerstandsfähigsten Russen Paroli bieten können: Edward Lee Howard soff wie ein Filmspion à la Hollywood. Sein Alkoholkonsum war aber nur eines der Probleme, die seine Karriere schnell und schmerzvoll beenden sollten. Howard fiel außerdem bei einem Polygraphen-Routinetest durch.[4] Damit war es aus mit der Spionage. Ed Lee war über seinen Drogenkonsum, einen Diebstahl von einer Handvoll Dollar sowie über seine, für die CIA-Vorgesetzten offensichtliche, psychische Labilität gestolpert. Anfang Mai 1983 mußte er das Rücktrittsgesuch unterzeichnen.

Die Howards zogen nach New Mexico. Der zutiefst gekränkte Langley-Boy hatte eine gut dotierte Stelle in der dortigen Staatsregierung als Wirtschaftsanalytiker erhalten. Sein gekränkter Stolz führte ihn jedoch eines Tages in das sowjetische Konsulat in Washington, wo er einen Brief hinterlegte. Mehr geschah vorerst nicht. Mit Howard ging es weiter bergab. Er war mittlerweile ein Psychowrack. Im Suff ging der Waffenfreund, er hatte sogar eine Händlerlizenz, mit einem großkalibrigen Revolver auf drei Männer los, traf aber, durch das Zielwasser eingenebelt, zu deren Glück »nur« ein Fahrzeug. Daraufhin wurde Howard grün und blau geprügelt und schließlich verhaftet. Kurze Zeit später verurteilte ihn ein Gericht wegen schweren tätlichen Angriffs mit einer tödlichen Waffe zu fünf Jahren Haft auf Bewährung sowie zu einer saftigen Geldstrafe.[5] Das milde Urteil war die Antwort auf sein Schuldeingeständnis. Doch Howard änderte seinen »Lebensstil« nicht und soff weiter. Den Rausschmiß aus der »Firma« konnte oder wollte er nicht wegstecken. Angst, Wut und Haß, gemischt mit Alkohol, machten Howard zu einer brisanten Zeitbombe. In dieser explosiven Stimmungslage muß er erneut mit den Sowjets in Kontakt getreten sein. Seltsamerweise verschwimmen hier die Fakten.

Jedenfalls löste er im Sommer 1984 seine Lebensversicherung auf und jettete Anfang September 1984 mit Mary und Lee junior nach Europa. Von Frankfurt aus soll er nach Zürich, Luzern und später

nach Österreich gefahren sein. So erinnerte sich jedenfalls Mary Howard.[6] Zürich, Bern, Mailand und dann erst nach Österreich, so lautete eine von Howards Versionen, die er David Wise im Jahr 1987 in einem Interview in Budapest unterbreitete. Auffällig sind diese unterschiedlichen Angaben deshalb, weil Howard während dieser Europareise in Österreich KGB-Offiziere getroffen haben soll. Zum ersten Mal. Dabei soll er auch vertrauliche Informationen gegen Bares übergeben haben.[7] Diese Behauptung beruht auf Aussagen des ominösen Überläufers Vitali Jurtschenko, die das FBI zu Protokoll nahm: Howard habe sich am 20. September 1984 in Sankt Anton, Österreich, aufgehalten.[8] So stand es jedenfalls, schwarz auf weiß, auch in der »New York Times«.
Howards Frau erwähnte ebenfalls den Abstecher in den Ski- und Luftkurort der Hautevolee am Arlberg. Doch am Arlberg fanden sich keine Spuren von Mary und Edward Lee Howard, geschweige denn von irgendwelchen Sowjets. Zu diesem Ergebnis kam die Abteilung I (Stapo) der Sicherheitsdirektion für das Bundesland Tirol. Ein Ehepaar Howard aus den Staaten war zwar dort, nur hießen die Adalbert und Elizabeth und kamen aus Florida. Adalbert war etwas über 60 Jahre, seine Frau etwas jünger, und sie logierten einen knappen Monat im Hotel Arlberg. Am 10. September 1984 reisten sie ab. Also zehn Tage bevor Namensvetter Edward mit Frau und Kind in St. Anton gewesen sein soll.
Ob die Ermittler je auf die Idee kamen, daß es in Österreich insgesamt drei Ortschaften mit dem Namen Sankt Anton gibt, eine davon im vorarlbergischen Hochgebirge, ist nicht bekannt und soll nur der Vollständigkeit halber erwähnt werden.
Andererseits konnte Howard sich damals genausogut unter Falschnamen eingemietet haben. Nichts leichter als das. Glaubt man den Erkenntnissen der amerikanischen Spionageabwehr, so war Ed Lee Howard so etwas wie der David Copperfield der Aliasnamen. Howard, so die US-Fahnder, habe möglicherweise die folgenden Namen, alle von verstorbenen Kindern »geliehen«, benutzt: Ronald Grant Abernathy, Thomas Michael Adams, Bertram Bennett Harrison, Daniel Klinsiek, Dale Menefe, Charles A. Mosley, James Hugh White, David P. Wood sowie James Howard Niemand.
Licht konnte nicht ins Dunkel dieser Europareise der Howards gebracht werden. Im Gegenteil. Die unterschiedlichsten Angaben stifteten immer mehr Verwirrung. Experten vermuteten, daß Howard die Sowjets in Wien getroffen habe. »Die Sowjets bevor-

zugten Wien, wenn sie sich mit Agenten treffen wollten«, was ja auch stimmt. Doch sie »besuchten« auch andere Städte in Österreich. Die Howards behaupteten jedenfalls, nicht in Wien gewesen zu sein.[9] Lediglich nach München wären sie gefahren, um sich auf der Münchner Wiesn in den exotischen Trubel des Oktoberfestes zu mischen. Wenige Tage nach seiner Rückkehr in die USA erhielt Howard Besuch von zwei »Kollegen« der CIA. Ihnen soll er damals von seiner Überlegung, die Washingtoner Sowjetbotschaft zu betreten, erzählt haben. Howard selbst erinnerte sich allerdings, dies dann doch unterlassen zu haben.[10]

Im Januar 1985 reiste Howard nach amerikanischen Informationen angeblich wieder nach Wien. Konkrete Beweise dafür gab es aber wieder nicht. Dafür ist der nächste Trip in die k. u. k. Donaumetropole genau nachweisbar. Mary C. und Edward Lee Howard flogen am 24. April 1985 nach Wien und stiegen im Hotel Beethoven, in der Millöckerstraße 6, im Sechsten Wiener Gemeindebezirk, ab. Das »Beethoven« war so etwas wie ein Lieblingshotel Howards. Über die US-Fluglinie TWA hatten die Howards eine Zimmerreservierung vorgenommen. Edward L. Howard legte dem Portier an der Rezeption seinen US-Reisepaß Nr. 443308 vor, und der reichte ihm daraufhin den Schlüssel für das Zimmer Nummer 42. Die Howards gaben an, am 26. April wieder abzureisen.

Während dieses Aufenthalts traf Howard, so die Annahme der Amerikaner, zwei sowjetische Kontaktagenten. Einer nannte sich Viktor und entpuppte sich bald als Viktor Aleksandrowitsch Tschernyschew, Jahrgang 1925, sowjetischer Botschaftsrat zu Wien. Tschernyschew war ein Veteran auf der Spionagebühne. Erstens war er ein »erkannter« KGB-Offizier und zweitens von 1958 bis 1961 Presseattaché der Sowjets in Bonn. 1968 überquerte er den Ozean und setzte als Erster Sekretär der sowjetischen Botschaft in Washington seine KGB-Aktivitäten in den Staaten fort. Seiner nachrichtendienstlichen Umtriebigkeit wurde erst sehr spät ein Riegel vorgeschoben. Mitte August 1973 mußte Tschernyschew die USA verlassen. Seine Ausweisung stand in direktem Zusammenhang mit der Spionageaffäre um den US-Air-Force-Angehörigen James David Wood. Anfang Juni 1978 kam Tschernyschew nach Wien und übernahm die Leitung der sowjetischen Konsularabteilung. Die »Ausgewiesenen« unter den KGB-Offizieren hätten in Wien eigentlich eine Art Veteranenverein gründen können, so viele von ihnen trieben sich hier herum. Als der sowjetische Diplomat und Nachrichtendienstler Wjatscheslaw Solowjew, der Anfang der siebziger Jahre in Dänemark diente, Anfang der Achtziger in Wien absprang, kümmert sich Konsul Tschernyschew persönlich um die peinliche Angelegenheit. Er sprach im österreichischen Außenamt vor und deponierte dort die »Wünsche« der Sowjets. In der zweiten Hälfte der achtziger Jahre wurde der langgediente KGB-Offizier nach Moskau zurückberufen.

Howards zweiter KGB-Kontaktagent soll ein »Igor Vatamirov« gewesen sein, nähere Angaben fehlten. Ein »Igor Vatamirov« tauchte damals in den Akkreditierungslisten des Wiener Außenamts nicht auf.

Die Howards checkten tatsächlich am 26. April 1985 aus. Edward Howard beglich die Hotelrechnung Nr. 0201 über knapp 3000 Schilling. Rund 400 Schilling davon entfielen auf Telefonkosten. Mit wem Edward Lee Howard telefoniert hatte, blieb im dunkeln. Nach Informationen, die US-Ermittlern seinerzeit zugingen, flog Howard einige Tage später erneut nach Wien, um von den Sowjets Geld in Empfang zu nehmen. Welche »geheime Ware« hatte der Ex-CIA-Mann dem Erzfeind dafür ausgehändigt?

Die US-Counter-Intelligence-Agenten verdächtigten Howard, im August 1985 nochmals in der österreichischen Metropole gewesen zu sein. Und sie beriefen sich im Fall Howard wiederholt auf eine »vertrauliche Quelle, die mit den Aktivitäten der sowjetischen Nachrichtendienste sehr vertraut ist«.

Am 3. August sei Howard nach Wien geflogen, behaupteten die »New York Times«-Korrespondenten Weiner, Johnston und Lewis.[11] Am 6. August wäre Howard über Zürich nach Wien gejettet, behauptet dagegen David Wise. Nach dessen Informationen war der Ex-CIA-Schattenmann im noblen Palais Schwarzenberg abgestiegen. Howard soll seinem damaligen Arbeitgeber einen Todesfall in der Familie vorgegaukelt haben, um Sonderurlaub zu bekommen. Zu diesem Zeitpunkt war die CIA, so Insider, bereits voll im Bilde, daß es sich beim Maulwurf »Robert«, den Jurtschenko namhaft gemacht hatte, nur um Edward Lee Howard handeln konnte. Nur die Spionageabwehr-Abteilung des FBI wurde darüber nicht umgehend informiert. So verstrich wertvolle Zeit.

Howard selbst sagte, er sei erst am 9. August in Wien eingetroffen, davor sei er in der Schweiz gewesen.[12] In Wien habe er ein »Volksfest« besucht. Wahrscheinlich war er im Prater gewesen und durch die Altstadt flaniert. Mit Russen will er keinen Kontakt gehabt haben. Drei Tage später flog er wieder zurück. Nachdem Howard wieder nach New Mexico zurückgekehrt war, wußte er, daß er unter Verdacht stand. Mehr noch, er wurde beschattet, abgehört sowie per Videokamera überwacht. Unauffällige Jogger umrundeten sein Wohnviertel, FBI-Agenten vom Observationsteam. Sie folgten ihm auf Schritt und Tritt. Die Howards flogen nach Seattle, das FBI war dabei. Die Howards jetten nach San Francisco, das FBI war dabei. Nur hatten sie die Rechnung ohne Howard gemacht. Der war von der CIA für seinen später geplatzten Moskau-Aufenthalt schließlich auch im Erkennen lästiger Schatten ausgebildet worden. Am 19. September 1985 ging das FBI in die Offensive und bat Howard in ein Hotel zum Verhör. Das Ergebnis war gleich Null.

Am 21. September 1985 löste sich Howard schließlich in Luft auf. Er machte sich, unter den Augen des FBI, einfach aus dem Staub. Seine Frau half bei seiner Flucht tatkräftig mit. Das Ehepaar fuhr gemeinsam mit dem Auto weg, Howard verließ den Wagen an einer günstigen Stelle und plazierte statt dessen ein Puppe auf den Beifahrersitz. Seine Frau fuhr mit dem Wagen nach Hause zurück und spielte ein Tonband mit Edwards Stimme via Telefon auf das Anrufbeantworter-Band seines Psychiaters. Das FBI hatte von der List lange Zeit keinen blassen Schimmer und Howard damit einen ungeheuren Vorsprung. Erst am 23. September 1985 suchte man den Verräter per Haftbefehl. Auf dem Steckbrief »Wanted by FBI« wurde Howard nicht nur der Spionage, sondern auch des Verstoßes gegen die Bewährungsauflagen bezichtigt. Die fünf Jahre wegen versuchten Totschlags kamen nun wieder ins Spiel. Er sei gefährlich und vermutlich bewaffnet, hieß es weiter. Das FBI vermutete, daß Howard, der fließend Spanisch und Russisch spricht, unter den Falschnamen Patrick Bryan, James Rogers oder Roger Shannon reisen und auftreten könnte. Und man wußte, daß er in der Schweiz ein Nummernkonto hatte.

Howard war in der Zwischenzeit über London nach Kopenhagen gedüst und danach nach Helsinki weitergeflogen. Später will er sich, nach eigenen Angaben, in Frankfurt und München, in Lateinamerika und in Nordeuropa aufgehalten haben. Im Juni 1986 schickte er seiner Frau jedenfalls eine Ansichtskarte aus Wien, kurz bevor er in die sowjetische Botschaft in Budapest ging und wenig später nach Moskau gebracht wurde.

Wen hatte Howard nun wirklich verraten? Damals wurde ihm fast jede Enttarnung durch die Sowjets und jeder Flop der Amerikaner in die Schuhe geschoben. Auf diese bequeme Weise konnte man nicht zuletzt das Unvermögen der eigenen Dienste lange Zeit kaschieren. In Wahrheit war, wie sich später herausstellen sollte, Aldrich Ames der Mega-Verräter. Sollte die »Operation Jurtschenko«, die Aufdeckung Howards und Peltons, nur ein gut eingefädeltes Ablenkungsmanöver sein, um den Top-Verräter Ames zu schützen?[13]

Abgesehen von technischen Geheimnissen der CIA, die Eward Lee Howard an die Sowjets weitergegeben haben soll, wird ihm unter anderem auch die Enttarnung von Adolf G. Tolgatschow, einem russischen Wissenschaftler im Rüstungsbereich, der die CIA über Jahre heimlich belieferte, zugeschrieben. Tolgatschow war eine Top-Quelle der Amerikaner. Er war im späten Frühjahr 1985, ungefähr sechs Wochen nach Howards Wien-Besuch, wegen Spionage für die USA festgenommen und ein Jahr später vom KGB hingerichtet worden. Sein amerikanischer Führungsoffizier, Paul Stombaugh, der jenen Platz unter der Legende eines Zweiten Sekretärs an der US-Botschaft in Moskau eingenommen hatte, der seinerzeit für Howard bestimmt gewesen war, kam glimpflich davon. Er wurde aus dem KGB-Gefängnis entlassen und ausgewiesen.

Am 7. August 1986 meldete die »Iswestija«, daß dem ehemaligen CIA-Mitarbeiter Edward Lee Howard aus humanitären Gründen vom Präsidium des Obersten Sowjets Asyl in der UdSSR gewährt wurde. Howard traf seine Frau Mary in der Folge in Moskau sowie Budapest und fuhr mit ihr unter anderem auch nach Prag. In Ungarn fühlte er sich anscheinend wohler als in der Sowjetunion. Denn für einen Amerikaner war das Leben an der Moskwa denn doch etwas ungewohnt. Howard suchte erneut Luftveränderung. Am 18. August 1992 meldeten die internationalen Presseagenturen, daß die schwedische Regierung, auf Anraten ihrer Sicherheitspolizei Säpo, Edward Lee Howard ausweisen würde, da der Amerikaner ein Sicherheitsrisiko darstelle. Für den Verräter Howard hieß die Endstation wieder einmal Moskau.

Der KGB-Maulwurf in Langley

Das KGB hatte es nicht immer schwer, an die richtigen Leute in der amerikanischen Nachrichtendienstgemeinde heranzukommen. Sogenannte Walk-ins von Selbstanbietern erleichterten die Spionage erheblich. Doch diese Freiwilligen wurden mit größter Skepsis betrachtet. Mußte man doch zuerst abklären, ob dem »Angebot« nicht ein ausgekochter Plan der Gegenseite zugrunde lag. Das KGB wußte das nur zu gut. Die Spione an der Moskwa waren Spezialisten, was falsche Überläufer betraf, aber sie hatten auch mehrmals das Glück, daß westliche Selbstanbieter ihnen die Tür einrannten. Einer der hochkarätigsten KGB-Freiwilligen war CIA-Mann Aldrich Hazen Ames, dessen Verratsspuren, wie sollte es auch anders sein, bis nach Wien führten. Dreimal soll der Topspion in Wien vom KGB Geld erhalten haben, berichteten österreichische Zeitungen.

Aldrich Hazen Ames, genannt Rick, wurde am 26. Mai 1941 in River Falls, Wisconsin, geboren. Sein Vater Carleton Ames, ein Geschichtsprofessor, wurde zehn Jahre später von der CIA geworben, ausgebildet und 1953 unter der Abdeckung eines Wissenschaftlers und mit einem Stipendium der Ford Foundation nach Rangoon, Burma, geschickt. Mitte der fünfziger Jahre kehrte die Familie in die Staaten zurück. Sohn Rick jobbte in den Sommerferien als Mädchen für alles in der CIA-Zentrale. Nach dem Abschluß der High-School und einigen Semestern Theater und Drama an der University of Chicago bewarb sich Rick bei der Central Intelligence Agency. Im Juni 1962 wurde er als Mitarbeiter in die CIA aufgenommen. Ames junior wurde Dokumenten-Analytiker in der Records Integration Division (RID) der CIA.[1]

Die nächsten fünf Jahre verbrachte er damit, geheime Akten zu archivieren. Im Oktober 1967 begann Rick ein Career Training (CT), ein Programm für verdeckte Einsätze. Zwei Jahre später heiratete Rick seine Kollegin Nancy. Ames lernte Türkisch, denn im Herbst 1969 ging das Ehepaar nach Ankara, wo Rick der CIA-Residentur, die in der US-Botschaft untergebracht war, zugeteilt wurde. Hier begannen auch die Probleme.

Ricks Auslandseinsatz war keineswegs von Erfolg gekrönt. Seine Arbeit wurde äußerst schlecht bewertet, und er trank überdies mehr, als ihm guttat. Im letzten Einsatzbewertungsbericht (Performance Appraisal Report – PAR) wurde Rick Ames sogar die Fähigkeit operativer Einsatzarbeit abgesprochen: »Ames zieht Aufgaben vor, die in keinerlei Aug'-in-Aug'-Situationen münden, mit relativ unbekannten Personen, die erst hingedeichselt werden müssen«, hieß es in diesem Bericht.

Rick Ames war danach so entmutigt, daß er überlegte, die Firma zu verlassen. 1972 wurde er schließlich in die Zentrale zurückberufen und dem Referat für die Sowjetunion und Osteuropa, eine Abteilung des Directorate of Operations (DO), zugeteilt. Das Referat kümmerte sich um die sowjetischen Diplomaten in den USA, speziell um jene, die bei der UNO in New York eingesetzt waren. Zu dieser Zeit stieg die Zahl der sowjetischen Agenten auffällig an. Innerhalb von fünf Jahren hatte sich der sowjetische Personalstand um hundert Agenten erhöht. Rick lernte Russisch und trank weiterhin über die Maßen. Doch die Schreibtischarbeit lag ihm, und er erhielt wieder sehr gute Bewertungen von seinen Vorgesetzten. Diese brachten ihn in den Genuß einer äußerst heiklen Aufgabe.

Als 1974 Sergei Fedorenko, ein sowjetischer Abrüstungsexperte im UN-Sekretariat, mit der CIA Kontakt aufnahm, wurde Rick Ames mit diesem Fall betraut. Fedorenko war der Schwiegersohn des SU-Missionschefs in New York, Nikolai Fedorenko. (Sergei hatte den Namen seiner Schwiegerfamilie angenommen.) Bei der Führung des Falls Fedorenko, in den auch die Counter-Intelligence-Abteilung des FBI involviert war, soll jedoch ein böses Mißgeschick passiert sein. Nach Informationen von »New York Times«-Korrespondenten vergaß Ames eines Tages seine unverschlossene Aktentasche mit vertraulichen Instruktionen für ein Treffen mit Fedorenko in der New Yorker U-Bahn.[2] Stunden später meldete das FBI den heiklen Fund, den ein ehrlicher Metro-Passagier abgegeben hatte.[3] 1978 ging Sergei Fedorenko, dem die Amerikaner nie wirklich über den Weg getraut hatten, obwohl er die CIA über sowjetische Agenten und deren Strukturen in den USA beliefert haben soll, nach Moskau zurück und arbeitete danach im Moskauer Außenamt.

Fedorenko war nicht der einzige Überläufer, mit dem Ames zu tun hatte. Seine Karriere wurde nicht zuletzt durch die Handhabung des »Falles« Schewtschenko gefördert.

Arkadij Schewtschenko, Jahrgang 1930, war der nächste Russe im Fanggebiet der CIA, den Rick Ames interimistisch zu betreuen hatte. Nach Insider-Informationen wollte Schewtschenko, ein Vizegeneralsekretär der UN, bereits Mitte der siebziger Jahre in die USA überlaufen, die CIA konnte ihn damals aber zur weitaus wertvolleren Arbeit innerhalb der KGB-Residentur überreden. Ames und Schewtschenko hatten eines gemeinsam: Sie tranken beide Unmengen Alkohol, speziell bei ihren einschlägigen Meetings in den sicheren Häusern der CIA.

Als Schewtschenko im Sommer 1977 einen Heimaturlaub antrat, folgten ihm bereits seine Kollegen vom KGB. Zurück in New York, erhielt er im März 1978 die Order, nach Moskau heimzukehren.

Wenige Tage später, im April 1978, lief Arkadij Schewtschenko, der zweithöchste Diplomat der sowjetischen Mission bei den Vereinten Nationen in New York, offiziell zu den Amerikanern über. Das KGB mußte damit eine fürchterliche Niederlage einstecken.
Der CIA Officer Rick Ames stand zu dieser Zeit fast am Zenit seiner Karriere. Er ging nach Mexiko-Stadt, um dort die Gegenspionage in Sachen Sowjetunion voranzutreiben. Mexiko-Stadt war eine der größten Übersee-Residenturen der sowjetischen Geheimdienste, aber auch die Genossen aus Ostberlin und Prag waren personell überaus stark vertreten. Rick Ames' diplomatische Tarnung war die eines Zweiten US-Botschaftssekretärs, zuständig für politische Fragen. Auch hier im Herzen Mexikos soff Ames gewaltig, und einige seiner Agentenkollegen standen ihm dabei in nichts nach. In Mexiko-Stadt lernte der Amerikaner seine zweite Frau Maria del Rosario Casa Dupuy kennen, die als Kulturattaché an der kolumbianischen Botschaft akkreditiert war.
Aber auch Igor I. Schurygin, ein KGB-Offizier mit der Spezialaufgabe »Anwerbung von Amerikanern«, kreuzte seinen Weg. Schurygin war als Offizier der KGB-Linie KR Chef der sowjetischen Spionageabwehr in Mexiko und somit Rick Ames' direkter Gegenspieler.[4] Ames und Schurygin trafen sich in der Folge zu oft bei zu vielen Flaschen Wodka und Whiskey. Beide taten dies nicht ohne Hintergedanken. Ames wollte den KGB-Mann einkochen, Schurygin den CIA-Mitarbeiter. Jeder wußte über sein Gegenüber Bescheid. Ames berichtete über seine dürftigen Fortschritte an die Zentrale in Langley. Und der hochrangige KGB-Offizier Igor Schurygin konnte sich ein gutes Bild von Rick machen, seine Schwächen und Stärken ausloten. Rick Ames war mehr denn je eine Zielperson der Moskauer Tschekisten. »Ames' Alkoholprobleme waren so groß«, heißt es im Bericht des CIA Inspector General Frederick P. Hitz, daß er nach »flüssigen Mittagessen oft nicht mehr in der Lage war, kleinere Arbeiten auszuführen«.
Nach zwei Jahren in Mexiko wurde Ames ins Hauptquartier zurückgerufen und im Herbst 1983 zum Leiter der Spionageabwehr im UdSSR-Referat der CIA ernannt. Ames hatte gute Fürsprecher gehabt. Für die heikle Position hatten ihn sein ehemaliger Chef in New York, der Chef der SE-Division und sogar der Deputy Director of Operations vorgeschlagen. Von nun an hatte Ames Zugang zu allen weltweiten Operationen der CIA gegen die Sowjets.
Rick Ames befaßte sich aber schon vor dieser Zeit mit Gegenspionage-Operationen. Viele dieser geheimen Missionen waren in

den Jahren zuvor schiefgegangen. Ein Grund dafür war, daß James Jesus Angleton, CIA-Abwehrchef von 1954 bis 1974, hinter jedem Agenten einen Maulwurf und hinter jedem Überläufer eine Falle wähnte. Die Nachwirkungen seiner Maulwurf-Paranoia paralysierten die Agency noch viele Jahre danach. Ironie des Schicksals: Den Verräter, den er gesucht hatte, fand Angleton nie.

Ames stieß auf die Akte des CIA Officer David Barnett, der 1970 die Agency verlassen hatte. Sechs Jahre später hatte sich Barnett dem KGB angedient. Dabei traf er unter anderen auf Oleg Kalugin, einen hochrangigen KGB-Offizier an der Handelsmission in Wien.[5] 1979 trat Barnett auf Anraten von Kalugin wieder in die CIA ein. Barnett wurde Konsulent im Ausbildungsbereich, bis er von einem KGB-Oberstleutnant mit dem Decknamen »Jogger« an die CIA verraten und 1980 zu 18 Jahren Haft verurteilt wurde.[6]

Anfang der achtziger Jahre war es der CIA in Zusammenarbeit mit dem FBI gelungen, ihrerseits zwei KGB-Offiziere anzuwerben: Oberstleutnant Waleri Martynow, als Dritter Sekretär an der Washingtoner Botschaft gemeldet und für Kulturangelegenheiten zuständig, und Major Sergei Motorin, ebenfalls Dritter Sekretär, aber in der Informationsabteilung der Botschaft. Kurz darauf, 1984, trat Rick Ames auf den Plan, um nun selbst sowjetische Diplomaten zu rekrutieren.

Sergei Diwokulski, ein sowjetischer Diplomat und Spezialist für Abrüstungsfragen, war als Zielperson geortet worden. Rick Ames alias Richard Wells traf sich mit dem Russen einmal im Monat zu einem Essen. Der Operation war jedoch nur eine kurze Lebensdauer beschert. Ende 1984 wurde Diwokulski an die Moskwa zurückbeordert. Sergei Dimitrijewitsch Tschuwakhin, ebenfalls Abrüstungsexperte der UdSSR, sollte Ames' neuer Gesprächspartner werden. Tschuwakhin war Beamter des sowjetischen Außenministeriums. Mitte April 1985 sollte »Richard Wells« Sergei Tschuwakhin treffen. Der Russe dachte, beim Treffen gelte es, sowjetisch-amerikanische Sicherheitsfragen zu diskutieren. Die CIA glaubte, Ames würde Tschuwakhin treffen, um ihn als mögliche Quelle an Land zu ziehen. Ames hatte aber ganz andere Pläne.[7]

Da der Abrüstungsexperte der Sowjetunion auch nach Stunden noch nicht auftauchte, trank sich Ames mit etlichen doppelten Wodkas Übermut an. Obwohl die sowjetische Botschaft rund um die Uhr vom FBI überwacht wurde, marschierte Ames in das exterritoriale Gebäude und legte dem Rezeptionisten ein großes Kuvert vor. Der Brief war an den KGB-Residenten Stanislaw Andrejewitsch Androsow adressiert. Darin befand sich ein zweiter Briefumschlag, auf dem Androsows KGB-Pseudonym stand. Im Umschlag war ein Blatt Papier, auf dem die Namen der beiden KGB-Agenten, Martynow und Motorin, die für die CIA werkten, eine Seite des Verzeichnisses von Ames' CIA-Abteilung SE und eine Forderung nach 50 000 US-Dollar notiert waren.

Danach verlangte Rick nach Tschuwakhin. Man traf sich schließlich doch noch, plauderte und vereinbarte ein weiteres Treffen in nächster Zeit. Drei Wochen später rief Tschuwakhin an. Das KGB hatte Ricks Angebot verstanden, und man ging auf das Geschäft ein.[8] Und die sowjetische Kundschafterzentrale bestimmte Tschuwakhin, Deckname Sam I, als Zwischenhändler zwischen Ames und dem KGB.

Eine gute Woche später übergab der sowjetische Botschaftsbeamte dem hochkarätigen Neuzugang von der CIA 50 000 US-Dollar in Hunderternoten. Ames gab später an, daß ihn seine prekäre Finanzlage zur Spionage für das KGB bewogen hätte.[9] Die finanzielle Lage der Familie Ames war tatsächlich äußerst angespannt, zu hoch waren die Ausgaben, die Rick und seine Frau Maria del Rosario tätigten. Zu dieser Zeit war die CIA weder über die peinliche Lage ihres Mitarbeiters informiert, noch stellte sie Nachforschungen an, wie aus dem Untersuchungsbericht des Generalinspektors der CIA aus dem Jahr 1994 hervorgeht.

Und das, obwohl Ames in Sicherheitsangelegenheiten so nachlässig war wie seit eh und je. Am 2. Juli 1985 erhielt der CIA-Abteilungsleiter eine offizielle Rüge, weil er seinen Safe offengelassen hatte und nach Hause gegangen war.[10] Im Jahr davor hatte er sogar seine Frau in eine sichere Wohnung der CIA gebracht. Ein schwerer Verstoß gegen die Sicherheitsbestimmungen des amerikanischen Auslandsgeheimdienstes. Wie leicht Ames seinen Verrat begehen konnte, war tatsächlich haarsträubend. Im Juni 1985 transportierte er mehrere Kilogramm vertrauliche Schreiben in Plastiktaschen aus der Zentrale in Langley, um sie den Sowjets zu liefern.[11]

Rick Ames war erst wenige Monate lang Maulwurf des KGB im Herzen der amerikanischen Spionagezentrale, als es für ihn erstmals brenzlig wurde.

Am 1. August 1985 ging, wie bereits erwähnt, der KGB-Oberst Vitali Sergejewitsch Jurtschenko, der gerade einen Auftrag in Rom ausführte, in die US-Botschaft in der Via Veneto. Zuerst wurde der KGB-Obrist von einem lokalen CIA-Agenten befragt. Wenig

später wurde er über Frankfurt nach Washington ausgeflogen. Jurtschenko war zum damaligen Zeitpunkt der ranghöchste KGB-Offizier, der je zu den Amerikanern übergelaufen war. Wenige Monate vor seinem außergewöhnlichen Trip in die Staaten war Jurtschenko zum stellvertretenden Leiter der Auslandsaufklärung des KGB ernannt worden und damit für die Operationen gegen die USA und Kanada verantwortlich. Rick Ames hatte allen Grund, Jurtschenko zu fürchten. Was wußte Jurtschenko von Ames' Verrat? Als Chef der Spionageabwehr im Sowjetunion-Referat wurde nun ausgerechnet Rick Ames die Bearbeitung und Führung des KGB-Mannes übertragen. Als Ames am nächsten Tag zur Andrews Air Force Base fuhr, um Jurtschenko in Empfang zu nehmen, waren die Spionageabwehr-Kollegen vom FBI schon vor Ort. Jurtschenko wurde in ein sicheres Haus der CIA in Vienna, Virginia, gebracht und abgeschöpft. Jurtschenko lieferte bekanntlich die Hinweise, die zur Enttarnung Ron Peltons und auch Edward Lee Howards führten. Über einen weiteren Maulwurf, also Rick Ames, machte er keine Angaben. Jurtschenko sprach vielmehr, nach Informationen amerikanischer Medien, über länger zurückliegende Fälle, über Strukturen und Vorgesetzte im KGB.
Bereits am 2. November 1985 kam der Überläufer Vitali Jurtschenko den CIA- und FBI-Agenten wieder abhanden. Zwei Tage später tauchte er bei einer Pressekonferenz im sowjetischen Missionskomplex in Washington auf und verkündete, daß er von der CIA unter Drogen gesetzt und gekidnappt worden wäre und nun wieder in seine Heimat zurückkehren würde. Am 6. November 1985 flog Jurtschenko in Begleitung seines Kollegen Oberstleutnant Waleri Martynow nach Moskau zurück. Bis zu seiner Pensionierung, im Frühling 1993, arbeitete Jurtschenko im KGB beziehungsweise SWR weiter.
Für Martynow, einen Offizier der KGB-Linie X – Wissenschaft und Technik –, bedeutete die Rückkehr den Tod. Ames hatte ihn an das KGB verraten. Am 28. Mai 1987 wurde der CIA-Maulwurf Martynow von einem Exekutionskommando des KGB erschossen.[12] Sein Kollege Major Sergei Motorin wurde ebenfalls von Ames enttarnt. Der KGB-Offizier der Linie PR war als Korrespondent der sowjetischen Nachrichtenagentur Nowosti getarnt. Anfang der achtziger Jahre kam das FBI dem Agenten durch eine Überwachung auf die Schliche. Motorin hatte illegalerweise in einem Elektrogeschäft eine Stereoanlage gegen Wodka aus dem Botschaftsladen eingetauscht.

Das FBI benutzte dieses Wissen von Motorins Vergehen, um diesen zur Mitarbeit zu veranlassen. Doch Motorin kam bald in eine weitere mißliche Lage. Das Auffliegen seiner intimen Freundschaft zu einer Botschaftssekretärin bescherte ihm Anfang 1985 ein One-way-Ticket nach Moskau. Monate später wurde er von Ames verraten und vom KGB hingerichtet. Im Laufe des Jahres 1985 verlor die CIA einen KGB-Maulwurf nach dem anderen. Leonid Polischuk wurde im September verhaftet und liquidiert, KGB-Oberst Viktor Smetanin, der in Lissabon tätig gewesen war, im Dezember 1985.

Rick traf seinen Führungsoffizier »Wlad« alias Wladimir Iwanowitsch Metschulajew aus der KGB-Zentrale unter anderem im Dezember 1985 in der kolumbianischen Hauptstadt Bogotá, der Heimat seiner späteren Frau Maria del Rosario. Der KGB-Offizier Metschulajew zählte zur Führungsebene des KGB. Er war zum Beispiel von 1978 bis 1982 der Resident der Moskauer Kundschafter in Kanada gewesen.

Rick Ames, der später den KGB-Decknamen »Kolokol« erhielt, ging 1986 an die Botschaft nach Rom. Rick trank weiterhin wie ein Seebär und schlief seine Räusche mitunter nachmittags auf dem Schreibtisch aus. Seine nachrichtendienstlichen Aktivitäten waren dadurch offenbar erheblich eingeschränkt. Doch seine Verbindungsaufgaben zum US-Militärgeheimdienst DIA und zu den Nachrichtendiensten der verschiedenen US-Heereseinheiten in Italien – die DIA sowie die U.S. Army, die Air Force und Navy Intelligence unterhalten auf der italienischen Halbinsel äußerst große Repräsentanzen – waren durchaus erfolgreich. In Rom schrieb Ames nahezu alle seine Berichte für die Sowjets auf seinem Personalcomputer, den er kurze Zeit zuvor erworben hatte. Wieder in Washington, übergab Ames seine Informationen für den Führungsoffizier auf Computerdisketten, die von den Sowjets mit einem Schutz-Password versehen worden waren. Alle anderen Informationen wurden weiterhin in Papierform geliefert.[13]

Im Herbst 1986 wurde eine vier Mann starke Special Task Force (STF) installiert, um den »Beeinträchtigungen« in der Soviet East European Division der CIA, später umbenannt in Central Eurasia Division, auf den Grund zu gehen. Zwei Jahre später köchelte die Untersuchung nur mehr auf Sparflamme dahin. Durch unglückliche Umstände waren die Spuren des Verrats eine Zeitlang in eine falsche Richtung gelenkt worden. So zum Beispiel beim Fall Lonetree.

Der U.S. Marine Sergeant Clayton J. Lonetree, »Wachmann« an der US-Botschaft in Moskau, war über die »Liebesfalle« einer Russin, einer Zivilangestellten der US-Botschaft, in die Arme ihres »Onkels« gestolpert. Der hieß Alexei Jefimow und war KGB-Offizier. Der strenge Onkel duldete die Beziehung seiner Nichte zum U.S. Marine Sergeant nur unter der Bedingung, daß dieser Informationen über die US-Botschaft, deren Personal und Residentur liefere. Im März 1986 wurde Lonetree an die Botschaft in Wien versetzt. Lonetree soll in der Folge auch Informationen über die US-Botschaft und die CIA-Residentur in Wien den »Sowjets zugänglich gemacht haben«, hieß es in Presseberichten. Im Dezember 1986 offenbarte sich Lonetree nach einer ausgiebigen Sauftour dem CIA Station Chief in Wien. Lonetree wurde daraufhin zu 30 Jahren Haft verurteilt, die Strafe später auf 15 Jahre reduziert, und schließlich wurde er 1996 vorzeitig aus dem Gefängnis entlassen.

In Rom lief der Kontakt zwischen Ames und dem KGB über Alexej Khrenkow, Deckname »Sam II«, dem der Amerikaner die vertraulichen Berichte aushändigte. Khrenkow war ebenfalls ein Mann des Moskauer Außenamts, der in Rom stationiert war. Ames' Vorgesetzte und Kollegen dachten, die Treffen mit Khrenkow würden der Rekrutierung des Russen dienen. Ein Irrtum – der CIA-Kollege tarnte so seinen Verrat.

Rick Ames kassierte weiterhin fest ab. Auch »Wlad« kam nach Rom, um sich mit seiner »sprudelnden Quelle« zu treffen. Im Frühjahr 1987 übergab der KGB-Offizier dem Maulwurf weitere 100 000 US-Dollar. Ames eröffnete in Zürich ein Bankkonto, um dort seinen Judaslohn zu deponieren. Später nahm er darüber hinaus ein Konto auf den Namen seiner kolumbianischen Schwiegermutter, die ihm dafür eine Vollmacht ausgestellt hatte. Offiziell und dem Freundeskreis gegenüber gaukelte Ames vor, daß seine ausgezeichnete Finanzlage auf einer Erbschaft seiner Frau beruhe. Im Laufe seiner Karriere als KGB-Maulwurf soll Aldrich Ames, laut Pressemeldungen, 2,7 Millionen US-Dollar erhalten haben. Dafür soll Ames zumindest 55 CIA-Operationen verraten haben. Und da er Zugang zu mehreren hundert operativen Vorgängen in Sachen Ostblock hatte, lag die Vermutung nahe, daß den Sowjets nicht viel verborgen blieb.

Neben Martynow, Motorin und Smetanin gingen noch weitere Enttarnungen von KGB-Doppelagenten im Dienste der CIA auf Rick Ames' Konto. Oberstleutnant Gennadij Grigorjewitsch

Warennik, Tass-Korrespondent in Wien und in Bonn,[14] war ebenso unter den Opfern wie Oberst Wladimir Michailowitsch Wassiliew, ein GRU-Offizier der Budapester Residentur.[15] Bereits Ende September 1986 war der Moskauer Wissenschaftler Adolf G. Tolkaschew hingerichtet worden, nachdem Edward Lee Howard einen Hinweis auf ihn gegeben hatte. Rick Ames soll dem KGB damals Howards Information bestätigt haben. Ein weiteres Opfer war Oberstleutnant Wladimir M. Pigussow, die Nummer zwei des KGB im indonesischen Jakarta. Pigussow, der den CIA-Decknamen »Jogger« trug, bezahlte ebenfalls mit seinem Leben.

Der GRU-General Dimitri Fedorowitsch Poljakow, FBI-Deckname »Tophat«, kehrte nach 18 Jahren Spionagearbeit für die Amerikaner 1980 nach Moskau zurück. Mitte Mai 1988 wurde Poljakow exekutiert. Auch er starb, weil ihn Rick Ames gegen Geld an das KGB verraten hatte.

Um die Liste der Opfer von Rick Ames zu vervollständigen, muß man auch die KGB-Offiziere Leonid Polischuk, der in Afrika diente, und seinen Kollegen Sergei Worontsow, der in Moskau seinen Dienst versah, nennen. Beide wurden nach Hinweisen von Rick Ames hingerichtet. Dem nicht genug. Ames hatte seine Finger auch in den Fällen Gordiewsky und Bokhan im Spiel. Beide hatten Glück und kamen mit dem Leben davon. Der GRU-Offizier Sergei Iwanowitsch Bokhan war in Athen unter der Legende eines Ersten Sekretärs der Sowjetbotschaft stationiert gewesen. Er konnte sich rechtzeitig in den Westen absetzen.

Der KGB-Offizier Oleg Gordiewsky war 1985 zum Residenten in London ernannt worden. Seit 1974 arbeitete er aber insgeheim für den britischen Secret Intelligence Service (SIS). Im Sommer 1985 glückte Gordiewsky, nachdem ihm das KGB auf der Spur war, die Flucht in den Westen. Bereits am 13. Juni 1985 hatte Ames Informationen zur Indentifizierung von »Tickle«, so der CIA-Code für den Doppelspion Gordiewsky, an Tschuwakhin weitergegeben. Doch Gordiewsky war schon vorher in Verdacht geraten.[16] Als der KGB-Überläufer Oleg Gordiewsky im Jahr 1989 einem CIA-Team von morgens bis abends Rede und Antwort stand, war auch Rick Ames dabei.[17]

Im Mai 1989 traf der CIA-Mann seinen Führungsoffizier vom KGB wieder in Rom. Diesmal wurde Rick Ames in den sowjetischen Missionskomplex gebracht. Veränderungen standen ins Haus. Ende Juni ging das Ehepaar Ames wieder in die Staaten zurück. Rick Ames arbeitete wieder als Abteilungsleiter in der SE-

Division. In den USA verständigte sich der KGB-Maulwurf mit seinen Instrukteuren und Führungsoffizieren mittels Sichttreffs und über etliche tote Briefkästen im Raum Washington. Von Dezember 1989 bis August 1990 bekam Rick Ames neue Aufgaben. Nachdem die Osteuropa-Sektion der CIA organisiert worden war und er nur kurze Zeit als Chef der Unterabteilung Westeuropa fungierte, leitete er das tschechoslowakische Referat der CIA. Doch das Ende des Kommunismus in der ČSSR beendete auch Ricks Interesse an der Bearbeitung der Prager Agenden. Obwohl er angeblich den Wunsch in sich trug, Vizechef der Residentur in Moskau zu werden, in dieser Position hätte er wohl höchste »Preise« bei den Russen erzielt, wurde er in die Analyseabteilung des Spionagabwehrzentrums versetzt.[18]

Ames traf seinen sowjetischen Führungsoffizier auch außerhalb der Vereinigten Staaten. Ermittlungen ergaben, daß Ames seine Freunde vom KGB in Wien kontaktierte. Ames reiste mit einem Diplomatenpaß Nr. 900015331, der ihm 1986 ausgestellt worden war, und einem normalen US-Passport Nr. Z 6103229, den er seit 1987 besaß. 1992 kam dann noch der US-Diplomatenpaß mit der Nummer 900127705 hinzu.

Im Juni 1990 flog Rick Ames nach Wien, um »Wlad« alias Wladimir Metschulajew zu treffen, seinen langjährigen KGB-Instrukteur.[19] 150 000 US-Dollar soll der CIA-Agent bei diesem Meeting kassiert haben.[20] Im Oktober hätte Rick »Wlad« erneut in Wien treffen sollen. Ames flog aber statt dessen irrtümlich nach Zürich und schmiß das Treffen in Wien.[21] Doch die Donaumetropole sollte ihn bald wiederhaben. Im Dezember 1990 traf Ames seinen »Wlad« in Bogotá, wo er auch »Andrej«, einem weiteren KGB-Einsatzoffizier, vorgestellt wurde. Wenige Monate später hätte Ames Andrej wieder in Wien treffen sollen, doch die Begegnung kam nie zustande, da Ames wieder einmal den Treffpunkt verwechselte.[22]

Im Oktober 1990 wechselte Rick Ames ins Counter Intelligence Center (CIC) der CIA, wo er Analysen in Sachen KGB abfaßte und zu diesem Zweck Zugang zu allen relevanten geheimen Datenbanken bekam.

Ende April 1991 flog Ames wieder nach Wien. Er mietete sich am 26. April 1991, einem Freitag, im Wiener Hotel Intercontinental in der Johannesgasse ein und bezog das Zimmer 541. Knapp über 3000 Schilling hatte Aldrich Hazen Ames pro Nacht dafür zu berappen. Er verbrachte die Mittagszeit auf seinem Zimmer und telefonierte kurz nach zwei Uhr nachmittags nach Übersee. Ames rief wie üblich zu Hause an. An die zehn Minuten dauerte die familiäre Kommunikation. Danach verköstigte er sich mit ein paar Kleinigkeiten aus der hoteleigenen Brasserie. Später ging Ames ins hoteleigene Hauben-Restaurant und ließ sich für rund 3300 Schilling den Gaumen verwöhnen. Kurz nach Mitternacht rief er nochmals in Arlington an.

Der nächste Tag verlief nach dem gewohnten Muster. Punkt zwei Uhr nachmittags wählte Ames die US-Telefonnummer 001-703-2 76 81 47. Doch diesmal dürfte er der Schwatzhaftigkeit verfallen sein. Knappe 80 US-Dollar standen, nachdem er den Hörer wieder aufgelegt hatte, zu Buche. Immer wieder versuchte er eine Leitung in die Staaten zu bekommen, doch die Verbindung klappte nicht. Erst kurz nach Mitternacht Wiener Ortszeit schaffte er es noch einmal. Die nächsten 20 Minuten wurden erneut verplaudert. Am nächsten Tag checkte Ames schon sehr früh aus. Zuvor hatte er noch die Minibar geplündert, wie aus der Rechnung hervorging. Kurz vor sechs Uhr beglich er dann mit seiner Amex-Kreditkarte die Hotelrechnung von 12 500 Schilling.

Nach Informationen der amerikanischen Ermittler war Rick Ames während seines Wien-Aufenthalts angewiesen worden, zwischen 7.00 und 7.15 Uhr dieses Tages die Wiener Telefonnummer 47 33 43 anzurufen. Die US-Ermittler fanden später im Zuge ihrer peniblen Nachforschungen einen kleinen Zettel mit dieser Telefonnummer, den Initialen A. B. und Instruktionen. Die Telefonnummer, die Ames anzurufen hatte, war auf die Botschaft der UdSSR zugelassen, genauer auf die Wohnung in Wien 18, Sternwartestraße 74/1/21, jenem Gebäude, in dem die Botschaftsangehörigen untergebracht sind. »A. B. stand für den KGB-Offizier Aleksandr Belinkow«, so das Washingtoner Korrespondenten-Trio der »New York Times«, David Johnston, Neil A. Lewis und Tim Weiner. Der Anruf diente dem Zweck, ein Treffen für denselben Tag genau um sieben Uhr abends in einem »Café Palermo« zu arrangieren. Von wo und von welchem Apparat Rick Ames den KGB-Kontaktmann anrief, blieb offen. Eines steht jedoch fest: Er erledigte den Anruf nicht mehr von seinem Hotelzimmer aus.

Die FBI-Beamten fanden bei der Durchsuchung von Ames' Haus den Hinweis, daß es bereits in den späten achtziger Jahren oder Anfang der neunziger zu einem weiteren Treffen am Wiener Rooseveltplatz 2, nahe der Votivkirche, im neunten Wiener Gemeindebezirk, gekommen sein könnte. Jedenfalls stand Wien auch in Zukunft auf dem Plan des KGB-Nachfolgedienstes SWR. Jedes

Jahr sollte Rick Ames seinen Führungsoffizier von nun an am ersten Dienstag im Dezember treffen. Für 1994 standen Bogotá, Venezuela und Ecuador auf dem Plan. 1995 zusätzlich Wien beziehungsweise Paris.[23]

Zwischen August und November 1991 arbeitete Ames wieder in seiner alten SE-Division als Leiter einer kleinen KGB-Bearbeitungsgruppe. Im selben Jahr veranlaßte der Abteilungsleiter im Rahmen der Drogenbekämpfungsprogramme die Einrichtung einer Verbindungsstelle mit der ehemaligen Sowjetunion. Im Dezember 1991 übernahm Ames dann im sogenannten Counter Narcotics Center (CNC) der CIA-Zentrale diese Position. Als CNC-Mitarbeiter hatte er auch Zugang zu dessen Computernetz Local Area Network (LAN). Das LAN enthielt auch das »Message Delivery System« (MDS) des Directorate of Operations, also der Hauptabteilung für verdeckte Einsätze. Für Ames' Spionageaktivitäten war dieser Anschluß mehr als günstig, und er konnte nun größere Datenmengen mit kleinerem Risiko auf Computerdisketten aus der Firma schaffen. Ames gab später an, überrascht gewesen zu sein, daß er sogar zu Fällen von Doppelagenten Zugang hatte.[24]

Neun leitende CIA-Mitarbeiter, die im Fall Ames zur Verantwortung gezogen werden sollten, wurden vom Generalinspekteur der CIA, Frederick P. Hitz, später genannt. Das bestätigte er auch Anfang November 1995 vor einem Senatsausschuß.[25] Zu den gerügten leitenden CIA-Mitarbeitern zählte auch der legendäre Milton Bearden, der unter anderem die geheimen Einsätze der CIA mit afghanischen Fundamentalisten im Kampf gegen die Sowjetarmee geleitet hatte. Milton Bearden, der 1994 als Chef der Bonner CIA-Station in Pension ging, war 1989 als Leiter der SE-Division Ames' Vorgesetzter gewesen.[26]

Hitzs zwölfköpfige Untersuchungskommission brachte eine Vielzahl interner Fehler an den Tag. Das Counter Intelligence Center (CIC) hatte bereits 1990 dem Office of Security (OS) über Ames' Finanzen berichtet. Daraufhin wurde eine Hintergrundrecherche angestellt, die weitere Fragen zu Ames' Person und seinen Ausgaben ans Tageslicht brachte. Ames wurde darüber hinaus einem Polygraphentest unterzogen, dem Polygraphenprüfer wurden allerdings die neuen Informationen über Ames vorenthalten. Im April 1991 stellte die Sicherheitsabteilung fest, daß Ames den Test erfolgreich bestanden habe, ohne ein Anzeichen einer Täuschung.[27] Das kam einer Bankrotterklärung des CIA-Sicherheitssystems gleich.

Doch die Jagd nach dem Maulwurf wurde noch im selben Jahr wiederaufgenommen. Zwei CIC-Beamte und zwei Kollegen vom FBI durchforsteten erneut die Akten der verlustreichen Jahre 1985 und 1986. Dabei wurden die Ermittler wieder auf Ames aufmerksam. Im März 1992 wurden schließlich die seit drei Jahren laufenden Untersuchungen von Ames' Finanzen abgeschlossen. Im August wurde endlich ein Bezug zwischen Ames' Bankeinlagen und seinen Treffen mit einem sowjetischen Beamten hergestellt. In einem Bericht des Untersuchungsteams im März 1993 wurde die Penetration der CIA bestätigt. Sechs Monate später durchsuchte das Team leise und unauffällig die Mülltonne vor Ames' Privathaus. Und wie es der Zufall wollte, wurde man fündig: eine »operational note« von Ames an die Russen fand sich im Abfall. Damit war für die Ermittler klar: Ames war der gesuchte Maulwurf.[28]

Am 21. Februar 1994 wurden Aldrich Hazen Ames und seine Frau Maria del Rosario Casa Ames von Spezialagenten des FBI in Arlington verhaftet. Unter dem Verdacht des Verbrechens »Conspiracy to Commit Espionage«, Verschwörung zur Spionage, nach dem U.S. Code 18, 794c. Rick Ames bekannte sich der Spionage und des Steuerbetrugs für schuldig und erhielt wenige Wochen später eine lebenslange Haftstrafe. Ames' Bereitschaft zur Kooperation wirkte sich für seine Frau günstig aus: Sie wurde lediglich zu fünf Jahren Gefängnis verurteilt.

Im April 1994 erhielt das Senate Select Committee on Intelligence ein anonymes Memorandum, das sogenannte »poison fax«, in dem schwere Vorwürfe gegen die Spionageabwehr der CIA und ihre Praktiken geübt wurde. Der Chef der Soviet East European Division wurde bezichtigt, Ames gewarnt zu haben, daß er als KGB-Maulwurf verdächtigt werde. Diese Anschuldigung konnte jedoch nicht verifiziert werden.

Die »Washington Times« berichtete Mitte Juli 1994, daß Ames den Russen auch Informationen über nachrichtendienstliche Aktionen der CIA gegen Westeuropa übermittelt hätte. Dabei lag die Vermutung nahe, daß es sich dabei um Wirtschaftsspionage-Operationen handelte. Jedenfalls kam die CIA durch diesen Verrat in Zugzwang. Die Amerikaner mußten einige »nicht legendierte« Mitarbeiter aus Westeuropa auf dem schnellsten Weg heimholen. Mögliche Enttarnungen waren nicht mehr auszuschließen, wie die »Washington Times« berichtete. Davon betroffen war unter anderem auch eine CIA-Operation in Paris. Der Fall Ames zog allerdings noch andere Konsequenzen nach sich. Die USA und Rußland

warfen jeweils die Chefagenten der Gegenseite aus ihrem Land. Die USA wiesen Aleksandr Lyssenko aus, er soll Moskaus Chefspion in den USA gewesen sein.[29]
Lyssenko war erst kurze Zeit Nachfolger des Residenten Iwan Semjonowitsch Gromakow, der seit Ende 1986 in Washington die Fäden für das KGB gezogen hatte. Gromakow war in früheren Jahren in Berlin und später in Bonn stationiert gewesen. Die Russen schickten im Gegenzug den CIA-Residenten in Moskau, James Morris, in die Staaten zurück. In Washingtoner Regierungskreisen wurde laut spekuliert, daß der Fall Ames der schlimmste Verrat eines Nachrichtendienstagenten in der amerikanischen Geschichte gewesen sein könnte.[30]
Denn: Das KGB und sein Nachfolgedienst SWR konnten nicht nur die US-Spione in den eigenen Reihen ausfindig machen und exekutieren, sondern darüber hinaus den Amerikanern jahrelang Falschinformationen unterjubeln. »In Zukunft müssen wir sicherstellen«, sagte der damalige Director of Central Intelligence (DCI), John Deutch, Anfang Dezember 1995, »daß solche Informationen nicht an führende Entscheidungsträger herangetragen werden, ohne sie zu warnen, daß diese Quellen kontrolliert werden (Anm.: von einem gegnerischen Nachrichtendienst) oder dessen verdächtigt werden.« Andererseits sollte gesichert werden, daß keine Entscheidungen durch diese Falschinformationen beeinflußt würden.[31]

Ein Briefmarkensammler unter Spionageverdacht

Im Dezember 1994 flatterte der österreichischen Botschaft in Washington ein Brief ins Haus, in dem ein älterer amerikanischer Staatsbürger mit Wohnsitz in New York um den Wiedererwerb der österreichischen Staatsbürgerschaft nachsuchte. An sich war das nichts Außergewöhnliches. Nach dem österreichischen Staatsbürgerschaftsgesetz steht all jenen Personen die Wiedereinbürgerung zu, die das Glück hatten, der Vernichtungsmaschinerie des Hitlerregimes entkommen zu sein, und die im Ausland eine neue Existenz gefunden hatten. Ein Schicksal, auf das sich auch der Antragsteller berief. Ein Jahr nach dem Anschluß der »Ostmark« an das Großdeutsche Reich war dem geborenen Wiener gemeinsam mit seinen Eltern die Flucht in die Vereinigten Staaten von Amerika gelungen. »Der Genannte besaß am 13. März 1938 das Heimatrecht in Wien und wanderte 1939 aus rassischen Gründen in die USA aus«, heißt es dazu in einem Schreiben des zuständigen Amtes der Wiener Landesregierung.[1]

Trotzdem hatte die Sache einen unübersehbaren Haken. »Der Genannte« war nämlich der ehemalige US-Diplomat Felix Bloch, 59, der rund fünf Jahre vorher aus dem amerikanischen Außenministerium gefeuert worden war, weil er unter dem Verdacht stand, unerlaubte Kontakte zu östlichen Geheimdiensten und Agenten gehabt sowie geheime Unterlagen übergeben zu haben. Wien hatte dabei eine ganz besondere Rolle gespielt. Wochenlang beherrschte die für die Regierung Bush sehr peinliche Affäre seinerzeit die Titelseiten der internationalen Presse. Nun, da Gras über die Sache gewachsen war, wollte Felix Bloch Österreicher werden.

In Wien war man bestürzt und setzte alle Hebel dagegen in Bewegung. Ende Juli 1995 teilte das Wiener Außenministerium seine klare Ablehnung der zuständigen Wiener Magistratsabteilung für »Staatsbürgerschafts- und Personenstandsangelegenheiten« (MA 61) mit. Mit dem Hinweis, es bestünden außenpolitische Bedenken gegen eine Einbürgerung Blochs. Das Wiener Innenministerium schloß sich später dieser Ansicht an. Man sprach sich hochoffiziell gegen eine »Heimkehr« Blochs aus und entsprach damit haargenau den Interessen der US-Regierung. Für die hatte der Fall Bloch nach wie vor Priorität. Aus diesem Grund wurden im Spätsommer 1995 Beamte des FBI und der CIA im Wiener Innenministerium vorstellig. Die Herren des amerikanischen Bundeskriminalamtes und des Auslandsgeheimdienstes äußerten die Befürchtung, Bloch könnte sich durch die österreichische Staatsbürgerschaft einem etwaigen amerikanischen Ermittlungsverfahren wegen Spionage entziehen.

Gegen Felix Stephen Bloch war in den USA allerdings nie Anklage wegen Spionage erhoben worden, da die Beweise des FBI dafür offenbar nicht ausreichten. »Es gibt nur Verdächtigungen, aber keinen Beweis«, sagte der Ex-Diplomat einem amerikanischen Reporter, »doch sie müssen mir meine Schuld beweisen.«[2]

Es begann in Wien. Am 16. September 1979 quartierte sich ein Reino Gikman im freundlichen Hotel Post am Wiener Fleischmarkt 24 ein. Der großgewachsene Mann, mit einer dunklen Warze auf der rechten Wange, legte dem Portier einen finnischen Reisepaß vor und erhielt daraufhin den Schlüssel zum Zimmer 129.

Von da an nahm sich der etwas eigenwillige Fremde mit der Holzfällerstatur regelmäßig ein Zimmer im Hotel Post. Der auffällige

Gast sprach deutsch, als wäre es seine zweite Muttersprache, wenn auch mit einem eigenwilligen Akzent, den man nicht leicht zuordnen konnte. Reino Gikman kam immer allein, war stets aufmerksam und zuvorkommend und hinterließ selbst beim Personal bleibende Eindrücke. Denn der schrullige Nordländer hatte die Angewohnheit, den Hotelangestellten von Zeit zu Zeit Postkarten mit lieben Grüßen aus seiner frostigen Heimat nach Wien zu schicken. Wie lange er jeweils in der österreichischen Hauptstadt zubrachte, konnte im nachhinein nicht mehr genau festgestellt werden. Wahrscheinlich war er aber nie länger als drei Monate in Österreich, sonst hätte er, laut Gesetz, um eine Aufenthaltserlaubnis ansuchen müssen. Eine solche hatte er aber nie beantragt, wie die Nachforschungen der österreichischen Polizeibehörden ergaben. Auffällig war auch, daß Gikman immer ein Bündel US-Dollar bei sich hatte und ausschließlich in bar bezahlte. Bankkonten oder Kreditkarten auf seinen Namen fand man nicht.

Im Jahr darauf kam Gikman gleich zweimal, im Mai und August, nach Wien. 1981 war er sowohl Anfang Juni als auch Anfang Dezember da. Bei jedem dieser Wien-Besuche schlenderte er über den Stephansplatz und den Graben in die Wallnerstraße, unweit des Innenministeriums. Dort, im Restaurant Kern, war der Liebhaber der Wiener Küche bald ein gerngesehener Stammgast, und ein äußerst geselliger noch dazu. Um die Mittagszeit nahm er in der Wallnerstraße immer eine Mahlzeit ein, dazu trank er meistens drei Glas Bier oder Wein. Trinkfest schien er schon aufgrund seiner Leibesfülle zu sein, betrunken sei er jedenfalls nie gewesen, berichteten Augenzeugen später. Für den Wirt und die übrigen Stammgäste war er »der Finne von IBM«, denn als solcher hatte er sich ausgegeben. Er gab vor, Computerfachmann zu sein und immer nur für wenige Wochen in Wien benötigt zu werden. In der österreichischen Dependance des Computerkonzerns IBM in der Donaustraße im zweiten Wiener Gemeindebezirk kannte man freilich weder einen Finnen mit dem Namen Gikman, noch fand sich dort ein diesbezüglicher Werkvertrag. Eine finnische Firma Sanomia aus Helsinki, die Gikman als seinen Arbeitgeber ausgegeben hatte, kannte man dort ebensowenig. Damit waren die Ermittlungen zwar um einen Mosaikstein reicher, doch die österreichische Staatspolizei brachte dies nicht weiter.

»Bei Reino Gikman handelt es sich mit an Sicherheit grenzender Wahrscheinlichkeit um einen Mitarbeiter des KGB, der unter Nutzung falscher biographischer Daten als finnischer Staatsangehöriger in westlichen Ländern eingesetzt war«, heißt es in einem vertraulichen Akt eines westeuropäischen Nachrichtendienstes. Gikman sei vermutlich ein sogenannter Illegaler des KGB, also ein Agent, der unter Verwendung einer falschen Legende ins gegnerische Operationsgebiet eingeschleust wurde. Die Ermittler kamen zu dem Schluß, daß es sich bei Gikman um einen Offizier des Direktorats S des KGB handeln müsse.

Alles deutete darauf hin, daß Gikmans Lebenslauf vom KGB sehr sorgfältig konstruiert worden war. Nach Informationen einer finnischen Tageszeitung war die Identität Gikmans aus gestohlenen Standesamtsregistern zusammengestoppelt worden.[3] Ob diese Vermutung einer Überprüfung standgehalten hat, ist nicht bekannt. Der später von westlichen Geheimdiensten rekonstruierte Lebenslauf des KGB-Phantomagenten weist folglich Schwachstellen und Lücken auf. Nach seinen eigenen Angaben soll Gikman am 27. März 1930 im finnischen Ino, dem späteren russischen Karelien, geboren worden sein.[4] Über seine Kindheit und frühe Jugend finden sich nur wenig Hinweise. Außer daß er eine drei Jahre ältere Schwester hatte und daß sein Vater, angeblich Staatsangehöriger des Deutschen Reiches, im Zweiten Weltkrieg umgekommen sein soll. Gegen Ende des Jahres 1946 tauchte Reino Gikman in der südwestfinnischen Hafenstadt Turku auf. Er verdingte sich dort die nächsten vier Jahre als Hafenarbeiter. Danach ließ er sich zum Elektroschweißer ausbilden und schweißte fortan für eine Werft in Turku, das Wasserbauamt in Helsinki und für eine Maschinenbaufabrik irgendwo in Finnland. Anfang April 1966 soll Gikman nach Deutschland, nach Bremen, in die Bismarckstraße 118, verzogen sein, und zwar, um einen geheimdienstlichen Auftrag zu erledigen.

Einen Monat später tauchte er wieder in den kalten Norden ab. Nun schlug sich der mutmaßliche KGB-Mann in Helsinki als freier Übersetzer für Finnisch und Deutsch durch. Nebenbei ließ er sich, in einem mehr als zweieinhalb Jahre dauernden Fernkurs eines Hamburger Instituts, zum Handelsvertreter und Makler schulen und schloß die Ausbildung mit der Note »gut« ab.

Mitte 1967 arbeitete Reino Gikman als Sortimentsleiter in der Auslandsabteilung der Finnischen Buchhandlung in Helsinki. Fast genau ein Jahr später heiratete der damals 38jährige Reino die Hausfrau Martta Nieminen. Die 29jährige Martta stammte angeblich ebenfalls aus Karelien, und auch sie schien aus der Geheimdienstwelt zu kommen. Doch das Ehepaar hatte noch etwas anderes gemeinsam. Wie spätere Nachforschungen ergaben, erwiesen sich beider Personaldokumente als ver- und gefälscht, und manche Papiere fehlten überhaupt.

Der berufliche Werdegang Reino Gikmans wurde mit der Zeit immer bunter. Anfang 1969 hängte der junge Ehemann seinen Job in der Finnischen Buchhandlung plötzlich an den Nagel. Die mysteriösen Gikmans schifften sich nach Deutschland ein. Ende Januar 1969 meldeten sich die finnischen Zugereisten in Düsseldorf an und bewohnten in der Oberlöricker Straße 362 eine nette kleine Wohnung. Martta war bereits im vierten Monat schwanger und brachte im Juni einen Sohn, John Robert, zur Welt.

In der Zwischenzeit hatte sich der fleißige Vater in die Bundesfachschule für elektronische Datenverarbeitung in Düsseldorf eingeschrieben und erlernte in einem Halbjahreskurs den Beruf eines Datenprogrammierers. Keine 14 Tage nach Ablegen seiner EDV-Prüfung heuerte Reino Gikman bei der Ruhrkohle AG in Essen als Programmierer an, wie deutsche Nachrichtendienste später herausfanden.

Er verarbeitete dort elektronisch den unternehmerischen Papierkram. Gikman erstellte unter anderem Verkaufsstatistiken, Exportabrechnungen und wertete Rechnungen sowie Gehaltsstreifen aus. Auch dort fiel der scheue, sogar als kontaktarm beschriebene Gikman nicht auf. Er war weder öfter krank als der Durchschnitt der Angestellten, noch nahm er sich Extraurlaub. Mitte 1970 wurde dem rundlichen Finnen in Düsseldorf schließlich ein deutscher Führerschein der Klassen 1 und 3 ausgestellt.

Bis Ende März 1972 verdiente er bei der Ruhrkohle sein Brot, wie aus geheimen amtlichen Dokumenten hervorgeht. Doch dann mußten Umstände eingetreten sein, die Gikman zu einem vorzeitigen Abzug aus dem Operationsgebiet zwangen. Gikman kündigte Hals über Kopf seinen Job und begründete dies damit, daß er wegen einer akuten Erkrankung seiner Frau umgehend in die Heimat zurückkehren müsse. Außerdem hätte er sich nun vermehrt um seinen kleinen Sohn John Robert zu kümmern. War der KGB-Illegale gewarnt worden? Der Düsseldorfer Haushalt der Gikmans wurde eiligst aufgelöst. Was die Familie nicht mitnehmen konnte, verscherbelte sie für einen Pappenstiel an Wohnungsnachbarn. Manchen von denen war er schon damals verdächtig vorgekommen. Merkwürdige Geräusche wollen Nachbarn aus der Gikmanschen Wohnung gehört haben. Dazu heißt es in einem deutschen Geheimdienst-Dossier: Eine Nachbarin will verdächtigen Funkver-

kehr und sogar Morsezeichen vernommen haben. Gikman hatte damals tatsächlich einen Kurzwellenempfänger in seinem Besitz. Außerdem mußte sich Gikman zwischenzeitlich anderswo aufgehalten haben, denn den Nachbarn war aufgefallen, daß sie den Finnen über längere Zeit nicht zu Gesicht bekamen. Man rätselte über ein eheliches Zerwürfnis oder gar die Scheidung. Zwei Monate vor dem dritten Geburtstag des Sohnes meldete sich die mysteriöse Familie endgültig und offiziell nach Helsinki ab. Ob sie damals tatsächlich nach Helsinki zog, darüber gibt es keine Erkenntnisse. Irgendwann nach dem Aufenthalt in Düsseldorf soll Reino Gikman sich zum erstenmal in Österreich, genauer in Salzburg, aufgehalten haben. Doch auch dafür gibt es bisher keine stichhaltigen Anhaltspunkte. Genausowenig darüber, ob er je wieder in Deutschland aktiv wurde. Gikmans Familie trat jedenfalls nicht mehr in Erscheinung. Späteren Angaben zufolge soll Gikman von seiner Frau getrennt gelebt haben, soll sie mit dem gemeinsamen Sohn nach Stockholm übersiedelt sein. Er selbst sprach davon, in den siebziger Jahren in Paris, Portugal, Südamerika und Südafrika tätig gewesen zu sein.
Für die finnischen Behörden hörte er jedenfalls Ende 1979 zu existieren auf, denn da meldete er sich wieder einmal ins Ausland ab. Bei späteren Nachforschungen fanden die Sicherheitsbehörden in Helsinki weder einen Führerschein noch einen in Finnland ausgestellten Reisepaß auf seinen Namen.

Anfang September 1983, es war um die Mittagszeit, saß Gikman wie gewohnt im Wiener Gasthaus Kern am Stammtisch, als er die Witwe Helga H., 42, kennenlernte. Die gelernte Buchhalterin ging ab und zu mit einer Freundin in diesem Gasthaus essen, denn ihre Arbeitsstätte lag nur einen Häuserblock weiter. An diesem Septembertag war das Lokal proppenvoll, und die beiden Damen mußten sich zu den Stammgästen am Haustisch gesellen. Zwangsläufig kamen sie mit dem langen »Finnen von IBM« ins Gespräch, den sie schon vom Sehen kannten. Aus der Zufallsbekanntschaft wurde sehr schnell eine Beziehung. Obgleich das Paar sehr viel Zeit miteinander verbrachte, wohnte Gikman weiterhin im Hotel. Er schaffte aber von Anfang an klare Fronten, erzählte von seiner Frau, seinem Sohn und daß eine Scheidung für ihn nicht in Frage käme. Seine ungewöhnlich langen Auslandsaufenthalte begründete er mit seiner beruflichen Tätigkeit. Außerdem hätte er laufend verschiedenste Managerkurse zu besuchen.

Anfang Januar 1984 fuhr Gikman in den feinen Schweizer Wintersportort Arosa. 18 Tage verbrachte er dort im Hotel Astoria. Er gab wieder einmal vor, einen Managerlehrgang zu besuchen. Ein Jahr später nahm er erneut an einem dieser »Weiterbildungsseminare für Wirtschaftsfachleute« teil, was für die Ermittler den Schluß nahelegte, daß auch die Schweiz dem KGB-Illegalen als Operationsgebiet gedient haben dürfte. Denn Gikman suchte die Eidgenossenschaft jahrelang mit der Regelmäßigkeit eines Zugvogels heim. Mindestens einmal im Jahr, meist zwischen Januar und März, flog Gikman nach Zürich.

Ende 1984 wurde Helga H. wegen einer Krankheit frühpensioniert und zog in ihr schmuckes Schrebergartenhäuschen im 13. Wiener Gemeindebezirk. Seit zwei Jahren besaß sie die rund 400 Quadratmeter große Gartenparzelle. Daß sie Gikman während seiner Wien-Besuche gerne noch enger um sich gehabt hätte, daraus machte sie kein Hehl. Schließlich nahm er das Angebot, zu ihr zu ziehen, an. Für seine Tarnung war ein familiärer Anhang und das dazugehörende Umfeld geradezu ideal. Während seiner weiteren Wien-Aufenthalte war der geschäftige Finne immer penibel darauf bedacht, daß alles seine Ordnung hatte. So meldete Gikman am 21. August 1985 auf dem Kommissariat Wien-Hietzing seinen Aufenthalt in der Schrebergartensiedlung an. Auf dem Meldezettel mit dem Stempelaufdruck »Ausländer« gab er als Heimatadresse Vänrikki Stoolink 9A, Tür 5 in Helsinki 10 an. Nach knapp fünf Wochen sagte er den österreichischen Behörden adieu und meldete sich offiziell wieder ab. Bei späteren Nachforschungen über die besagte Helsinki-Adresse konnten die Ermittler nur in Erfahrung bringen, daß dort seit 1984 bereits andere Personen wohnten. Von Gikman fanden sie keine Spur.

Gikman frönte einem Hobby besonders: dem Lesen. Nur las er keine Bücher in seiner finnischen Muttersprache, sondern ausschließlich deutsche und englische Schmöker. Englisch deshalb, so gab er vor, weil er als Computerfachmann in dieser Sprache stets geübt sein müsse. Auch das Fernsehen zählte zu seinen Lieblingsbeschäftigungen. Die ORF-Nachrichtensendung zur Prime time, »Zeit im Bild«, versäumte er fast nie. Und es kam vor, daß er den einen oder anderen Medienbericht scharf kommentierte, die westliche Weltanschauung als heuchlerisch abtat und die Ehrlichkeit in östlichen Ländern lobte.

Gikman, ein Koloß von einem Mann, rauchte nicht, trank aber gelegentlich Alkohol, vor allem Wodka und Whisky, und das wie ein alter Seebär. Selbst die schärfsten Spirituosen konnten ihn nicht umwerfen. So galt er in seinem Wiener Bekanntenkreis bald als besonders trinkfest.

Während er sich in Wien aufhielt, ging Gikman wie jeder andere Berufstätige am Morgen aus dem Haus, kam aber schon am frühen Nachmittag wieder zurück. Er benutzte anscheinend ausschließlich öffentliche Verkehrsmittel, denn er löste des öfteren eine Monatskarte. Er nahm zwar nie eine Tasche mit zur Arbeit, hatte aber bei seiner Rückkehr immer Unterlagen bei sich. Mit diesen zog er sich ins Gartenhäuschen zurück, ging in ein Zimmer im ersten Stock und arbeitete an den Papieren. Diese lagen nie offen herum, sondern wurden stets gewissenhaft in einem schwarzen Aktenkoffer verstaut. Und Gikman bat sich aus, bei seiner Arbeit nicht gestört zu werden. Seine einsamen Sitzungen im ersten Stock häuften sich mit der Zeit, bis er eines Tages von seiner Freundin vor den ausgebreiteten Unterlagen überrascht wurde. Gikman versuchte, die Papiere zu verdecken, und reagierte sehr ungehalten über die Störung. Er geriet daraufhin in Zugzwang und Argumentationsnot. Mit seiner Tätigkeit in der »Wirtschaft« konnte er all die Heimlichtuerei nicht mehr glaubhaft erklären. Gikman entschied sich, in die Offensive zu gehen, und gestand seiner Teilzeit-Lebensgefährtin, daß er für den finnischen Geheimdienst arbeite. Seine Schnüffeleien beträfen ausschließlich die Wirtschaft und hätten mit Österreich nichts zu tun. Konkretere Fragen waren nicht erwünscht und wurden abgeblockt. Nur ein einziges Mal ließ er sich, in Rage, zu einer verräterischen Äußerung hinreißen: In seinem Arbeitsbereich gehöre er zu den ganz Wichtigen, man solle ihn nur ja nicht unterschätzen.

Mitte Juni 1986 begab sich der mutmaßliche KGB-Agent in die finnische Botschaft in der Unteren Donaustraße im zweiten Wiener Gemeindebezirk und beantragte einen neuen Reisepaß. Dazu legte er einen finnischen Paß vor und gab als seine Wiener Adresse das Postfach 932 im Postamt 1011 am Fleischmarkt an. Dieses Postamt befindet sich gleich neben dem Hotel Post, in dem er früher regelmäßig logiert hatte. Am 13. Juni wurde ihm der finnische Reisepaß Nr. 636728 mit der üblichen Gültigkeit von fünf Jahren ausgestellt. Ein Postfach als Adresse war zwar eher ungewöhnlich, rief aber bei den finnischen Konsularbeamten offenbar nicht das nötige Maß an Mißtrauen hervor. Nachforschungen ergaben, daß Gikman dieses Postfach schon seit 1975, ohne Unterbrechung, angemietet hatte.

Im selben Jahr 1986 fuhr Gikman mit Helga H. auf Urlaub. Sie verbrachten einige Tage an den Ufern des Kärntner Wörthersees, wo sie sich im lauen Naß des bei der österreichischen Hautevolee besonders beliebten Sees erholten. Ein anderes Mal zog es die beiden in die Berge des malerischen Nockgebiets, nach Bad Kleinkirchheim. Auch die Weihnachtsfeiertage verbrachten sie in der Regel gemeinsam – im Hietzinger Mansardenhäuschen.

Ungefähr zu der Zeit, als Gikman sich zum erstenmal in Österreich blicken ließ, kam auch der US-Bürger Felix Stephen Bloch nach Wien.

Der Diplomat Bloch war 1980 als Botschaftsrat für wirtschaftliche Angelegenheiten an die U.S. Embassy in der Boltzmanngasse, im neunten Wiener Gemeindebezirk, zugeteilt worden. Wien galt nicht nur als karrierefördernder Dienstort, die Donaumetropole gefiel in diplomatischen Kreisen auch wegen ihres noblen Charmes, ihrer überall spürbaren k.u.k. Nostalgie und der sprichwörtlichen Wiener Gemütlichkeit. Die ehemalige Kaiserstadt und des »tanzenden Kongresses« seligen Angedenkens galt und gilt schließlich als der Ost-West-Treffpunkt schlechthin. Für Felix Bloch war sie aber noch viel mehr: seine alte Heimatstadt. Er war hier 1935 als Sohn einer jüdischen Familie geboren worden und hatte eine Zwillingsschwester, Susie, die 1989 an Krebs starb. Der Vater, Friedrich Bloch, hatte Rechtswissenschaften studiert und war ein erfolgreicher Geschäftsmann. Felix' Mutter, Henriette, genannt Hetti, stammte aus der wohlbetuchten Familie Stein. Ihr Vater handelte mit Papier en gros. Nach dem Anschluß Österreichs an Hitler-Deutschland im März 1938 stürzte für die Blochs wie für alle 170 000 Wiener Juden die Welt wie ein Kartenhaus zusammen. Der fast sprichwörtliche Antisemitismus der Wiener bot einen äußerst fruchtbaren Boden für den NS-Terror, doch die Blochs hatten Glück. 1939 konnte die Familie den Nazi-Schergen entkommen und in die USA flüchten.

Manhattan, New York hieß von nun an die neue Heimat. Die Zwillinge – Felix und Susie – besuchten die öffentliche Schule. Felix war schüchtern und introvertiert, ein Außenseiter, der entsetzlich unter den Hänseleien seiner Schulkameraden leiden mußte. Diese riefen ihn verächtlich »Felix the Cat« oder »Bloch-head«.[5] Später besuchte er die University of Pennsylvania's Wharton School, eine republikanische Wirtschaftsschule. Auch hier fiel der Bücherwurm nicht sonderlich auf. Im zweiten High-School-Jahr trat er der Vereinigung junger Demokraten bei. Außerdem engagierte er sich in einem Club für sozial schwache Jugendliche. Freunde hatte er aber nur wenige.

1957 ging Felix Bloch nach Europa zurück. Er schrieb sich für ein Jahr am Bologna Center der Johns Hopkins School of Advanced International Studies ein. Damit war ein weiterer Schritt zum Staatsbeamten getan. In Bologna lernte er auch seine spätere Frau Lucille kennen, die Tochter eines Senators aus North Carolina. Sie war vom Typ her das Gegenstück zu Felix, laut und energisch. In der Hauptstadt der italienischen Provinz Emilia-Romagna kreuzte Bloch auch die Wege eines Österreichers, der rund 20 Jahre später auf der politischen Bühne der Alpenrepublik eine Hauptrolle spielen sollte. Alois Mock, Mitte der achtziger Jahre glückloser Parteichef der konservativen Volkspartei ÖVP und langjähriger Außenminister Österreichs, besuchte wie Bloch die »Johns Hopkins« in Bologna. Beide waren für das Wintersemester 1957/58 eingeschrieben. Der Österreicher und der Amerikaner hatten einen guten Draht zueinander. Ende Januar 1958 ging Alois Mock wieder nach Wien; im selben Jahr trat Bloch in die Dienste des State Department.

Sein erster Auslandseinsatz im Auftrag des Foreign Service führte ihn nach Düsseldorf. Später verschlug es den jungen Diplomaten, der seine Scheu und Schüchternheit mit Ehrgeiz zu überdecken versuchte, nach Caracas. Schließlich wurde er nach Washington zurückbeordert und schloß dort sein Studium ab. Europa hatte ihn aber bald wieder. Bloch bekam um 1970 eine neuerliche Chance, sich auf dem alten Kontinent zu bewähren. Zuerst diente der Diplomat Uncle Sam in Westberlin. In der Alliierten-Stadt für die US-Mission zu arbeiten glich einer Auszeichnung. Berlin war ein heißes Pflaster, hier war eine der gefährlichsten Spielwiesen des Ost-West-Konflikts. Nicht nur die Berliner Mauer machte den Irrsinn des Kalten Krieges deutlich sichtbar, es kam außerdem zu gefährlichen Rangeleien und Aktionen abseits des ohnehin schon glatten Parketts der Diplomatie. 1974 eröffneten die Amerikaner in Ostberlin ein neue Botschaft. Zehn Mann verrichteten dort ihren Dienst, einer von ihnen war Felix Bloch. Zwei Jahre war er im »Feindesland«. Für die Machthaber in der DDR war die US-Botschaft ein Synonym für die CIA, und auch Bloch galt in den Augen des MfS als einer der zahlreichen CIA-Agenten. Bereits 1968 hatten die ostdeutschen Stalinisten in ihrer Fibel »Who is who im CIA« Bloch auf Seite 64 als Agenten entlarvt.[6] Doch dieses rote Büchlein eines Dr. Julius Mader »enthielt nicht nur so manche Ungenauigkeit, sondern mehrere dort Genannten erwiesen sich tatsächlich als echte Diplomaten«[7].

Nach der aufreibenden Zeit im Hexenkessel Ostberlin machte Bloch einen diplomatischen Abstecher nach Singapur. Danach kehrte er ins Washingtoner Außenministerium zurück. Das Rotationsprinzip des Foreign Service verlangte es so. Nur drei, vier Jahre durften US-Diplomaten am selben Dienstort verweilen. Das hatte gute Gründe. Einerseits diente dieses System der Sicherheit, andererseits der Wahrung amerikanischer Interessen. Man wollte verhindern, daß die Diplomaten durch längere Aufenthalte womöglich ihre Distanz zu den Gepflogenheiten und der Politik des Gastlandes verlieren könnten, denn Freundschaften und die zunehmende Verwurzelung bleiben nicht ohne Einfluß auf die politischen Ansichten.

Von 1978 bis zu seiner Mission in Wien hatte Bloch als Inspektor des State Department unter anderem das Verhalten der amerikanischen Auslandsvertretungen unter die Lupe zu nehmen.[8]

Danach kam Felix Bloch als Gesandter für wirtschaftliche Angelegenheiten nach Wien. Mitte 1983 ernannte ihn die neue Botschafterin und langjährige Sekretärin Ronald Reagans, Helene van Damm, zum Deputy Chief of Mission (DCM). Als Geschäftsträger der US-amerikanischen Botschaft in der Wiener Boltzmanngasse war Felix Bloch nicht nur der zweite Mann der Amerikaner in der Donaustadt, sondern auch Geheimnisträger der besonderen Art. »Über seinen Schreibtisch ging nicht nur streng geheimes Material für die Wiener Abrüstungsverhandlungen mit den Sowjets. Bloch wußte über die Operationen der CIA in Osteuropa bestens Bescheid, er kannte Namen.«[9] So sollen ihm auch die klassifizierten Lageberichte der Central Intelligence, die nahezu täglich erstellt wurden, vorgelegt worden sein, wie ein hochrangiger Wiener Staatspolizist behauptet. Und es gab sehr viele Berührungspunkte zwischen Diplomaten und den Intelligence Officers, sowohl auf privater als auch beruflicher Ebene.

So konnten die Herren aus Langley dem DCM Antworten auf Fragen zu aktuellen Fällen nicht einfach verweigern, maximal eine Zeitlang ausweichen, wie österreichische Staatsschützer wissen. Auch die Damen und Herren der Drug Enforcement Administration (DEA) und des U.S. Costums Service sollen Bloch regelmäßig über den Stand ihrer Aktionen informiert haben. Selbst am Samstag überprüfte er die eingegangenen Fernschreiben und Faxe auf ihre Dringlichkeit. Von seiner ehemaligen Dienstherrin Helene van Damm wurde Bloch als blaß und überaus ehrgeizig beschrieben.[10] Als Vorgesetzer war Bloch streng und herrisch.[11] Man traf den Spitzendiplomaten natürlich auch in seiner offiziellen Funktion bei Empfängen in Botschaften des damaligen Ostblocks.

Mit Blochs Ernennung zum DCM in Wien mußte das Ostberliner MfS seine bisherige Einschätzung revidieren. »Seit diesem Zeitpunkt war für uns klar«, so ein hochrangiger HVA-Offizier, »daß Bloch, entgegen unseren früheren Annahmen, nicht dem Dienst angehörte.«

Ende November 1985 hielt Felix S. Bloch einen Vortrag zum Thema »Technologietransfer und SDI-Weltraumprogramm in ihren Auswirkungen auf die Wirtschaft Österreichs« im Österreichischen Gewerbeverein in der Wiener Eschenbachstraße. Der 50jährige Diplomat malte seinem Auditorium aus, daß das Ost-West-Rüstungsgleichgewicht durch die Sowjetunion ins Wanken geraten sei und sich Präsident Reagan bereits 1983 veranlaßt gesehen habe, ein umfassendes Forschungsprogramm, die strategische Verteidigungsinitiative SDI, ins Leben zu rufen – mit dem Ziel, die Bedrohung durch die schrecklichen Nuklearwaffen zu beseitigen. Er schimpfte auf die sowjetische Propaganda, die SDI als Militarisierung des Weltraums verteufelte, und jammerte über die enormen Entwicklungskosten, die das SDI-Programm verschlingen würde.

Zu Blochs besonderen diplomatischen Aufgaben gehörte der brisante Bereich »Illegaler Technologie-Transfer« in den Ostblock. Amerikanische Medien unterstellen ihm allerdings heute noch, er hätte in der Bekämpfung des Technoschmuggels keine glückliche Hand gehabt. Kurzum, Bloch habe nicht verhindern können, daß 1981 und 1983 größere Computersysteme über Österreich in die UdSSR ausgeführt wurden.[12]

Wien war immer schon eine Schleuse für diese High-Tech-Apparaturen von West nach Ost. Hier hatten solch sensible Geschäfte lange Tradition, trafen sich hier doch nicht nur die High-Tech-Schieber aus Asien, Südafrika und den Warschauer-Pakt-Staaten zu Vertragsverhandlungen. Ostdeutsche Dealer hatten in Wien sogar Dependancen eröffnet, um die Fülle ihrer Aufträge überhaupt bewältigen zu können. Und Österreicher hatten fraglos ebenfalls ihre Finger im Spiel.

Bloch, der später den Arbeitsbereich »Europäische Gemeinschaft« übernahm, kannte in Österreich viele, die Rang und Namen hatten. Er sonnte sich im Licht der Mächtigen, und der etwas verbittert wirkende Topdiplomat blühte bei gesellschaftlichen Anlässen richtiggehend auf. Dienstliche Cocktailparties und offizielle Empfänge bildeten jenes Parkett, das für Bloch die Welt bedeutete. Seine Gesprächspartner zollten ihm viel Lob, und er habe tatsächlich den Eindruck eines loyalen, kompetenten und gut informierten Diplomaten gemacht, so ein hochrangiger österreichischer SPÖ-Politiker. Diskret und umsichtig sei Bloch gewesen, erinnert sich wiederum eine österreichische Diplomatenkollegin. Einmal im Monat traf sich Bloch unter anderen mit dem späteren Wirtschaftsminister Robert Graf bei einem Wiener Nobel-Italiener. Die beiden kannten sich seit 1984, und bald verband sie eine innige Freundschaft. Zu Blochs 50. Geburtstag hielt der mittlerweile verstorbene Ex-Minister »Bobby« Graf die Laudatio.[13]

Auch die Freundschaft zu seinem ehemaligen Studienkollegen Alois Mock erneuerte sich. Bereits im November 1970 hatten sich die Familien Bloch und Mock nach langer Zeit wieder getroffen. Lucille Bloch weilte mit ihren beiden Töchtern Andrea und Kathy in Berlin, das Ehepaar Mock hatte kurzfristig ebenfalls dort zu tun. Nur Felix war zu dieser Zeit gerade in Washington. Der Kontakt wurde in der Folge mit lockerer Regelmäßigkeit gehalten, wie unter Studienkollegen üblich. Später, in Wien, vertiefte sich die private Beziehung zu einer festen Freundschaft.

Privat hatte Felix Bloch zwei ganz besondere Vorlieben. Eine davon war die Philatelie, ein Steckenpferd, das im Freundeskreis durchaus bekannt war. Auch Edith Mock, die Frau des ehemaligen österreichischen Außenministers, soll dem Familienfreund Felix Bloch zu Briefmarken, genauer Sondermarken mit Sonderstempel, verholfen haben.

Seine zweite, intimere Vorliebe wußte er hingegen über all die Jahre geschickt zu verbergen. Und das mit gutem Grund. Die Prostituierte Anna Christine J. war gerade 25 Jahre alt, als sie den amerikanischen Diplomaten kennenlernte. Ungefähr drei Jahre jobbte sich die junge Wienerin mit dem Pseudonym Tina schon durch das horizontale Gewerbe. Sie liebte die freie Zeiteinteilung und freute sich über den einträglichen Verdienst, wie sie später den Staatspolizisten zu Protokoll gab. Im Herbst 1981 kam Felix Bloch erstmals in Tinas Wohnung. Er hatte offenbar eines ihrer Lockinserate in einer Tageszeitung gelesen. Der neue Kunde hatte ausgefallene Wünsche. Bloch sei von ihr begeistert gewesen, gab Tina in einem behördlichen Verhör später an.

Bloch blätterte für den Liebesdienst 2500 Schilling, mehr als 350 Mark, auf den Tisch. Schon beim zweiten Besuch verdoppelte er den Einsatz. Bloch besuchte die Prostituierte von nun an regelmäßig. Meistens kam er donnerstags oder samstags, oft schon am Vormittag. Er rief jedoch immer vorher an. Und alles lief ab wie gehabt. Seinen Namen kannte sie damals nicht.

Auf Grund seines Akzents und seiner Kleidung vermutete sie in ihm einen Amerikaner. Und er trug stets eine dünne, schwarze Lederaktenmappe und verschiedenste Zeitungen mit sich.

Mitte der Achtziger stieg Tina dann endgültig auf die strenge Tour um. Ein einträgliches Geschäft. Bloch »bediente« sie nach wie vor. Ungefähr zu dieser Zeit, es herrschte fröstelndes Frühjahrswetter, nahm er seine »Dame« einmal in seine Villa in Wien-Döbling mit. Blochs Ehefrau weilte im Ausland, und vom Personal war weit und breit nichts zu sehen. Nur ein kleiner weißer Pudelmischling schlich umher. Das ungleiche Paar ging ins Arbeitszimmer. In dem großzügigen Raum befand sich ein Schreibtisch, darauf standen zwei Telefone, und an der Wand hingen Fotos von der Familie. Bei dieser Gelegenheit stieß die Prostituierte erstmals auf seinen Namen, den er ihr bis dahin nicht genannt hatte. Auf dem Schreibtisch lag Briefpapier. Tina las den Namen Felix S. Bloch vom Briefkopf. Später sah sie ihren Stammkunden sogar im Fernsehen, an der Seite des neuen US-Botschafters Ronald S. Lauder. Bloch gestand ihr dann auch, Diplomat an der US-Botschaft zu sein. Nach Tinas Gefühl, litt er unter starkem beruflichen Druck. Einmal ließ er leise anklingen, daß er sich Chancen ausgerechnet habe, Helene van Damm als Botschafter zu beerben. Doch daraus war nichts geworden.

Ronald S. Lauder, Sohn aus dem Parfum-Imperium Estée Lauder und sammelwütiger Kunstfreund, wurde Felix Bloch vorgezogen. Bloch und Lauder hatten erwartungsgemäß keinen guten Draht zueinander. Mißtrauen und Mißgunst bestimmten ihr Verhältnis. Bloch hatte hier in Wien festen Boden unter den Füßen und machte business as usual. Lauder, der Botschafter-Novize, glaubte sich von ihm hinter- und übergangen. Für den Karrieristen Bloch, der die Botschaft über Monate interimistisch geleitet hatte, war die neue Situation eine Katastrophe. Wieder einmal war ihm, dem Mann, der eigentlich die Fäden zog, die oberste Sprosse der Leiter versagt geblieben. Zunehmender Sarkasmus und Zynismus sei seine Reaktion gewesen, wollen Insider wissen. Jedenfalls stand Bloch der Unbill ins Gesicht geschrieben. Als überambitionierter

Berufsdiplomat habe Bloch immer darunter gelitten, unter politisch ernannten Botschaftern dienen zu müssen und selbst nie Botschafter geworden zu sein, so die Analyse seines damaligen Freundes, des österreichischen Außenministers Alois Mock.[14]
Trost suchte Bloch sich anscheinend bei seiner strengen Gespielin. Mitte der achtziger Jahre gab Tina ihre polizeiliche Kontrollkarte für das horizontale Gewerbe zurück und kehrte der Prostitution den Rücken. Einzig Felix Bloch will sie als Kunden weiter bedient haben, sagte sie vor den österreichischen Ermittlern aus.
Um das Jahr 1986 bekam Tina von einem anderen, sehr auffälligen Kunden Besuch. Auf wessen Empfehlung er gekommen oder ob er ebenfalls nur ein fleißiger Leser von Sexinseraten war, daran konnte sie sich nicht mehr erinnern. Der neue Kunde war zwar nicht mehr der Jüngste, aber auffallend groß und stämmig. Und er hatte einen mund- und kinnumfassenden »Jägerbart«. Der Hüne stellte sich nicht vor und machte nicht viele Worte. Er wirkte eher schüchtern und war, für einen SM-Kunden untypisch, nicht so unterwürfig wie die anderen Kerle. Auch er verlangte nach der strengen Tour. Weder Lack noch Leder, Riemen oder Peitsche waren gefragt. Er hatte seine eigenen Malträtier-Utensilien mitgebracht. Der Unbekannte öffnete seinen schwarzen, dicken Aktenkoffer, griff hinein und holte ein Bündel trockener Brennesseln heraus. Er drückte Tina den »Strauß« in die Hand und bat um die entsprechende Behandlung. Er ließ sich schlagen, bis die Haut aufplatzte. Da wurde es selbst der Domina zuviel, dem Kunden wurde die Tür gewiesen. Tina sah den Unbekannten nie mehr wieder. Die österreichischen Staatspolizisten, die während der umfangreichen Ermittlungen auch Tina befragten, wurden bei der Personenbeschreibung des Unbekannten mehr als hellhörig. Sie legten Tina daraufhin ein Foto des KGB-Agenten Reino Gikman vor. Und tatsächlich: Sie glaubte sicher zu sein, daß er der »Brennessel-Kunde« gewesen war.
Bloch nahm im Sommer 1987 Tinas Dienste zum letztenmal in Anspruch und danach Abschied. Monate vorher hatte er ihr seine bevorstehende Rückberufung nach Washington angekündigt. Wenige Tage später kehrte Bloch in die Vereinigten Staaten zurück, der Kontakt zu seiner »Dame« riß danach völlig ab.

Ungefähr zur gleichen Zeit waren auch Reino Gikman vermehrt Sorgenfalten anzusehen. Seine Geschäfte, so hatte es den Eindruck, waren in größere Schwierigkeiten geraten. Die Auftragslage seiner Firma sei derart in den Keller gerasselt, versuchte er seiner österreichischen Partnerin weiszumachen, daß er künftig nicht mehr nach Österreich reisen könne. Doch es kam anders, als er es angekündigt hatte. Gikman kam wieder und blieb gleich längere Zeit. Am 25. November 1988 meldete er seinen Aufenthalt am Kommissariat Wien-Hietzing an. Knapp drei Monate wohnte er in Wien. Während dieses Aufenthalts im Hietzinger Gartenhäuschen seiner Wiener Herzensdame hatte Gikman einige dringende Ferngespräche zu erledigen. So griff er, wenn er sich ungestört fühlte, wiederholt zum Telefon und wählte eine Auslandsnummer. Einmal murmelte er etwas wie »Felix, geht die Sache in Ordnung?« ins Telefon, dann legte er den Hörer gleich wieder auf.

Am 20. Februar 1989 meldete er sich offiziell am Kommissariat 13 in Wien-Hietzing ab. [15]

Zu Ostern schickte Gikman wieder eine Postkarte aus Finnland, mit netten Grüßen an das Personal des Hotels Post in der Wiener Innenstadt. Etwas eigentümlich, als wollte er sich ganz bewußt in Erinnerung rufen, denn schließlich logierte er schon seit Jahren nicht mehr dort. Nur einen Friseurladen um die Ecke des Hotels besuchte er weiterhin über all die Jahre. Ende April 1989 kam Gikman erneut nach Wien. Wieder rief er einen »Felix« an, und wieder war es nur ein knapper Satz, den er dem Unbekannten zu sagen hatte.

Etwa zu dieser Zeit war auch das FBI auf einen »Felix« aufmerksam geworden. Der US-Außenamtsbeamte Bloch wurde seit einiger Zeit in seinem Büro im Washingtoner State Department abgehört, und in seinem Dienstzimmer war sogar eine Kamera installiert worden.[16]

Im Mai unternahmen Gikman und Helga H. ihre erste gemeinsame Reise ins Ausland. Reino schlug Paris vor und landete damit bei Helga einen Volltreffer. Die Wienerin wollte immer schon einmal in die Seine-Metropole. Anfang des Wonnemonats buchte das Paar im Reisebüro Cosmos in der noblen Kärntner Straße den Paris-Trip. Knapp 15 000 Schilling, etwas mehr als 2000 Mark, zahlte Gikman für zwei Flüge samt Übernachtungen und Métro-Fahrscheinen. Der fünftägige Kurzurlaub in Frankreich sollte für Gikman auch geschäftlich von Nutzen sein. Er hatte, zwischendurch, ein berufliches Rendezvous geplant.

Am 11. Mai 1989 flogen Gikman und seine Freundin Helga H. mit der Air France nach Paris.[17] Am Flughafen wartete bereits ein Wagen der Firma Mini Maxi. Eine junge, zierliche Frau saß am

Steuer. Sie brachte das Paar ins Hotel Saphir im 12. Arrondissement. Das regnerische Wetter trübte zwar den Aufenthalt an der Seine etwas, doch so schnell ließ sich das Touristenpaar nicht vom Sightseeing-Programm abbringen. Arc de Triomphe hieß die erste Station. Danach spazierte man über die prächtigen Champs-Élysées.

Am nächsten Morgen wurde der kulturelle Bildungsurlaub intensiviert. Eine Besichtigung der Kathedrale von Notre-Dame stand auf dem Programm; etwas später setzten die beiden auf die Seine-Insel Saint-Louise über und ließen sich dort kulinarisch verwöhnen. Am Nachmittag, nach einem ausgedehnten Einkaufsbummel, ging es zum Kulturpalast Centre Georges Pompidou. Am Abend zog sich das Paar ins Hotelzimmer zurück, wo es Schinken und Wein genoß. Doch Reino und Helga waren – was sie nicht wissen konnten – nicht unter sich: Jedes Wort, das sie sprachen, wurde belauscht. Ihr Hotelzimmer war vom französischen Nachrichtendienst Direction de la Surveillance du Territoire (DST), auf Bitten des amerikanischen FBI, verwanzt worden. Die operativen Techniker der DST lauschten von Anfang an den intimen Zwiegesprächen und schnitten die Telefongespräche auf Band mit. Eine heikle nachrichtendienstliche Operation mit der Spionageabwehr (CI) des FBI war angelaufen. Gikman war dabei aber nur eine der Zielpersonen.

Am nächsten Tag setzten die Wienerin und der Finne arglos ihre touristischen Unternehmungen fort. Sie fuhren auf den Montmartre, flanierten durch die historischen Gassen, schielten in die Schaufenster der zahllosen teuren Boutiquen und fanden schließlich ein kommodes Plätzchen in einem Restaurant.

Auch am 14. Mai 1989, dem Pfingstsonntag, tourten sie wieder durchs Herz von Paris. Zum Eiffelturm, in den Louvre und zum Obelisken an der Place de la Concorde. Danach fuhren sie ins Hotel zurück. Gegen 18 Uhr gingen sie erneut aus. Nur trennten sich diesmal ihre Wege. Gikman mußte zu seiner geschäftlichen Verabredung. Er fuhr ins Luxushotel Meurice, dort hatte er sich mit seinem »Geschäftspartner« zum Essen verabredet.[18]

Er saß kaum an der Bar, als dieser auch schon durch die Tür kam. Es war Felix Bloch. Der US-Diplomat war am selben Tag zeitig in der Früh mit der TWA aus den Staaten angereist. Seit seiner Ankunft folgte ihm unbemerkt ein Rattenschwanz von französischen und amerikanischen Agenten. Offiziell war Bloch in Paris, um an einer Konferenz der Wirtschaftsattachés aller US-Botschaften in

Europa teilzunehmen.[19] Sein Treffen mit Gikman war kein Zufall. Das Tête-à-tête mit dem »falschen Finnen« war am Vortag fixiert worden. Gikman hatte Bloch am Samstag morgen in Washington angerufen, was das FBI natürlich wußte, da Blochs Telefonate aufgezeichnet wurden. Gikman meldete sich bei Bloch als »Pierre Bart«, wie später amerikanischen Zeitungsberichten zu entnehmen war. »Pierre Bart« war der Name eines französischen Briefmarkenhändlers.[20] Bloch war, wie bekannt, ein Philatelist von hohen Graden, und so lag es nahe, daß er sich mit »Pierre Bart« verabreden würde, um »Briefmarken« zu erhandeln, wenn er schon in Paris zu tun hatte.

Als Felix Bloch sein Pariser Hotel Pullman St. Honoré verließ und gemütlich in Richtung Meurice schlenderte, trug er eine dunkelblaue Tasche bei sich. Nach dem Essen mit dem falschen »Pierre Bart« alias Gikman verließ Bloch als erster das Lokal, mit leeren Händen, wie die französischen und amerikanischen Agenten beobachtet haben wollen.

Gikman saß noch eine Weile im Restaurant, nahm dann die Tasche, die Bloch gebracht hatte, an sich und suchte mit ihr das Weite. Kurz vor Mitternacht kehrte Gikman ins Hotel Saphir zurück, begab sich in sein Zimmer und stopfte die besagte Tasche in seinen Koffer. Damit war das Treffen erfolgreich abgeschlossen. Gikman öffnete zufrieden eine Flasche Wein.

Obwohl Gikman und Bloch auf Schritt und Tritt beobachtet worden waren, war es zu keinem »Zugriff« der französischen Abwehr gekommen. Der Grund lag wohl bei den Amerikanern. Die Franzosen waren mit den Freunden aus Übersee aneinandergeraten. Wie so oft hätten die Amerikaner nur einen kleinen Teil ihres Wissens zur aktuellen Affäre herausgerückt, vermuten Nachrichtendienstexperten.

Am nächsten Nachmittag hatte Reino Gikman ein weiteres Rendezvous in Paris. Diesmal traf er einen sowjetischen Kontaktagenten, der eigens zu diesem Zweck aus Marseille angereist war. Der KGB-Offizier arbeitete unter dem Deckmantel eines Generalkonsuls der UdSSR in der südfranzösischen Hafenstadt. Nach Erkenntnissen des amerikanischen Bundeskriminalamtes FBI übergab Gikman dem Agenten die »heiße« Tasche. Daß hier eine Spionageoperation höchster Güte ablief, war allen Beteiligten längst klar. Die KGB-Zentrale wollte bei dieser besonders heiklen Übergabe zwischen Gikman und dem KGB-Konsul auf Nummer Sicher gehen. Eine KGB-Agententruppe in der Stärke einer Fußballmannschaft samt Ersatzspielern wurde zur Abdeckung der Operation eingesetzt. Es wimmelte nur so von Russen in der Umgebung des Treffs.

Die Residenturen des KGB und der GRU in Marseille zählten seit geraumer Zeit zu den äußerst aktiven Stützpunkten der sowjetischen Spionage in Europa. Da blieb so mancher hyperaktive Agent im Netz der französischen Abwehr hängen. Im Frühjahr 1980 wurde der sowjetische Konsul in der südfranzösischen Metropole auf Order der französischen Regierung des Landes verwiesen. Trawkow, so hieß er, war der zweite Mann der GRU in Marseille. Er hatte sich zu stark für die französische Rüstung interessiert, Personal ausspionieren lassen und sogar Konstruktionsunterlagen für das französische Kampfflugzeug Mirage erstanden. Dabei hatte man ihn auf frischer Tat ertappt. Neben Trawkow bekam auch der KGB-Agent Frolow ein One-way-Ticket in die Heimat nach Moskau. Der Presseattaché der sowjetischen Botschaft, der zuvor zwei Jahre in Marseille stationiert gewesen war, hatte sich in der Causa Trawkow in aller Öffentlichkeit mit der französischen Regierung angelegt.[21]

Gikman kannte seinen Kontaktmann aus Marseille persönlich, war man sich doch schon in früheren Jahren über den Weg gelaufen. Auch diesmal ging alles planmäßig über die Bühne. Am nächsten Tag flog der KGB-Agent Gikman mit seiner Freundin wieder zurück nach Wien, wo er sich aber nur noch kurz aufhielt. Am 25. Mai 1989 reiste Gikman von Wien-Schwechat nach Brüssel. Diesmal nahm er seine Wiener Herzensdame nicht mit. Der KGB-Agent mietete sich im Hotel Metropole an der Brüsseler Place de Brouckere ein und bewohnte das Zimmer 914. Wie immer und überall hatte Gikman seinen schwarzen Pilotenkoffer bei sich.

Auch Felix Bloch hatte in der belgischen Hauptstadt zu tun. Er begleitete den amerikanischen Präsidenten George Bush zu Gesprächen mit dem EG-Präsidenten Jacques Delors.

Wie es der Zufall so wollte, trafen sich Felix Bloch und »Pierre Bart« alias Gikman im Hotel Hilton zum Abendessen.[22] Bloch saß schon im Hotelrestaurant, als Bart alias Gikman dazustieß. Als Reino Gikman das Treffen wieder verließ, hatte er eine Sporttasche bei sich, an der er schwer zu tragen schien. Wenige Tage später flog Gikman nach Wien zurück. Hier fand er wieder Zeit, in die Mahlerstraße zu spazieren und in seinem Stammlokal zu dinieren.

Am 11. Juni 1989 verlor sich dann Gikmans Spur in Wien. Am frühen Nachmittag hatte er das schmucke Häuschen in Wien-

Hietzing verlassen und vorgegeben, mit einem Taxi zum Flughafen zu fahren, um nach Helsinki zu fliegen.
An diesem Tag flog von Wien nur eine Linienmaschine der Austrian Airlines in die finnische Hauptstadt. Gegen Abend hob der Passagierjet Kurs OS 683 Richtung Norden ab. Ein »Reino Gikman« stand nicht auf der Boarding-list, und eine Person seiner Beschreibung wurde auch nicht an Bord gesehen. Spätere Nachforschungen ergaben, daß der Name Gikman auch auf keiner Passagierliste anderer Luftlinien auftauchte. Gikman mußte Österreich auf einem anderen Weg verlassen haben. Wie, ist bis heute ungeklärt. Doch es gab für ihn viele Möglichkeiten, zum Beispiel auf dem Landweg oder über die Donau. Fest stand jedenfalls: Gikman hatte sich abgesetzt. Seine überstürzte Abreise ließ nur einen Schluß zu, so Geheimdienstexperten: daß er vor bevorstehenden Schwierigkeiten gewarnt worden war.
Noch spielte er aber die Rolle, die in den KGB-Regieanweisungen vorgeschrieben wurde, und lieferte einen weiteren Beweis seiner konspirativen Künste. Am nächsten Tag rief er nämlich bei Helga an, berichtete zufrieden über seine Ankunft in Helsinki und kündigte seine baldige Rückkehr nach Wien an. In ein paar Wochen wollte er wieder an die Donau kommen. Reine Irreführung, glauben Insider. Wurde Gikman vom KGB die eilige Abreise aus Wien befohlen, wußte er auch, daß der »Gegner« seine Spur aufgenommen hatte?
Am 21. Juni 1989 erhielt Bloch einen Telefonanruf. Eine unbekannte männliche Stimme nannte den Namen »Pierre« und sagte auf deutsch, aber mit französischem Akzent, Bloch leide an einer infektiösen Krankheit. Nach Informationen des amerikanischen TV-Senders ABC lautete der Satz wie folgt: »Ein gefährlicher Virus geht um, und wir glauben, Sie sind infiziert.«[23] ABC berief sich dabei auf einen Mitschnitt durch das Bundeskriminalamt FBI. Wie auch immer, westliche Nachrichtendienstexperten deuteten die kryptische Telefonansage als Warnanruf. Auch die Wiener Ermittler schlossen sich dieser Beurteilung an. »Der Inhalt des Gesprächs war eindeutig als Warnung zu werten«, erklärte ein ehemaliger Beamter der österreichischen Stapo.
Zwei Tage nach dem ominösen Anruf war in der Abteilung Staatspolizeilicher Dienst des österreichischen Innenministeriums die Hölle los. Ein FBI Liaison Officer der Wiener US-Botschaft eilte am Nachmittag in die Herrengasse. Der Legal Attaché klärte die Herren der Staatspolizei über den höchst unangenehmen Fall auf

und bat um Unterstützung bei der Fahndung nach dem KGB-Illegalen Reino Gikman.
»Befreundete Dienste« aus dem Westen, wie die Amerikaner, läßt man in der Regel nicht im Regen stehen. Noch dazu, wo hier der Verdacht auf der Hand lag, der KGB-Agent Gikman habe auch gegen österreichische Interessen gehandelt. Die zuständige Staatsanwaltschaft Wien wurde informiert und die Stapo-Sondereinheit EBT mit Ermittlungen beauftragt. Ein Reino Gikman fand sich jedoch nicht in der Kartei der ND-verdächtigen Personen. Gikman war in Österreich zu diesem Zeitpunkt ein unbeschriebenes Blatt, gestand der damalige Generaldirektor für die öffentliche Sicherheit, Dr. Robert Danzinger.[24]
Im Hietzinger Gartenhäuschen von Gikmans Freundin Helga H. konnte ein schwarzer, aber leerer Aktenkoffer und allerlei Kleinkram sowie ein Herrenanzug sichergestellt werden. Von Gikman selbst gab es keine Spur. So lange, bis er ein letztes Lebenszeichen von sich gab.
Anfang Juli 1989, es war kurz nach sieben Uhr früh, läutete das Telefon in Helgas Häuschen. Gikmans Teilzeit-Lebensgefährtin hob den Hörer ab, und eine weibliche Stimme am anderen Ende der Leitung sagte: »Moskau will Sie sprechen.« Sekunden später war Reino Gikman dran. Er erklärte seiner langjährigen Freundin, es sei alles nicht so, wie angenommen werde, und es tue ihm leid.[25] Von nun an war Funkstille.
»Wahrscheinlich war Gikman einer der erfolgreichsten und raffiniertesten Agenten, die der sowjetische Geheimdienst je hatte«, spekulierten die beiden altgedienten »Stern«-Journalisten Sepp Ebelseder und Claus Lutterbeck. Sie deckten auf, daß das »entnervte« FBI noch im April 1993 versucht hatte, Gikman mit unorthodoxen Mitteln auf ihre Seite zu ziehen. Im »Spiegel« (Ausgabe Nummer 15 vom 12. April 1993) wurde ein Inserat unter dem Titel »Fachlicher Berater gesucht« geschaltet. Der Text war nicht nur unprofessionell, sondern mehr als stümperhaft abgefaßt. Der Verdacht lag nahe, daß die Plumpheit des Textes ihre Ursache in einer mangelhaften Übersetzung hatte.
»Rhino Gikman Industries, eine amerikanische Firma mit dem Hauptsitz in den Vereinigten Staaten von Amerika, sucht einen gewandten, internationalen Weltreisenden«, hieß es in der Annonce, »der mit den Großstädten Paris, Brüssel und Wien vertraut ist.« Der Gesuchte sollte »einige Sprachen sprechen«, außerdem »mit den osteuropäischen Methoden vertraut sein, aber auch mit Ame-

rikanern Kontakt gehabt haben« und »bereit sein, sein Wissen als fachlicher Berater anzuwenden«.

Im unteren Teil des Inserats stand, welche Gegenleistung »die Firma« dafür anbot: »finanzielle Sicherheit, und Übernahme der Verantwortung für alle anfallenden Rechtsfragen, falls die geeignete Person für uns arbeitet«, und last, but not least würden die »notwendigen Vorbereitungen für eine Umsiedlung für Sie und Ihre Familie getroffen«. »Sollten Sie diesen Qualifikationen entsprechen und an dieser Position interessiert sein«, hieß es in dem verspäteten Aprilscherz kryptisch, sollte man sich an die »Personalfachbearbeiter« Ferdinand Paul oder Pierre Bart in Washington DC wenden. Ein freundliches Postskriptum fügten die Spionagespezialisten noch bei: »Bitte legen Sie dem Brief auch ein Foto bei.«

Für Felix Bloch gilt nach wie vor die Unschuldsvermutung. Für eine Anklage war die sprichwörtliche Suppe nach den Buchstaben der amerikanischen Gesetze zu dünn. Felix Blochs Leben geriet jedoch trotzdem aus allen Bahnen. Hier liege die größte menschliche Tragödie vor, die er kenne, sagte der Bloch-Freund und ehemalige österreichische Außenminister Dr. Alois Mock gegenüber der Zeitschrift »News«.[26]

Bis Ende 1989 hatte der Ex-Diplomat Bloch ein Jahreseinkommen von rund 80 000 US-Dollar erhalten, dann stellte die US-Regierung die Zahlungen ein. Im August 1990 weigerte sich das Außenamt, dem Beamten Bloch nach 30 Dienstjahren eine Pension zu zahlen. Im November 1990 wurde Bloch auf Anordnung des US-Außenministers James A. Baker von seinem Posten in der Abteilung für europäische und kanadische Angelegenheiten entlassen.[27] Der Grund: Bloch soll in den Verhören durch FBI-Beamte zumindest widersprüchliche Angaben gemacht haben.

Im Dezember 1992 wurde Bloch, der mittlerweile als Kassier und Verpacker in einem Supermarkt in Chapel Hill, North Carolina, jobbte, wegen Ladendiebstahls verhaftet. Arbeitskollegen hatten ihn ertappt, wie er zwei Säcke voll unbezahlter Lebensmittel im Wert von rund 100 US-Dollar in seinen silbernen Mercedes-Benz schaffte.[28] Bloch verbrachte die Nacht im Gefängnis von Orange County und wurde am nächsten Tag gegen eine Kaution von 1000 US-Dollar aus der Haft entlassen.[29] Erst zwei Jahre zuvor waren die Blochs in den noblen Govenors Club, in eine private Golf- und Wohnanlage in Chapel Hill, gezogen. Hier lebten eine Reihe von ehemaligen Mitarbeitern des Washingtoner Außenministeriums.

Ende Januar 1993 wurde Bloch zu einer Strafe von 60 US-Dollar und zwei Tagen Dienst an der Gemeinschaft verdonnert. Er bedauerte gegenüber dem Richter sein Handeln und versprach, sich zu bessern. Doch Bloch, der in der Zwischenzeit auch als Busfahrer für die Stadt Chapel Hill jobbte, hielt sich nicht an dieses Versprechen. Zwei Jahre später, im Januar 1995, wurde er erneut bei einem Warenhausdiebstahl ertappt. Diesmal verurteilte man ihn zu einer Strafe von 100 US-Dollar und zur Bezahlung der Gerichtskosten.

Spionage auf italienisch

Anfang 1989 flatterte der österreichischen Staatspolizei ein Rechtshilfeersuchen ins Haus, in dem die italienischen Behörden über ihre Wiener Botschaft um tatkräftige Unterstützung in einer heiklen Angelegenheit baten. Der Grund: Die Italiener hatten mehrere ihrer Staatsbürger im Visier, die unter dem Verdacht standen, dem KGB hochwertige Informationen über italienische High-Tech-Entwicklungen zuzuspielen. Als Drehscheibe des unerwünschten Nachrichtenflusses hatten die Italiener die sowjetische Handelsmission in Wien ausgemacht.
Die Zusammenarbeit mit den Österreichern war schnell abgesprochen. Ein italienischer Geheimdienstmann, als Attaché an der Wiener Botschaft eingesetzt, verabredete mit seinen österreichischen Kollegen das weitere Vorgehen. Der Draht zwischen den Italienern und der Staatspolizei in Wien, besonders mit der Sondereinheit EBT, funktionierte prächtig. Man schätzte sich nicht nur in beruflicher Hinsicht, sondern ging auch gelegentlich gemeinsam einen trinken, wie in Sicherheitskreisen erzählt wird.
Was die Italiener von ihren alpenländischen Kollegen erwarteten, war klar: Es galt, jene zwei Italiener zu überwachen, von denen man vermutete, daß sie ihr Material dem KGB in der sowjetischen Handelsmission übergeben würden. Gleichzeitig sollte ihr Besuch in dem exterritorialen Gebäude der UdSSR in der Argentinierstraße, im Vierten Wiener Gemeindebezirk, auf Film festgehalten werden. Die mutmaßlichen Täter hatten keine Ahnung, daß die italienische Spionageabwehr ihnen schon seit längerer Zeit auf der Spur war. Und auf die Idee, daß man ihnen »Spielmaterial« für die Übergabe aufbereitet hatte, kamen sie schon gar nicht.
Am 5. Februar 1989 war es dann soweit. Das Observations-Team der EBT, ein schwaches Dutzend Ermittler, aufgeteilt auf vier Fahr-

zeuge, fuhr zum österreichisch-italienischen Grenzübergang Thörl-Maglern.[1] Dort lösten die Österreicher ihre italienischen Kollegen bei der »Verfolgung« des Zielfahrzeugs, eines Lancia mit italienischem Kennzeichen, plangemäß ab. Die Observation erwies sich jedoch als »schwierig«, denn die Italiener tuckerten mal mit schlappen 80, dann wieder mit 100 Kilometern pro Stunde über die Autobahn, um schließlich erneut langsamer zu werden. Bei diesem Tempo liefen die Verfolger ständig Gefahr aufzufallen. Doch zum Glück hatten die Stapo-Beamten auch die »langsame Nummer« in ihrem Observations-Repertoire, und so kamen schließlich alle Seiten »unbeschädigt« gleichzeitig in Wien an. Die Italiener stiegen in einem Hotel in der Nähe der sowjetischen Handelsmission ab und verschwanden mit ihrem Fahrzeug in der dazugehörigen Tiefgarage.

Tags darauf begaben sich die Italiener, wie erwartet, in die SU-Handelsmission. Doch nicht auf direktem Weg. Zuerst parkten sie ihr Fahrzeug in einer Innenstadt-Garage und stiegen in ein Taxi um. Von diesem wechselten sie wenig später in ein anderes und so weiter. Die Italiener wollten ganz offensichtlich kein Risiko eingehen und glaubten so, lästige Verfolger abhängen zu können. Doch auch wenn dies gelungen wäre, hätte es ihnen nichts genützt. Denn vor der sowjetischen Mission stand seit Tagen ein Beobachtungsbus der Staatspolizei, ausgestattet mit filmischen Aufzeichnungsgeräten. Die Italiener gingen prompt in die Falle. Zwar kam das Duo seinen Verfolgern nach der Übergabe noch kurzfristig in einer Parkgarage abhanden, doch zu diesem Zeitpunkt war die Operation längst erfolgreich gelaufen. Ein Kurier des italienischen Geheimdienstes übernahm kurze Zeit später in Wien das Beweismaterial und jettete damit in die römische Zentrale. Auch die Täter machten sich arglos auf den Heimweg.

»Größte Operation gegen Spione in den vergangenen zehn Jahren«, titelten die italienischen Zeitungen wenig später. »Schlag gegen Spione war Stich in Wespennest«.[2] Der »Corriere della Sera« wußte sogar zu berichten, daß einige sowjetische KGB-Agenten, aber auch italienische Staatsbürger, aus Italien geflohen seien. Jedenfalls hatte die Ermittlungsleiterin fünf Haftbefehle erlassen – unter anderem gegen die beiden Sowjetbürger Vitali Popow und Nikolai Smetankin sowie einen italienischen Pelzhändler, einen ehemaligen Carabinieri und einen bulgarischen Staatsbürger.[3] Zuvor waren in der ligurischen Hafenstadt La Spezia auch die beiden Wien-Heimkehrer verhaftet worden. Der Spionagering, so

hieß es in den italienischen Zeitungen, hätte Informationen über NATO-Einrichtungen und deren Ausbau beschaffen sollen.
Der damals 51jährige Pelzhändler Natalino F., ausgestattet mit guten Geschäftskontakten in den Ostblock, hatte, laut »La Repubblica«, auf dem NATO-Stützpunkt La Spezia Forschungsergebnisse über die U-Boot-Jagd gesammelt und danach weitergegeben. Der verhaftete Giorgio St. war Mitarbeiter eines Triester Elektronikunternehmens. Bei St., einem in Jugoslawien geborenen Italiener, entdeckten die Fahnder Unterlagen über eine hochmoderne Anlage für die Elektronische Kampfführung, die von einem italienischen Rüstungskonzern speziell für die NATO entwickelt worden war. »Catrin«, so die Bezeichnung des militärischen Computernetzwerkes, könne konventionelle Waffen sowohl bei Kämpfen an Land als auch in der Luft elektronisch dirigieren.[4]
Der sowjetische Geheimdienst soll die heikle Militär-Tech-Operation über Jugoslawien koordiniert und von dort nach Österreich weitergeleitet haben, berichtete das staatliche Fernsehen RAI. Die kommunistischen Halbbrüder in Belgrad seien von den Sowjets in die Sache jedoch nicht eingeweiht worden.
Die italienische Justiz machte den KGB-Handlangern einen kurzen, aber harten Prozeß. So wurde zum Beispiel der 43jährige Giorgio St. Mitte Juni 1989 in erster Instanz zu neun Jahren Haft verurteilt. Die Richter erkannten ihn der militärischen und politischen Spionage für die Sowjetunion sowie der Korruption und des Verrats geheimer Informationen für schuldig.[5]

Spitzel zu Wasser und zu Land

»Im neutralen Österreich haben östliche Donautransportschiffe, ausgerüstet mit elektronischem Material, Frequenzen von Manövertruppen gestört und den Funkverkehr mitverfolgt«, wußte der Schweizer Nationalrat Dr. Peter Spältli Ende 1986 in der Zeitschrift »Schweizer Soldat« zu berichten. Tatsächlich konnten die Österreicher von den »spionierenden« Donauschiffen ein Klagelied singen. Ausgestattet mit dichten Antennen-Wäldern, tuckerten die Ost-Kähne die Donau flußaufwärts und havarierten mit auffälliger Regelmäßigkeit genau an jenen Stellen, von denen man Bundesheermanöver besonders gut per Funk verfolgen konnte. »Motor- und Ruderschäden«, aber auch »Übermüdung der Mannschaft« wurden von den Sowjets und ihren Genossen gegenüber

den österreichischen Behörden als häufigste Ursache geltend gemacht.
Speziell die Russen, aber auch ihre Satelliten-Kundschafter nutzten den internationalen Strom zur Schleusung ihrer Agenten. Über die Donau konnten sie Agentenführer nach Österreich einschmuggeln und Spione bei Nacht und Nebel außer Landes schaffen. Vor allem wenn Gefahr in Verzug war, so Experten, erfüllten die Donaukähne äußerst gute Dienste.
Um den Ost-Schiffern auf die Schliche zu kommen, gingen die österreichischen Behörden schließlich daran, die exakten Fahrtzeiten der einzelnen Schiffe zu überprüfen. So notierten niederösterreichische Staatspolizisten in der Grenzstadt Hainburg die Abfahrtszeiten der Schiffe aus dem Warschauer Pakt Richtung Wien und verglichen diese später mit den dort registrierten Ankunftszeiten. Brauchten die Schiffe das Vielfache der notwendigen Fahrzeit, dann hatten die Matrosen wohl zwischenzeitlich anderweitige Aufträge zu erledigen gehabt.
Nach Erkenntnissen westlicher Nachrichtendienste versahen viele Agenten zur Zeit des Kalten Krieges, als zivile Schiffahrtsoffiziere getarnt, ihren Dienst auf den Kähnen. Galt es, Fernmeldeaufklärung zu betreiben, so gingen sie nach einer genauen Liste vor, auf der die bevorzugten militärischen Frequenzen des Gegners notiert waren. Zusatzaufträge wurden angeblich direkt per Funk übermittelt.
Im Herbst 1985 fielen die Ostblock-Kundschafter wie die Heuschrecken in Niederbayern ein. Ihr Ziel: die deutsche Bundeswehr. Beim Donaumanöver »Hohe Welle« registrierten aufmerksame Beobachter 17 Lastkähne aus der ČSSR, Ungarn und Rumänien, die in der Nähe von Passau beiderseits des Ufers vertäut waren, berichtete der »Stern«. Und das genau an der Stelle, an der die westdeutschen Truppen das Übersetzen übten. Zur gleichen Zeit sollen an die hundert Ost-Trucks im Containerterminal, der sich zufällig mitten im Manövergebiet befand, auf »besseres Wetter« gewartet haben.
Etwa 400 000 Lastkraftwagen aus dem Ostblock kurvten zur Ost-West-Eiszeit jährlich durch Westeuropa. Allein die ČSSR hatte rund 2000 LIAZ-Fernlaster ständig auf Achse. 600 davon fuhren jede Woche in die Bundesrepublik Deutschland, ein Drittel davon nach Hamburg.
Ende 1975 trat auch die UdSSR der Internationalen Transportvereinigung bei und durfte daraufhin, wie andere Mitgliedsländer

auch, eine genau festgelegte Anzahl ihrer Laster, 100 LKW gleichzeitig, durch die kapitalistischen Länder rollen lassen. Die Fahrzeuge wurden mit dem blauen TIR-Schild versehen, am Ausgangsort verplombt und erst am Zielort wieder zur Zollkontrolle geöffnet. So kurvten die Russen, mit Umwegen von mehreren hundert Kilometern, durch Skandinavien, wobei die Fahrer die Anmut der Landschaften millimetergenau auf Zelluloid festhielten. In Frankreich umschwärmten Ost-Trucks Werften und Geheimdienstzentralen, und auch die Schweiz konnte sich der Flut der Sowjettransporter kaum erwehren.

Österreich kam auch in diesem Zusammenhang – dank seiner geographischen Lage als Ost-West-Verkehrsknotenpunkt – eine bedeutende Rolle zu. Die amtlichen Kundschafteragenturen hinter dem Eisernen Vorhang nutzten die Transitstrecke durch den neutralen Kleinstaat weidlich für ihre geheimen Rundreisen. Die Fahrer, meist militärisches Kaderpersonal wie Panzeroffiziere, mußten an Hand vorgegebener Routen detaillierte Berichte und Karten über ihre »Beobachtungen« erstellen.

Die Sowjets setzten für diese Zwecke Angehörige ihrer Speznaz-Truppen ein, einer Eliteeinheit mit Sabotageaufgaben. Der Auftragskatalog der »rollenden Späher« war, der politischen Eiszeit entsprechend, umfangreich. So hatten sie Order, die Aufklärung militärischer Objekte, Lager, Gelände sowie militärisch bedeutsamer Routen (Wegerfassung und Kartographierung) und der dazugehörenden zivilen Infrastruktur zu betreiben. Sovtrans, Deutrans, Hungaricamion, Csad, Romaniacamion – hinter den Planen dieser staatlichen Speditionen steckten allzuoft neugierige Auslandsaufklärer.

So beobachteten österreichische Heereskräfte seit 1979 im Raum Kufstein, in der unmittelbaren Umgebung tirolerischer Industriebetriebe, ein verstärktes Frachttransporter-Aufkommen sowjetischer Provenienz. Bis zu 20 dieser LKW verpesteten Woche für Woche die Tiroler Luft, wobei die Fahrer immer in demselben Gasthof nächtigten. Mitunter »verirrte« sich dabei auch der eine oder andere Trucker vor die Tore der Enrich-Kaserne in der Kufsteiner Salurnerstraße.

Tschechoslowakische Fahrer machten sich mit ihren LKW von April 1980 bis Anfang Dezember 1982 im Kärntner und Salzburger Raum verdächtig. Die auf den Plan gerufenen Heeresbeobachter notierten eigenartige Fahrten der ČSSR-Bürger während und auch außerhalb der Dienstzeiten.

Mitte Februar 1983 waren es drei Sattelschlepper aus der DDR, die sich ganz »zufällig« während einer militärischen Übung im oberösterreichischen Ried, im Innkreis, dort einparkten. Zwei weitere LKW aus Ostdeutschland beobachteten in einer Nachbargemeinde bis in die frühen Morgenstunden die an- und abfahrenden Truppenfahrzeuge des österreichischen Bundesheeres. »Die DDR bildete solche Spezialisten im Fallschirmjägerbataillon 40 bei Potsdam aus«, so der Schweizer Nationalrat Dr. Peter Spältli. Herbstmanöver zur Übung der Raumverteidigung lockten die Ost-Trucker immer wieder zuhauf nach Österreich. So auch im Oktober 1986 in die Weststeiermark, als rund um den Fliegerhorst Zeltweg etliche Ostblock-Fahrer ihre Straßentransporter für die Dauer der Übung stillegten. Man täuschte ganz einfach Pannen vor.

Penetriert wurde auch das neutrale Schweden, wo man sich schon der sowjetischen U-Boote kaum erwehren konnte. Dabei setzten die Sowjets, aber auch die Polen und Ostdeutschen, Handelsschiffe zur Geräuschtarnung ein. Mitte der achtziger Jahre fanden die Schweden nach einem »inszenierten Zufall«, laut Zeitungsberichten, unter der Anhängerplane eines sowjetischen LKW einen Container, in dem fünf Mann an hochmoderner Funktechnik saßen. Jährlich rund 1300 LKW aus der UdSSR machten das schwedische Reichsgebiet zur Zeit des Kalten Krieges unsicher. Nachrichtendienstexperten waren schon damals überzeugt, daß diese Sonderchauffeure auch zum Entleeren toter Briefkästen eingesetzt wurden.

In Holland, so fanden NATO-Aufklärer Anfang der achtziger Jahre heraus, hatten als Lastwagenfahrer getarnte Offiziere der Roten Armee, über viele Wochen lang, Kanäle und Flüsse inspiziert und über deren Tiefe und Breite genau Buch geführt. NATO-Sicherheitsleute waren den rollenden Sowjets bereits seit den Siebzigern auf den Fersen. Sie konnten beobachten, daß sowjetische LKW für die Route von der DDR-Grenze durch die Bundesrepublik nach Rotterdam statt der üblichen zehn Stunden bis zu vier Tage benötigten.

»Stern«-Reporter hängten sich im November 1985 an die Stoßstangen von DDR-Lastzügen und protokollierten in einem Stundenbuch das äußerst dubiose Fahrverhalten der Deutrans-Genossen auf ihrer Fahrt mit der Kirche ums Kreuz.

Auffällige Verkehrsmanöver von Tiefladern der Sovtransauto-Moskau im Raum Judenburg regten dann auch Redakteure der steirischen »Kleinen Zeitung« im März 1987 an, der Straßen-Spionage nachzugehen. Sie beobachteten, wie sich sowjetische Fahrer problemlos durch ein für ortsunkundige schwieriges Straßenwirrwarr durchschlugen, um im Bahnhof der Gemeinde Unzmarkt österreichische Truppentransporte, die auf dem Schienenweg unterwegs waren, zu observieren. »Ein Beweis«, urteilten die steirischen Journalisten, »daß jenen sowjetischen Fahrern der Entladeort des Güterzuges bekannt gewesen sein muß.«

Der Mann ohne Gesicht

Die Souvenir-Messe CREA-TISCH '92 öffnete am 18. September auf dem Messegelände des Salzburger Stadtteils Liefering ihre Pforten. Der Besucheransturm bei der dreitägigen Veranstaltung hielt sich in Grenzen, nur wenige Neugierige schlenderten durch die Ausstellungsräume, die Aussteller schienen fast in der Überzahl zu sein. In der Halle C der kommerziellen Produkteschau, am Stand 999, wurden bunt bemalte Papuschka-Puppen und andere folkloristische Mitbringsel aus den UdSSR-Nachfolgestaaten feilgeboten. Vor dem Pavillon schlenderte ein stämmiger, dunkelhaariger Mann langsam auf und ab.[1]
Der ungefähr 60jährige Russe, allem Anschein nach jener Kaufmann, der die Papuschkas an den Mann bringen wollte, wartete offenbar auf Kundschaft. Der kräftig gebaute Brillenträger im hellen Straßenanzug wirkte keineswegs wie ein harmloser Reisender in Sachen Kitsch und Krimskrams, sondern eher wie ein Vertreter für Kampfsportgeräte oder Survival-Ausrüstungen. Irgendwie wollten die russischen Puppen nicht recht zu der äußeren Erscheinung des mysteriösen Händlers passen, der erst am Vortag in Österreich eingereist war.
Am 17. September 1992, um 12.25 Uhr, war die Aeroflot-Linienmaschine, Kurs SU 261 aus Moskau kommend, auf dem Flughafen Wien-Schwechat gelandet. Mit an Bord: der bullige Souvenirhändler, der mit »großem Bahnhof« empfangen wurde. Zwei russische Diplomaten der Wiener Botschaft begrüßten den Kaufmann ehrfürchtig und nahmen ihn und seinen Begleiter zur Seite. Dann wurde dem älteren Landsmann ein diskreter Empfang in der VIP-Lounge des Flughafens bereitet. Die Herren unterhielten sich äußerst angeregt und nahmen einen Imbiß ein. Einige Stunden später fuhr der russische Handlungsreisende im Rentenalter mit seinem österreichischen Geschäftspartner nach Salzburg weiter.

Der Russe bezog in der Mozartstadt ein komfortables Zimmer im Hotel Die Gersberg Alm. Drei Tage später war die Mitbringsel-Messe zu Ende, und für den Russen schienen die Geschäfte auf dem kapitalistischen Markt gut gelaufen zu sein. Er war offensichtlich guter Dinge und blieb noch einen vollen Tag in der Stadt an der Salzach.

Erst am 22. September wurde der Russe von einem Chauffeur im Mercedes nach Wien gefahren, wo er in der Reisnerstraße im dritten Wiener Gemeindebezirk, wenige Schritte vor dem Eingang zur russischen Botschaft, aus dem Wagen stieg, am Gittertor die Gegensprechanlage betätigte und rasch in der Diplomatenburg verschwand. Dort hatte der russische Geschäftsmann vermutlich eine konspirative Unterredung. Jedenfalls dauerte das Gespräch mehrere Stunden. Und der Meinungsaustausch fand, wie Insider behaupten, im geheimsten Teil der Botschaft, nämlich in den abhörsicheren Räumen der KGB-Residentur statt.

Der Russe war kein Unbekannter in dieser mysteriösen Ecke der Botschaft. Und auch für die österreichische Spionageabwehr war der »Geschäftsmann« kein unbeschriebenes Blatt, im Gegenteil, ein alter Bekannter. Ein Umstand, der dazu führte, daß sein Österreich-Trip nahezu rund um die Uhr von Oberservations-Teams der österreichischen Staatspolizei beschattet wurde. Denn der Russe war Genrich Wassiljewitsch Kokorew – bis 1991, knapp zehn Jahre lang, Resident des KGB in Wien. Sein letzter bekannter Dienstrang war der eines Generalmajors und seine offizielle Akkreditierung die eines Botschaftsrats gewesen.

»Kokorew war eine schattenhafte Figur«, erinnert sich ein hochrangiger Staatsschützer in der Wiener Herrengasse, »man bekam ihn während seiner Wiener Zeit kaum zu Gesicht.«

Genrich Wassiljewitsch Kokorew wurde am 24. Februar 1927 in Juscha, im Gebiet Iwanowskaja, geboren. In Kokorews »Steckbrief« heißt es: Größe: 1,73 Meter, kräftig, welliges braunes Haar, graublaue Augen. Seine Auslandslaufbahn hatte der Topagent Kokorew 1959 in der Bundesrepublik Deutschland begonnen. Dort war er als Mitglied der sowjetischen Handelsmission in Köln akkreditiert. Sechs Jahre später wechselte der KGB-Offizier nach Wien, wo er zum Direktor der sowjetischen Donauschiffahrtsgesellschaft SDGP ernannt wurde. Die Donauflotte der UdSSR spielte eine große Rolle in den geheimen Schlachten des Kalten Kriegs.

Kokorew stand schon damals unter dem »dringenden Verdacht der Zugehörigkeit zum KGB«. Ein solcher Vermerk, wahrscheinlich deutschen Ursprungs, zierte jedenfalls seine Akte und wurde sogenannten befreundeten Diensten, also den Geheimdiensten der westlichen Hemisphäre, übermittelt. 1969 wurde der sowjetische Kundschafter von der Donau abgezogen. Ob dafür besondere Gründe vorlagen, blieb bislang unbekannt.[2]

Mit großer Wahrscheinlichkeit lag dies jedoch schlicht am »Rotationsprinzip« des KGB. Denn in der Regel dauerte der Aufenthalt im Operationsgebiet nicht länger als vier Jahre.

Drei Jahre später tauchte der Schattenkämpfer im Zeichen von Schild und Schwert erneut in Westdeutschland auf. Kokorew amtierte ab 1972 am Generalkonsulat der UdSSR in Hamburg. Sieben Jahre lang ging der Kundschafterführer unter der Sowjetflagge seinen geheimen Tätigkeiten in der Bundesrepublik nach. In dieser Zeit wurde er endgültig und eindeutig als KGB-Offizier identifiziert. In den Akten des Bundesamts für Verfassungsschutz wurde der Genosse Kokorew schlicht und ergreifend als »KGB-Chef von Norddeutschland« bezeichnet. Neben den KGB-Leuten Eduard P. Scharapow, Leonid P. Akulow und Wladimir I. Stalski wurden auch Kokorew Verbindungen zu Politikern und Journalisten nachgesagt.[3]

Der britische Autor John Barron führte Kokorew in seinem Standardwerk über den KGB als sowjetischen Geheimdienstler an, rechnete ihn jedoch damals, aus bislang unbekannten Gründen, der GRU zu.

1979 kehrte der Topagent Deutschland erneut den Rücken. Die Jahre danach dürfte er in der heimatlichen Zentrale verbracht haben. Im September 1982 war schließlich ein neuerlicher Auslandseinsatz angesagt, und Kokorew kehrte in die Donaumetropole zurück. Offiziell nahm er damals den Posten eines Botschaftsrats der sowjetischen diplomatischen Vertretung in Wien ein. In Wahrheit, so die Erkenntnis westlicher Nachrichtendienste, kontrollierte der Führungsoffizier Kokorew den riesigen Spionageapparat des KGB in Österreich.

»Hochrangige KGB-Leute wurden auch mit höherwertigen diplomatischen Legenden versehen«, bestätigt ein Wiener Ermittler. Die Einschätzung, daß hohe KGB-Offiziere zuweilen gar als Botschaftschauffeure oder Hausdiener fungierten, gilt zumindest seit den achtziger Jahren als Mär. Niedrige Dienste für niedrige Dienstgrade, dieses Motto galt gerade im streng hierarchischen Apparat des KGB.

1984 wurde der langgehegte Verdacht der österreichischen Staatspolizei durch einen sowjetischen Überläufer bestätigt. Dieser gab

Kokorews tatsächliche Geheimdienstfunktion erstmals preis. Genrich Wassiljewitsch war der KGB-Resident in Wien und damit der mächtigste Mann der UdSSR-Vertretung in der österreichischen Bundeshauptstadt. Doch die Bedeutung seiner Position ging noch darüber hinaus, zählte die Wiener KGB-Residentur doch von jeher zu den größten der Welt. »Der Botschafter war nur der Büttel des KGB-Residenten«, so die Überzeugung der Staatspolizei.
Fast zehn Jahre zog Kokorew in Wien die Fäden. Erst im April 1991 kehrte der Topagent der österreichischen Hauptstadt den Rücken. »Diese lange Zeit als Resident an einem Ort bedeutet, daß Kokorew eine sehr wichtige und effiziente Person war«, so die Experten der österreichischen Spionageabwehr. Typisch für einen Residenten, scheute Kokorew das Licht der Öffentlichkeit wie der Teufel das Weihwasser. Der »Mann ohne Gesicht« war für die westlichen Nachrichtendienste in Wien oft monatelang unsichtbar.
Doch eine Passion hatte Kokorew mit seinen Kundschafterkollegen und anderen sowjetischen Diplomaten in Österreich gemein. Jeden Winter zog es die Sowjets mit auffälliger Regelmäßigkeit in den Salzburger Nobel-Skiort Zell am See. Dort frönte man dem Wintersport und war angeblich mit nichts anderem beschäftigt, als sich zu erholen. »Zu den Winter-Feiertagen waren oft mehr Russen in Zell am See als in Wien«, erinnert sich ein Staatspolizist amüsiert. Die Vermutung lag nahe, daß die günstige geographische Lage des Wintersportorts, vor allem seine Nähe zu Deutschland, von den Sowjets »nebenbei« auch für Spionagezwecke genutzt wurde. Und darüber hinaus hatten die Sowjets, vornehmlich die dafür zuständigen Sicherheitsoffiziere, auf diese Weise die »eigenen Leute« selbst in ihrer Freizeit unter Kontrolle. Ein nicht zu unterschätzender Faktor.
Über Kokorews Rolle in Österreich bestanden zumindest für die Ermittler keine Zweifel. »Er war sehr eng an allen offensiven KGB-Operationen beteiligt, die in Österreich gegen westliche Interessen durchgeführt wurden«, lautete der Verdacht in einer Information des Innenministeriums.
Damit war der KGB-Offizier auch offiziell im Fadenkreuz der österreichischen Behörden. 1989 wurde es für Kokorew noch aus einem anderen Grund brenzlig. Die Stasi-Funkaufklärer der DDR-Botschaft in der Frimbergasse, im 13. Wiener Gemeindebezirk, warnten die Wiener KGB-Residentur vor der österreichischen Staatspolizei. Die Ostdeutschen hatten mit ihren Scannern den unverschlüsselten Funkverkehr der Wiener Staatspolizei be-

lauscht. Den DDR-Schnüfflern war dabei schnell klargeworden, daß eine Observation der Stapo im Gange war. Die Österreicher waren gerade dabei, einen operativen KGB-Agenten zu beobachten. Für die Ostdeutschen war Eile geboten. Die Stasi-Lauscher informierten umgehend den Wiener KGB-Chef über ihren Lauscherfolg, und das unter Umgehung aller Sicherheitsmaßnahmen. »Die Überwachung des beweglichen Funkverkehrs hat ergeben, daß die österreichische Staatspolizei einen KGB-Mann observiert«, wurde den sozialistischen Brüdern in trockenem Stasi-Deutsch mitgeteilt.[4] Die Sowjets reagierten prompt und gingen auf Tauchstation.

Nach der Auflösung des KGB und der Erneuerung der Ersten Hauptverwaltung Aufklärung Ausland (PGU) zum »Zentralen Aufklärungsdienst« (SWR) waren die Geheimdienstler gezwungen, neue Wege zu gehen. In mehr als einer Hinsicht. So wurden zur Finanzierung dieses eigenständigen Geheimdienstes und zur Absicherung der Mitarbeiter Handelsunternehmen unter der Leitung ehemaliger hoher KGB-Offiziere gegründet. Diese Maßnahmen betrafen anfangs »die wertvollsten Mitarbeiter«, wie die »Literaturnaja gaseta« berichtete.[5] Die russische Wochenzeitung zitierte dabei ein »geheimes« Dokument Nr. 174033 der Hauptabteilung Spionageabwehr des KGB vom 5. Januar 1991. Bereits im Jahr zuvor soll der sowjetische Geheimdienst mit den Firmengründungen begonnen und somit ein flächendeckendes Netz von »Filialen« geknüpft haben. Die Begründung lautete lapidar: »Um der wachsenden politischen Instabilität im Land zu begegnen.« Die »Literaturnaja gaseta« argwöhnte, die besagten Firmen dienten nur dazu, das in- und ausländische Agentennetz besser ausbauen und führen zu können.

Auch Generalmajor Genrich Kokorew sei auf diesem Weg in die Schattenwelt der geheimen Krieger zurückgekehrt, behaupten hochrangige österreichische Spionageabwehr-Experten.

Am 25. April 1992 landeten der Genosse Kokorew und ein Begleiter zur Mittagszeit auf dem Flughafen Wien-Schwechat. An der Grenzkontrolle wies sich der Topagent mit einem russischen Reisepaß aus. Sein »stilles« Empfangskomitee war jedoch größer, als er und die Mitglieder der russischen Botschaft, die ihn am Flughafen empfingen, auch nur ahnen konnten. Ein Dutzend Beamte der österreichischen Staatspolizei hefteten sich an die Fersen des russischen Trosses. Rein juristisch gesehen lief die Oberservationsaktion unter dem »Verdacht der geheimdienstlichen Tätigkeit gegen die Interessen Österreichs«. Denn daß Kokorew etwa nur seinen Wiener Schneider besuchen oder einfach die anmutige Landschaft des Alpenlands genießen wollte, daran glaubten die Abwehrexperten nicht. »Da er Österreich wie seine eigene Westentasche kannte«, sagte einer von ihnen, »wird er hier weiterhin Operationen und Beratungen durchführen.« Kokorew dabei in flagranti zu ertappen wäre ein toller Erfolg gewesen. Doch die österreichischen Fahnder wußten nur zu gut, daß ein alter Fuchs wie Kokorew nicht so leicht aufs Glatteis zu führen sein würde. Zunächst einmal war Geduld gefordert. KGB-Generalmajor Genrich Kokorew mietete sich im Hotel Arenberg am Wiener Stubenring ein. Noch am selben Nachmittag holten ihn zwei Männer mit einem Ford Scorpio der russischen Botschaft (WD 54.067) von seinem Domizil ab. Das Trio dinierte in einem China-Restaurant im dritten Wiener Gemeindebezirk.

Der nächste Tag verlief ruhig. Kokorew hielt sich im Hotel auf, spazierte durch den Stadt- und Resselpark zur Karlskirche, beehrte am Nachmittag den Prater mit seinem Besuch und labte sich anschließend im Schiffsrestaurant Johann Strauß am Donaukanal.

Der nächste Tag begann, sowohl für die Zielperson als auch für ihre »Schatten«, früh. Gegen 7.50 Uhr wurde Kokorew von russischen Botschaftsangehörigen in einem Opel Astra mit dem Diplomatenkennzeichen WD 54.046 in die Botschaft in der Reisnerstraße chauffiert, die er erst um 17.20 Uhr wieder verließ. Den Abend verbrachte Kokorew bei einem Geschäftsessen mit einem österreichischen Handelspartner.

28. April 1992: Nachdem der »Souvenirhändler« aus dem Hotel ausgecheckt hatte, brachte ihn ein Mazda (W 84.030 B) der russischen Botschaft erneut in die Residentur.

29. April 1992: Kokorew traf seinen Geschäftspartner südlich von Wien, der Abend endete bei einem Heurigen in Sooß.

30. April 1992: »Keine Bewegung der Zielperson«, vermerkten die österreichischen Staatspolizisten, die ihm auf Schritt und Tritt folgten, in der Akte. Zusatz: »Essen im Helenental«.

1. Mai 1992: Fahrt nach Wien-Schwechat. Die Begleitperson flog ab.

2. Mai 1992: Bummel durch den beliebtesten Einkaufstempel der Wiener, die Shopping City Süd (SCS) in Vösendorf. Um 13.25 Uhr hob der Aeroflot-Jet, Kurs SU 262 nach Moskau, in Schwechat ab. Mit an Bord: der Genosse Generalmajor Genrich Wassiljewitsch Kokorew.

Sein Österreich-Trip zur Souvenir-Messe im Herbst desselben Jahres sollte allerdings für längere Zeit sein letzter sein. Österreichischen Boden wird der russische Handelsreisende in Sachen »Volkskunst« nicht so schnell wieder betreten. Auf Grund seiner beruflichen Laufbahn und einschlägigen Aktivitäten hat das Bundesministerium für Inneres kurze Zeit später für Genrich Kokorew eine Einreisesperre verhängt.

Operation »Singapur«

Freitag, 21. Juli 1995. Genau 16.52 Uhr landete auf dem Flughafen Wien-Schwechat, aus Paris kommend, eine Boeing-Sondermaschine mit der Aufschrift »United States of America«, die ehemalige »Air Force One« des US-Präsidenten. An Bord: John Marc Deutch. Der ehemalige Unterstaatssekretär und Vizeminister im amerikanischen Verteidigungsministerium war im Frühjahr 1995 von Präsident Bill Clinton zum Director of Central Intelligence (DCI), Chef aller US-Auslandsnachrichtendienste und damit auch zum Leiter der Central Intelligence Agency (CIA), ernannt worden. Der damals frischgebackene US-Spionagechef, mit jahrelanger Erfahrung in nachrichtendienstlichen Fragen, war auf Goodwill-Tour durchs befreundete Europa. Sein Zwischenstopp in der Walzerstadt hatte neben dem Nice-to-meet-you-Kennenlerneffekt aber auch einen ernsten Hintergrund. John Deutch eilte ins Wiener Innenministerium am Minoritenplatz, um mit Österreichs höchstem Polizeibeamten, dem Generaldirektor für die öffentliche Sicherheit, Michael Sika, ein dringliches Gespräch zu führen. Die geheime Unterredung galt unter anderem einer brisanten Spionageaffäre.
Wenige Tage zuvor hatten die Beamten der Stapo-Sondereinheit EBT einen Österreicher wegen des Verdachts der geheimen KGB-Tätigkeit verhaftet.[1] In dessen pompöser 500-Quadratmeter-Villa waren rund 40 Kartons mit Unterlagen sichergestellt und zur Auswertung ins Wiener Innenministerium transportiert worden.
John Deutchs CIA-Agenten hatten den Stein ins Rollen gebracht. Ende Juni 1995 hatte sich die CIA mit einer geheimen Note an das Wiener Innenministerium gewandt. Ein russischer Überläufer habe angegeben, hieß es darin, daß der österreichische Staatsbürger Bernhard H. Agent des KGB-Nachfolgedienstes SWR sei. Die Angaben des Kundschafters schienen glaubwürdig zu sein und bezogen sich auf den Zeitraum zwischen 1992 und 1995.

Bernhard H. sei Anfang der achtziger Jahre vom KGB in Moskau geschult worden, unter anderem in der Bekämpfung gegnerischer Überwachungsmaßnahmen und in nachrichtendienstlicher Kommunikation. Geführt wurde Bernhard H. vom früheren KGB-Offizier Arkadij Belozerov, einen altbekannten Schattenweltakteur. Unter der Führung Belozerovs, eines Agenten des KGB-Direktorats S – Illegale – habe Bernhard H. eine Firma in Singapur, mit Niederlassungen in Österreich und den USA, geleitet.
Um 1991 gründete das Direktorat S das Joint-venture »R.« mit Sitz in Moskau, um mit Bernhard H. eine »legale Methode zur Kommunikation« führen zu können. Gleichzeitig habe der Österreicher eine weitere Tarnfirma in Singapur betrieben und Filialen in Bangkok, Hongkong und München installiert, meldete die CIA nach Österreich. Die Geschäfte zwischen Bernhard H. und dem SWR liefen auf Kommissionsbasis. H. erhielt die Einnahmen aus der Tarnfirma, die wiederum eine Niederlassung in Moskau registrieren ließ. Der Zweck des Deals war, eine »Produktionsanlage für einen Supercomputer« in Moskau zu errichten.
Der Überläufer war über die illegalen Techno-Geschäfte der Moskauer Spionagezentrale offenkundig gut informiert und kannte auch die Hintergründe. Bernhard H. sollte westliche Techniker und Geschäftsleute für das Projekt interessieren, damit diese vom Geheimdienst in Moskau rekrutiert werden könnten. Die Dienste des Österreichers schienen den Russen zu gefallen. »Bernhard H. versorgte den KGB, später auch den SWR, mit der Geheimhaltung unterliegender Technologie und Mustern von in den USA und Deutschland hergestellten Supercomputerchips und Supercomputern«, wußte die CIA. So konnten die russischen Spezialisten ihre eigenen Entwicklungen in der Computertechnologie mit der modernsten Technologie des Westens vergleichen und diese – soweit es ihr technologischer Stand zuließ – abkupfern.
Der mutmaßliche Spion Bernhard H. nahm bei seiner Vernehmung durch die Staatspolizei kein Blatt vor den Mund. »Er hat die Wahrheit auf den Tisch gelegt«, sagte sein Anwalt in einem Gespräch mit dem Autor. Bernhard H. gestand ohne Umschweife, für die Erste Hauptverwaltung des KGB der ehemaligen UdSSR tätig gewesen zu sein und im März 1985 eine Verpflichtungserklärung unterschrieben zu haben. »Das Hauptinteresse des KGB an meiner Person beziehungsweise meiner Mitarbeit war die Beschaffung von westlichem Know-how mit nachrichtendienstlichen Methoden und Mitteln.«

H.s Werdegang könnte einem Drehbuch entstammen. Als unehelicher Sohn eines oberösterreichischen Gendarmeriebeamten wuchs er die meiste Zeit bei seiner Großmutter auf. Schon früh suchte er das Abenteuer, brach seine Zimmermannslehre ab und heuerte in Bremen auf einem Frachtschiff an. In den späten sechziger Jahren bewarb er sich von Helsinki aus beim US-Konsulat in Bremen für geheimdienstliche Tätigkeiten. »Es wird wahrscheinlich eine etwas außergewöhnliche Bitte sein, mit der ich an Sie herantreten will, aber ich möchte Sie trotzdem bitten, dem Schreiben Bedeutung beizumessen«, hieß es in dem Brief an den U.S. Secret Service. »Da mein Vater in den Nachkriegsjahren schon erfolgreich bei einem Geheimdienst gearbeitet hat, war es schon in frühen Jahren mein Wunsch, für so etwas zu arbeiten«, schrieb H. weiter. Er habe der kommunistischen Jugend in führender Position angehört, so seine seinerzeitigen Angaben, und einen Bezirk mit rund 230 Mitgliedern geleitet. Später habe er infolge von Zerwürfnissen von der »Partei« Abstand genommen. Am Schluß des Briefes hieß es, die Amerikaner sollten, »wenn eventuell Interesse besteht«, ihn an seiner österreichischen Heimatadresse benachrichtigen. Die Amerikaner reagierten tatsächlich, doch anders, als es der Möchtegernspion erwartet hatte. Sie wandten sich umgehend an die österreichische Staatspolizei. Daraufhin wurden Ermittlungen gegen Bernhard H. eingeleitet. Die Beamten kamen schnell zu dem Schluß, daß Bernhard H.s Angaben nichts als Angeberei seien: »Er dürfte seinen Fähigkeiten nach für einen Geheimdienst kaum geeignet sein.« Eine fatale Fehleinschätzung, wie man heute weiß.
Bernhard H. war nicht zu bremsen. Nach »sorgenfreien und unbeschwerten neun Monaten auf einem norwegischen Frachter«, hieß es in einer österreichischen Tageszeitung, verschlug es den Österreicher nach Indien. Dort werkte er für die UNO an einem Entwicklungshilfeprogramm. Ende der sechziger Jahre kehrte der umtriebige Bernhard H. wieder nach Österreich zurück, erzimmerte sich seinen Lebensunterhalt und heiratete.
Anfang der siebziger Jahre verschlug es ihn nach Saudi-Arabien.[2] Er übernahm die Bauabschnittsleitung bei der Errichtung eines Militärflughafens. Als die österreichische Baufirma, die das arabische Projekt verwirklichen sollte, in einen Skandal verwickelt wurde, kamen allerdings turbulente Zeiten auf ihn zu. 1972 wurde Bernhard H. verhaftet und Monate später wegen Veruntreuung verurteilt. Er hatte Baumaschinen aus dem Eigentum der öster-

reichischen Firma in Saudi-Arabien illegal verhökert. Danach verschlug es ihn nach Südafrika, als Managing Director einer deutschen Fertigbetonfirma, die in einem Vorort von Kapstadt Häuser im Akkord aus dem Boden stampfte. Seine nächste Station hieß Abu Dhabi. Bernhard H. fungierte dort als Repräsentant eines deutschen Ingenieurbüros. »Seit Juli 1976 bin ich damit beauftragt, alle Vorbereitungen zum Bau einer 48 Meter breiten Prachtstraße zu treffen«, sagte er seinerzeit den »Oberösterreichischen Nachrichten«, »die vom Stadtzentrum zum 35 Kilometer entfernten internationalen Flughafen führen wird, und mit 800 Millionen Schilling veranschlagt ist.« Wenig später übernahm der Tausendsassa das deutsche Ingenieurbüro. Gegen Ende der Siebziger führte H. auch noch die »persönlichen Geschäfte für den Bruder des Außenministers« des Emirats. Ungefähr zu dieser Zeit geriet er auch in die Fänge der österreichischen Justiz. Er hatte in seiner Heimat einen Mercedes erstanden und ins Scheichtum weiterverkauft. Doch das war nicht alles. »Da ich in diesem Zusammenhang mit dem Diebstahl eines Porsches in Verbindung gebracht wurde«, gab er später zu Protokoll, »wurde ich zu einer Strafe von 18 Monaten bedingter Haft verurteilt.«

1980 ging Bernhard H. für eine Münchner Firma wieder auf die Arabische Halbinsel und installierte dort Schaltanlagen. Zwei Jahre später verschlug es ihn im Auftrag derselben Firma nach Singapur. »Die Firma installierte für Siemens insgesamt sechs Gaskraftwerke in Singapur, hatte aber finanzielle Schwierigkeiten«, diktierte der Spionage-Verdächtige ins polizeiliche Protokoll. Ende 1982 übernahm Bernhard H. auch diese Firma mit 350 Angestellten. Gleichzeitig gründete er eine weitere, die von nun an die Verträge der anderen übernahm.

Rund um den Jahreswechsel 1983/84 traf Bernhard H., nach seinen eigenen Angaben, in einem Tennisklub an der Singapur East-Coast auf Angehörige der sowjetischen Botschaft. Fünf oder sechs Russen droschen mit ihren Rackets die Bälle über das Netz. Einer von ihnen, ein kleinwüchsiger, stämmiger, etwa 30jähriger Russe, stellte sich als Andrej Petrow vor. Nach rund einem halben Jahr kam der Russe gegenüber Bernhard H. auf die Schwierigkeiten mit den Kraftwerken in der UdSSR zu sprechen. Später legte er auch Skizzen eines Kraftwerkteils vor und erbat Rat. Der Russe suchte nach Lösungen für bestimmte Installationen. Bernhard H. ging ihm zur Hand und fertigte sogar einige Handskizzen an. Monate später übergab der Österreicher dem Russen auch noch eine alte Schraubdüse einer Gaskraftwerksturbine. Petrow benötigte diese zur metallurgischen Bestimmung. Doch westliche Kraftwerke standen eigentlich nicht im Zentrum des sowjetischen Interesses, und so wurde der Gesprächshorizont auch auf andere westliche Technologien erweitert.

Im Frühjahr 1985 geriet der Weltenbummler Bernhard H. endgültig in die Fänge des russischen Bären. Andrej Petrow, vorgeblich Chef der Visaabteilung an der sowjetischen Botschaft in der ehemaligen britischen Kronkolonie, lud den geschäftigen Österreicher in die russische Metropole ein. »Ich sollte am Moskauer Flughafen mit der Zeitschrift ›Der Spiegel‹ im Transitraum warten«, erinnerte sich Bernhard H. seiner KGB-Anfänge. Ein etwa 55jähriger großer Mann mit grauem, schütterem Haar und Brille sprach Bernhard H. in gutem Englisch an und stellte sich als »Grigori vom Industrieministerium« vor. George, wie er sich auch nannte, erzählte, daß er lange in Mexiko tätig gewesen sei. George brachte Bernhard H. in einer schwarzen von einem Chauffeur gesteuerten Wolga-Limousine ins Hotel International.

Am nächsten Tag kam George zum Frühstück. Man plauderte locker über wirtschaftliche Fragen. George führte Bernhard H. durch Moskau und zeigte ihm unter anderem das Bolschoitheater. Er bedankte sich noch für die Turbinendüse und wollte H. dafür 4000 US-Dollar als Entschädigung geben. Bernhard H. lehnte dankend ab.

Am Abend ging H. ohne seinen Begleiter in die Hotelbar und danach mit einem dort herumlungernden Mädchen auf sein Zimmer. Kurze Zeit später klopfte es an der Tür. Vier uniformierte Polizisten und ein Hotelangestellter standen davor. Sie schienen aufgebracht zu sein. Die Beamten redeten lauthals auf das Mädchen ein und nahmen sie danach mit. Bernhard H. nahm die peinliche Szene eher als Zuschauer wahr, fühlte sich von der ganzen Angelegenheit nicht wirklich betroffen. George gab ihm später den guten Rat, solche Rendezvous in Zukunft zu lassen.

Am dritten Tag war es soweit. George brachte Bernhard H. auf eine Datscha etwas außerhalb Moskaus. Ein Mittagessen stand auf dem Plan. Das Empfangskomitee konnte sich sehen lassen. Der damalige stellvertretende Chef der KGB-Auslandsaufklärung soll dabei ebenso anwesend gewesen sein wie ein weiterer KGB-General. Vor dem Mahl legten ihm seine Gastgeber ein Schreiben vor, das er unterzeichnen sollte. »Das ist eine Art Abkommen«, erklärte man ihm, da er des Russischen nicht mächtig war. Bernhard H. unterschrieb, was er nicht entziffern konnte, und verpflichtete sich damit, seine Verbindungen zu den Sowjets geheimzuhalten und seinen russischen Partnern, »was in meinen Möglichkeiten stehe und von ihnen begehrt würde, zu liefern«. Danach wurde noch der nächste Treff in Singapur festgelegt. Tags darauf jettete H. nach Wien zurück.

»Zu diesem Zeitpunkt war mir ziemlich klar, daß ich für den sowjetischen Geheimdienst tätig bin«, gab er später im Verhör offen zu, obwohl das KGB bis dahin nie namentlich erwähnt worden sei. Von da an bezog H. ein monatliches Entgelt von umgerechnet rund 250 US-Dollar über ein Konto in Moskau, das sein Führungsoffizier betreute. Gleichzeitig erhielt Bernhard H. eine Aufwandsentschädigung in Höhe von 2500 US-Dollar, die ihm sein Führungsoffizier bar auf die Hand zählte.

Zwei Monate später reiste Bernhard H. zum zweitenmal nach Moskau. Wieder wurde er von George abgeholt und zur Datscha im Silberwäldchen gebracht, wo beide dann auch wohnten. Tags darauf traf Krjutschkows Stellvertreter ein. In einer feierlichen Zeremonie wurde Bernhard H. zum Hauptmann des sowjetischen Geheimdienstes ernannt. Nun begann auch die nachrichtendienstliche Schulung.

In Singapur übergab KGB-Agent Andrej Petrow dem Agenten aus der Alpenrepublik allerlei nachrichtendienstlichen Firlefanz und konspirative Kommunikationsmittel. Zum Beispiel einen präparierten Radiowecker, ein Autoradio und eine Tonbandkassette. Diese und die beiden Geräte brauchte Bernhard H., um mit dem KGB-Agenten geheim Kontakt aufnehmen zu können. Die Prozedur war so eingefädelt, daß sie aus der 007-Werkstatt stammen könnte. Bernhard H. fuhr seinen Wagen in die Nähe der sowjetischen Botschaft, legte die besagte Tonbandkassette in das Laufwerk des Autoradios und spielte das Band ab. Das dauerte wenige Sekunden. Am nächsten Tag erhielt er Antwort. Wenn zwei rote Lampen des Radioweckers, der in der Wohnung stand, aufleuchteten, hieß das: Alles klar, das Treffen findet statt. Die Uhrzeit war immer die gleiche, aber fünf verschiedene Treffpunkte standen zur Auswahl. Später erhielt Bernhard H. ein weiteres geheimdienstliches Utensil: einen optisch ganz unauffälligen Papierblock. Bestrich man diesen mit einem speziellen Lösungsmittel, das er von den KGB-Leuten bekommen hatte, und bügelte man das Papier danach auf, erschienen wie von Geisterhand unzählige Fünferzahlenreihen. Die brauchte er zum Dechiffrieren. Bei den Materialübergaben er-

hielt Bernhard H. von seinem Leitagenten Minikassetten für ein Diktiergerät, auf denen verschlüsselte Botschaften gespeichert waren. Mittels der Fünferzahlenreihen auf dem Papierblock konnte er die geheimen Mitteilungen, meist Aufträge, dechiffrieren. Später wurde diese Methode technisch etwas verfeinert.
Bernhard H. hatte sich mittlerweile einen tragbaren Computer, einen Laptop, zugelegt, da er seine Anweisungen von nun an auch auf Computerdisketten erhielt. Sein Führungsoffizier hatte ihm zwei Disks gegeben, die Bernhard H. in die beiden Diskettenlaufwerke seines Laps einschob. Wollte er eine Nachricht lesen, mußte er ein bestimmtes Computerspiel anwählen und durchspielen, zum Schluß eine Frage beantworten und einen bestimmten Zahlencode eintippen. Erst dann transformierte sich die geheime Botschaft zu einem lesbaren Text. Nachdem er die Message des KGB gelesen hatte, sollte er die Disketten löschen oder mit anderen Daten überspielen.
Später griff der sowjetische Geheimdienst auch auf sogenannte Pager zurück. Harmlose Hoteltelefonnummern, an die drei weitere Zahlenstellen gereiht wurden, waren die Codes. Eine Vielzahl von Codes für Mitteilungen wie »Ich will dich treffen« oder »Ich fliege morgen ab« wurden ausgetüftelt.
»Meine ersten Aufträge bestanden in der Bestellung von Ölbohrköpfen, die ich direkt in Singapur ankaufte«, räumte der österreichische KGBler später ein. »Ich bekam genaue Instruktionen, welche Typen ich zu besorgen hatte.« An die 50 Stück verschiedener Bauart beschaffte er innerhalb von 18 Monaten. Übergabe und Bezahlung erfolgte auf konspirative Art und Weise. Bernhard H. parkte sein Auto zu einer bestimmten Zeit auf einem genau festgelegten Parkplatz. Oft benutzte er dabei auch ein Parkhaus. Im Kofferraum des PKW lag die Ware für die Sowjets. Bernhard H. stellte das Auto dort ab und machte sich aus dem Staub. Sein Führungsoffizier hatte einen Zweitschlüssel, nahm die Lieferung samt Rechnung aus dem Kofferraum und hinterlegte die »Provision« und neue Anweisungen. Dieser heimliche »Warenterminaustausch« hatte enorme Vorteile: Die Sowjets konnten Handlanger zur Abholung schicken, ohne daß diese vom Lieferanten gesehen wurden. So minimierten sie das Risiko, bei der Übergabe beobachtet oder sogar ertappt zu werden. Die Geschäfte liefen jedenfalls gut, und die russischen Agenten waren mit ihrem Beschaffer höchst zufrieden. Die Bandbreite der Aufträge wurde nun deutlich vergrößert. Die Sowjets waren brennend an Informationen über

die Herstellung von Kunstdiamanten interessiert. Speziell der industrielle Einsatz der Werkzeugdiamanten lag ihnen am Herzen. Bernhard H. bekam Beschaffungsanweisungen. Er kontaktierte einige Unternehmungen und nahm an fachspezifischen Vorträgen in den USA teil. Dennoch sollen die Sowjets das Vorhaben nicht vollständig gelöst haben. Die Ursache für die Panne blieb im dunkeln. Später kamen noch Aufträge für elektronische Steuerteile und Ölförderpumpen hinzu.

1986 begann für Bernhard H. das nachrichtendienstliche Computerzeitalter. Der Österreicher traf erste Vorbereitungen zur Errichtung eines Unternehmens zum Design von integrierten Computerchips. 1987 ließ der baumlange Sowjet-Freund in Singapur eine Firma registrieren, mit Filialen im amerikanischen Silicon Valley und kurzfristig auch in Wien. Er selbst fungierte als Generaldirektor. Diese Firmengründung, so heißt es in der polizeilichen Strafanzeige gegen Bernhard H. an die Staatsanwaltschaft, soll unter Anleitung und mit finanzieller Hilfe der Nachrichtendienstzentrale in Moskau erfolgt sein. Eine KGB-Tarnfirma also.

Glaubt man der CIA, so soll Bernhard H. schon zur Firmengründung 1,2 Millionen US-Dollar von den Russen erhalten haben. Die CIA stützt sich dabei auf die Aussagen ihres KGB-Überläufers »Oleg«. H. streitet eine KGB-Miteigentümerschaft an den Chipfirmen jedoch vehement ab. »Keine Spur«, so Bernhard H. forsch, »die Firmen gehören alleine mir.« Bei seiner Vernehmung durch die Beamten der Wiener Stapo-Sondereinheit EBT räumte er aber ein, daß die Sowjets bereits 1987, also kurz nach Beginn der Geschäftstätigkeiten, die »Entwicklung eines Single Chipsets« finanziert hätten.

Angeblich kam das in Singapur entworfene Computerteil nie auf den normalen Markt. Es folgte das Mega-Projekt »Tiger-Chip«. Rund 40 Techniker waren ungefähr vier Jahre lang mit der Tiger-Computerchip-Entwicklung beschäftigt. Die Chips sollten besonders viele Rechenvorgänge parallel durchführen können. Diese Parallel-Prozessoren beziehungsweise Transputer waren für das russische Kvant-Institut bestimmt und sollten der mikrobiologischen Forschung, wahrscheinlich im Bereich Gentechnik, dienen. Der Vorläufer-Chip soll übrigens in Dresden hergestellt worden sein.

Die gesamte Finanzierung wurde von den Russen getragen. »Ich glaube, daß die Russen stolz waren«, spekulierte Bernhard H. im Gespräch mit den Fahndern, »daß sie über mich über das größte

private Computer-Design-Center der Welt verfügten und damit direkt mit dem Silicon Valley verbunden waren.« Und er fügte hinzu: »Dies dürfte sie auch zu den hohen Investitionen bewogen haben.« Rund acht Millionen US-Dollar butterten die sowjetischen Technik-Spione in den ominösen Tiger-Chip. Das Geld erhielt Bernhard H. in Moskau in bar. Manchmal übergab ihm Andrej Petrow, einer seiner Führungsoffiziere, das Geld auch in Budapest. Die Finanzmittel schaffte er nach Wien, zahlte sie wie gewöhnlich auf das Firmenkonto bei der früheren Wiener Länderbank ein, um sie dann meist auf ein Konto der Dresdner Bank in die Schweiz zu überweisen. Das Geld der Russen diente unter anderem auch zur Abdeckung von Schulden bei einer Dresdner-Bank-Filiale in Singapur.
Den fernöstlichen Technikern in Singapur wurde bewußt vorgegaukelt, sie würden diesen Chip im Auftrag schweizerischer Pharma-Unternehmen konstruieren.[3] Sie hatten angeblich keine Ahnung vom sowjetischen Hintergrund. Glaubwürdig klang die Schweizer Legende auch deshalb, weil die Finanzmittel für das Projekt immer aus der Schweiz überwiesen wurden.
Ende der achtziger Jahre reiste Bernhard H. mit zwei seiner Mitarbeiter zu einer Elektronik- und Computermesse nach Moskau. Diesen UdSSR-Trip benutzten die Chip-Konstrukteure dazu, das ominöse Kvant-Institut zu besuchen. Der Projektleiter wurde von Bernhard H. als Juri Katalow benannt, ein Doktor der Technik. Bernhard H. vermutete in ihm außerdem einen Obersten des KGB. Den Besuchern wurden dort auch verschiedene andere Kvant-Computerchips präsentiert. Katalow schwärmte von den Computerchips der Zukunft so, als wären die sowjetischen Technologie-Probleme bereits gelöst. Sie waren es mitnichten.
Durch die offizielle Auflösung des KGB wurden die Zahlungen im ersten Halbjahr 1992 vorerst eingestellt. Daraufhin soll Bernhard H., so seine Angaben, 450 000 US-Dollar aus seiner »eigenen Tasche« dem Tiger-Chip-Projekt zugeschossen haben. Die Prototypen wurden im Herbst 1992 von der Singapurer Filiale einer bekannten US-Firma aus Texas hergestellt. Ein gutes Dutzend Prototypen und etliche Arbeitsstücke wurden erzeugt. Allein für die Erstlinge mußte er 75 000 US-Dollar hinblättern, erzählte er den Staatspolizeibeamten, die geplante Serienproduktion von 3000 Stück hätte nochmals zwei Millionen US-Dollar verschlungen. Nach einer Testphase, so H., kam man zum Schluß, der revolutionäre Computerchip Tiger sei etliche Megahertz zu langsam.

Man wollte daraufhin den Chip nochmals neu konstruieren lassen, doch es fehlte am nötigen Kleingeld.
Anfang 1989 hatte Bernhard H. in einer Zeitung inseriert. Er suchte damals einen Partner zur Errichtung einer Europazentrale in Wien. Ein Wiener Ingenieur, der selbst eine kleine Firma betrieb, bewarb sich. Im Frühsommer 1989 kam es zu einer Unterredung im Wiener Marriott-Hotel. Die Verhandlungen waren erfolgreich – einen Monat später wurde die Computerfirma gegründet. 70 Prozent hielt H.s Mutterfirma in Singapur, 30 Prozent sein Compagnon und alleiniger Geschäftsführer. Bernhard H. wollte auch in Wien anwenderspezifische, integrierte Schaltkreise konstruieren lassen, wie er sagte. Der Standort Wien sollte mit wenigen seiner asiatischen Elektronikfachleute auskommen. Bernhard H. wollte die Hard- und Software für den Geschäftsbetrieb zur Verfügung stellen.
Doch es kam anders. Außer einem umfangreichen Schriftwechsel zwischen Wien und Singapur lief rein gar nichts. Es wurden keine Computer geliefert, es gab keinen einzigen Geschäftsabschluß. 1992 sah sich Bernhard H.s Partner gezwungen, die Firma still und leise zu liquidieren.
Die Finanzierung war ein Problem. Bernhard H. versuchte durch Spekulationen die nötigen Mittel herbeizuschaffen. So rief er, etwa um das Jahr 1990, in Singapur eine Firma ins Leben, die lukrative Devisengeschäfte abwickeln sollte. Speziell die Schwankungen zwischen US-Dollar und Deutscher Mark sollten genutzt werden. Bernhard H. engagierte einen renommierten Profispekulanten, der den sensiblen Laden fortan führte. Doch statt der ersehnten Erträge sollen veritable Verluste die Bücher gefüllt haben. Für Bernhard H. ein Grund, die Aktivitäten der Devisenfiliale wieder auf Eis zu legen.
Über die Moskauer Firma R. hielt der österreichische KGB-Aktivist mit der Wahlheimat Singapur Kontakt zu den Russen. Entgegen der CIA-Annahme, das Joint-venture R. sei eine reine KGB-Gründung und diene nur zur Legalisierung der Kontakte, behauptete Bernhard H., die Firma R. sei kein Tarnunternehmen des Geheimdienstes, sondern eine einfache Handelsfirma, an der er 45 Prozent, sein Führungsoffizier und Freund Arkadij Belozerov 15 Prozent und ein Konsortium von Direktoren einer Metallfabrik die restlichen Anteile halten würden. Das Büro der Firma R. beschrieb ein früherer Besucher als eine Zweizimmerwohnung, etwa eine knappe Autostunde vom Moskauer Flughafen entfernt.

Der Führungsoffizier vom KGB

Arkadij Nikolajewitsch Belozerov ist ein alter Haudegen auf den internationalen Schauplätzen der Geheimdienstkriege. Die Informationen über den KGB-Offizier füllen etliche Aktenordner in den Archiven westlicher Nachrichtendienste. Eine seiner Wirkungsstätten war, wie könnte es anders sein, Wien. Der geborene Leningrader Belozerov, Jahrgang 1934, studierte seinerzeit Raumfahrt. Anfang der sechziger Jahre verschlug es ihn zur Vollendung seiner akademischen Ausbildung nach Kanada, wo er sich am Institut für Raumflugwesen einschrieb. Seit dieser Zeit hegten die kanadischen Behörden den Verdacht, Belozerov gehöre dem KGB an. Die Behörden in Montreal fühlten sich nach seiner Überwachung in ihrer Annahme bestätigt. Zugleich galt Belozerov als exzellenter Fachmann in Raumfahrtfragen.
Im Sommer 1973 kam der Russe nach Wien. Belozerov wurde als Mitarbeiter der ständigen Vertretung der UdSSR bei den internationalen Organisationen akkreditiert und arbeitete bei der International Atomic Energy Agency (IAEA). Damit lag die Annahme, Belozerov sei ein KGB-Agent der Linie T – Wissenschaft und Technik – auf der Hand. Mitte der siebziger Jahre fiel der sowjetische Kundschafter erstmals in Österreich als Geheimdienstler auf. Belozerov hatte versucht, wie sich ein ehemaliger Abwehrspezialist erinnert, einen österreichischen Techniker anzuwerben. Der betroffene Wissenschaftler meldete diesen Anwerbungsversuch umgehend den Sicherheitsbehörden. Belozerov bat um Fachunterlagen, die zur damaligen Zeit für Personen aus dem Ostblock äußerst schwer zu erhalten waren. Damit stand der Russe im Fadenkreuz der Wiener Staatspolizei.
Im Spätsommer 1977 ging der KGB-Schnüffler nach Moskau zurück. Doch nicht für lange. Anfang 1980 tauchte er, gemeinsam mit seiner Ehefrau, wieder in Wien auf, diesmal am Internationalen Institut für Angewandte Systemanalyse (IIASA) in Laxenburg bei Wien.[4] (Das IIASA legt Wert auf die Feststellung, daß Belozerovs Spionagetätigkeit nicht im Zusammenhang mit seiner Arbeit am Institut stand.)
Im Frühsommer 1980 übernahm »Professor« Arkadij Belozerov die Führung des Norwegers Svein Erling H. Der Osloer Kommunalpolitiker hatte in den Siebzigern, in Zusammenarbeit mit dem norwegischen Nachrichtendienst, an die sechs Jahre lang als Doppelspion gearbeitet, berichtete damals die norwegische Presse.

Svein Erling H. lieferte dem KGB im Auftrag des norwegischen Geheimdienstes sogenanntes Spielmaterial. Großteils handelte es sich dabei um Unterlagen über Erdöltechnologie.[5]
Belozerovs Vorgänger als Führungsoffizier war der sechs Jahre ältere Aleksandr Wladimirowitsch Dementijew gewesen. Dementijew, so berichtete die norwegische Zeitung »Aftenposten« Mitte der achtziger Jahre, reiste zu diesen Treffs extra nach Österreich an. Einige Jahre vorher war Dementijew an der Sowjetbotschaft in Oslo tätig gewesen, mit seinen Kollegen 1977 aber ausgewiesen worden.
Svein Erling H. traf seine KGB-Kontaktleute entweder vor dem Wiener Hotel Europa oder gar in der Technikerstraße 5 in Wien-Wieden, dort, wo unter anderem das Personal der sowjetischen Handelsmission residierte.
Ende 1980 ging der KGB-Offizier Belozerov in Sachen Svein Erling H. einen Schritt zu weit. Er wollte mehr über Norwegens NATO-Aktivitäten, speziell über die Seefahrt, wissen. Daraufhin gingen die norwegischen Geheimdienstler in die Offensive. Wenig später wurde Belozerov von einem norwegischen Abwehragenten als KGB-Führungsoffizier enttarnt. Belozerov zog es daraufhin vor, das Internationale Institut für Angewandte Systemanalyse (IIASA) und Wien zu verlassen. Im späten Frühjahr 1981 wurde Belozerov offiziell abgemeldet. Danach arbeitete der hauptamtliche Agent in der KGB-Zentrale in Moskau weiter.
Seinen »Schützling« Bernhard H. traf Belozerov in der Regel im Transitbereich des Moskauer Flughafens. Das war für beide geradezu ein idealer Treffpunkt. Der Führungsoffizier, der im Ausland bekanntlich schon »verbrannt« war, mußte seine sicheren heimatlichen Gefilde nicht verlassen. Für Bernhard H. hatte es einen ganz besonderen Vorteil: Da er von seinem Leitagenten schon im Transit abgeholt und an den Einreisekontrollstellen vorbeigeschleust wurde, wies sein österreichischer Reisepaß keine sowjetischen Einreisestempel auf. Später wurde der Treff zum »Routinezwischenstopp« auf dem Weg von Wien nach Singapur. Um 1990 fertigten die Russen für ihren österreichischen Agenten sogenannte Deckpapiere an. Bernhard H. erhielt drei verschiedene Reisepässe, zwei deutsche und ein Schweizer Dokument. Deckpapiere gehören zum ganz normalen Handwerkszeug in der obskuren Welt der Geheimdienste. Zum einen kann man mit diesen gefälschten Papieren die konspirativen Reiserouten gut verschleiern. Zum anderen ist es bei einer Enttarnung hilfreich, auf ein Fluchtdokument zurückgreifen zu können.

Belozerov erfüllte auch seine KGB-Hausaufgaben innerhalb des Joint-ventures R. Fest steht: Über das Unternehmen R. wurden die Bestellungen der Russen abgewickelt, und die waren hinter westlichen Computern aller Art her. Ab 1992 soll Bernhard H. drei außergewöhnlich große Lieferaufträge erhalten haben. Insgesamt soll er an die 500 Personalcomputer (PC) sowie »elektronische Peripherie-Geräte« im Wert von 1,5 Millionen US-Dollar an die Moskwa verfrachtet haben.

Nach Ansicht der amerikanischen Spionageabwehr, die sich bei ihren Angaben auf die Aussagen eines Überläufers stützte, hatten diese Geschäfte aber einen wesentlich größeren Umfang.

Um die Jahreswende 1992/93 soll Bernhard H. für die Herbeischaffung von sogenannten Micro-Scannern, die angeblich den COCOM-Handelsbeschränkungen unterlagen, satte 156 000 US-Dollar erhalten haben. Später sollte er eine ganz bestimmte Computer-Software für die Russen auftreiben, für deren Beschaffung rund 500 000 US-Dollar kalkuliert wurden.

Allein 1993 soll der Österreicher Order bekommen haben, Personalcomputer im Wert von 2,5 Millionen US-Dollar für russische Botschaften und Residenzen in fremden Ländern aufzutreiben. Als Verkäufer dieser Geräte wurde eine chinesische Firma in Betracht gezogen. Die russische Regierung sollte die Finanzierung über die Moskauer Geheimdienst-Tarnfirma S. schleusen. S., so gab der SWR-Überläufer an, hätte zur Abdeckung von SWR-Offizieren gedient und um die Aufträge der russischen Regierung in Sachen Computer zu handhaben. Die Tarnfirma S. zahlte an die Joint-venture-Firma R., R. wiederum an Bernhard H.s Firma.

Bernhard H. gab sich aber auch mit »Kleinkram« ab. Über die Münchner Firma W. bestellte er im Februar 1994 bei einer bayerischen Firma allerlei Computerzubehör im Wert von über 20 000 Mark. »West-Know-how«, so prangt auf der Rechnung mit der Nummer 406/1231. Und auch folgende Warnung: »Bitte beachten Sie: Unsere Produkte unterliegen den US-Exportbestimmungen. Die Waren wurden zur Ausfuhr aus den USA aufgrund eines besonderen Vertriebslizenzverfahrens unter der Bedingung freigegeben, daß sie ohne vorherige Zustimmung des US-Handelsministeriums nur innerhalb der COCOM-Länder re-exportiert werden dürfen.« Das damalige Coordinating Committee for East West Trade (COCOM) regelte haargenau, welche Westgüter in die Länder des Ostens verkauft und verbracht werden durften. In Frage kamen dabei in keinem Fall solche Techno-Waren, die im militärischen Bereich oder gegen den Westen eingesetzt werden könnten. Schon in den frühen Jahren seiner Tätigkeit für das KGB soll Bernhard H. Bojen zur Ortung von Unterseebooten für die Sowjets gekauft haben. Der Auftrag kam vom KGB-Direktorat T – Wissenschaft und Technologie.

Im Sommer 1992 trat Bernhard H. mit einem Mitarbeiter eine Reise zur Firma R. nach Moskau an. Singapur–New York–Frankfurt–Moskau, zurück ging es vier Tage später über Wien und Athen.

Bei dem Gespräch im Büro der Joint-venture-Firma war neben Belozerov auch Andrej Iwanow anwesend. Iwanow fungierte nicht nur als Generaldirektor des Unternehmens, sondern war, zumindest zu dieser Zeit, auch Offizier des KGB-Nachfolgegeheimdienstes SWR, wie der Überläufer »Oleg« der CIA angab. Das Gespräch drehte sich diesmal um das seltene Metall Scandium.

Das aluminiumähnliche Element, das unter anderem bei der Uran-Verhüttung abfällt oder aus Scandiumsilicaten gewonnen wird, findet zum Beispiel in der Kerntechnik Verwendung. Verkauft wird das Metall als Draht oder in Barren. Der Preis pro Kilogramm lag Anfang der achtziger Jahre bei rund 20 000 Mark, wobei aber nur einige hundert Kilo pro Jahr überhaupt hergestellt werden. »Wirtschaftlich unbedeutend«, so der Chemieexperte Hans Breuer in seinem dtv-Fachresümee. Dennoch soll ein künstlicher grauer Markt entstanden sein, den einige Glücksritter aus Ost und West, meist mit nachrichtendienstlicher Vergangenheit, für ihre Zwecke nutzen wollten beziehungsweise wollen.

Am vierten Tag seines Moskau-Aufenthalts wurde Bernhard H.s Mitarbeiter Michael von Andrej Iwanow in seinem Intourist-Hotel in der Nähe des Roten Platzes abgeholt. Im Auto übergab Iwanow dem Österreicher einige Behälter, die mit insgesamt etwas mehr als 1,5 Kilogramm Scandium gefüllt waren. Danach brachte Iwanow seinen Gast zum Flughafen, und der flog nach Wien zurück. In Wien deponierte Bernhard H.s Mitarbeiter die seltene Fracht im Zollfreilager.

Etwa zur gleichen Zeit verfrachtete Bernhard H., glaubt man den Aussagen seines ehemaligen Mitarbeiters Michael, das gesamte Firmenequipment bis auf zwei, drei Computer nach Rußland. Bernhard H. wählte, ganz gegen den Firmenbrauch, den Spediteur persönlich aus und überwachte die Übersiedlungsaktion. Die Russen dürften viel Freude an ihrem geschäftstüchtigen Spion aus Österreich gehabt haben. Für seine hervorragenden Leistungen wurde der Inoffizielle Mitarbeiter Bernhard H. bereits 1990 mit dem »Orden der Oktoberrevolution« ausgezeichnet. Und alle zwei Jahre, als liefen die Uhren im Osten nach einem westlichen Beamtenschema, wurde Bernhard H. in den nächsthöheren Dienstgrad des russischen Geheimdienstes befördert. Zum »Oberstleutnant« gab es eine saftige Prämie: 50 000 US-Dollar in bar.[6] 1993 wurde Bernhard H. dann sogar zum Obersten befördert und erhielt von nun an ein Honorar von monatlich 10 000 US-Dollar. Verantwortlich für die saftige Entlohnung war der stellvertretende Leiter des SWR-Direktorats S.

Bernhard H. war von der Ersten Hauptverwaltung des KGB, der Auslandsaufklärung, nahtlos in den neuen Auslandsaufklärungsdienst der russischen Föderation Slúschba Wnéschnij Raswédki (SWR) übernommen worden. Hier wurden auch die nachrichtendienstlichen Operationen der gefürchteten Vorläuferorganisation fortgeführt. Der russische Auslandsspionagedienst SWR mußte eine Zeitlang den Gürtel etwas enger schnallen. Der »Umbruch« in der ehemaligen UdSSR hatte den Geldfluß erheblich gehemmt, obwohl die Mannschaft kaum verringert wurde. Die folgenden Jahre sollen dann aber wieder stetig fetter geworden sein. Denn der KGB-Nachfolgedienst arbeitet gewissermaßen profitorientiert. Der SWR finanziert sich, wie westliche Nachrichtendienstexperten behaupten, unter anderem aus Handelsgeschäften und über zahlreiche Firmengründungen. Der Überschuß aus diesen »geheimen« Geschäften fließt direkt in die Geheimdienstkassa.

Mitte des Jahres 1993 stiegen die Russen und ihr österreichischer Partner auch ins Osmium-Geschäft ein. Bereits im Winter 1992 hatte ein Mitarbeiter Bernhard H.s in dessen Auftrag etwas mehr als ein Kilogramm Osmium von China nach Moskau gebracht. Die heiße Ware übergab er im Transitbereich des Flughafens. Etwa zwei Stunden später flog der Adlatus nach Wien weiter.

Diesmal sollten mehr als 20 Kilo an einen Kunden in Österreich verkauft werden. Dieser Kunde soll später das natürliche Osmium als radioaktives Osmium weiterverkauft haben. Wobei der finanzielle Faktor im Preisunterschied von mehreren tausend US-Dollar pro Kilogramm lag. Der getäuschte Endabnehmer war über die »natürlichen Ware« nicht sonderlich begeistert. Dem nicht genug. Bei der Einfuhr nach Österreich wurden gesetzliche Bestimmungen außer acht gelassen. Die Behörden schritten ein, nachdem sie angeblich von dem Labor, das die Analyse des Materials vornehmen sollte, über die Bunkerung des Stoffs in Österreich informiert worden waren. Anfang 1995 wurde Bernhard H.s ehemaliger Mitarbeiter von einem Wiener Gericht wegen Zollvergehens zu einer bedingten Geldstrafe verurteilt. Auch Bernhard H. kam vor den Richter.

1994 war das Jahr des nachrichtendienstlichen Neueinsatzes von Bernhard H. Als Operationsbasis wurde Indien auserkoren. Dort sollte Bernhard H. wiederum ein Chip-Design-Center aus dem Boden stampfen. Im September 1994 jettete der SWR-Oberst zur Sondierung der Lage nach Neu-Delhi. Zuerst stattete der umtriebige Schattenmann dem österreichischen Konsulat einen Besuch ab. Man verwies ihn für die bevorstehende Firmengründung an einen geeigneten Rechtsanwalt, mit dem er auch seinen Plan diskutierte. Danach wurden erste Objekte für den Firmensitz besichtigt, aber noch nicht angemietet.

»Königstiger« war der Code für den Mega-Chip, der die Russen in die Computerwelt der Zukunft katapultieren sollte. Indische Wissenschaftler sollten für die Russen eine neue, revolutionäre Generation von Computerchips entwickeln. Der Standort Indien wurde deshalb gewählt, weil er zwei unübersehbare Vorzüge bot: billige Arbeitskräfte und gute Chipdesigner.

Der Auslandsgeheimdienst SWR und der russische Abhördienst FAPSI sollten die Finanzierung des Projektes übernehmen. Bernhard H. beantragte über seinen Führungsoffizier Arkadij Belozerov für das erste Entwicklungsjahr 1,5 Millionen US-Dollar. Geld erhielt er jedoch vorerst nicht. Der Grund: Präsident Boris Jelzin und Ministerpräsident Tschernomyrdin hatten angeblich ihre Zustimmung zur Finanzierung noch nicht gegeben, gab H. später zu Protokoll.

Von Indien aus sollte er ganz konventionelle Spionage betreiben. So trug sich Bernhard H. mit der Idee, »politische Aufklärung in den südlichen Republiken der ehemaligen UdSSR zu betreiben, aber auch die dortigen wirtschaftlichen Situationen und Vernetzungen unter Beobachtung zu nehmen«.

Anfang Januar 1995 flog Bernhard H. wieder zu einem Treffen mit seinem Führungsoffizier in die russische Hauptstadt. Man traf sich in Bernhard H.s Moskauer Wohnung, die er sich in der Zwischenzeit zugelegt hatte, und besprach das Projekt »Königstiger«. Dann wurden Bernhard H. noch der restliche Agentensold und rund 15 000 US-Dollar ausstehende Projektgelder ausgehändigt. Drei Tage später reiste Bernhard H. wieder aus Moskau ab. Für wenige Wochen war eine nachrichtendienstliche Pause angesagt –

Bernhard H. mußte sich nämlich einer medizinischen Operation unterziehen.
Anfang Juni 1995 bestieg er in München eine Aeroflot-Maschine via Moskau Richtung Singapur. Rund zwei Wochen zuvor hatte er mit seinem SWR-Führungsagenten ein Treffen während eines mehrstündigen Zwischenstopps im Transitbereich des Flughafens verabredet. Arkardij Belozerov kam in Begleitung eines SWR-Generals, der allerdings einem anderen SWR-Direktorat angehörte. Das Trio sprach in geschäftlicher Manier über Computerzubehör-Lieferaufträge, fehlende Computer-Ersatzteile sowie Bestellungen verschiedenster elektronischer Bauteile. Führungsagent Arkardij übergab Bernhard H. ein Bündel Dollarnoten, insgesamt 40 000 US-Dollar. Ein Viertel diente zur Abdeckung der Reisekosten, die restlichen drei Viertel zur Instandhaltung des Büros in Singapur.
Gegen Mitternacht dieses Mittwochs flog Bernhard H. nach Shanghai weiter. Dort traf er seinen chinesischen Kontaktmann Z., der in Bernhard H.s Firma als Mitgesellschafter fungierte. Z. war dem Österreicher nicht ganz geheuer. Bernhard H. verdächtigte ihn, dem Geheimdienst des kommunistischen Reichs der Mitte anzugehören. Der Grund lag im eigenartigen Verhalten des Chinesen. Bernhard H. hatte schließlich bereits reiche Erfahrungen in der Welt der Nachrichtendienste gesammelt. Man besprach die Auftragslage der gemeinsamen Firma. Z. übergab Bernhard H. dabei eine Liste mit Software-Programmen, die er einkaufen wollte. Z. konnte diese angeblich auf dem freien Markt nicht erstehen. Bernhard H. fand das zwar etwas merkwürdig, aber er wollte die Kontakte zu den Chinesen aufrechterhalten.
Mitte Juni 1995 flog Bernhard H. über Islamabad nach Karatschi. Dort wurde er bereits erwartet. Ein Pakistani namens Taimur H., der Geschäfte aller Art betrieb, holte den Österreicher am Airport ab. Er war Bernhard H. von einem Landsmann in Singapur empfohlen worden. Denn der Österreicher hatte bereits 1994 von seinem SWR-Führungsoffizier einen neuen Geheimdienstauftrag erhalten: »Nachrichtendienstliche Beschaffung von Informationen und Aufklärung der Proliferation und des Nuklearprogramms sowie Aufklärung der militärischen Situation in Pakistan«. Der besagte pakistanische Geschäftsmann Taimur H. verschaffte dem österreichischen SWR-Obersten Bernhard H. die notwendigen Kontakte zu »höchsten militärischen Kreisen Pakistans«.
Gleich am zweiten Tag seines Pakistan-Aufenthalts traf er einen führenden Militär. Der hohe Offizier aus Karatschi war speziell an

der russischen Waffenproduktion und den dazugehörigen Einkaufsmöglichkeiten interessiert. Die Pakistanis hatten vor, sich in großem Umfang mit Waffen einzudecken. Sagenhafte drei Milliarden US-Dollar sollte der gesamte Geschäftsumfang betragen. Ungefähr die Hälfte der gewaltigen Summe wollten die Machthaber der islamischen Republik sogar flüssig haben. Da Rußland damals offenbar kein Kriegsmaterial direkt an die Pakistanis verkaufte – gab Bernhard H. jedenfalls den österreichischen Staatspolizisten zu Protokoll –, versuchten die sunnitischen Herren, gleiche Qualität ebenso günstig in anderen Ländern zu erstehen. Die Ukraine, so will Bernhard H. in Erfahrung gebracht haben, hatte bereits Panzer geliefert, China und Nordkorea die geeignete Munition dazu. Die Militärs in Islamabad versuchten russische Boden-Luft-Raketen zu erstehen. Nordkorea sollte den Pakistanis aus der Patsche helfen. Einige Tage später traf Bernhard H. noch einen anderen pakistanischen Geschäftsmann, der seinen geheimdienstlichen Aktivitäten sehr nützlich war, zumindest als Abdeckung.

Am 20. Juni 1995 flog Bernhard H. mit einer Aeroflot-Maschine nach Moskau. In den frühen Morgenstunden traf er in der russischen Hauptstadt ein. Belozerov holte ihn ab. Sie fuhren in Bernhard H.s Moskauer Wohnung, der Österreicher schilderte in einem groben Überblick seine Erkenntnisse aus Pakistan und setzte sich danach an den Schreibtisch, um seinen »Geheimdienstbericht« zu Papier zu bringen. Bernhard H. schlug vor, in Islamabad oder Karatschi ein Büro zu eröffnen.

Gleichzeitig erfuhr er von seinem Führungsoffizier, daß es Probleme gebe. »Oleg«, laut Bernhard H. hauptamtlicher Oberstleutnant des russischen Geheimdienstes und in der Joint-venture-Firma R. Nachfolger Iwanows, war seit Tagen nicht auffindbar. Auch »Olegs« Sohn hätte sich seit Tagen an der Moskauer Universität nicht mehr blicken lassen. »Oleg« war einst Agent im westlichen Ausland gewesen, getarnt als Diplomat. Am Abend kam noch ein SWR-General hinzu, und man besprach bei einem opulenten Mahl die Probleme mit der in München gekauften Computersoftware.

Am nächsten Morgen brachte eine Dienstlimousine mit Chauffeur Arkadij Belozerov und Bernhard H. in die Ortschaft Porky, rund 240 Kilometer von Moskau entfernt. Dort hatte nicht nur der Führungsoffizier eine nette Datscha. Auch der Geheimdienst-Oberst aus dem Alpenland nannte inzwischen ein russisches Sommerhäuschen auf dem Nachbargrundstück sein eigen. Einige Kleinigkeiten waren noch zu erledigen, aber sonst schien alles nach Plan zu laufen.

Nur die nachrichtendienstlichen Probleme nahmen offenbar zu. Da es in dem Ferienidyll kein Telefon gab, fuhr der Führungsoffizier in die nächste Ortschaft, telefonierte mit dem Moskauer Büro der Joint-venture-Firma R. und mit seiner Spionage-Zentrale. Als er zurückkam, war er überaus nervös und besorgt. Das plötzliche Verschwinden »Olegs« nährte den Verdacht schmerzhafter finanzieller Einbußen. Denn Belozerov und seine Genossen hatten Teile ihres Privatkapitals in schnelle Zinsgeschäfte gesteckt. Ein Nebenverdienst, der ihre anfänglich kargen Einkünfte aufbessern sollte. Anscheinend hatte »Oleg« bei diesen Geschäften die Finger gehörig im Spiel gehabt. Belozerov soll an die 20 000 US-Dollar aus seinem eigenen Sparstrumpf investiert haben. Insgesamt waren so mehrere 100 000 US-Dollar angelegt worden.

Eine gängige Methode der wunderbaren Geldvermehrung, die sich auch unter den russischen Mafiosi im In- und Ausland großer Beliebtheit erfreut. Auch nach Österreich wurden, zum Beispiel unter dem Vorwand, Lebensmittelgeschäfte anbahnen zu wollen, solche Geldtransaktionen durchgeführt. Die Geschäfte kamen nie zustande, im zwischenzeitlichen Kursunterschied lag der Gewinn, der mittels ortskundiger Helfer abgeschöpft wurde und wahrscheinlich noch immer wird.

Bernhard H. und sein Führungsoffizier verließen tags darauf die Datscha und kehrten nach Moskau zurück. Hier kam ihnen über Umwege die Hiobsbotschaft zu Ohren, »Oleg« habe sich ins Ausland abgesetzt. Das löste Großalarm aus. Die russische Spionageabwehr hatte in der Zwischenzeit »Olegs« Wohnung gründlichst durchforstet, nur persönliche Dokumente oder Geld fanden die Spürnasen nicht. In dieser angespannten Situation trafen sich die beiden zum Abendessen mit Arkadij Belozerovs Vorgesetzten. Man beriet die heikle Lage. Der Führungsoffizier riet seinem österreichischen Schützling, in Moskau zu bleiben. Bernhard H. erwiderte, daß »Oleg« doch eigentlich nur wenig über ihn wisse. Er wollte die drohende Gefahr einfach nicht sehen.

Daß hier Verrat im Spiel war, wollten die Beteiligten noch nicht so recht glauben. Vielleicht hatte »Oleg« sich einfach nur mit dem Geld in den Westen abgesetzt, um eine besseres Leben zu führen? »Oleg« kannte den Westen. Ein- oder zweimal im Monat war er zu geschäftlichen Treffen nach Westeuropa gereist, bevorzugt nach

Italien. Und im Vorjahr hatte er in Mailand eine Computermesse besucht.
Bernhard H. flog jedenfalls zwei Tage später mit der Aeroflot nach München. Arkadij hielt ihn nicht zurück. Aber man vereinbarte einen Sicherheits-Code für künftige Telefongespräche. Am Anfang und am Ende der Gespräche sollten die Worte »Danke« oder »Danke dir« vermitteln, daß die Luft rein sei.
Wenige Tage später klickten die Handschellen. Bernhard H. wurde wegen des Verdachts der Spionage zum Nachteil Österreichs von österreichischen Staatsschutzbeamten im Auftrag des Gerichts verhaftet. Nach elf Tagen Untersuchungshaft kam der Oberst-Spion Bernhard H. gegen eine Kaution von umgerechnet rund 215 000 Mark wieder frei. Er durfte seinen Reisepaß behalten und sogar ins Ausland reisen. Lediglich seine Reiseziele muß er dem Gericht bekanntgeben. Diese Milde des Gerichts hatte zwei Gründe: In Österreich erhält man für das Vergehen der Spionage – es handelt sich formal um kein Verbrechen – maximal drei Jahre Haft. Und das auch nur dann, wenn dies »zum Nachteil Österreichs«, so lautet die strafrechtliche Formulierung, geschah.
Dies streitet Bernhard H. jedoch vehement ab. Eine Beweisführung scheint äußerst kompliziert. So könnte der Russen-Oberst Bernhard H. in Österreich mit einem blauen Auge davonkommen. Dennoch: Eine Strafverfolgungsbehörde wird ihm immer auf den Fersen bleiben. Die Central Intelligence Agency (CIA) hat ihr Bernhard-H.-Dossier an das FBI, Abteilung Counter Intelligence, Spionageabwehr, abgetreten. Das amerikanische Bundeskriminalamt FBI schickte im Juli 1995 eigens einen Special Agent zu Ermittlungen nach Österreich. Denn die Amerikaner waren hinter einem ihrer Landsleute her, der für Bernhard H. arbeitete. Er soll nicht nur Generaldirektor der US-Niederlassung von Bernhard H.s Computerchip-Design-Firma gewesen sein, sondern um 1991 auch den Laden in Singapur für zwei Jahre gemanagt haben. Der Amerikaner war mit Bernhard H. zumindest einmal bei einer Elektronikmesse in Moskau, besuchte dort verschiedene Informatikinstitute und lernte dabei unter anderen auch H.s Führungsagenten kennen. Die Frau des Amerikaners arbeitete als Buchhalterin in derselben Firma. Ein Grund für das FBI, nervös zu werden. Die Gretchenfrage der Abwehr lautete, war der amerikanische Staatsbürger vom SWR rekrutiert worden oder nicht? Wenn ja, wann, wie und wo?

Bernhard H. konnte sich dies, angeblich, überhaupt nicht vorstellen. Das hätte hinter seinem Rücken geschehen müssen, behauptete er gegenüber den alpenländischen Ermittlern. Gleichzeitig kam ans Tageslicht, daß Bernhard H. eine weitere Firma auf amerikanischem Boden, und zwar in Los Angeles, etabliert haben soll. Ein älterer Asiate, der zuvor beim Computerriesen IBM und der Firma Intel seine Brötchen verdient hatte, soll dabei sein Partner gewesen sein. Der »Architekt« eines der Chipsprogramme soll früher von einer Konkurrenzfirma aus den USA originale Datasheets nach Singapur verbracht haben. Kein Wunder, wechselte doch ein Software-Verkäufer dieser Firma für ein Jahr in Bernhard H.s Design-Center.

Wenige Wochen nach dem Platzen der Affäre wurde auch der deutsche Bundesnachrichtendienst in Pullach vom Wiener Innenministerium informiert. In einer geheimen Note legten die österreichischen Staatspolizisten ihren deutschen Freunden den Fall des SWR-Obersten Bernhard H. dar. Denn die »KGB-Operation Singapur«, so die österreichischen Staatsschützer, könne als eine der größten nachrichtendienstlichen Operationen der letzten Jahre angesehen werden.

II Die Spione der Roten Armee

Die Geschäfte der GRU

Die Gláwnoje Raswediwátelnoje Uprawlénije, kurz GRU, die Hauptnachrichtenverwaltung des Generalstabs, ist fast so alt wie die Oktoberrevolution von 1917. Im Laufe der Jahre wechselten die Bezeichnungen für den Militärgeheimdienst allerdings ebenso häufig, wie GRU-Chefs den Tod durch Erschießen fanden.

Die sowjetischen Nachrichtendienste KGB und GRU lieferten sich von jeher erbitterte Machtkämpfe. In ihrer Gier um Einfluß und das Wohlwollen der Kommunistischen Partei der Sowjetunion (KPdSU) inszenierten die beiden Kundschaftermaschinerien politische Intrigen unter dem roten Banner mit Hammer und Sichel, die in blutigen Säuberungen auch in den Geheimdienstreihen endeten. General Pjotr Iwanowitsch Iwaschutin war der längstdienende GRU-Chef aller Zeiten. Nach 24 Jahren an der Spitze des Militärgeheimdienstes schied der frühere KGB-Offizier 1987 aus dem Dienst. Sein Nachfolger General Wladen Michailowitsch Michailow wurde bereits Mitte 1992 durch Generaloberst Jewgeni Timochin ersetzt, der kurz darauf im August 1992 seinem Stellvertreter Fedor Iwanowitsch Ladygin weichen mußte. Heute untersteht die GRU mit ihren rund 12 000 Mitarbeitern nicht nur dem Generalstabschef der russischen Armee, sondern auch dem russischen Präsidenten, der ein direktes Weisungsrecht hat.

Die GRU hat alle internen Katastrophen in der ehemaligen UdSSR überlebt, mehr noch, »zum Unterschied zum KGB blieb die GRU während der turbulenten Ereignisse der Jahre 1991 bis 1993 in ihrem Bestande weitgehend unbehelligt«[1]. Neben der militärisch-strategischen, elektronischen und satellitengestützten Aufklärung betreibt der Militärgeheimdienst auch Spionage auf dem klassischen Feld der Politik, vor allem aber in wirtschaftlichen und wissenschaftlichen Bereichen, ganz besonders denen der Hoch- und Wehrtechnologie. Seit einigen Jahren spionieren die Agenten der GRU auch verstärkt auf dem Gebiet der Medizin.

Das Budget der GRU war um ein Vielfaches größer als das des KGB, behauptet der ehemalige GRU-Mitarbeiter Viktor Suworow in seinem Buch »GRU – Die Speerspitze«.[2] Denn die GRU verfügte außer über den etatisierten Finanztopf über große Geldmittel durch Aufträge der Militär-Industriellen Kommission (VPK) des Ministerratspräsidiums. Die VPK koordinierte die Rüstungsentwicklung und Beschaffung von Hochtechnologie aus dem Westen.

Zu Zeiten der Sowjetunion war die GRU in der High-Tech-Spionage deshalb so erfolgreich, weil sie im ganzen wissenschaftlich orientiert war und die meisten ihrer Offiziere eine technische Ausbildung hatten oder über entsprechende Kenntnisse auf militärischen Spezialgebieten verfügten. Dazu kommt, daß die GRU eine große Anzahl wissenschaftlicher Tarnstellen im westlichen Operationsgebiet plazieren konnte. Mitte der achtziger Jahre gingen amerikanische Experten davon aus, daß der sowjetische Militärnachrichtendienst rund 1500 Offiziere im Westen eingesetzt hatte.[3]

Außer den Militärattachés an den Botschaften und ihren Assistenten galt immer schon die sowjetische Luftfahrtgesellschaft Aeroflot als Hoheitsgebiet der GRU, ebenso die Handelsmarine Morflot. Zu Sowjetzeiten waren – schätzen Experten – rund 15 Aeroflot-GRU-Mitarbeiter in Wien stationiert.

Zu den großen Erfolgen der sowjetischen Militärkundschafter zählte das Ausspähen westlicher strategischer Raketensysteme, der Cruise Missiles und Luft-Luft-Raketen, der Fiber-Optic-Systeme zur Raketenlenkung von Flugzeugen aus, der Anti-U-Boot-Torpedos oder U-Boot-Aufklärungssysteme, sowie die Abwehrmaßnahmen gegen die US-Panzerraketen Tow. Die Liste ist äußerst umfangreich. In den siebziger und achtziger Jahren waren rund 60 Prozent der Zielobjekte amerikanischen Ursprungs, mußten von der GRU aber nicht zwangsläufig auf amerikanischem Boden gestohlen oder beschafft werden.[4]

Wien hat als wichtige GRU-Basis eine ebenso lange Tradition wie als bevorzugter Spielplatz des KGB oder seines Nachfolgeorgans SWR. Nach Aussagen ehemaliger HVA-Mitarbeiter war Wien schon in frühen Jahren so etwas wie ein Sammelplatz der GRU für ihre Einsätze in ganz Westeuropa. Daß die GRU und ihre Aktivitäten in der Öffentlichkeit weniger bekannt sind, lag mitunter auch daran, daß das KGB über Jahrzehnte als Synonym für die gesamte Sowjetspionage herhalten mußte. Die GRU konnte damit verständlicherweise sehr gut leben.

Österreich gilt, wie übrigens auch Finnland, in den Augen der GRU als »weiches« Land, behauptet zumindest der bereits erwähnte ehemalige GRU-Mitarbeiter Viktor Suworow.[5] Das heißt: Hier können die GRU-Spione ihrer operativen Arbeit relativ ungestört nachgehen. In den Jahrzehnten des Kalten Krieges tummelten sich namhafte Kundschafter des sowjetischen Militärgeheimdienstes in Wien. Manche GRU-Offiziere pendelten wie ihre amerikanischen Kollegen zwischen Deutschland und Österreich hin und her.

Die GRU-Agenten Boris Alexandrowitsch Konew und Gennjadi Grigorij Gontscharow waren bis Anfang der sechziger Jahre in Wien, Gontscharow wechselte Mitte des Jahrzehnts in die Niederlande. Der Militäragent Pjotr Fedorowitsch Borowinski war von 1960 bis 1964 in Österreich akkreditiert, ging danach nach Deutschland und wurde dort 1970 ausgewiesen; ebenso der GRU-Offizier Ivan A. Golowanow. Andrej Nikolajewitsch Koslow war Mitte der sechziger Jahre in Wien und kundschaftete danach in Deutschland weiter. Etwas später folgte ihm der GRU-Spion Wladimir Michailowitsch Maximow auf diesem Weg. Von Washington über die Bundesrepublik und Schweden kam auch der GRU-Offizier Nikolai Wassiljewitsch Schalajew 1973 nach Österreich.[6] Die Liste der Agenten der Roten Armee ließe sich noch endlos fortsetzen.

Als führende Köpfe der GRU in Österreich galten bis in die jüngste Zeit die Offiziere Juri N. Zelentsov und Alexander K. Serwuk, schrieb der Wiener »Kurier« im April 1991. Juri N. Zelentsov war an der UN-Mission akkreditiert und arbeitete bei der Atombehörde.[7] Nach jüngsten Erkenntnissen, so hieß es weiter, gehören von den rund 200 russischen Agenten in Wien bis zu 50 der GRU an. Heute sollen es bereits fast die Hälfte aller russischen Spione sein. Die Residentur der GRU war und ist nach Angaben österreichischer Experten in der Botschaft in der Reisnerstraße im dritten Wiener Gemeindebezirk etabliert. So konnten professionelle Beobachter der westlichen Hemisphäre genau verfolgen, daß regelmäßig an einem bestimmten Wochentag, gegen vier Uhr nachmittags, jene akkreditierten Diplomaten in der russischen Botschaft eintrudelten, die man der Spionage für die GRU verdächtigte.

Ein Großteil der GRU-Mannschaft in Wien genießt diplomatischen Status im Rahmen der UN-Mission. Die sowjetische Mission bei den Vereinten Nationen, bis in die zweite Hälfte der achtziger Jahre in der Wohllebengasse im vierten Gemeindebezirk angesiedelt, verzog danach in die Erzherzog-Karl-Straße 182, jenseits der Donau im 22. Bezirk. Im Volksmund heißt das exterritoriale Areal »Russencity«. Der Gebäudekomplex auf dem streng abgeschirmten Gelände hat den Charme eines Atombunkers und beherbergt auch heute noch neben den Arbeitsstätten der Diplomaten und Spione auch deren Wohnanlage. Es wird angenommen, daß bestimmte Bereiche der Residentur oder Nebenresidenturen ebenfalls hier untergebracht sind. Im sowjetischen oder heute russischen Generalkonsulat in Salzburg wähnen westliche Abwehrexperten eine GRU-Nebenresidentur, die in den letzten Jahren an Personalstärke gewonnen hat.

Bestätigt wird von westlicher Seite ebenfalls, daß sich im fünften Stock der Wiener UN-Mission der Russen eine Chiffrierabteilung befindet.

Interessanterweise wurde den Sowjets im Jahr 1990 gestattet, zwölf Tonnen technische Gerätschaften, deklariert als diplomatisches Gepäck, nach Österreich zu bringen.[8] Zumindest große Teile dieser vermutlich nachrichtentechnischen Anlagen sollen in der »Russencity« etabliert worden sein. Solche Freiheiten genossen die Sowjets ausschließlich, und aus unerklärlichen Gründen, in Österreich.

Die Schweizer schickten Jahre zuvor einen solchen Transport postwendend zurück. Am 11. Juli 1984 war ein sowjetischer Transporter mit neun Tonnen »Diplomatengepäck« aus der DDR in Basel eingetroffen und sollte später in Genf entladen werden. Die Schweizer Zollbehörden wollten die plombierte Fracht begutachten. »Njet«, sagten die Sowjets, woraufhin die Eidgenossen eine Entladung untersagten. Sie argumentierten, daß nach dem Wiener Übereinkommen über konsularische Beziehungen aus dem Jahr 1963 »nur die amtliche Korrespondenz sowie ausschließlich für den amtlichen Gebrauch bestimmte Schriftstücke sowie Gegenstände« als konsularisches Gepäck gelten. Auf der Rückfahrt nach Ostberlin wurde der Transporter von bundesdeutschen Behörden angehalten und schließlich an der sowjetischen Botschaft in Bad Godesberg einer »oberflächlichen« Kontrolle unterzogen. Der Inhalt: 207 russisch beschriftete Gepäckstücke, darunter, laut Schweizer Informationen, »Sende- und Empfangsanlagen für eine Funkstation, Anlagen für die Herstellung einer Chiffrierverbindung sowie elektronische Bauteile«. Auspacken durften die deutschen Kontrolleure die heiße Ware aber nicht.

Die Funkaktivitäten der Moskauer Kundschafter zu Wien waren schon immer rege, sagen Insider. Nicht nur Polizei- und Heeresfunk werden von den Funküberwachungsoffizieren kontinuierlich abgehört, man setzte darüber hinaus auf flächendeckende Maßnahmen. Von den offiziellen Vertretungen im Ausland, wie Botschaften und Missionen, belauschten die GRU-Techniker-Offiziere die Telefon- und Funkverbindungen des Gastlandes, darunter auch die Gespräche von Regierungsmitgliedern und ihrer Mitarbeiter sowie führender Wirtschaftsunternehmer. Die Agenten der GRU-Fernmeldeaufklärungs-Spezialabteilung OSNAZ sind mit der Sprache ihrer Operationsländer bestens vertraut, kennen die Eigenheiten des jeweiligen Telekommunikationssystems und werden im Schichtdienst rund um die Uhr eingesetzt. Im Bereich der Lauschaufklärung haben das KGB und die GRU in den Jahrzehnten der Sowjetunion eng zusammengearbeitet.

Westliche Experten nehmen nun, angesichts der heutigen finanziellen Lage der Russen, an, daß die militärische GRU und die Bundesagentur für Staatliches Nachrichten- und Informationswesen FAPSI (Federálnoje Agénstwo Prawítjelstwennoj Swjási i Informázii) viele Einrichtungen gemeinsam nutzen. Die FAPSI, hervorgegangen aus dem Achten Direktorat des KGB sowie seiner 16. Verwaltung, kontrolliert mit ihren 120 000 Mitarbeitern, so westliche Schätzungen, alle Kommunikationseinrichtungen und -kanäle Rußlands im In- und Ausland, auch die der Armee und der Wirtschaft. Die FAPSI untersteht dem Präsidenten, er hat ein direktes Weisungsrecht. Die Lauscher beschäftigen sich aber auch mit der Bekämpfung der Organisierten Kriminalität und kümmern sich außerdem um die Sicherheit der russischen Auslandsvertretungen.

Die GRU frischte nicht zuletzt im Ausland alte Kontakte auf. »Die GRU arbeitet weiterhin mit einigen osteuropäischen militärischen Nachrichtendiensten in einem gewissen Ausmaß zusammen«, heißt es in einer Analyse des britischen Geheimdienstes aus dem Jahr 1990, »insbesonders im High-Tech- beziehungsweise technisch-wissenschaftlichen Bereich.« So soll die Slowakei gute Kontakte zu den ehemaligen Brüdern vom Chodinka-Flugfeld in Moskau, wo die GRU-Zentrale inmitten eines Rüstungs- und Forschungskomplexes etabliert ist, unterhalten.[9] Ausländische Beobachter hätten wiederholt russische Militäragenten auf dem Staatsgebiet der Slowakei bei »nachrichtendienstlichen Transfers« im Visier gehabt. Da sich die alte Struktur als wertvoll erwiesen habe, hätte es keinen Anlaß gegeben, sie tiefgreifend zu verändern, wird GRU-Chef Ladygin zitiert.[10]

Der oberste Militärgeheimdienstler bestätigt damit die Einschätzungen westlicher Experten: Die GRU betreibt ihr *business as usual,* auch in Österreich.

Endstation Salzburg

»Zweimal pro Jahr werden in Salzburg Ostspione enttarnt«, titelten die »Salzburger Nachrichten« am 14. Dezember 1990 und beriefen sich dabei auf Aussagen eines leitenden Staatspolizeibeamten der Mozartstadt.[1] Doch diese angebliche staatspolizeiliche Erfolgsbilanz beleuchtet nicht einmal die Spitze des Eisbergs.
Denn die Stadt unter der Hohensalzburg wird von jeher von Agenten aus Ost und West als Treffpunkt genutzt. Die Agenten am früher sowjetischen, jetzt russischen Generalkonsulat und ihre westlichen Gegenspieler nutzen nicht nur ihre lokalen Basen für die geheimen Machenschaften. Auf Grund der geographischen Lage war und ist Salzburg auch Zwischenstation für Kundschafter aus dem Ausland, die hier mit ihren Führungsoffizieren und Instrukteuren zusammenkommen. Besonders beliebt war die Mozartstadt bei den in Deutschland stationierten Ostagenten. Wie Wien galt Salzburg für die Moskauer Spione lange Zeit als sichere Stadt. Ließ man sie hier doch still und leise gewähren. Ein weiterer Vorteil für die Russen lag darin, daß die Treffs von Agentenkollegen des Salzburger Konsulats mit der geeigneten Tarnung inszeniert werden konnten.
Doch nicht bei allen operativen Einsätzen behielten die Moskauer Kundschafter die Oberhand. Im Dezember 1990 gelang es der österreichischen Stapo in Zusammenarbeit mit der bundesdeutschen Spionageabwehr in einer aufwendigen Operation, ein Netz des sowjetischen Militärgeheimdienstes GRU zu zerreißen. Ausgangspunkt dieser Spionageaffäre waren die sowjetischen Agentenbasen in der Bundesrepublik Deutschland.
Wladimir Ostapow war ein alter Hase im Dienste der GRU. Mitte der siebziger Jahre residierte der damals 26jährige unter dem Deckmantel eines Diplomaten in der Wiener UN-Mission der UdSSR. 1979 wurde Ostapow in die Heimat abberufen. Erst im Februar 1983 fand sich seine Spur im Ausland wieder. Genosse Ostapow wurde zum Zweiten Sekretär der Abteilung für Wissenschaft und Technik an der Bonner Sowjetbotschaft ernannt.
Wissenschaft und Technik war schon immer ein Hauptziel der »bildungshungrigen« Ostschnüffler. »Ein wichtiges Informationspotential liegt für gegnerische Nachrichtendienste in wissenschaftlichen und technischen Studien«, heißt es dazu im Verfassungsschutzbericht 1986, »auch wenn diese keiner formellen Geheimhaltung unterliegen.« Denn obwohl diese Papiere nahezu

alle frei erhältlich seien, so die Staatsschützer weiter, sei ihr Vertrieb in der Regel auf die westliche Welt beschränkt. Ferner hätten auch »Informationen über Pläne und Produkte der Rüstungsindustrie und vor allem der Luft- und Raumfahrt einen besonderen Stellenwert«.

Gleich nach seiner Ankunft in Deutschland machte sich der GRU-Offizier Ostapow an die einschlägige Arbeit. Er klapperte eine Messeausstellung nach der anderen ab. 1984 sprach er auf der Messe in Hannover einen Firmenmitarbeiter aus dem Computerbereich an und »bekundete sofort Interesse an einem Verzeichnis über westliche Militärnormen«, also den NATO-Standards. Ostapow gab vor, größere Geschäfte anbahnen zu können. Ende desselben Jahres erschien Ostapow auf einer Ausstellung in München und kaufte einen Katalog mit Produktionsinformationen über Militärtechnologie. Er telefonierte mit Vorliebe aus öffentlichen Telefonzellen, sein Botschaftstelefon schien ihm nicht sicher genug zu sein. 1985 kam Ostapow auf der Messe in Hannover schließlich an ein Verzeichnis der NATO-Normen heran, das fast ausschließlich im westlichen Rüstungsbereich kursierte, allerdings nicht als geheim galt. Im Tausch dafür zahlte er dem Lieferanten 15 000 Mark in bar auf die Hand. Später traf sich Ostapow mit seinem Kontaktmann nicht mehr auf Messen, sondern an neutralen Treffpunkten in München, das ihm für die konspirativen Meetings schließlich doch geeigneter zu sein schien.

Ostapow interessierte sich unter anderem für die unterschiedlichsten medizinischen Fachberichte, für einen Report über den amerikanischen Spaceshuttle, für unzählige NASA-Forschungsberichte und für Unterlagen über Laser-Techniken. Bezahlt wurde ausschließlich bar und bei Lieferung. Dabei ging Ostapow ganz so vor, wie es sich für einen gut ausgebildeten Agenten der GRU ziemte. Viele und strenge Vorsichtsmaßnahmen wurden getroffen, um ungestört den Beschaffungsaktivitäten nachgehen zu können. Außerdem bekniete er seinen Kontaktmann um strengste Geheimhaltung. Auch dafür hatte er sich Argumente zurechtgelegt: In der UdSSR gäbe es in diesen Bereichen Engpässe, die man selbstverständlich nicht an die große Glocke hängen wolle. Darum müßten bestimmte Produkte eben lautlos beschafft werden.

Im Mai 1986 verabschiedete sich GRU-Agent Wladimir Ostapow aus Deutschland, um einem neuen GRU-Agenten Platz zu machen. Er kehrte in die Sowjetunion zurück. Im Juli 1986 erhielt der Kontaktmann einen Anruf eines angeblichen Kollegen Ostapows.

Der Anrufer, der sich »Waldemar Ostin« nannte, bat um die Bekanntgabe einer Kontonummer, denn er wußte, daß bestelltes Material bereitlag. Der mysteriöse Anrufer, der angeblich nie identifiziert werden konnte, zahlte in der Folge auf verschiedene Konten bei Bonner Banken Geld für den »Lieferanten« ein.

Im Februar 1987 trat Ostapows Nachfolger in Erscheinung. Der neue GRU-Führungsoffizier Aleksandr Semjonowitsch Koulin, genannt Alex, war aber nicht in Bonn, sondern in Wien akkreditiert, allerdings ein Mann mit Deutschland-Erfahrung. 1978 war der erkannte GRU-Offizier Dritter Sekretär der Presse- und Informationsabteilung der sowjetischen Botschaft in Bonn gewesen und seither mit dem heißen Boden vertraut. Ende der siebziger Jahre war der damalige GRU-Führungsoffizier erstmals bei einer nachrichtendienstlichen Anbahnungsoperation aufgefallen. 1982 war Koulin nach Moskau zurückgekehrt. Sein neuerlicher Einsatz im Westen machte ihn, einst Ostapows Vorgänger als GRU-Führungsoffizier in Deutschland, nun zu dessen Nachfolger in gleicher Funktion – darüber sind sich Geheimdienstexperten einig.

Im Sommer 1986 reiste Koulin mit dem UdSSR-Diplomatenpaß Nr. 090766 samt Gattin und Tochter in Österreich ein und bezog eine Botschaftswohnung in der Sternwartestraße 74 im 18. Wiener Gemeindebezirk. Koulins Sammelleidenschaft galt vor allem der westlichen Wehrtechnik und ihren Fortschritten sowie der aktuellen amerikanischen Raumfahrt.

Am 17. Februar 1987 fuhr Koulin nach Salzburg. Gegen elf Uhr vormittags bezog er vor einem Blumenladen in der Münchner Bundesstraße Position und wartete dort auf seinen Kontaktmann. Nach dessen Eintreffen schlenderten beide in eine nahe gelegene Wienerwald-Gaststätte.

Acht Wochen später gab es ein neuerliches Treffen zwischen dem GRU-Mann und seiner Quelle. Diesmal zog man aber den Gehsteig vor einem Schuhgeschäft in der Salzburger Radetzkystraße als Treffpunkt vor. Der GRU-Offizier kam mit einem botschaftseigenen dunkelgrauen Audi 80. Auch diesmal speiste man in einer Gaststätte um die Ecke.

Sechs Wochen später, am 20. Mai 1987, kam es zum nächsten Treff. An diesem Tag wurde Salzburg von seinem sprichwörtlichen Schnürlregen unter Wasser gesetzt. Mit etwas Verspätung traf der GRU-Agent in einem deutschen Mittelklassewagen der Marke Audi ein und kutschiert die nasse Radetzkystraße rauf und runter. Schließlich parkte er am Straßenrand, blieb jedoch im Wagen sitzen. Nach einigen Minuten stieg eine unbekannte Person, die einen Aktenkoffer bei sich trug, zu Aleksandr Semjenowitsch ins Auto. Anfangs diskutierten die beiden gestenreich, später übergab der Beifahrer schriftliche Unterlagen an Koulin. Danach fuhr man in die Altstadt, wo der Audi in der Parkgarage-Nord abgestellt wurde. Die Herren spazierten durch die noble Salzburger Getreidegasse, zu allen Jahreszeiten eine Art »Pamplona« touristischer Menschenmassen, und betraten schließlich das noch noblere Hotel-Restaurant Goldener Hirsch, wo sie vorzüglich speisten und angeregt Informationen austauschten. Nach einer Stunde verlangten sie die Rechnung und gingen zum Auto zurück. Am frühen Nachmittag düste der Sowjetspion über die Westautobahn wieder Richtung Wien.

In der Folge wurde Koulin der Salzburger Boden zu heiß. War den Sowjets etwas sauer aufgestoßen?

Nach Informationen des GRU-Experten Viktor Suworow werden GRU-Agententreffs in der Regel von Offizieren der operativ-technischen Gruppe abgedeckt. Die sogenannten Abdecker überwachen vor Ort die Lage, halten nach Gegenmaßnahmen Ausschau und stiften im Ernstfall Verwirrung, um ihren Mann durch Ablenkungsmanöver heraushauen zu können. Gleichzeitig befaßt sich die Funküberwachung der GRU, die im Auftrag der Residentur grundsätzlich Polizei- und Spionageabwehrfrequenzen abhört, noch intensiver mit dem Funkverkehr, sobald operative Maßnahmen der Agentenkollegen im Gange sind.

Koulin kehrte Salzburg jedenfalls den Rücken und verlegte seine Treffs nun nach Innsbruck. In der Tiroler Landeshauptstadt an den Ufern des Inns versuchte der sowjetische Kundschafter erneut sein Glück.

Anfang Juli hatte Koulin ein geheimes Rendezvous vor dem Eislaufstadion der ehemaligen Olympiastadt. Eine gute dreiviertel Stunde wartete der Spion, bekleidet mit einer grauen Hose und einem kräftig gestreiften braunen Hemd, vor der Sportstätte. Er war offenbar etwas nervös, marschierte auf und ab und wechselte mehrmals die Straßenseiten, was sogar die Aufmerksamkeit im Auto Vorbeifahrender erregte. Erst nach ungefähr einer Stunde traf die Kontaktperson ein. Wie üblich übergab der »Lieferant« Unterlagen in einer Plastiktüte. Anschließend fuhr man kreuz und quer durch die Tiroler Landeshauptstadt und setzte sich gegen zwölf Uhr im Restaurant Moby Dick an den Mittagstisch. Eine gute Stunde später ging Koulin zum Hauptbahnhof. Er stieg in den

Transalpin und traf gegen halb neun Uhr abends wieder in der österreichischen Bundeshauptstadt ein.
In der Folgezeit kam Koulin noch dreimal zu Treffs nach Innsbruck. Dann war plötzlich wieder Salzburg an der Reihe. Von Mai 1988 bis Februar 1989 reiste der GRU-Kundschafter sechsmal zu Rendezvous in die Mozartstadt. Im Frühjahr 1989 kam es vorerst zum letzten Tête-à-tête des GRU-Führungsoffiziers mit seinem Kontaktmann. Mitte Juni 1989 schickte der GRU-Agent einen Kurier, einen Mann Anfang Vierzig mit Schnauzbart und Stirnglatze, der das Material, Microfiches, direkt beim Kontaktmann abholte und dafür 4300 DM in bar übergab. Nicht ohne vorher das Material zu prüfen und bei der Geldübergabe eine Quittung gegenzeichnen zu lassen. Im Frühjahr 1990 kam es zu einem allerletzten Meeting, diesmal wieder unter Koulins Leitung, samt anschließender Materialübergabe.
Danach trat Anatolij Grigorijewitsch Starodoubtsew auf den Plan. Der Moskauer Chefspion mit der Legende eines Ersten Botschaftssekretärs an der Wiener Diplomatenschaltstelle der UdSSR war am 18. Mai 1990 samt Familie mit dem Zug nach Österreich eingereist. Doch schon bevor Starodoubtsew, Inhaber des sowjetischen Diplomatenpasses Nr. 125165, Wiener Boden betrat, wußte das österreichische Innenministerium in der Wiener Herrengasse bereits, mit wem man es zu tun hatte. Der Grund: Der dunkelhaarige Russe mit der Statur eines Freistilringers hatte sich einst mit der Spionageabwehr in Norwegen angelegt. Als Starodoubtsew ab April 1983 drei Jahre lang in Oslo als Sportattaché der KPdSU diente, war er von den Norwegern bei eindeutigen Spionagegeschäften beobachtet worden. Nach einer offiziellen Stellungnahme der königlich-norwegischen Abwehr vom Frühjahr 1990 soll der GRU-Agent »Taten unternommen haben, die mit seiner diplomatischen Stellung unvereinbar waren«. Seine Aktivitäten gegen norwegische Interessen, so hieß es, dauerten weiterhin an. Der Hintergrund: GRU-Führungsoffizier Starodoubtsew hatte eine Spionageoperation in Norwegen übernommen, weitergeführt und durch die Übergabe an einen Agentenkameraden weiterkochen lassen.
Für die Dänen war die Information der norwegischen Kollegen mit ein Grund, den GRU-Agenten gar nicht erst ins Land zu lassen. Denn am 8. Juni 1989 hatte das Moskauer Außenamt für den Genossen Anatolij Grigorijewitsch eine Arbeitserlaubnis als Sekretär an der sowjetischen Botschaft in Kopenhagen beantragt. Drei Wochen später hatten die Sowjets die schriftliche Ablehnung

in Händen. Die Dänen verweigerten »dem Spion seines ZK« aus Sicherheitsgründen schlicht die Einreise.
Doch welche Spionageaufgaben verschlugen Starodoubtsew daraufhin nach Österreich?
Der britische Secret Intelligence Service (SIS) durchschaute das Spiel der GRU in Österreich auf Anhieb. Die Counter Intelligence Branch Ihrer Majestät kam zu der Ansicht, Starodoubtsew sei der Ersatzmann für den abrüstenden Agenten Koulin. Tatsächlich mußte Koulin am 1. April 1990 in die UdSSR zurückkehren; drei Tage vorher hatte er in Salzburg zum endgültig letztenmal Spionagematerial übernommen.
Fünf Tage nach seiner Ankunft in Wien wurde der 39jährige Neuankömmling Starodoubtsew unter der Legende eines Diplomaten von seinem Genossen Botschafter im Außenamt am Wiener Ballhausplatz angemeldet, mit der Bitte, man möge ihm die notwendige Notifizierung zuteil werden lassen.
Schon wenige Wochen später hatte sich Starodoubtsew nachrichtendienstlich akklimatisiert und den Fußstapfen seines GRU-Kollegen angepaßt. Er ging nun in die Spionageoffensive. Sein Interesse galt nicht nur schriftlichen Unterlagen über westliches Kriegsmaterial, sondern er versuchte darüber hinaus – so westliche Geheimdienstexperten –, militärisches Gerät und Waffen östlicher Produktion im Westen zu verkaufen. Zumindest gab er sich als Vermittler solcher Buntmetallgeschäfte aus.
Am 11. Dezember 1990 fuhr der GRU-Offizier nach Salzburg. Doch Starodoubtsew war den Salzburger Staatsschützern von einem »befreundeten Dienst« schon avisiert worden. Gegen halb elf Uhr vormittags wurde sein weißer Opel Ascona, mit dem Wiener Kennzeichen W 614. 334, vor einem Haus in der Strubergasse entdeckt. Der Wagen war auf die Botschaft der UdSSR zugelassen und mit einem CD-Schild versehen. Starodoubtsew spazierte über die Salzburger Radetzkystraße, wechselte die Straßenseite und stieg gegenüber einem Schuhgeschäft in das Auto seines Kontaktmannes. Nach der Begrüßung fuhren die beiden nur wenige Meter weiter, um dann in der nächsten Parklücke gleich wieder anzuhalten. Hier begann ihr konspiratives Palaver, das in die Übergabe etlicher Papiere mündete. Zehn Minuten später bog der Wagen von der Aigelhofstraße nach links in die Innsbrucker Bundesstraße und hielt plötzlich an einer Tankstelle. Starodoubtsew sprang heraus, schwang seine dunkle Umhängetasche über die rechte Schulter und marschierte im Eiltempo zu seinem Botschafts-Opel.

Sekunden später, gegen 11.40 Uhr vormittags, schlossen sich stahlkalte Handschellen um seine Handgelenke.[2] Starodoubtsews Gegenwehr scheiterte angesichts der polizeilichen Übermacht kläglich. Der Agent wurde in die Bundespolizeidirektion in der Alpenstraße gebracht. Dort legte er einen Diplomatenpaß vor, dessen Österreich-Visum bereits am 10. Juli abgelaufen war. Eine rote Legitimationskarte, die jedem Volldiplomaten vom österreichischen Außenministerium ausgestellt wird, konnte er allerdings nicht vorweisen.

Starodoubtsew zog es vor, die Fragen der Salzburger Staatspolizisten (Abteilung I) nicht zu beantworten und beharrlich zu schweigen. Schließlich verlangte er den Beistand seines Botschafters Walerij Popow und zweier weiterer Diplomaten. Die zwei waren: Pjotr Smidowitsch, ein Attaché der Seniorenklasse, und Jewgenij Chmaguin, 41, wie Starodoubtsew ein Neuankömmling in Österreich, der zuvor in Berlin (West) und Bonn sein »diplomatisches« Unwesen getrieben hatte.

Bei der Durchsuchung der Hosen- und Jackentaschen Starodoubtsews fanden die Salzburger Staatsschützer neben Fahrzeugpapieren, Versicherungskarte, Benzingutscheinen und etlichen bekritzelten Visitenkarten auch ein DIN-A4-Blatt mit Dutzenden Bestellnummern für wissenschaftlich-technische Berichte. Aus der Umhängetasche des Technikspions förderten die Staatspolizisten dann wirklich verfängliches Material zutage: Produktbeschreibungen westlicher Militärfirmen, High-Tech-Kataloge, Beschreibungen der U.S. Navy, darunter »Naval Instructions/Directives Services«, Ausgabe November 1990, einen Marine-Index über die verschiedensten Kommandoeinheiten, vom Space and Naval Warfare Systems Command bis zum Büro des Researchstabes, und die Erläuterung eines neuen CD-ROM-Volltext-Archives, wie es das amerikanische Verteidigungsministerium verwendet.[3] Im Auto wurden Stadtpläne von beliebten Trefforten der Sowjets, von Salzburg, Innsbruck, Mondsee und auch Budapest, sichergestellt.

Der ertappte Agent wurde immer ungeduldiger, denn seine Genossen von der Botschaft ließen sich viel Zeit. Mehrmals mußten die ermittelnden Staatspolizisten telefonisch nachhaken. Schließlich kamen zwei Herren vom Salzburger Generalkonsulat. Der 38jährige Vizekonsul Wladimir Nikolajewitsch Awtuch, später ebenfalls als GRU-Offizier identifiziert, und Juri Tschewtschenko, 33, ein Attaché. Sie nahmen den gestrauchelten Agenten im Diplomatendeckmantel kurz nach 18 Uhr in ihre Obhut.[4] Dies war möglich, weil Starodoubtsew bereits seit Mai 1990 als Diplomat akkreditiert war, was die staatspolizeilichen Ermittler »dummerweise« nicht gewußt hatten.

»Über den Überbringer der geheimen Unterlagen, der zu Fuß gekommen war, weiß man vorerst gar nichts«, wurde der örtliche Staatsschutzchef in einer Tageszeitung zitiert. Daß die alpenländische Abwehr über die »Nummer zwei« keinerlei Anhaltspunkte haben sollte, wurde allerdings mit großer Skepsis aufgenommen. Waren die österreichischen Abwehrbeamten doch eher für ihr gründliches Vorgehen bekannt. Der unbekannte andere Agent sei im »vorweihnachtlichen Einkaufsrummel« entkommen, stand in der Pressemitteilung der Salzburger Bundespolizeidirektion.[5]

Nach der Verhaftung des GRU-Agenten Starodoubtsew schrillten in der Wiener Zentrale des sowjetischen Geheimdienstes die Alarmglocken. Die Sowjets wußten, daß sie dieses Spiel mit Bomben und Granaten verloren hatten. Nach Insider-Informationen soll der GRU-Resident in Österreich nach diesem peinlichen Zwischenfall alle operativen Maßnahmen seiner Militärspione umgehend gestoppt und bis auf Widerruf ausgesetzt haben.

Am 12. Dezember 1990, dem Tag nach der Verhaftung, wurde der sowjetische Botschafter Walerij Popow ins Außenamt am Wiener Ballhausplatz zitiert. Die diplomatische Standpauke der Österreicher gipfelte in der Forderung, Starodoubtsew habe das Land binnen einer Woche zu verlassen. Der Botschafter nickte betreten, um dann anzumerken, alle diesbezüglichen Schritte seien bereits unternommen worden.[6]

Mit der Enttarnung Anatolij Starodoubtsews und seiner Vorgänger Ostapow und Koulin zerschlug die österreichische Staatspolizei mit Hilfe der bundesdeutschen Abwehrkollegen ein hochkarätiges GRU-Netz. Doch die GRU mußte noch weitere schmerzvolle Schlappen hinnehmen.

Absprung mit Kind und Kegel

Als am Montag, dem 25. Februar 1991, gegen halb neun Uhr abends Wladimir Vavilkin, ein Erster Sekretär der ständigen Vertretung der UdSSR bei den internationalen Organisationen in Wien, das Polizeikomissariat im 22. Wiener Gemeindebezirk betrat, verhieß das nichts Gutes. Der Diplomat bemühte sich ruhig zu wirken, doch daß ein Druck auf ihm lastete, war nicht zu übersehen. Der zweite Mann seiner Abteilung, Aleksandr Iwanowitsch Krapiva, 41, dessen Gattin und die beiden Kinder würden seit Sonntag früh vermißt, gab Vavilkin dem diensthabenden Kriminalbeamten zu Protokoll. Aleksandr Krapiva habe, fuhr der Diplomat fort, gegen zehn Uhr morgens die diplomatische Vertretung mit einem botschaftseigenen grünen Mazda 626 verlassen. Über das Reiseziel seines Mitarbeiters konnte er keinerlei Angaben machen. Unfall, Selbstmord oder ein Verbrechen, alles schien möglich. Doch die Genossen aus Moskau ließen sich zu keinerlei Spekulationen hinreißen. »Über ein allfälliges Motiv für das Verschwinden des Genannten erfolgten keine Angaben«, heißt es dazu lapidar im Akt der Wiener Staatspolizei.

Einige Details gab es dennoch zu berichten. Frau Krapiva, die attraktive Diplomatengattin mit dem modischen Kurzhaarschnitt, sei mit einem Nerzmantel bekleidet gewesen. Ihr Ehemann Aleksandr habe zwar seinen sowjetischen Diplomatenpaß mit der Nummer 135921 zurückgelassen, aber die rote Legitimationskarte des österreichischen Außenamts mitgenommen. Registriert wurde auch, daß der in Wolgograd geborene Diplomat Krapiva erst seit Mitte Dezember 1990 in Wien akkreditiert war. Sein Verschwinden löste als erstes einen polizeilichen Routinevorgang aus. Eine Suchmeldung ging über die Fernschreiber ins ganze Land.

Da russische Diplomaten nicht so einfach sang- und klanglos stiften gehen, noch dazu samt Familie, konnten die Staatsschützer in der Wiener Herrengasse den wahren Hintergrund erahnen. Anfragen bei befreundeten Diensten brachten dann auch bald etwas Transparenz in die mysteriöse Angelegenheit. Wenige Tage später wurde die österreichweite Suchaktion abgeblasen. Die Krapivas hatten die Alpenrepublik längst mit dem Ziel USA verlassen.[1] Aleksandr Iwanowitsch war übergelaufen.

Die CIA hatte mit ihm einen guten Fang an Land gezogen.[2] Denn der Brillenträger mit dem Blick eines Hypnotiseurs und der Ausstrahlung eines Bankkaufmanns, Abteilung Privatkredite, wurde in der Stapo-Kartei »als erkannter Offizier des sowjetischen militärischen Nachrichtendienstes GRU« geführt. Bereits 1985 war Krapiva ins Visier der kanadischen Nachrichtendienste geraten. So daß ihm die Einreise ins Land des Ahornblattes verwehrt wurde, obwohl er sich damals in den Staaten aufhielt. Dort war der GRU-Offizier unter dem Deckmantel eines Diplomaten schon das vierte Jahr an der sowjetischen Botschaft in Washington akkreditiert.[3] Zu jener Zeit sollen die Herren aus Langley an Krapiva herangetreten sein, so vermeldete es jedenfalls »The Sunday Telegraph« am 12. Mai 1991, und ihn »umgedreht« haben.[4] Doch schon 1986 wurde er auf Grund des geheimdienstinternen Rotationsprinzips in die GRU-Zentrale nach Moskau zurückberufen. Was er seinen amerikanischen Auftraggebern aus dem Hauptquartier des Militärgeheimdienstes liefern konnte, darüber verloren die US-Auslandskundschafter kein Wort.

Mitte Dezember 1990 wurde Krapiva nach Österreich beordert.[5] Die örtlichen Staatsschützer waren über den Neuzugang bestens im Bilde. Als der sowjetische Botschafter Walerij Popow Ende Januar 1991 zu einem Termin ins Wiener Außenamt am Ballhausplatz kam, nahm der zuständige Abteilungsleiter, auf Bitten des Innenministeriums, die Gelegenheit wahr, dem Diplomaten mitzuteilen, man wisse, daß Kapriva ein getarnter GRU-Offizier sei. Botschafter Popow zuckte nur mit den Schultern, nahm die Mitteilung in Diplomatenmanier sehr beherrscht zur Kenntnis und fügte hinzu, er wisse nichts von einer Geheimdiensttätigkeit des Diplomaten Kapriva.

Für den mutmaßlichen Doppelspion Krapiva war die neue Situation ziemlich prekär. Vielleicht war es sogar die Initialzündung für seinen Absprung. Denn eine nun kaum zu vermeidende frühzeitige Rückkehr nach Moskau hätte für ihn wahrscheinlich eine Sperre für weitere Auslandseinsätze bedeutet, zumindest für die nächsten Jahre.

In britischen Tageszeitungen spekulierten nicht genannte Geheimdienstler, vielleicht habe die österreichische Spionageabwehr selbst Krapiva anwerben wollen und damit den GRU-Offizier zur Flucht nach vorn veranlaßt. Derart verquere Überlegungen gehören nun einmal zur Normalität im Geheimdienstgeschäft. Möglich ist schließlich alles. Doch in der Regel »verbrennt« man keinen Agenten, um ihn danach anzuwerben.

Die sowjetische Seite zürnte den Österreichern jedenfalls ob des schweren Verlustes, den sie durch den heimlichen Abgang des GRU-Offiziers erlitten hatte. Die Botschaft der UdSSR verlangte umgehend Informationen über das Schicksal ihres Genossen und bezichtigte die Österreicher offen der Mitwisserschaft. Österreich habe auf seinem Territorium für die volle Sicherheit der diplomatischen Mitarbeiter zu sorgen. Die Kreml-Gesandten waren zutiefst empört.

Die Österreicher hingegen waren sich keiner Schuld bewußt. Schon aus Personalmangel war es nicht möglich, für jeden Sowjetagenten ein »Kindermädchen« abzustellen, obwohl sie eine solche Überlegung theoretisch durchaus reizte.

Mitte März entdeckte eine aufmerksame Wiener Polizeistreife Krapivas »Fluchtfahrzeug«, den grünen Mazda 626 mit dem Diplomatenkennzeichen WD 87.531, in der Keißlergasse im 14. Gemeindebezirk.

Die Krapivas waren zu diesem Zeitpunkt natürlich längst über alle Berge. Sie waren an einem Treffpunkt in Deutschland abgeholt und in die Vereinigten Staaten ausgeflogen worden.[6] Wie üblich wurde der Überläufer dort einer aufwendigen Verhörprozedur unterzogen. Nach Informationen von Insidern westlicher Geheimdienste soll der Überläufer Krapiva für die CIA eine nachrichtendienstliche Quelle höchsten Ranges gewesen sein. Er habe den Amerikanern wichtige Informationen über das Netz der GRU gegeben.[7] Nach Krapivas Angaben konnte später unter anderem ein fast vollständiges Puzzle der GRU-Residentur in Wien erstellt werden. Hier hatte die Raswédka ein ansehnliches Zentrum für ihre geheimen Tätigkeiten eingerichtet.

Als Resident und somit als Kopf der GRU in Wien wurde Botschaftsrat Vitali Gawrilowitsch Kuznetsow enttarnt. Als Residenten-Stellvertreter fungierte zuerst der altgediente GRU-Offizier Juri Beljajew. Später wurde er in dieser Funktion vom GRU-Offizier Aleksandr Olegowitsch Lossik abgelöst, nachdem Beljajew an die Heimatfront zurückgerufen worden war. Die Amerikaner enttarnten noch eine Menge weiterer GRU-Offiziere unter den Wiener Sowjetdiplomaten:

- Iwan Iwanowitsch Alechnowitsch, Botschaftsrat,
- Anatolij Grigorijewitsch Assabin, UNIDO-Beamter der Industrial Management and Rehabilitation Branch,
- Wladimir Nikolajewitsch Awtuch, Vizekonsul des Konsulates in Salzburg,
- Wladimir Wassiljewitsch Bespalow, 1. Sekretär der UN-Mission,
- Juri Sergejewitsch Klytschichin, Oberstleutnant, seit August 1987 beigeordneter Militär- und Luftattaché,
- Juri Aleksandrowitsch Kokurin, Attaché,
- Aleksandr Aleksandrowitsch Maksiouta, 1. Sekretär der UN-Mission (UNIDO),
- Wiktor Petrowitsch Pljuchin, Handelsmission,
- Juri Grigorowitsch Smirnow, Handelsmission,
- Konstantin Konstantinowitsch Swetsow, Handelsmission,
- Nikolai Lwowitsch Tarasow, 2. Sekretär,

- Wiktor Aleksandrowitsch Teleschew, Major, seit Sommer 1987 beigeordneter Militärattaché,
- Wjatscheslaw Weniaminowitsch Trisseew, Handelsmission.

Die US-Abwehroperation fördete noch andere Geheimnisse zutage, eine Anzahl weiterer Personen, die »der Spionage für die GRU verdächtig« seien, aus dem Dunstkreis des Salzburger Konsulats und der staatseigenen Luftlinie. Die Aeroflot war zumindest zu Zeiten der sowjetischen Herrschaft fest in der Hand des militärischen Geheimdienstes. Nach Erkenntnissen westlicher Abwehrspezialisten hatte der örtliche Stationsleiter oder sein Stellvertreter traditionell einen Offiziersrang inne.
Der Überläufer Aleksandr Krapiva selbst soll den Rang eines Oberstleutnants bekleidet haben. Nach seinem Absprung wurden in Österreich umfangreiche Ermittlungen in Gang gesetzt. Und schon bald konnten sich die österreichischen Sicherheitsbehörden einen Überblick über das GRU-Netz und die Aktivitäten der sowjetischen Militäragenten in Wien machen.

Die lebenden Briefkästen der GRU in Wien

Im Mai 1987 betrat ein Mann Mitte 40, blond, schlank und mit Brille, einen Second-hand-Zeitschriftenladen im achten Wiener Gemeindebezirk und fragte mit ausländischem Akzent, ob er hier seine »Fix und Foxi«-Comic-Hefte eintauschen könne. Der Kunde gab vor, Aleksandr zu heißen, und man kam schnell ins Gespräch. Er sei Russe von Geburt und Atomwissenschaftler, offenbarte der Fremde. Die bunten Heftchen mit den Sprechblasen seien für seine halbwüchsige Tochter, fügte er hinzu.
Mit vollem Namen hieß der Fremde Aleksandr Wladimirowitsch Kachirskij. Er war 1944 in der UdSSR geboren, GRU-Einsatzoffizier, zu diesem Zeitpunkt im Rang eines Oberstleutnants. Offiziell hatte er die Funktion eines Ersten Sekretärs der sowjetischen Mission bei den UN-Organisationen inne. Wien kannte Kachirskij bereits ganz gut. Von 1979 bis 1983 war er bei der Internationalen Atomenergiebehörde (IAEA) in Wien akkreditiert gewesen. Nach Informationen westlicher Geheimdienste und nach Auskunft der österreichischen Staatspolizei zählte die IAEA als Hort der Technologiegeheimnisse schon immer zu den wichtigsten Zielobjekten der sowjetischen Spionage.

Zu Kachirskijs Spionageaufgaben gehörte vor allem, Agenten im Zielland anzuwerben, die GRU-Pflicht Nummer eins. Außerdem hatte er von Vorgängern die Führung von Agenten zu übernehmen, nachrichtendienstlich verwertbares Material zu sammeln, durchs Land zu reisen und mit interessanten Leuten zu reden. Kachirskij hatte außerdem die Spezialaufgabe, einen verdeckten Postverkehr für die GRU einzurichten. Und dazu brauchte er eine Vertrauensperson. Was gab es da Unverfänglicheres als eine Tauschzentrale für Comics?
Der GRU-Offizier brachte bei seinen späteren Besuchen im Comics-Geschäft den jungen Besitzern immer wieder billige Zigaretten, Alkoholika und Parfum aus dem Duty Free Shop der UNO-City mit. Er versuchte damit das Vertrauen des Paares zu gewinnen, was ihm auch ganz gut gelang. Im Sommer des folgenden Jahres führte das mittlerweile freundschaftliche Verhältnis zu einem feuchtfröhlichen Heurigenbesuch. Einige Zeit später bat Aleksandr seinen Wiener Freund erstmals um einen kleinen Gefallen. Der Russe fragte, ob er die Geschäftsadresse der Zeitschriftenhandlung als Postkasten benutzen dürfe, da er als Sowjetbürger in der offiziellen Dependance in der Wiener Erzherzog-Karl-Straße 182 keine Briefe aus dem Ausland empfangen könne. Er gab weiter vor, einen deutschen Freund namens Lorenz zu haben, ebenfalls Wissenschaftler, mit dem er akademische Informationen austauschen wolle. Dieser Lorenz könnte ihm hierher schreiben, ohne aufzufallen. Der Besitzer des Ladens stimmte zu.
Wenige Wochen später landete tatsächlich ein blauer Briefumschlag im Briefkasten der Comics-Börse, als Absender fungierte ein J. Lorenz. Und schon am nächsten Tag stand der Russe auf der Matte, ganz so, als hätte er telepathische Fähigkeiten. Er fragte nach allfälliger Post und nahm das blaue Kuvert mit. Merkwürdigerweise war der Brief nicht im Ausland aufgegeben, wie Aleksandr angekündigt hatte; das Kuvert war im rund 300 Kilometer entfernten Salzburg abgestempelt worden. Es folgte eine weiterer Brief aus der Mozartstadt. Aleksandr holte den Umschlag wieder umgehend im Heftchen-Geschäft ab. Als Dankeschön übergab er seinem Briefaufbewahrer zwei Stangen Zigaretten.
Im Sommer 1990 änderte Aleksandr plötzlich seine Strategie. Wenn Post für ihn angekommen sei, instruierte er seinen Wiener Spezi, möge dieser als Signal ein rotes Buch in die linke Ecke des Schaufensters stellen. Da er fast täglich mit seinem Auto vorbeikutschiere, könne er im Vorbeifahren den Postgang leicht kontrol-

lieren. Dem nicht genug. Ab sofort werde er die Briefe nicht mehr im Geschäft abholen, erklärte der Russe, sondern ausschließlich bei Treffs nach Ladenschluß in einem nahe gelegenen Restaurant. Daraufhin traf sich das ungleiche Paar jeden ersten Donnerstag im Monat im Restaurant, ob nun Post gekommen war oder nicht. Kachirskij wollte das so.

Rund 2000 Schilling monatlich soll Aleksandr Kachirskij – nach Aussagen des Überläufers – seinem österreichischen Helfer ausgehändigt haben. Der Zeitschriftenhändler stritt jedoch vehement ab, auch nur einen Groschen genommen zu haben. Da ihm Aleksandr das Geld regelrecht aufgedrängt habe, gab er später zu Protokoll, habe er Bedenken gehegt und intuitiv abgelehnt.

Wer sonst könnte den »Agentenlohn« kassiert haben? Auch in diesem Fall wurde der Verdacht genährt, sowjetische Agenten würden das Handgeld in ihre eigenen Taschen umleiten. Indizien dafür gab es immer wieder. Vor allem Überläufer stellten ihre unehrlichen Ex-Kollegen bloß.

Am ersten Donnerstag im Dezember 1990 verabschiedete sich Aleksandr von seinem Wiener Freund mit einem Essen in einer Pizzeria. Moskau habe ihn nun nach vier Jahren Auslandsdienst zurückbeordert. Falls weitere Briefe eintreffen sollten, bliebe alles beim alten, versicherte Kachirskij. Er werde die Briefe ganz einfach durch einen Kollegen abholen lassen.

Tatsächlich traf nach den Weihnachtsfeiertagen ein frankierter Umschlag ein. Der Zeitschriftenhändler stellte daraufhin einen roten Kartondeckel eines Gesellschaftsspiels ins Schaufenster. Am Tag des fixen Treffs ging er wie immer ins nah gelegene Restaurant. Doch niemand kam.

Tage später, kurz vor Geschäftsschluß, klingelte das Telefon. Eine männliche Stimme am anderen Ende der Leitung stellte sich als Freund Aleksandrs vor und sagte, von nun an werde er die Post abholen. Zweimal kam der knapp 1,90 Meter große, schlanke Mittvierziger mit der auffälligen Pelzmütze und leerte den »Briefkasten«.

Die Vermutung, daß Kachirskijs Nachfolger ebenfalls Spion war, lag nahe. Kachirskijs Nachfolger hieß Wladimir Wassiljewitsch Bespalow, war Jahrgang 1947 und erst seit Sommer 1989 in Wien. Anfangs fungierte er im Rang eines Zweiten Sekretärs an der Botschaft in der Reisnerstraße. Später kletterte Bespalow die Karriereleiter zum Ersten Sekretär in der UN-Mission hoch. Bespalows Stationierung in Wien nahm jedoch ein jähes Ende. Wenige

Wochen nach Krapivas Absprung in die westliche Freiheit wurde der GRU-Offizier Bespalow, wie viele andere auch, an die Moskwa heimgeholt.

In der Moskauer Zentrale war man nervös geworden. Die Führung der russischen Militärspionage wollte den Schaden offensichtlich begrenzen und weitere personelle Verluste vermeiden. Krapiva wurde dann in bester KPdSU-Tradition von seinen ehemaligen Vorgesetzten öffentlich als Halunke bezeichnet. Darüber hinaus wollte man über den nachrichtendienstlichen Tiefschlag nicht mehr viele Worte verlieren. Da sich Krapiva außerhalb Genickschußweite befand, ließ man den dekadenten Westen lediglich wissen, daß Verrat im Kapitalismus viel häufiger vorkomme als im realen Sozialismus.

Westliche Geheimdienstexperten vermuteten rasch, daß das beschriebene Vorgehen der Sowjetspione in Wien nur der Durchführung einer Testbriefreihe diente, um hundertprozentig sichere Postwege herauszufiltern. Dabei sollen ein bis zwei Dutzend Probestücke pro »lebenden Briefkasten« in Umlauf gebracht worden sein. Spekulationen, daß die GRU mit dieser Testreihe etwaige Reaktionen westlicher Nachrichtendienste provozieren wollte, konnten nicht erhärtet werden.

Auch Oberstleutnant Wiktor Smirnow war bis Ende Dezember 1990 als sowjetischer Diplomat bei der Atombehörde gemeldet. Doch der 39jährige Russe, Führungsoffizier des sowjetischen militärischen Nachrichtendienstes, verheiratet mit einer Leningraderin, ging in Wien auch ganz undiplomatischen Dingen nach. Ganze drei Jahre soll der Spion an speziellen Briefkastenkonstruktionen in Wien getüftelt haben.

Eines Samstags, im Frühjahr 1990, betrat Wiktor eine Tabaktrafik unweit der Russencity jenseits der Donau. Der GRU-Offizier kaufte eine Tageszeitung und suchte mit dem Besitzer ins Gespräch zu kommen. Das war nicht besonders schwierig, denn Wien ist nun einmal eine kommunikative Stadt. Beim Krämer macht man die Nachbarn schlecht, im Tabakgeschäft erörtert man das Weltgeschehen, beim Friseur läßt man die Seele baumeln, und im Weinhaus gerät der Verbal-Exhibitionismus bei ein paar »Gspritzten« vollends außer Kontrolle. Auch Wiktor, so stellte er sich vor, kam mit den Wienern schnell in Kontakt. Samstags besuchte er nun regelmäßig die Trafik. Eines Tages bat der Russe den Ladenbesitzer, dessen Privatadresse als Postdepot nutzen zu dürfen. Er hatte sich auch eine einleuchtende, wenn auch ziemlich einfältige

Ausrede zurechtgelegt: Seine Sekretärin sei zu neugierig und würde all seine Post öffnen, und das ginge nun doch wirklich zu weit. Dienstleistungen und Gefälligkeiten solcher Art waren für den Ladenbesitzer gang und gäbe. Postbeamte benutzten Zeitschriften- und Zigarettengeschäfte als Zwischendepot für Rentengelder, falls die Empfänger gerade nicht anzutreffen waren, oder gaben die Post für einige Kunden ab.
Um die Weihnachtsfeiertage fand der Wiener ein eigenartiges Poststück in seinem Briefkasten. Der Absender lautete auf den Namen »Balzer«, und der Brief war in der niederösterreichischen Hauptstadt St. Pölten abgestempelt worden. Nichtsahnend öffnete der Wiener den Brief und fand auf einer DIN-A4-Seite überaus gottesfürchtige Weihnachtswünsche. Das merkwürdige Schriftstück rief bei ihm nichts als Unverständnis hervor. Er zerriß es und warf die Überreste in den Papierkorb.
Wochen später forderte der GRU-Offizier Wiktor Smirnow die Herausgabe dieses Briefes. Um weiteren irrtümlichen Briefvernichtungen zuvorzukommen, einigten sich der Wiener und sein Russe darauf, daß die Briefe ab sofort an die offizielle Geschäftsadresse gehen sollten. »Balzer« schrieb wieder, und Wiktor Smirnow holte, jeweils ein bis zwei Tage später, die mal stärkeren, mal dünneren Briefe ab. Als Gegengeschäft ging das ungleiche Paar ins Lokal auf der gegenüberliegenden Straßenseite und prostete sich dort zu.
Nach drei erfolgreich übergebenen Briefen verlangte Wiktor, daß sein Wiener Freund den Posteingang jeweils mit einem markanten Zeichen im Schaufenster ankündigen möge. Beim nächsten Brief vergaß der 39jährige Wiener zwar das vereinbarte Signal, aber der GRU-Agent wußte trotzdem Bescheid und holte den Brief ab. Später kündigte ein rotes Miniatur-Verkehrsschild mit der Aufschrift »Stop and kiss me«, das ein Seidenpolster zierte und in der Auslage plaziert wurde, dem Oberspion aus der Russencity die bevorstehende Briefübergabe an. Wer würde bei so viel Kitsch auch Böses ahnen.
Doch plötzlich riß der Kontakt mit dem Sowjetbürger ab. Wenige Tage nach Krapivas Flucht in die Vereinigten Staaten rief ein Fremder den Ladenbesitzer an und teilte ihm radebrechend mit, er habe ein Paket von Wiktor abzuliefern. Doch auch dazu kam es nicht mehr. Nach Informationen westlicher Geheimdienste soll der GRU-Oberstleutnant Wiktor Smirnow anfangs ganz andere Pläne mit seinem Wiener Kontaktmann gehabt haben. In den internen

Akten der Wiener GRU-Residentur hieß es, er habe versucht, den Österreicher als Funkagenten anzuwerben und auszubilden.

GRU-Einsatzoffiziere hatten natürlich noch andere wichtige Aufgaben zu erledigen. Dazu zählte die Beschaffung von Informationen aus dem militärischen NATO-Bereich wie Forschungsberichte über westliche Entwicklungen im Nuklearwaffenbereich und vertrauliches Material über den militärischen High-Tech-Komplex des Westens. Zumindest seit Ende der siebziger Jahre schöpfte die GRU im neutralen Österreich aus Universitätsbibliotheken wissenschaftliche Berichte mit einer Gründlichkeit ab, die ihresgleichen sucht.

Der GRU-Agent Sergej Aleksejewitsch Karaoglanow war von 1979 bis 1983 als Zweiter Sekretär der sowjetischen UN-Mission in Wien tätig und der IAEA zugeteilt. Der Physiker und Ingenieur, der seit 1969 für das sowjetische »Ministry of Medial Mechanical Construction« arbeitete, zählte zu den eifrigsten Beschaffern. Mit fein säuberlichen Bestellisten schlenderte der Russe in die Bibliothek der Wiener Technischen Universität und orderte dort über den sogenannten Literaturdienst im Fernleihverfahren diverse wissenschaftliche Reports. Da Universitätsbibliotheken grundsätzlich für jedermann zugänglich sind, kann jeder gegen ein geringes Entgelt Kopien und Microfiches bestellen. Die Ausleihe besorgt allerdings nur »nicht gesperrte« Berichte.

Karaoglanows arbeitsaufwendige Bestellungen entfachten beim Bibliothekspersonal nicht gerade Freudenfeuer. Doch man bearbeitete seine Wünsche wie die eines jeden anderen Besuchers. Der GRU-Agent kam in der Regel viermal im Jahr und orderte zwischen fünf und zehn Arbeiten zur Ausleihe. Auffällig an seinen Bestellungen war nur, daß er stets militärische Berichte, zum Beispiel über Ballistik, aus Beständen ausländischer Bibliotheken anforderte, speziell von der Eidgenössischen Technischen Hochschule (ETH) in Zürich. Karaoglanow, der auch als Dr. Karaoglanow auftrat, gab an, zuvor in Genf tätig gewesen zu sein. Jedenfalls wußte er genau, was die Bibliothek der ETH Zürich auszeichnet. Die ETH Zürich ist eine Hochschule von Weltruf und verfügt – wie einige andere europäische Universitäten auch, dazu zählt die Technische Informationsbibliothek (TIB) in Hannover – stets über die neuesten technischen Reports. Wo sonst konnte man so problemlos an unklassifizierte Berichte der NASA herankommen?

Von 1985 an war Karaoglanow als wissenschaftlich-technischer Attaché an der sowjetischen Botschaft in der Schweiz tätig gewesen, bis er im Mai 1988 still und heimlich von den Eidgenossen ausgewiesen wurde. Nach Informationen der Pariser Fachzeitschrift »Intelligence Newsletter« gab es die begründete Annahme, daß Karaoglanow von den Franzosen beim Auskundschaften des französischen Nuklearprogramms ertappt worden war und diese die Schweizer gebeten hatten, den Agenten ohne viel Aufsehen heimzuschicken.

Später wurde Karaoglanow nach Moskau in den Generalstab der GUS-Armee befördert. Doch der General hatte eine weitere wichtige Aufgabe. Karaoglanow firmierte auch als Präsident der Firma Oboronexport, die mit den Firmen Spezvneschteknika, Aviaexport, GUSK und Electroentorg zum mächtigen Monopol der russischen Kriegswaffen-Exporteure gehört.[8]

Unter Berufung auf Quellen im russischen Parlament, so »Intelligence Newsletter« weiter, mußten General Karaoglanow sowie sein Kollege General Brailowskij, Präsident der Spezvneschteknika, im August 1993 angeblich wegen interner Unregelmäßigkeiten, die im Bereich ihrer Vizepräsidenten aufgetreten sein sollen, ihre Vollmachten an den Verteidigungsminister abtreten. Das russische Parlament und Präsident Jelzin sollen daraufhin die Reorganisation der Waffenexporte in Angriff genommen haben.[9]

Sergej Aleksejewitsch Karaoglanow versuchte 1990 ein zweites Mal, in Wien Fuß zu fassen. Der GRU-Agent war in Wien aber mehr als unerwünscht. Die österreichischen Behörden verweigerten dem Militärgeheimdienstler die Aufenthaltsgenehmigung.

Zurück ins Jahr 1983. Kurz bevor der GRU-Offizier Karaoglanow, der Agent mit dem eleganten Auftreten, wieder nach Moskau abdampfen mußte – sein Auslandsturnus war 1983 beendet –, erbat er vom Bibliothekspersonal eine Zusammenstellung seiner Zahlungsbelege. Ärgerlich war dies deshalb, weil er bis dahin nie Belege verlangt hatte. Ungefähr zur selben Zeit führte Karaoglanow seinen Agentengenossen Nikolai Lwowitsch Tarasow in das wissenschaftliche Schlaraffenland der Unibibliotheken ein. Nick, wie er von seinem GRU-Kollegen vorgestellt wurde, ging von da an ganze zwei Jahre der Sammelleidenschaft nach. Auch er kam alle drei Monate, gab seine Bestellungen in Auftrag und holte gleichzeitig Bestelltes ab. Allein von Mai bis August 1985 verlangte der GRU-Mann Tarasow nach 22 Berichten, die großteils als »Defence«-Berichte gekennzeichnet und auf Microfiches festgehalten waren. Der damals 36jährige GRU-Agent hatte wohl viel Freude mit den Kopien dieser wissenschaftlichen Unterlagen. Auch er bot

den Bibliothekaren Zigaretten zum zollfreien Preis und Süßigkeiten als Dankeschön an.
Nach Informationen der Amerikaner gehörte Nick Tarasow zum Büro des sowjetischen Militärattachés in Wien.
Die Fluktuation bei der GRU in Wien war sehr groß. Manchmal konnte man sich des Eindrucks nicht erwehren, es handle sich bei der Wiener Zentrale um eine Schulungs-und Trainingsabteilung des Geheimdienstes der Roten Armee. Es herrschte ein ständiges Kommen und Gehen.
Bevor Tarasow sich in heimatliche Gefilde verabschiedete, begleitete er einen nicht weniger interessierten Landsmann auf dessen Rechercheweg in die Uni. Der Neue hieß Anatolij Assabin und war 1946 im weißrussischen Sluzk geboren. Tarasow bat beim »Einführungsgespräch« in der Unibibliothek recht höflich, man möge seinem Nachfolger ebenso gewogen sein wie ihm und ihn in gleicher Weise unterstützen.
Anatolij Grigorijewitsch Assabin schien ein richtiges Arbeitstier zu sein. Offenbar wollte er dadurch gute Bewertungen erreichen und so seine GRU-Karriere vorantreiben. Von November 1985 bis Januar 1991 war der Geheimdienstler offiziell als Zweiter Sekretär der UN-Mission in Wien tätig, später als Angestellter in der Industrial Management and Rehabilitation Branch (IO/IIS/IMR-Abteilung) der UNIDO. So verzeichnet das offizielle Telefonverzeichnis der Wiener UNO-City vom Juli 1990 sein Büro, Raum D 1384, sowie seine beiden Telefonanschlüsse.
Bereits 14 Tage bevor Assabin offiziell in Österreich angemeldet wurde, war er in der Unibücherei und gab seine erste Order auf. Weit über hundert Bestellungen gab er im Zeitraum von Ende 1985 bis Januar 1991 auf. Darunter amerikanische Unterlagen über »Magnetic-field shielding of satellites from high-energy-electron environment«, ein Bericht, gesponsert von US-DOE Defense Programs, außerdem »Effects of x-rays on optical materials and coatings« sowie eine Studie über »a radiation-hardened 16/32-bit microprocessor« von National Semiconductor. Der Agent Assabin ließ sich Reports aushändigen, die die GRU-Zentrale von ihm anforderte. Doch nicht alles, was gewünscht wurde, war frei zugänglich. Immer wieder kam es vor, daß Bestellzettel unerledigt, mit den Vermerken »nicht freigegeben« oder »gesperrt«, zurückkamen. Dabei handelte es sich speziell um aktuelle NASA-Reports, die über die ETH Zürich angefordert wurden. Da war nichts zu machen.

Doch im allgemeinen kam man dem Diplomaten durchaus entgegen. Anatolij Grigorijewitsch Assabin ließ gern einige Schilling in die Kaffeekassa der Bücherei wandern und schien auch sonst kein Groschenzähler zu sein.
Den GRU-Agenten sollen sogar Originalkopien von Microfiches ausgehändigt worden sein. Denn die Russen gaben vor, sie könnten diese kostenlos, unter anderem in den UNO-Büros, kopieren. In Wahrheit wurden diese Mikrokopien in der GRU-Residentur vervielfältigt. 14 Tage später brachten die GRU-Agenten das Leihmaterial wieder zurück, immer vollzählig. Schließlich wollte man die sprudelnde Quelle auch weiterhin anzapfen. Nach Informationen des Überläufers Krapiva hatte der äußerst umtriebige Agentenkollege Assabin jedoch Probleme mit den eigenen Vorgesetzten. Trotz der großen Menge herbeigeschaffter Fakten wurde Assabins Arbeit intern nicht besonders gut bewertet. So lag die Vermutung nahe, Assabin stünde zumindest mit der Auswertungsabteilung der GRU auf Kriegsfuß. Es soll aber noch ein weiteres Problem für Unstimmigkeiten in der Residentur gesorgt haben.
Der Überläufer war deshalb so genau im Bilde, weil er selbst Anfang 1991 Assabin als »Beschaffer« ablösen sollte. Kurz vor seiner offiziellen Verabschiedung aus Wien hatte Assabin seinen Agentenkollegen Krapiva als »Aleksandr« in der nämlichen Bibliothek vorgestellt.
Seit Ende 1990 ging ein weiterer Sowjetdiplomat wissenschaftlichen Nachforschungen in einer Wiener Unibibliothek nach. Aleksandr Maksiouta, Erster Sekretär der ständigen Vertretung der UdSSR bei der UN-Mission, bevorzugte die Chemiebibliothek der Technischen Universität Wien. Maksiouta wurde seit August 1990 als UNIDO-Vertreter im offiziellen Diplomatenregister angeführt. Seine Vorliebe galt den Reports des National Technical Information Service (NTIS) der USA, sein Hauptaugenmerk der Waffentechnologie.
Mit der Zeit gesellten sich noch andere neugierige Zeitgenossen gleicher Couleur zu den Russen: Zum Beispiel nahmen auch zwei Volksdemokraten des nördlichen Korea die großzügigen Leihdienste in Wien in Anspruch. Die Nordkoreaner, in Wien von jeher stark vertreten, hatten ihren Genossen aus Moskau wohl über die Schulter gesehen.
Auch Maksioutas Agentenkollege Aleksandr Kachirskij wußte die Bibliothek in Wien weidlich zu nutzen. Dieser schnüffelte nicht nur in der Bücherei der Atomorganisation nach schriftlichen

Arbeiten über die frühe Atomwaffen-Forschung sowie die amerikanischer Forschungslabors für atomare und bakterielle Waffen, sondern nutzte auch die Hauptbibliothek der Universität Wien intensiv. Vom Frühjahr 1988 an bediente sich der GRU-Einsatzoffizier und Organisator »lebender Briefkästen« unter der Vorspiegelung, »Abteilungsleiter der Atombehörde zu sein«, dieser akademischen Wiener Ressourcen. Holte Kachirskij anfangs seine Unterlagen wie jeder andere Entlehner noch persönlich in der Leihanstalt ab, so vergatterte er später einen Bibliotheksangestellten unter einem Vorwand zu Treffs außerhalb der geistigen Forschungsstätte. Entweder trafen sich die beiden im Café Votiv gleich hinter der Universität in der Reichratsstraße oder im Café Einstein. Bei den Treffen wurde oft so eifrig geplaudert, daß die Zeit wie im Flug verging. 1990 beschaffte sich der erfolgreiche Agent mit vier Bestellungen an die 30 Berichte. Darunter Reports mit Titeln wie »Requirements for the development of advanced nuclear weapons concepts« oder ein Report über einen Sicherheitsworkshop in Darmstadt vom Januar 1990 sowie das »DOE explosives safety manual« und ein Bericht zum Thema »Anaerobic adhesion to depleted uranium«. Schließlich interessierte sich Kachirskij auch für eine Konferenz der amerikanischen »Society of Plastics Engineers« in Dallas.

Die gesellige Atmosphäre der Wiener Kaffeehäuser dürfte dem GRU-Spion mit der Zeit etwas problematisch erschienen sein. Denn zu Beginn des Jahres 1990 legte Kachirskij plötzlich verstärkt Wert auf Konspiration. Die Treffen wurden von da an in die U-Bahn-Linie 1, Haltestelle Kagran, verlegt, jene Station im 22. Wiener Gemeindebezirk, die die Sowjets benutzten, wenn sie mit öffentlichen Verkehrsmitteln die Russencity in der Erzherzog-Karl-Straße 182 ansteuerten. »Rolf«, so nannte Kachirskij den hilfsbereiten Bibliothekar in der internen GRU-Kartei, begleitete seinen neugierigen russischen Bekannten zumindest einmal auf dem Weg in das Russengetto. Der GRU-Oberste kam zu den Treffs immer solo und vereinbarte diese vorher telefonisch. Er war, wie es sich für einen Professionellen gehört, immer als erster am Treffpunkt. Anfang Dezember 1990 kam es zur letzten Zusammenkunft. Kachirskij mußte, wie erwähnt, an die Moskwa zurück. Kachirskij kündigte »Rolf« noch seinen Nachfolger und Freund an. Ausgerechnet der spätere Überläufer Aleksandr Krapiva hätte nun an Kachirskijs Stelle die Fäden ziehen sollen. Ein erster Treff im Januar 1991 wurde jedoch eiligst abgeblasen. Die seinerzeitige

Affäre um den GRU-Offizier Anatolij Starodoubtsew in Salzburg war Anlaß, daß die Residentur alle operativen Maßnahmen für mehrere Monate aussetzte. Einen erneuten Treff mit »Rolf« verhinderte Krapivas Flucht in die USA.

Der »Funkamateur« der GRU

Auch nach den Umwälzungen in der ehemaligen UdSSR setzte die GRU ihre Spionagetätigkeiten von ihrem Stützpunkt Wien weiterhin so fort, als wäre nichts geschehen. Zwar berichteten westliche Nachrichtendienste durchaus übereinstimmend über die Kontinuität der GRU-Aktivitäten in Europa, doch der Öffentlichkeit blieb man, wie so oft, die Beweise schuldig. Schließlich lieferte die GRU selbst unfreiwillig diese Belege für ihre geheimen Machenschaften in der Alpenrepublik. Kommissar Zufall und nachrichtendienstliche Stümperhaftigkeit trugen ihr Scherflein dazu bei.

»Militäragent der Sowjets enttarnt«, lautete die Schlagzeile der österreichischen Tageszeitung »Kurier« am 7. Januar 1992, und in dem Bericht darüber stand unter anderem, daß die österreichische Staatspolizei ein Spionagefunkgerät russischer Provenienz beschlagnahmt habe. Der gewöhnlich gut informierte »Kurier«-Redakteur zitierte einen Beamten des österreichischen Innenministeriums mit dem Satz: »Der Vorfall zeigt, daß bestimmte Nachrichtendienste des ehemaligen Ostblocks weiter operieren, als gingen sie die politischen Umwälzungen nichts an.«

Die durchaus ernste Spionageaffäre um den GRU-Agenten Trisseev begann mit einer Szene, die einer drittklassigen Agenten-Klamotte entnommen sein könnte. Und warf die Frage auf, ob die Enttarnung des GRU-Spions tatsächlich nur auf einem dummen Zufall, einer Unachtsamkeit beruhte oder ob hier eine andere Macht im Hintergrund kräftig nachgeholfen hatte. Die ermittelnden Staatspolizisten der Sondereinheit EBT blieben jedoch dabei: Es sei tatsächlich so gewesen, wie sie es zu Protokoll gegeben hätten.

Flughafen Wien-Schwechat, 30. November 1991. Am frühen Nachmittag fuhren zwei Kriminalbeamte der Bundespolizeidirektion Schwechat Streife durch den sogenannten Windschutzgürtel. Ein alltäglicher Routineeinsatz. Seit dem blutigen Terroranschlag eines Kommandos der Abu-Nidal-Organisation (ANO) auf den

Wiener Flughafen am 28. Dezember 1985, bei dem drei Personen ums Leben gekommen und an die fünfzig verletzt worden waren, hatte man die Sicherheitsmaßnahmen nicht nur am Flughafen, sondern auch rund um ihn herum stark ausgebaut. Die Kontrolle der Flughafen-Umgebung, eines Wald- und Wiesengürtels, obliegt dabei der zuständigen Schwechater Kriminalpolizei.
Gegen drei Uhr nachmittags entdeckten die beiden Beamten einige Kilometer westlich der Flughafen-Rollbahnen am Rand eines abgeschiedenen Feldwegs ein rotes Auto. Auffällig an dem roten Renault 21 mit burgenländischem Kennzeichen war, daß am Heck, neben der Anhängerkupplung, eine ungefähr drei Meter lange Antenne in die Höhe ragte. Die dünne Metallstange war, bedingt durch ihre Länge, etwas nach hinten gebogen. Als die Polizeibeamten näher kamen, sahen sie zwei Männer im Fahrzeug sitzen. Die Kripobeamten beschlossen, eine Durchsuchung vorzunehmen, und stiegen aus ihrem Funkwagen. Der etwa 50jährige Fahrer des roten Renault stieg aus und stellte sich der Kontrolle. Er zeigte den Polizisten seinen Führerschein und gab an, Bediensteter der burgenländischen Landesregierung zu sein. Der Mann wirkte auffallend nervös und war anfangs nicht in der Lage zu erklären, was ihn und seinen Begleiter in die Einöde am Rande des Flughafens geführt habe. Das machte die Kripobeamten stutzig, um so mehr, als der Beifahrer überhaupt keinen Ton von sich gab. Sie begannen den roten Renault des Burgenländers unter die Lupe zu nehmen. Während der eine Beamte sich noch um den Fahrer namens Robert K. kümmerte, öffnete der andere die rechte vordere Wagentür. Der dunkelhaarige Beifahrer, etwa Mitte 30, saß da, als ginge ihn die ganze Chose nichts an, und blickte stur geradeaus. Die Hände hielt er anfangs gefaltet, so als würde er ein Vaterunser beten, dann klemmte er sie zwischen seine Schenkel. Schnell erkannte der Beamte den Grund für das auffällige Verhalten: Der Beifahrer versuchte mit den Händen ein taschenrechnerähnliches Gerät zu verbergen, und neben seinen Füßen auf dem Wagenboden lag ein Funkgerät, das mit der Stromanschlußbuchse des Zigarettenanzünders verkabelt war. Davor stand noch eine blaue Fototasche einer österreichischen Fotoartikel-Diskontkette.[1] Im Handschuhfach entdeckte der Polizist schließlich eine Pistole – eine Schreckschußwaffe, wie sich später herausstellte –, jetzt schien Vorsicht geboten. Der Polizist packte den stummen Beifahrer und zog ihn mit einiger Anstrengung aus dem Wagen. Dann hieß es: Beine auseinander und Hände aufs Dach! Bei der Leibesvisitation

fand der Kripomann in der wattierten Winterjacke des Verdächtigen noch einen Kompaß. Die rätselhaften Gestalten hatten offensichtlich einen kriminellen Hintergrund, zumal sich in einer Umhängetasche vor dem Beifahrersitz noch eine Art Kurzwellenempfänger und ein dickeres Heftchen mit Zahlenreihen und Angaben in kyrillischer Schrift fanden.

In Erklärungsnotstand, übergab der Beifahrer den Beamten schließlich einen österreichischen Führerschein und dann noch – zu deren Erstaunen – eine blaue Legitimationskarte mit der Nummer 1313/90 des österreichischen Außenamts, einen Ausweis für Mitarbeiter diplomatischer Vertretungen in Österreich. Das Dokument war Mitte September 1990 ausgestellt worden und für zwei Jahre gültig.[2] Der Haken an der Sache war: Die Namen in den beiden Dokumenten waren nicht identisch. Trotzdem: Er sei Diplomat und als solcher zu behandeln, verlangte der Beifahrer ziemlich ungezügelt. Tatsächlich wies die diplomatische Legitimation den Verdächtigen nicht nur als den sowjetischen Staatsbürger Wjatscheslaw Weniaminowitsch Trisseew aus, sondern auch als Mitarbeiter der sowjetischen Handelsmission in Wien. Nun war guter Rat teuer. Denn Amtshandlungen mit Diplomaten, noch dazu aus dem Ostblock, bedeuteten in erster Linie Ärger, das war den Beamten schnell klar. Ganz besonders in dieser Situation. Trisseew sei bloß ein Autostopper, den er ganz zufällig in seinem Fahrzeug mitgenommen habe, wollte der österreichische Fahrer den Polizisten »im ersten Schock« weismachen. Und was war mit den Funkgeräten? Der Österreicher wollte damit rein gar nichts zu tun haben, und Trisseew leugnete ebenfalls, Eigentümer der beiden »Funkgeräte« zu sein.[3] Das hinderte ihn allerdings nicht, die Tasche mit dem Kurzwellenempfänger und dem mutmaßlichen Codebuch an sich zu nehmen. Und er rückte sie auch nicht mehr heraus.

Vorerst hatte der exterritoriale Sowjetbürger Trisseew die erste Runde gegen die österreichischen Ordnungshüter gewonnen. Die Kripobeamten hatten keine andere Wahl, als Trisseew in die Stadt Schwechat zu chauffieren und ihn dort seines Weges gehen zu lassen. Vom nächstgelegenen Taxistandplatz soll sich Trisseew dann zur sowjetischen Botschaft in die Wiener Reisnerstraße habe bringen lassen. Nach den Sicherheitsbestimmungen des militärischen Nachrichtendienstes mußte Trisseew dem Sicherheitsoffizier der Residentur umgehend vom »unvorhergesehenen Kontakt mit den österreichischen Behörden« berichten.

Trisseew war, getarnt als sowjetischer Diplomat, im August 1990 mit der Eisenbahn über den Grenzübergang Marchegg nach Österreich eingereist. Mit ihm kamen seine Gattin und die beiden in Moskau geborenen Kinder. Die Trisseews bewohnten, wie fast alle Mitarbeiter der sowjetischen Handelsmission, eine Wohnung im Haus Technikergasse 5 im vierten Wiener Gemeindebezirk.
Schon Ende 1990 war der GRU-Agent, der einigermaßen gut Deutsch sprach, den österreichischen Staatsschützern zum erstenmal unangenehm aufgefallen. Anfang Oktober hatte Trisseew einer Wiener Handelsfirma für medizinische Geräte im zwölften Gemeindebezirk einen Besuch abgestattet. Doch die Broschüren über das Produktsortiment der Firma interessierten Trisseew nur bedingt – seine Neugierde galt wissenschaftlichen Forschungsarbeiten auf dem Gebiet der Kontermination von Menschen und deren medizinische Behandlung. Seit der Atomkatastrophe von Tschernobyl 1986 war das sowjetische Interesse an allen Bereichen der Nuklearforschung nicht besonders verwunderlich. Trisseew suchte Kontakte zu einschlägigen Spezialisten, wollte aber keinesfalls selbst in Erscheinung treten. Statt dessen bot er für die Beschaffung einschlägiger Informationen offenherzig Geld. Das österreichische Forschungszentrum in Seibersdorf, ein führendes Institut der Atom-und Gentechnik, lag ihm dabei besonders am Herzen. Gleichzeitig versuchte er Erkundigungen über die Beschaffungspläne des österreichischen Bundesheeres einzuholen. »Auffällig war, daß er sich für Einrichtungspläne von Krankenhäusern des österreichischen Bundesheeres interessierte«, erinnerte sich der Firmenchef.[4]
Mitte Juni 1991 reiste der GRU-Agent in die UdSSR und kehrte erst einen Monat später wieder an die Handelsmission in Wien zurück. Wenige Wochen darauf erhielten die österreichischen Staatsschützer von der CIA die Information, Trisseew sei von einem Überläufer als GRU-Offizier enttarnt worden.
Doch zurück zum Zwischenfall am Rande des Rollfelds. Für den Österreicher Robert K. war die Sache noch nicht ausgestanden. Er wurde zum Verhör in die Bundespolizeidirektion Schwechat gebracht. Dort hatte man Robert K. bereits erwartet. Der Burgenländer erzählte in kurzen Abrissen seinen Lebenslauf, plauderte über sein Schuljahre und seine Lehre als Kfz-Mechaniker. Anfang der sechziger Jahre war er erstmals mit den Sowjets in Berührung gekommen. Damals arbeitete Robert K. in einer Kfz-Reparaturwerkstatt im dritten Wiener Gemeindebezirk. Zu den Kunden

zählten unter anderen auch die sowjetischen Mitarbeiter der Internationalen Atomenergieorganisation (IAEA). Einer von ihnen war Aleksandr Palianitschko, damals gerade 42 Jahre alt.[5]
Palianitschkos erste Auslandseinsätze hatten ihn Anfang der fünfziger Jahre in den Fernen Osten und ins UN-Sekretariat nach New York geführt. Ende der Fünfziger kehrte Palianitschko ins Moskauer Außenamt zurück, wo er im Range eines Dritten Sekretärs seine Aufgaben wahrnahm. Zwei Jahre später stieg er zum Ersten Sekretär auf. 1963 kam der Diplomat mit seiner Frau und den beiden Kindern nach Wien. Hier war er fünf Jahre im Rahmen der IAEA tätig. In Wien fuhr der geborene Ukrainer einen VW Käfer, den er zu Routinechecks in die Werkstatt Robert K.s brachte. Eines Tages hatte Palianitschko diesen Volkswagen bei einer Überlandfahrt etwas ramponiert, was ihm große Sorgen bereitete. Doch der Schaden war nicht aufsehenerregend. Palianitschko bat Robert K. um eine kulante Lösung, also kostengünstig und ohne Rechnung. Man einigte sich rasch über den Preis. Als kleines Dankeschön erhielt Robert K. eine Flasche Wodka und eine Stange Zigaretten. Dies Geschäftsgebaren behielt man in der Folge bei.
1973 stieg Palianitschko zu einem leitenden Beamten der IAEA auf und diente fünf weitere Jahre bei der Atombehörde. 1981 wechselte er für zwei Jahre zur UNIDO.
Um das Jahr 1965 hatte Palianitschko, so gab Robert K. zu Protokoll, einen weiteren sowjetischen Kunden angeschleppt, einen Kollegen namens Albert G. Fatajew. Fatajew war ab Mitte der sechziger Jahre bis zirka 1968 ebenfalls bei der IAEA in Wien angestellt. Auch er hatte mit seinem fahrbaren Untersatz diverse kleine Probleme und ließ die Reparaturen von Robert K. erledigen.
Noch eines hatten die beiden Sowjetbürger gemeinsam: Als mutmaßliche Angehörige der sowjetischen Geheimdienstgemeinde standen ihre Namen in den Abwehr-Karteien westlicher Nachrichtendienste. Albert Fatajew ist außerdem in dem Buch »KGB« des KGB-Experten John Barron als Sowjetagent bei den internationalen Organisationen in Wien angeführt.
Robert K. berichtete den Ermittlern auch über seinen späteren Jobwechsel zur Landesregierung und über sein allerliebstes Hobby, die Fliegerei. Seit 20 Jahren hatte er den Pilotenschein, und seit den siebziger Jahren war er als »Rübenbomberpilot« im Einsatz: zur Vogelabwehr. Er erzählte auch von seiner Mutter, mit der er zusammenlebte, und von einer Tante in der DDR. Mit der DDR ver-

band Robert K. aber noch etwas ganz anderes, nämlich ein einträgliches Geschäft. Fluchthilfe gegen Bares.

Im Sommer 1980 hatte Robert K. drei DDR-Bürgern zur Flucht in den Westen verholfen. Der deutsche Getränkehändler und eifrige Burgenlandurlauber Gerd M. hatte den Flieger Robert K. gebeten, seinen in der DDR lebenden Bruder samt Frau und Tochter über Ungarn nach Österreich zu schleusen. Die besagte Familie M., die, ganz nach Plan, am Plattensee urlaubte, wurde von Robert K. an die ungarisch-österreichische Grenze gebracht. In einem Kleefeld auf ungarischer Seite wartete bereits ein Flugzeug. Robert K. hatte für angeblich knapp 3000 Mark einen wagemutigen Piloten engagiert. Das spektakuläre Abenteuer endete erfolgreich. Am nächsten Tag erhielt Robert K. für seine Dienste als Fluchthelfer 200 000 Schilling, knapp 30 000 Mark, vom westdeutschen Auftraggeber.[6]

Im Laufe des Verhörs gestand Robert K. schließlich, daß er den angeblichen »Autostopper« Trisseew bereits vor Wochen kennengelernt hatte. Über die Fliegerei waren die beiden ins Gespräch gekommen – ungefähr vier Wochen zuvor hätte ihn Trisseew das erste Mal auf einem Landeplatz angesprochen. Er bat damals, Robert K.s Flugzeug inspizieren zu dürfen. Für Robert K. war das nichts Ungewöhnliches, denn sein Motorflugzeug war jeden Sommer eine touristische Attraktion. Trisseew zeigte auffallendes Interesse an der CB-Funkanlage in Robert K.s Auto. Die beiden sprachen ausführlich über deren Wattleistung und Reichweite.

Am Wochenende darauf, wieder um die Mittagszeit, war der Unbekannte in seinem weißen Opel mit Wiener Kennzeichen erneut zur Stelle. Der Russe, der ganz passabel deutsch sprach, wobei der slawische Akzent deutlich mitschwang, lenkte das Gespräch neuerlich auf das Funkgerät. Auch er habe ein Funkgerät, ließ Trisseew ganz beiläufig hören. »Fahren Sie öfter nach Wien?« wollte der GRU-Agent dann von Robert K. wissen. Einen besonderen Grund für seine Frage nannte er nicht. Für den 30. November 1991 vereinbarten die beiden ein Treffen auf dem Flughafen in Wien-Schwechat. Gegen 14 Uhr traf man sich in der Ankunftshalle. Trisseew war schon etwas früher zur Stelle gewesen. Er fragte Robert K., ob er denn auch genügend Zeit habe, denn er wolle ihm heute sein Funkgerät vorführen. Trisseew öffnete seine Umhängetasche und ließ Robert K. einen Blick auf das Gerät werfen. So ein Funkinstrument hatte Robert K. noch nie gesehen. Trisseew schlug vor, um das Funkradio ausprobieren zu können, ein Stück vom

Flughafen wegzufahren. Wohin? fragte Robert K. seinen neuen Bekannten. Der GRU-Agent Trisseew versicherte ihm, er wisse schon eine geeignete Stelle, und wies Robert K. den Weg. Als er seinen Wagen am besagten Platz angehalten hatte, stieg Robert K. aus und montierte die zweiteilige Antenne am Heck. »Wo ist der Masseanschluß? fragte Trisseew« und klemmte das Kabel an den Zigarettenanzünder. Dann nahm der Russe sein grünes »Gerät«, tippte einige Zahlen in die Tastatur, welche am Display gut sichtbar waren. Als alles im Kasten war, leuchtete ein rotes Lämpchen auf. Ob Trisseew dann noch weitere technische Befehle ausführen konnte, ist ungewiß. Denn Robert K. war mittlerweile von der uns bekannten Polizeistreife aufgefordert worden, sich auszuweisen.

Nach dem Verhör gestattete Robert K. der Polizei eine »freiwillige Nachschau« in seinem Wohnhaus. Ein Entgegenkommen seinerseits, denn der Journalstaatsanwalt hatte die Ausstellung eines Hausdurchsuchungsbefehls abgelehnt. Seine Begründung: zuwenig Verdachtsmomente. In Robert K.s Haus, in einer kleinen burgenländischen Gemeinde, fanden die Beamten der Staatspolizei-Sondereinheit EBT eine Pistole der Marke Walther P 38 aus dem Bestand der deutschen Wehrmacht. Robert K. hatte einen Waffenschein für zwei Faustfeuerwaffen. Unter dem Bett von Robert K.s betagter Mutter fanden die Ermittler, eingeschlagen in einem öligen Tuch und verpackt in einer Schachtel, eine MP 40, ebenfalls aus Wehrmachtszeiten. In einem Wirtschaftsgebäude lagen eine Kiste mit hundert Schuß Munition und Waffenzubehör, darunter ein Magazin samt Patronen für eine sowjetische Tokarew-Pistole 7,62 mm, eine Handgranate östlicher Provenienz und Patronen, die ausschließlich von der österreichischen Polizei verwendet werden. Im Wohnwagen hinter dem Haus entdeckten die Beamten zwei Funkgeräte der Marken Sommerkamp und Yaesu, die daraufhin von den Herren der Funküberwachung Wien in Beschlag genommen wurden.

Doch viel interessanter erschienen Papiere, die den EBT-Beamten in die Hände gefallen waren. Sie zeigten fünfstellige Zahlenreihen. Für die Ermittler stand eines sofort fest: Es handelte sich dabei um konspirative Blockschlüsselsätze, ein gängiges kryptographisches Handwerkszeug für Agenten aus Ost und West. Fünf Ziffern werden dabei in sogenannten Fünferzahlengruppen in endloser Folge oder als »Zahlenwurm« auf Papierstreifen gereiht, wie es im BKA-Leitfaden »Praktiken und Methoden geheimer östlicher Nachrich-

tendienste« heißt. Diese Zahlen können zum Verschlüsseln, aber auch zum Dechiffrieren dienen. Meist beruhen die Zifferngruppen auf einem Zufallsprinzip. Jeder Agent erhält seine eigenen »Würmer«, sogenannte i-Würmer, individuelle Zahlenwürmer. Dazu gehört auch eine »Rufgruppe«, also eine Zahlenreihe, die als Kennung für den jeweiligen Agenten dient. Doch zuallererst benötigt der Funkagent einen »Hauptschlüssel«, jenen Umsetzer, der Zahlen oder Zahlenkombinationen in Buchstaben umwandelt und umgekehrt. Fest steht jedoch: Nur wer den Hauptschlüssel und die dazugehörenden Würmer hat, kann mit den Informationen, die über Funk hereinkommen oder hinausgehen, etwas anfangen. Im Grunde werden, vereinfacht dargestellt, die eingehenden Zahlen notiert, dann zieht man Zahlen eines bestimmten Streifens des Zahlenwurms ab. Dieser verbrauchte Zahlenstreifen wird danach vernichtet. Die Ziffern des Ergebnisses werden mit dem Hauptschlüssel in Buchstaben umgesetzt. Zahlreiche Variationen dieser 5er-Kodierung, zum Beispiel durch zusätzliche »Erschwernisse«, sind den Experten bekannt.
Die HVA zum Beispiel verwendete für ihren A3-Funkverkehr, den Radiobotschaften der Zentrale an die Agenten, im Kurzwellenbereich beim Entschlüsseln ihrer Meldungen eine Subtraktionsvariante namens »chinesisch Abziehen«. War die untere Ziffer größer als die obere, zum Beispiel drei minus vier, so wurde daraus dreizehn minus vier ist gleich neun. War das Ergebnis zum Beispiel sechs, so bedeutete dies, es folgen drei Zahlen, die zusammengezogen werden müssen. Dies hatte folgenden Grund: Zusätzlich zu den Hauptschlüsseln wurden nämlich auch sogenannte Codetafeln verwendet, deren dreistellige Zahlen bestimmte Begriffe darstellten. So bedeuteten auf einer HVA-Codetafel die Zahlen 127 »Auftrag«, 253 »Deckadresse«, 424 »Grenzübergang«, 497 »Kurier« und 785 »Treff«. Zahlen zwischen 0 und 5 standen als Einerzahl für einen Buchstaben. Zum Beispiel 0 für R. Zahlen, die mit 7 bis 9 anfingen, waren immer zweistellig, das heißt, die nächste Ziffer gehörte noch dazu.
Die Sowjets setzten ihre verschlüsselten Agentennachrichten in der Regel zwischen 21 und vier Uhr Mitteleuropäischer Zeit ab und sendeten im Kurzwellenbereich zwischen drei und neun Megahertz. Die HVA benutzte unter anderem das 49-Meter-Band, die Frequenzbereiche 5,95 und 6,45 Megahertz. Oft wurden die Nachrichten auf mehreren Frequenzen gesendet, meist auch über Wochen wiederholt.

Die handschriftlichen Aufzeichnungen Robert K.s glichen den typischen Agentenfunk-Codes aufs Haar. Doch der verdächtige Kurzwellenamateur blieb dabei, er habe bloß Informationen von Funkwetterdiensten aufgeschrieben. Zumindest habe er geglaubt, daß dies solche Informationen seien. Denn entschlüsseln könne er diese Zifferngruppen nicht. Eine weibliche Stimme, so erzählte er, hätte ständig eine dreistellige Zahl wiederholt und anschließend die Zahlengruppen, meist an die 20, durchgegeben. Er hätte vorgehabt, so verantwortete er sich im Verhör, irgendwann jemanden zu fragen, welchen Schlüssel man benötige, um daraus Klartext zu machen. Auf einem anderen Zettel fanden die Beamten Notizen über einen Schulungssender des österreichischen Bundesheeres, den man auch mit herkömmlichen Radiogeräten belauschen kann.
Die Geräte, die der GRU-Agent Trisseew mit sich führte, waren dagegen alles andere als herkömmlich. So versuchten die Ermittler wissensdurstig, den technischen Hintergrund etwas zu erhellen. »Da der mögliche Sendebereich des Funkgerätes wegen der starken Nebenabstrahlung davon abhängt, mit welchem Aufwand eine entsprechende Empfangsanlage betrieben wird«, hieß es in der Strafanzeige an die Wiener Staatsanwaltschaft, »wurde auch berücksichtigt, daß die Sendung im Kurzwellenbereich an ein im Luftraum befindliches Flugzeug abgesetzt wurde.« War doch, welch ein Zufall, eine Tupolew 154 der Aeroflot, Kurs 1682 in die georgische Hauptstadt Tiflis, kurz vor halb drei Uhr nachmittags in Wien gestartet, wie das Bundesamt für Zivilluftfahrt bestätigte. Die Tupolew flog in Richtung der ungarischen Stadt Györ. »Die vorgegebene Strecke führte genau über den Standort des abgestellten Fahrzeugs«, hieß es dazu in der Strafanzeige. Mit dem Kodiergerät, einem sogenannten Schnellgeber, der in Robert K.s Auto sichergestellt worden war, konnten verschlüsselte Meldungen innerhalb Sekunden abgesetzt werden. Was das anbelangt, blieb es jedoch bei Vermutungen.

Moskau ruft Wien

Daß die GRU-Zentrale in Moskau Funkbotschaften in den österreichischen Raum absetzt und empfängt, ist kein Geheimnis. Bekannt ist auch, daß die Sowjets und heute die Russen im fünften Stock ihrer UN-Mission in der Erzherzog-Karl-Straße 189 ihre Funk- und Chiffrierabteilung installiert haben. Sicher ist außerdem, daß die Wiener GRU-Residentur, im Botschaftsgebäude in der Reisnerstraße, über einen Funkraum verfügt. Der Funkraum ist das Heiligtum jeder GRU-Filiale, den nur sehr wenige ausgewählte GRU-Offiziere betreten dürfen. Hier werden auch die geheimen Papiere verwahrt. Ein Funk- und Chiffrieroffizier leitet diesen Bereich der Residentur. Er ist meist im Majorsrang und gilt, laut dem GRU-Experten Viktor Suworow, als zweitwichtigster Mann jeder nachrichtendienstlichen Station. Ihm fallen auch andere Sicherheitsaufgaben zu. So ist er angeblich auch der Kontrolleur des Residenten, verfaßt über ihn Berichte und kann, so Suworow, jederzeit selbständig mit der heimatlichen Zentrale Kontakt aufnehmen, ohne dem örtlichen Chef Meldung machen zu müssen. Da alle ein- und ausgehenden Botschaften ver- oder entschlüsselt werden müssen, sitzt der Funkoffizier direkt an der Quelle. Gleichzeitig ist er auch für die Technik verantwortlich. An großen Residenturen werken mehrere Chiffrierer. Doch die Macht des Chiffrieroffiziers ist nicht grenzenlos, schon gar nicht, was seine eigene Bewegungsfreiheit betrifft. Da über den Chiffrieroffizier alle Informationen von und zur Zentrale laufen, gilt er als besonders gefährdet, von westlichen Diensten angebaggert zu werden. Folglich ist sein Freiraum auf ein Minimum reduziert. Kontakte zu Ausländern sind nicht gestattet. Diese Geheimnisträger wohnen in einem missionseigenen Komplex, so auch in Wien, der rund um die Uhr bewacht wird. Falls Chiffrieroffiziere das exterritoriale Gelände verlassen wollen, benötigen sie entsprechende Begleitoffiziere unter diplomatischem Deckmantel. Und Chiffrieroffiziere reisen, wenn sie ihren Dienst an einer Residentur im Ausland antreten, angeblich nur zweimal: Das erste Mal, wenn sie ins Gastland einreisen, und das zweite Mal, wenn sie wieder ausreisen. Dazwischen liegen im Normalfall zwei Jahre Dauereinsatz.

Zurück zu den Funkkontakten der GRU-Zentrale und ihren Agenten in Österreich. Laut Zeitungsberichten soll bereits im Sommer 1986 ein solcher Vorgang von den Lauschern im Westen aufgeschnappt worden sein. Jeden ersten und dritten Mittwoch sowie donnerstags konnten Kurzwellenamateure die Meldungen zu zwei verschiedenen Zeiten in den Abendstunden hören. Die Botschaften waren stets äußerst kurz gefaßt, erinnerte sich ein altgedienter Funkexperte. »In der Regel wurden in diesen ›Korrespondenzen‹ auch Angaben über den nächsten Treff übermittelt.« Die Ostdienste wechselten häufig die Frequenzen und Kennungen, um dem

lauschenden Gegner im kapitalistischen Westen den Krieg im Äther etwas zu erschweren.
Wenig später, im September 1986, schickte die GRU-Zentrale eine weitere Funkmeldung ab. Am 18. Dezember 1986 folgte die nächste. Eine Aufzeichnung der dazugehörigen Zahlenreihen fand sich ganz zufällig in Robert K.s Schmierzettel-Archiv.
Ende Dezember 1991 strahlten die Moskauer Funker der GRU wieder eine dieser geheimen Botschaften aus, die von westlichen Ätherfiltern abgefangen und ebenfalls einem Agenten auf österreichischem Boden zugerechnet wurde.
Das in Robert K.s Auto sichergestellte Funk- und Kodiergerät sowjetischen Ursprungs wurde einer genauen Begutachtung unterzogen. Die Beamten der Wiener Funküberwachung vom Post- und Telengraphenamt kamen schnell zu dem Schluß: Die aus zwei Teilen bestehende Funkanlage, ein Funkgerät und ein Datenspeicher zum Senden kodierter Mitteilungen, diente geheimdienstlichen Zwecken. Der Sendeteil 827 mit dem nachladbaren Akku, hatte eine Frequenzbreite von 2 bis 28 Mhz und eine Sendeleistung von rund 30 Watt bei voller Energie. Man mußte nur die genaue Frequenz eintippen, und die Daten aus dem angeschlossenen Datenspeicher PE-M konnten per Knopfdruck abgesetzt werden. Diese wurde zuvor in Fünferzahlengruppen in den Speicher mit dem Modul eingegeben. Das Gerät, so schlossen die Experten, sei zwar nicht der letzte Schrei der sowjetischen oder russischen Nachrichtentechnik – es dürfte in der zweiten Hälfte der achtziger Jahre gebaut worden sein –, für die Nachrichtendienste im Westen war es aber eine Neuheit. »Das hier vorliegende Fabrikat übertrifft in den technischen Neuerungen die bisher bekannten Anlagen«, heißt es in der Strafanzeige an die Staatsanwaltschaft Wien, »und ist in dieser Form noch nicht aufgetaucht.« Interessanterweise waren nicht alle Teile der Sendeanlage sowjetischen Ursprungs. So stammte zum Beispiel der Prozessor des Datenspeichers aus Japan. Ähnliche Funkgeräte waren in Österreich schon früher sichergestellt worden.

Die Funkanlage vom Kahlenberg

Am 12. Mai 1990 stöberte der Hobbyschatzsucher Roland K. mit seiner Metall-Aufspürsonde durch den Mischwald an der sogenannten Höhenstraße am Kahlenberg, dem Wiener Hausberg im

Nordwesten der österreichischen Bundeshauptstadt. Inmitten des Waldes entdeckte er, eine Armlänge unter der Erde vergraben, einen Titan-Behälter in der Größe eines Aktenkoffers, in dem gutverpackt eine Sendeanlage lag. Der Bundesheerangehörige war regelrecht darüber gestolpert.[7]

Roland K. buddelte das Schatzkästchen aus, schüttete das Erdloch wieder zu und nahm die »Beute« mit nach Hause. Tags darauf kam er mit einem Freund nochmals an den Fundort zurück. Erst wenige Tage später meldete Roland K. den Fund des »Schatzes« den Behörden. Die erkannten darin eine sowjetische Kundschafter-Kurzwellenanlage, wie sie von GRU-Mitarbeitern benutzt werden. Das Kurzwellengerät war technisch ausgefeilt, und der Fund erregte im Westen großes Aufsehen. Drei Jahre zuvor war ein ähnliches Modell in Afrika erbeutet worden.[8] Die österreichischen Staatsschützer nahmen an, daß das Gerät für den »Ernstfall« gebunkert worden war. Trotz des »großen Einsatzes« der Stapo konnte der Agent, für den das Gerät bestimmt war, es handelte sich dabei wahrscheinlich um einen sogenannten Illegalen, nicht geschnappt werden.[9]

Über die Pannen bei der Observation der Fundstelle, die über lange Zeit rund um die Uhr bewacht wurde, ranken sich bis heute abenteuerliche Gerüchte. »Sie ist eine der wenig rühmlichen, denn eine große Chance für den Staatsschutz wurde vertan«, klagte der Stapo-Beamte Erwin Kemper.[10] Das zuvor geöffnete Senderversteck war von einem Stapo-Trupp wiederhergestellt und mit einer Kontaktmatte präpariert worden, erinnert sich ein hochrangiger Beamter. Während die Beamten der Wiener Stapo auf der Lauer lagen, machte sich tatsächlich jemand an das Depot heran. Der Unbekannte hinterließ dabei einen deutlichen Hinweis, daß er die Beobachtung sehr wohl bemerkt hatte. So soll die Kontaktmatte angeblich mit einem Skistock oder einem ähnlichen spitzen Gegenstand einige dutzendmal durchlöchert worden sein. Die Observierer hatten im wahrsten Sinn des Wortes geschlafen. »Die Entschuldigung, daß während der Aktion ›Unterholz‹ gerade ein Gewitter gegangen sei, war dürftig«, höhnt Kemper.[11] Im Wiener Innenministerium kursierten dann über Wochen sogar Sabotage-Gerüchte. Hatte ein Maulwurf eines östlichen Nachrichtendienstes in den Reihen der Wiener Stapo die Operation Unterholz verraten? Einzelne verdächtige Staatspolizisten wurden intern gar namentlich genannt. Jedenfalls bot diese jämmerliche Panne den einzelnen Stapo-Abteilungen eine willkommene Gelegenheit, die

hausinternen Intrigen und Reibereien, die es heute mehr denn je gibt, wieder einmal kräftig anzuheizen.
In der Affäre um den GRU-Agenten Trisseew hatten die Stapo-Beamten zumindest zwei Geräte des sowjetischen Funkanlagensatzes sichergestellt, und sie kannten die Identität des Spions. Der GRU-Offizier Wjatscheslaw Weniaminowitsch Trisseew wollte mit der beschlagnahmten Funk- und Kodieranlage, die er in Robert K.s Renault unfreiwillig liegenlassen mußte, allerdings nichts mehr zu tun haben. Mehr noch, er versuchte still und heimlich, Österreich durch die Hintertür zu verlassen. Doch das Wiener Innenministerium hatte gleich nach dem Vorfall die Grenzkontrollstellen angewiesen, einen Ausreiseversuch Trisseews unverzüglich zu melden.
Am 1. Dezember 1991, kurz vor ein Uhr mittags, passierte Trisseew in Begleitung von Sergej Mowtschan, dem damaligen Wiener Aeroflot-Stationschef, die Paßkontrollstelle. Er wies eine Bordkarte für den Aeroflot-Flug Kurs SU 262 nach Moskau vor, Abflugzeit 13.25 Uhr. Der damals knapp 40jährige Mowtschan brachte seinen Landsmann Trisseew mit einem Aeroflot-Fahrzeug direkt zum Flugzeug. Denn als »Vorfeldberechtigter« konnte er sich, wie andere Airline-Angestellte auch, auf dem Flughafengelände frei bewegen. Mowtschan war erst seit kurzer Zeit im Lande. Im Spätsommer 1991 war er als Generaldirektor der russischen Fluglinie in die Donaustadt gekommen. Er hatte keinen diplomatischen Status. Davor war Mowtschan in Deutschland stationiert gewesen. Von 1985 bis 1988 war er, laut Aktenlage, an der sowjetischen Botschaft in Bonn tätig.
In der Zwischenzeit rasten vier Beamte der alarmierten Staatspolizei zum Abflug-Gate 30, wo noch immer Passagiere abgefertigt wurden. Doch die Beamten kamen zu spät. Trisseew war bereits zur Maschine auf dem Flughafenvorfeld gebracht worden. Mit dem Zubringerbus fuhren die Polizisten in Zivil zum Passagierjet, ein Funkwagen der Polizei versperrte der Tupolew den Weg. Zwei Ermittler spurteten die Gangway hoch und wurden vom Aeroflot-Leiter Mowtschan beim Einstieg in Empfang genommen. An Bord stand Mowtschan ein Sowjetdiplomat zur Seite: Wladimir Wiktorowitsch Wawilkin, Erster Sekretär der sowjetischen UN-Mission in Wien. Wawilkin ist in westeuropäischen Sicherheitskreisen kein unbeschriebenes Blatt. Seit Sommer 1980 war er vier Jahre lang an der sowjetischen Handelsvertretung in Köln tätig gewesen, einer Hochburg sowjetischer Spionage. Im Herbst 1990 zog es Wawilkin

beruflich nach Wien, wo er der ständigen Vertretung bei den internationalen Organisationen in der Erzherzog-Karl-Straße zugeteilt wurde und auch im Missionskomplex logierte. Wawilkin gilt bei westlichen Nachrichtendiensten als erkannter KGB-Offizier, der in Deutschland seinerzeit die Funktion eines KGB-Sicherheitsoffiziers ausgeübt haben soll. Im diplomatischen Verzeichnis des österreichischen Außenministeriums vom September 1994 ist der KGB-Agent Wladimir Wawilkin unter der »Permanent Mission of the Russian Federation to the International Organizations« als Mitarbeiter der International Atomic Energy Agency (IAEA) aufgeführt. An Bord der Aeroflot-Maschine spielte Wawilkin den stummen Zeugen des Geschehens. Der Wortführer Mowtschan beharrte darauf, daß der Jet sowjetisches Territorium sei und das Wiener Innenministerium keine Zutrittserlaubnis habe. Die Staatspolizei war jedoch ganz anderer Ansicht. Mowtschan verständigte daraufhin seine Botschaft.

In den hinteren Reihen der Business Class entdeckten die österreichischen Fahnder den GRU-Agenten Trisseew. Dieser weigerte sich aber hartnäckig, mit den Polizeibeamten mitzukommen. Mittlerweile traf auch der Erste Sekretär der Sowjetbotschaft Aleksandr Wassiljewitsch Blagow in Begleitung eines »Kollegen« ein. Blagow wurde »mit der Forderung der Staatspolizei konfrontiert, Trisseew möge das Flugzeug verlassen«, schrieb der zuständige Beamte des Wiener Außenamts in einer vertraulichen Information an seinen Minister Dr. Alois Mock, »widrigenfalls dem sowjetischen Luftschiff der Abflug nicht gestattet wird«.[12] Den beiden Konsularbeamten der Sowjetbotschaft wurde unverblümt mitgeteilt, daß, solange sich die Maschine auf österreichischem Boden befinde, österreichisches Recht gelte. Trisseew solle die Maschine verlassen, forderten die Stapo-Beamten, oder er werde festgenommen und von den Beamten von Bord geholt. Die Situation war mittlerweile höchst explosiv. Die Schattenmänner von der Sowjetbotschaft protestierten. Diesen Protest deponierten sie später auch im Wiener Außenamt. Man habe sich nur »der Androhung von Gewalt« gebeugt, klagten die Sowjets später scheinheilig, da die Polizei vorgegeben hätte, »das Flugzeug zu stürmen und Trisseew herauszuholen«. Aleksandr Blagow, der Erste Botschaftssekretär, konnte schließlich Trisseew »überreden«, kurzfristig auszusteigen. Mit mehr als zweistündiger Verspätung hob die ausgebuchte Aeroflot-Maschine um 16.35 Uhr Richtung Moskau ab.

Die anwesenden Herren von der Botschaft waren Spezialisten in ihrem Fach. Sekretär Blagow gilt auch heute noch als große Nummer in der Welt der Kundschafterei. 1979 war er als Kulturattaché an die sowjetische Botschaft nach Bonn gekommen, wo er die folgenden fünf Jahre verbrachte. Schon damals stand er unter dem Verdacht, KGB-Offizier zu sein. Am 17. Januar 1990 war er in Wien als Konsul und stellvertretender Leiter der Konsularabteilung der sowjetischen Botschaft angetreten.[13] Die Konsularabteilung war traditionell Hoheitsgebiet des KGB. Der damals 44jährige logierte mit seiner Frau und dem halbwüchsigen Sohn in der Sternwartestraße 78, der Botschaftswohnanlage in Wien-Währing. Blagow galt als höchster Offizier der KGB-Linie KR – Sicherheitsabteilung – und war somit für alle Sicherheitsbelange der Residentur und seiner Landsleute in Wien verantwortlich. Zu seinen Hauptaufgaben zählte es unter anderem die Kontrolle des Botschaftspersonals in Österreich. Anfang 1995 soll Blagow Österreich verlassen haben.

Der Begleiter Blagows war sein »diplomatischer Vorgesetzter« Leonid Aleksandrowitsch Ossinkin. Ossinkin war am 18. April 1990 an die Botschaft nach Wien gekommen, im Rang eines Botschaftsrats und Generalkonsuls. Auch Ossinkin, Jahrgang 1934, hatte jahrelang Erfahrungen im Ausland gesammelt. Im späten Frühjahr 1963 hatte er an der Berner Botschaft der UdSSR gearbeitet, aber bereits im Sommer 1964 der Schweiz wieder den Rücken gekehrt. Zwei Jahre später tauchte der finster blickende Diplomat mit dem auffällig schmalen Gesicht in der DDR auf. Bis 1971 war er an der Konsularabteilung in Ostberlin stationiert. Drei Jahre später verschlug es Ossinkin in die Bundesrepublik Deutschland, wo er sechs Jahre als Zweiter Sekretär und Konsularchef amtierte. 1982 hatten ihn die Schweizer wieder: als Ersten Sekretär an der Berner Sowjetdependance. Mitte der achtziger Jahre geriet Ossinkin bei den Schweizern in den Verdacht, für das KGB tätig zu sein. In den Augen der österreichischen Staatsschützer galt er, wie im westlichen Ausland auch, als KGB-Offizier. Auch er verließ Wien erst Mitte der neunziger Jahre.

Trisseew wurde von den Stapo-Beamten zum Verhör ins staatspolizeiliche Büro, Zimmer 306, der Flughafenpolizei gebracht. Die sowjetischen Konsuln Blagow und Ossinkin bestanden darauf, bei der Befragung anwesend zu sein. Daraufhin telefonierten die Ermittler aufgeregt und lange mit ihrer Zentrale in der Herrengasse. Zweieinhalb Stunden später war es dann soweit. Auch ein Dolmetscher war inzwischen zur Stelle. Der GRU-Agent Trisseew wurde nun mit den Vorwürfen konfrontiert. Was er gestern in der Nähe des Flughafens im Auto gemacht habe, fragten ihn die Staatspolizisten. Er und der Österreicher hätten dort einfach so gesessen und rein gar nichts gemacht, antwortete der GRU-Agent unter den Augen seiner Botschaftskollegen. »Woher kannten sie den Österreicher?« hakte einer der Befrager sofort nach. Er habe Robert K. ganz zufällig in der Stadt Schwechat, wenige Kilometer vom Flughafen entfernt, getroffen und ihn um Feuer gebeten – er sei starker Raucher. Dann habe er mit dem Österreicher etwas geplaudert, wie man das halt so mache, über das Wetter und über Trisseews Heimat, die UdSSR. Später habe ihn der »fremdenfreundliche« Robert K. eingeladen, doch gemeinsam das schöne Umland Wiens zu erkunden. Schließlich sei der Österreicher mit seinem Renault in einen Feldweg eingebogen, um Trisseew einen Radweg in der Nähe des Flughafens zu zeigen.

Den verhörenden Stapo-Beamten kamen beinahe die Tränen. Vor Wut. Nur, was hatten sie erwartet? Das umfassende Geständnis eines sowjetischen Spions? Nein, dazu waren sie zu lange im Geschäft. Blagow und Ossinkin mischten sich nach jedem zweiten Satz ins Verhör ein. Sie lehnten bestimmte Fragen glatt ab und zogen Aussagen Trisseews wieder zurück. »Eine zielführende Klärung kam wegen der ständigen Proteste der Botschaftsangehörigen nicht zustande«, schrieb der seinerzeitige Chef der Stapo-Sondereinheit EBT, Mag. Josef Dick, in die Strafanzeige.[14]

Trisseew gab an, keines der »Geräte« betätigt zu haben, er habe im Auto lediglich einen Plastiksack bemerkt, aus dem Drähte ragten. Was das bedeuten sollte, log er die Beamten frech an, hätte er sich nicht erklären können. Nun wurde es den Fahndern zu bunt. Sie ließen den Österreicher Robert K. vorführen und stellten ihn Trisseew gegenüber. Robert K. wiederholte vor versammelter Mannschaft – fünf Ermittlern, dem Dolmetscher und den drei Sowjetbürgern – seine Version. Die Sowjets protestierten heftigst und sprachen von Provokation. Erst gegen 21 Uhr war der Spuk in den Räumen der Schwechater Staatspolizei beendet. Das Ergebnis war gleich Null. »Letztendlich wurde die Unterzeichnung der Niederschrift von Trisseew verweigert«, heißt es in der Strafanzeige vom 5. März 1992 weiter. Die erzürnten Sowjets marschierten statt dessen am nächsten Tag ins Außenamt am Wiener Ballhausplatz. Dort gaben sie einen geharnischten diplomatischen Protest ab. Dann wollten die beiden Konsuln wissen, ob einer Ausreise

Trisseews auch am heutigen Tage etwas im Weg stünde. Ein kurzes Telefonat, und die Sache war geregelt. Noch aus dem Außenamt riefen die sowjetischen Diplomaten in ihrer Wiener Botschaft an. Wenige Stunden später verließ der ertappte GRU-Agent Wjatscheslaw Trisseew Wien mit der Aeroflot-Maschine Kurs 262, Bestimmungsort Moskau.

Für die österreichische Justiz war der Fall Trisseew damit endgültig beerdigt. »Die Beamten der EBT im Innenministerium haben den Akt noch nicht geschlossen«, schrieb der »Kurier« Mitte November 1992, »auch wenn die Staatsanwaltschaft vor wenigen Tagen resigniert hat.« Nachsatz: Die Staatsanwaltschaft konnte dem einen der beiden Beteiligten, nämlich Robert K., nichts nachweisen und den anderen nicht mehr fassen.[15]

III Die Stasi, HVA-Kundschafter und der BND

Lauschangriff auf Wien: Die HA III

Auch das Ostberliner Ministerium für Staatssicherheit (MfS) und seine Auslandsaufklärung (HVA) benutzten das neutrale Österreich als Bühne für ihre nachrichtendienstlichen Meisterstücke. Neben den offensichtlichen »branchenspezifischen Vorteilen« boten österreichische Städte wie Wien, Salzburg oder auch Innsbruck den Auslandsagenten der DDR außerdem willkommene Ruhepausen vom allgegenwärtigen SED-Mief. »Die ostdeutschen Führungsoffiziere wollten auch mal eine schöne Landschaft sehen«, spöttelte ein Spionage-Ermittler aus Karlsruhe.
In erster Linie nutzte die Stasi die Alpenrepublik für Treffen und als Reisetransitland. Mit den Worten eines ehemaligen HVA-Offiziers: »Österreich war eine nutzbare Basis für unser operatives Wirken in den westlichen Hauptländern.« Schon der einstige Stasi-Offizier und Überläufer Werner Stiller legte in seinem Wälzer »Im Zentrum der Spionage« dar, daß Wien nicht nur Drehscheibe für östliche wie westliche Nachrichtendienste war, sondern daß die Donaustadt sich für die ostdeutschen Falken im Friedenstauben-Kostüm auch als Zwischenstation zur Weiterreise in die Bundesrepublik oder zu Treffs anbot.
Der Aufwand, den die HVA zur Absicherung ihrer Instrukteure, aber auch der Kuriere auf ihren Reiserouten betrieb, war, nach Ansicht des ehemaligen Verfassungsschutz-Präsidenten Richard Meier, ohne jedes Maß. Die HVA »spielte mehr Indianer, als es eigentlich nötig war«. Möglicherweise hatten die ostdeutschen »Rothäute« die »Bleichgesichter« in Köln und Pullach überschätzt. Bevor die HVA ihre Kundschafter aber auf Reisen schickte, zum Beispiel nach Österreich, mußten einige wichtige Hausaufgaben gemacht werden. So wurden unter anderem erst einmal die aktuellen Fahndungsbücher der österreichischen Sicherheitsbehörden besorgt. Da halfen meist die Bruderdienste der ČSSR und Ungarns aus, die in der Regel einen direkten Zugang, also Agenten innerhalb des österreichischen Polizeiapparates hatten. Zusätzlich lieferten auch die DDR-Lauscher der Hauptabteilung III, die nicht nur den österreichischen Polizeifunk fest im Griff hatten, Un-

mengen abgehörter Informationen an die Auswerter in der HVA-Abteilung IX, die dann die wertvollen Angaben an die Reisestelle weiterleiteten. »Über die Hauptabteilung III erfuhren wir wirklich viel«, bestätigt ein früherer HVA-Auswerter.

»Mit deutscher Gründlichkeit und preußischer Hartnäckigkeit betrieb das ostdeutsche Ministerium für Staatssicherheit (MfS) die hohe ›Kunst‹ des operativen Lauschens. Die DDR-Ätherschnüffler zapften auch die Telefone österreichischer Politiker, Wirtschaftsbosse, Militärs, Polizisten und zahlreicher Privatpersonen an«, schrieb das österreichische Magazin »Wiener« im März 1992.

Die Stasi-Hauptabteilung III, unter Generalmajor Dr. Horst Männchen, war für die geheime Aufklärung des Äthers zuständig und beschäftigte knapp 2400 hauptamtliche Mitarbeiter. Die HA III, offiziell auch Diensteinheit des funkelektronischen Kampfes, verfügte nicht nur entlang der deutsch-deutschen Grenze über ein dichtes Netz von Horchposten, die oft mehr als 200 Kilometer tief in den Äther der Bundesrepublik hineinlauschten. Speziell der »öffentlich bewegliche Landfunk (öbL)«, so die umständliche Bezeichnung für Autotelefone beziehungsweise Mobiltelefone sowie Richtfunkstrecken (RiFu) wurden von der DDR unter Lauschangriff genommen. Die Ausbeute war laut Bundesverfassungsschutz sehr ergiebig. »Etwa 35 Prozent des Gesamtaufkommens stammte aus der Überwachung von Fernsprech-, Fernschreib-, Telefax- und Datenverbindungen über Richtfunkstrecken, da ein großer Teil aller Telefonverbindungen über diese geführt wird.«[1] Außer den Richtfunkstrecken zwischen der Bundesrepublik und Berlin, im Raum Hamburg und München, hatte die HA III auch jene zwischen Deutschland und Österreich im Visier.

DDR-Hörrohre standen auch in sozialistischen Bruderländern. Die Abteilung 9 dieser wichtigen MfS-Sektion war für die horchenden Auslandsfilialen verantwortlich. Ihre Aufgabe lautete: »Informationsgewinnung aus gegnerischen Nachrichtenverbindungen in Zusammenarbeit mit der HVA und einem sozialistischen ›Bruderorgan‹, dem tschechoslowakischen Innenministerium«.[2] Zwei dieser Stationen auf ČSSR-Boden, die dem Referat 2 der Abteilung 9 unterstanden, waren die Horchposten Rubin am Cherchov nahe der tschechisch-deutschen Grenze bei Waldmünchen und Topas am Cheb, wenige zehn Kilometer südlich von Pilsen. Von diesen Lauschposten aus konnte die DDR das Äther-Geplauder zwischen Straubing und Nürnberg bestens abhören. Dem Referat 2 unterstanden weitere »feine Ohren« im Raum Bratislava mit dem Sammel-Code »Saphir«. Rund zehn Kilometer Luftlinie von der österreichischen Grenzstadt Hainburg entfernt hatte die HA III auf dem 514 Meter hohen Thebner Kogel (Devinska Kobyla), einem staatlich geschützten Naturreservat,[3] das Herzstück ihrer Richtfunk-Horchanlagen in Richtung Österreich aufgestellt: »Saphir 2«. Daneben gab es noch die Schwesterstationen »Saphir 1« und »Saphir 3«, eine davon war direkt in der DDR-Botschaft in Wien eingerichtet. »Das Informationsaufkommen dieser drei Stützpunkte war so umfangreich«, heißt es im Mai 1990 in einer Information an den österreichischen Innenminister, »daß die Bearbeitung der österreichischen Funkquellen nur nach dem Schwerpunktprinzip erfolgte.«

Die Aufträge für »Saphir« kamen zum Großteil von der HA-III-Abteilung 1 – Auswertung Operativer Informationen. Diese Abteilung war nicht nur für die Auswertung und Analyse zuständig, sondern verfügte auch über den Zentralspeicher der HA III und war verantwortlich für die »Durchsetzung der Informationsanforderungen des MfS und der Sicherheitsorgane sozialistischer Länder sowie für die Koordinierung von Informationsflüssen. Im Referat 1 der ersten Abteilung kamen die Informationen über die Innen- und Außenpolitik relevanter Staaten im nicht-sozialistischen Wirtschaftsgebiet« zusammen.

Aber auch die Hauptabteilung II – Spionageabwehr – und selbstverständlich die HVA bedienten sich regelmäßig und intensiv ihrer Lausch-Genossen. Und die hatten feine Ohren.

Die Funkaufklärung »Saphir« konzentrierte sich auf den Großraum Wien. Obwohl in der ČSSR stationiert, stellte ausschließlich das MfS das Lauschpersonal. Auch gegenüber ihren ČSSR-Genossen, die für die niederen Dienste wie Instandhaltung, Verwaltung und Sicherheit abgestellt waren, gaben sie sich nur mit ihren Arbeitsnamen zu erkennen. Gelauscht und abgehört wurde rund um die Uhr. Einige Dutzend Funkaufklärer waren stets im Einsatz, aber auch Auswerter waren, nach Erkenntnissen westlicher Nachrichtendienste, vor Ort. Denn mitunter galt es, »sehr wertvolle« von »brauchbaren« Informationen zu unterscheiden und umgehend nach Ostberlin weiterzuleiten. Spätestens zwölf Stunden nach dem Mitschnitt lag ein wichtiger Funkspruch der Zentrale vor. Oft sogar schon nach drei Stunden.

Das technische Zauberwort hieß »Zielkontrollverfahren«. DDR-Computer der Horchanlage, der Zielkontrollrechner, hatten die Telefonnummern der »Zielpersonen« gespeichert, oder die Lauscher wählten sich in den genauen Funkkanal ein. Wurde nun die Telefonnummer der Zielperson angewählt, schalteten sich die Tonbandgeräte automatisch zu. Gleichzeitig wurden Datum, Uhrzeit, Kanal, Aussendungsort und die Telefonnummer gespeichert. Abgehende Gespräche konnten nach dieser Methode angeblich nicht erfaßt werden.[4]

Die MfS-Lauschangreifer betrieben die telefonische Bespitzelung nicht nur für den Arbeiter-und-Bauern-Staat, sondern führten auch Aufträge von den Bruderorganisationen des Warschauer Paktes aus. Wie allgemein vertraglich vereinbart, wurde der »Große Bruder« KGB in Moskau mit den Telefon-Infos gefüttert. Für die ČSSR wurden Emigranten und Charta-77-Unterzeichner belauscht, wie der frühere ZK-Sekretär Zdenek Mlynar oder der Journalist Przemysl Janyr.

Aber auch Gespräche der ehemaligen Abgeordneten der österreichischen Grünen und Präsidentschaftskandidatin Freda Meissner-Blau wurden im Auftrag des tschechischen Geheimdienstes (»Infobedarf ČSSR«) abgehört. Darüber hinaus war ganz genau festgelegt, welche Informationen über bestimmte »Zielpersonen« von Interesse waren. In der Abhör-Akte Dr. Jörg Haider, dem Freiheitliche-Partei-Führer, heißt es: »Info-Bedarf aus FPÖ-Kreisen, Beziehungen zu kapitalistischen und sozialistischen Staaten sowie zur Bundesrepublik Deutschland«.[5] Über Wiens früheren Bürgermeister Dr. Helmut Zilk suchte die Hauptverwaltung III des DDR-Geheimdienstes »Angaben zum Persönlichkeitsbild, zur Sekretärin und zum Chauffeur«.[6] Den Stempel »Dauerauftrag« erhielten die Telefonnummern aller Mitglieder der österreichischen Bundesregierung, deren Sekretäre und Fahrer, der politischen Parteien und ihrer Obmänner, der Repräsentanten der verstaatlichten Industrie und einzelner Privatunternehmer. Rund 20 Abteilungen und Stellen des Bundesheeres wurden in der gleichen Manier überwacht, darunter Telefonanschlüsse des Heeresnachrichtenamtes (HNaA) und des Abwehramtes (AbwA) sowie Privatanschlüsse von Militäragenten. Mit 50 überwachten Anschlüssen führte das Wiener Innenministerium die Lauschliste quantitativ an. Im Fadenkreuz der ostdeutschen Ätherschnüffler befanden sich die verschiedenen Abteilungen der Staatspolizei und die Privatanschlüsse ihrer Mitarbeiter. Die HA III konnte die Fernschreiben des Wiener Innenministeriums und seiner Unterabteilungen in den Bundesländern mitlesen und somit der HVA ein genaues Bild der Struktur der Staatspolizei liefern; samt Namen,

Rang und telefonischer Nebenstelle. Besonderes Interesse hatte das MfS an der 1987 gegründeten Stapo-Sondereinheit »Einsatzgruppe zur Bekämpfung des Terrorismus« (EBT), die wiederholt abschätzig als »rote« Prätorianergarde des Innenministers bezeichnet wurde. In Sachen EBT hatten die DDR-Lauscher mit den Tschechen eine Zusatzvereinbarung getroffen: »Sofern die tschechoslowakischen operativen Organe weitere Hinweise über die aufgeführte Abteilung gewinnen«, hieß es im Kooperationsvertrag DDR/ČSSR, »werden diese unverzüglich an ihren Dienst (HA III) zur gemeinsamen Nutzung übermittelt.«

Besonders große Ohren hatte die HA III für die Aktivitäten der deutschen Geheimdienste in Österreich und der österreichischen Staatspolizei. Grundsätzlich ging es den DDR-Kundschaftern im Rahmen der »Aktion Schutz« um die Absicherung des eigenen operativen Netzes. Denn in Österreich waren die DDR-Spione äußerst aktiv, konnten sie sich doch in der Alpenrepublik fast gefahrlos bewegen.

Gerade die Abteilung I in der Bundespolizeidirektion Wien, die größte Stapo-Abteilung in Österreich, wurde massiv belauscht. Unter anderem überwachten die DDR-Horcher die Telefonnummern des staatspolizeilichen Journaldienstes so intensiv, daß das MfS mit den Aufträgen und Arbeitsweisen der Wiener Stapo mehr als vertraut war. »So konnte in vielen Fällen der Einsatz von Observationskräften frühzeitig erkannt werden«, heißt es in einem internen Papier, »und die Gefahr für Führungsoffiziere und Reisekader gering gehalten werden.«

Im zentralen Hörfeld der »Saphir«-Funkaufklärer standen insbesondere die westdeutsche Delegation bei den Wiener Abrüstungsverhandlungen sowie der BND und das Bundesamt für Verfassungsschutz (BfV), die in Wien ja auch DDR-Delegierte für ihre Dienste zu gewinnen suchten. Um sich nicht im Wust der operativen Lauschziele zu verlieren, wurden die Horchaufträge regelmäßig aktualisiert. Alle drei Monate wurden die Dateien des Stützpunktes durch den Änderungsdienst der HA III den »jeweiligen aktuellen operativen Erfordernissen angepaßt«, bestätigt ein ehemaliger MfS-Offizier.

Ab 1987 wurde von den Lauschern auch die digitale Richtfunkverbindung zwischen Wien und Budapest sowie der BRD und Budapest, speziell die Leitung zwischen der dortigen deutschen Botschaft und dem Bonner Außenamt, überwacht. Der Grund war klar: Immer mehr DDR-Bürger suchten in der Botschaft der

Bundesrepublik in Budapest die lang ersehnte Freiheit, darunter waren mitunter auch DDR-Geheimnisträger. Durch das Abhören der deutschen Diplomatenleitungen konnten seitens des MfS Sofort-Maßnahmen eingeleitet werden, heißt es dazu in einem vertraulichen Schreiben.

Im April 1988 unterzeichneten Generalmajor Dr. Horst Männchen, Chef der HA III, und sein tschechisches Pendant, Oberst Dr. Emanuel Havlik, Leiter der VI. Verwaltung, – zum letztenmal vor der Wende – einen umfassenden Abhörvertrag. Ziel: Österreich. Doch auf der Wunschliste standen an erster Stelle die Agenten des deutschen Bundesnachrichtendienstes (BND) oder Personen, die unter Verdacht standen, solche zu sein. Darunter ein Exiltscheche namens Dr. Emil V., mit Adresse Wien 1, Franz Josefs Kai. Nach Informationen des Journalisten und Charta-77-Aktivisten Przemysl Janyr senior war sein Landsmann V. in der ČSSR inhaftiert gewesen, ein blinder Antikommunist. V. soll Vorsitzender einer Liga für Menschenrechte gewesen sein. Dem Bundesnachrichtendienst vermittelte der Charta-77-Mann, so ein ehemaliger Angehöriger der Pullacher Auswertung, ein sehr einseitiges ČSSR-Bild.

Außerdem wurden in dem Vertrag amerikanische Institutionen angeführt, die das MfS der CIA zurechnete. Ferner die US-Einrichtungen »Salzburger Seminar«, das Aragon National Laboratory, Business international, die Czechoslovak Society of Arts and Sciences (CSAC), das International Research and Exchange Board (IREX), die National Academy of Science, die National Science Foundation sowie amerikanische Banken, darunter die Chemical Bank und The First National Bank of Chicago sowie die französische »Organisation für die technische und industrielle Kooperation« (ACTIM) und die Société Générale.

Besonderes Interesse galt darüber hinaus allen österreichischen Flüchtlingslagern, angeführt von Traiskirchen, deren Mitarbeitern, der Caritas und der israelischen Flüchtlingsorganisation HIAS (United Hias Service-American Joint Distribution Committee), die sowjetische Juden über Wien in den Westen schaffte, und der nicht minder aktiven Tolstoy-Foundation und dem IRC-International Rescue Committee.

Das MfS und seine Lauscher von der HA III arbeiteten nach der Devise: Doppelt hält besser. Weshalb die Funkagenten in der DDR-Residentur in der Hietzinger Frimberggasse auch nicht gerade auf ihren Ohren saßen; obwohl – wie es hieß – »die Wiener Residentur eine Zeitlang das Sorgenkind aller HVA-Stützpunkte war«.

Die sechs Hauptamtlichen der technischen Abteilung an der Wiener DDR-Botschaft überwachten den Funkverkehr aller westlichen Diplomatenstützpunkte vor Ort und deren Drähte ins Wiener Außenamt am Ballhausplatz. Das funktionierte sogar noch bis zum Frühjahr 1990 ohne Probleme. Doch nicht alles konnten die MfS-Agenten selbst bearbeiten und auswerten. Chiffrierte Fernschreiben zum Beispiel wurden umgehend in die KGB-Residentur in der Reisnerstraße weitergeleitet, so die Erkenntnisse eines westdeutschen Geheimdienstes. Die Zusammenarbeit mit den technisch versierten Genossen vom KGB funktionierte reibungslos.
Die Ostberliner Ätherspione in der Botschaft tasteten mit Scannern, angeblich japanischen und amerikanischen Ursprungs, auch die Autotelefon-Frequenzen österreichischer Politiker, Manager und Polizisten ab. Dabei erfuhren sie von so manch kurioser Seifenoper der örtlichen Politlandschaft und von politischer Schmutzwäsche, die in Wien mit Genuß und Tücke auch mehrmals hintereinander gewaschen wird. So filterten die DDR-Schnüffler nicht nur operative Informationen aus dem Wiener Äther, sondern manche Nachricht hatte darüber hinaus auch erheblichen Unterhaltungswert.
Im Februar 1990 mußten die Ostberliner MfS-Techniker von Wien Abschied nehmen. Die Funkaufklärer der DDR-Botschaft entsorgten »ihre Funkempfängeranlagen und Funkmeßtechnik« eigenwillig, indem sie die Anlagen der Technik-Abteilung der Wiener KGB-Residentur an einem geheimen Ort im Wienerwald übergaben. Bänder und schriftliche Unterlagen blieben in ihrem Besitz.[7]

Die HVA-Agenten »Peter« und »Florian«

Zu den größten »Glücksfällen« der HVA im Schattenkrieg gegen den Westen gehörten wohl die Brüder Alfred und Ludwig Spuhler. Das geschwisterliche Gespann lieferte über 17 Jahre lang höchst brisantes Material aus dem BND und streng geheime Dokumente befreundeter Dienste nach Ostberlin. Durch diesen Verrat sei die äußere Sicherheit der Bundesrepublik Deutschland schwer gefährdet gewesen, argumentierte die Generalbundesanwaltschaft in einer Pressemitteilung Ende August 1990. Denn die »verratenen« Unterlagen enthielten unter anderem Analysen des BND über »die Stellung der DDR im Warschauer-Pakt-Bündnis« sowie Bewertungen »der NVA im Rahmen der operativ-strategischen Kriegsplanung auf dem Gebiet der DDR«.[1] Dabei konnten die westdeutschen Ermittler den gesamten Umfang des landesverräterischen Osthandels der Gebrüder Spuhler gar nicht wirklich erfassen. Sie hätten nur rund ein Drittel von dem in Erfahrung gebracht, was tatsächlich in die DDR geschmuggelt worden sei, behaupten ehemalige HVA-Mitarbeiter. Denn die Spuhlers verfrachteten zeitweise so großen Mengen geheimer Unterlagen in den Arbeiter-und-Bauern-Staat, daß die Stasi mit der Fülle von Informationen fast nicht mehr zu Rande kam. Die »überlastete« Ostberliner Kundschafteragentur bat daraufhin ihre »Lieferanten« um »Vorsortierung«.

Die Spuhlers hätten nicht des Geldes wegen für das MfS spioniert, sagen die einen, obwohl die HVA sich sogar an den Scheidungskosten beider beteiligte. Zu Alfreds Eheauflösung schoß die HVA 10 000 DM zu, so steht es in den Akten, 3000 DM gab's bei Ludwigs Scheidung. Zusätzlich blätterte die HVA nochmals 25 000 DM für die Abfindung von Ludwigs Ex-Frau hin.[2] Glaubt man dagegen ehemaligen führenden HVA-Mitarbeitern, so haben die Spuhlers aus tiefster Überzeugung Kundschafterdienste für die DDR geleistet. Ein Gerichtsgutachter im Fall Spuhler wollte dieser Version nicht so recht Glauben schenken. Doch auch der Gerichtssenat kam – fast entschuldigend – zu dem Schluß, daß die HVA stets bestrebt gewesen sei, »auch materiell nicht interessierte Agenten aus führungstaktischen Gründen mit finanziellen Zuwendungen zu motivieren«[3].

Die Überzeugungstäter

Als Alfred Spuhler Mitte Dezember 1940 in München geboren wurde, war sein Bruder Ludwig bereits zwölf. Doch der Altersunterschied spielte damals wie später keine Rolle. Die Brüder verstanden sich von Beginn an und hatten immer ein herzliches Verhältnis. Daran hat sich bis heute nichts geändert.[4]

Die Spuhler-Jungs wuchsen in ärmlichen Verhältnissen auf. Vater Alfred war Kraftfahrer, Mutter Berta kümmerte sich um die Kinder und den Haushalt. Die Nazi-Herrschaft und den Krieg überlebten die Spuhlers mit einer gehörigen Portion Glück. Zweimal wurde die Familie ausgebombt und stand jedesmal vor dem Nichts. Vater Alfred, der kein »Parteigenosse« war, fiel einmal einer schlagkräftigen SA-Horde in die Hände. Er kam zwar mit dem Leben davon, wurde aber verhaftet und »vorübergehend« ins Konzentrationslager Dachau gesteckt. Ein Erlebnis, das die Brüder stark prägte. Zu diesem Schluß kam auch das Münchner Oberlandesgericht.

1946 fing für »Fredi« der Ernst der Schule an, Bruder Ludwig legte im selben Jahr bereits die Gesellenprüfung als Feinmechaniker ab. Als im Sommer 1954 die Schulpflicht endete, trat Alfred als Lehrling der Kraftfahrzeugmechanik in einen Münchner Betrieb ein. Vier Jahre später zog ihn die Bundeswehr ein. Alfred nützte den Dienst am Vaterland für eine neue Karriere: Er wurde Soldat auf Zeit. Nach der Grundausbildung beim Luftwaffenausbildungsregiment 1 in Altenwalde bei Cuxhaven diente er als Nachschubspezialist beim Jagdbomber-Geschwader 34 in Memmingen. Alfred fand an der noch jungen deutschen Armee Gefallen. Er ließ sich zum Unteroffizier ausbilden. Anfang der sechziger Jahre nahm seine militärische Karriere einen steilen Aufstieg. In der Bundeswehrfachschule in Karlsruhe wurde dem Unteroffizier so manches Spezialwissen antrainiert, unter anderem Minen- und Einzelkampf. Und er wurde Fallschirmspringer. Im Herbst 1962 heiratete Alfred dann seine Ingrid. Der Familienzuwachs, ein Sohn und eine Tochter, ließ nicht lange auf sich warten.

Mitte der sechziger Jahre stieg der Stabsunteroffizier Spuhler, der als Ausbilder Rekruten drillte, zum Feldwebel auf. Zu dieser Zeit war das Glück nicht auf seiner Seite. Alfred Spuhler, Kader der Fernspähkompanie 300, verlor bei einem Manöverunfall das linke Auge. Trotzdem setzte er seine »Späher«-Ausbildung noch eine Zeitlang fort. Danach ließ er sich in die Aufgaben eines Sicherheitsbeauftragten einführen. 1967 war es dann soweit. Alfred Spuhler wurde S2-Sicherheitsoffizier. Kurz darauf folgte die Beförderung zum Oberfeldwebel. »Im Rahmen seiner Entscheidung, Berufssoldat zu werden«, heißt es im Urteil des Oberlandesgerichts München, »bewarb sich Alfred Spuhler beim Bundesnachrichtendienst.« Am 1. Oktober 1968 trat er in die geheimen Reihen der deutschen Kundschafterbehörde ein, die ihren Sitz in dem kleinen Örtchen Pullach bei München hat.

Sein Bruder Ludwig war 1961 von den Optischen Werken der Rodenstocks zum Max-Planck-Institut für Plasmaphysik nach Garching gewechselt. Hier arbeitete er die nächsten sechs Jahre als Labormechaniker, stieg schließlich zum technischen Angestellten auf und war für die Verwaltung des Lagers verantwortlich. Ab

Mitte der sechziger Jahre ließ sich Ludwig in den Betriebsrat wählen und wurde von der »eigentlichen Tätigkeit« freigestellt. 1968 heiratete Ludwig seine Dorrit, zehn Jahre später trennten sich ihre Wege wieder.

Alfred hatte als Sicherheitsoffizier bei den Fernspähern unter anderem auch Einblick in die Stärke der Streitkräfte des Warschauer Pakts erhalten, er wußte über die Gliederung der einzelnen Truppenteile Bescheid und kannte auch die Stärken und Schwächen der östlichen militärischen Gerätschaften.[5] Einsichten, die für Alfred Spuhler nicht ohne Folgen bleiben sollten. »Im Laufe der Zeit gewann er zunehmend den Eindruck«, schrieben die bayerischen Richter ins Urteil, »daß die vom Westen proklamierte militärische Überlegenheit des Warschauer Pakts in Wirklichkeit nicht bestehe.« Das östliche Waffenbündnis war dem Westen technologisch »deutlich unterlegen«. Fredi Spuhler hielt die Informationspolitik Deutschlands und seiner NATO-Partner folglich für »bewußt falsch«, für schlichte Desinformation. Außerdem hatte er mit dem Kapitalismus so seine Probleme. Noch heute, sagen Kenner der Brüder, hege und pflege Alfred diese Abneigung. Der jüngere Spuhler suche nach wie vor einen dritten Weg einer nichtausbeuterischen Gesellschaftsordnung, weitab jeglicher Planwirtschaft und Zinsspekulation.

Damals jedenfalls freundete sich Alfred mit dem Sozialismus an, der ihm irgendwie gerechter erschien, wenn er auch mit der sozialistischen Planwirtschaft gar nichts anfangen konnte, ja diese sogar ablehnte. Mit seinem älteren Bruder diskutierte er schier endlos über seine politischen Gedanken, Vorstellungen und über die feindlichen Weltbilder. Ludwig teilte bald die politischen Überlegungen seines Bruders. Alfred Spuhler hatte sich eine eigene Art der Weltverbesserung zurechtgelegt. Aus den politischen Gedanken reifte dann der Entschluß, eine »friedenserhaltende militärische Balance herzustellen«[6]. Von nun an hieß es für ihn: Selbst die Zügel in die Hand nehmen und für den politischen Ausgleich sorgen.

Friedenssicherung durch Landesverrat?

Um das Jahr 1970 nahm Alfred Spuhler zur geächteten Deutschen Kommunistischen Partei (DKP) Kontakt auf. Er suchte eine politische Heimat, wo er seine sozialistischen Gedanken auch umsetzen konnte. Die DKP war dafür wahrscheinlich ein eher ungeeigneter

Boden, noch dazu weil Alfred Spuhler nie Kommunist war. Ein Linker schon, wie Kenner versichern. Das einzige an den deutschen Kommunisten Herausragende war ihre Linientreue. Sie basierte auf einer Mischung aus bedingungsloser Naivität und politischer Dumpfheit, gehärtet durch die ideologische Gehirnwäsche der Genossen aus Moskau.

Trotz aller Bedenken, wegen der mehr als fragwürdigen Planwirtschaft und der sklavischen Unfreiheit der Menschen in den sozialistischen Ländern, entschloß sich Alfred Spuhler doch auf diesem schmalen Pfad zu wandeln. Und dieser Pfad führte ihn dann auch schnurstracks von der DKP zum MfS nach Ostberlin. Ein DKP-Genosse vermittelte den Kontakt zu den »Kundschaftern des Friedens« hinter der Berliner Mauer. Im Spätherbst 1971, heißt es in den Gerichtsunterlagen mit dem Vermerk »GEHEIM – amtlich geheimgehalten«, fuhr Alfred Spuhler zu seinem ersten Meeting mit zwei Herren der HVA. Zwei ganze Tage dauerte das konspirative Rendezvous im Osten der ehemaligen Reichshauptstadt. Das Empfangskomitee der HVA bestand aus dem Offizier Werner Reckling, der das Wort für die ostdeutsche Spionageagentur führte, etwas später stieß sein Kollege Harry Schütt dazu.[7]

Der »idealistische Grenzgänger« Alfred Spuhler war mittlerweile schon drei Jahre beim westdeutschen Auslandsgeheimdienst beschäftigt. Im wesentlichen kannte er sich im berüchtigten Geschäft der Nachrichtendienste aus. Inklusive der Tricks und Intrigen, der Schwindeleien und Lügen. Politisch schien er frustriert, und die vielen »braunen Flecken« am Fundament der Bundesrepublik riefen bei ihm Brechreiz hervor.

Alfred Spuhler gestand den Herren vom MfS, so deutlich wie man es bei einem ersten Treffen sagen kann, was seine Sache sei. Er erzählte von seiner Pullacher Karriere und legte, so ganz nebenbei, auch seine privaten Verhältnisse offen. »Er erklärte, daß er mit aller Wahrscheinlichkeit für die HVA arbeiten werde«, heißt es in der Gerichtsakte. Zusatz: »Er werde seinen Bruder Ludwig fragen, ob er bereit sei, ihm hierbei zu helfen.« Die beiden Agenten der HVA bestärkten den »jungen Linken« in seinem Glauben, nur so und nicht anders dem »Weltfrieden« dienen zu können. Anschließend flog Fredi Spuhler nach München zurück. Allerdings nicht mit seinem offiziellen Reisepaß der Bundesrepublik, sondern bereits mit einem gefälschten Paß der Marke MfS. Auch das Ticket wurde auf einen Falschnamen ausgestellt.[8] Großzügig, wie die HVA war, ersetzte sie Spuhlers Reisespesen. Markus Wolfs Kund-

schafter vertrauten ihm auch eine geheime Telefonnummer an, über die fortan die weiteren Kontakte hergestellt werden sollten.
Nach seiner Rückkehr in die Weißwurst-Metropole berichtete der BND-Hauptmann seinem älteren Bruder Ludwig von der außergewöhnlichen Begegnung mit den real sozialistischen Genossen. Auch Ludwig fand Gefallen an der zukünftigen Nebenbeschäftigung. Daraufhin rief Alfred den HVA-Offizier Werner Reckling an und sagte in beider Namen zu.
Später reisten die Brüder gemeinsam nach Ostberlin. Alfred stellte den DDR-Hauptamtlichen seinen Bruder vor. Nochmals wurde die nachrichtendienstliche Mitarbeit in der HVA bekräftigt. Somit war die Bahn frei für die geheime Kundschafterei im Namen der DDR.
Im Frühjahr 1972 kam es zu einem weiteren Treffen in Ostberlin. Diesmal waren neben Reckling und Schütt noch ein oder zwei weitere Stasi-Mitarbeiter dabei. So genau konnte oder wollte sich keiner der Beteiligten mehr an das Geheimtreffen erinnern. Jedenfalls endete es damit, daß die Spuhlers ihren künftigen Verrat nun auch per Handschlag besiegelten.[9] »Wobei den Angeklagten freigestellt wurde, die Mitarbeit jederzeit zu beenden«, heißt es dazu im Urteil. Doch dies kam den beiden »Überzeugungstätern« damals gar nicht in den Sinn. Verpflichtungserklärungen hatten die Brüder nicht zu unterschreiben, glaubt man den Gerichtspapieren. Alfred bekam den Decknamen »Peter« und Ludwig hieß nun »Florian«. Klar war auch, was die HVA in erster Linie von ihnen wollte: »Peter« sollte die geheimen Unterlagen aus Pullach beschaffen, »vor allem Material über die DDR, den Warschauer Pakt, sowie Informationen über die Strukturierung und die Arbeitsweise des BND«. Nichts leichter als das, Alfred Spuhler saß schließlich direkt an der Quelle. »Florian« sollte die Lieferung der geheimen Ware vorbereiten und diese auf den Weg schicken.
Irgendwann im September 1972 kam es zu einem Folgetreffen in Ostberlin. Diesmal war hoher Besuch angesagt. Neben dem HVA-Offizier Werner Reckling war auch Generalmajor Hans Fruck anwesend, Günter Guillaumes erster Führungsoffizier und Stellvertreter von Markus Wolf. Und noch ein HVA-Mann war dabei, den Reckling als ‚Günther Böttger und zukünftigen Verbindungsoffizier vorstellte. Die HVA-Obersten fragten die Brüder aus dem Westen, ob sie etwas dagegen hätten, mit Böttger die geheime Sache abzuwickeln. Die Spuhlers waren mit Kontaktmann Böttger einverstanden, sie fanden ihn auf Anhieb sympathisch. So entwickelte sich dann auch ein dickes Verhältnis zwischen den dreien,

wie HVA-Insider wissen, das sie so richtig zusammenschweißte. (Der HVA-Offizier hat das spionierende Brüderpaar auch bis zum Ende der SED-Diktatur im Jahr 1989 betreut.) Eine Bedingung stellte das in gewisser Weise durchaus abenteuerlustige Brüderpaar der DDR-Auslandsaufklärung allerdings: Ihre Spionagetätigkeit sollte nur einem sehr kleinen elitären Kreis der HVA bekannt sein. Diesen Wunsch akzeptierten Wolfs Männer ohne Murren.

Zu Beginn ihrer geheimen DDR-Laufbahn wurden die Spuhlers erst einmal nachrichtendienstlich »geschult«. Sie sollten, gaben ihnen die HVA-Offiziere zu verstehen, ihre bisherigen Lebensgewohnheiten möglichst nicht verändern. Sollte es zu einer Verhaftung kommen, dann nur ja kein Wort sagen, so die nächste HVA-Verhaltensregel. Die MfS-Kundschafter versprachen, bei einer Enttarnung der beiden einen Rechtsanwalt zu stellen und im schlimmsten Fall sogar einen Ost-West-Häftlingsaustausch zu organisieren.

Ludwig Spuhler, der für Reproduktion und Transport der Spionageunterlagen zuständig war, wurde noch zusätzlich »in relevante nachrichtendienstliche Tätigkeiten und Verhaltensregeln eingewiesen«. Bestücken und Entleeren von toten Briefkästen (TBK), Chiffrieren von Texten, Dechiffrieren von A3-Funk-Sendungen sowie anderer verschlüsselter Mitteilungen. Zu guter Letzt wurde er auch in die hohe Kunst des erfolgreichen Verfolgerabschüttelns eingeführt. Ludwig war zur Freude der MfS-Spezialisten sehr gelehrig. Dechiffrieren konnte er bald im Schlaf. Man sagte ihm sogar nach, daß er daran insgeheim seinen Spaß hatte.

In den ersten drei Jahren fanden nahezu alle Treffs mit Günther Böttger, ihrem Verbindungsoffizier, im Salzburger Raum statt. Zum erstenmal kam man am 7. Oktober 1972, dem 23. Jahrestag der DDR-Gründung, in der Mozartstadt zusammen. Nach der Übergabe des Spionagematerials durch Ludwig, das er mit einer Minox auf Mikrofilme gebannt hatte, ging es ins Café Winkler am Mönchsberg. Ein Agenten-Stelldichein bei Kaffee und Kuchen. Man traf sich aber auch im berühmten Österreicher Hof oder gar im Festspielhaus.

Später besuchten die DDR-Spione Bad Gastein, Hallein, St. Gilgen am Wolfgangsee – Helmut Kohls Lieblingsurlaubsort –, Kitzbühel, St. Johann sowie Seefeld. Die Ortswechsel waren deshalb notwendig, da es in der Stadt Salzburg oft nur so von Westagenten wimmelte. Danach wich man nach Lofer, Kufstein, Wörgl, Innsbruck, Bludenz, Klagenfurt und Villach aus. Kaum einen österreichischen

Ort hatten die Spuhlers bei ihren Treffs ausgelassen. Zumindest Ludwig kannte Österreich bald besser als so mancher Einheimische.

Zunächst traf sich »Florian« mit dem Offizier im besonderen Einsatz (OibE) Böttger alle vier bis sechs Wochen. In den ersten Jahren wurde bei den Treffs noch bündelweise Verratsmaterial übergeben. Im Gegenzug nahm »Florian« den finanziellen »Spesenersatz« der HVA entgegen. Dieses Verfahren war aber auf Dauer zu riskant. Man fand neue Wege.

Alle Ost-West-Rendezvous wurden zwischen dem HVA-Kontaktmann Böttger und Ludwig Spuhler vereinbart. Im Laufe der Zeit wurden einmal jährlich sämtliche Termine für das nächste Jahr schon einmal über den Daumen festgelegt. Fortan dienten die Treffs ausschließlich zur »Verrats«-Planung. Man klärte dabei offene Fragen und besprach Instruktionen. Dennoch konnten die beiden bayerischen Spione »weitgehend selbständig« arbeiten, so sahen es jedenfalls die Münchner Richter.

Eigentlich waren die Spuhlers Musterschüler des DDR-Spionageapparats. Sie hielten zwar nicht alle Regeln der Konspiration ein, besonders was die Transportbehälter betraf, aber sie schafften es, keinen einzigen Treff mit Böttger zu versäumen. War Ludwig verhindert, sprang Alfred ein. Mit Böttger konnten beide sehr gut. Der HVA-Offizier, der anfangs nicht einmal Einblick in das Verratsmaterial gehabt haben soll, war ein »pflichtbewußter« Instrukteur, der Befehle ausführte und weiterleitete. Böttger hatte sein Leben ganz dem MfS gewidmet.

Günther Böttger wurde 1939 in Schloßig-Steinsdorf an der heutigen Grenze zu Polen als uneheliches Kind geboren. Das Leben meinte es mit ihm anfangs nicht eben gut. Günther kam zu Pflegeeltern. Nach der Volksschule nahm er, im Herbst 1953, eine zweijährige Lehre als landwirtschaftlicher Facharbeiter auf. Anschließend besuchte er die Fachschule für Landwirtschaft, wo er 1958 als »staatlich geprüfter Landwirt« ausgemustert wurde. Von den »Bauernbrigaden« im Zeichen von Korn und Sichel ging es in die Nationale Volksarmee zum Grundwehrdienst. Im Frühjahr 1961 verließ er die »DDR-Friedensarmee« und kümmerte sich fortan um seine agrarische Karriere. Landwirtschaftlicher Bereichsleiter hieß die nächste Sprosse, die er erklomm. Im gleichen Jahr ehelichte der aufstrebende Genosse Margarete Sofie N.

Danach begann der ehrgeizige Böttger ein Fernstudium, er wollte Lehrer werden. Um das Jahr 1963/64 legte er die erste Lehrerprüfung ab. Doch der Arbeiter-und-Bauern-Staat hatte mit seinem treuen Genossen Böttger Höheres vor. Der Diplomlandwirt und Lehrer in spe wurde von der Stasi angeworben. Im September 1965 trat Böttger gemeinsam mit seiner Frau in die »Firma« ein. Hier wurde er vorerst ein Jahr lang mit der geheimen Trickkiste der HVA vertraut gemacht und anschließend der Abteilung IV zugeteilt. Die weitere Schulung für heimliche Auslandseinsätze dauerte bis zum Frühjahr 1967. Erst danach wurde er nach Westdeutschland geschleust. Als »Günter Arthur Seiler, geboren am 4. Mai 1939 in Dresden« kam Böttger im März 1967 in die Bundesrepublik. Die Papiere waren astrein, die Legende gut einstudiert. Seine Frau wurde unter dem Falschnamen Ruth Weiße ebenfalls geheim in den Westen ausgesiedelt. Die beiden »Illegalen« lebten, vorerst getrennt, in Ingolstadt, wo sie sich später »erneut« kennenlernten. Am 20. März 1968 heiratete Böttger alias Seiler seine bereits in der DDR angetraute Frau Margarete alias Ruth Weiße zum zweiten Mal. Wenige Wochen nach der Trauung zogen sie nach Wiesbaden-Niedernhausen um. 1971 verschlug es das Illegalen-Pärchen nach Stuttgart. Anderthalb Jahre später kam der Stasi-Befehl: Übersiedelung nach Wien. Böttger alias Seiler schuftete zuerst in einer Papierfabrik und brachte es danach zum Kassier in einer Filiale der Raiffeisenbank.[10] Im Herbst desselben Jahres, 1972, begann für den OibE dann die »Operation Peter«, »allerdings ohne wesentliche Entscheidungskompetenzen«. Zu den diversen Treffs reiste er aus Wien an.

Zur Freude der HVA führten die Spuhlers ihr Leben nicht nach privaten, sondern nach operativen Gesichtspunkten. Das brachte enorme Vorteile. So wählten sie zum Beispiel jede ihrer Wohnungen nach operativen Merkmalen aus. Im tirolerischen Thiersee, wenige Kilometer hinter der bayerisch-österreichischen Grenze, hatte Ludwig im Gasthaus Schneeberg ein Ferienzimmer angemietet, wo er seiner geheimen Nebenbeschäftigung nachgehen konnte. Es kam noch besser, als er in der unmittelbaren Nachbarschaft ein 718 Quadratmeter großes Grundstück durch eine »letztwillige Verfügung vermacht« bekam. Auf dieser Alpenscholle ließ Ludwig ein rustikales Ferienhaus errichten, in dem er völlig ungestört seine Spionage-Hausaufgaben erledigen konnte. Auch die Wohnung ihrer Mutter in München-Gießing wurde von den Brüdern für ihre geheimen Zwecke genutzt. Als die Spuhler-Mutter 1974 starb, bezahlten sie die Miete weiter und hatten nun eine konspirative Absteige, die niemand kannte.

Anfangs fertigte Alfred Spuhler für die HVA handschriftliche Berichte an: über seine Arbeit im BND, die daraus gewonnenen Erkenntnisse, die Struktur des BND sowie die Verbindungen zur Bundeswehr und den befreundeten Diensten. Ludwig fotografierte die Manuskripte. Später bestand HVA-Chef Wolf darauf, rein aus Sicherheitsgründen, daß Agent »Peter« seine Berichte auf einer Schreibmaschine verfasse und die Originale nach der filmischen Reproduktion sofort vernichte.

»Das von Alfred Spuhler aus dem beziehungsweise über den BND gelieferte Material war zu etwa 80 Prozent als ›Geheim‹, ›Geheim mit Schutzwort‹ sowie zu einem ganz geringen Teil als ›Streng Geheim‹ eingestuft«, zu diesem Schluß kamen die bayerischen Richter. Dabei mußten sie sich auf Aussagen ehemaliger HVA-Mitarbeiter stützen und Spuhlers eigene Angaben heranziehen. In Wahrheit unterlag vieles, was Alfred Spuhler in Pullach »abstaubte«, dem Geheimhaltungsgrad »top-secret NATO«. Zu Anfang seiner BND-Zeit gingen über Spuhlers Tisch in der damaligen Abteilung 2 all jene Protokolle, die aus der Zusammenarbeit mit den Amerikanern (National Security Agency, NSA) und den Briten (Government Communications Headquarters, GCHQ) auf dem Gebiet der »Fernmelde- und elektronischen Aufklärung« entstanden, darunter auch die der »Combined Group Germany«. Denn die westlichen Bündnispartner, vor allem die amerikanische National Security Agency (NSA) hatten ihre »Ohren« an vorderster Stelle gen Osten gerichtet. In diese konzertierte Operation waren neben der deutschen Bundeswehr und den Franzosen fallweise auch die Belgier einbezogen. Aus den Papieren, die durch Spuhlers Hände gingen, war nachzulesen, wer welche Aufklärungsaufgaben übernahm, samt Frequenzen und Radarkennungen. Damit war klar: Ende der siebziger Jahre war die Fernmeldeaufklärung des Westens für die DDR kein Buch mit sieben Siegeln mehr. Im Gegenteil, die Ostberliner lasen fast alles mit.

Die HVA war oft überrascht über die »Druckfrische« des gelieferten Materials. Selbst das, was der BND-Präsident jeden Dienstag bei der Kanzerleramtsbesprechung in Bonn vortrug – behaupten HVA-Insider noch heute –, wußte Ostberlin damals schon am Sonntag davor. Nicht zuletzt durch die Spuhlers.

Alfred Spuhler lieferte außerdem die »aktuellen Flugpläne der Aufklärungsflugzeuge Breguet-Atlantic«, welche die Bewegungen der DDR-Marine in der Ostsee beobachteten. Noch vor den Starts der Flieger war das MfS über die Einsatzpläne informiert. So

konnten die DDR-Mariner an jenen Tagen der NATO »Flottenaktivitäten« in mehreren Aufzügen vorgaukeln, die eigens für die westlichen Militärs inszeniert wurden.
Dem BND-Offizier Spuhler wurde es sehr leicht gemacht. Hatte er Zeit und Muße, dann fotokopierte er selbst die geheimen Unterlagen. Das vorgeschriebene, sogenannte Vier-Augen-Prinzip, zum Beispiel Kopieren nur unter Aufsicht, so die Richter, wurde nicht eingehalten. Hatte er keine Zeit, nahm er die Originale mit. »Weder das Ablichten noch das Verbringen aus dem Dienstbereich war mit einem besonderen Risiko verbunden«, heißt es daher im Urteil. Tatsächlich konnte der BND-Mann Alfred Spuhler das Verratsmaterial ohne besondere Anstrengungen aus dem Pullacher Camp herausbringen. Gab es Kontrollen am Tor, die ohnehin selten, lax und oberflächlich waren[11], wußte er auch, wie diese leicht und schnell zu umgehen waren. Noch dazu konnte man sie rechtzeitig erkennen. Alfred Spuhler umging die Kontrollen, indem er »im Dienstgelände Richtung Tankstelle abbog und das Herausschmuggeln einfach verschob«.
Wie in guter, alter James-Bond-Manier stellte ihm die HVA auch eine Sporttasche mit doppeltem Boden zur Verfügung. Später wurde diese durch ein neueres Modell ersetzt. In den letzten Jahren seiner Liefertätigkeit hatte der HVA-Agent auch einen präparierten Diplomatenkoffer.
Auch Ludwig wurde mit einer speziellen Reisetasche ausgestattet. Doch er zog sehr oft eine einfache Plastiktüte oder einen Plastikbeutel vor. Denn fuhr er zum Beispiel mit der Eisenbahn Richtung Salzburg, so kontrollierten die Zöllner zwar fast jeden Koffer, eine ordinäre Supermarkt-Tragetasche, die offen auf der Sitzbank lag, interessierte sie hingegen überhaupt nicht.
Um das BND-Material ungestört reproduzieren zu können, brachte es Ludwig meist am Wochenende in sein Tiroler Ferienhaus. Zunächst verfilmte er die Unterlagen mit einer Minox-Kamera. Die Filme wurden dann in einer präparierten Spraydose aufbewahrt. Als Container diente ihm aber auch ein spezielles Holzstück mit »einem durch einen Riegelmechanismus gesicherten Hohlraum«, das in der Ferienhütte versteckt war. Manchmal mußte Ludwig Spuhler bis zu 30 Filme auf einmal belichten. Das war harte Agentenarbeit. Die Filme versteckte er dann in hohlen Schraubverschlüssen französischer Hautcremes. Ludwig hatte ein gutes Auge für »nützliche« Gegenstände. Auf der Suche nach neuen »Verstecken« klapperte er reihenweise Supermärkte ab.

Die Kopien des Materials übergab er anfangs dem offenen Feuer. Später vernichtete er es mit einem Reißwolf, den er sich aus dem HVA-Budget angeschafft hatte. Es kam vor, daß es mehrere Kilogramm Unterlagen zu vernichten galt. Geriet Ludwig durch die Materialmenge in Zeitdruck, entlastete ihn Alfred und fotografierte die Unterlagen selbst. Alfred assistierte dem Bruder darüber hinaus, wenn es sich um technisch aufwendige Reproduktionen handelte, wie bei den Faltkarten der BND-Jahresberichte.[12]

Des öfteren umfaßte die Materialmenge mehrere hundert Blätter, so daß Ludwig alias Agent »Florian« mit der Reproduktion nicht mehr nachkam. In solchen Fällen schummelte Ludwig die geheimen Dokumente zwischen Werbeprospekte und heftete den ganzen Packen in einen Leitzordner. Die Ordner ließ er offen im Fond seines Autos liegen, wenn er die bayerisch-österreichische Grenze überquerte. Niemand kam auf die Idee, die so deutlich sichtbaren Ordner zu kontrollieren. Freilich ging es nicht immer so leicht. Als die Baader-Meinhof-Gruppe mit ihrem Terror Deutschland erschütterte und damit minutiöse Rasterfahndungen und schwer bewaffnete Grenzkontrollen auslöste, mußte Ludwig Spuhler kurzerhand auf ein Motorrad umsteigen. Denn Motorradfahrer wurden fast immer von den Zöllnern durchgewinkt und nur äußerst selten kontrolliert.

Als 1974 der Kanzler-Spion Günter Guillaume enttarnt wurde, mußten die Spuhlers eine Spionagepause einlegen. Die Gefahr, im Ermittlungsnetz der westdeutschen Spionageabwehr hängenzubleiben, schien der HVA zu groß. Die Sicherheit ihrer hochkarätigen Kundschafter ging vor. Erst 1975 nahmen »Peter« und »Florian« ihre »Verratstätigkeit zur Friedenssicherung« wieder auf.

1979 wurden sie nochmals vorübergehend aus dem Kundschafterverkehr gezogen. Eine reine Vorsichtsmaßnahme wegen des Überlaufens des Stasi-Offiziers Werner Stiller.

Mitte der siebziger Jahre erhielt Ludwig für seine Dokumenten-Abfilmerei eine Super-8-Kamera der Marke Braun S 600 von der HVA. Mittels Drahtauslöser konnte er damit Unmengen an Material per Einzelbildeinstellung auf den Film bannen. Die Filme, die ihm die Stasi dafür gab, waren extra präpariert. Es handelte sich dabei um einen ganz normal bespielten Film, in dem irgendwo in der Mitte jene zusätzlichen Meter eingeklebt worden waren, die Ludwig benötigte.

Vor dem Transport wurde das belichtete Material nach einem umständlichen Ritual verpackt. Zuerst kam es in Seidenpapier, dann wurde es mit Klebefolien ummantelt, dann kam eine Lage schwarzes Papier, danach eine Lage buntes Papier, und dazwischen wurden Fäden in eine bestimmte Lage gebracht. Es wurde eben nichts dem Zufall überlassen.

Mit den brisanten Lieferungen fuhr Ludwig Spuhler nach Wien und deponierte sie in toten Briefkästen (TBK). Ludwig spazierte zum Beispiel durch den Wiener Stadtpark und versteckte die Ladungen unter anderem im TBK »Baum« in der Nähe des Hilton-Hotels, oder er flanierte über die Favoritenstraße und klebte das Material im TBK »Favorit«, einer Telefonzelle in der Nähe des Südbahnhofs, hinter den Beleuchtungskörper. Danach machte sich Ludwig Spuhler jeweils unauffällig aus dem Staub. Mal fuhr er mit der Straßenbahn quer durch Wien, mal ließ er sich im Taxi umherkutschieren. Instrukteur Böttger holte währenddessen die zu ganz bestimmten Zeiten abgelegten Pakete ab.

Im Spätsommer 1976 soll Böttger, laut Aktenlage, aus Sicherheitsgründen aus Wien abgezogen worden sein. Doch so mancher will ihn bis Anfang der achtziger Jahre in Österreich bei »Treffs« gesehen haben. Vielleicht hatte er auch einen Doppelgänger? Sicher war dagegen, daß dem HVA-Illegalen der Boden in Österreich zu heiß geworden war. Denn auch hier hatte man begonnen, nach einem Raster des deutschen Bundesamtes für Verfassungsschutz »Illegalen« auf die Schliche zu kommen. Nach seiner »Flucht« aus Wien soll Böttger seine geheime Tätigkeit von einer konspirativen Wohnung in Ostberlin aus fortgeführt haben. Damit änderte sich der »Lieferweg« entscheidend.

Ab Herbst 1976 versteckte Ludwig Spuhler seine Ware in sogenannten rollenden TBK. Am Wiener Südbahnhof stieg er, getarnt mit Kappe und Brille, zum Beispiel in die zwischen Budapest und Ostberlin verkehrenden Züge ein und deponierte das Geheimmaterial unter dem Kopfkissen des oberen Bettes jenes Schlafwagenabteils, das eigens dafür von einem HVA-Kurier mit einem Aufkleber markiert worden war.[13] Danach stieg Spuhler wieder aus. Der diensthabende Schaffner K., den die HVA über Jahre als Kurier eingesetzt hatte, nahm die geheime Ware an sich und übergab sie später den Herren in Ostberlin. Ludwig Spuhler fuhr nach der Aktion meistens über Umwege zum Westbahnhof. Dort stieg er dann in jenen Schnellzug, der gegen sechs Uhr früh im tirolerischen Wörgl ankam.

Anfang der achtziger Jahre mußte die Stasi auch diese Nachschublinie aus Sicherheitsgründen einstellen. Darum ging man dazu

über, das HVA-Gepäck in den Interzonenzügen München–Nürnberg–Berlin und München–Regensburg–Berlin zu verstecken. Die Container mit den Filmen klebte Ludwig Spuhler, der mittlerweile zum Eisenbahn-Experten geworden war, in der gekennzeichneten Zugtoilette in einen Hohlraum unter dem Waschbecken oder hinter der Leuchtstoffröhre. Die »Container« hatten es in sich und schienen aus dem Labor von »Q« zu stammen. Jedes Transportkästchen war so konstruiert, daß es bei »unsachgemäßem« Abreißen aus dem Versteck über einen Schalter und eine Feder Blitzlampen im Inneren aktiviert hätte, die in einer Sechzigstelsekunde die Filme vernichteten. Ein zweites Kästchen war noch raffinierter gestaltet. Erstens war es innen verspiegelt, und zweitens mußte man die Schrauben in einer genauen Reihenfolge nacheinander aufdrehen, um es überhaupt öffnen zu können. Innen waren wiederum Blitzlampen an einem Hochspannungstrafo.
Alfred Spuhler wechselte 1980 von seinem Aufgabenbereich in der Abteilung 2 in die Abteilung 1 des BND, in den »klassischen Bereich« der nachrichtendienstlichen Tätigkeiten. Hier gehörte die zentrale Auftragssteuerung und Meldungsbearbeitung des militärischen Bereiches des Warschauer Pakts samt Jugoslawien und Albanien zu seinen Aufgaben. Der Verrat ging auch hier munter weiter. Die Spuhlers und ihr HVA-Team waren gut eingespielt. Außer zu Böttger hatten die Brüder auch ein herzliches und ausgezeichnetes Verhältnis zum HVA-Obersten Harry Schütt, dem Herrn ihrer Operation.

Harry Schütt war Anfang November 1930 in Deutschland geboren und hatte fünf Geschwister. Mutter Hedwig, eine gelernte Verkäuferin, führte den Haushalt, Vater Wilhelm war Lagerist. 1944 war das Jahr, das Harry Schütts bisher heile Welt in ein schwarzes Loch verwandelte. Denn im August starben seine Eltern und vier Geschwister bei einem Bombenangriff. 1945 hatte er seine acht Jahre in der Volksschule abgesessen, trat in die »antifaschistische demokratische Jugend« ein und zog für die nächsten Monate zu einer Tante auf einen Bauernhof in Mecklenburg.[14] Anschließend ließ sich der junge Schütt zum Einzelhandelskaufmann ausbilden und war dann im Handel tätig. Im Herbst 1950 wechselte er das Metier und fand Aufnahme in der Volksmarine. »In der Überzeugung, durch den militärischen Dienst mithelfen zu können, den Frieden zu sichern«, so die Auffassung der bayerischen Richter, »verpflichtete er sich auf Lebenszeit.« Seine ersten Wellen schlug er in

der See-Offiziersschule zu Parow, danach diente er in der Hauptabteilung Militärabwehr. Anfang Juni 1954 trat Schütt mit seiner Hanna vor den Standesbeamten, sieben Monate später kam ein Sohn zu Welt. Neun Jahre darauf gebar Hanna eine Tochter.
Bereits im November 1956 wurden Harry Schütts berufliche Weichen in die endgültige Richtung gestellt. Er wurde im Rang eines Hauptmanns in die HVA des MfS übernommen.[15] Ehefrau Hanna arbeitete über Jahre in der Protokollabteilung beim Leiter des Ministerrats der DDR. Sie war unter anderem zuständig für die »Hotelzimmervergabe« an ausländische Gäste bei offiziellen DDR-Veranstaltungen, dazu gehörten auch die Messen.
Zu Harry Schütts Hauptaufgaben zählte anfangs der Bereich militärische Aufklärung, er wurde Referatsleiter in der damaligen Abteilung II und zum Major befördert. Schon zwei Jahre später avancierte er zum Abteilungsleiter. Schütts Aufstieg war nun nicht mehr zu bremsen. Im Herbst 1965 war Oberstleutnant Schütt kommissarischer Abteilungsleiter. Gleichzeitig holte der Stasi-Karrierist an einer Abendschule seine Lektionen nach und legte zwei Jahre später das Abitur ab. Mittlerweile war er bereits zum Leiter der Abteilung IV emporgeklettert. Nebenbei startete er ein Fernstudium der Kriminalistik. Im Jahr der Selbstverpflichtung der Brüder Spuhler wurde der Kadermann zum Obersten befördert. Mitte der siebziger Jahre kam der strebsame HVA-Offizier dann in den Genuß eines Aufenthalts in der geliebten Sowjetunion. Harry Schütt verbesserte seine Kenntnisse der russischen Sprache und ließ sich an der Hochschule der KPdSU im Marxismus-Leninismus den neuesten dialektischen Schliff geben. Der 1. August 1977 war ein Feiertag für den DDR-Obersten. An diesem Tag wurde ihm die Leitung der HVA-Abteilung IX – äußere Spionageabwehr – übertragen, die erst 1973 zur Aufklärung gegnerischer Dienste gegründet worden war. Zu den Aufgaben der HVA-Abteilung IX zählten:[16]

- Aufklärung und Bearbeitung von gegnerischen Diensten wie BND, MAD, BfV, LfV, BKA, LKA und US-Einrichtungen
- Aufklärung und Bearbeitung der Polizei, von Emigranten-Institutionen und anderen Organisationen
- Telefonüberwachung im Großraum Bonn und die Auswertung von Telefonprotokollen.

Schütt und seine Kundschafterriege waren dem HVA-Chef direkt unterstellt, was nicht nur ihren hohen Stellenwert widerspiegelte, sondern auch eine direkte und permanente Einflußnahme durch den Chef Markus Wolf annehmen ließ. Doch Wolf widersprach vor Gericht dieser Darstellung. Es habe sich um ein normales Unterstellungsverhältnis gehandelt, wand sich »Mischa« Wolf aus der Affäre, wenn auch wichtige Quellen Gegenstand regelmäßiger Absprachen gewesen seien.[17] Damit hatte er Schütt den Schwarzen Peter zugespielt. So war Schütt nach Ansicht des Gutachters direkt für die »Operation Peter« verantwortlich gewesen, weil er sich die Entscheidung über die inhaltliche Gestaltung und den Fortgang dieser Operation vorbehalten hatte. Schütt, glauben manche, hatte den Spuhlers viel zu verdanken. Ohne sie und ihre Geheimlieferungen wäre er nie Generalmajor geworden, sind sich HVA-Experten sicher.

Um 1982/83 erhielt Ludwig Spuhler alias Stasi-Agent »Florian« von der HVA einige Sonderaufträge. So hatte er in München ein Objekt samt »einer ihm näher bezeichneten Person« auszuspionieren, gleiches galt für Anwesen in München-Grünwald und in der Ortschaft Seeshaupt am Starnberger See. Ludwig übermittelte dann die Fotos samt dazugehörenden Berichten an die HVA.[18]
1983 rief der Big Boss der HVA, Mischa Wolf, Alfred zum erstenmal zu sich in eine Stasi-Villa nach Dresden. Entgegen dem HVA-Brauch wurde Spuhler nicht über ein Drittland wie Österreich oder Jugoslawien in den Arbeiter-und-Bauern-Staat geschleust, sondern er wanderte auf Anordnung der HVA »ganz einfach« über die »grüne Grenze«. Die Stasi schätzte den geheimen kleinen Grenzverkehr und nutzte die selbstgebastelten Löcher im sonst »tödlichen Zaun« weidlich aus. Bei Bad Steben, im nördlichen Frankenwald, schlich der Spion auf ostdeutschen Boden. Ein schwer bewaffneter Stasi-Trupp nahm ihn am Todesstreifen im Ruckzuck-Verfahren in Empfang. Von der örtlichen Grenztruppe war weit und breit nur ein Offizier zu sehen, der seine Kalaschnikow fest im Anschlag hielt. Alfred wurde während der Fahrt im Wagen schnell in die Uniform eines Leutnants der Grenztruppen gesteckt. Der Treff mit Wolf war für ihn so ähnlich wie Weihnachten, Ostern und ein runder Geburtstag auf einmal. Der Chef der DDR-Auslandsspionage nahm sich für Alfred einen ganzen Tag Zeit.
Die BND-Innenquelle lieferte nicht nur höchst geheimes Aktenmaterial, sondern gab auch Daten »geheimer menschlicher Quellen, die für den BND arbeiteten, preis«. Auf diese Weise wurden ungefähr hundert dieser Quellen, wahrscheinlich aber eher mehr,

enttarnt.[19] Für die HVA war es damit sehr leicht, dem BND »fingiertes Material« unterzujubeln und »Aufklärungsergebnisse zu verfälschen«. Und es war natürlich möglich, diese »Quellen« umzudrehen und gegen den BND einzusetzen. Für die HVA waren also die Brüder Spuhler Agenten von herausragender Bedeutung, urteilten die bayerischen Richter.

Im Zuge des »harmonischen Abends« in der HVA-Obhut beförderte Wolf seinen braven Kundschafter »Peter« zum Major der NVA. Das war für Alfred Spuhler die richtige Motivation. Er war stolz auf seine Leistung. Er brachte es bis zu seiner Enttarnung sogar noch zum Oberstleutnant.

Bei diesem Treffen in Dresden soll Wolf – zur Verwunderung seiner Gäste – gesagt haben, daß in der DDR etwas in wirtschaftlicher sowie in politischer Sicht geschehen müsse. So wie bisher ginge es jedenfalls nicht weiter. Leere Worte – die DDR-Führung gaukelte sich und der übrigen Welt weiterhin den heilen Sozialismus vor.

Mitte der achtziger Jahre wurde die technische Spionageausrüstung der Spuhlers erneuert, Ludwig legte sich auf HVA-Kosten eine Kleinbildkamera zu. Ungefähr zur gleichen Zeit wurde ihm eine Ost-Telefonnummer mitgeteilt, unter der er in Notfällen Böttger erreichen konnte. Im Verhör gab er an, etwa 25mal davon Gebrauch gemacht zu haben. Wie sein Bruder wurde auch Ludwig im Laufe seiner Spionagetätigkeit mit bis zu acht verschiedenen gefälschten Reisedokumenten ausgestattet, die er in Thiersee aufbewahrte oder in einem präparierten Bordcase transportierte.[20]

Die HVA griff den Spuhlers wiederholt finanziell unter die Arme, indem sie ihre Auslagen ersetzte. Neben der Beteiligung an den Scheidungskosten schossen sie Alfred für seinen Umzug im Jahre 1984 von Bad Heilbrunn nach Lenggries 5000 DM zu. Ludwig bekam insgesamt sechsmal 10 000 DM für den Kauf von sechs Autos. Schließlich legte er ja im Auftrag der HVA mehrere hunderttausend Straßenkilometer zurück. Und Kurzurlaube, bei denen sie ihre Treffs abwickelten, gingen auch auf MfS-Rechnung. So verbrachten die Spuhlers Mitte September 1986 eine Woche auf der malerischen griechischen Vulkaninsel Santorin, um ihren Führungsoffizier zur Abwechslung unter brütender Sonne zu treffen. 1300 Mark pro Mann und Nase erstattete die HVA dafür ihren Spionen. Zwei Jahre später, fast zur gleichen Jahreszeit, traf sich Ludwig mit dem Kader im zypriotischen Larnaka.

Im Frühjahr 1987 sollten die spionierenden Brüder ihren neuen HVA-Chef, Generaloberst Werner Großmann, kennenlernen. Der

eitle Markus Wolf war mittlerweile als erster Mann der HVA in den Ruhestand getreten. Als Treffort war Budapest festgelegt worden. Wie üblich reisten die Spuhlers mit ihren bundesdeutschen Reisedokumenten nach Thiersee in Tirol. In Ludwigs Holzhaus deponierten sie die Papiere und holten ihre »Deckpapiere« aus einem Versteck. Diese Dokumente waren sogenannte echte Duplikate von Papieren zweier westdeutscher Staatsbürger aus dem Raum Nürnberg. Die hatten von der Existenz ihrer Doppelgänger im Dienste der DDR selbstverständlich keine Ahnung. Bevor die Spuhlers sich nun auf den Weg nach Wien machten, mußten sie ihre Legenden einstudieren. Schließlich mußte alles wasserdicht sein. Dann erst ging es mit dem Schnellzug in die Donaustadt. Führungsoffizier Günther Böttger war schon vor Ort. Er hatte ein DDR-Botschaftsfahrzeug mit CD-Kennzeichen für die Route nach Budapest organisiert. Ein weiterer HVA-Offizier kümmerte sich um die Spuhlers: Siegfried Schlegel, die rechte Hand von Harry Schütt. Er hatte ab 1978 die Rolle Werner Recklings übernommen, nahm allerdings nur an wenigen, aber wichtigen Treffs teil. Tage vor der geheimdienstlichen Operation begann man diese abzusichern und bis ins kleinste Detail durchzuplanen. Zu diesem Zweck wurde der österreichische Polizeifunk rund um die Uhr belauscht. Und Schutzobservationen gehörten bei solchen operativen Aktionen zum normalen Alltag der HVA-Agenten.
Die Spuhlers bekamen in Wien Diplomatenpässe ausgehändigt. Alfred war ab sofort DDR-Militärattaché im Rang eines Majors, Ludwig einfacher Attaché und sein Assistent. An der österreichisch-ungarischen Grenze im burgenländischen Nickelsdorf stieg der HVA-Offizier Böttger aus, hielt den Grenzern die CD-Pässe unter die Nase, und schon war die Bahn in die ungarische Hauptstadt frei. In Budapest logierte das Agenten-Brüderpaar im noblen Gästehaus des Staatssekretärs im Sicherheitsministerium. Zwei Tage und Nächte verbrachten »Peter« und »Florian« hier in Stasi-Obhut. Tagsüber flanierten sie über die breiten Boulevards der Magyaren-Hauptstadt, abends führten sie ausführliche Gespräche mit dem »Neuen«. Werner Großmann konnte Wolf zwar mit seiner Körpergröße das Wasser reichen, doch der grauhaarige »Kronprinz« und »Ziehsohn« war nicht nur in der Statur fülliger, sondern auch gröber in seinen Gesichtszügen als der Vorgänger. Seine beruflichen Stärken waren fast ausschließlich preußische Tugenden wie Disziplin und Genauigkeit sowie Zuverlässigkeit und ruhige Ausstrahlung. Nicht zu vergessen sein Ehrgeiz und

Fleiß. Als begnadeter Jasager unter den ostdeutschen Befehlsempfängern, so sahen ihn jedenfalls Insider, hatte er bei Mielke schnell einen Stein im Brett. Der »Alte« war ihm dann auch weitgehend wohlgesinnt. Verkörperte Markus Wolf zu seinen HVA-Zeiten immerhin »irgendwie« eine Persönlichkeit, so war sein Nachfolger ein parteiergebener, staubtrockener Apparatschik, der sich stets die offiziell gültige Meinung zu seiner eigenen machte. Manch ehemalige Untergebene fanden über ihn noch viele bittere Worte. [21]

An diesem Arbeitswochenende in Budapest zeichnete HVA-General Großmann seine Kundschafter-Genossen Spuhler aus. Alfred bekam den Vaterländischen Verdienstorden in Gold, Ludwig, der ja die zweite Geige spielte, erhielt selbigen in glänzendem Silber. Als Ordens-Prämie gab es für Alfred 10 000 DM, heißt es im OLG-Urteil, Ludwig mußte sich mit 6000 DM begnügen. Beide hatten das Privileg, die Geldbeträge nicht quittieren zu müssen.

Die Enttarnung

Innerhalb der HVA gab es die Abteilung VIII, zuständig für operative Technik und Funk. Diese Abteilung, die zuletzt dem Großmann-Stellvertreter Generalmajor Horst Vogel unterstand, beherbergte auch eine Fotostelle.

Ab Oktober 1984 laborierte dort ein Fotograf, der von den operativ beschafften Filmen Abzüge, meist von Deckblättern und Inhaltsverzeichnissen, anfertigte. Darunter war auch das BND-Material der Spuhlers. Unter anderem reproduzierte er eine BND-Aufzeichnung vom 13. Januar 1986, jenen Bericht über die DDR und ihre militärische Bedeutung innerhalb des Warschauer Pakts. Zumindest dieses Negativ schaffte er beiseite. Der HVA-Mitarbeiter wurde mit der Zeit unzuverlässig. Nach Angaben von Insidern soff er wie ein russischer Panzer und pfiff lautstark auf die dienstliche Disziplin und Pünktlichkeit. Er wurde schließlich gefeuert.

Anfang 1988 spielte der Geschaßte »über die Mutter eines früheren Freundes seiner Ehefrau« das besagte Negativ dem Westberliner Verfassungsschutz zu. Er hatte es nach Angaben von HVA-Mitarbeitern zusammengerollt und in einen Kugelschreiber versteckt. Angeblich verlangte er für seine Zusammenarbeit zehn Millionen DM, ein Haus und einen Arbeitsplatz. Das Berliner Landesamt für Verfassungsschutz informierte daraufhin die Kollegen vom BND über einen mutmaßlichen »Maulwurf« in den Pullacher Reihen. Lange konnte sich der Ex-HVA-Mann seiner »Rache« nicht erfreuen. Denn irgendwo im Westen muß es da eine undichte Stelle gegeben haben.

Am 24. November 1988 wurde der ehemalige HVA-Fotolaborant von Agenten des MfS festgenommen. Am nächsten Tag packte er im harten Verhör aus. Er gestand, daß er ein Negativ eines BND-Dokuments an die Westdeutschen geliefert hatte. Dieses Negativ zeige ein BND-Deckblatt mit vier Paraphen. Eine davon stammte vom BND-Sachbearbeiter Alfred Spuhler. Damit war zwar die Schlinge schon sehr eng gezogen, beweisen ließ sich aber zu diesem Zeitpunkt damit noch nichts. Trotzdem war für die Stasi-Führung in Ostberlin Feuer am Dach. HVA-Generalmajor Harry Schütt ließ die Brüder Spuhler umgehend alarmieren. Führungsoffizier Günther Böttger bekam den Befehl, einen Warnanruf durchzuführen. Er rief Ludwig Spuhler an dessen Arbeitsplatz in Garching an. »Hallo, mein Freund, wie geht's dir?« sagte Böttger zu Agent »Florian« und fügte sogleich hinzu: »Um den Bergverein kann ich mich nicht mehr so kümmern, weil mir die Zeit dazu fehlt.« Ludwig Spuhler wußte sofort, was es geschlagen hatte. Das vereinbarte Stichwort hieß »Bergverein«. Nun war Eile geboten. »Bergverein« bedeutete »alles vernichten sowie keinerlei weitere Kontaktaufnahme«. Drei verschiedene Alarmstufen hatten die beiden Münchner mit ihren Stasi-Kumpeln ausgearbeitet. Die erste Stufe hieß einfach nur »Arbeit bis auf weiteres einstellen«, Stufe zwei hieß eben »alles vernichten« und die höchste Stufe, Stufe drei, hieß »abhauen«. Für letztere war Wien als Hauptanlaufpunkt eingeplant gewesen. Für diesen »größten anzunehmenden Unfall«, den nachrichtendienstlichen Super-GAU, hatten sie eine Telefonnummer erhalten, unter der sie erfahren sollten, wo sie erwartet würden. Als Treffort war das noble Café Landtmann, gleich neben dem Wiener Burgtheater, auserkoren. In Wien sollte dann die gesamte Gefahrenlage analysiert werden. Je nach Lageentwicklung sollte entschieden werden, so erinnert sich ein HVA-Insider, auf welchem Weg die Spuhlers ungefährdet in die DDR gelangen könnten. Doch so sang- und klanglos absetzen war für die Spuhlers damals nichts. Gegen eine Flucht sprachen vor allem die familiären Bindungen. »Die Spuhlers dachten sich wohl, die sollen uns das doch erst mal nachweisen«, vermuteten HVA-Insider.

Gleich nach dem Warnanruf ging Ludwig daran, alles zu vernichten. Kurzwellenempfänger, Schnellgeber, Container, Kopien, Chiffrier- und Dechiffrier-Unterlagen und den praktischen Reißwolf. Dabei stand er vor einem großen Problem: Wohin mit dem ganzen verräterischen Mist? Er hatte, wie so oft, Glück. Die Lösung fand sich in einem wirtschaftlich genutzten Großcontainer ganz in der Nähe seiner Berghütte.

Wenig Tage nach dem Warnanruf trafen sich Günther Böttger und Ludwig Spuhler in der Tiroler Stadt Wörgl, wenige Kilometer vom Thierseer Feriensitz entfernt. Zuerst teilte der HVA-Offizier dem Agenten »Florian« mit, daß er ab sofort unter dem neuen Decknamen »Georg« geführt würde. Dann schenkte Böttger seinem Schützling reinen Wein ein. Das Verratsmaterial, das den Westdeutschen in die Hände gespielt worden sei, könne zur Enttarnung der Brüder führen. Ruhe und unauffälliges Verhalten wurden von der Auslands-Stasi als erste, vorläufige Maßnahme verordnet. Die Spuhlers wurden, wie es im Nachrichtendienst-Jargon heißt, abgeschaltet.

Um den Monatswechsel April/Mai 1989 trafen sich der HVA-Offizier Schütt und sein Mitarbeiter Böttger mit Ludwig Spuhler nochmals in Wien. Es ging nur um das eine: die Gefahr der Enttarnung. Schütt, mittlerweile zum Generalmajor aufgestiegen, sprach Klartext und sagte Ludwig, daß im BND, im Arbeitsbereich seines Bruders Alfred, bereits Ermittlungen durchgeführt würden. Die HVA blieb bis zum Schluß am Ball. Schütt beschwor Ludwig, aus Sicherheitsgründen keinesfalls die Arbeit für die HVA wiederaufzunehmen.

Im späten Frühjahr 1989 wurde es für die Brüder aus München mit dem starken Hang nach Ostberlin immer enger. Die sowjetischen Kundschafter in Österreich hatten Witterung aufgenommen. Die Sowjets bekamen Wind davon, daß im Raum Kufstein eine nachrichtendienstliche Operation des BND ablief. Waren die BNDler den Russen nur zufällig über den Weg gelaufen? Oder hatten die Russen diese Information der sowjetischen Funkaufklärung zu verdanken? Oder war es ein KGB-Maulwurf in der Staatspolizei, der den Sowjets den Tip gab? Jedenfalls berichteten die Brüder von der Moskwa ihr Wissen in einer »Eilt«-Meldung den Genossen von der HVA. Die Ostberliner schlugen Alarm: Sie warnten umgehend ihr erfolgreiches brüderliches Kundschafter-Gespann. Die Gegenobservation des BND war zu dieser Zeit bereits voll im Gang. Ludwig Spuhler bemerkte eines Tages auf der Fahrt zu seinem Arbeitsplatz, daß er ins Fadenkreuz der Schattenmänner geraten war. Wenige Meter von der Einfahrt zu seiner

Arbeitsstätte parkte ganz unauffällig ein Fahrzeug, an dem zwei überlange Antennen montiert waren. Und der Wagen tauchte an mehreren aufeinanderfolgenden Tagen auf. Ludwig Spuhler entschloß sich, das ominöse Fahrzeug unter die Lupe zu nehmen. Natürlich parkte der Wagen danach nie mehr vor der Tür. Doch das Observations-Team blieb am Ball, folgte ihm nun von der Wohnung zum Arbeitsplatz und hing auch auf der Heimfahrt an seiner Stoßstange. Auch die Vermutung, daß Ludwig Spuhlers Auto verwanzt worden war, lag nahe.

Doch der ältere der beiden Brüder hatte auch die Observation des BND in Österreich ziemlich schnell im Griff, behaupten Experten. Im tirolerischen Thiersee, wenige Kilometer hinter der bayerisch-österreichischen Grenze, war Luwig Spuhler ein »Fast-Einheimischer«. Er kannte jeden, und fast jeder kannte ihn. Fremde fielen dort schnell auf. Und Fremde, die auffällig in der Gegend herumschwirrten, waren da sofort Gesprächsthema von Nachbar zu Nachbar. So erfuhr Ludwig, daß »Unbekannte« den örtlichen Briefträger gebeten hätten, bei Ludwigs Post auf bestimmte Absender, speziell aus der DDR, zu achten. Solche Ost-Post sollte der Postillion an eine Kontaktperson weiterleiten. Doch Ludwig erfuhr noch viel mehr. Da er die Beamten vom nah gelegenen Grenzposten gut kannte, er trank und spielte mit ihnen im Wirtshaus Karten, erfuhr er auch das »Nicht-Alltägliche« aus dem Grenzgeschäft. Zum Beispiel, daß eines Nachts drei schwere Mercedes-Limousinen an den Grenzbalken bei Kiefersfelden rollten und dem Wachhabenden eine Kontrolle verweigerten. Die Herren zauberten ein amtliches Schreiben aus ihrer Trickkiste, in dem es hieß, daß der Konvoi anstandslos und unkontrolliert die österreichische Grenze passieren dürfte. Für etwaige Rückfragen war eine Telefonnummer in Innsbruck angegeben. Und tatsächlich wurde der Grenzer am Telefon angewiesen, das geheime deutsche Team ohne weitere Fragen durchzulassen.

Die Lage hatte sich für Ludwig Spuhler schon ziemlich zugespitzt. Nun waren die Herren aus Pullach also auch in Österreich hinter ihm her. Und wie – denn das Zentrale Observations-Team war mit »schwerem Kriegsgerät« angereist, wie sich Insider erinnern.

In Thiersee herrschte helle Aufregung, als sich die Fremden in einem leerstehenden Haus in Ludwigs Nachbarschaft einmieteten. Das Obs-Team hatte sich unter dem Decknamen einer Firmen-Forschungsgruppe eingenistet – behaupten Insider –, die Videokameras mittels Funkfernsteuerungen über größere Distanzen

testete. Den Einheimischen waren die »Forscher« ganz und gar nicht egal. Es wurde getuschelt und gemunkelt. Daß sie »Schlapphüte« waren, dieses Gerücht machte schnell die Runde. Nur, was wollten die hier?
Als dann ein Einheimischer in einem Baumstumpf, etwa zweihundert Meter von der Spuhler-Hütte entfernt, eine kleine Glasscheibe entdeckte, hinter der eine Videokamera steckte, bestand wohl kein Zweifel mehr, für wessen Kopf diese Schlingen bestimmt waren. Am nächsten Tag entfernten die Spuhlers die wirklich gut getarnte funkferngesteuerte Kamera. Auch hinter der Hütte wurden sie fündig. Ebenso unauffällig, für geschulte Augen dennoch sichtbar, war ein Bewegungsmelder versteckt, dessen Kabel zu einer Art LKW-Batterie führten. Auch diese Spionagetechnik wurde lahmgelegt. Die Spuhlers reinigten die Gerätschaften und packten sie in den Kofferraum eines ihrer Fahrzeuge. Alfred Spuhler verfaßte dazu einen Bericht und lieferte die hauseigene Spionageausrüstung bei seinem Dienstherrn ab. Kreativ wie er war, konstruierte er die Annahme, daß ein gegnerischer Nachrichtendienst anscheinend über seinen Bruder an ihn heranzukommen versuche. In Pullach reagierte man auf die offensive Frechheit Spuhlers mit verdächtiger Gelassenheit. Spuhlers Dezernent kommentierte dessen Bericht lapidar mit den Worten: Das liest sich ja wie ein Kriminalbericht.
In Tirol kurvten die Beobachtungsteams des Zentralen Observationskommandos des BND weiterhin in geländegängigen Karossen herum, die auf eine einschlägige Münchner Leihwagenfirma zugelassen waren. Fuhr Ludwig mit seinem Auto vom Ferienhaus los, folgte ihm einer dieser Jeeps. Die Spuhlers erweiterten daraufhin das Spiel. An die Verfolger hängte sich nun nämlich Alfred mit seinem Auto an. Trotz der überaus angespannten Situation und des Drucks, dem sie ausgesetzt waren, ließen sich die Spuhlers diesen »Spaß« nicht entgehen.
Zwischendurch mußte Ludwig Spuhler zu einem Nottreff mit seinem Instrukteur nach Athen. Daß er da so einige Schatten abzuschütteln haben würde, war ihm klar. Daß die aber auch im südlichen Ausland einen Ehrgeiz an den Tag legten, als wären sie zu Hause in Deutschland, damit hatte er nicht gerechnet. Auch am zweiten Tag seines Athen-Trips waren die deutschen Schatten in seiner Nähe. Ludwigs Instrukteur hatte dies spitzgekriegt und startete mit seiner Frau eine Gegenobservation. Die eigenartigen deutschen Touristen trugen neben ihren Fotoapparaten auch

Walkie-talkies. Von Zeit zu Zeit nickten sich die Schattenmänner zu. Damit hatten sie sich vor den Augen der HVA selbst entlarvt. Der HVA-Instrukteur machte sich samt Begleitung trotz unerledigter Dinge aus dem Staub. Für Ludwig selbst begann nun ein aufreibendes Katz-und-Maus-Spiel. Schließlich drehte er aber den Spieß um und ging einem seiner Verfolger nach. Der fing zu laufen an, Ludwig lief ihm hinterher: eine Szene wie aus einer Agenten-Klamotte. Später sahen sich die beiden wieder – der verfolgte Schattenmann trat als Zeuge gegen Ludwig Spuhler vor Gericht auf.

Doch die Geschichte in Athen war noch nicht zu Ende. Um seine Schatten wenigstens für einige Stunden loszuwerden, nahm Ludwig Spuhler in der Plaka, der Athener Altstadt, blitzartig Reißaus, stürmte durch die Menschentrauben, lief durch einen Hof und nahm, völlig außer Atem, in einem typischen Kafenion Platz. Der Wirt sprach gerade drei Brocken Deutsch. Jedenfalls so viel, daß er sich mit Ludwig verständigen konnte. Mit dem Resultat, daß der Kaffeehausbesitzer seinen jungen Kellner beauftragte, die Straße zu beobachten. »Junge, gucken«, sagte der freundliche Grieche zu Ludwig Spuhler. Und richtig, zwei der Verfolger konnte der Garçon ausmachen. Sie suchten eher planlos den Straßenzug ab, durchforsteten Hauseingänge und Stiegenhäuser. Nach einer Stunde etwa zogen sie endlich ab. Der Kellner gab Entwarnung. Nun hatte Ludwig Spuhler für wenige Stunden Luft. Später mußte er wieder in sein Hotel zurück, da er dort seine Papiere und das Gepäck hatte. Von da an waren die Verfolger natürlich wieder an ihm dran.

Am 30. November 1989 wurden die Spuhlers verhaftet. Im Verhör wurde ihnen der Wortlaut des telefonischen Warnanrufs vorgelegt. Da waren selbst die beiden hartgesottenen HVA-Spione überrascht. Angeblich kannten außer ihnen selbst nur vier Personen den Alarmierungsspruch. Es sei denn, man war ihnen schon länger, per Lauschangriff, auf der Spur. Doch dagegen sprach vieles.

Sich dumm stellen, hieß es im ersten Akt des Verhörs. Erst später legten sie ihre Geständnisse ab. Alfred Spuhler erhielt als Anführer des Gespanns zehn Jahre Haft und eine saftige Geldstrafe. Bruder Ludwig kam mit fünfeinhalb Jahren plus Geldstrafe davon. Beide wurden nach Verbüßung der Hälfte ihrer Strafe entlassen. Günther Böttger erhielt 14 Monate und der General Harry Schütt zwei Jahre Haft, jeweils auf Bewährung. Die Milde hatte ihre Gründe. Man hatte Schütt das Angebot gemacht auszupacken. Das

Aufdecken von HVA-Quellen in der Bundesrepublik, so heißt es im OLG-Urteil, bedeute die Einstellung des gegen ihn eingeleiteten Verfahrens. »Dementsprechend legte Schütt seine diesbezüglichen Kenntnisse offen«, so die Richter, »wodurch vier Agenten identifiziert werden konnten.« Zusatz: »Darüber hinaus verschaffte er dem BND Erkenntnisse, insbesondere bezüglich einer möglichen Gefährdung eigener Quellen, die für dessen Sicherheitslage von Bedeutung waren.« Nur über die Struktur der HVA, seine eigene Tätigkeit und die Spuhlers soll er, laut Aktenlage, geschwiegen haben.

»Über die Unrechtmäßigkeit seines Tuns hatte er keinerlei Zweifel«, urteilten die bayerischen Richter schließlich über Alfred Spuhler, und sie fügten lapidar hinzu: »Die sich durch seinen Verrat für den BND möglicherweise ergebenden Folgen nahm er billigend in Kauf.«

Fliegender Seitenwechsel in Wien

Eine andere große deutsch-deutsche Spionageaffäre nahm ebenfalls in Österreich ihren spektakulären Ausgang. Klaus Kuron, früherer Regierungsoberamtsrat im Bundesamt für Verfassungsschutz, startete ausgerechnet in Wien seine Karriere als HVA-Kundschafter. Kuron, ein dienstbeflissener Verfassungsschützer mit allerbesten Beurteilungen, war finanziell in Schwierigkeiten geraten und suchte verzweifelt einen Ausweg. Der Abwehr-Spezialist, der »überworbene MfS-Agenten« als sogenannte Countermen für das Kölner Bundesamt führte, diente sich schließlich der HVA an.

Im September 1981 fuhr Kuron mit seiner Frau nach Bonn zur Ständigen Vertretung der DDR in der Godesberger Allee Nr. 18 und warf dort ein Kuvert mit seinem »Bewerbungsschreiben« in den Briefkasten.

Sein Angebot, sein Wissen gegen Bargeld preiszugeben, wurde von den DDR-Kundschaftern anfangs mit überaus großer Skepsis betrachtet. Die gewieften Köpfe in Ostberlin witterten zuerst einmal eine Falle und warteten ab. Erst im Jahr darauf wurde der Kontakt mit dem interessanten Selbstanbieter aufgenommen. Laut Auskunft der Generalbundesanwaltschaft in Karlsruhe fand Kurons erstes Treffen mit der HVA 1982 in Österreich statt. Klaus Kuron fuhr im Sommer 1982 nach Wien und wurde dort am verabredeten

Treffort von einem HVA-Offizier, der sich »Günther« nannte, erwartet.[1] »Günther« hieß mit Klarnamen Gunther Nehls und zählte zu den Topleuten der HVA. Der Ende der dreißiger Jahre in Berlin Geborene diente zuletzt als Oberst der Abteilung IX. Als einer von vier Stellvertretern des Abteilungsleiters Generalmajor Harry Schütt war Nehls für die Aufklärung und Bearbeitung gegnerischer Dienste vor allem der BRD und der USA zuständig.

»Nachdem der Angeschuldigte (Kuron) das MfS bei mehreren Kontakten von der Ernsthaftigkeit seines Angebots überzeugt und dabei auch bereits Dienstgeheimnisse verraten hatte«, kam es zu einem zweiten Treff in Wien.[2] Am 12. Oktober 1982 traf der Verfassungsschützer seinen Führungsoffizier »Günther« am Parkeingang des Schlosses Schönbrunn.[3] Der Ostberliner Kundschafter händigte Kuron einen DDR-Diplomatenpaß auf den Namen »Gerhard Häusler« aus. Danach fuhr Kuron in Begleitung »Günthers« als Zweiter Botschaftssekretär in einer ostdeutschen Diplomatenkarosse nach Bratislava.[4] Die heutige slowakische Hauptstadt war eine beliebte Zwischenstation im Schleusungsverfahren. Der Vorteil lag auf der Hand: Bratislava ist nur eine knappe Autostunde von Wien entfernt. Schließlich wurde Kuron zum etwas außerhalb der Stadt gelegenen Flughafen chauffiert. Dort wurde der spezielle Gast schon erwartet, unter anderen von Dr. Stefan Engelmann, seinem späteren zweiten Führungsoffizier. Ein Ticket benötigte Kuron genausowenig wie seine beiden Begleiter von der HVA. Denn für die illustren Herrschaften stand eine Sondermaschine der Interflug startklar bereit. Hinter dem großen Aufwand verbarg sich eine Einladung des HVA-Leiters Markus Wolf in Dresden. In einer Stasi-Villa wurde der »Werkvertrag« mündlich fixiert. Startgeld 150 000 DM. Außerdem wurde Kuron, der den Decknamen »Stern« trug, eine monatliche Apanage von 4000, später 4500 DM und sogar eine spätere Rente von 60 Prozent seiner Bezüge zugesagt. »Wolf akzeptierte bei dem Treffen die Grundbedingungen Kurons«, ließen die Karlsruher Ankläger später verlauten.

Kuron lieferte im Gegenzug alle wichtigen von ihm dienstlich erlangten Erkenntnisse, fast ausnahmlos Verschlußsachen, nach Ostberlin: über Doppelagenten, Überläufer, Anwerbungen und Verdachtsfälle. Nach Informationen des Autors Friedrich Schlomann lieferte Kuron von den 19 Countermen, die er selbst geführt hatte, 18 der Stasi ans Messer. 270mal soll er die Stasi vor bevorstehenden Verhaftungen gewarnt haben. Für diese »ordentliche« Arbeit genoß er in der ostdeutschen Kundschafterzentrale höchste

Wertschätzung. In den Augen einiger DDR-Kundschafterkader galt Kuron als der »kaltblütigste HVA-Maulwurf«[5].
Erst im Oktober 1990 kam für Klaus Kuron das endgültige Aus. Obwohl er das dezidierte Angebot hatte, seinen Lebensabend in der Sowjetunion zu verbringen, war ihm vor einer solchen Zukunft offenbar angst und bange. Und das, obwohl er wissen mußte, daß seine Stunden in Freiheit gezählt waren. Aus den Akten der HVA-Überläufer konnte er sich ein ganz gutes Gefahrenbild machen.
Als Kuron jedoch erfuhr, daß der pensionierte HVA-Offizier Karl Großmann, ehemaliger Vize in der HVA-Abteilung IX, Linie A, in den nächsten Tagen zur amtlichen Plauderstunde vor deutschen Geheimdienstlern erscheinen sollte, war das Ende besiegelt.[6] Kuron hatte letzten Endes keine andere Wahl, als seine Missetaten zu beichten. Einem Kollegen vom Kölner Bundesamt gestand er seinen langjährigen Verrat. Kurze Zeit darauf wurde er verhaftet.
Anfang Februar 1992 stellten die westdeutschen Richter dem HVA-Agenten Klaus Kuron für seine Spionagetätigkeit in Tateinheit mit Bestechlichkeit zwölf Jahre Haft und 692000 DM Strafgeld in Rechnung. Nach Informationen der Generalbundesanwaltschaft hatte sich Kuron während seines Doppelspiels mit seinen HVA-Führungsoffizieren in »ganz Österreich« getroffen.

Wolfs bester Spion

Am 30. September 1990, wenige Tage vor der Festnahme Klaus Kurons, wurde die BND-Regierungsdirektorin Dr. Gabriele Gast alias Dr. Gabriele Leinfelder verhaftet. Die studierte Politologin war an diesem wunderschönen Herbsttag mit ihrem Auto frühmorgens nach Österreich unterwegs und wollte bei Scharitz nahe Mittenwald nach Tirol einreisen. Denn in Innsbruck wurde sie von ihrem »Verlobten« erwartet.[1]
Doch die Reise der geborenen Remscheiderin endete am bayerisch-österreichischen Grenzbalken. Dr. Gabriele Gast alias »Gisela«, so ihr HVA-Deckname, wurde wegen geheimdienstlicher Agententätigkeit für die DDR verhaftet. »Gabriele Gast wollte sich nach Österreich absetzen«, titelte die Austria Presseagentur (APA) unter Berufung auf die »Welt«, die der Flüchtigen auf der Spur war. Der »Stern« wußte auch, warum: Österreich liefere bei politischen Delikten, also auch bei Spionage, nicht aus. Auch Gaby Gast fiel

jenem hochrangigen HVA-Überläufer zum »Opfer«, der Kuron und wahrscheinlich auch die Spuhlers zur Strecke gebracht hatte. Ein früherer MfS-Oberst hatte »zweifelsfreie Hinweise« auf ihre Agententätigkeit geliefert.[2]

Damit endete eine der erfolgreichsten »Doppelkarrieren« – für die HVA – im deutsch-deutschen Spionagekrieg.

Als junge Studentin hatte sich Gabriele Gast im Frühjahr 1968 in die DDR begeben, um für ihre Dissertation über das Thema »Die politische Rolle der Frau in der DDR« an Ort und Stelle zu forschen. Dabei lernte sie Karl-Heinz Schmidt alias Karl Heinz Schneider alias Karliczek kennen und lieben. Schneider, der seit 1965 in der Abteilung XV der Chemnitzer Stasi tätig war, warb die junge Westdeutsche im August 1968 an. Die scheinbar private Ost-West-Beziehung wurde durch eine geheime Verlobung zementiert. Geheim war sie aber nur gegenüber dem Westen.

Von einem Münchner Forschungsinstitut wechselte die wissenschaftliche Mitarbeiterin im November 1973 nach Pullach zum Bundesnachrichtendienst. Im Sowjetunion-Referat begann sie als Frau Dr. Leinfelder, so ihr BND-Deckname, ihre nachrichtendienstliche West-Laufbahn. »Nach Aufnahme ihrer Tätigkeit beim BND verriet die Angeschuldigte Dr. Gast kontinuierlich unter Verschlußsachen-Schutz stehende Erkenntnisse«, so die späteren Ankläger. »Sie entschied in der Regel eigenverantwortlich, welche Erkenntnisse sie an das MfS weitergab.«[3] Später richtete das MfS in der westfälischen Stadt Hagen eigens eine »illegale Residentur« ein, um die künftigen Lieferungen bewältigen zu können. Seit Oktober 1979 wurde außerdem eigens ein Kurier für die Agentin Gisela eingesetzt, der die »Ware« weitertransportierte, indem er sie in Toiletten von Interzonenzügen versteckte. Geld nahm Dr. Gast nicht von der HVA.

Markus Wolf hatte an der Spitzenagentin viel Freude. Der Herr über die HVA-Kundschafter traf seine »Gisela« des öfteren. Ganze siebenmal, wenn die bundesdeutschen Ermittler richtig gezählt haben. 1975 traf der Auslandsspionagechef der DDR seine BND-Perle an der jugoslawischen Adriaküste. Man plauderte, trank ein, zwei Gläser Wein und besprach die Lage.

»Ab 1973 fanden jährlich etwa fünf nachrichtendienstliche Treffs zwischen Dr. Gabriele Gast und ihren (MfS-)Führungspersonen statt«, hieß es in einer Aussendung der Generalbundesanwaltschaft im August 1991, »und zwar vornehmlich in Österreich.« Unter anderem in Innsbruck, Bischofshofen, Zell am See und Bad Gastein.

Im Sommer 1981 reiste die Topagentin der HVA vermutlich über Österreich nach Bratislava. Von dort wurde sie, wie ein Jahr später auch ihr Kollege Kuron, zu einem Treff mit Wolf in die DDR geflogen.[4] 1986 kam es dann zum letzten Zusammentreffen mit dem größten aller DDR-Auslandsaufklärer, denn der ging kurz darauf offiziell in Rente.

Drei Jahre später hatte auch die DDR ausgedient. Die unselige Mauer in Berlin fiel, und auch die MfS-Kaderreihen begannen sich zu lichten.

Anfang 1990 war Innsbruck wieder Schauplatz einer Begegnung zwischen Dr. Gast und ihrem Teilzeit-Weggefährten Schneider alias Schmidt. Beide waren von einer elegischen »Was wird die Zukunft bringen«-Stimmung erfüllt.

Ende März 1990 wurde die Quelle Gisela in allen Ehren abgeschaltet. Während eines Treffs außerhalb der Landeshauptstadt Salzburg traf Dr. Gast alias Leinfelder ihren MfS-Major und »Romeo« Karl Heinz Schneider und den HVA-Führungsoffizier Oberst Karlheinz Stephan. Die Herren erklärten ihr, daß das Ministerium für Staatssicherheit seine Spionageaktivitäten eingestellt habe und daß die Akten, die »Gisela« betrafen, vernichtet worden seien.[5] Dem Kurier Lothar M. übergab sie, nach Auskunft der Karlsruher Chefankläger, ihre nachrichtendienstlichen Hilfsmittel zur Beseitigung.

Zwei Monate später war die Tiroler Landeshauptstadt Innsbruck Ort eines privaten Stelldicheins zwischen Gabriele Gast und Karl Heinz Schneider. Nach Informationen des »Sterns« nächtigte das 68er-Liebespärchen im Goldenen Adler in der Herzog-Friedrich-Straße, im Herzen der geschichtsträchtigen Altstadt, und flanierte durch die Gassen der Inn-Stadt am Fuße des Bergisels. Laut Pressemeldungen war dies das vorerst letzte Rendezvous der beiden. Ende September kam dann das Ende.

Die mit hohen Verdienstorden des Arbeiter-und-Bauern-Staates ausgezeichnete HVA-Agentin und gleichzeitige Vize-Referatsleiterin im BND sah ihren »Karliczek« vor Gericht wieder. Zu sechs Jahren und neun Monaten Gefängnis wurde die ehemalige Regierungsdirektorin Mitte Dezember 1991 vom bayerischen Oberlandesgericht in München verurteilt. Ihre mitangeklagten Kollegen kamen glimpflicher davon. Der Kurier Lothar M. bekam zwei Jahre, der OibE Karl Heinz Schneider eineinhalb Jahre und der Führungsoffizier Karlheinz Stephan ein Jahr Haft – auf Bewährung.

»Handlungsreisende« und ihre Routen

Alle Wege der Geheimdienste aus West und Ost führten damals wie heute nach Wien. Die ostdeutschen Auslandsaufklärer schickten ihre Agenten oft scharenweise in die Donaustadt. Inoffizielle Mitarbeiter der HVA, die »in ihrer bisherigen Tätigkeit bewiesen haben, daß sie treu zur DDR stehen, und sich durch einen festen Klassenstandpunkt, durch Charakterfestigkeit, Bescheidenheit, Verschwiegenheit und sozialistische Moral auszeichneten«, wie es im Ostberliner Parteijargon hochtrabend definiert war, schwärmten als »Reisekader« ins Operationsgebiet.[1] Häufig wurden diese IM nach Österreich geschleust, um dort Führungsoffizieren operativ zur Hand zu gehen. Reisekader fungierten als Kuriere, Instrukteure, Offiziere im besonderen Einsatz oder sogar als Werber.

Eine beliebte Reisekader-Route war der Luftweg von Berlin-Schönefeld nach Wien-Schwechat. Laut Werner Stiller waren oft so viele DDR-Kundschafter auf diesem Kurs in die österreichische Bundeshauptstadt unterwegs, daß die besorgten Spionagechefs in Ostberlin die Anzahl schließlich einschränkten. Von da an durften nur noch zwei IM mit gefälschten Ausweisen in derselben Maschine sitzen. Ein Akt präventiver Schadensbegrenzung, falls die Schwechater Staatspolizei einen Fang machen sollte. »Doch die österreichischen Beamten erwiesen sich meist als ungefährlich«, so Werner Stiller. »Ich selbst habe unzählige Agenten auf die ›Alpenroute‹ geschickt.« Die Reisekader kamen oft als »Doppelgänger« nach Wien. Sie benutzten dazu das Duplikat eines Reisedokuments eines existenten Bundesdeutschen. Die Herstellung war keine Hexerei, das MfS hatte eine hervorragende Fälscherwerkstatt.

Im Doppelgängerausweis prangte das Lichtbild des Agenten, wobei, laut Meckenheimer Staatsschutz, dennoch Ähnlichkeit in Kleidung und Aussehen angestrebt wurde, desgleichen bei der Unterschrift des Inhabers und manchmal auch bei der Personenbeschreibung. »Der Legendenspender, also der echte Bürger, hatte keine Kenntnis vom Mißbrauch seiner Personalien«, so das BKA.[2] An die genauen Daten dieser Westbürger war das MfS meist durch DDR- oder Transitreisen dieser Personen gelangt.

Die Doppelgängervariante – oder auch Vollabdeckung genannt – bot eine Zeitlang einen großen Vorteil: Wurde anläßlich einer Kontrolle bei der Ausstellungsbehörde nachgefragt, so war schließlich alles in Ordnung. Speziell die Westberliner Personalausweise erfreuten sich beim MfS großer Beliebtheit, denn ihr

kleines Format ließ keinen Platz für Ein- und Ausreisestempel. Das machte die Fälschung noch etwas einfacher.
Auf dem Flughafen in Wien-Schwechat führte die niederösterreichische Staatspolizei in Zusammenarbeit mit Kölner und Münchner Verfassungsschützern Schwerpunkt-Aktionen zur Identifizierung operativer Reisekader der DDR-Dienste aus. Nach einem speziellen Raster von Auffälligkeiten wurden die Ankömmlinge aus der DDR von einem bundesdeutschen Verfassungsschützer in Wien-Schwechat durchgecheckt. So wurden unter anderen Reisende im Rentenalter aus dem Kreis der Verdächtigen ausgenommen. Hatten die Spionageabwehr-Beamten eine verdächtige Zielperson herausgepickt, so hefteten sich zwei Staatspolizisten umgehend an deren Fersen. Der Beamte vom Verfassungsschutz rief seine Kollegen in Deutschland an und bat diese zum Beispiel, den angeblichen »Herrn Meier« zu überprüfen. Oft genügte ein weiterer Anruf, um sich Klarheit zu verschaffen. Die Verfassungsschützer riefen bei Meier zu Hause an. Wenn dann dessen Frau meinte: »Mein Mann ist an seiner Arbeitsstelle dort und dort erreichbar«, dann hatten die Abwehrbeamten einen Treffer gelandet. Es kam aber auch vor, daß observierte DDR-Kundschafter keinerlei Aktivitäten an den Tag legten, die den Verdacht untermauerten. Und es kam ebenfalls vor, daß so mancher DDR-Agent seine Nerven verlor. So erinnern sich Staatspolizisten gern an jenen Fall, bei dem ein Reisekader aus Ostberlin mitten in der Nacht aus seinem Hotelzimmer flüchtete und in der rund 60 Kilometer nahen ČSSR eine sichere Zuflucht suchte. Sein Gepäck ließ er allerdings im Hotelzimmer zurück.
Wie erfolgreich diese österreichisch-bundesdeutschen Gemeinschaftsaktionen waren, wurde in Österreich nicht statistisch erfaßt. Jedenfalls führten sie innerhalb des MfS zu Konsequenzen. Spätestens nach der Flucht des Regierungsdirektors Hans-Joachim Tiedge – bis dahin Leiter der Abteilung IV, Spionageabwehr, im Kölner Bundesamt für Verfassungsschutz – Mitte August 1985 in die DDR, wußte das MfS über die Kontrollen auch in Österreich Bescheid. »Kontrollen der Reisekader haben wir immer vermutet«, so ein ehemaliger HVA-Offizier, »nach dem Übertritt Tiedges kannten wir ja den ganzen Mechanismus der Kontrollen, der Reisewegsuchmaßnahmen.«
Laut Buchautor Richard Meier sollen in der Folge bestimmte Reiserouten für DDR-Agenten gesperrt worden sein. Neben dem Mailänder Flughafen wurde auch Wien-Schwechat sowie der tsche-

chisch-österreichische Grenzübergang in der Waldviertler Gemeinde Gmünd auf die Verbotsliste gesetzt. Gerade Einreisen über die Tschechoslowakei nach Österreich waren gang und gäbe gewesen, da sie »relativ gefahrlos unternommen werden konnten«. Hatten die DDR und die ČSSR doch ein spezielles Abkommen getroffen: »Die ČSSR-Visastempel wurden sogar blanko zur Verfügung gestellt.«[3]

Die Pullacher am Donaustrand

Die österreichische Hauptstadt Wien galt neben Berlin, auch in den Augen der HVA, als die bedeutendste »Drehscheibe« internationaler Geheimdienstaktivitäten. »Wir richteten unsere Aufmerksamkeiten auf die westlichen Geheimdienste in Österreich, auf ihre Residenturen, ihre Verbindungsoffiziere in den österreichischen Diensten und auf ihre möglichen Agenten in ihren Schlüsselstellungen«, plaudert ein ehemaliger Wolf-Kundschafter aus der Schule.[1]

So zählten die Residenturen und Außenstellen der CIA in Österreich neben jenen in der Bundesrepublik, in den Augen der HVA, zu den bedeutendsten im deutschsprachigen Raum. Das hatte einen guten Grund. »Die CIA-Station Wien war in einen spezifischen Rotationsrhythmus für die ›Deutschland-Experten‹ der CIA einbezogen«, weiß ein ehemaligen HVA-Offizier. »Wir kannten die CIA-Mitarbeiter, die in kurzen Abständen in den Stationen Bonn, München, Berlin und Wien auftauchten.«

So mancher der amerikanischen Spione pendelte bereits seit Ende der vierziger Jahre zwischen Österreich und Deutschland hin und her. Ähnlich soll es sich auch mit den britischen Nachrichtendiensten auf deutschsprachigem Boden verhalten haben. Eines der Hauptobjekte der ostdeutschen Kundschafter in Österreich war natürlich der Feind Nummer eins: der BND.

Österreich hatte für den BND schon immer besonders große Bedeutung, so ein ehemaliger BND-Mitarbeiter. Begonnen hatte alles schon zu Reinhard Gehlens Zeiten, als die ehemaligen Nazi-Abwehrkader, nach kurzer Unterbrechung, erneut gegen den Sowjetfeind antraten. »Gehlen operierte in Österreich mit Leuten, die halb unabhängig arbeiteten und über die er jene laxe operationelle Kontrolle ausübte, die Sicherheitsgefahren schuf und auf verschiedenste Art und Weise zur Ausnutzung lud.«[2]

Ab Mitte der sechziger Jahre, wahrscheinlich auch schon früher, fanden die Treffen zwischen deutschen Geheimdienstlern und den Österreichern, meist vom Heeresgeheimdienst, in den Alpen statt. Beim Bergwandern wurde geheimes Material ausgetauscht. Zu Beginn, erinnern sich Insider, lief alles noch recht konspirativ ab, aber mit den Jahren wurden die »Treffs« zunehmend lockerer. Die Zusammenarbeit bestand hauptsächlich im Bereich Fernmelde- beziehungsweise elektronische Aufklärung. »Ich erinnere mich an den Oberst Franz Podrazil, der war für den Funk zuständig«, sagt ein Ex-BND-Mann, »mit dem Mann zusammenzuarbeiten, war immer eine Freude.«[3] Der österreichische Heeresgeheimdienstler und seine Kollegen wurden auch immer wieder in »Beschwerdebriefen« genannt, die aus eher dubiosen Quellen stammten und in mehreren Ausfertigungen gezielt an die Öffentlichkeit gelangten.
»Der BND wird weiterhin mit Erkenntnissen der FMAB durch den Chef der Funkabteilung des HNaA Podrazil beliefert«, heißt es zum Beispiel in einem dieser Schreiben aus dem Jahr 1979. So sei Eingeweihten bekannt, heißt es darin weiter, »daß die Aufgabenstellung für unsere Nachrichtendienste zum Teil weniger von österreichischen Stellen als aus Pullach erfolgt«[4]. Viele dieser »Informationen« glauben westliche Experten der »Pressearbeit« der ehemaligen DDR-Kundschafterzentrale zuschreiben zu können. Nichtsdestotrotz wurde mit diesen Unterlagen in Österreich, später auch von Heeresseite, bewußt Politik gemacht.
»Seit Anfang der siebziger Jahre hatte der BND eine Quelle in der Auswertungsabteilung des österreichischen Heeresnachrichtenamts, im Range eines Oberstleutnants«, erinnert sich ein früherer BND-Mitarbeiter. »Diese Quelle hat jedes Jahr den Jahresbericht der militärischen Auswertung von uns bekommen, und zwar von der Abteilung 1 im BND.« Nachsatz: »Im Gegenzug hat er sehr gutes Material geliefert.«[5] Ob die Quelle noch immer aktiv ist, wußte der ehemalige Nachrichtendienstmitarbeiter nicht zu berichten.
Anfang der Siebziger soll der BND Wien zu Operationen benutzt haben, die so actionreich waren, daß sie mit James-Bond-Filmen konkurrieren konnten. Dazu zählte auch die Operation RUN.
1971 war der BND-Stabsoffizier Hans-Dieter R., Deckname »Haton«, vom Nah-/Mittelostreferat ins Referat I A3 – Anbahnung gewechselt. Damals begann man gerade, das Zeitalter der Karteikartenkästen durch den Aufbau einer computergestützten Datenbank zu ersetzen. Der Datenspeicher sollte alle Diplomaten und

Wirtschaftsleute aus den Warschauer-Pakt-Staaten, die auf Auslandstour waren, erfassen. »Analytisch sollte aus dem Lebenslauf und den sonstigen Daten erschlossen werden, wer von ihnen nachrichtendienstliche Bezüge hatte oder als Ansprechperson in Frage käme.«[6] Als eine dieser nachrichtendienstlich-würdigen Zielpersonen warf die Analyse den sowjetischen Major T. aus, der für die GRU an der UN-Mission der UdSSR in Wien tätig war. Der Militäragent aus Moskau schien bestens ins Bild zu passen. Er verfügte, nach Ansicht der bundesdeutschen Nachrichtendienstler, über all jene Schwächen, die ihnen gelegen kamen. Er hatte Ärger mit seiner Familie, immense Schulden und »soff fürchterlich«. »Nachdem T. über längere Zeit observiert worden war, um seine Lebensgewohnheiten und Stammlokale ausfindig zu machen, schien er reif für eine Ansprache als Überläufer.«[7]

Ein Drei-Mann-Team aus der bayerischen Hauptstadt reiste in die österreichische Metropole, um sich mit den Gegebenheiten und der Zielperson vertraut zu machen. Warum die BNDler nicht mit Glacéhandschuhen an die Sache herangingen, um dem Sowjetagenten einen Absprung schmackhaft zu machen, sondern einen »crash approach« vorzogen, ruft heute noch Kopfschütteln hervor. Eines späten Abends fuhr der GRU-Major, angeblich betrunken, mit seinem 15er-BMW von einem Lokal nach Hause. In drei bau- und farbgleichen BMW, die sie zuvor in einem renommierten Wiener Autohaus angemietet hatten, folgten ihm die BND-Mitarbeiter. Auf der Wiener Reichsbrücke schlossen die Fahrzeuge auf und nahmen den Major regelrecht in die Zange. Derart bedrängt, nahm der GRU-Mann mit seinem BMW Reißaus, hatte jedoch keine Chance und wickelte seinen Wagen schließlich, schlecht gebremst, um einen Laternenpfahl. Einer der drei Deutschen ging auf den Unfallwagen zu und sagte zu dem blutüberströmten Sowjetagenten: »Sie haben Probleme, Gospodin T. – wir können ihnen helfen.«[8] Anschließend präsentierten ihm die Herren einen bundesdeutschen Personalausweis, der bereits sein Bild trug. Er hätte nur mehr unterschreiben müssen. Doch der GRU-Agent lehnte dankend ab und ließ sich auch auf keine weitere Diskussion ein. Zu Fuß suchte er das Weite. Für die drei Schattenmänner hieß es, die schmerzliche Niederlage zu parieren und rasch zu handeln. Einer ihrer Mietwagen hatte starke Schrammen abbekommen und wurde erst am nächsten Morgen in München bei einer Filiale des Wiener Autohauses abgegeben. Die beiden anderen, unbeschädigten Fahrzeuge gaben sie in Wien zurück. Angeblich bedurfte es danach noch großer staatspolizeilicher Anstrengungen, um eine verkehrspolizeiliche Untersuchung dieses mysteriösen Autounfalls zu verhindern. Die Operation RUN trug dem BND-Offizier R. den Spitznamen »Der Killer vom Mexikoplatz« ein.

Schon aus Tradition betrachteten die bundesdeutschen Nachrichtendienste Österreich so, als wäre es ein weiteres Bundesland. Lief einmal etwas nicht nach dem Geschmack des BND, dann wurden die operativen Aufträge verschärft. Nach einer »Informations-Anforderung des BND«[9], die in den Akten des MfS ihre Dokumentation fand, war der BND sehr feindselig gegenüber Österreich: »Das Verhalten der Österreichischen Bundesregierung und der österreichischen Wirtschaft beim Besuch Erich Honeckers und besonders der Vertragsabschluß über Zusammenarbeit in Drittländern sowie Lieferungen in die DDR wird in Kreisen des BND als unfreundlicher Akt gegenüber der BRD gewertet. Der BRD-Wirtschaft ging ein fast sicheres Geschäft unerwartet verloren. Alle Hinweise auf ähnliche Möglichkeiten sind zukünftig frühzeitig aufzuklären bzw. zu melden.«

Nach Informationen österreichischer Staatsschützer widmet sich der BND in der Alpenrepublik in den letzten Jahren besonders der Wirtschaftsspionage. »Alles andere würde mich wirklich verwundern«, kommentiert dies ein altgedienter Stapo-Beamter. Den Österreichern bindet man die feindseligen Aktivitäten natürlich nicht auf die Nase. Die »Neutralen« an der Donau hatten immer schon eine eigenartige Beziehung zu den Pullachern. »Die Beziehungen des BND zu seinem österreichischen Partnerdienst waren so eng«, sagt ein ehemaliger Oberst aus dem Auswertungsbereich der HVA, »daß der BND den Informationsfluß aus der Auswertung der Stapo wie einen Quellenvorgang mit eigenem Decknamen behandelte.«

1982 zum Beispiel soll ein BND-Agent mit dem Arbeitsnamen »Rieger« den Auftrag erhalten haben, einen DDR-Staatsbürger namens Bormann, der im Wiener UNO-Bereich tätig war, anzusprechen. Der als Journalist mit dem Fachgebiet militärisch-elektronische Aufklärung getarnte Westagent rückte mit einem Team an, blitzte aber beim Ostdeutschen gehörig ab. Schließlich soll deswegen sogar eine Protestnote der DDR-Regierung im Wiener Außenamt am Ballhausplatz gelandet sein. Für Anwerbungsversuche schien Wien ein beliebter Übungsplatz zu sein. Die Militärattachés der DDR hatten es dem BND besonders angetan. Speziell die ostdeutschen Obristen in Wien waren Zielscheiben.

Jura Hoffmann war bis Sommer 1986 Militärattaché der DDR in Wien. Im selben Jahr starb sein Vater Heinz Hoffmann, seines Zeichens Verteidigungsminister des Arbeiter-und-Bauern-Staates. Für den BND war das Anlaß genug, sich an den Junior heranzumachen. »Der BND wollte eine persönliche Schwachstelle Hoffmanns nutzen«, behauptet ein ehemaliger HVA-Mitarbeiter. Hoffmann, der zuvor in Mexiko und Indien eingesetzt gewesen war, sollte für eine Million DM mit Hilfe der Pullacher in die Bundesrepublik Deutschland übersiedeln.[10]
Doch Hoffmann spielte nicht mit und ließ die Pullacher abblitzen. Die HVA holte daraufhin – so MfS-Mitarbeiter heute – zu einem Gegenangriff aus. Die Gegenspionage wurde auf jene Person vom BND angesetzt, die Hoffmann angebaggert hatte. Wie die Sache dann ausging, weiß der BND wohl selbst am besten.
Westberlin, Ende März 1987. Der BND-Mitarbeiter Ludwig H., Deckname »Hagemeister«, tischte einem von ihm geführten Agenten in der DDR bei einem Treff, wie aus einem vertraulichen Papier hervorgeht, folgende Geschichte über die Werbung eines DDR-Militärattachés auf: »Von den Österreichern bekam der BND die Nachricht, daß der DDR-Militärattaché Urlaub mache. Der BND hat ein Ehepaar hingeschickt, und es kam ein guter Kontakt zustande. Rund 14 Tage verbrachten sie gemeinsam im Urlaub. Wir haben selber gestaunt«, so der BND-Mitarbeiter. Nach kurzer Funkstille meldete sich der Ehemann telefonisch beim Attaché und vereinbarte ein Essen in Wien. Zitat aus einem MfS-Akt: »Schon bei der Suppe hat der Mann dem Militärattaché einen Scheck rübergereicht (...) und die Zusage der Pension eines gleichgestellten Obersten. Dem Militärattaché fiel sofort der Löffel in die Suppe, und er zitterte. Er hat nichts mehr gegessen.« 8000 DM monatlich soll der BND-Mitarbeiter dem DDR-Militär versprochen haben. Mit der Versicherung, sich das zu überlegen, bat dieser um Bedenkzeit. »Drei Tage später war er weg und ist nicht wieder-aufgetaucht.«[11] Der BND-Mann »Hagemeister«, ein Bier- und Malteser-Liebhaber, lief beim MfS unter dem Decknamen »Förster«, denn die von ihm geführte Quelle in der DDR war ein Inoffizieller Mitarbeiter (IM) des MfS. Hagemeisters lockere Erzählungen sind in den »MfS-Treffberichten mit dem BND-MA Förster« nachzulesen. Aus diesen Berichten geht auch hervor, daß der BND hinter allen DDR-Militärattachés im Ausland her war. »Da waren wir überall dran und haben sie selbstverständlich aufgeklärt«, prahlte der BND-Mitarbeiter gegenüber dem MfS-IM. »Bei dreien sind

wir sicher, daß sie wackeln. Die anderen sind absolut bibelfest, da erscheinen alle Bemühungen von vornherein aussichtslos.« So auch beim Fall Hoffmann in Wien. Jedenfalls wurde am 6. August 1986 Oberst Manfred Vieweg als Hoffmanns Nachfolger und neuer Militär- und Luftattaché der DDR in der Hietzinger Frimbergergasse 6–8 akkreditiert.

Bis 1989 hatte die BND-Residentur in Wien bis zu 25 Mitarbeiter. Das war sogar für die Zeit des Kalten Krieges sehenswert. So eine Agentendichte hatte im Vergleich eigentlich nur das libysche Volksbüro, meinen ortsansässige Spionageexperten zynisch. In der Wiener Residentur hatte die BND-Unterabteilung 12, zuständig für die Ostaufklärung, ihre einzige Außenstelle, und diese war mit der halben Mannschaft einer normalen Führungsstelle besetzt.

Die Auslandsresidentur des BND in Wien nahm jedoch zunehmend größere Ausmaße an, schreibt der BND-Insider Erich Schmidt-Eenboom in seinem Buch »Schnüffler ohne Nase«. Nach seinen Angaben sollen um 1988 mehr als 40 Pullacher in Wien gewirkt haben. So sollen die deutschen hauptamtlichen Schnüffler, deren Residentur auch heute noch in der Botschaft in der Metternichgasse 3 etabliert ist, (zusätzlich) ein eigenes Haus bekommen haben. Mit dem Zusammenbruch des Ostblocks habe sich auch die Lage des BND in Wien verändert, wollen Insider wissen. Das A und O des BND in der Donaumetropole sei seither die Wirtschaftsspionage. Die neuen Staaten im Osten spielen weiterhin eine gewichtige Rolle im Arbeitsbereich der Pullacher Schattenmänner mit Dienstsitz an der Donau.

Die deutsche Botschaft im dritten Wiener Gemeindebezirk, in der Metternichgasse, befindet sich inmitten einer »diplomatischen Schlangengrube«. Denn schräg gegenüber logieren die Volksrepublikaner aus dem Reich der Mitte. Und in der Jauresgasse, einer Quergasse gleich ums Eck, ist nicht nur der Sitz der iranischen Mullahfiliale, sondern auch der der Botschaft Ihrer Majestät Queen Elizabeth. Und gerade den Briten sagt man in Wien nach, daß sie die elektromagnetischen Wellen aus den benachbarten diplomatischen Stützpunkten gekonnt herausfiltern. Einen Straßenzug dahinter, in der Reisnerstraße, ist die ehemals sowjetische, heute russische Botschaft angesiedelt. Vom vielstöckigen Gebäude der Deutschen soll man einen guten Ausblick auf die russische »Auslandskommandantur« haben. In österreichischen Nachrichtendienst-Kreisen wird dazu gern folgende Anekdote erzählt: Die deutschen Agenten fotografierten vom obersten

Stockwerk der Botschaft fleißig die ein und aus gehenden Sowjets beziehungsweise Russen. Irgendwann soll die Knipserei der BNDler selbst dem deutschen Botschafter zu bunt geworden sein, denn nicht nur die Russen bemerkten die Hobbyfotografen. Der Chefdiplomat soll Protest eingelegt haben. Ob diese Anekdote nur aus der Laune eines trockenen Martinis entstand oder zur üblichen Veräppelung der deutschen Nachrichtendienstler durch ihre trinkfesteren, befreundeten Wiener Kollegen in die Welt gesetzt wurde, sei dahingestellt.

Glaubt man Insidern, so war der BND, wie die anderen Geheimdienste der Welt, auch bei den KSZE-Verhandlungen, besonders jenen in Wien, aktiv.[12] »Wir wollten Informationen von unseren Quellenführern, um die dann für die Verhandlungen zu nutzen«, erzählt ein ehemaliger Nachrichtendienstler. »Es war immer mindestens ein Mitarbeiter des BND bei den Verhandlungen dabei.« Alles andere wäre auch verwunderlich gewesen. Denn bei den Abrüstungsverhandlungen wimmelte es nur so von Agenten aus dem Osten, und die westliche Welt schickte auch keine Pizzabäcker.

Wien war für den BND auch ein Tor nach Ungarn und in die Tschechoslowakei, und zwar vor allem, weil es viele familiäre Bindungen von Österreichern in diese ehemaligen Kronländer der k.u.k. Monarchie gab und gibt. »Außerdem konnte die österreichische Fernmelde- und elektronische Aufklärung, weil sie näher an Ungarn und der ČSSR dran war, leichter etwas herauskriegen als wir«, bekundet ein früherer Pullacher. Doch das war nicht alles. »Mit Wissen und Unterstützung des österreichischen Partners führte der BND sehr komplexe Maßnahmen gegen das sowjetische Generalkonsulat in Salzburg durch«, weiß ein ehemaliger Gegner aus Ostberlin. »Der BND hatte alle Dossierangaben zur Verfügung, außerdem konnten die Mitarbeiter des sowjetischen Generalkonsulats bei Einreisen in die BRD nur bestimmte Grenzübergänge benutzen. Das war festgelegt worden, um sie besser kontrollieren zu können.« In Salzburg tummelten sich schließlich schon immer viele Agenten, nicht nur Sowjets.

Da westliche Geheimdienste, sogenannte befreundete Dienste wie der BND, in vielfältiger Form mit den Ergebnissen österreichischer Aufklärungsaktivitäten gegen Ost-Nachrichtendienste gefüttert wurden und auch heute noch werden, kümmerten sich auch die Nachrichtendienste aus dem Warschauer-Pakt-Bereich besonders »liebevoll« um diese alpenländischen Institutionen. So hatten Stapo und HNA auch in den Augen der HVA einen ganz bestimmten Stellenwert. »Priorität hatten dabei konkrete Aktionen gegen unsere operativen Maßnahmen, Auftragshandlungen der Österreicher für westlich Geheimdienste, und außerdem interessierte uns das Wissen der Österreicher über ihre westlichen Partner«, erläutert ein HVA-Offizier die damalige Lage, die »neutrale« Alpenrepublik betreffend.

Der Maulwurf in der Stapo

Daß die HVA ein »ziemlich umfangreiches Dossier« über Österreichs höchsten Staatspolizisten Dr. Anton Schulz hatte, der von Mai 1985 bis November 1990 die Obliegenheiten der politischen Polizei lenkte, wird von ehemaligen HVA-Offizieren der Führungsebene nur allzugern bestätigt und ist auch keineswegs verwunderlich. Dr. Schulz, HVA-Deckname »Währing« war immerhin der österreichische Ansprechpartner westlicher Geheimdienste und somit direkt im Fadenkreuz der DDR-Kundschafter. Der Ministerialrat galt in den Augen des MfS als »immer freundlich und begrenzt kooperativ«. Nach Insider-Informationen soll der frühere Stapo-Gruppenleiter unter anderem dem BND alle Türen geöffnet haben, die es nur zu öffnen gab.[1] In der HA III der HVA wuchs schließlich der übermütige Wunsch, Dr. Anton Schulz anzuwerben. Auch die Nachrichtendienste aus den kommunistischen Bruderländern hingen dieser Illusion nach, wie frühere HVA-Mitarbeiter versichern.
Doch nicht alle ostdeutschen Spitzengeheimdienstler waren von der Idee begeistert. Im Gegenteil. »Die Auswerter warnten vor solchen Spekulationen und vor einer Überbewertung der Kooperationsbereitschaft von Dr. Schulz«, so ein ehemaliger HVA-Oberst.[2] Schließlich wurde von einer Anwerbung des Wiener Ministerialrats auch aus anderen Gründen abgesehen.
In einem anderen Fall dürfte die HVA erfolgreicher agiert haben. »Hoher Beamter der Wiener Staatspolizei ein Ostspion«, verkündete die »Kronenzeitung« in einem doppelseitigen Aufmacher Mitte Januar 1994. Am Vortag hatten Gustav Hochenbichlers Kollegen von der staatspolizeilichen Sondereinheit EBT dessen Wohnsitz und sein polizeiliches Büro durchsucht. Nun war endlich heraus, was in Polizei- und Journalistenkreisen über lange Zeit als ein »offenes Geheimnis« galt. Der Stapo-Saubermann Dr. Gustav

Hochenbichler ein mutmaßlicher Diener der DDR-Agentenmaschinerie – ein Ost-Maulwurf in der rechtslastigen Staatspolizei? Der Spionageverdacht für die DDR war neu, der Verdacht, daß Hochenbichler auch für andere Dienste »erledigte«, lag schon länger in der Luft. Mißgünstige Mitarbeiter und ehemalige Untergebene hatten so manche »einschlägige Informationen« ausgestreut.
Der verdächtige Hofrat stritt die Beschuldigungen vehement ab. Die Geschichte des Dr. Gustav Hochenbichler spiegelt vor allem die Geschichte der österreichischen Staatspolizei in all ihren bunten Facetten wider: politische Bespitzelung, massive Ungereimtheiten, alkoholisierte Vernebelung sowie persönliche Intrigen und geheimer Verrat. Ingredienzien, die eine Affäre größter politischer Dimension zum Kochen bringen und selbst parlamentarische Hinterbänkler wachrütteln sollten, mochte man meinen.
Großangelegte Veränderungen im staatspolizeilichen Apparat schienen als Folge so selbstverständlich wie eine detaillierte Schadensbegutachtung und Analyse. Doch in Österreich gehen die Uhren von jeher anders. Statt ordentlicher Beweise »produzierte« die Stapo-Leitung fette Schlagzeilen in der Presse, die schließlich als Bumerang die Staatspolizei selbst trafen. Die amtlich produzierte Propaganda entpuppte sich nicht nur als unprofessionell, sondern mitunter sogar als Rohrkrepierer. Die Stapo und die verantwortlichen Politiker ignorierten lange die Nebenwirkungen, die schließlich zur öffentlich sichtbaren Erkrankung an latenter »Erfolglosigkeit« führten, von der sich der österreichische Sicherheitsapparat bis heute nicht erholt hat.
Am 28. August 1990 seien »die ersten Informationen eines ausländischen Nachrichtendienstes« in der Generaldirektion für die Öffentliche Sicherheit eingelangt, gestand der Innenminister Dr. Franz Löschnak seinerzeit, »die sich auf eine Infiltration der österreichischen Staatspolizei durch das MfS bezogen«.[3] Die Kölner Verfassungsschützer und amerikanische Dienststellen waren dabei den Österreichern bei der »Aufdeckung« behilflich.
Im April 1991 wurde der Ostspionage-Spezialist der EBT und damalige Gruppenführer des Referats 3, Erwin Kemper, von seinem Chef Dr. Oswald Kessler mit vertraulichen Ermittlungen in Sachen Hochenbichler beauftragt.[4] Kemper, ein Nachrichtendienst-Spezialist mit dem ganz persönlichen Steckenpferd Rumänien, genoß in der Stapo den Ruf eines arbeitswütigen Tüftlers.
Der Vorwurf gegen den hochrangigen Polizeioffizier Hochenbichler lautete, er habe zumindest seit den achtziger Jahren für den

Nachrichtendienst der DDR gearbeitet, regelmäßig mehrseitige Berichte übergeben sowie brisantes Material ausgehändigt. Das Magazin »News« wußte auch von Mikrofilmen und Kopien zu berichten, die jene geheimen Informationen bargen, die über Hochenbichlers Schreibtisch gegangen seien.[5] Traf dies zu, so mußten Unmengen an geheimem Material an die HVA gegangen sein. Als zweiter Mann in der Wiener Stapo hatte Hochenbichler nahezu uneingeschränkten Aktenzugang. Führte man den Gedanken konsequent weiter, so blieb eigentlich nur die Frage: Was hatte er der Stasi nicht verraten? Und: Was davon hat die HVA an ihre östlichen Kundschafterkollegen, allen voran den großen Bruder KGB, weitergeleitet?

Doch nicht alles, was die HVA von ihrem IM »Bau« erhielt, war auch wirklich von Interesse. »Wir drängten immer wieder darauf, die speziellen österreichischen Inhalte zu verringern und das Wissen über westliche Geheimdienste vollständig zu erfassen«, erklärt ein ehemaliger HVA-Oberst, unter dessen Leitung die Informationen der Quelle »Bau« ausgewertet worden waren. Viele Einzelfragen in Sachen »Bau« wurden direkt durch den Leiter der Abteilung IX/B zusammen mit einem beauftragten Analytiker beraten und festgelegt. Der ehemalige hochrangige MfS-Offizier resümiert heute: »Ich kann mich an keine besonders beeindruckende und spektakuläre Information erinnern.«

Der Führungsoffizier des Hofrats, Hans-Ulrich Fritz, war von November 1981 bis Herbst 1986 als Zweiter Botschaftssekretär an der DDR-Dependance in der Frimberggasse im 13. Wiener Gemeindebezirk akkreditiert. Der Berliner Fritz war hauptberuflich Oberstleutnant der HVA und gehörte zur Abteilung IX – Äußere Spionageabwehr, die direkt dem HVA-Chef Markus Wolf und später dessen Nachfolger Generaloberst Werner Großmann unterstellt war. »Ulli«, wie Fritz von Kollegen gerufen wurde, war als qualifizierter Mitarbeiter allgemein geschätzt und immer sehr freundlich. Sein großes Maß an Selbstbewußtsein wurde von ehemaligen Vorgesetzten gelegentlich auch als Überheblichkeit empfunden. Nach seiner Rückkehr aus Österreich war »Ulli« Fritz als Referatsleiter tätig, später als stellvertretender Bereichsleiter der HVA-Abteilung IX/B, danach soll er in einen anderen Bereich gewechselt haben.

Die HVA-Residentur an der Wiener DDR-Botschaft war eher klein. In erster Linie betrieb die Stasi Funküberwachung von der Botschaft aus. Die Agenten wurden, laut österreichischen Staatsschützern, »fast nie aus der Botschaft herausgeführt, sondern durch Reisekader«. Doch es gab Ausnahmen. Die Operation »IM Bau« war ein klassischer Ausnahmefall. »Eine Quelle, die so gut plaziert war, konnte nicht über Reisekader geführt werden«, versicherte ein Experte der Stapo.

Hochenbichler und Fritz lernten sich mit den Jahren ganz gut kennen. Fritz sei öfter bei Hochenbichler zu Gast gewesen, sagte dessen Anwalt in einem Zeitungsinterview, doch das sei internationaler Brauch.[6] Natürlich gehören offizielle Kontakte zwischen den Botschaften und der Stapo zum ganz normalen Bürokratenalltag. Da geht es um Visa, Akkreditierungen und polizeilichen Personenschutz. Gab man zum Beispiel in der DDR-Botschaft einen Empfang, wurden unter anderem Extra-Parkplätze und eine polizeiliche Zufahrtsregelung benötigt. Der für die »Sicherheit« zuständige Diplomat, im konkreten Fall Hans-Ulrich Fritz, rief in diesem Fall beim Stapo-Hofrat Hochenbichler an. Der »legale Kontakt« soll, nach Ansicht des Innenministeriums, gut als Abdeckung gedient haben. Hochenbichler soll auch tote Briefkästen (TBK) zur Verratsmaterial-Übermittlung benutzt haben, kleine Verstecke in seinem Wohnhaus in der Innenstadt. Laut Aktenlage sollen diese jeden dritten Dienstag zwischen 14 und 15 Uhr geleert worden sein. Den Führungsoffizier selbst habe der Stapo-Mann nur so alle drei Monate in einem kleinen Hotel außerhalb Wiens getroffen.[7] Aber auch im Ausland soll er seinem DDR-Kundschafter über den Weg gelaufen sein, unter anderem in Finnland. Eine Reise in die DDR, in ein Gästehaus der HVA, soll der dem Alkohol zugetane Beamte ebenfalls unternommen haben. Ein Stasi-Hausmeisterpaar wollte sich an ihn erinnert haben. Doch Hochenbichler stritt auch dies ab.

Bei den späteren Hausdurchsuchungen fanden die EBT-Beamten einige Schmierzettel, die ihrer Ansicht nach viele Aufschlüsse gaben. So hatte Hochenbichler Trefforte, Trefftermine und die Kennzeichen der DDR-Diplomatenfahrzeuge handschriftlich in seinen Kalender eingetragen, ebenso eine Telefonnummer der DDR-Botschaft für »Extratouren«, sowie Treffrouten samt Schleusen und Warnzeichen.[8] Daß ein alter Fuchs – wie es der Hofrat in den Augen seiner Freunde und Feinde einer war – diese Notizen einfach herumliegen ließ, sprach nicht gerade für ihn. Dabei war er doch als besonders »Korrekter« bekannt.

»Der ›James Bond‹ der Wiener Exekutive war überall dabei«, so hieß es zweideutig in der »Neuen Kronenzeitung« über Hochenbichler. Sein »übertriebener Geltungsdrang« habe den Stapo-Hofrat »zum Ostagenten mutieren lassen«.

Gustav Hochenbichler war Mitte der sechziger Jahre in die Wiener Polizei eingetreten und wenige Jahre später zur Stapo gewechselt. »Er verkörperte das Sinnbild des erfolgreichen Staatspolizisten«, heißt es in der Broschüre »Verrat an Österreich«. Schmalkrempiger Hut, mindestens eine Nummer zu klein, dazu ein knielanger Beamtentrenchcoat und eine nicht zu kleine Sonnenbrille verrieten seine geheime Profession. Von 1982 an leitete Hochenbichler das Wiener Staatspolizeiliche Büro. Dort wurde er später berühmt als Anführer der amtlichen »Trittbrettfahrer«, jener staatspolizeilichen Bodyguards, die österreichische Staatsgäste von einem »James-Bond-Auto« aus beschützten. Berühmt-berüchtigt waren auch seine Künste als Einsatzleiter bei Demonstrationen, bei diesen Gelegenheiten zog er meist seine Uniform an. Denn der polizeiliche Frauenschwarm »liebte die Einsätze an der vordersten Front«[9].

Pflichtbewußt, wie er war, so sagen Kollegen, konnte er sogar das uniformierte Fußvolk motivieren. Eine Einschätzung, die nicht alle teilten.

»Die Ineffizienz der Staatspolizei wird unter anderem darauf zurückgeführt, daß einige Stapo-Leute auch während der Dienstzeit dem Alkohol eifrig zusprechen«, hieß es in der »Wochenpresse« Mitte Juli 1987. »Allen voran: der Leiter des staatspolizeilichen Büros, Gustav Hochenbichler.«[10] Man nannte ihn auch den »steifen Gustl«.

Beim Gemüsehändler um die Ecke der Wiener Polizeidirektion am Schottenring, den die »Stapo-zisten« liebevoll »Hansi Schimpansi« riefen, lief die geheime »Aktion Reblaus« im Schichtbetrieb ab. Ob früh am Vormittag, pünktlich zu Mittag oder gemütlich am Nachmittag – die Promille addierten sich. Manche konnten den Hals nicht voll genug kriegen, andere waren wiederum so voll, daß sie »durch Absingen altdeutschen Liedguts« ihre wahre Gesinnung lautstark und ungeniert zum Ausdruck brachten.[11] Kenner verwunderte es daher keineswegs, daß später in Hochenbichlers Keller bei einer Hausdurchsuchung eine Hitler-Devotionalie gefunden wurde.

Hochenbichler stand auch, zumindest von seiten des Innenministeriums, im Verdacht, den Polen gute Dienste erwiesen zu haben. Anfang November 1988 informierte die CIA in einer geheimen Note einen hochrangigen Beamten des Wiener Innenministeriums über den Verdacht, daß der polnische Geheimdienst eine hochrangige Quelle in der Staatspolizei plaziert habe. Die CIA hatte diese Information von einer nicht näher bezeichneten Quelle bezogen.

Demnach gab es bereits seit Ende der sechziger Jahre neben Oberst Adolf G. einen weiteren leitenden Beamten der Wiener Bundespolizeidirektion am Schottenring, der von den Polen angeworben worden war. Die Warschauer Agentenzentrale hatte diesem sehr wertvollen Wiener Polizei-Maulwurf den auffälligen Decknamen »Dichter« verpaßt. Und das aus einem besonderen Grund: »Dichter« lieferte nicht nur Kopien der wichtigen Akten, sondern schrieb auch überaus umfangreiche Berichte. Der polnische Geheimdienst SB revanchierte sich bei seinem Mann am Wiener Schottenring mit ordentlichen Geldgeschenken, wie die amerikanische Quelle zu berichten wußte. Geld habe auch bei der Anwerbung die Hauptrolle gespielt. Geführt wurde der mutmaßliche Stapo-Maulwurf vom polnischen Diplomaten Bogdan R., so die CIA. Bogdan R. war von Herbst 1969 bis Frühjahr 1973 als Erster Botschaftssekretär an der polnischen Vertretung in Wien tätig. Offiziell war R. für die Presseangelegenheiten zuständig, insgeheim war er hauptamtlicher Offizier des Warschauer Geheimdienstes sowie dessen umtriebiger und erfolgreicher Resident in Wien.

Auch als der Nachrichtendienst-Offizier R. wieder in die Zentrale nach Warschau zurückberufen wurde, tat dies der geheimen Beziehung keinen Abbruch. Es wurde angenommen, daß R.s Nachfolger an der polnischen Botschaft in Wien die Führung reibungslos übernahm. R. selbst soll nach seiner Abberufung aus Wien noch mindestens einmal zu einem Treff mit seiner »Spitzenquelle« angereist sein. Mitte der achtziger Jahre soll die Quelle »Dichter« verstummt sein.

Das ließ den Schluß zu, der Agent sei möglicherweise in Rente gegangen. Es liegt aber auch im Bereich des Möglichen, daß »Dichter« von den Polen brüderlich an die Sowjets übergeben worden war. Spekulationen und Verdächtigungen gab es viele. In Sachen »Dichter«, so versichert ein hochrangiger Staatspolizist, hätten sich Hinweise auf Hochenbichler gefunden. Faktum ist jedoch, daß der Hofrat zur Zeit der angeblichen Pensionierung »Dichters«, noch fest in Amt und Würden war.

Gab es vielleicht noch einen »Dritten Mann« im Dienste des Ostens in der obersten Etage der Wiener Polizei? Der polnische

Stapo-Maulwurf mit dem Decknamen »Dichter« wurde jedenfalls offiziell nie enttarnt.
Auch in Sachen »Hochenbichler und die DDR« kamen die Ermittler nicht weiter. Für einen Haftbefehl sei die Beweislage zu dünn, sagte Manfred Schauberger, Ministerialrat im Justizministerium Mitte Januar 1994 einem Redakteur der »Kleinen Zeitung«. In ihrer Verzweiflung appellierten die »Verhörspezialisten« der Stapo sogar an die »Beamtenehre« des mutmaßlichen Spions, wußte die »Krone« zu berichten, als wäre die polizeiliche Vernehmung eine Nestroy-Posse.
Für die Sicherheitsbehörden lag der Fall klar, sprich geklärt, auf der Hand. Der damalige Innenminister Franz Löschnak sagte gegenüber der Zeitschrift »News« im Mai 1994, daß »die Ermittlungen ordentlich gemacht worden sind und der Verdächtige aus der Sicht der Exekutive überführt ist«[12]. Der damalige Stapo-Chef Oswald Kessler legte noch etwas nach und teilte mit, daß von seiner Seite »nicht die geringsten Zweifel an den erhobenen Tatsachen in der Causa Hochenbichler« bestanden.
Dennoch: »Ob Hochenbichler Opfer widrigster Zufälle oder Täter im Sinne des Strafgesetzes ist«, so das Resümee von »News«, »kann nur ein Gericht klären.« Dazu kam es jedoch nie. Der schwer krebskranke Hofrat und »Spion« starb Anfang März 1995 in Wien.
Fragwürdig bleibt weiterhin, warum die Anzeige gegen den Hofrat der Staatsanwaltschaft Wien erst im September 1993 vorgelegt worden war, obwohl die ersten Informationen über den »IM Bau« bereits im Spätsommer 1990 eingetrudelt und schon im April 1991 die staatspolizeilichen Ermittlungen angeordnet worden waren.[13] Hatten sich die staatspolizeilichen Ermittler im eigenen operativen »Indianerspiel« in Hochenbichlers Keller verfangen?
Wie auch immer – von ihrem »IM Bau« wollen die Ostberliner jedenfalls in eine typisch österreichische Spielart der Observationskunst eingeweiht worden sein. Häufig wurden die Auftragsobservationen der österreichischen »Dienste« gegen Maßnahmen östlicher Agenturen so offen und scheinbar »provokativ« durchgeführt, daß jeder Beteiligte sofort begreifen mußte, daß seine Operation erkannt und enttarnt war. »Ich glaube, ›Bau‹ hat uns darauf verwiesen«, so ein Insider, »daß dieses Verhalten nicht eine Frage mangelnder Qualifikation gewesen sei, sondern eine demonstrative Handlung, die mitunter auch gegen die Interessenlagen der westlichen Dienste gerichtet war.«

Unter falscher Flagge

Die HVA beherrschte, wie ihre Partnerdienste auch, die besonders hinterhältige Methode, sich mit fremden Federn zu schmücken, um so westliche Bürger zu einer Mitarbeit zu gewinnen.
»Fremde Flagge« hieß diese gefinkelte Maßnahme im Stasi-Jargon und bedeutete ursprünglich nichts anderes, als daß sich die MfS-Agenten als Mitarbeiter westlicher Nachrichtendienste oder Organisationen ausgaben und unter diesem Deckmantel Informanten und Agenten anwarben. Die »falsche Flagge« war für das Ministerium für Staatssicherheit der DDR eine gewinnbringende Methode, schließlich war es bedeutend leichter, Westbürger für eine Mitarbeit in einem nichtöstlichen Dienst zu verpflichten. Nach dem Motto: Wir Westler sitzen doch alle in einem Boot! Der Sache des Westens zu dienen bereitete den Zielpersonen bedeutend weniger Skrupel.[1]
Legendär ist der Fall der Margarete K., einer ehemaligen Bundeswehr-Mitarbeiterin im NATO-Bereich, die im September 1991 festgenommen wurde. Zuerst war ihre Schwester in die Falle gegangen, als sie sich bereit erklärte, den vermeintlichen Dänen nachrichtendienstlich zu dienen. In Wirklichkeit steckte das MfS dahinter. 1962 hatte Margarete K. in Wien einen Bekannten ihrer Schwester kennengelernt, der sich ebenfalls als Mitarbeiter des dänischen Geheimdienstes ausgab. »Bereits kurze Zeit später verpflichtete der ›Däne‹ Margarete K. schriftlich zur ›konspirativen Mitarbeit‹«, wie im Verfassungsschutzbericht 1991 nachzulesen ist. Dabei spielten Gefühle eine große Rolle. Denn bereits im Jahr darauf kam es zur Verlobung in der dänischen Heimat des Romeos. »Seine Mutter« war ebenso dabei wie sein »dänischer« Chef im Generalsrang. Alles war perfekt inszeniert. Kein Wunder, war doch Margaretes Verlobter im Brotberuf Schauspieler. Der Clou sollte aber erst noch kommen: Als sie in einer kleinen Kirche in Kopenhagen einem katholischen Priester ihre vermeintliche Spionagetätigkeit für das Königreich beichtete, sprach sie auch dieses Geständnis ins Ohr eines DDR-Reisekaders. Die DDR-Kundschafter hatten nichts dem Zufall überlassen.
Die fremden Flaggen waren aber nicht nur direkt auf westliche Geheimdienste zugeschnitten. Das MfS hatte schon sehr früh begonnen, auch westliche Institutionen – wie wissenschaftliche Institute, Industrieklubs sowie Einrichtungen für Öffentlichkeitsarbeit und Sicherheitsfragen – als Auftraggeber vorzutäuschen. So erwies

auch das »Büro des französischen Ministerpräsidenten« dem MfS über dreißig Jahre durchaus gute Dienste.

Am 21. Dezember 1994 erhob der Generalbundesanwalt Anklage gegen den mittlerweile verstorbenen Münchner Journalisten Dr. Gerhard Baumann wegen des Verdachts geheimdienstlicher Agententätigkeit für das MfS.[2] Baumann alias IM Schwarz war laut Anklage von 1956 bis 1990 für die Abteilung XV (Auslandsaufklärung) der Bezirksverwaltung Leipzig tätig. Als deutsch-deutsche Groteske bezeichnete der »Spiegel« den Fall Baumann und höhnte: Ein BND-Zuträger schöpfte als Stasi-Spion jahrzehntelang CSU-Größen ab. Dreißig Jahre lang hatten dem Experten für Sicherheitspolitik Gerhard Baumann alias IM Schwarz viele Türen offengestanden, wodurch er seine Gesprächspartner erfolgreich abschöpfen konnte.

»Um ihn mit Erfolg für eine nachrichtendienstliche Tätigkeit zu gewinnen«, so der Generalbundesanwalt, »spiegelten ihm Mitarbeiter des MfS vor, sie seien für das Büro des französischen Ministerpräsidenten tätig.«[3] Zu ihren Aufgaben gehöre es, gaukelten sie dem »Gutgläubigen« vor, Öffentlichkeitsarbeit für die Stärkung der deutsch-französischen Freundschaft zu betreiben. Der national-konservative Baumann sagte seine Mitarbeit nach eigenen Angaben zu. Daß das angebliche »Büro« als Geheimdienst zu erkennen gewesen sei, bestritt Baumann ebenso vehement wie die Beschuldigung, daß er aus materiellen Gründen für einen Nachrichtendienst tätig gewesen sei.[4] Außerdem behauptete er, erst Mitte der sechziger Jahre mit den Franzosen beziehungsweise der Stasi in Kontakt gekommen zu sein.[5]

Baumann, der inoffiziell auch für den Verfassungsschutz in München arbeitete und ab 1984 vom LfV-Mann »Walter Gastl« geführt wurde, berichtete seinen ostdeutschen »Franzosen« über Vorgänge im BND und im Bayerischen Landesamt für Verfassungsschutz, über das Verteidigungsministerium, die Hanns-Seidel-Stiftung der CSU, die Konrad-Adenauer-Stiftung sowie über außen- und sicherheitspolitische Bereiche. So finden sich die Namen führender CSU-Politiker als vermeintliche IM-Schwarz-Opfer in der Karlsruher Anklageschrift.

Gerhard Baumann schöpfte aber auch Vereine des rechtsradikalen Politspektrums ab. »Da er Kontakte zu nahezu allen rechtsstehenden Vereinigungen hatte«, so die Anklage, »hatte er den Auftrag, das Bayerische Landesamt für Verfassungsschutz über rechtsradikale Bewegungen in der Deutschen Union, Gesellschaft für Wehrkunde, der Deutschen Partei, Deutschen Reichspartei und über die rechtsextreme Gesellschaft für freie Publizistik zu informieren.« Im Deutschen Kulturwerk Europäischen Geistes (DKEG) saß er als Pressereferent im Kuratorium.[6] Gleichzeitig schöpfte er auch seinen Verfassungsschützer »Gastl« ab und ließ die Informationen seinem Instrukteur IM Trautmann zukommen.[7]

Für seine Dienste erhielt der Münchner vom MfS nicht nur Sachgeschenke und Sonderhonorare, sondern auch einen monatlichen Spesensatz von zuletzt 750 DM. Doch Ehre, wem Ehre gebührt. 1982 erhielt der national-konservative IM einen hohen französischen Orden, so die Karlsruher Ankläger. 1985 wurde er sogar zum Ritter der französischen Ehrenlegion geschlagen.[8]

1987 stand der 75. Geburtstag des IM Schwarz ins Haus, und die »MfS-Franzosen« wollten eine gemütliche Feier in Österreich arrangieren. Anfang September 1987 schrieb Oberst Claus Brüning von der Leipziger Stasi-Bezirksverwaltung, Abteilung XV, einen Einsatzplan für eine nachrichtendienstliche Maßnahme im Operationsgebiet Österreich. Das Ziel lag im Innsbrucker Vorort Igls. In der Tiroler Landeshauptstadt sollte der 75. Geburtstag des verdienten Inoffiziellen Mitarbeiters Schwarz gefeiert werden. Laut Einsatzplan war der Blaue Salon im Schloßhotel Igls von der Stasi für eine kleine Jubiläumsfeier reserviert worden. Auch die Dauer, von 12 bis 16 Uhr, wurde schon im voraus genau festgelegt. Mit dabei waren: Oberst Claus Brüning, der unter dem Decknamen Hörnig auftrat. Er gab sich als die Nummer zwei der Franzosen sowie als »Resident des französischen Büros für den deutschsprachigen Raum« aus, obwohl er kein Französisch, dafür aber Plattdeutsch sprach.[9] IM Trautmann, bürgerlich Werner Thümmler, der unter dem Decknamen Werner Trommer den Münchner Journalisten über lange Jahre instruierte. Er sprach unverkennbar sächsischen Dialekt.[10] Außerdem dabei: HIM Veit, der erst seit 1986 mitinstruierte und über Schwarz einen BND-Mann anwerben sollte. HIM Veit, der unter dem Decknamen Dr. Priem auftrat, konnte bisher nicht identifiziert werden, heißt es dazu in der Anklageschrift.

Der feierliche Treff war, laut Plan, von MfS-Mitarbeitern abzusichern. Die »Franzosen« reisten aus Sicherheitsgründen getrennt. Der Oberfranzose Brüning fuhr mit den Abdeckern zuerst nach Wien, »als dienstreisende DDR-Bürger«[11]. »Nach entsprechender Absicherung erfolgt die Weiterreise nach Innsbruck. Übernachtung mit Personalausweis BRD, der die gleichen Grunddaten wie der Dienstpaß enthält«, hieß es im Plan. Als Legende wurde ein

Tourismus-Messebesuch vorgeschützt. Nach preußischer Disziplin wurde jedes auch noch so kleine Detail im vorhinein festgelegt. Selbst die Glückwunsch- und Dankesrede war in Stichworten vorgeschrieben. Und 5000 DM lagen als großzügige Geburtstagsprämie bereit. Als weiteren Vertrauensbeweis übergaben die falschen Franzosen dem greisen IM Schwarz die Anschrift einer Deckadresse in Paris samt Telefonnummer, die HIM Veit aufgebaut hatte.

Die Feier stand aber grundsätzlich im Lichte eines klaren nachrichtendienstlichen Auftrags: »Schwarz« sollte noch im selben Jahr für den HIM Veit, den Agentenwerber, einen Treff mit dem BND-Mitarbeiter Günther S., vom MfS mit dem Decknamen »Zange« versehen, arrangieren, um diesen den »Franzosen« zuzuführen.

BND-Kontakte hatte Baumann. Nach Informationen der Karlsruher Ankläger hatte »Schwarz« seit Anfang der achtziger Jahre mit dem BND-Pensionär Dr. Kurt Weiß, einst Leiter der BND-Schule, eine ergiebige Abschöpfquelle für Informationen aus dem BND. Weiß[12], der 1981 aus dem Dienst ausgeschieden war, hielt weiterhin Verbindung nach Pullach und beriet gelegentlich den damaligen BND-Vize Dr. Paul Münstermann. Er wurde darüber hinaus mit BND-Analysen beliefert und konnte sich über die aktuellen Vorgänge stets ein gutes Bild machen.[13] In den Akten des MfS wurde der Kontaktmann Weiß unter dem Decknamen »Berater« geführt. Der Draht zwischen Baumann und Weiß war exzellent. Weiß bezeichnete Baumann in einem Brief einmal als einen »unverzichtbaren Vertrauensmann des Dienstes«[14]. Wie vertrauensselig Weiß war, bewies die Tatsache, daß er Baumann unter anderem 1988 ein mit dem Geheimhaltungsgrad VS-Vertraulich eingestuftes Papier zu den Kampfgruppen der DDR aushändigte.[15]

Die MfS-Operation »Zange« gegen den BND ging allerdings schief. »IM Schwarz gelang es zwar, die als Agent vorgesehene Person im BND zu plazieren«, so der Generalbundesanwalt, »der Auftrag scheiterte aber, weil der BND-Mann auf die Werbungsversuche nicht einging.« Bereits 1984 hatte das MfS Günther S. als Zielperson ins Auge gefaßt. Mitte April 1985 war Günther S. als Oberregierungsrat in den Pullacher Geheimklub aufgenommen worden, nachdem sich Dr. Weiß für ihn beim seinerzeitigen Präsidenten Eberhard Blum stark gemacht hatte.[16] IM Schwarz alias Gerhard Baumann bedrängte den Neo-Pullacher in den folgenden drei Jahren mit Informationen über seinen »französischen Freundeskreis« und bombardierte ihn mit Einladungen zu Treffen, die der Pullacher jedoch konsequent ausschlug. Nach einem allerletzten »Anstandsgespräch«, so der Sprachgebrauch des MfS, brach der BND-Mann den Kontakt zu Baumann endgültig ab.

Später versuchte der Inoffizielle Mitarbeiter Schwarz den Oberst a. D. Gerhard H., Herausgeber eines Informationsdienstes, als seinen Nachfolger für das »Büro« zu gewinnen. Die »Operation Speyble«, wie sie von den Leipziger MfS-Aufklärern bezeichnet wurde, ging gleichzeitig mit der DDR unter.

Am 30. Juni 1988 traf Baumann erneut seine »Büro«-Kollegen am Fuße des Bergisel, wo ihm »die Schwerpunkte seiner nachrichtendienstlichen Informationsbeschaffung erläutert wurden«. Ein Jahr später, am 31. Mai 1989, reiste der DDR-Kundschafter Brüning nach Stockholm, um mit Baumann über einen geeigneten Nachfolger zu sprechen.

Mitte November 1989 traf Baumann ein letztes Mal mit »Hörnig« alias Oberst Claus Brüning in Wien zusammen. Erst am 26. März 1990 wurde IM Schwarz telefonisch »abgeschaltet«. IM Trautmann alias Werner Trommer erklärte die Zusammenarbeit über Kabel für beendet.

»Eine nachrichtendienstliche Tätigkeit habe ich erst zugeben müssen«, so der strenge Antikommunist Gerhard Baumann in seiner Rechtfertigungsschrift, »als Verfassungsschutz und Bundeskriminalamt mir beweiskräftig nachwiesen, daß ich dem MfS aufgesessen war.« Baumann behauptete weiterhin, »in niederträchtiger Weise gelinkt worden zu sein«. Die Folge sei, nach seinen Angaben, ein psychischer und physischer Zusammenbruch gewesen, von dem er sich nicht mehr erholen könne.

Am 14. März 1996 wurde das Verfahren gegen Gerhard Baumann alias IM Schwarz schließlich aus Krankheitsgründen eingestellt. Im Sommer 1996 starb der DDR-Spion im Alter von 84 Jahren.

Schiffbruch in Kärnten

Am 31. Juli 1984 wurde Wilhelm R. in seiner Münchner Wohnung verhaftet. Der 63jährige pensionierte Bundesmarineoffizier im Range eines Fregattenkapitäns gab sich völlig überrascht, als ihn die Ermittlungsbeamten mit dem Vorwurf der »geheimdienstlichen Agententätigkeit für einen DDR-Nachrichtendienst« konfrontierten. Der ehemalige Stabsoffizier einer psychologischen Verteidigungseinheit leugnete von der ersten Minute an seine umfangreiche Spitzeltätigkeit für den Arbeiter-und-Bauern-Staat. Die Ermittler ließen sich von den eher hilflosen Beteuerungen nicht beeindrucken. Der Spionagefall Wilhelm R. lag für sie auf der Hand. Der federführende Kriminalhauptkommissar der Staatsschutzabteilung des Bayerischen Landeskriminalamtes, W., hielt im Akt »VS – Nur für den Dienstgebrauch« fest: »Der Beschuldigte R. steht im Verdacht, mindestens seit Anfang der 70er Jahre bis zu seiner Festnahme nachrichtendienstliche Aufträge für seine östliche Führungsstelle erledigt zu haben.«

Zeitgleich mit der Festnahme R.s in der bayerischen Landeshauptstadt rückten auch österreichische Staatsschützer aus. Wie mit ihren Kollegen vom LKA abgesprochen, erwirkten die Kärntner Staatspolizisten beim zuständigen Journalrichter einen Hausdurchsuchungsbefehl, nur mündlich, denn Gefahr schien in Verzug. In die Strafanzeige an die Staatsanwaltschaft Klagenfurt schrieben sie: R. und ein gewisser Schneider werden verdächtigt, »Berichte über die psychologische Verteidigung der BRD und NATO, die Rüstung und die Atomwaffenstützpunkte in Westeuropa an eine fremde Macht weitergegeben zu haben«.

Der Marinerentner Wilhelm R. hatte seit Jahren eine Ferienwohnung in der Kärntner Gemeinde Launsdorf angemietet und bewohnte dieses schmucke Urlaubsdomizil an mehr als hundert Tagen im Jahr. Was die Herren aus Klagenfurt mit den kniekurzen Staubmänteln und schmalkrempigen Beamtenhüten in der Absteige entdeckten, hatte es in sich. Unter anderem fanden die Stapo-Agenten eine Minox-Kleinbildkamera, wohl die bekannteste Qualitätskamera der Spionagegeschichte.

Für den Normalbürger bot diese High-Tech-Kamera fast keine Einsatzmöglichkeiten. Weder konnte man mit ihr idyllische Landschaften festhalten noch Gruppenbilder mit Reisegefährten einfangen. Die Minox war seit Jahren ein Synonym für Spionage. Mit dieser Kleinstkamera, nicht größer als ein Wegwerf-Feuerzeug, reproduzierten Agenten aus aller Welt Dokumente, präzise und schnell. Mit der Minox EC und dem 15-mm-Weitwinkel kann man DIN-A4-Seiten aus rund 20 Zentimeter Entfernung problemlos und scharf ablichten. Selbst noch kleinere Schriftstücke im Postkartenformat ließen sich noch klar abfotografieren. Wirkliche Dokumenten-Profis hatten zu ihrer Minox noch zahlreiches Zubehör wie spezielle Reprostative und -lampen, um zu jeder Tages- und Nachtzeit dem Handwerk der technischen Auskundschaftung professionell nachgehen zu können.

Doch Wilhelm R. hatte nicht nur seine Minikamera und mehrere Minox-Filme in Kärnten zurückgelassen. Bereits bei der Durchsuchung in seiner Münchner Wohnung hatten die Fahnder außer Kohlepapier mit einer nachrichtendienstlichen Mitteilung und einem Kuvert mit 4500 Mark eine weitere Minox-Kamera sowie Zusatzgeräte und 16 unbelichtete Filme beschlagnahmt.
Die Klagenfurter Stapo-Beamten schnappten sich das Filmmaterial in der Hoffnung auf eindeutige Beweise und reichten sie an ihre Kollegen vom BKA weiter. Die Beamten des Bundeskriminalamtes in Meckenheim, Abteilung Staatsschutz, bekamen dann das filmische Material zur Auswertung übermittelt.
Die Klagenfurter Polizisten entdeckten aber noch mehr: so zum Beispiel einen Führerschein, ausgestellt auf den Namen Manfred Jürgen Schneider von der Polizei in Frankfurt am Main, und noch weitere persönliche Unterlagen dieses Schneider. Schnell stellten die Dokumentenspezialisten des BKA fest, daß die Autofahrerlizenz eine Totalfälschung war. Zwar war tatsächlich ein Führerschein mit der genannten Nummer von den Behörden in der Mainmetropole ausgestellt worden, doch der Inhaber der Fahrerlizenz war eine Frau. Waren hier Stümper am Werk gewesen? Dennoch kamen die Gutachter zum Schluß, daß diese »Maßanfertigung« in der »Fälscherwerkstatt« des Ministeriums für Staatssicherheit hergestellt worden ist. Ähnliche Papiere waren schon des öfteren sichergestellt worden, fast alle wiesen gleiche Merkmale auf.
An der eingetragenen Wohnadresse in der Frankfurter Ziegenhaimerstraße war ein Manfred Jürgen Schneider weder wohnhaft noch anzutreffen. Auch kannte ihn dort niemand. Eines war den Ermittlern somit klar: Schneider war nur ein Deckname.
Der Kapitän und sein ominöser Schneider, der auch als Dr. Schneider auftrat, kannten einander seit Jahrzehnten. Zuerst nur flüchtig, später entwickelte sich daraus eine enge Bekanntschaft. Das jedenfalls erzählte Wilhelm R. den Staatsschutzbeamten später im Verhör. Der Fregattenkapitän a. D. tischte den Staatsschützern eine seltsame Geschichte nach der anderen auf.
Wilhelm R., Sohn eines amerikanischen Ehepaares, war im Alter von drei Jahren zur Adoption freigegeben und von einer gutsituierten Nürnberger Familie aufgenommen worden. Der Adoptivsohn strampelte sich in der Schule ab und schmiß nach sechs Jahren endgültig das Gymnasium. Im Jahr des Österreich-Anschlusses ans Dritte Reich stieg Wilhelm auf eine Schule für Kolo-

nialfachhandel um. Drei Jahre dauerte diese Fachausbildung zum Krämer. Dann, 1941, rief ihn Hitlers Kriegsmarine zur See. Bis zum Kriegsende bekam Wilhelm R. keinen festen Boden mehr unter die Füße. Schließlich wanderte der Oberfähnrich der Reichskriegsmarine in britische Gefangenschaft. Anderthalb Jahre nach der deutschen Kapitulation heiratete Wilhelm seine Verlobte Erika und begann sich Gedanken über seine berufliche Zukunft zu machen. Die Wahl fiel auf die Sparte der schreibenden Tagelöhnerei. Wilhelm R. besuchte eine Journalistenschule und schlug sich so bis Ende 1950 als Freelance im Raum Nürnberg durch. Doch er kam nicht zurecht, kam beruflich einfach nicht auf die richtige Bahn. Er wurde Vertreter, fungierte als Geschäftsführer diverser Firmen und wechselte dann wieder ins außendienstliche Verkaufsfach.

Ende der fünfziger Jahre, so gab R. zu Protokoll, habe er sich als Wachmann einer privaten Sicherheitsfirma verdingt und als solcher sei er am Haupttor des Nürnberger Justizpalastes postiert gewesen – zur Zeit der Nürnberger Prozesse (!). Genau hier habe er eben diesen Schneider alias Dr. Schneider kennengelernt. »Schneider«, ein in die USA ausgewanderter Sachse[1], ging im Justizpalast ein und aus. Als Angehöriger des »Historical Research«, eines amerikanischen Befragungsteams, so soll sich Schneider vorgestellt haben, versah er seinen Dienst in den oberen Stockwerken des monströsen Gebäudekomplexes. Der Deutschamerikaner kannte den Hausbrauch sehr gut und gab sich durchaus freundlich. Schneider, so erinnerte sich Wilhelm R. im Verhör, erschien mal in Uniform mal in Räuberzivil. Der tägliche Kontakt soll damals über den üblichen Small talk im Vorbeigehen, über das Wetter und die Gesundheit, nicht hinausgegangen sein. Diese Bekanntschaft zwischen Tür und Angel habe mehrere Monate gewährt. Dann hätten sich ihre Wege getrennt.

Im Streß des Verhörs hatte Wilhelm R. die Geschichte etwas durcheinandergebracht. Diese »Erinnerungslücken« oder offensichtlichen Irrtümer sprachen gegen ihn. Der Nürnberger Prozeß hatte bekanntlich nicht Ende der fünfziger Jahre, sondern schon 1946 stattgefunden, und die »Historical Researchers« hatten damit überhaupt nichts zu tun. Die Legende Schneiders war reiner Humbug. In diesem späteren amerikanischen Befragungsteam hatte es einen Schneider nie gegeben. Außerdem war das »Historical Research«-Team ausschließlich in ziviler Kleidung aufgetreten, wie die bayerischen Ermittler recherchiert hatten.

Anfang der siebziger Jahre kreuzten sich R.s und Schneiders Wege wieder. Und das war wohl kein Zufall. Wilhelm R. war mittlerweile in die Bundeswehr eingetreten und hatte eine bewegte Laufbahn hinter sich gebracht. Nachdem er den Job des Wachmannes satt gehabt hatte, versuchte er es wieder als Vertreter, um dann doch noch einmal eine schreibende Laufbahn einzuschlagen. Diesmal textete er gegen Entgelt für das Bonner Verteidigungsministerium; seine Spezialität: Flugblattkampagnen gegen die rote Ostzone.

Wilhelm R.s Operationsraum war die scharfe Grenze im Norden Bayerns. Tonnenweise flatterten Zettelchen mit westlichen Weisheiten in dieser Propagandaschlacht gegen den Kommunismus vom Himmel. Der Kalte Krieg tobte, und Wilhelm R. zählte zu den zahlreichen Einheizern des ideologischen Wettlaufs. In den späten sechziger Jahren wechselte der Propagandist und Provokateur des goldenen Westens im Rang eines Kapitänleutnants in die Bundesmarine.

Als Manfred Jürgen Schneider Anfang der siebziger Jahre zum zweitenmal in das Leben des Nürnberger Berufsallrounders und nunmehrigen Bundesmarineoffiziers trat, brachte er einen Sekundanten namens Schulte mit. Schneider erzählte von seiner neuen Forschungstätigkeit in der britischen Hauptstadt. Er beschäftige sich im Auftrag seiner amerikanischen Dienstherren in London mit politischen Analysen zur Europafrage, erstelle Lagebilder und sammle dazu Material aller Art zur empirischen Auswertung, teilte er mit. Gerade die Frage der Sicherheit in Europa stand an einer der ersten Stellen seines hauptamtlichen Interesses. Nach Ansicht der deutschen Staatsschützer war es schon davor, 1970, zu einem Treffen zwischen Schneider, Schulte, R. und einer weiteren Person in einem Nürnberger Hotel gekommen. Diese Erkenntnis leiteten sie später auch an das zuständige Gericht weiter.

Über sein privates Leben verriet Schneider nur das Notwendigste. Er habe zwei Scheidungen hinter sich und seine dritte Ehe mit einer jungen Frau gerade erst begonnen. Sonst ließ sich Dr. Schneider kaum in die Karten schauen. Er gab weder seine tatsächliche private Anschrift oder Telefonnummer bekannt, noch legte der sächselnde »Freund und Geschäftspartner« dem Kapitänleutnant irgendein offizielles Schreiben aus dem »amerikanischen Institut« vor.

Wilhelm R. war mittlerweile Angehöriger einer PSV-Einheit der Bundeswehr, einer Abteilung zur Psychologischen Verteidigung. Er zählte zu den auserwählten Geheimnisträgern und hatte auch

Zugang zu Dokumenten mit dem Vermerk »streng geheim«. Dazu gehörten feinste Dossiers des Militärischen Abschirmdienstes (MAD) und des Pullacher Bundesnachrichtendienstes (BND).

Wilhelm R. und Manfred Schneider trafen sich nun regelmäßig, mindestens zweimal im Jahr. Anfangs mal in Nürnberg, München, Frankfurt oder Köln sowie in Bonn. Mitte der siebziger Jahre lud Schneider seinen westdeutschen Freund nach London ein. In einem zentral gelegenen Hotel, unweit des berühmten Hyde Park, brachte er den deutschen Offizier unter. Auch der nicht minder geheimnisvolle Schulte war mit von der Partie. In einer nah gelegenen Wohnung kam man dann zur Sache. Das amerikanische Institut, in dem Schneider in einer leitenden Position tätig gewesen sein sollte, bekam R., laut Aktenlage, allerdings nicht zu Gesicht. Das fragwürdige Gespann mit der mysteriösen US-Legende schöpfte den westdeutschen Offizier kräftig ab. Sicherheitsfragen der Bundeswehr, Personalfragen, innere Sicherheit und Informationen über die PSV-Angelegenheiten waren als Gesprächsstoff bei den Treffs an der Tagesordnung. Aber auch »schriftliches, nicht klassifiziertes Material aus Politik, Wirtschaft und Unterlagen aus den Innenministerien« waren gefragt.

Einige Jahre später kam R. wieder zu einem Treffen an die Themse. Auch diesmal lernte er das amerikanische Institut seiner vertraulichen Geschäftspartner nicht kennen. Schneider gab immerhin an, seine Forschungsstelle sei nicht nur im universitären Bereich angesiedelt, sondern habe eine gewisse Nähe zur Central Intelligence Agency (CIA). Das klang top-secret. Die CIA war so etwas wie ein Synonym für den Hort geheimdienstlicher Alchimie.

Wenig später fanden die beiden Vertrauten in Österreich ein kleines Fleckchen, das sie als Treffpunkt für den geheimen Informationsaustausch nutzen konnten. Seit 1977 hatte Wilhelm R. in der Kärntner Ortschaft Launsdorf im Gurktal eine kleine Ferienwohnung gemietet. Rund 15 000 Schilling, etwas mehr als 2000 Mark, betrug die jährliche Miete, eine erschwingliche Erholungsstätte. 1978 war R., inzwischen Fregattenkapitän, in den Ruhestand getreten. So verbrachte er seit dieser Zeit etwa ein Drittel des Jahres in der malerischen Gemeinde, die zwischen dem Krappfeld und der Saualpe eingebettet ist und durch das oberhalb der Ortschaft thronende Schloß Hochosterwitz als landschaftliche Augenweide Postkartenformat besitzt.

Manfred Jürgen Schneider kam zu Besuch und bezog das Gästezimmer. Neben seinem sächsischen Akzent war nur eines auffallend: daß er immer wieder ein kleines, geheimnisvolles Kästchen im Schreibtisch des Gästezimmers einschloß. Was er darin aufbewarte, gab er nicht preis.
Im September 1977 mietete sich Schneider unter Vorlage eines total gefälschten Personalausweises der Bundesrepublik Deutschland in der Kärntner Landeshauptstadt Klagenfurt einen Leihwagen, wie die Fahnder später ermitteln konnten. Auch dieser Ausweis trug einen Stempel der Stadt Frankfurt. Als Vorlage für die Fälschung diente ein fehlerhafter Originalausweis.
Gegenüber den Launsdorfer Vermietern, dem Ehepaar Aloisia und Werner R., stellte sich Schneider als westdeutscher ehemaliger Soldat, Ehemann sowie Familienvater vor. Er schien Gefallen an der Kärntner Landschaft und der deftigen Küche gefunden zu haben, zumindest machte er dies als Vorwand für ein Angebot an seinen Kapitänsfreund geltend. Er schlug vor, von nun an die Hälfte der Kosten für das Feriendomizil zu übernehmen. Wilhelm R. war einverstanden. Jahre später, im September 1983, übernahm Schneider auch noch die halben Renovierungskosten in Höhe von rund 42 000 Schilling, also umgerechnet 6000 DM. Schneider bezahlte seinen Anteil entweder bar oder ließ das Geld, wie zum Beispiel die Adaptierungskosten, von Wien an seinen Freund überweisen. Wilhelm R. unterhielt nämlich bei einem Kreditinstitut seiner Feriengemeinde ein Konto.
Der Ruheständler R. bekam zusätzlich eine monatliche Apanage von rund 800 Mark. Schneider ersetzte dem »Geschäftsfreund« auch jene Barauslagen, die für die Abhaltung der vertraulichen Zusammenkünfte anfielen. R. genoß darüber hinaus das Privileg, für die finanziellen Zuwendungen keine Bestätigungen unterzeichnen zu müssen.
Ende der siebziger Jahre kam Schulte ohne Schneider in die Kärntner Landeshauptstadt und stellte Wilhelm R. einen neuen Kollegen vor. Schulte tauchte sonst jedoch nur auf, wenn Schneider verhindert war. Und Schneider war damals angeblich durch eine Herzoperation für längere Zeit außer Gefecht gesetzt. Der neue Kontaktmann nannte sich »Peter Hoffmann«. Er stellte sich als Mitarbeiter der Schweizer Filiale des amerikanischen Forschungsinstitutes vor. »Pit«, wie er sich rufen ließ, war von nun an immer öfter bei den Treffen dabei. Auffällig war nur, daß das ominöse US-Amt anscheinend ausschließlich Deutsche beschäftigte. Das

amerikanische Institut, das sich mit Sicherheitsfragen in Europa befassen sollte, gab es freilich nicht, weder in London noch in der Schweiz.

Nach der Pensionierung hatten sich Wilhelm R.s Aufgaben radikal verlagert. Informationen aus streng geheimen Akten der Bundeswehr und der Nachrichtendienste konnte er nicht mehr ergattern. Seine »Betreuer« fanden, daß sie ihren Fregattenkapitän außer Dienst im Bereich »Werbung weiterer Quellen« einsetzen sollten. Gleichzeitig ging Wilhelm R. aber auch seinen anderen Nebenbeschäftigungen munter nach. Nach Informationen der bayerischen Staatsschützer war er als freier Mitarbeiter nicht nur für einen Sicherheitsdienst im bayerischen Inntal, eine sicherheitsdienstliche Vereinigung der Wirtschaft und eine Bonner Sozialgesellschaft, sondern auch für den Bundesnachrichtendienst tätig. Außerdem war der umtriebige Rentner, so steht es in den Akten, Kreisvorsitzender des wehrpolitischen Ausschusses der CSU München-Ost sowie Landesbeauftragter des Arbeitskreises Wehrpolitik der CSU in Bonn.

Im Herbst 1981 arrangierte Wilhelm R. ein Treffen zwischen dem ehemaligen Bundeswehr-Obersten und Leiter einer Gesellschaft für Sozialbeziehungen (DGfSB) Rudolf R. aus Bonn, dem Journalisten und ehemaligen SPD-Funktionär Helmut F.-B. und seinem »amerikanischen Sachsen aus London«. Oberst a.D. Rudolf R. war ein ehemaliger Vorgesetzter und ein alter Bekannter von Wilhelm R. Das Treffen fand unter dem Vorwand statt, daß Schneiders amerikanisches Institut möglicherweise die soziale Gesellschaft Rudolf R.s finanzieren könnte. Die 1961 gegründete Gesellschaft betreute aus der DDR geflüchtete NVA-Soldaten und wurde vom Bundesverteidigungsministerium finanziert. 1980 sollte der Geldhahn dann etwas gedrosselt werden, daher waren künftige Co-Finanziers mehr als willkommen.[2]

Zwischen den drei Herren kam es zwar noch zu einem weiteren Gespräch, aber zu keinem Abschluß. Im Gegenteil, mangelnde Zeit und Arbeitsbelastung schlossen für Rudolf R. eine Zusammenarbeit aus. Ende 1982 kam es, laut Aktenlage, nochmals zu einem gemeinsamen Essen in Bonn. Nachdem sich Wilhelm R. Mitte April 1983 bei Schneider in London letzte Anweisungen und die Reisespesen abgeholt hatte, soll er Rudolf R. erneut in Bonn getroffen haben. Wilhelm R. übergab seinem Bekannten 2000 DM für ein Flugticket nach Portugal und wies ihn in die Reisepläne ein. Anfang Mai jettete Wilhelm R. in die República Portuguesa. Im noblen Seebad von Estoril, wenige Kilometer westlich der Hauptstadt Lissabon, hatte Wilhelm R. ein nettes Ferienhäuschen samt Personal gemietet. Wie abgemacht, traf er dort Manfred Jürgen Schneider und Pit Hoffmann. Fünf Tage später kam auch Rudolf R. an. Offiziell war touristisches Sightseeing angesagt, eine mehr als plumpe Tarnung. Denn Schneider war kein selbstloser Wohltäter, sondern ein MfS-Agent mit klaren Befehlen. Er führte nur eines im Schilde: Rudolf R. für eine Mitarbeit zu gewinnen.

Manfred Jürgen Schneider trat während seines Portugal-Aufenthalts unter einem weiteren Decknamen auf. Er nannte sich Henry Alfred Rosin, gab vor, britischer Staatsbürger zu sein und an den Londoner Beaufort Gardens 45–47, einer Quergasse zur Brompton Road, zu wohnen. Doch dort war Schneider alias Rosin gänzlich unbekannt. Allerdings wurden später Experten westlicher Abwehrdienste bei der genannten Adresse hellhörig. Diese Londoner Adresse hatte das frühere DDR-Agentenpaar Schulz-Rosniakowski »anläßlich seiner Eheschließung im Jahre 1972« angegeben. Rosniakowski – Rosin? Den ermittelnden Beamten fielen weitere Parallelen auf. Neben derselben Anschrift in London gaben Schulz-Rosniakowski und Schneider alias Rosin dasselbe Geburtsjahr an, und beide waren geschieden. Interessanterweise wurde Schneider alias Rosin in Portugal von einer Frau mit dem Vornamen Maria begleitet. Auch die Frau des geschleusten Agenten Schulz-Rosniakowski hatte Maria geheißen. Selbst der Altersunterschied des Paars von 13 Jahren stimmte. Daß die Personen möglicherweise identisch waren, ließ den Staatsschützern keine Ruhe.

Auffällig war jedoch die plumpe Unvorsichtigkeit, mit der die Herrschaften vom »amerikanischen Institut« während ihres Aufenthaltes an der Westküste der Iberischen Halbinsel miteinander umgingen. Die angeblichen Amerikaner sprachen, in jenen Momenten, in denen sie sich unbeobachtet wähnten, durchwegs deutsch mit typisch sächsischem Akzent.

Nach einigen Tagen reisten die beiden Portugal-Urlauber, Wilhelm R. und Rudolf R., wieder nach Deutschland zurück. Von diesem Zeitpunkt an spielte Fregattenkapitän a. D. Wilhelm R. den Kontaktmann zwischen seinem Führungsoffizier Schneider und seinem langjährigen Bekannten R., vermerkten die Ermittler jedenfalls im Protokoll.

Wilhelm R. führte seine Aufträge den Anordnungen entsprechend aus. Schneider war anscheinend hoch zufrieden.

In diesen Maitagen des Jahres 1983 hatte Wilhelm R. noch einen weiteren Urlauber nach Portugal gelotst. Wenig Tage vor Rudolf R. war der Journalist und ehemalige SPD-Funktionär Helmut F.-B. nach Estoril gereist. Die Tour an die portugiesische Küste war zeitlich so abgestimmt, daß Helmut F.-B. mit dem Obersten Rudolf R. nicht zusammentreffen konnte. Schneider wollte ein Aufeinandertreffen der beiden »Quellen« unter allen Umständen vermeiden, heißt es im Schlußbericht der Münchner Ermittler.

Den damals 55jährigen Sozialdemokraten hatte Wilhelm R. bereits zwei Jahre zuvor dem Ostagenten »zugeführt«. Der Marineoffizier kannte den Parteimann schon aus Zeiten, als er noch im Dienst war. Schneider hatte deshalb großes Interesse an dem ehemaligen Politfunktionär gefunden, weil er dessen Wissen über Interna zur deutschen Ostpolitik erschließen wollte. Außerdem verfügte Helmut F.-B. über eine umfangreiche politische Dokumentation, die ihm ins Auge stach. Schneider machte dem geborenen Leipziger entsprechende Angebote. Auch in Portugal stand die politische Materialsammlung des früheren SPD-Mannes im Mittelpunkt. Die Herren aus Ost und West diskutierten lebhaft über eine Nutzung dieses Archivbestands. Wilhelm R. wurde auch in diesem Fall als Kontaktmann eingesetzt. Mitunter spielte er auch den Boten, lagerte Unterlagen für Schneider bei sich ein und gab sie dem Ostkundschafter bei günstigen Gelegenheiten weiter. Bis zu tausend Mark pro Monat soll Wilhelm R. der Quelle mit SPD-Vergangenheit im Auftrag Schneiders für die Lieferung »nicht klassifizierter Unterlagen« bezahlt haben.

Im Sommer 1983 trafen sich die beiden Bundeswehr-Pensionäre Wilhelm R. und Rudolf R. in Kärnten. Hier übergab der frühere Fregattenkapitän seinem ehemaligen Oberst Rudolf R. ein Kuvert mit besten Grüßen vom »Geschäftspartner aus London«. Wilhelm R. sprach von Schneider immer nur als seinem Freund und Geschäftspartner. 3600 DM sollen in diesem Briefumschlag gewesen sein. »Manfred Jürgen Schneider war kein edler Spender, sondern er verlangte und erhielt als Gegenleistung schriftliche Informationen. Rudolf R. schickte diese per Post an Wilhelm R., oder wenn es die Zeit zuließ, übergab er das ›spezielle Material‹ persönlich seinem Kontaktmann.«

Genau zu dieser Zeit war Schneiders und Hoffmanns Reisefreiheit anscheinend erheblich eingeschränkt. Hoffmann, so gab Wilhelm R. später zu den Akten, habe er im August 1983 überhaupt zum letztenmal gesehen. Auch die Kontakte mit Schneider blieben aus.

So mußte Wilhelm R. verschiedene Unterlagen von Rudolf R. für seinen Freund und Geschäftspartner bunkern. Er war überzeugt, Schneider »würde sich schon wieder melden«. Denn für Herbst war ein Treffen an den Amsterdamer Grachten angesagt. Schon lange vorher hatten sie einen Termin im Oktober ins Auge gefaßt. Wilhelm R. informierte seinen Bekannten über das bevorstehende Rendezvous. Im Amsterdamer Rijksmuseum sollte der konspirative Treff stattfinden, genau vor Rembrandts »Nachtwache«. Wie bei nachrichtendienstlichen Profis üblich, war zuvor auch ein Ersatztreffpunkt festgelegt worden. Sollte es, aus welchen Gründen auch immer, in Amsterdam zu keiner Kontaktaufnahme kommen, würde das nächste konspirative Tête-à-tête in Dänemarks Hauptstadt, in einem exquisiten Speiselokal, stattfinden. Aber auch dazu kam es nicht mehr. Schneider war anscheinend die Reiselust in den Westen vergangen. Am 5. November 1983 soll es zum letzten Telefonat zwischen Wilhelm R. und Manfred Jürgen Schneider gekommen sein. Schneider soll dabei etwas von einer langfristigen Bewegungseinschränkung gefaselt haben. Dann trat Funkstille ein.
Ob die abgebrühten MfS-Kundschafter gewarnt oder gar auf gegnerische Abwehrmaßnahmen aufmerksam geworden waren, konnte nicht in Erfahrung gebracht werden. Daß ihnen aber westliche Nachrichtendienste auf der Spur waren, stand fest. Denn bereits seit dem Frühjahr 1983 waren Agenten der bundesdeutschen Spionageabwehr hinter der MfS-Zelle »Schneider« her. Rudolf R., der einst in der Organisation Gehlen gedient hatte[3], hegte gegenüber dem sächselnden Amerikaner Schneider seit langem Verdacht und informierte schließlich den Militärischen Abschirmdienst (MAD). Ein MAD-Team heftete sich an die Fersen Wilhelm R.s. In der Zwischenzeit streute Rudolf R. weiterhin das Spielmaterial des MAD.[4] Um den Fregattenkapitän a. D. zog sich die Schlinge immer enger zusammen. Nach mehr als einem Jahr wurde das MfS-Netz um »Schneider« schließlich enttarnt. Am letzten Julitag 1984 legten die LKA-Spezialisten aus München dem mutmaßlichen DDR-Spion Wilhelm R. Handschellen an, und tags darauf brachten sie ihn zur gerichtlichen Verwahrung in die Justizvollzugsanstalt München-Stadelheim, nachdem der zuständige Richter des Bundesgerichthofs die Untersuchungshaft angeordnet hatte. Schneider alias Dr. Schneider alias Rosin blieb untergetaucht.
Am 17. April 1985 wurde Wilhelm R. die strafrechtliche Rechnung präsentiert. Das bayerische Oberlandesgericht München verur-

teilte den ehemaligen Fregattenkapitän »nach Paragraph 99 des deutschen Strafgesetzbuches wegen geheimdienstlicher Agententätigkeit in einem besonders schweren Fall« zu sechs Jahren Gefängnis und zum Tragen der Verfahrenskosten. Die Verlesung der Urteilsbegründung dauerte gut eine dreiviertel Stunde. Der Richter glaubte Wilhelm R.s Beteuerungen nicht, daß die Personen Schneider, Schulte und Hoffmann in seinen Augen mutmaßliche amerikanische Nachrichtendienstler gewesen wären. Die MfS-Connection der Herren mußte ihm schon sehr früh klargewesen sein. Wilhelm R., so kam das Gericht zum Schluß, hatte über 14 Jahre für die Stasi gearbeitet.

Die Roßtäuscher des MfS

Neben dem KGB und dem tschechischen SB, die beide Großmeister im Streuen falscher Informationen waren, betrieb auch das MfS die hohe Kunst der Desinformation. Die Abteilung X der HVA – Aktive Maßnahmen, 1966 ins Leben gerufen, lancierte jahrzehntelang Erfundenes, Getürktes und Verfälschtes in der Westpresse. Innerhalb der HVA galt die dem Leiter unterstellte »Sonderabteilung« der Fälscher und Täuscher lange Zeit als besonders geheim, in Kreisen der Eingeweihten als Spielstätte der kreativsten Köpfe.[1] Und die hatten eine Menge Spaß am Verkohlen des Westens.

»Die Desinformation wird vom MfS angewandt, um unter anderem den Feind über eigene Pläne und Absichten zu täuschen und die Kräfte des Feindes in die dem MfS genehme Richtung zu lenken sowie den Feind zu lähmen.«[2] Die Desinformierer der HVA hatten bei all ihren »Spielen« darauf zu achten, daß sie ihren Falschinformationen die richtige Dosierung verpaßten, um Wirkung und deren Dauer kalkulieren zu können. Die Glaubwürdigkeit der lancierten Mitteilungen war ebenso Voraussetzung wie das Standhalten bei einer Überprüfung.

Daß auch Österreich immer wieder Opfer falscher Meldungen und Informationen aus den Werkstätten der Ostgeheimdienste wurde, gehörte dazu wie das Amen zum Gebet. Im Januar 1984 schlugen die ostdeutschen Falschmünzer gleich zwei Fliegen mit einer Klappe. »Um die Beziehungen zwischen Österreich und den USA zu stören und das Ansehen Washingtons in Westeuropa weiter herabzusetzen, lancierten wir kurz nach der Entscheidung Bonns,

amerikanische Mittelstreckenraketen zu stationieren, gemeinsam mit dem KGB ein ›Beunruhigungspapier‹«, schrieben die beiden HVA-Desinformierer Günther Bohnsack und Herbert Brehmer in ihrem Buch »Auftrag: Irreführung«. Der österreichische Verteidigungsminister Dr. Friedhelm Frischenschlager erhielt damals einen Brief von der seinerzeitigen US-Botschafterin in Wien, Helene van Damm. Darin wurde erörtet, daß im Falle eines sowjetischen Atomschlags Österreich sein Luftraumüberwachungssystem mit dem der NATO verknüpfen sollte. Schon jetzt sollten Vorbereitungen für diesen Ernstfall getroffen werden, hieß es weiter. Damit dieser streng vertrauliche Brief auch seine geplante Wirkung erzielte, war er außerdem der Illustrierten »Basta« zugespielt worden, die ihn veröffentlichte.[3]
In der US-Botschaft in der Wiener Boltzmanngasse und im österreichischen Verteidigungsministerium in der Dampfschiffstraße schrillten die Alarmglocken. Doch wenig später schon konnte Entwarnung gegeben werden. Obwohl die HVA-Fälscher Briefpapier der US-Botschaft verwendet hatten, war die Fälschung für die amerikanischen Experten schnell erkannt. Das verwendete US-Briefpapier war nicht mehr in Gebrauch. Ihr Ziel hatten die HVA-Falschmelder dennoch erreicht: viel Wirbel in der Öffentlichkeit und politischen Hader. »Helene van Damm war uns ein Dorn im Auge, da sie das österreichisch-amerikanische Verhältnis entscheidend verbesserte«, so Bohnsack und Brehmer.

Die dreifachen Bergers

Der Einsatz von »Illegalen« zählte nicht nur zu den Spezialitäten des KGB. Gerade die HVA setzte »Illegale« besonders erfolgreich ein. Das große Netz der DDR-Illegalen war nach Expertenmeinung aus einer Notlage entstanden. Durch seine jahrelange Isolation infolge der Hallstein-Doktrin mußte der Arbeiter-und-Bauern-Staat lange auf offizielle Vertretungen – wie Botschaften und Handelsmissionen – in westlichen Ländern verzichten. Somit gab es auch keine legalen Residenturen. Daher konnte der DDR-Geheimdienst in diesen Ländern seine nachrichtendienstlichen Aufgaben großenteils nur mit »Illegalen« betreiben.[1] Andererseits vertrat man auch in der HVA die Ansicht, wie ihre ehemaligen Kaderleute Klaus Rösler und Peter Richter behaupten, daß man sich nur auf die eigenen Bürger als Kundschafter auch wirklich verlassen könne. Daher galt es, »Kundschafter des Friedens« unter einer falschen Identität über Drittländer ins Operationsgebiet zu schleusen, sie dort als normale Bürger zu »legalisieren« und so gut abzudecken, daß sie ohne Gefahr ihren geheimen Aktivitäten nachgehen konnten.

Die »Illegalen« bedienten sich biographischer Daten anderer, tatsächlich existierender Personen.[2] Die HVA hatte bei diesem Modus zwei große Vorteile. Es gab keine Verständigungsschwierigkeiten, bedingt durch eine Sprachbarriere, und sie konnte sich der Daten jener Bürger bedienen, die – aus welchen Gründen auch immer, oft waren es familiäre – von der Bundesrepublik in die DDR gezogen waren. Ein »Illegaler« übernahm die »Person« des Umsiedlers (Legendenspenders) und begab sich in »dieser neuen Haut« wieder in den Westen. Der gesamte Lebenslauf mit allen Details wurde als »Legende« übernommen. »Mitunter dauerte es Jahre, ehe ein Übersiedlungskandidat sein Pendant so gut kannte, daß er in dessen Haut schlüpfen konnte. Er mußte die Biographie seines ›Originals‹ im Schlaf runterrattern und alle verwandtschaftlichen Verknüpfungen sowie Eckdaten auswendig können, wo wer wann lebte und wo wer was gearbeitet hatte.«[3]

In anderen Fällen wurden Legenden aber auch völlig frei erfunden. Jedenfalls bedurfte die Schleusung eines »Illegalen« in den Westen intensiver Vorbereitungen und Anstrengungen durch die HVA. Ein möglichst langer Einsatz dieser Schattenperson sollte die Mühen belohnen. Mitunter resultierte der enorme Organisationsaufwand in einer Mehrfachnutzung der Daten des Legendengebers.[4] Einer der Paradefälle dieser mehrfachen Ausnutzung war der Fall des »Illegalen Helmuth Martin Berger«, besser bekannt als »Berger I«, »Berger II« und »Berger III«.

Der Installateur Helmuth Martin Berger, Anfang Juli 1938 in Dresden geboren, kam Ende Oktober 1955 in die Bundesrepublik Deutschland. Hier durchlief er wie viele andere auch ein Notaufnahmeverfahren (NAV). Später verdiente er als Rohrinstallateur jahrelang sein Brot in der Bundesrepublik. Um das Jahr 1967 tauschte er den sicheren Boden unter seinen Füßen mit den schwankenden Planken der Seefahrt. Hier endete die Biographie des echten Berger.[5]

Am 21. Juni 1969 tauchte »Helmuth Martin Berger« alias »Berger I« wieder in Deutschland auf. »Berger I« gab vor, aus der südafrikanischen Stadt Johannesburg zu kommen, und meldete sich in Mannheim-Seckenheim polizeilich an. Als Legitimation legte er einen bundesdeutschen Reisepaß vor. Das Dokument war eine Totalfälschung, den echten Papieren des echten Berger nachgebastelt. »Berger I« wohnte in der Mannheimer Kloppenheimer Straße 12 und besuchte die Staatliche Ingenieurschule. Ende Januar 1969 wurde dem jungen Technikstudenten ein deutscher Bundespersonalausweis mit der Nummer F 3458110, sechs Monate später ein Führerschein der Klasse 3, Nummer 0175, und weitere zwei Monate später der Reisepaß D 0848187 ausgestellt. Nach den Angaben im Reisepaß war der Neo-Mannheimer etwas untersetzt, hatte braune Augen und war bloß 173 Zentimeter groß.

Am 11. Februar 1971 stellte der Direktor der Mannheimer Ingenieurschule »Helmuth Martin Berger« (alias »Berger I«) ein Ingenieurzeugnis in Informatik mit der Gesamtnote »gut bestanden« aus. Bergers Thema war »Die Optimierung der Einsatzfähigkeit in Abhängigkeit vom Mitteleinsatz für Materialerhaltung«. Fortan durfte er den Titel Ingenieur führen, den ihm der baden-württembergische Kultusminister per Urkunde verliehen hatte. Danach nahm »Berger I« eine Stelle als wissenschaftlicher Mitarbeiter im Heidelberger Rehabilitationszentrum an. Berger hielt auch Kontakt zu mindestens einem Bundeswehrangehörigen, der im selben Haus wohnte.[6] Und er soll außerdem verlobt gewesen sein. Auffallend an ihm war lediglich sein Hobby: Fallschirmspringen.

Am 30. September 1977 meldete sich »Helmuth Martin Berger« in Mannheim ab. Mit der Begründung, daß er nach Wien ziehe. Um die Glaubwürdigkeit seines Vorhabens zu untermauern, hinterließ er bei seinen Freunden seine vorläufige Kontaktadresse in Wien: das Postfach 311 des Hauptpostamts am Wiener Fleischmarkt.

Doch in Wien tauchte zur damaligen Zeit ein »Helmuth Martin Berger« nur kurz auf. Mitte Dezember 1977 löste er 14 Euroschecks der Volksbank Seckenheim in einer Filiale der Wiener Zentralsparkasse ein. Die Schecks waren mit 14. Dezember 1977 datiert und auf je 300 DM ausgestellt worden. Berger trug auf der Rückseite seine Scheckkartennummer 310511 ein und zeichnete auf der Vorder- wie auch auf der Rückseite mit: H. Berger. Da alle Schecks den Aufdruck »Nur zur Verrechnung« trugen, müßten diese einem Konto gutgeschrieben worden sein. Später gab er ein weiteres Lebenszeichen mit einer Ansichtskarte, die er einem Mannheimer Spezi schickte. Danach ließ er nichts mehr von sich hören.

Erst am 30. November 1979, also zwei Jahre später, tauchten wieder Spuren eines »Berger« in Wien auf. Ein deutscher Staatsbürger dieses Namens meldete sich unter der Adresse Haschgasse 9 in Wien-Simmering polizeilich an. Bis 21. Mai 1980 wohnte der Deutsche dort offiziell. Am 22. Mai 1980 zog »Berger« in die Josefstädterstraße 46 im achten Wiener Gemeindebezirk um. Schon kurz nach seiner Ankunft in Österreich hatte dieser »Berger« eine Stelle als Vertreter für Fachenzyklopädien bei einer Purkersdorfer Handelsagentur erhalten.

»Berger« stellte sich als Elektronikingenieur vor, legte aber keine Dokumente vor. Mitte Januar 1980 erhielt »Berger« eine Beschäftigungsbewilligung. Einen Wiedereinreise-Sichtvermerk (I-299930-79/80) samt Arbeitserlaubnis von der Wiener Fremdenpolizei hatte er schon. In der kleinen Agentur galt »Berger« als sehr verläßlich, korrekt und arbeitsfreudig. Auch rückblickend verloren die Inhaber kein schlechtes Wort über ihren früheren »Vertreter auf Provisionsbasis«. In welchen Kreisen er sich privat herumtrieb, blieb im dunkeln. Auffällig an dem Deutschen war aber, daß er stark gehbehindert zu sein schien, angeblich auf Grund einer Gelenkerkrankung. Finanziell ging es ihm ebenfalls nicht gut, das gab er jedenfalls vor. Anscheinend flossen die Verkaufsprovisionen zu spärlich, denn »Berger« wechselte den Arbeitsplatz. Mitte April 1980 suchte eine Klagenfurter Elektrogroßhandelsfirma per Zeitungsinserat einen Handelsvertreter auf Provisionsbasis im Raum Wien. Noch am selben Tag schrieb »Berger« an die Firma: »Ich möchte mich um die beschriebene Position bewerben.« Er sei Deutscher mit Wahlwohnsitz Wien und schufte zur Zeit als Außendienstmitarbeiter für eine amerikanische Firma. Seine Ausbildung als Ingenieur würde »die Beratung der Kunden sicher erleichtern«. Und, fügte er hinzu, er verstehe etwas von harter Arbeit, noch dazu könne er sich großen Zeiteinsatz leisten, da er »keinerlei feste Bindung im persönlichen Bereich unterhalte«.

»Helmuth Martin Berger« gestand seinem zukünftigen Arbeitgeber auch gleich vorweg, daß er ein Vorkriegsbaujahr sei, »was meinem Tatendrang jedoch keinen Abbruch tut«. 14 Tage später kam die Antwort, Berger solle sich beim Firmeninhaber telefonisch melden.

Er hatte einen exakten Lebenslauf mit all seinen persönlichen und beruflichen Stationen verfaßt, den er persönlich beim Vorstellungsgespräch präsentierte. Demnach wurde er als Sohn einer Hilde Berger, gelernte Verkäuferin, in Dresden geboren. Die Mutter war in den letzten Monaten des Zweiten Weltkrieges gestorben. So wuchs Klein Helmuth, laut eigenen Angaben, bei Verwandten auf. Er besuchte die Volksschule, wechselte nach acht Jahren in eine Erweiterte Oberschule, wo er 1956 sein Abitur ablegte. »Um einen Studienplatz unter Umgehung einer freiwilligen Heeresverpflichtung zu erhalten«, sei er als Bauschlosser und Bauelektriker bei der Dresdner Bau-Union in die Lehre gegangen. Später habe er an der Technischen Hochschule Dresden Allgemeinen Maschinenbau studiert. Die Ausbildung habe er nicht abgeschlossen, denn am 24. Dezember 1959 sei er von der DDR in die Bundesrepublik gegangen.

In der Bundesrepublik, so schrieb der »Flüchtling« weiter, habe er zwei Jahre als Schweißer bei der Ravensburger Firma Escher & Wyss gejobbt und fünf Jahre lang in der Firma Zettl in München die Werkstätte geführt. Bis es ihn dann nach Südafrika verschlagen habe. Er sei deshalb ans Kap gegangen, weil er »das notwendige Geld für ein Studium selbst verdienen« wollte, behauptete er in seinem Schreiben. Im Land der Buren hielt er sich, mal als Polier, mal als Werkstättenchef, fast zwei Jahre bei Roberts Constructions in Durban über Wasser. 1969, so gab er vor, habe er das notwendige Kleingeld zusammengehabt und sei zwecks Studiums in die Bundesrepublik zurückkehrt. Er sei dann in Heidelberg geblieben.

So genau dieser Lebenslauf auch ausgetüftelt war, einen Schönheitsfehler wies er auf: eine Lücke vom 30. Juli 1977 bis zur Anmeldung in Wien am 30. November 1979. Doch »Berger« hatte auch dafür eine Erklärung parat. Nach seinem Ausscheiden als Mitarbeiter des Reha-Zentrums in Heidelberg habe er »als freier Mitarbeiter größerer EDV-Firmen an Marktforschungsprojekten beziehungsweise deren Vorbereitung in Westafrika mitgewirkt«. Das klang jedoch im Gegensatz zu seinen anderen detaillierten Angaben etwas weniger überzeugend. Diese Schwachstelle versuchte »Berger« mit Betonung seiner umfangreichen Vorzüge auszubessern. »Anpassungs- und Kontaktfähigkeit, Durchsetzungswillen, Einfühlungsvermögen und Selbständigkeit« seien seine Stärken, schrieb der MfS-Agent in seine Bewerbung. Damit kam er der Wahrheit wahrscheinlich ziemlich nahe, denn all diese Eigenschaften machen schließlich auch einen »guten« Agenten aus. Dem nicht genug. Der Illegale »Berger« gab noch ein paar private Vorlieben preis. In der Freizeit koche er gern, beschäftige sich mit Zeitgeschichte und sei Liebhaber von Orgelmusik. Hinzu komme, daß er sich in vier Sprachen – Englisch, Französisch,

Russisch und Spanisch – verständigen könne. Er schloß sein Bewerbungsschreiben mit der Versicherung, »alle Angaben wahrheitsgemäß gemacht zu haben« – gezeichnet Ing. Helmuth Berger. »Berger« hatte seine eigene Wahrheit – es war die Wahrheit des MfS.

Wie auch immer, Anfang Juni 1980 bekam »Berger« die Stelle. In der Filiale Josefstädterstraße 2 der Wiener Creditanstalt Bankverein eröffnete er das Konto Nr. 497514060. Einmal im Monat fuhr er nach Klagenfurt, um mit dem Firmenchef Absprachen zu treffen. »Berger« erzielte mit seinen Provisionen rund 10 000 Schilling im Monat, für einen Vertreter ein mageres Salär.

Am 15. Oktober 1980 ging »Berger« zur deutschen Botschaft im dritten Wiener Gemeindebezirk und beantragte die Ausstellung eines neuen Reisepasses. Er legte den in Mannheim ausgestellten Paß, eine Geburtsurkunde und einen Wiener Meldezettel vor. »Berger« erhielt den deutschen Reisepaß F 1628736. Dabei gab es auffällig viele Ungereimtheiten. »Berger« war in der Zwischenzeit um zehn Zentimeter gewachsen (183 cm) und hatte plötzlich auch nicht mehr braune, sondern blaue Augen. »Auf dem Paßantrag ist vermerkt«, heißt es im späteren Verfassungsschutzbericht, »daß das Erscheinungsbild ›Bergers‹ nicht mehr mit dem Foto übereinstimmt, das sich in dem in Mannheim ausgestellten Paß befindet.« Der »Berger«, der angeblich aus Südafrika nach Deutschland gekommen war, genannt »Berger I«, und der, der aus Deutschland über Westafrika nach Österreich übersiedelte, waren nicht identisch. Letzterer war »Berger II« – eine weiterer Stasi-Agent unter ein und demselben Deckmantel?

Ende Mai 1981 gewährte die Wiener Fremdenpolizei »Berger II« einen weiteren Sichtvermerk für ein Jahr. Ende Juni löste die Klagenfurter Elektrogroßhandelsfirma den Vertrag mit »Berger II«. Die Begründung lautete: mangelnde Arbeitsleistung. Wahrscheinlich hatte »Berger II« anderweitig so viel zu tun, daß er seinem Vertreterjob nicht recht nachkommen konnte. Am 1. April 1982 meldete sich »Berger II« bei der Wiener Polizei Richtung Bundesrepublik ab. Wann er Österreich tatsächlich verlassen hat, ist nicht bekannt.

Am 7. Juli 1982 tauchte ein »Helmuth Martin Berger« offiziell in London auf. Er meldete sich unter der Adresse London N 8, Ravenstone Road an. Dieser Berger, »Berger III« genannt, legte bei der Anmeldung jenen deutschen Reisepaß vor, der »Berger II« im Oktober 1980 in der deutschen Botschaft in Wien ausgestellt worden war und noch bis November 1985 Gültigkeit hatte. »Berger III« arbeitete von Ende 1982 bis April 1983 bei einer Londoner Firma für elektronische Büroausstattung.[7] Ab Mitte 1983 lebte er mit einer Engländerin zusammen, der er von seiner Mannheimer Herkunft erzählte. Er gab auch vor, in Mannheim eine Wohnung vermietet zu haben und über Geld auf einem Konto einer Mannheimer Bank zu verfügen. Im Januar 1984 schrieb er sich in die London School of Translators and Interpretors ein, um sich zum Übersetzer für Wirtschaftsenglisch ausbilden zu lassen. Irgendwann, so erzählte »Berger III«, wolle er ein eigenes Übersetzungsbüro einrichten.

»Berger III« fuhr regelmäßig nach Deutschland, jedenfalls gab er das vor, um seine Wohnungsangelegenheiten zu regeln. Doch auch sonst kam er herum. Er bereiste mit seiner Lebensgefährtin das britische Umland, überquerte den Ärmelkanal, um Frankreich und Belgien zu besuchen.[8]

Anfang August 1984 fuhr »Berger III« wieder einmal nach Deutschland. Dringende Mietangelegenheiten standen auf seinem Reiseplan, und darüber hinaus galt es, die Eröffnung seines Übersetzungsbüros in Deutschland vorzubereiten. Nach wenigen Tagen wollte er wieder zu seiner Lebensgefährtin nach London zurückkehren.

Doch »Berger III« kam nicht mehr. Er habe Probleme, die ihn länger an die Heimat bänden, sagte er seiner Engländerin am Telefon. Und er wies seine Partnerin an, sie solle ihre Bekanntschaft zu ihm, falls lästige Befrager auftauchten, abstreiten. Damit war klar: »Berger III« war untergetaucht.

Er war offenbar vorgewarnt worden und wußte, daß etwas gegen ihn im Busch war. Schon seine Abreise aus England glich eher einer überstürzten Flucht. Denn er hatte allererlei verräterische Gegenstände in London zurückgelassen. Zur Freude westlicher Nachrichtendienste, die daraus einige Schlüsse ziehen konnten. Die britische und die bundesdeutsche Spionageabwehr kamen schnell dahinter, mit wem sie es tatsächlich zu tun hatten. Bei der Durchsuchung der Wohnung von Bergers Freundin in London fanden die Geheimdienstler eine Reihe nachrichtendienstlicher Hilfsmittel, unter anderem Verschlüsselungsunterlagen und schriftliche Aufträge seiner DDR-Spionagechefs. Bald war auch klar, daß »Berger III«, ein ausgefuchster »Kundschafter des Friedens«, »auf militärische Einrichtungen einzelner westlicher Länder und der NATO angesetzt war«. Daraus wurde schließ-

lich der Verdacht abgeleitet, daß seine Agentenbrüder »Berger I« und »Berger II« von derselben MfS-Abteilung geführt worden waren.
»Berger III« hatte auch gute Kontakte zu der geborenen Österreicherin Ilona M. Hammer alias Rothe alias Strunze, die bereits im Oktober 1983 jenen Kurs an der Londoner Übersetzerschule aufgenommen hatte, den »Berger III« wenig später belegte.
Ilona M. Hammer alias Ilona M. Rothe war erst seit Ende März 1982 Österreicherin. Seinerzeit sprach sie in der österreichischen Botschaft in Ostberlin vor und legte eine ostdeutsche Heiratsurkunde vor, die besagte, daß Ilona M. Rothe am 11. März desselben Jahres den Österreicher Horst Hammer geehelicht habe.[9] Kaum zu glauben, aber bereits am 1. April 1982 wurde ihr, laut deutschem Verfassungsschutz, die Staatsbürgerschaft der Alpenrepublik zuerkannt. Mit der Bemerkung: »Nach Prüfung der vorgelegten Unterlagen«. Aus der DDR gelangte die frischgebackene Frau Hammer nun nach Irland, von der Grünen Insel auf die britische. Dort ehelichte sie nun einen Mann mit dem klingenden Namen Bryan Waldemar Strunze. Strunze hatte 1980 den Ärmelkanal überquert und sich im Land der Teetrinker niedergelassen. Er bewährte sich als Innenarchitekt und erhielt schließlich, unter Berufung auf seinen britischen Geburtsort, einen Paß des United Kingdom. Strunze war aber gar nicht Strunze. »Strunze« hieß eigentlich Schulze und hatte die Haut eines DDR-Bürgers namens Strunze übergezogen, dessen Mutter Britin war. »Bryan Waldemar Strunze« und »Ilona Strunze« waren schon vor ihrer Hochzeit in London ein Ehepaar, als sie sich noch »Sonja und Reinhard Schulze« nannten und in der DDR lebten.[10]
Die Briten schnappten das DDR-Spionagepärchen und ließen britische Strenge walten: je zehn Jahre Haft. Als das DDR-Agentenpaar Ende August 1985 von der britischen Spionageabwehr aus dem Verkehr gezogen wurde, fand man bei »Ilona M. Hammer« alias »Sonja Schulze« alias »Strunze« die Telefonnummer von »Berger III«, vorsorglich nachrichtendienstlich verschlüsselt.
Die Karlsruher Generalbundesanwaltschaft war auch weiterhin hinter »alias Helmuth Martin Berger«, so hieß der Fall, her und leitete ein Ermittlungsverfahren (7 BJs 168/85-3) ein. Doch das Bergersche Phantom-Trio war durch die mit diesem Fall beauftragten Meckenheimer Staatsschützer (ST 12) nicht zu enttarnen. Bereits am 11. September 1986 stellte die Generalbundesanwaltschaft das Verfahren ein.

Das Rätsel des illegalen »Norwegers«

Mitten im Zweiten Weltkrieg, am 23. September 1941, brachte eine Norwegerin in Oslo einen unehelichen Sohn zur Welt. Der Vater des Kindes war angeblich Soldat der deutschen Wehrmacht. Kurze Zeit später wurde der Säugling seiner Mutter weggenommen und in den Osten Deutschlands, in ein NS-Kinderheim verfrachtet. Der Bub wuchs nach Kriegsende und dem Mauerbau in einem Heim der DDR heran, bis sich später Pflegeeltern seiner annahmen. Das traurige Schicksal eines Kriegskindes, wie es Abertausende gab, möchte man meinen. Doch diese Geschichte sollte noch ein Nachspiel haben.

1965, also 24 Jahre danach, erhielt die norwegische Pfarre, in der die Geburt des Kindes registriert worden war, einen Brief aus dem Arbeiter-und-Bauern-Staat. Der Schreiber gab vor, eben jenes uneheliche Kind zu sein, schilderte seine Geschichte und bat um die Ausstellung eines Geburtsscheines. Dieser Bitte kam der zuständige Pfarrer gern nach, obwohl kaum jemand die Angaben nach so langer Zeit noch nachprüfen konnte. Doch der junge Mann schien auf der Suche nach seinen familiären Wurzeln zu sein, zumindest wollte er seine Herkunft nachgewiesen haben. Kurze Zeit später fuhr der gebürtige Norweger zur königlich-norwegischen Militärmission in Westberlin. Auch dort gab er seine traurige Geschichte zum besten. Sein Name sei Ludwig B., er sei der uneheliche Sohn einer Norwegerin und als Waise aufgewachsen. Nun beantrage er die Ausstellung eines Reisepasses des norwegischen Königreichs. Den besagten norwegischen Geburtsschein hatte er gleich mitgebracht. B. erhielt tatsächlich das heißersehnte Nationaldokument, und bereits 1966 übersiedelte er von der DDR nach Norwegen. Doch dort hielt es ihn nicht lange. Seine nächste Station war Westdeutschland. Der Neo-Norweger schien rast- und ruhelos zu sein, sagte auch der Bundesrepublik bald wieder adieu und siedelte zurück in den kalten Norden. So ging es noch mehrmals hin und her.

Ende der sechziger Jahre heiratete B. schließlich die Breslauerin Annerose. 1972 übersiedelte das Ehepaar B. nach Wien. Doch auch in der österreichischen Bundeshauptstadt faßten sie nicht Fuß. Sie zogen aufs Land. Ludwig erhielt in einer niederösterreichischen Ortschaft, eine gute Stunde südlich von Wien gelegen, einen Job. Die B.s übersiedelten nach Sankt Aegyd am Neuwalde. In der kleinen Gemeinde am Fuß des Schneebergs arbeitete Ludwig B. in der damaligen Sankt Aegyder Eisen- und Stahlindustrie. Dieses Stahlwerk firmierte später als VÖEST-Alpine Werkzeug und Draht AG, ein Unternehmen der verstaatlichten Industrie Österreichs.

Die »Zugereisten« lebten unauffällig und ließen sich nichts zuschulden kommen. Nach einiger Zeit suchte das eigentümliche Paar um die österreichische Staatsbürgerschaft nach. Dies dauerte gewöhnlich an die vier Jahre, vorausgesetzt, man hatte einen guten Leumund und eine geregelte Arbeit. 1976 wurden die B.s dann tatsächlich von der niederösterreichischen Landesregierung eingebürgert.

Im Jahr darauf, 1977, geriet Ludwig B. zum erstenmal ins Visier bundesdeutscher Behörden, genauer der deutschen Spionageabwehr. Während einer Reise in die Bundesrepublik, so teilte diese ihren österreichischen Kollegen mit, hätte sich der Neo-Österreicher in auffälliger Weise an Angehörige der deutschen Bundeswehr herangepirscht und dabei verdächtig gemacht. Damit erhielt der ohnehin schon mysteriöse Lebenslauf B.s eine zusätzliche geheimnisvolle Note. Zuerst DDR-Staatsbürger, dann Norweger, zwischendurch Aufenthalte in Westdeutschland und schließlich eine neuerliche Wandlung zum Österreicher? Das Fragezeichen deuteten die österreichischen und deutschen Abwehrbehörden übereinstimmend als klassische »Verschleierung der wahren Identität«. Somit war der »begründete Spionageverdacht« gegeben, und die Vermutung lag nahe, daß B., ein »Illegaler«, ein Mitarbeiter der DDR-Staatssicherheit sei. Anfang 1979 wurde B. von der österreichischen Staatspolizei eine Zeitlang beobachtet. Das Ergebnis war jedoch mehr als dürftig. Die Beamten konnten keinerlei Anhaltspunkte für eine Spionagetätigkeit finden.

Auch aus Gründen der Prävention informierte die Stapo B.s Arbeitgeber über den schlimmen Verdacht. Vielleicht ging es um Werkspionage? Man konnte schließlich nie wissen.

Einige Zeit später passierte dem Industriearbeiter B. ein kräftiger Schnitzer. Er stellte einen Antrag auf Ausstellung eines neuen österreichischen Reisepasses. Beim Ausfüllen des Formulars unterlief ihm jedoch ein Fehler. In der Rubrik »Vorname des Vaters« schrieb er »Ernst«, obwohl sein Erzeuger Ludwig geheißen hatte. Der gravierende Lapsus rief die Wiener Stapo erneut auf den Plan. Nur leider umsonst. Auch diesmal kam man nicht weiter, kein handfester Beweis für Spionage weit und breit. Im Juni 1983 wurde B. zur Staatspolizei zitiert. »Er bestritt entschieden«, schrieb der damalige Stapo-Chef Dr. Armin Hermann in einer »Information für den Bundesminister« datiert mit Dezember 1983, »irgend etwas mit einem Nachrichtendienst zu tun zu haben.« Wenige Monate später verschwanden die B.s aus Österreich.

»VÖEST-Chemiker auf mysteriöse Weise verschwunden«, meldete die »Kronenzeitung« Anfang Dezember 1983. Schnell machten Spekulationen die Runde, die »Österreicher« seien gegen ihren Willen in die DDR verschleppt worden. Die B.s waren tatsächlich in die DDR gereist. Jedoch »unter Verschleierung ihrer Absicht«, wie die Staatspolizei erfahren mußte. Für die Stapo lag daher der Verdacht nahe, daß B. durch seine Auftraggeber von seiner Mission abberufen worden war. Wahrscheinlich hatte das amtliche »Interview« durch die Polizei dafür den Ausschlag gegeben.

»In den letzten Monaten wurde uns viel Mißtrauen bezüglich Ludwigs Heimat und Gesinnung entgegengebracht«, schrieb Annerose B. an ihre in Westdeutschland lebende Schwester. »Ludwig wurde mit Behauptungen konfrontiert, für welche jede Grundlage fehlte.« Nachsatz: »Wir sahen keine gesicherte Zukunft mehr in Österreich.« Die B.s waren nun angeblich in Fürstenwalde an der Spree, zwischen Berlin und Frankfurt/Oder, seßhaft geworden.

Die österreichischen Behörden rätselten noch lange, was B. nun tatsächlich in die Alpenrepublik getrieben hatte. Die Firma in Sankt Aegyd, in der er über Jahre gearbeitet hatte, verfügte wie alle staatlichen österreichischen Betriebe über Geschäftsverbindungen in die DDR. Der Verdacht auf Industriespionage kam für die österreichischen Ermittler auch aus diesem Grund nie wirklich in Frage.

»Wenn man davon ausgeht, daß B. tatsächlich im Auftrag des Ministeriums für Staatssicherheit in Österreich war«, hielt der Stapo-Chef Dr. Hermann in einem Aktenvermerk lapidar fest, »so ist seine Aufgabenstellung rätselhaft.« Und das ist sie bis heute geblieben.

Stasi-Überfall am Neusiedler See

Daß Geheimagenten vor wirklich nichts zurückschrecken, wenn es darum geht, den Feind auszutricksen, weiß heute jedes fernsehende Kind. Auch die Späher und Lauscher der Staaten in West und Ost müssen vorgegebene Ziele erreichen, koste es, was es wolle. Gesetze sind dabei kein Hindernis, im Gegenteil, sie zu brechen macht für viele erst den Reiz ihrer schmutzigen Arbeit aus. Rücksichten werden nur dann genommen, wenn sie der eigenen Tarnung dienen oder um politische Auftraggeber nicht von vornherein und allzu plump zu desavouieren. Der geheime Machtapparat bedankt sich bei seinen willfährigen Mitarbeitern mit enormen Karriereschüben für die erledigte Drecksarbeit. Doch wer nicht mit Leib und Seele mitmacht, vielleicht sogar leise Bedenken anmeldet, der gilt in der Regel als nachrichtendienstlich nicht verwendbar, also schlicht als Versager.

In den fünfziger und sechziger Jahren fanden Entführungen und Verschleppungen von West nach Ost ebenso regelmäßig statt wie Ostern und Weihnachten. Im Kalten Krieg galt das geheimdienstliche Faustrecht als probates Mittel der Machtdemonstration. Immer wieder kam es auf beiden Seiten der politischen Blöcke zu gemeinen Brutalitäten, zu Mord und Mordversuchen. Dabei hatten die östlichen Agenten die Nase – zumindest zeitweise – deutlich vorn. Aufsehenerregende Geheimdienstverbrechen, der Stoff, aus dem Agententhriller sind, wie der berühmte Regenschirmmord oder die oft beschriebenen Mordversuche durch vergiftete Speisen, sind da wohl nur die Spitze des Eisberges. Viele Verbrechen durch staatliche Dienste wurden gar nicht erst als solche erkannt, weil der wahre Hintergrund den Ermittlern verborgen blieb. Andere wurden der Öffentlichkeit gezielt als »normale« Verbrechen ohne politischen Hintergrund präsentiert, um sich peinliche Fragen zu ersparen. »Schwamm drüber« ist eines der Gebote der Geheimdienstwelt.

Ein Menschenleben zählte in der geheimen Schattenwelt des Kalten Krieges nur so lange, wie die Person sich als nützlich erwies. Wer nicht mehr funktionierte, wurde eliminiert, zumindest psychisch.

Daß die Agenten der HVA zu Zeiten ihres Generalmajors und Vizeministers Markus Johannes Wolf ziemlich brutal vorgingen, ist bekannt. Daß Wolfs Truppe dabei oft auch äußerst plump und ungeschickt verfuhr, dafür ist der Fall des westdeutschen Staatsbürgers Reinhard L. ein Paradebeispiel.

Der Kölner Regierungsdirektor Reinhard L. beschloß 1985, einige Wochen seines Sommerurlaubs in Österreich, im Burgenland zu verbringen. Der Neusiedler See in der pannonischen Tiefebene, rund 50 Kilometer von Wien entfernt, hatte es dem gebürtigen Wilhelmshavener angetan. Der malerische Steppensee mit seinem dichten Schilfgürtel und seinen weiten Sumpfausläufern stand in der Beliebtheitsskala deutscher Touristen schon immer weit oben. Die im Osten von den Weinhängen des Leithagebirges begrenzte, kaum zwei Meter tiefe braune Lache und das trockene, aber heiße Klima ziehen Urlauber seit Jahrzehnten magisch an. Die reichhaltige Palette schöner Weine rundet den Urlaub auch geschmacklich aufs angenehmste ab.

Mitte August fuhr der 49jährige Reinhard L. also mit seinem VW Jetta aus der Domstadt Köln Richtung Österreich. Nach einem ersten Zwischenstopp im bischöflichen Regensburg erreichte er nach einer weiteren Tagesfahrt die Kleinstadt Rust am westlichen Ufer des Neusiedler Sees. Etwas abseits des Hauptplatzes der Weinbauerngemeinde, in der Krautgartenstraße, quartierte sich der Regierungsdirektor in einer Privatpension ein.

Dort hatte man ihn bereits erwartet. Der freundliche Vermieter verständigte einen gewissen Herrn Severin sogleich, daß sein Freund angekommen sei. Eberhard Severin, ebenfalls aus Köln und Freund von L., weilte schon etliche Wochen in Österreich. Er war im Zuge seiner Arbeitssuche in die Alpenrepublik gekommen. Erfolgreich, wie es schien. Das gab er jedenfalls vor. Die beiden Freunde aus der Rheinmetropole, die hier in Österreich der pannonischen Eß- und Trinkkultur frönten, kannten sich seit mehr als zehn Jahren. Vor allem der 50jährige Eberhard Severin konnte an keinem gedeckten Tisch vorbeigehen. Der frühere DDR-Flüchtling, als solcher gab er sich jedenfalls aus, wog hundert Kilogramm bei einer Körpergröße von nur 1,60 Meter. Daß er durch den übermäßigen Leibesumfang nicht gerade der Gesündeste war, konnte man schon auf den ersten Blick erkennen. Doch auffällig an Severin war nicht nur seine barocke Statur, sondern auch seine scharfe Adlernase und die ausgeprägte Nikotinsucht. Er bevorzugte Glimmstengel mit schwarzem Tabak der französischen Marke Gitanes. Und die konsumierte er in Unmengen. Trotz seiner Kettenraucherei wirkte er aber keineswegs nervös, im Gegenteil, den dicken Deutschen konnte scheinbar nichts so schnell aus der Ruhe bringen.

Severin war schon vier Tage vor L. mit einem Autobus aus Wien angereist. Bereits im Juli hatte er von Köln aus, per Telefon, die Urlaubsunterkunft, ein Doppelzimmer, fix gebucht. Er wollte bis Anfang September verweilen, und alles schien seinem Geschmack zu entsprechen. Gleich nach seiner Ankunft blätterte er die 7000 Schilling Übernachtungskosten, rund tausend Mark, bar auf die Rezeptionstheke.

Am frühen Abend des für L. mühevollen Anreisetages trafen sich die beiden Kölner und schlenderten gemütlich durch die Ruster Kellergassen, wo der Rebensaft nicht nur traditionell gelagert, sondern auch konsumiert wird. Erst um Mitternacht ließ man das feuchtfröhliche Beisammensein ausklingen. Am nächsten Morgen, gleich nach einem ausgiebigen Frühstück, pendelten die beiden Sommerfrischler ins benachbarte Sankt Margarethen, ein Dörfchen an der ehemaligen Bernsteinstraße. Nach einem Spaziergang durch den Steinbruch ging es zurück nach Rust, und man flanierte erneut durch die engen Gassen des knapp 2000 Einwohner zählenden Städtchens.
Am dritten Tag ging man zur Abwechslung mal getrennte Wege, zumindest bis Mittag. Reinhard L. marschierte kurz nach dem Frühstück die lange Seestraße hinunter, um den Badestrand zu begutachten und im handwarmen Naß ein paar Tempi zu schwimmen. Kurz nach Mittag kehrte er in den Ort zurück. Dort traf er seinen fülligen Urlaubskameraden, und man brach diesmal gemeinsam in Richtung Seeufer auf. Severin wollte dem Kölner Freund einige seiner neuen Arbeitskollegen vorstellen. Er gab vor, bei einer renommierten internationalen Spedition in Wien Arbeit gefunden zu haben. Der Weg zum vereinbarten Treffpunkt führte die beiden nicht an den morastigen Schilfstrand, sondern sie bogen auf halbem Weg in eine Feriensiedlung ein, die aus Pfahlbauhütten besteht und im meterhohen Schilf ziemlich versteckt ist. Am Eingang des Feriendorfes stand ein Mann Mitte Zwanzig, so als hätte er bereits auf die beiden gewartet. Nach ihrem Eintreffen machte er ohne ein Wort kehrt und führte die beiden Kölner über einen aus Latten gezimmerten Holzsteg zum Stelzenhaus Nummer 12a. Dieses und das Häuschen Nummer 7a waren von zwei Deutschen für eine Woche und knapp 2000 Mark gemietet worden. Der eine, er nannte sich »Joachim Schneider«, gab sein Alter mit 29 an und trug eine Westberliner Adresse als Heimatanschrift ins Hotelbuch ein. Sein Begleiter hieß »Ralf Haustein«.
Die Eingangstür zur Hütte 12a, eine Schiebetür aus Glas, stand offen, und man trat ein. Drinnen saßen zwei Herren mittleren Alters an einem Tisch, spärlich in legeres Strandzivil gekleidet. Auch sie schienen bereits gewartet zu haben. Der jüngere, ein großgewachsener Kraftprotz um die 50, hatte eine auffällige Narbe am Bauch, der andere, gut zehn Jahre älter, trug eine Brille in einem Dackelfaltengesicht. Nach der höflichen Begrüßung war Reinhard L. klar: Österreicher waren die beiden nicht. Der jüngere hatte eindeutig

eine Berliner Schnauze. Der Brillenträger blieb während des folgenden Small talks stumm. Zuerst wurde den Besuchern Kaffee serviert, danach Bier. Doch plötzlich stand der mutmaßliche Berliner auf und verkündete mit tiefer, fester Stimme: »Ich bin Offizier des Ministeriums für Staatssicherheit, genauso wie die beiden anderen.« Reinhard L. traute seinen Ohren nicht. Er, der Regierungsdirektor des Kölner Bundesamtes für Verfassungsschutz, war offensichtlich in eine MfS-Falle getappt. L. sprang auf und hechtete zur Tür hinaus. Doch er kam nicht weit. Die Stasi-Männer stürmten hinter ihm her und rissen ihn zu Boden. Drei junge Männer, die vermutlich vor der Hütte postiert gewesen waren, kamen ihren Agentenkollegen zu Hilfe. Reinhard L. hatte gegen diese Übermacht keine Chance. Er brüllte sich die Seele aus dem Leib, doch niemand kam. Seine Hilferufe wurden zwar gehört, aber, so gab eine Zeugin später an, sie habe eher angenommen, daß es sich um einen Lausbubenstreich handle und jemand gegen seinen Willen ins laue Naß des Sees verfrachtet worden sei.
Die Kidnapper schleiften den Verfassungsschützer in die Hütte. Dessen Beine waren aufgeschürft und bluteten. Die Stasi-Spione schrien nun ihrerseits auf den Westler ein, er möge doch endlich seinen Widerstand aufgeben. Schließlich wolle man mit ihm doch nur ein »sachliches Gespräch« führen. Nun mischte sich auch Freund Severin mit dem Satz »wir sind doch alle Profis« in das üble Spiel ein. Sein Ratschlag: Reinhard L. solle sich einfach ruhig verhalten.
Dann kam man zur Sache und machte dem Regierungsdirektor ein Angebot: Kontakt halten und Gespräche führen. Keine Frage, das war ein klassischer Anwerbungsversuch. Reinhard L. lehnte ab. Doch seine Chancen, noch einmal lebend aus der Holzhütte mitten im Schilf des Neusiedler Sees herauszukommen, standen nicht gut. Seine verzweifelten Fluchtversuche wurden jedesmal schnell und unsanft unterbunden, die Tür schließlich versperrt. In der Not änderte der Verfassungsschützer seine Taktik. Er bot – allerdings nur zum Schein – an, sich mit »Eberhard Severin«, seinem »Freund« aus Köln, in den nächsten Tagen am Wiener Westbahnhof treffen zu wollen. Am 24. August 1985, kurz nach sechs Uhr abends, sollte das Rendezvous stattfinden. Im Getümmel der Reisenden können sich Agenten ganz unauffällig treffen, weshalb Wiens Bahnhöfe, vor allen anderen der West- und der Südbahnhof, aber auch der Nord- und der Franz Josefs-Bahnhof, speziell bei Ostagenten besonders beliebt waren und sind.

Nach diesem »Deal« durfte L. gemeinsam mit Severin die Holzhütte verlassen, und beide gingen eilenden Schrittes zu ihrer Unterkunft. Nicht ohne auf dem Heimweg ein verbales Gefecht mit hoher emotioneller Sprengkraft auszufechten.
Der fettleibige Geheimdienstler aus dem Osten stieß schließlich noch eine Warnung aus: »Denk daran, es geht um dich.« Dann packte er hastig seinen Koffer und machte sich aus dem Staub. Auch die Herren »Schneider« und »Haustein« wurden plötzlich vom Reisefieber befallen und schlichen gegen vier Uhr nachmittags, so ein Zeuge, mit ihren Sporttaschen aus der Feriensiedlung. Auf Nimmerwiedersehen.
Reinhard L. verständigte, nachdem er sich etwas gefaßt hatte, die Polizei in Eisenstadt. Die burgenländischen Staatsschützer erstatteten bei der zuständigen Staatsanwaltschaft sofort Anzeige nach den Paragraphen 83, 99 und 108 des österreichischen Strafgesetzbuches. Die Staatsanwaltschaft forderte daraufhin prompt einen Haftantrag. Doch daraus wurde nichts. Die Stasi-Agenten wurden lediglich, als seien sie bloß gemeine Alimentationsschuldner, zur Ermittlung des Aufenthaltes in die gerichtliche Suchkartei aufgenommen. Zur Ausstellung von Haftbefehlen ließ sich das vorsichtige Gericht nicht hinreißen. »Ein Haftbefehl wurde jedoch mangels konkret erwiesenen Tatbestandes und wegen einer nicht völlig ausgeschlossenen Mitarbeit des L. vom Untersuchungsrichter nicht erteilt«, so die typisch österreichische Begründung. Die Stasi-Agenten waren ohnehin längst über alle Berge.
Doch die stümperhafte Anwerbung des Kölner Verfassungsschützers hatte noch ein Nachspiel. Sie wurde nämlich im Wiener Parlament zu einem parteipolitischen Hickhack genützt. Der ÖVP-Abgeordnete Josef Höchtl, christlichsozialer Kämpfer für Recht und Ordnung, blies zum Angriff auf den sozialdemokratischen Innenminister Karl Blecha. In einer parlamentarischen Anfrage vom 30. August 1985 wollten Dr. Höchtl und Kollegen wissen, ob die deutschen Spionageskandale nun auch auf Österreich übergriffen und was der Innenminister dagegen zu unternehmen gedenke. Pepi Höchtl, danach lange Jahre Obmann des christlichsozialen Österreichischen Arbeiter- und Angestelltenbundes (ÖAAB), dürfte versucht haben, den DDR-Übertritt des Kölner Verfassungsschützers Hansjoachim Tiedge zu nützen, um dem »verhaßten« roten Innenminister eins überzubraten. Der beauftragte die Juristen der Staatspolizei, eine kurze und trockene Antwort gegen die Querschüsse aus dem schwarzen Lager zu verfassen. »Soweit

es sich bei ausländischer Agententätigkeit auf österreichischem Gebiet um strafbare Handlungen im Sinne des Strafgesetzbuches handelt«, konterte dann Innenminister Karl »Charly« Blecha in der Anfragebeantwortung Anfang Oktober 1985, »werden zu deren Verhinderung beziehungsweise Aufklärung alle jene präventiven und repressiven Maßnahmen gesetzt, wie sie auch in allen anderen Fällen der Kriminalitätsbekämpfung getroffen werden.« Außerdem könne im Fall des Kölner Regierungsdirektors Reinhard L. keinesfalls »von versuchter Verschleppung« die Rede sein, sondern es hätte sich dabei »um eine versuchte nachrichtendienstliche Anwerbung durch Mitarbeiter eines ausländischen Nachrichtendienstes« gehandelt. Punktum!

Die weiteren Ermittlungen ergaben dann doch noch Neues. Der »Freund« des Reinhard L. war bereits 1965 »unter falschen biographischen Daten« als Agent des MfS in die Bundesrepublik Deutschland eingeschleust worden. Bis zu seiner Reise nach Österreich hatte er unter dem Namen »Paul Eberhard Severin« in Köln gelebt. »Er hatte die biographischen Daten von einer Person übernommen, die 1955 aus der DDR in die Bundesrepublik geflüchtet und Anfang 1960 wieder nach Ostdeutschland zurückgekehrt war«, heißt es dazu in den Ermittlungsakten. Zuerst hatte der Ostagent »als Lagerarbeiter in einer Braunschweiger Firma gewerkt. Bei seiner Bewerbung hat er angegeben, von März 1961 bis November 1965 bei mehreren Firmen in der Schweiz beschäftigt gewesen zu sein.«[1] Severin legte dementsprechende Arbeitszeugnisse und andere Unterlagen vor. Allesamt Totalfälschungen. Drei Jahre später wechselte er zu einem Kölner Transportunternehmen, wo er die Position eines Expedienten übernahm.[2] Zwei Jahre darauf trat der Ostagent in die Versandabteilung eines Elektronikkonzerns ein und avancierte dort zum Versandleiter. Der Konzern, unter anderem Lieferant der Bundeswehr, war auf die Herstellung von Geräten spezialisiert, die im High-Tech-Bereich der Rüstung verwendet wurden. Severin gestattete sein neuer Arbeitsplatz nahezu freien Zugang zu »Schaltplänen, Gerätebeschreibungen und Bedienungsanleitungen«. Er kannte nicht nur das sensible Sortiment der Firma ganz genau, sondern auch den Kundenstock und deren Einkaufslisten[3].

Ende 1984 informierte Severin seine Vorgesetzten von seinem baldigen Ausscheiden aus der Firma. Zum Juni 1985 wurde sein Arbeitsvertrag einvernehmlich gelöst.[4] Bereitete sich der »Illegale« aus dem Osten Deutschlands auf seine baldige Abschaltung,

sprich Pensionierung vor? War die versuchte Rekrutierung des Verfassungsschutzbeamten am Neusiedler See sein letzter Auftrag? Soviel steht jedenfalls fest: Den Überfall auf seinen langjährigen Freund hatte der Mann aus der Normannenstraße mit seinen Auftraggebern penibel geplant.
Am 1. August 1985 war er mit der Deutschen Bundesbahn nach Wien gereist und hatte sich für 14 Tage in einer Pension in der Wipplingerstraße, im ersten Wiener Gemeindebezirk, einquartiert. Touristisch auffällig wie kaum ein zweiter, bummelte der kugelrunde »Severin« in kurzen Hosen und kurzärmeligen Hemden, laut Zeugenaussagen, durch die historischen Gassen Wiens. Sonst verhielt er sich sehr zurückhaltend, telefonierte gerade mal »nach Hause«, das heißt, er wählte den Anschluß seiner Kölner Adresse an. Post erhielt er an seine Urlaubsadresse nicht. Kein Wunder, hatte er sich doch bereits vier Tage nach seiner Ankunft ein Postfach am Postamt 1062 Wien, Gumpendorferstraße, zugelegt. Bei der Anmietung wies er sich mit einem deutschen Reisepaß (Nummer 44711624) aus, ausgestellt Mitte Juni 1984 in Köln.
Am 15. August checkte er aus der Pension in der Wipplingerstraße aus. Zwei Tage später betrat er in Begleitung eines großen, kräftigen Mannes das Büro einer Autovermietung im 20. Wiener Gemeindebezirk, legte einen von der Stadt Köln ausgestellten Führerschein vor und mietete einen Opel Ascona. Doch das Zustandekommen des Leihwagenvertrages stand anfangs unter keinem guten Stern. Auf die Frage des Vermieters, welchen Beruf Severin denn ausübe, wollte sich dieser nicht festlegen. Nach einigen Sekunden Bedenkzeit gab er vor, keinerlei beruflicher Tätigkeit nachzugehen. Und wo er derzeit logiere, wußte er ebenfalls nicht anzugeben. Er wolle eine Besichtigungstour quer durch Österreich unternehmen. Schließlich bekam er den Wagen doch noch. Am fälligen Rückgabetag tauchten jedoch weder Severin noch der Opel auf. Erst vier Tage später traf bei der Autovermietung ein Brief ein. Aus gesundheitlichen Gründen könne »Eberhard Severin« das Auto nicht wie vereinbart zurückbringen. Es stünde im niederösterreichischen Wiener Neustadt zur Abholung bereit. Dem Brief waren die Autoschlüssel und eine Tausendschillingnote beigelegt. Das war jedoch nur ein Sechstel der verursachten Kosten, Severin hatte wohl D-Mark- und Schillingkurs durcheinandergebracht. Oder aber in Anbetracht der Möglichkeit einer unfreiwilligen Rückkehr in die Alpenrepublik das restliche Spesengeld sicherheitshalber einbehalten. Bei der Verleihfirma war man jedenfalls

gehörig sauer über all den Ärger und finanziellen Verlust. Hatte der abgetauchte Stasi-Agent »Eberhard Severin« doch außerdem noch rund 650 Kilometer mit dem Wagen zurückgelegt.

Deckname »Wachtel«

Dienstag, 31. Mai 1994. Eine kleine Gemeinde bei Mattighofen in Oberösterreich, unweit der bayerischen Grenze. Für die 900 Bewohner scheinbar ein Tag wie jeder andere auch. Am Vormittag fuhren plötzlich mehrere PKW vor dem Haus Nummer 167 auf. Männer in legerem Outfit stiegen aus, gingen zielstrebig auf das Haus zu und klopften energisch gegen die rustikale Holztür. Es dauerte eine Weile, bis Heinz V. die Tür öffnete, schließlich war er nicht mehr der Jüngste. Die Herren zückten ihre Ausweise: Innenministerium – Einsatzgruppe zur Bekämpfung des Terrorismus (EBT). Heinz V. und seine Frau Hedwig fielen aus allen Wolken. Sie waren überzeugt gewesen, ihre Vergangenheit längst vollständig und spurlos abgestreift zu haben. Nun hatte diese sie wieder eingeholt.[1]

Die Stapo-Beamten wiesen einen Hausdurchsuchungsbefehl vor, ausgestellt vom Bezirksgericht Ried im Innkreis. Der Grund: Verdacht auf Spionage zum Nachteil Österreichs. 30 Jahre lang soll das Ehepaar vom Lande in Dienst und Sold der ostdeutschen Stasi gestanden haben. »Von 1959 bis zur Wiedervereinigung Deutschlands soll das Ehepaar Hedwig und Heinz V. im Auftrag des Ministeriums für Staatssicherheit der ehemaligen DDR vermutlich im Raum Salzburg tätig gewesen sein«, hieß der entscheidende Hinweis, den die Abwehrspezialisten des Wiener Innenministeriums im späten Frühjahr 1994 von einem »befreundeten Dienst« erhalten hatten.[2]

Hedwig und Heinz. V. waren sogenannte Schläfer, auch Schweigeagenten genannt, die nun von der österreichischen Staatspolizei aus ihrem geheimen Schlaf gerissen wurden.

Ruhende Kundschafter hatten besondere Eigenschaften. Sie waren »ausgebildete und mit entsprechenden Hilfsmitteln ausgerüstete Agenten in Zielländern subversiver Angriffe, die erst im Krisen- oder Kriegsfall, auch Ernstfall oder E-Fall genannt, aktiviert werden«, so die MfS-Definition, die ausschließlich auf Agenten »imperialistischer Geheimdienste« zugeschnitten war.[3] Diese Schläferzellen waren in sogenannten Schweigenetzen organisiert.

Zu den Agenten eines solchen Schweigenetzes zählten auch »Schweigefunker oder E-Fallfunker, die meist mit entsprechenden funktechnischen Mitteln für Sendung und Empfang ausgerüstet, um (...) Verbindung zu ihren Auftraggebern aufrechterhalten zu können«, heißt es im Stasi-Jargon weiter. Nach ihrer Aktivierung war es die Aufgabe der »Schläfer«, Sabotageaktionen und bewaffnete Untergrundoperationen auszuführen, den Feind und seine militärischen Anstrengungen intensiv auszukundschaften und alle möglichen Varianten der »Zersetzung« anzuwenden. In Friedenszeiten hatten sich sie mucksmäuschenstill zu verhalten und die netten Nachbarn von nebenan zu spielen.[4] Nur nicht auffallen, lautete die Devise. Andere nachrichtendienstliche Aufgaben hatte man ihnen nicht übertragen. Es war den »Schläfern« sogar verboten, anderweitig herumzuschnüffeln.
Schläferzellen hielten aber nicht nur über den Äther Kontakt zur Führung. In der Regel brachten sie, wie andere Agenten auch, »Lebenszeichen« zu Papier und schickten diese in regelmäßigen Abständen an eine Deckadresse in der DDR. In großen Zeitabständen gab es auch direkten Kontakt.
Hedwig und Heinz V. galten als Bilderbuchfall einer Schläferzelle. Ihre Geschichte ist eine von Not, Krieg und Erpressung. Das Schicksal hatte es vor allem mit Hedwig nicht gut gemeint. Die geborene Oberösterreicherin, die sehr früh ihre Eltern verloren hatte, mußte 1937 bereits als Vierzehnjährige eine Stelle als Hausgehilfin in der mehr als 250 Kilometer entfernten Hauptstadt Wien annehmen. Ein Jahr später, im Jahr des Einmarsches der Hitlertruppen in Österreich und des »Anschlusses«, lernte Hedwig den vier Jahre älteren Heinz V., einen Wehrmachtsoldaten aus Sachsen, kennen. 1943 heiratete das Paar in Dessau, der Heimatstadt von Heinz. Als sich das Ehepaar nach dem Zweiten Weltkrieg in Hedwigs österreichischem Heimatbezirk Mattighofen niederlassen wollte, wurde ihnen die Aufenthaltsgenehmigung vom Bürgermeister verweigert. So zogen sie nach Dessau, in die sowjetisch besetzte Zone. In einer Zementanlagen-Baufirma verdienten beide ihren bescheidenen Lebensunterhalt. Hedwig arbeitete als Kranführerin für den Aufbau des Arbeiter-und-Bauern-Staates. Mitte der fünfziger Jahre trat das Paar der Sozialistischen Einheitspartei bei. Während einer Silvesterfeier in der Fabrik wurde Hedwig erstmals von der Stasi kontaktiert. Ein »Mann aus Berlin« fragte sie ganz unverblümt nach ihrer Herkunft. Einige Monate später kam der Agent auf den Punkt. Es wäre für die Staatssicherheit wichtig,

wenn sie nach Österreich übersiedelte, gab er ihr zu verstehen. Ohne jeglichen Druck, wie sie später versicherte. »Nach hier vorliegenden Erkenntnissen wurde Frau Hedwig V. 1958 von Agenten des Ministeriums für Staatssicherheit auf ideologischer Basis zur Mitarbeit verpflichtet«, schrieben die deutschen Verfassungsschützer an ihre Kollegen in Österreich. Hedwig V. trug sich schon seit langem mit dem Gedanken, in die Heimat zurückzukehren. Sie willigte also ein, ihr Heimweh hatte gesiegt. Sie erhielt den Decknamen »Wachtel«.

Über Wochen wurde das Kundschafterpaar in spe in die Geheimnisse der Spionagetechnik eingeführt: Funkausbildung, Chiffrieren, Mikrofotografie und Geheimschreibmittel hießen die wichtigsten Lehrgegenstände. Hedwig V. lernte schnell und gut. Im September 1959 übersiedelte das Agentenpaar ins oberösterreichische Mattighofen. »Als Deutsche hatten sie hier nichts verloren«, schrieb der österreichische »Kurier«, »aber als Ostflüchtlinge war ihnen offene Aufnahme sicher.« Ihr MfS-Auftrag war klar: permanente Vorbereitung auf den Krisenfall, im Ernstfall hätten sie zur Verfügung zu stehen und Kontakte zu Stasi-Mitarbeitern herzustellen. Das Einsatzgebiet des Ehepaars sollte der Salzburger Raum sein. Wichtig war dabei, daß sie in Grenznähe zur Bundesrepublik stationiert waren. Welche Sonderaufgaben sie im Fall des Falles tatsächlich auszuführen gehabt hätten, war dem Paar wahrscheinlich nicht bekannt.

In Österreich erhielt Heinz V. eine Anstellung in einer Lederfabrik, Hedwig mußte von nun an die biedere Hausfrau spielen. Einen Beruf durfte die »Wachtel« nicht ausüben, so die strikte Auflage ihrer Führungsstelle in Berlin. Das Paar baute sich in der neuen Heimat ein kleines Häuschen. Jeden Dienstag, punkt elf Uhr vormittags, mußte die Inoffizielle Mitarbeiterin an ihren Kurzwellenempfänger. Zwei Radios hatte sie, einen Grundig Standard 202E und einen Philipps FM-AM Transworld. Auf einer bestimmten Radiofrequenz wurden eine Reihe Morsezeichen, also Buchstabenserien, als Erkennungscode übermittelt. Ein Tonband wurde abgespult, eine Computerstimme zählte penetrant langsam Fünferzahlenkolonnen auf: drei, sieben, eins, drei, vier. Sechs, zwei, drei, acht, eins. Immer wieder und rund um die Uhr; Hedwig V. notierte die Zahlen, setzte eine der Zahlenreihen aus ihren Entschlüsselungsunterlagen darunter, subtrahierte sie und wandelte die Ziffern mit Hilfe einer Umsetztabelle in Buchstaben um.[5] Das war für die »Wachtel« mit der Zeit reine Routine. Der Klartext entpuppte sich als lapidare Geburtstags-, Verwandten- oder Kampfesgrüße. Nur ein Wort davon enthielt die tatsächliche nachrichtendienstliche Mitteilung. Ehemann Heinz mußte den Empfang der Agentenmeldungen bestätigen, indem er nach dem Empfang des Funkspruchs einen Brief in Geheimschrift an eine Deckadresse in die DDR schickte.

Ein halbes Jahr waren die ruhenden Kundschafter gerade in Österreich, als die Stasi den ersten geheimen Auftrag über den Äther schickte. Im bayerischen Grenzraum war ein Funkgerät in einem Erddepot hinterlegt worden. Die »Schläfer« sollten es abholen. Mit einem Moped fuhren die Stasi-Agenten bei Simbach am Inn über die Grenze nach Bayern. Mit einer kleinen Gartenschaufel buddelten sie an der beschriebenen Stelle in einem Wald und fanden auf Anhieb das Spionagedepot. Darin lagen, gut verpackt, eine Funkanlage mit Antenne und ein Film mit Codes. Das unscheinbare Pärchen steckte die Spionageutensilien in eine Tasche und fuhr wieder nach Hause.

»Ich hörte den Funk von Herbst 1959 bis zu Angliederung der DDR 1989 an Deutschland«, gestand Hedwig V. alias IM »Wachtel« 30 Jahre später im Verhör, nach anfänglich hartnäckigem Leugnen. Doch das war noch nicht alles. Mindestens einmal im Jahr besuchte das Ehepaar V. Verwandte in der DDR. Die Fahrten nach Dessau galten als Tarnung für die Treffen mit ihren Führungsoffizieren und anderen Instrukteuren. Die »Schläfer« aus dem oberösterreichischen Innviertel nahmen dabei Geldprämien und aktuelle Entschlüsselungsunterlagen in Empfang. Von Zeit zu Zeit wurden sie geheimdienstlich fortgebildet und an neuentwickelten Spionagewerkzeugen eingeschult. In der DDR verfügte das Kundschafterpaar nach wie vor über ein Gehaltskonto, das von der HVA geführt wurde. Der ehemalige Arbeitgeber, die Zementanlagen-Baufirma, überwies Monat für Monat die Gehälter der beiden, so als wären sie nie fortgezogen. Und das über 30 Jahre lang.

Am 1. Mai 1988 sollten die altgedienten Schweigespione nochmals einen neuen Auftrag bekommen. Ein Stasi-Führungsoffizier, ein Reisekader, fuhr über Salzburg zu den treuen Agenten ins Innviertel. Der angebliche Verwandte quartierte sich sogar bei ihnen ein. Er kam schnell zur Sache. Die Führung in Berlin wollte das Ehepaar in die Bundesrepublik Deutschland übersiedeln. Neue Deckpapiere wurden versprochen, und Heinz V., bereits 69 Jahre alt, sollte endlich den PKW-Führerschein nachholen, um künftig etwas mobiler zu sein. Das pensionsreife Ehepaar wehrte sich entschieden gegen die neuerliche Entwurzelung. Sie lehnten das Stasi-Angebot dankend ab.

Nachdem im September 1989 eine Massenflucht ostdeutscher Bürger eingesetzt hatte, machte sich bei dem alten Ehepaar die Angst vor einer Enttarnung, die sie jahrzehntelang zu verdrängen versucht hatten, wieder breit. Heinz V. nahm das verräterische Funkgerät aus dem Versteck unter dem Holzboden,[6] trug es in die Garage, zerschlug es mit einem Hammer und warf den Schrott in die Mülltone. So schilderte das Ehepaar jedenfalls den Vorgang im Verhör. Durch die Vernichtung hofften sie, sich auch ihrer Vergangenheit entledigt zu haben. Doch es kam anders. Die rekordverdächtigen 30 Jahre im Sold der Stasi holten sie ein.

Von der zuständigen Stapo-Sondereinheit »Einsatzgruppe zur Bekämpfung des Terrorismus« wurde das Ehepaar beim Kreisgericht Ried im Innkreis wegen geheimen Nachrichtendienstes zum Nachteil Österreichs angezeigt. Daß Österreich durch sie Schaden erlitten habe, stritten Hedwig und Heinz V. vor dem Richter vehement ab. Sie hätten auch nie Konkretes über ihre Aufgaben im Krisenfall erfahren, behauptete das betagte Agentenpaar. Schließlich wurde das Verfahren gegen das gesundheitlich schwer beeinträchtigte Ehepaar eingestellt.

Doch die Geschichte der Geheimdienstdrehscheibe Österreich wurde durch sie trotzdem um ein kurioses Kapitel reicher: Hedwig und Heinz V. waren nach Ansicht der österreichischen Staatsschützer die dienstältesten Ostagenten in der Alpenrepublik.

Der Spion aus Dresden

Die DDR beherbergte zu ihren besten Zeiten rund 60 000 Gastarbeiter aus dem fernöstlichen Bruderland Vietnam. Die produktiven Exoten aus dem Land zwischen dem Roten Fluß und dem Mekong waren willkommene Arbeitskräfte für Erich Honeckers Regime im täglichen Überlebenkampf der DDR-Planwirtschaft. Die nicht weniger maroden Genossen aus Hanoi verliehen ihre Landsleute bereitwillig für eine Handvoll Dollar pro Person in die DDR. Mit ihrer Belastbarkeit und Zähigkeit machten die Südostasiaten ihrem kommunistischen Ahnherrn Ho Chi Minh alle Ehre. Die DDR-Nomenklatura war voll des Lobes über die kommunistischen Handwerker aus Nordvietnam. Doch nach dem Zusammenbruch des SED-Staates fand auch die strapazierte Leidensfähigkeit der Vietnamesen schnell ihr Ende. Viele stürmten mit Asylanträgen in den Westen der Republik. Denn eines wollten sie auf keinen Fall: zurück in die Heimat. Aber Hanoi und das neue Ostberlin hatten bereits einen Rücknahmeplan ausgehandelt. 3000 DM »freiwillige Abschubprämie« und rund 70 Prozent des Nettolohns der letzten drei Monate auf die Hand plus ein One-way-Flugticket, und dem Abbau an asiatischen Billigstarbeitskräften stand nichts mehr im Weg.[1]

Auch der Vietnamese Hue Thua Thien[2] war Anfang der sechziger Jahre in den Arbeiter-und-Bauern-Staat gekommen. Die DDR half damals dem tapferen Nordvietnam im Kampf gegen den »imperialistischen Weltfeind USA«, unter anderem bei der beruflichen Ausbildung nordvietnamesischer Genossen. Denn Bildung war schon immer die beste Waffe im Kampf gegen Kolonialherren und ideologische Besatzer. So kam auch der Gymnasiast Hue aus Hanoi in den Genuß eines DDR-Stipendiums. Für ihn war das wie ein Sechser in der Lotterie des Überlebens. Denn: Vietnam glich der Hölle. Von 1964 an bombten die USA fast die Hälfte aller nordvietnamesischen Städte in Grund und Boden, Abertausende Zivilisten starben unter den Trümmern.

Hue wurde zuerst einmal in einen Sprachkurs gesteckt und erlernte das für ihn exotische Deutsch sehr rasch. Danach zog es ihn an die Technische Hochschule nach Dresden, wo er sich im Fach Maschinenbau einschrieb. Als Diplomingenieur verließ der Mann aus Hanoi im Jahre 1969 die TU Dresden und auch die DDR. Im Frühsommer desselben Jahres reiste der Techniker ins kommunistische Nachbarland Tschechoslowakei und nützte die Gunst der Stunde zur Flucht nach Österreich.

Hue stellte einen Antrag auf politisches Asyl. Das Glück war dem damals 25jährigen Vietnamesen auch weiterhin hold. Kaum in Österreich, begab er sich auf Arbeitssuche und heuerte schon wenige Wochen später bei einer renommierten Wiener Firma für Energiebauwesen an. Hue wurde auch bald als politischer Flüchtling anerkannt. Sein Übertritt in die Glitzerwelt der realen Marktwirtschaft wurde von den Spähern der amerikanischen CIA und des sowjetischen KGB gleichermaßen argwöhnisch beäugt. Mit Geld wollte man den durch die Dürre der Planwirtschaft ausgehungerten Techniker zu einer »Zusammenarbeit« locken, erzählte er einer Vertrauten. Man wußte über seine Vergangenheit offenbar recht gut Bescheid. Daß Ostflüchtlinge in den österreichischen

Auffanglagern von westlichen Geheimdiensten, allen voran den Amerikanern abgeschöpft wurden, war gang und gäbe. Der Kalte Krieg verlangte eben von »jedem« Opfer. Und der österreichische Staat, schon damals strikt und »immerwährend neutral«, opferte oft und gerne seine Souveränität den Wünschen der westlichen Staatsvertrags-Signatarstaaten.
Mitte der siebziger Jahre heiratete Hue seine langjährige Wiener Freundin und wurde österreichischer Staatsbürger. Seine Verbindungen in die DDR waren aber nicht abgerissen. Besonders zu einem ehemaligen Kommilitonen aus Dresden, der später in einem volkseigenen Baubetrieb in Ostberlin seine technischen Kenntnisse in die Praxis umsetzte, hielt er Kontakt. Über die Jahre schrieb man sich Briefe mit der Regelmäßigkeit einer Männerfreundschaft. Der liebe Ost-Freund mit dem Doktortitel der Technik hatte nach Hues Flucht einige zurückgelassene Habseligkeiten und vermißte Studienzeugnisse heimlich für seinen Kumpel in Wien aufbewahrt.
Im Jahr 1976 trafen sich die einstigen Studienkollegen angeblich zum erstenmal wieder. Aus Prag hatte der Dresdner Freund in der vierten Augustwoche folgende Mitteilung nach Wien telegraphiert: »27.8. bis 03.9.76 je 19 bis 3 Uhr fongod/balaton, bela-bartokstraße 114, peter«.
Entschlüsselt hieß die Mitteilung: Die Familie des Studienkollegen machte zur angegebenen Zeit in besagter Ortschaft in einem DDR-Werksheim am ungarischen Plattensee Urlaub. Von Wien war es nur ein Katzensprung ans ungarische Naß hinter den mächtigen Basalthängen des Bakonywaldes. Urlaub am größten See Mitteleuropas, zwischen Weinbergen und der Pußta, das war für die Ostdeutschen wie Mallorca für die Bundesrepublikaner. Hier konnten sich Ost und West ungestört zu einem oder mehreren Gläsern Balatonfüred treffen.
Der Neuwiener Hue kam der Bitte des früheren Kumpels nach. Man traf sich samt Familienanhang. Vier Jahre später wiederholte man diesen Urlaubstreff. Am Rande dieser Zusammenkunft ging es ans Konspirative. Der DDRler bat seinen Studienkollegen um berufliche Unterstützung. Man sei doch im gleichen Fach tätig. Schon ein geschäftlicher Auslandsdraht würde seine Chancen auf übernationale Bewegungsfreiheit wesentlich erhöhen, gab dieser vor, zumal er enge Bindungen zu einem »Ministerium für Weiterentwicklung und Forschung« habe. Auf die hilfeheischende Ansprache folgte eine Einladung in die DDR. Im Jahr darauf fuhr Hue

tatsächlich in die DDR. Im heimatlichen Einsatzgebiet rückte der Dresdner Kumpel mit etwas konkreteren Wünschen heraus. Er hatte es auf technische Unterlagen jener renommierten Firma abgesehen, in der Hue arbeitete. Nichts Aktuelles, alte, verbrauchte West-Unterlagen würden genügen, bezirzte ihn der Studienkollege. Denn selbst solche seien in der DDR in bare Münze umwandelbar. Nach langem Hin und Her übergab Hue dem lästigen Freund die Studie einer Schweizer Firma über Feuerungstechnik.
Wenige Monate später, an einem Wochenende, trafen sich die beiden wieder. 15 000 Deutsche Mark wechselten dabei von Ost nach West. Ein sichtbarer Beleg, daß das Westmaterial den DDR-Abnehmern gefallen hatte.
Ein- bis zweimal im Jahr traf man sich von nun an zur Materialübergabe, später verdoppelte sich die Anzahl der Treffen. Man traf sich immer nur am Wochenende und zur selben Stunde. War einer von beiden verhindert, so wiederholte sich die Kontaktaufnahme etwas später. Auch für den Fall des Falles hatte der Späher aus der Elbestadt Vorkehrungen getroffen. Der Dresdner übergab dem Freund aus Wien die Anschrift einer Ostberliner Deckadresse der HVA. Dorthin sollte Hue seine Nachrichten schicken, natürlich verklausuliert, falls etwas schiefgehen sollte.
Ungarn, Österreich und Jugoslawien boten genügend Raum für diese Art von Geschäften. Hue übergab einmal einen Aktenordner voll mit technischen Beschreibungen eines Kraftwerkbaus in Mitteleuropa und mehrere Ordner eines ähnlichen Projektes im Nahen Osten. 10 000 US-Dollar war das Material den DDR-Kundschaftern wert. Mit der Zeit wurde die geheime Zusammenarbeit ausgebaut und der Druck seitens des Ostdeutschen stärker. Aber an einen Ausstieg Hues war nicht mehr zu denken. Die Treffen häuften sich, vor allem der Bahnhof der ungarischen Grenzstadt Sopron galt als idealer und sicherer Treffpunkt. Trotzdem legten die Auftraggeber bei der Dokumentenübergabe verstärkt auf konspiratives Vorgehen wert. Der neugierige Genosse aus der DDR reiste in seinem Ostauto an, doch er kam nicht mehr allein. Er wurde von professionellen Schatten begleitet, die die Szenerie im Auge behielten. Und nicht nur das, sie übernahmen auch das frisch angelieferte Material und schleusten es über eine Diplomaten-Schiene, also über eine DDR-Botschaft in Ungarn, nach Ostberlin.
Der Handel mit seinem ehemaligen Gastland war für Hue in der Zwischenzeit durchaus ertragreich geworden. In der zweiten Hälfte der achtziger Jahre erhielt Hue für Projektunterlagen über ein

Kraftwerksprojekt in vielfacher Leitz-Ordner-Stärke 20 000 Deutsche Mark als Dankeschön für den »geheimen Aufbau Ost«.
Mittlerweile wurde auch die slowenische Hauptstadt Ljubljana (Laibach) zum Treffort erkoren. Zwischendurch fanden die geheimen Zusammenkünfte aber weiterhin in Österreich statt.
Beliebt war der Kahlenberg hoch über der Donaumetropole nicht nur bei den Agenten aus der DDR. Über die kopfsteingepflasterte und geschwungene Höhenstraße erreicht man den mehr als 500 Meter hohen Aussichtsberg, westlich der Donau, relativ unproblematisch, selbst mit öffentlichen Verkehrsmitteln. Durch die serpentinenartigen Biegungen konnte man Verfolger sehr rasch ausmachen, aber auch austricksen. Und das touristische Gedränge der Wienbesucher im Kahlenberger Restaurant gab den Agenten auch noch die nötige Deckung. Inmitten der souvenirjagenden Urlauber fiel man nicht auf. Bei Kaffee und Guglhupf konnten die geheimsten Informationen ausgetauscht werden. Das hatte sich in den Kreisen der in der österreichischen Hauptstadt stationierten Ostagenten bald herumgesprochen.
Daß Hues Freund aus der DDR einen klaren nachrichtendienstlichen Auftrag hatte, war nicht nur durch die vielen Treffs, Materialübergaben und Zahlungen ersichtlich. Auch die Art, wie der Agent aus Dresden nach Österreich einreiste, war typisch für sogenannte DDR-Reisekader, der Hauptverwaltung Aufklärung (HVA). Nämlich unter falschem Namen und mit einem Westberliner Personalausweis.
Ende der achtziger Jahre ging dann der Agentenbeziehung Dresden–Wien das Material aus wie der DDR die Luft. Hue hatte sich schon Mitte der achtziger Jahre seine Gedanken über ein Weiterleben nach dem einseitigen Informationsaustausch gemacht. Aus Angst vor Strafverfolgung dachte er sogar ans Untertauchen. Während einer Reise auf den Philippinen hatte er sich vorsorglich eine Geburtsurkunde und einen Reisepaß gekauft. Ein Bekannter war ihm dabei zu Diensten. Etwas mehr als tausend US-Dollar mußte er für die Zweitidentität hinblättern. Um der neuen papiernen Existenz auch noch die dokumentarische Glaubwürdigkeit zu verleihen, besorgte er sich an einer österreichischen Botschaft in Fernost offiziell ein Einreisevisum. Danach wurde der philippinische Reisepaß auf seine Tauglichkeit überprüft und erprobt. Hue reiste anstandslos mit diesem echten Falschdokument in Wien-Schwechat ein. Zur Ehrenrettung der Beamten der Wiener Grenzkontrollstelle muß hinzugefügt werden, daß sie keinerlei Chance

hatten, das Originaldokument mit dem ebenso echten Einreisevisum als »Holler« zu enttarnen. Aus der Flucht wurde aber trotzdem nichts. Die Lage schien sich zu beruhigen, die Angst vor einer Enttarnung schwand. Der falsche Reisepaß erfüllte dennoch seine Zwecke. Hue eröffnete mit dem Dokument unter falschem Namen problemlos Bankkonten in Wien, darunter ein US-Dollar-Konto, und begann, Geld zu transferieren. Bei einer etwaigen Flucht sollten über diese Konten die Gelder geschleust werden.

Doch all diese Pläne wurden von einem Überläufer durchkreuzt. Der geheimdienstliche Seitenwechsler warf Hue auf den nachrichtendienstlichen Abwehrmarkt. Ende 1990 wurde Hue von Beamten des Staatspolizeilichen Dienstes im Innenministerium verhaftet. In der Strafanzeige an die Staatsanwaltschaft Wien wurden folgende Vorwürfe angeführt:

- Auskundschaftung eines Geschäfts- beziehungsweise Betriebsgeheimnisses zugunsten des Auslands
- Geheimer Nachrichtendienst zum Nachteil Österreichs
- Gebrauch einer falschen beziehungsweise verfälschten Urkunde
- Fälschung besonders geschützter Urkunden.

Hue hatte aber erneut Glück. Am Wiener Landesgericht sah man die Vorwürfe nicht so streng. Da sich das Gericht den Beteuerungen des »HVA-Opfers« anschloß, lediglich wertloses Material übermittelt zu haben, und der Firma, deren Unterlagen es waren, keinerlei Schaden entstanden sein soll, wurde der Spion, der keiner sein wollte, im Jahr darauf freigesprochen. Die Richter kamen zu dem Schluß, der Republik Österreich sei kein Nachteil erwachsen. Nur der eigenartige Reisepaß aus Fernost mit dem falschen Namen wurde vom Gericht als strafrechtlich relevant erkannt. Hue durfte mit einer bedingten Haftstrafe von drei Monaten und mit dem Lächeln eines Siegers nach Hause gehen.

Sinologe und Spion

Österreichs Regierung war der DDR traditionell freundschaftlich gesinnt. So gehörte die Alpenrepublik zu den ersten Staaten, die die DDR formell anerkannten. Und Erich Honecker war schon sehr früh als offizieller Staatsgast nach Wien geladen. Österreichs Beziehungen zur DDR hatten vor allem eine starke wirtschaftliche Ader. Die Vereinigten Österreichischen Edelstahlwerke (VÖEST), ein Traditionsbetrieb, hatten in der DDR so manchen Großauftrag an Land gezogen. Da die gesamte verstaatlichte Industrie Österreichs lange Zeit durch Plan- und Mißwirtschaft marode auf Grund lag und aus dem Steuergeldtopf nur mühsam über Wasser gehalten wurde, waren die Geschäfte mit Honeckers Genossen äußerst willkommen. »Ein komplettes Konverterstahlwerk wird die VÖEST-Alpine AG in den kommenden Jahren an die DDR liefern«, jubelte die Gesellschaft Österreich-DDR im Juni 1981 in ihrer gleichnamigen Zeitschrift.

An diesen Geschäften und deren Vermittlung waren natürlich auch die provisionslüsternen Firmen aus dem Machtbereich der Kommunistischen Partei Österreichs (KPÖ) beteiligt. Die DDR-Bonzen vertrauten den Genossen an der Donau im großen und ganzen und gestatteten ihnen deshalb innerhalb dieser Handelsbeziehungen gewisse Privilegien. Dafür konnten die Ostberliner sicher sein, gut über die aktuelle politische Lage in Wien informiert zu werden.

Daß die Stasi in Österreich nebenbei politische Spionage betrieb, galt daher lange Zeit als unwahrscheinlich. »Im politischen Bereich hat man sich zurückgehalten, um die guten Beziehungen der beiden Länder zueinander nicht zu gefährden«, erklärte im Herbst 1991 der damalige Stapo-Chef Dr. Oswald Kessler in der Tageszeitung »Der Standard«.[1] Zu der vornehmen »Zurückhaltung« der DDR-Geheimdienste in Österreich gehörte unter anderem das flächendeckende Abhören der Büro-, Privat- und Autotelefone österreichischer Politiker und Persönlichkeiten des Wirtschaftslebens von der Tschechoslowakei und von der DDR-Botschaft in Wien-Hietzing aus.

Tatsache ist jedenfalls, daß die Ostberliner Stasi über 30 Jahre lang selbst kleinste Details der österreichischen und speziell Wiener Politik aus umfangreichen Agentenberichten kannte. Der Mann, den die Stasi mitten in die Reihen österreichischer Diplomaten und Berufspolitiker plaziert hatte, heißt Ernst Schwarz. Schwarz wurde als »IM Karl Weber« geführt.

Rudi Leo, Rechercheprofi der Grünen, seit einigen Jahren im Wiener Rathaus tätig, durchforstete mit einem Mitarbeiter über 3490 Seiten Stasi-Akten zum Fall »IM Weber«. Das Resultat: eine mehr als 80 Seiten starke Insider-Broschüre mit dem Titel »Operation SPÖ – Osthilfe der anderen Art«, Untertitel: »Die Stasi in Wien«.

Ernst Schwarz war nicht irgendein Spitzel, sondern ein Kundschafter »im Glauben an das Gute im Kommunismus und an die eigenen Ideale«, so das Nachrichtenmagazin »profil«. Für die »Salzburger Nachrichten« galt Ernst Schwarz alias »IM Weber« als »einer der bedeutendsten Übersetzer chinesischer Philosophen und Lyriker aus drei Jahrtausenden«. Für die österreichische Staatspolizei war Ernst Schwarz alias »IM Weber« ein Einflußagent erster Güte. Die Akte Schwarz ist ein starkes Stück österreichischer Spionagegeschichte und ein politisch-diplomatisches Sittenbild, nicht zuletzt grenzenloser und fahrlässiger Naivität. Vorweg muß zum MfS-Mitarbeiter »Weber« eines angemerkt werden: Der Wahrheitsgehalt seiner Berichte ist nicht in jedem Fall gesichert, oft auch nicht mehr überprüfbar – zu diesem Schluß kam jedenfalls der staatspolizeiliche Sachbearbeiter des Falles Weber, Erwin Kemper.[2]

Ernst Schwarz wurde am 6. August 1916 in Wien-Hietzing geboren. Der Sohn einer jüdischen Kaufmannsfamilie besuchte ein humanistisches Gymnasium, verschrieb sich schon als Schüler der sozialistischen Idee, wurde Jungfunktionär, trat aber gleichzeitig der studentischen Burschenschaft Marchia bei. Später begann er ein Studium der Medizin. 1938 wurde wie für Tausende österreichische Juden auch für die Familie Schwarz ein Schicksalsjahr. Von nun an entschieden nämlich andere über ihr Leben und vor allem über ihren Tod. Die Hitler-Truppen waren im März in die Ostmark einmarschiert, und die Machthaber der NSDAP fanden in Wien eine seit Jahren gut aufbereitete nationalsozialistische Basis vor. Die politische und besonders rassische Verfolgung fiel im – auch heute noch – latent antisemitischen Wien auf fruchtbaren Boden. Ernst Schwarz und seine Schwestern entkamen den NS-Henkern, alle anderen Verwandten wurden vergast.[3] Schwarz floh über Italien nach Shanghai. Dort schlug er sich kläglich als Sportlehrer, Bibliothekar und Redakteur durch, heiratete eine Chinesin und wurde Vater eines Sohnes. Die Eroberung Chinas durch die Japaner brachte ihn abermals in eine bedrohliche Lage: Er verlor seine Arbeit und mußte ins Shanghaier Judengetto. Schwarz widmete sich fortan den Lehren des Buddhismus und wurde später sogar für einige Zeit buddhistischer Mönch. Ende der vierziger Jahre arbeitete Schwarz als Sekretär des österreichischen Gesandten Dr. F. Stummvoll in Nanking. Damit hatte er wieder festen Boden unter seinen Füßen. Gleichzeitig diente er dem stellvertretenden Unterrichtsminister Hang Li-Wu als Assistent. Doch China dankte ihm diese Mühen der Aufbauarbeit nicht. Im Gegenteil. 1961 – in Berlin wurde gerade die Mauer gebaut – verließ

Schwarz das maoistische Reich der Mitte »unter nicht geklärten Umständen und wählte die DDR als zweite Heimat«. Schwarz arbeitete im Ostasiatischen Institut der Ostberliner Humboldt-Universität, promovierte dort und stieg später zum Professor auf.
1964 wurde Schwarz vom Ministerium für Staatssicherheit angeworben. »Webers« Motive zur Spitzeltätigkeit lagen in »der Möglichkeit, die Sache der Unterdrückten zu fördern«[4]. Kundschafterei für den Frieden hieß die Süßholz-Formel der Stasi. Der erste Auftrag an den Gesellschaftlichen Mitarbeiter (GM) »Weber« lautete, Informationen über den irischen Schriftsteller Arland Ussher zu beschaffen.[5] Die Sache lief augenscheinlich ganz gut an. Die Stasi wollte »Weber« anschließend in seine Heimat Österreich verpflanzen. Österreich galt in den Augen der Staatssicherheit »als wichtige Basis im Ausland«[6].
»Weber« war laut Stasi-Kader »außerordentlich sensibel, seine persönliche Eitelkeit und sein Selbstbewußtsein schienen beeinträchtigt zu sein«. Doch, was für ein Glück, er war »stark beeinflußbar«. Ein Problem konnten die Stasi-Kader trotzdem nicht so schnell lösen: »Eine Übersiedlung ins Operationsgebiet ist für den IM ein Tabu, worüber mit ihm offenbar nicht zu sprechen ist«, gab ein Stasi-Offizier 1967 zu den Akten.
Dennoch versuchten die Herren vom MfS ihm den Weg Richtung Österreich kontinuierlich schmackhaft zu machen. Schwarz' nächster Auftrag hieß dann auch: Auffrischen der alten Kontakte in der Wiener Heimat. In den Universitätsferien sollte GM »Weber« »speziell die Verbindungen zu der studentischen Verbindung Marchia«, einem Ableger des erzkonservativen Cartellverbandes (CV), aufnehmen, da »fast sämtliche Mitglieder in exponierten Stellungen sind«. Das MfS erhoffte sich »hieraus große Möglichkeiten in der weiteren operativen Arbeit«. GM »Weber« reiste von da an öfter nach Wien. Tippen und Werben hießen seine Aufgaben am Donaustrand. Das MfS interessierte sich brennend für Österreichs Verhandlungen mit der EWG und für den Aufbau eigener stabiler Handelsbeziehungen nach Wien. Doch da standen einige Hürden im Weg. Genau zu dieser Zeit waren etliche »Kundschafter des Friedens« in Österreich »aufgeklopft« worden. Die Wiener Regierung reagierte stinksauer auf diesen nachrichtendienstlichen Angriff auf die Souveränität des Landes.
Die Stasi wiederum wollte wissen, welche Konsequenzen dieses peinliche Schlamassel nach sich ziehen werde, und bat »Weber« um nähere Informationen »über die Folgerungen und Auswirkun-

gen dieser Aufdeckung einiger unserer Aufklärer«. Der Grund war ganz einfach: »Dieses Problem wurde in Österreich stark aufgebauscht.« Darum befürchtete das MfS bilaterale »Beziehungsprobleme«.

»Karl Weber« hatte in der Zwischenzeit die Deckadresse »Buchholz« »für besondere Fälle« zugewiesen bekommen. Der Österreicher dissertierte an der Ostberliner Uni und ließ sich dafür kurzfristig von der Stasi freistellen. Er versprach aber, auch mit dem Doktorhut dem DDR-Spionageapparat weiterhin »gern zur Verfügung stehen zu wollen«[7]. Das freute natürlich die Herren in der Normannenstraße, denn die Oberspitzel hatten mit »Weber« noch viel vor. Sie hatten Dr. Bruno Kreisky, Österreichs späteren Bundeskanzler und »Sonnenkönig«, als Zielobjekt ins Auge gefaßt. »Weber« war da wohl der ideale Mann für heikle Abschöpfungen. Daß er dazu in der Lage war, hatte er der Staatssicherheit ja schon bewiesen.

Bereits im Frühjahr 1965 hatte der GM »Weber« über Personen aus dem universitären Bereich, verschiedene Kulturschaffende, den DDR-Schriftstellerverband und dessen Mitglieder sowie über einen Liedermacher berichtet. Diesen hatte der GM »Weber« der Stasi sozusagen »ausgeliefert«. Oberleutnant Brutke von der Hauptabteilung II/2 notierte im Treffbericht vom 22. April 1965, daß »Weber« über einen seiner Bekannten vom DDR-Schriftstellerverband, dem auch »Weber« angehörte, folgendes berichtete: »Zur Zeit führt er [Anm.: der Bekannte] Tonbandaufnahmen von Chansons vor, die von einem Bierbaum stammen. Der Inhalt ist oft sehr negativ.« Oberleutnant Brutke merkte dazu weiter an, daß »Weber« meine, »diese Aufnahmen kursieren in einem größeren Kreis von Intellektuellen«. Dieser lästige Bierbaum entpuppte sich schnell als Wolf Biermann. Dem Stasi-Offizier waren aber »die Angaben zu diesem Problem noch zu lückenhaft«, und er beauftragte »Weber«, »sich durch weitere Besuche bei seinem Bekannten ein klares Bild über den Charakter dieser Sache zu verschaffen«.[8] Anfang Juli 1965 erhielt GM »Weber« dann den »neuen Auftrag«, in jenen Kreis einzudringen, in dem der subversive Chansonnier Biermann verkehrte. Der spitzelnde Österreicher wurde von der Stasi als »ehrlicher Berichterstatter« geschätzt, das hieß, seine »Informationen« galten als korrekt.

Oberst Grünert, der Leiter der HA II, berichtete Ende Dezember desselben Jahres an den Mielke-Stellvertreter Generalleutnant Beater über »Webers« Verbindungen zu Biermann. Der GM kannte zwar Biermann nicht persönlich, aber er erfuhr aus Biermanns Umfeld jedes noch so kleine Detail. Über Biermanns Verhandlungen mit dem westdeutschen Schriftsteller Peter Weiss oder Biermanns Beziehungen zum Westberliner Kabarettisten und Satiriker Wolfgang Neuss. »Biermann liefert angeblich Beiträge zum Neuss-Satire-Blatt ›Neues Deutschland‹«, steckte »Weber« der Stasi. Mittelsmänner schmuggelten, laut »Weber«, unter anderem Neuss-Flugblätter aus Westberlin in den Osten. Einer von ihnen war ein Berliner Maler, den »Weber« namentlich nannte, der »im Seidenfutter der Innenverkleidung seines VW-Käfers« die schriftlichen Verballhornungen der DDR transportierte. Außerdem, so »Weber« weiter, hätten »Biermann und ihm nahestehende Kreise« vor, »organisatorisch etwas zu unternehmen«. Da schrillten bei der Stasi die Alarmglocken. Doch es dauerte noch eine Weile, bis der mittlerweile zum Inoffiziellen Mitarbeiter aufgestiegene »Weber« »Beweise« der subversiven Aktivitäten Biermanns und seiner Freunde herbeischaffen konnte. »Weber« erhielt mehrmals den Auftrag, Tonbänder mit den kritischen O-Tönen des Ost-Barden zu besorgen. Ende November 1967 war es dann soweit. Der Stasi-Führungsoffizier konnte eine Erfolgsmeldung an seine Leitstelle absetzen. Zehn Tage nach der Auftragserteilung überbrachte der IM »Weber« die Kopie eines Originaltonbandes. Aber wer auch immer »Weber« die Bänder übergeben hatte, hatte anscheinend dafür gesorgt, daß dieser nur eine »harmlosere Auswahl« von Biermann-Liedern erhielt. »Weber« wurde nochmals auf die Suche nach den verbotenen Tönen geschickt. Und zuverlässig wie der österreichische Spitzel nun einmal war, lieferte er eine Woche später ein Tonband samt Bericht an die HA II/2 ab. Die Diversions-Bekämpfer in der Hauptabteilung XX/7 bekamen die »Beweismittel« zur weiteren Bearbeitung.[9] »Ernst Schwarz alias ›Karl Weber‹ kam somit das zweifelhafte Verdienst zu«, schreibt der Autor Rudi Leo, »den Sänger Wolf Biermann für die Stasi entdeckt zu haben.« Dabei wollte Ernst Schwarz alias IM »Weber« »niemandem schaden, er schöpfte eigentlich auch nicht ab, sondern brachte diverse Unterhaltungen«, wie er es nannte, »zu Papier«. »Mir fällt das Schreiben sehr leicht, und so habe ich furchtbar viel geschrieben«, gestand »Weber« einem Redakteur der »Salzburger Nachrichten«, »aber Dinge, die nichts bewirken konnten.« Nachsatz: »Es ist ja fast alles unwichtig, was in den Berichten steht.«[10]

Ungefähr zur gleichen Zeit, als die Sache Biermann am Kochen war, wurde Weber von seinen MfS-Kundschafterchefs ausgeschickt, um als, wenn auch schon ergrauter »Romeo« »auf längere Sicht ein intimes und vertrauliches Verhältnis« zu einer Mitarbeiterin des BND aufzubauen. Eine BND-Agentin mit dem Decknamen »Hilde« sollte durch Schwarz für den Stasi-Geheimdienst geworben werden. Ein Unterfangen, das nicht ganz leicht war. Wie in einer schnulzigen Seifenoper sollte der Österreicher den Wiener Junggesellen-Charmeur mit latenter Ehephobie herauskehren, der mit mehr oder weniger intensiven amourösen Abenteuern seine Libido befriedige. Die Zielperson aus Pullach war ein »häßliches Entlein mit einer gewissen Männerscheu«, so die Beurteilung der Stasi. Das »Entlein« wohnte in einer kleinen Ortschaft in Bayern. IM »Weber« mietete sich bei ihrer Familie ein, zog die Show eines literarisch veranlagten Gentlemans ab und umgarnte so gekonnt die ganze Sippe. Die finanzielle Lage der Familie war nicht die beste, Webers Untermiete eine willkommene, sogar notwendige Aufbesserung.

Seitens der Stasi war aber Vorsicht angesagt, da niemand auch nur den leisesten Verdacht schöpfen durfte. Außerdem durfte keiner erfahren, daß Schwarz alias »Weber« aus der DDR kam. Die »Abschöpfung« im bayerischen Dorf lief eigentlich recht gut. Weber übermittelte eine Fülle von Informationen nach Ostberlin. Doch irgendwie war den Stasi-Männern nicht ganz wohl bei dieser heiklen Operation. Vielleicht hatten sie einen Wink bekommen. Oder war von »Hilde« einfach nichts zu holen? Jedenfalls wurde die »Operation Hilde« vorzeitig eingestellt.

IM »Weber« bekam eine neue Aufgabe. Wäre es nach den Herren im Ministerium für Staatssicherheit gegangen, wäre »Weber«, wie schon erwähnt, bereits 1967 in seine Heimat Österreich verpflanzt worden. Doch der Sinologe, Lyriker und fleißige Spitzelberichtverfasser wollte damals noch nicht einmal darüber sprechen. Und die Stasi erwies sich als geduldig.

Enge Kontakte nach Österreich hatte »Weber« schon längere Zeit, unter anderem zur wichtigsten Zielperson des MfS, dem späteren Bundeskanzler Dr. Bruno Kreisky. Bereits Mitte der sechziger Jahre hatte Ernst Schwarz Kreiskys Cousine Anka im tschechischen Znaim kennengelernt. Ein Autounfall im Dezember 1966 hatte Schwarz und Anka Kreisky im wahrsten Sinn des Wortes zusammengeführt. Frostiges Wetter hatte die beiden Autofahrer auf Kollisionskurs gebracht, ihre Fahrzeuge krachten ineinander. Dieses unglückliche Zusammentreffen war der Beginn einer jahrzehntelangen Freundschaft.[11]

Weber reiste öfter nach Wien, kümmerte sich um Informationen über die Wiener Regierung und den Parteivorstand der SPÖ. »Bei einer eventuellen Übersiedlung in die Republik Österreich sollen die zur Zeit günstigen operativen Voraussetzungen genutzt werden«, frohlockten die MfS-Kader, »um den IM in das Blickfeld des Feindes zu lancieren und eine Feindverbindung herzustellen.«
Am 7. April 1971 nahmen die Stasi-Genossen Lehmann und Bartl von der HA II/2 den Plan einer Übersiedlung des IM »Weber« samt Ehefrau ins nichtsozialistische Ausland Österreich wieder einmal in Angriff. Die Herren vom MfS nahmen sich Ernst Schwarz' Ehefrau vor und begannen diese zu bearbeiten. »Ihr Ehemann führt im Auftrag des MfS in Österreich wichtige Aufgaben durch«, gestanden die Herren im Gespräch, »die der Sicherung der DDR und der sozialistischen Länder dienen.« Vom eigentlichen Auftrag des IM erhielt sie »keine Kenntnis«, hieß es dann auf Seite drei des Treffberichts. Die beiden Stasi-Offiziere waren schon sehr froh, so notierten sie, es nun endlich geschafft zu haben, daß Frau Schwarz, »wenn es unbedingt notwendig ist«, nach Österreich übersiedeln werde. Obwohl die gebürtige Russin angab, »lieber in der DDR bleiben zu wollen«. Die Übersiedlung, insistierten die Stasi-Agenten, würde der Beschaffung wertvoller Informationen für das MfS, somit der ganzen DDR dienen und »von großer Bedeutung für die Sicherung des Friedens in Europa sein«. Für Frau Schwarz gab es trotzdem noch einige Probleme zu klären, unter anderem ging es um die Schulausbildung ihrer Tochter in Österreich. Und sie selbst hatte in der Buchhandlung »Sowjetisches Buch« Unter den Linden eine leitende Stelle, die sie nicht sang- und klanglos aufgeben wollte.
Apropos »Sowjetisches Buch«: Die Buchhandlung wurde regelmäßig von einer Agentin der CIA aufgesucht, die größere Mengen sowjetischer Druckwerke ankaufte. Sie ließ sich fast ausschließlich von Frau Schwarz bedienen und dieser zu gegebenen Anlässen kleine Aufmerksamkeiten wie Parfums zukommen. Die US-Agentin, die ungarischer Abstammung war, kam immer in Begleitung eines Angehörigen der US-Armee, wie Frau Schwarz vor den MfS-Offizieren aussagte. Die Stasi hatte großes Interesse an der Lady aus Langley. So wurde Frau Schwarz gebeten, sie möge eine »schriftliche Aufstellung der gekauften Bücher der US-Agentin anfertigen sowie über die weiteren Einkäufe, Wünsche und Interessen der Amerikanerin dem Oberstleutnant Lehmann (HA II/2) berichten«. Frau Schwarz stimmte zu.

Ungefähr vierzehn Tage später schrieb ihr Ehemann Ernst einen Bettelbrief an den österreichischen Kanzler Bruno Kreisky. Schwarz gab darin vor, an Heimweh zu leiden. »Sie werden aus eigener Erfahrung sicher verstehen«, schrieb er, »daß ein heimatliebender Österreicher nach dreißig Jahren Emigration endlich wieder in seiner Heimat leben und arbeiten möchte.«[12] Dem folgte ein zweiter Brief. Kreisky antwortete zwar immer sehr freundlich, doch das half alles nichts.

Am 13. Mai 1971 verfaßten Stasi-Führungsoffizier Lehmann und sein Chef Kratsch einen weiteren Wien-Reiseplan für den IM. Denn: »Bei der österreichischen Delegation in Ostberlin war ein Schreiben des Wiener Außenamts eingetroffen, in dem ›Weber‹ gebeten wurde, am 17. Mai in Wien zu erscheinen, um ein chinesisches Dokument zu übersetzen.«[13] Ziel der Reise, so merkten die MfS-Kader an, »ist die Stabilisierung der Voraussetzungen zur Übersiedlung nach Wien durch die Übersetzung des Dokuments, die Beschaffung des Inhalts sowie Nutzung eventueller Möglichkeiten zur Aufnahme einer Verbindung mit westlichen Geheimdiensten aus politisch-operativem Interesse«. Für den 15. Mai wurde »Webers« Grenzübertritt im eigenen PKW bei Zinnwald festgelegt. Für seinen legalen, wie die Stasi anmerkte, österreichischen Reisepaß sollte die Abteilung E ein »Dauervisum für Reisen aus der DDR nach Österreich mit zurückliegendem Datum« beschaffen.[14] 1000 DM gab es dann für »Weber« auf die Hand, gegen Verrechnung, versteht sich, und nochmals 200 für Benzin und Reisespesen. Die Abdeckung der finanziellen Mittel, heißt es im Reiseplan weiter, sei durch ein ausreichendes Konto des IM in Wien gesichert.[15]

Auch einen Job hatte er in Aussicht. Der österreichische Außenminister Dr. Rudolf Kirchschläger habe ihm, berichtete Ernst Schwarz seinen Führungsoffizieren, eine Beratertätigkeit im Wiener Außenamt angeboten. Zuvor aber hatte Schwarz, mit Hilfe seiner politischen Gönner in Österreich, versucht, einen Lehrstuhl für Sinologie an der Universität am Wiener Ring zu ergattern. Die SPÖ war dafür, die ÖVP dagegen und behielt die Oberhand. Angeblich wurde dem Spitzel-Sinologen aus der DDR, nach seinen eigenen Angaben, sogar eine Stelle als Kulturattaché Österreichs in China angeboten. Den Vorschlag soll der Außenminister selbst gemacht haben.

»Weber« erledigte seine Übersetzung des besagten China-Dokuments im Wiener Außenamt zur vollen Zufriedenheit der alpen-

ländischen Diplomatenzentrale, durfte aber erst nach Veröffentlichung des besagten Papiers in seine Wahlheimat ausreisen. Sicher war sicher. Vielleicht hatten die sonst besonders unvorsichtigen und gutgläubigen Österreicher dies doch als Sicherheitsmaßnahme eingebaut? Für die Stasi waren diese »Maßnahmen« kein Problem. War der operative Agent örtlich gebunden, wurde eben ein Kurier zur Informationsübermittlung eingesetzt.
Anfang Juli desselben Jahres besuchte IM »Weber« wie so oft die österreichische Gesandtschaft in Westberlin. Dort war er Stammgast und Beichtvater in einer Person. Friedrich »Fritz« Hoess, der »Delegationsleiter«, begrüßte den IM »mit großer Herzlichkeit«[16]. Nach rund einer Stunde bat Hoess seinen Gast Schwarz zu einem opulenten Mahl in die Amtswohnung. Dort hatte der Diplomat eine illustre Gesellschaft am Mittagstisch versammelt, wie »Weber« berichtete. Einen ehemaligen Außenminister aus Wien, die Frau eines bundesdeutschen Industriellen aus Tutzing und eine Schauspielerin aus Westberlin. Laut »Weber« plauderte der österreichische Berufsdiplomat dabei ganz ungeniert über eher vertrauliche außenpolitische Ansichten Österreichs. Zum Beispiel darüber, daß der damalige Außenminister Dr. Rudolf Kirchschläger der Ansicht sei, Österreich könne die DDR erst nach seinem Betritt zur EWG anerkennen. Es gebe aber auch konträre Ansichten dazu am Wiener Ballhausplatz, offenbarte der Diplomat. Danach sprach man über einen österreichischen Diplomaten, der strafhalber nach China versetzt werden sollte, weil er »Israel als Aggressor einer unmäßigen Haltung« bezichtigte habe.[17]
Hoess, der später Österreichs Botschafter in Bonn war, soll damals von seinem Minister ein DDR-Reiseverbot auferlegt bekommen haben. Dieses wollte er, laut »Weber«, »durch eine Einladung der sowjetischen Botschaft in Berlin« umgehen, um »mit einem russischen Wagen die für ihn interessanten Orte in der DDR zu besuchen«. Außerdem trinke er, Hoess, mit einem Berliner UdSSR-Diplomaten bei den Besuchen immer Cognac.[18] Cognac war ein altes Laster der im Westen tätigen Sowjets, die des Wodkas überdrüssig waren. Hoess betonte auch, schrieb »Weber« weiter, daß er ihn als Vertrauten Kirchschlägers und Bundeskanzler Kreiskys als Persona gratissima betrachte. Schwarz solle ihn doch einmal die Woche im Amt besuchen. Da die Türen der österreichischen Diplomatie für ihn nun sperrangelweit offen standen, fragte »Weber« bei seinen Führungsoffizieren schriftlich an, »in welcher Form er sich als ›Informant‹ für Hoess scheinbar nützlich erweisen und zu-

gleich unserer Sache dienen kann«. »Karl Weber« bat diesbezüglich um eine »ehestmögliche Weisung«[19].
Langsam wurden die Stasi-Zentralisten mit ihrem österreichischen IM jedoch ungeduldig. Sie wollten, daß er endlich nach Wien übersiedelte. Doch »Weber« verschrieb sich weiterhin der Ost-West-Pendlerei.
Anfang 1973 fuhr »Weber« nach Österreich, um diesmal nicht nur die üblichen Informationen zu gewinnen, sondern auch die Verbindung zu einem »imperialistischen Geheimdienst herzustellen«. Im Februar 1973 reiste »Weber« wieder für drei Wochen nach Wien und wurde umgehend vom Sekretär des Außenministers kontaktiert. Der hohe Staatsbeamte besprach mit Schwarz alias »Weber« dessen »Berufung an die Diplomatische Akademie in Wien«. Schwarz sollte den angehenden österreichischen Diplomaten China näherbringen. Eine würdige Aufgabe, der der geltungssüchtige Sinologe schon lange hinterherlief. Schwarz mußte den Direktor der Außenamts-Akademie besuchen. Das gehöre zur protokollarischen Gepflogenheit, wurde ihm mitgeteilt. Der Schulleiter sagte Schwarz ganz offen, daß er vom Ministerium den Auftrag erhalten habe, ihm bei der Berufung in jeder Weise behilflich zu sein. Da es aber keine diplomatischen Studenten für das Fach Sinologie gebe, eröffnete ihm der Anstaltsdirektor, habe die Berufung »einen mehr oder minder fiktiven Charakter«. Für den nächsten Tag war »Weber«, d. h. Schwarz, beim Außenminister angemeldet. Der Wiener Minister eröffnete dem Österreicher aus der DDR, daß er sicher nicht von den Vorlesungen an der Akademie leben könne, da diese sehr dürftig dotiert seien. Schwarz müsse sich einen Zusatzverdienst suchen. Während dieses Wien-Aufenthalts trat Schwarz der Einfachheit halber auch gleich der SPÖ bei, denn man hatte ihm durch die Blume zu verstehen gegeben, daß sich sein Anspruch auf eine Arbeitsstelle dadurch wesentlich verbessern könnte. Mitte des Jahres 1973 begann dann Ernst Schwarz mit seiner Vortragsserie an der Diplomatischen Akademie zu Wien.
Einige ÖVP-Kreise standen Schwarz lange Zeit sehr mißtrauisch gegenüber. Es wurde sogar angedeutet, er könnte »aus der Kälte gekommen sein«, und manche verdächtigten ihn ganz offen, ein Ostspion zu sein. Das MfS nahm daher an, die österreichische Staatspolizei hätte »Weber« zumindest wegen seiner vielfältigen Verbindungen zum Wiener Außenamt und zur Diplomatenschule längst überprüft.

Schwarz erhielt vorerst vom Außenamt einen Werksvertrag für das Wintersemester, blieb aber aus »finanziellen Gründen« in der DDR wohnhaft. Durch diesen Lehrauftrag sollte »Weber« weiterhin »Informationen über die politischen und diplomatischen Vorhaben der Republik Österreich beschaffen«. Zu diesem Zeitpunkt konnte er bereits satte Erfolge vorweisen. »Am erfolgreichsten war bisher die Beschaffung von Informationen über das Außenamt und die österreichische Delegation in Westberlin«, hieß es in den Stasi-Berichten. »Alle diesbezüglichen Informationen sind als wertvoll einzuschätzen und wurden an die zuständigen Fachabteilungen der HA II sowie anderer HAs des MfS weitergeleitet.«[20] Sollte »Weber« aber nicht weiter an der Akademie beschäftigt werden, wäre auch der Übersiedlungsplan nach Wien eingestampft worden. Denn das Abschöpfen der Personen in Österreich und Westberlin, wie es »Weber« seit Jahren betrieb, argumentierten die DDR-Spione, sei vorrangig und sollte fortgesetzt werden.

»Weber« wußte seiner Führungsstelle seitenweise über den österreichischen Generalkonsul in Westberlin, Dr. Fritz Hoess, zu berichten. Nicht nur Details aus dessen privatem Leben, seiner Jagdleidenschaft, sondern auch über den beruflichen Werdegang sowie die politischen Gönner. »Weber« berichtete des weiteren über Hoess' Informationssammlungen zur Lage der »Weltpolitik«, die am Wiener Ballhausplatz landeten. Und von Hoess' persönlichen »Urteilen« über verschiedene Kollegen und Politiker. Diese »Bemerkungen und Bewertungen« zeichneten sich unter anderem auch durch sprachliche Deftigkeit aus. »Webers« Erfindung?

Die Stasi war mit dem IM äußerst zufrieden. Denn der »IM besitzt ausgezeichnete Voraussetzungen, um auf unserer Linie wertvolle Informationen zu erarbeiten«, notiert der FO Anfang August 1976. »Der IM sei auch im Bedarfsfall in der Lage, im Interesse der Politik der DDR ganz gezielt Informationen, auch wenn sie nur der Desinformation dienen sollen, zu verbreiten.« »Weber« war sich sicher, so hielt der Stasi-Offizier fest, daß seine Verbindungen und Glaubwürdigkeit ausreichen, um solche Dinge in die gewünschte Richtung und an die betreffende Adresse zu lenken.[21]

»Webers« wichtigste Spionageziele wurden nochmals klar aufgelistet: die österreichische Botschaft in der DDR, die Delegation in Westberlin, das Außenamt und die Diplomatische Akademie in Wien. »Weber« sollte eine konzentrierte Who-is-who-Aufklärung betreiben, feindliche Aktivitäten gegen die DDR und den Warschauer Pakt und sonstige außenpolitische Konzeptionen orten.[22]

Während seines langjährigen China-Aufenthalts hatte Ernst Schwarz auch Kontakte zu chinesischen Staatssicherheitsorganen gehabt. Mehr noch, er war damals »von chinesischer Seite zur Aufklärung antikommunistischer Umtriebe in religiösen Vereinigungen eingesetzt« worden, wie in den Stasi-Akten nachzulesen ist. Diese einschlägige Vergangenheit bereitete den Ostberliner Geheimdienstlern nun Kopfzerbrechen. Denn der IM beschaffte sich von den Chinesen Materialien für seine Vorlesungen an der Wiener Diplomatenakademie. Vielleicht könnte dabei eine zu enge Bindung entstehen, befürchteten die Führungsoffiziere. An den Chinesen hatten die Genossen in Ostdeutschland keine Freude. Das MfS wies »Weber« daher an, »daß der Kontakt nur auf das Notwendigste beschränkt werden sollte, und bei einer Wiederaufnahme der Geheimdienst-Beziehungen solle sich Weber ablehnend verhalten«. Trotzdem wurden die Beziehungen »Webers« zu den Chinesen über die Jahre wieder enger. »Erfolgversprechende Blickfeldarbeit in Richtung chinesischer Geheimdienst bietet sich an«, schrieb »Weber« dann Anfang 1977 an seine Stasi-»Dienststelle«. Die Chinesen drängten ihn, schrieb er weiter, der Botschaft einen Besuch abzustatten. Zusätzlich erhielt er von ihnen Material »für seinen nächsten Bericht über China an die österreichische Regierung«. Ende 1980 wurde »Weber« dann endgültig vom Geheimdienst des Reiches der Mitte eingefangen. Die Stasi war darüber im Bilde und verfolgte die Schritte ihres »Weber« nun um so sorgfältiger. Das Referat 10 der zweiten Hauptabteilung hängte sich an »Webers« Fersen und bearbeitete fein säuberlich dessen Chinesen-Kontakte und Treffs.[23]
Im selben Jahr wußte »Weber« seinen MfS-Chefs Dinge über die österreichische Außenpolitik zu berichten, die den Anschein erweckten, dem Stasi-Mann stünden in Wien wirklich alle Türen offen. »Webers« Mitteilungen wurden mit dem Zusatz: »Strengster Quellenschutz ist erforderlich. Bei Auswertung der Information besteht erhöhte Gefährdung einer wichtigen Quelle« versehen. Ende Juni 1980 wußte »Weber« nach einem Gespräch mit Dr. Alois Reitbauer, dem Generalsekretär im Außenministerium, zu berichten, daß Bundeskanzler Kreiskys Reise nach Teheran, »nicht das Ziel einer Befreiung der amerikanischen Geiseln« habe, sondern die Forcierung der »Gespräche zur Lösung der Afghanistanfrage«.[24] Kreisky »beabsichtige, die skandalöse und unbeholfene Politik Jimmy Carters, unter anderem im Nahen Osten, durch milde Formen zu berichtigen«, notierte »Weber«.[25] Kreiskys ausge-

sprochener »Individualismus«, die Außenpolitik unter Umgehung des Außenministeriums selbst zu lenken, habe im Ministerium eine Atmosphäre der Geheimnistuerei zur Folge, berichtete ein ehemaliger österreichischer DDR-Botschafter an »Weber«. Der IM leitete oft unglaubliche Gesprächinhalte weiter. Der österreichischer Botschafter in der UdSSR, schrieb »Weber« Mitte 1980, habe die Rechtmäßigkeit der militärischen Handlungen der UdSSR in Afghanistan in einem Bericht an seine Vorgesetzten unterstrichen, da diese »als Reaktion auf die permanente Bedrohung durch die USA mittels antisowjetischer Kräfte zu werten sei«. Derselbe Diplomat soll auch den Papst und den amerikanischen Sicherheitsberater Zbygniew Brzezinski für die damalige »internationale Situation« verantwortlich gemacht haben. »Diese erzkonservativen Polen«, zitierte »Weber« den Botschafter, »stellten eine ernsthafte Bedrohung für den Frieden dar.«[26] Ostberlin war beeindruckt über diese vertraulichen »Insider«-Informationen.

Eine für die DDR ganz besonders wichtige Sache war Erich Honeckers erster Besuch im Westen. Diese Staatsreise sollte die internationale Isolation der DDR beenden und Österreich das Land sein, das der DDR die Tore zur westlichen Welt öffnete. Bereits Ende 1979 hatte der österreichische Botschafter in der DDR direkte Gespräche mit der Ostberliner Führung aufgenommen, wie »Weber« festhielt. In Wien war man damit nicht ganz einverstanden. Bundespräsidentschaftswahlen standen 1980 ins Haus, und man wies den Botschafter an, doch eine Einladung an Honecker für 1981 diplomatisch abzutesten. Am 10. Juni 1980 berichtete »Weber« über eines der unzähligen Treffen mit Botschafter Dr. Bauer an die Zentrale. Der Diplomat erzählte über sein Treffen mit Honecker anläßlich der Einladungsüberbringung. »Dieser Besuch werde sich auf die umliegenden europäischen Staaten, vornehmlich die BRD günstig auswirken, soll Honecker zu Dr. Bauer gesagt haben. Denn die DDR sei bemüht, so Honecker weiter, jede Kriegsdrohung von Europa fernzuhalten, ein Krieg würde eine unselige Katastrophe für ganz Deutschland und auch Österreich heraufbeschwören.«[27] Die damalige österreichische Regierung unter Dr. Kreisky ging zwar partout eigene außenpolitische Wege, nicht aber ohne den Westen vorab zu informieren. Bevor der österreichische außenpolitische Beamte Dr. Bauer die Einladung an den Staatsratsvorsitzenden überbrachte, informierte er laut Stasi-IM sowohl Günter Gaus, den Ständigen Vertreter der BRD, als auch den französischen Botschafter in Ostberlin. Erich Honecker reiste dann doch bereits im November 1980 nach Österreich. Der Vorsitzende hatte den Termin über »Leute aus der sogenannten Grauzone«, dazu wurde unter anderen der DDR-Rechtsanwalt Wolfgang Vogel gezählt, vorverlegen lassen. Was nichts anderes bedeutete, als daß inoffizielle Kanäle benutzt worden waren.

Wenige Tage später schrieb IM »Weber« an seine MfS-Führer, daß er in der österreichischen Botschaft in sieben Botschaftsakte (250-RES/80-257/RES/80) Einblick nehmen durfte. »Weber« rekapitulierte deren Inhalte. Den Österreichern schien an einer Geheimhaltung sehr wenig gelegen zu sein. Welche Auswirkungen »Webers« Einsichtnahmen gehabt haben, ist nicht in allen Fällen klar. Daß die Informationen, wie zum Beispiel aus dem österreichischen Botschaftsbericht 257/res/80 über die Kulturpolitik der DDR, die »Weber« brühwarm weitergab, »Verfolgungen« durch die Stasi nach sich gezogen haben könnten, wurde allerdings angenommen. Im genannten Akt wurden nicht nur Stephan Hermlin, Rolf Schneider sowie Stefan Heym genannt, der, so schrieb »Weber«, an einer Lesung vor Pädagogikstudenten gehindert worden war, sondern, wie aus den handschriftlichen Randnotizen der Stasi-Bearbeiter hervorgeht, wurden diese Berichte »Webers« auch an die zuständigen MfS-Stellen weitergeleitet: Info an II/6.[28]

Einblicke wie diese in österreichische Botschaftsakten hatte »Weber« nach vorliegenden Stasi-Akten immer wieder.

In den Jahren, in denen »Weber« überaus eifrig Berichte aus den Auslandsfilialen der österreichischen Regierung abschöpfte und somit auch immer wieder DDR-Bürger der Stasi präsentierte, reiste er ebenso fleißig nach Wien. In der Donaumetropole hatte er Freund- und Bekanntschaften aufgebaut, die für die MfS-Kundschafterei sehr nützlich waren.

In Wien setzte ihn das MfS sogar gegen den chinesischen Geheimdienst operativ ein. Treffs mit den Agenten aus dem Reich der Mitte fanden aber auch in Berlin statt. Am 23. Mai 1984 traf IM »Weber« zwei Diplomaten der chinesischen Botschaft im China-Restaurant Yang-Dse-Dschiang nahe der Gedächtniskirche in Westberlin.[29] Einer von ihnen beauftragte IM »Weber«, eine Studie über die Beziehungen der DDR zur BRD im Kontext mit den Spannungen zwischen den USA und der UdSSR zu erstellen.[30]

Der Chinese, so schrieb »Weber« alias Ernst Schwarz in seinen Bericht an die Stasi, erwähnte dabei Schwarz' nützliche Bekanntschaft zum österreichischen Generalkonsul in München, Dr. Walser. Die chinesischen Agenten waren ganz besonders an den ostdeutschen Kontakten von Franz Josef Strauß interessiert.[31] Acht Tage später traf er sich wieder mit einem Mann aus Peking, diesmal in der eigenen Wohnung. Der Chinese machte zuerst seinem Ärger »über den persönlichen Umgang seines Vorgesetzten« Luft.[32]

Das MfS hatte »Webers« Chinesen-Verbindungen zu einer gut angelegten Desinformationsoperation genutzt. Die Stasi türkte ein Papier des Bonner Innenministeriums mit dem Titel »Handreichungen zur Kontaktarbeit mit zeitweise in Deutschland lebenden Bürgern der Volksrepublik China«. Die Ostberliner Agenten wollten heftigen Unfrieden in die chinesisch-westdeutschen Beziehungen bringen. Das MfS schlug damit zwei Fliegen auf einen Schlag. IM »Weber« erhielt den Auftrag, der chinesischen Botschaft in Wien diese Unterlage zuzuspielen. Am 24. September flog »Weber« mit der Interflug nach Wien. Zwei Tage später erfüllte er den Stasi-Auftrag. »Weber« marschierte zur Botschaft im dritten Wiener Gemeindebezirk, wandte sich an den Portier, gab ihm ein Kuvert und sagte: »Ich habe hier etwas, womit ich Sie belästigen muß. Bitte geben Sie dieses Ding oben dem verantwortlichen Genossen. Ich weiß, daß es einen Genossen dieses Namens in Ihrer Botschaft nicht gibt. Aber der verantwortliche Genosse oben weiß schon, um wen es sich handelt. Er soll das bitte nach Peking weiterschicken.« Der Portier nahm das Kuvert, sagte kein Wort, dreht sich um und ging.[33] »Weber« hatte in den Umschlag einen Zettel gelegt, auf dem stand, daß er »diesen Erfahrungsbericht in München unter den in seinen Tätigkeitsbereich fallenden Materialien vorfand«. Und er bat, »den gemeinsamen Vertrauensmann davon zu unterrichten, mit dem auch die Details besprochen werden könnten«. Die Chinesen kontaktierten »Weber« auch weiterhin. 1987 wurde er erneut nach China eingeladen. Außerdem wollten die Chinesen von Schwarz, daß er im Wiener Außenamt die Sache mit den »Investitionen Österreichs in China« vorantreibe; sie waren angeblich stocksauer, daß wirtschaftlich nichts lief.

Die Geheimdienst-Spielchen des MfS mit den Chinesen in Wien spielten aber bei »Webers« wirklichen Österreich-Operationen nur eine Nebenrolle. Denn Ernst Schwarz alias IM »Karl Weber« war seit Jahren tief in die Zentralen der Wiener Politik eingedrungen. Eine Zielperson war der zweitmächtigste Mann der österreichischen Hauptstadt. »Bitter enttäuscht« von seinem Freund Ernst Schwarz ist Josef Bandion, Wiens früherer Magistratsdirektor, schrieb die österreichische Tageszeitung »Der Standard« Mitte

Januar 1996. »Mit Schwarz konnte Bandion stundenlang über alles reden. Das schlug sich in dem 3490 Seiten starken Protokoll des DDR-Spitzels auch dementsprechend nieder.« Den hohen und einflußreichen Gemeindebediensteten lernte Ernst Schwarz bereits im Sommer 1974 kennen. Schwarz wurde von einem SPÖ-Genossen und Stadtrat zu Bandion geschickt, da der Sinologe Schwarz eine Stelle am Ludwig Boltzmann Institut anstrebte. Diese Beschäftigungsmöglichkeit war Schwarz schon früher von österreichischer Seite angeboten worden. Und Dr. Bandion war für diese renommierte Institution, die auch als Versorgungsstelle abgehalfterter Politiker herhalten mußte, verantwortlich. Ernst Schwarz und Josef Bandion, der Herr über 58 000 Beamte, wie »Weber« später anmerkte, verstanden sich auf Anhieb gut. Es entwickelte sich ein freundschaftliches Vertrauensverhältnis.
Ein Jahr später erfuhr »Weber« durch den Wiener Stadtbeamten, daß er von einem lästigen Konkurrenten aus dem Fachbereich der Sinologie als Ostagent angeschwärzt worden sei. Bandion ließ durchblicken, notierte »Weber«, daß er sich bereits über Schwarz erkundigt und nicht den geringsten Grund gefunden habe, ihm zu mißtrauen. Der Kader in der Ostberliner Zentrale muß sich über derartige Meldungen aus Wien schenkelklopfend amüsiert haben. Anscheinend rechnete Bandion die Spionagegerüchte gegen Schwarz den ortsüblichen »Wadlbeißereien« zu. Denn Intrigen werden an der Donau gekonnt und mit einem großem Maß an Perfidie inszeniert. Von nun an berichtete IM »Weber« seinen Herren in Ostberlin auch über die Untiefen der Wiener Rathauspolitik, die gängige Korruption in der Bundeshauptstadt sowie die ortsüblichen Bauskandale. Getratsche und Gerüchte durften dabei auch nicht fehlen. So meldete »Weber« dienstbeflissen nach Ostberlin, welchem österreichischen Politiker gerade welche Schweinerei unterstellt würde und wer wen hinterrücks stürzen wolle. Ob und wie die Stasi aus der Fülle dieser Informationen von der österreichischen Polit- und Gerüchtebühne einen Nutzen ziehen konnte, blieb offen. Der mittlerweile pensionierte Wiener Magistratschef Dr. Bandion behauptete gegenüber dem österreichischen Nachrichtenmagazin »profil«, daß seine Aussagen in Ernst Schwarz' schriftlichen Berichten an das MfS teils verzerrt, erfunden, unrichtig, unsachlich und dumm gewesen seien.[34] Kein Wunder, hatte Bandion laut Weber doch den einen oder anderen Politiker »etwas« heruntergemacht. Die Wissenschaftsministerin »lügt wie gedruckt«, soll der Wiener Beamte behauptet haben, und

der Finanzminister hätte sich für den Zweck, Bruno Kreisky als Kanzler und SPÖ-Chef zu beerben, Presseleute gekauft und das Gerücht gestreut, der Kanzler sei bereits senil.[35] »Diese Geschichten aus dem Wiener Wald« erhielten das Prädikat »Stasi-Gerüchte«. Bekanntlich war die dichterische Freiheit in Ostberlin fast grenzenlos. »Das Verhältnis zwischen Bandion und mir hat sich wesentlich vertieft«, schrieb der DDR-Agent nach Berlin. Man duzte sich, und Bandion soll Schwarz eine permanente Unterkunft in Wien angeboten haben.[36]

Anfang der achtziger Jahre verschaffte »Weber« regimetreuen Schriftstellern Auftritte und Lesungen in Wien. Dabei nutzte er seine Beziehungen zum Magistrat, wie er in seinen Berichten behauptete. »Karl Weber meint«, schrieb sein Führungsoffizier, »daß es möglich ist, über Bandion zu veranlassen, daß weiterhin solche Kunst und Kulturschaffenden nach Wien eingeladen werden, die die DDR würdig vertreten.«[37]

»Weber« reiste in den folgenden Jahren intensiv zwischen Berlin und Wien hin und her. Er kümmerte sich unter anderem um eine Einladung des stellvertretenden Kulturministers der DDR, Klaus Köpcke, nach Wien, vertiefte Kontakte zu verschiedenen Verlagen und berichtete fleißig über die Zustände im Wiener Rathaus. Auch seine Kontakte zum SPÖ-nahen Compress-Verlag hatten schon feste Konturen. 1986 betreute Ernst Schwarz den Verlag auf der Leipziger Messe. Gleichzeitig nahm er eine journalistische Laufbahn in Angriff. Der Verlag unterstützte Schwarz finanziell und zahlte ihm jährlich drei Flüge von Berlin nach Wien. Schwarz fungierte sozusagen als DDR-Botschafter des Compress-Verlages. Über die Jahre wurden allerlei Projekte besprochen. Unter anderen kam es auf den Leipziger Messen zu sogenannten wichtigen Österreich-DDR-Besprechungen. Immer mit dabei: Schwarz, Ernst, österreichischer Journalist, wie die Stasi-Messeeinsatzgruppe wiederum in ihren Berichten vermerkte. Als »österreichischer Journalist« ließ sich »Weber« für das MfS noch weitaus besser einsetzen. Im Frühjahr 1987 erhielt der IM vom MfS einen weiteren Spitzelauftrag: »Informationsbedarf zu ausgewählten österreichischen Journalisten und journalistischen Einrichtungen«.

Dazu zählte: das Osteuropa-Büro des ORF und seine Mitarbeiter sowie der seinerzeitige ORF-Generalintendant und spätere Kohl-Berater Gerd Bacher. Über Bacher wollte das MfS wissen: »Welche Verdachtsmomente einer geheimdienstlichen Tätigkeit gibt es?« Ferner standen das Osteuropakomitee der SPÖ und das ČSSR-

Solidaritätskomitee in Wien auf der Liste. Was Weber über die genannten Zielpersonen und -objekte herausfand und nach Ostberlin weiterleitete, blieb offen.

»Karl Weber«, der umtriebige Kundschafter des DDR-Geheimdienstes, sammelte auch dann noch unermüdlich Informationen in Österreich für seine Herren in der Berliner Normannenstraße, als die Mauer schon längst gefallen war. »Webers« letzter Spitzelbericht allerdings behandelt eine Reise nach Wien Ende Oktober 1989. »Weber« keilte damals Geld für ein Buch des chinesischen Volksverlags.[38] Kurze Zeit später wurde »Weber« von seinem Stasi-Führungsoffizier von der Spionagetätigkeit entbunden.

Erst im Frühjahr 1993 übersiedelte Ernst Schwarz, der ehemalige IM »Karl Weber«, endgültig nach Österreich. Im selben Jahr erhielt er für seine wissenschaftlichen Leistungen von dem Magistratsdirektor Dr. Josef Bandion, seinem langjährigen Freund, die Ehrenmedaille der Stadt Wien verliehen.[39] Die Stasi hatte »Webers« Verdienste für die DDR viel früher mit einem Orden vergoldet. Bereits 1979 hatte er die »Verdienstmedaille der Nationalen Volksarmee in Gold« erhalten. Mit der gewichtigen Begründung: »Karl Weber« unterhält seit einigen Jahren zielgerichtet Verbindung zu operativ interessanten Personen einer Vertretung des kapitalistischen Auslands in der DDR sowie zu Personen des Außenministeriums des Entsendestaates (Österreich).[40]

Die DDR war tot, Deutschland bald wiedervereinigt, und Ernst Schwarz hatte sich still und heimlich seiner Spitzel-Vergangenheit entledigt. Doch seine Stasi-Akten und -Berichte waren nicht vernichtet worden. Aus diesem Grund konnten die bundesdeutschen Verfassungsschutzbehörden ihren österreichischen Kollegen schließlich doch noch den »IM Weber« servieren.

Am 8. Mai 1994 nahmen die österreichischen Ermittler des Referats 3 der staatspolizeilichen Sondereinheit EBT Ernst Schwarz ins amtliche Gebet. »Professor Schwarz war grundsätzlich geständig«, schrieb der damalige Gruppenführer Erwin Kemper, »fühlte sich aber in keiner Weise schuldig.«[41]

Ernst Schwarz selbst vertritt die Ansicht, er habe Österreich »nicht wirklich« geschadet. Denn »im Vergleich zu seinem Wirken als Sinologe sei die Stasi-Tätigkeit nichts«.[42] Er hatte damals in unglaublicher Naivität der Vorstellung angehangen, Ost und West könnten in ihren positiven Seiten zueinanderfinden. Seine Suche nach Zwischenwelten im heillosen Kampf egoistischer Interessen sei jedoch vergeblich gewesen, schrieb er an Freunde.[43]

Der kränkliche 80jährige Schwarz lebt heute zurückgezogen im niederösterreichischen Waldviertel. In seiner Klause sucht er nach Gott und den letzten Dingen des Seins.[44] Das gegen ihn anhängige Strafverfahren wurde aus gesundheitlichen Gründen ausgesetzt.

Der Wolf im Schafspelz

Als Bühne für DDR-Agenten stand Österreich ein letztes Mal im Rampenlicht der Weltöffentlichkeit, als der legendäre HVA-Chef Markus Wolf, als wär's eine Zugabe, noch ein flüchtiges Gastspiel auf österreichischem Boden bot.

Am 5. September 1991 kabelte die Austria Presse Agentur (APA) um 8.49 Uhr eine sensationelle Eilt-Meldung in die Zeitungsredaktionen: »Wie die Nachrichtenagentur ADN aus diplomatischen Kreisen in Moskau erfuhr, hat der ehemalige Spionagechef der DDR Markus Wolf am vergangenen Freitag abend sein Moskauer Exil verlassen. Vermutet wird, daß er sich nach Österreich oder Ungarn abgesetzt hat.«

Bei den österreichischen Sicherheitsbehörden stand daraufhin alles in höchster Alarmbereitschaft. Den Ermittlern war klar: Diese Botschaft konnte nur Ärger bedeuten.

Denn Markus Wolf, MfS-Generaloberst außer Dienst, wurde damals vom Bundesgerichtshof in Karlsruhe[1] per Haftbefehl gesucht. Der geborene Hechinger sei »unter dem dringenden Verdacht der geheimdienstlichen Agententätigkeit, und zwar in einem besonders schweren Fall, zur Untersuchungshaft zu bringen«, hatte der zuständige Bundesrichter in den nationalen Haftbefehl geschrieben.[2]

Das österreichische Innenministerium alarmierte umgehend seine Dienststellen. Die ausgegebene Weisung hieß unmißverständlich, Markus Wolf sei die Einreise zu verweigern. Auf keinen Fall wollten die Wiener Regierungsstellen eine Klimaverschlechterung in den deutsch-österreichischen Beziehungen riskieren. Österreich fürchtete, »auf Wolf sitzenzubleiben«, wenn er erst einmal im Land war. Der Grund: Der gegen Wolf gerichtete Vorwurf der geheimdienstlichen Agententätigkeit war eindeutig als »politisch motivierte Straftat« zu werten. Und bei politischen Delikten, so heißt es im österreichischen Auslieferungs- und Rechtshilfegesetz, ist eine Auslieferung unzulässig. Die Juristen im Innen- und Justizministerium waren mit ihrem Latein schnell am Ende. Nur eine einzige gesetzliche Möglichkeit schien für die Wiener Juristen in Frage zu kommen, um Wolf im Bedarfsfall schnell und unbürokratisch wieder loszuwerden. Wolf könnte aus Sicherheitsgründen zur Persona non grata erklärt und damit sofort wieder in das Land, aus dem er angereist war, abgeschoben werden. Also nach Rußland? Keine wirkliche Alternative, denn das, so wußten die Österreicher, würde den deutschen Regierungsstellen keineswegs gefallen.

Als die Österreicher noch so vor sich hin grübelten, war Wolf schon längst zum Problem des kleinen Alpenlands geworden. Die Staatsdiener an der Donau wußten nur noch nichts davon. Denn der geheimnisvolle Mann mit der dunklen Brille, der über dreißig Jahre als Leiter der Hauptabteilung Aufklärung (HVA) die Fäden der DDR-Auslandsspionage gezogen und sich zu Mielkes Vizeminister hochgedient hatte, hielt sich bereits seit Tagen in Österreich auf.

Den entscheidenden Tip gab Oberst Alfred »Django« Rupf, »der Mann mit dem Schlapphut«. Der Chef der Kriminalpolizei am Flughafen Wien-Schwechat hatte bereits am 5. September »einen Zund bekommen«, wie es auf gut wienerisch heißt.[3] Der Hinweis lautete: Markus Wolf sei in Begleitung einer zierlichen Blondine bereits am 30. August in Wien-Schwechat angekommen. Das auffällige Paar hatte an diesem sonnigen Freitag einen weiteren deutschen Staatsbürger im Schlepptau. Der ominöse Begleiter wurde später als Wolfs Rechtsanwalt Dr. Heinrich Senfft aus Hamburg identifiziert.[4]

Wenige Stunden zuvor hatte das Trio drei Tickets in Moskau bei der Aeroflot für den Flug Austrian Airlines OS 602 nach Wien gebucht. Bezahlt wurden die je 630 US-Dollar teuren Flugkarten laut Pressemeldungen mit der Amex-Kreditkarte des Rechtsanwalts.[5] Zwei der drei Tickets waren auf »Wolf/MR« ausgestellt.[6]

Kurz vor 16 Uhr Moskauer Ortszeit war die Maschine mit den prominenten Passagieren in den neutralen Westen gestartet. Wenige Minuten vor 18 Uhr Wiener Ortszeit setzte die Maschine auf dem Flugfeld in Wien auf. Die erste Etappe hatten die Reisenden gemeistert. Die nächste Hürde war die österreichische Grenzkontrolle. Entgegen späteren Annahmen der Ermittler wies sich der 1,87 Meter große Wolf dort gegenüber den Wiener Kontrolleuren mit seinem regulären DDR-Reisepaß Nummer RX 1325287 aus.[7] Das am 23. Januar 1990 in Berlin ausgestellte Dokument der Deutschen Demokratischen Republik hatte zum dama-

ligen Zeitpunkt noch eine Gültigkeit wie jeder westdeutsche Reisepaß auch. Erst Ende 1995 wurden die Pässe des SED-Staates für ungültig erklärt und endgültig aus der Welt geschafft. Da Markus Wolf zu dieser Zeit in Österreich keiner Straftat bezichtigt wurde, der Haftbefehl galt ausschließlich für die Bundesrepublik Deutschland, konnte er ungehindert in das Land zwischen Böhmerwald und Rhein einreisen.
Die Spionageabwehr-Spezialisten hatten ursprünglich vermutet, so gaben sie später zu, daß Wolf einen falschen westdeutschen Reisepaß auf den Namen Dr. Werner benutzen würde, um seine Route zu verschleiern. Unter diesem Namen war er nach Ansicht deutscher Verfassungsschützer öfter unterwegs gewesen.

Ganz Österreich fängt den Wolf

Die Wolfs waren somit ganz gemütlich und unbehelligt in die Alpenrepublik gewechselt, blieben aber für die nächsten Tage wie vom Erdboden verschluckt. Die österreichische Staatspolizei vermutete anfangs, Wolf hätte Österreich nur als »Sprungbrett« benutzt, um nach Kuba zu gelangen.[8] Doch an die Cuba-Libre-Variante glaubten nur Einzelkämpfer der Stapo. Wahrscheinlicher schien es, daß der gerissene Wolf noch in Österreich weilte. Aber wo war Markus Wolf? Das fragten auch die alpenländischen Tageszeitungen in fetten Lettern.[9] Die mysteriösen Umstände seines Untertauchens nährten wilde Spekulationen. Die so unter Druck geratene Polizei suchte den gelernten Journalisten Wolf im ganzen Land.
Zuerst klapperten die Beamten jene Adressen ab, die sie, aus welchen Gründen auch immer, in irgendeinen Zusammenhang mit Wolf brachten. So erhielt als einer der ersten der ehemalige Präsident des deutschen Verfassungsschutzes, Dr. Otto John, damals 82 Jahre alt, polizeilichen Besuch in seinem kleinen Schlößchen im Innsbrucker Vorort Igls. Der Grund dafür lag Jahrzehnte zurück und war von Anfang an völlig absurd. John, nach dem Zweiten Weltkrieg erster Chef des deutschen Inlandsgeheimdienstes, war 1954 in die sogenannte Sowjetzone übergelaufen, sagen die einen, verschleppt worden, sagen die anderen. Darüber ist man noch heute geteilter Ansicht. Erst 510 Tage nach seiner Flucht oder Verschleppung war der einstige Lufthansa-Syndikus in einer abenteuerlichen Flucht in den Westen zurückgekehrt. John wurde

wegen Staatsverrats vor Gericht gestellt und zu vier Jahren Zuchthaus verurteilt, beteuerte jedoch stets seine Unschuld. Und seit der Verurteilung kämpft Dr. Otto John unablässig für seine Rehabilitierung. Der Zusammenbruch der DDR und die damit verbundene Aktenöffnung gaben ihm neue Hoffnung, doch die schwand sehr bald. Wirklich Entlastendes war in der DDR nicht vorhanden oder nicht zu finden. Blieb noch Markus Wolf, der als späterer Vizeminister sicherlich vom Fall Dr. John wissen mußte. Doch zu Wolf hatte John keinen Kontakt, wie er zu Protokoll gab. Mit ihrem Verdacht, John beherberge Wolf, war die tirolerische Stapo bei ihrer aktuellen Suche nach dem ehemaligen Chefspion der DDR besonders weit vom Fahndungsweg abgekommen.

Doch dies sollte nicht der einzige Irrweg bleiben. Nicht zuletzt »Hinweise aus der Bevölkerung« hielten die Staatspolizei rund um die Uhr auf Trab. Ein Wiener Ingenieur wollte Markus Wolf im 13. Wiener Gemeindebezirk gesehen haben, in einer Änderungsschneiderei, bekleidet mit einem weiß-grauen Fischgrätmuster-Sakko.

In Innsbruck fuhr der gesuchte Stasi-General angeblich in Begleitung eines jungen Mannes mit dem öffentlichen Bus durch die idyllische Landschaft. Doch der ersehnte Fahndungserfolg blieb nicht nur bei diesen »heißen Spuren« aus. Überprüfungsergebnis negativ, meldeten die Sicherheitsbehörden lapidar. Die Beobachtungen der aufmerksamen Bürger wurden immer farbiger. Im tirolerischen Seefeld spazierte Wolf durch die Fußgängerzone, das zeigte ein deutscher Urlauber den Beamten des gleichnamigen Gendarmeriepostens an. Wolf, der in Bauarbeitermontur gehüllt gewesen sei, so die Hobbyspürnase, hatte dort in Begleitung dreier Araber, die ihn »Chef« nannten, an einer Schießbude zielsicher sein Können vorgeführt. Auch dieser Wolf löste sich umgehend in Luft auf.

Doch dann ging – wie es schien – der erste wirklich heiße Tip bei den niederösterreichischen Polizeibehörden ein. Wolf sei bei Freunden in Oberösterreich einquartiert, meldete eine anonyme Anruferin den Gendarmen des Postens zu Sankt Valentin. Der gesuchte Ex-DDR-Geheimdienstchef, sagte die Dame, hielte sich entweder in der schmucken Ortschaft St. Florian oder in der Mühlviertler Gemeinde St. Georgen an der Gusen auf.[10] Zur Untermauerung ihrer Glaubwürdigkeit gab die Anruferin zwei genaue Adressen und den Namen des mutmaßlichen Wolf-Spezis preis. Agenten der regionalen und der Wiener Staatspolizei rückten in Mannschaftsstärke aus. Observationen wurden veranlaßt und Einheimische unauffällig und vertraulich ausgefragt. Doch die geheime Anruferin hatte Böses im Sinn gehabt: Entweder wollte sie eine alte Rechnung begleichen oder die Sicherheitsbehörden zum Narren halten. Denn sie hatte einen angesehenen 80jährigen Förster als Wolf-Gehilfen verleumdet, der Tage zuvor einen ostdeutschen Verwandten beherbergt hatte, wie den Pressemeldungen zu entnehmen war. Wolf war es jedenfalls nicht gewesen. Das mußten die Staatspolizisten vor Ort zur Kenntnis nehmen.

Aber es kam noch besser. In St. Georgen war ein Oberservationsteam aus Wien am örtlichen Gendarmerieposten angezeigt worden.[11] Denn aufmerksame Gemeindebürger deuteten das schmuddelige Räuberzivil der Stapo-Beamten als Bankräuberverkleidung und alarmierten umgehend die uniformierte Obrigkeit. Dieses Mißverständnis konnte erst »nach professionellem Handumdrehen« geklärt werden. Schließlich endeten die fruchtlosen Erhebungen in Oberösterreich in einem innerpolizeilichen Streit. Die mit der Suche befaßten Polizeidienststellen warfen sich gegenseitig Unfähigkeit vor.

Doch auch dies brachte Wolf nicht zum Vorschein. Dafür aber weitere Informanten unterschiedlichster Geistesgröße. Darunter Stammkunden der Polizei, die sich regelmäßig bei »heiklen« Wetterlagen offenbarten, und andere notorische Quälgeister. Einer meldete der Staatspolizei sogar, daß Wolf, der in Insiderkreisen den Spitznamen Lupo führe, Lee Harvey Oswald zum Mord an John F. Kennedy angeleitet haben könnte. Diesem originellen Hinweis gingen die Ermittler nicht weiter nach.

Ein früherer Sekretär des österreichischen Gewerkschaftsbundes (ÖGB) wurde in der Sache Wolf von einem Anonymus nur deshalb als verdächtig angezeigt, weil der ÖGB-Funktionär während einer Dienstreise in die DDR nach einem akuten Herzinfarkt einen Herzschrittmacher verpaßt bekommen hatte. Überprüfungsergebnis negativ, vermerkte ein Beamter der niederösterreichische Stapo nach einer ausführlichen Unterhaltung mit dem Herzkranken.

Selbst beim österreichischen Generalkonsulat in Ostberlin gingen obskure Schreiben zu Wolf ein. In einem stand geschrieben, Wolf hätte für Ende März 1982 eine Entführung Simon Wiesenthals geplant gehabt, die Aktion aber drei Tage vor dem Termin wieder abgeblasen.

Manchen spielte auch ihr fortgeschrittenes Alter einen Streich. So wollte ein Ehepaar Markus Wolf partout als ehemaligen Gestapo-

Mann enttarnen. Anderen Zeugen war ein gemeiner Lada mit ostdeutschem Kennzeichen Grund genug, um Wolf darin zu vermuten. Fast ganz Österreich spielte nun: Fang den Wolf.

Markus Wolf bittet um Asyl

Auch die österreichischen Tageszeitungen konnten mit ihrem Wissen nicht hinter dem Berg halten. »Ex-Spion ›Mischa‹ Wolf wird immer öfter gesehen«, berichtete der »Kurier« Mitte September und zitierte den damaligen österreichischen Innenminister Franz Löschnak mit den Worten: »Es ist sehr, sehr wahrscheinlich, daß sich Markus Wolf in Österreich befindet.« Das war von seiten des Ministers jedoch nicht ganz korrekt formuliert. Denn bereits zwei Tage zuvor hatte der Wiener Rechtsanwalt Dr. Herbert Schachter dem Innenminister eine Kopie jenes Asylantrags zugeleitet, den er für seinen Mandanten Markus Wolf bei der zuständigen Wiener Fremdenpolizei eingebracht hatte. Denn eines war klar: »Einer Abschiebung als unerwünschter Ausländer könnte Wolf vorerst entgehen, indem er um politisches Asyl bittet.«[12]
Am Abend des 15. September 1991, einem Sonntag, war es dann soweit. Die Beamten des Innenministeriums hatten endlich Gelegenheit, dem legendären Wolf in der Anwaltskanzlei Dr. Schachters im ersten Wiener Gemeindebezirk »Grüß Gott« zu sagen und erste Fragen zu stellen. Die Ermittler der EBT befragten den großen Wolf, der ihnen eher wie ein britischer Sir als ein zackiger Preuße vorkam, rund eine Viertelstunde lang. Ihre Nervösität konnten sie dabei nicht verbergen. Nach Angabe der Personalien und der Vorlage des DDR-Reisepasses ging es ans Eingemachte. Der strafrechtliche Verdacht gegen den Ober-Ossi lautete: Nachrichtendienstliche Tätigkeit zum Nachteil Österreichs.
Doch Wolf parierte die Vorwürfe geschickt und mit links. Anfang 1983 habe er einen Antrag auf Pensionierung eingebracht, im Mai 1986 sei er beurlaubt und im Oktober 1986 dann tatsächlich außer Dienst gestellt worden, diktierte der schlaue Wolf den Wiener Vernehmern. Ab seinem Rentenantrag sei er »zunehmend von den operativen Aufgaben entbunden« worden, somit auch nicht mehr in nachrichtendienstliche Aktivitäten gegen Österreich involviert gewesen. Außerdem wisse er seit jener Zeit überhaupt nichts mehr über operative MfS-Maßnahmen. Im übrigen stehe er den Behörden aber natürlich jederzeit für Fragen zur Verfügung, so Wolf

verbindlich, und er kündigte an, sich den deutschen Behörden stellen zu wollen. Wolf wußte genau, warum sich die Staatspolizei an seiner Pensionierung, die er in seinem merkwürdigen Buch »In eigener Sache« übrigens auf 1987 datiert hatte, stoßen würde. Trafen Wolfs Aussagen nämlich zu, so konnten ihm die Österreicher nichts anhaben. Denn das Delikt »Spionage« verjährt nach dem österreichischen Strafrecht bereits nach fünf Jahren.

Auch Wolfs Gattin Andrea wurde kurz befragt. Dann verfrachtete man die beiden Staatsgäste von eigenen Gnaden in eine kleine Pension im 22. Gemeindebezirk. Die Herren von der Staatspolizei hielten im Schichtdienst rund um die Uhr Wache.

Am nächsten Tag wurde Markus Wolf in die Wiener Polizeidirektion gebracht und zu seinem Asylantrag vernommen. Antrag abgelehnt, hieß es danach lapidar. Wolf hatte aber die Möglichkeit, innerhalb von 14 Tagen gegen diese Entscheidung Berufung einzulegen.[13]

Die Fremdenpolizei verhängte über ihn ein Aufenthaltsverbot bis Ende 1996, da Wolfs Anwesenheit in Österreich »die öffentliche Ordnung, Ruhe und nationale Sicherheit gefährde«. Vorläufig war das eine reine Formsache. Denn erst mit Abschluß des Asylverfahrens wäre dieses Aufenthaltsverbot vollstreckbar gewesen. Daß man Markus Wolf in zweiter Instanz das begehrte Asyl gewähren würde, war aber mehr als unwahrscheinlich.[14] Denn noch am selben Tag vermerkte Dr. Manfred Matzka vom Innenministerium in einer »Information an den österreichischen Bundeskanzler«: »Über die Berufung hat das BMI zu entscheiden, Ausgang voraussichtlich negativ.«[15] Auch sein Dienstherr, Innenminister Franz Löschnak, ließ ähnliches verlauten.

Die Wolfs mußten mittlerweile ihr Quartier wieder wechseln. Ihr neuer Unterschlupf war eine pyramidenförmige Herberge namens City-Club am südlichen Stadtrand Wiens.

Am nächsten Tag wurde der ehemalige HVA-Chef erneut verhört. In einem Hotelzimmer plauderte Wolf vier Stunden lang mit dem damaligen Stapo-Chef Oswald Kessler und dem EBT-Leiter Mag. Josef Dick. Die Herren unterhielten sich über die bekannte Wiener Technik-Firma S.[16] Wolf räumte ein, die Firma habe dem wissenschaftlich-technischen Sektor der HVA als nachrichtendienstliche Spitzenquelle gedient und sei direkt finanziert worden. Denn: Die geheime Auftragslage habe einen normalen Geschäftsbetrieb nicht gestattet.[17] Aber das war keineswegs neu. Darüber hatte schon der HVA-Überläufer Werner Stiller in seinem vom BND redigierten

Buch »Im Zentrum der Spionage« berichtet.[18] Auch der politische Rechtsausleger und Autor Pretterebner hat in seinem Buch »Der Fall Lucona« den Spionagefall um die Wiener Firma S. breitgewalzt. Trotzdem protokollierte die Stapo Wolfs »Redeschwall« weiter. »Als Beispiel für ein Hauptarbeitsgebiet, welches die HVA über die Firma S. abwickelte, erwähnte Wolf den Bereich der Ionenimplantation.

Die Beschaffungstätigkeit auf dem Gebiet (Sektor Wissenschaft und Technik, SWT) war für die gesamte Entwicklung der damaligen DDR-Elektrotechnik und Mikroelektronik (Chiperzeugung) von grundsätzlicher Bedeutung«, zitierte der Autor Pretterebner in seinem zweiten Buch »Das Netzwerk der Macht« aus dieser Niederschrift. »Zur Bewältigung der sehr umfangreichen Materialien wurde in Karl-Marx-Stadt ein eigenes Institut gegründet. Nach Auswertung und Analyse wurde das Material der Firma Robotron zur Verfügung gestellt.«

Weiter heißt es im Stapo-Protokoll: »Wolf gibt eine Äußerung des Politbüromitglieds Mittag wieder, welcher erwähnt haben soll, daß achtzig Prozent der EDV-Entwicklung auf die Beschaffungstätigkeit der HVA zurückzuführen ist.« Und: »Angesprochen darauf, ob es neben der Firma S. auch noch andere Firmen gibt, welche Beschaffungsaufträge der HVA erledigten, gibt Wolf an, es gab noch andere Firmen, er möchte weder Namen noch Personen nennen.«[19]

Daß die beschafften Informationen von der HVA-Abteilung Wissenschaft und Technik zu einem großen Teil an das KGB oder auch andere sowjetische Dienststellen weitergeleitet wurden, bestätigte der pensionierte Agentenchef laut EBT-Bericht ebenfalls. Thema Nummer zwei in der Wolfschen Plauderstunde: die Kommerzielle Koordination (KoKo) des Alexander Schalck-Golodkowski. Doch Wolf mußte auch bei dieser Frage die österreichischen Staatsschützer mit seiner »Unwissenheit« enttäuschen. »Wolf betonte, daß er insbesonders auch deshalb zu diesem Themenbereich keine genaue Erkenntnislage besitze, da Minister Mielke in Opposition zur HVA auf eine zweite nachrichtendienstliche Auslandsverbindung zurückgreifen wollte. Namen, nach denen er in diesem Zusammenhang gefragt wurde, kannte er nicht. Wolf wurde zu den Arbeitsbeziehungen zum KGB und zu Erkenntnissen betreffend österreichischer Quellen befragt, wobei er angab, daß die Zusammenarbeit mit dem KGB via Leitung der HVA bis auf Abteilungsleiter-Ebenen reichte.«[20]

Grundsatzerlässe und Abkommen in ganz konkreten Fällen sollen zwischen den Bruderorganisationen HVA und KGB – diese Zusammenarbeit hieß im Stasi-Jargon Komitee für Staatssicherheit (KfS) – geregelt worden sein. Wolf erinnerte sich in dem amtlichen Gespräch an »einen Vorgang um österreichische Botschaftsangehörige in Moskau«. Konkretes war ihm aber auch hier nicht zu entlocken. »Vor allem müßte dieser Vorgang zu einer Zeit angelaufen sein, wo er sich mit operativen Dingen (!) nicht mehr beschäftigt habe.«[21]

Daß Österreich ein wesentliches Standbein der HVA Abteilung VI, »Illegale«, war, bestätigte Wolf zwar, aber damit auch wieder nur Bekanntes. Anschließend gab der altgediente Auslandsaufklärer den Österreichern Nachhilfe über die HVA-Struktur. Der Abteilung VI habe eine weitere Abteilung, nämlich die Abteilung XI, fest zur Seite gestanden, deren Hauptaufgabe es gewesen sei, falsche Identitäten zu erschaffen sowie Dokumente herzustellen beziehungsweise zu fälschen. Auch diese »Enthüllungen« rissen die Wiener Spionagebekämpfer nicht gerade aus den Sitzen.

»Er gab nur Dinge zu, die ihn nicht belasten, und nannte allerdings keine Namen«, gestand der seinerzeitige Stapo-Chef Oswald Kessler in einem Interview. Der immer adrette Kessler, auch »der schöne Ossi« genannt, hatte viel Freude an und mit seinem hochrangigen Kollegen aus Ostberlin, das behaupteten jedenfalls seine ehemaligen Mitarbeiter im Chor. Kessler soll so etwas wie ein Fan Wolfs gewesen sein, tuschelten Insider im Innenministerium. Selbstverständlich nicht im politischen, sondern ausschließlich im professionellen sprich nachrichtendienstlichen Sinne.

Markus Wolf, so steht es in den Polizeiprotokollen, kündigte in diesem Gespräch seine Ausreise nach Deutschland an. Und zwar für den 24. September 1991. Die Aussagen Wolfs wurden zu Papier gebracht und durch einen Boten eiligst der Wiener Staatsanwaltschaft zugetragen. Das politische Referat der Staatsanwaltschaft in der Landesgerichtsstraße im achten Wiener Gemeindebezirk hatte die Akte Wolf von Anfang an in Arbeit. Schließlich wurden auch Vorerhebungen gegen Markus Johannes Wolf wegen des Verdachts nachrichtendienstlicher Aktivitäten zum Nachteil Österreichs eingeleitet. Drei Jahre Haft drohten nach dem einschlägigen Paragraphen im schlimmsten Fall. Doch »die Suppe war äußerst wässrig«[22].

Die Wolfs mußten in der Zwischenzeit erneut umziehen. So viel Konspiration mußte sein. Zahlreiche Reporter, Fotografen und

Fernsehteams waren ihnen bereits auf den Fersen. Die Stapo-Beamten wechselten mit ihren Staatsgästen ins nahe gelegene Burgenland, wo das Paar in Donnerskirchen in einer Pension Kühnel untergebracht wurde.[23] Die pannonische Heimatfilm-Romantik gefielen Wolf und Stapo trotz der enormen Hitze, die dieser Tage herrschte, sehr. Storchennester auf den Schornsteinen, Heuriger in rustikalen Schenken und eine Prise Seeluft – da ließ es sich gut Zeitung lesen und abends ausgedehnt spazierengehen. Daß es dabei auch zu komischen Zwischenfällen kam, erzählen Stapo-Beamte heute mit einem Lächeln.

Wolfs Aufenthalt in der burgenländischen Pension war nicht lange geheimzuhalten. Österreich ist eben ein Dorf, und gerade Geheimnisse sprechen sich schnell herum. Markus Wolf war auf seinem Zimmer, seine Bewacher saßen wie andere Urlaubsgäste im schattigen Garten der Pensionsgaststätte. Plötzlich legte der Wirt, so ein damaliger Stapo-Bewacher, einen Zettel auf den Tisch: Ein Fernsehteam sei da, stand darauf, und er deutete in Richtung Eingang. Ein österreichisches TV-Team hatte den legendären DDR-Wolf aufgespürt. »Wir wissen, daß der Wolf hier ist«, sagte einer der Fernsehleute keck zu den Stapo-Beamten. »Wir wollen mit ihm ein Interview führen.« Die Begeisterung der »Aufpasser« hielt sich in Grenzen, das Problem löste sich in der nächsten Sekunde jedoch von selbst.

Die findigen Fernsehleute hatten »Wolf« in einer Ecke des Lokals nämlich bereits ausgemacht. Der ältere Deutsche im Pensionsalter, der dort saß, sagte zuerst einem Interview freudig zu, erinnern sich die österreichischen Polizisten heute amüsiert. Allerdings stritt der sportliche Deutsche vehement ab, Markus Wolf zu sein. Das TV-Team blieb hartnäckig und verfolgte den vermeintlichen Chefspion, der nicht mehr wußte, wie ihm geschah, hinaus auf den Parkplatz. Dabei wollte er nur zum Tennisplatz. Der deutsche Pensionist war ein harmloser Teilnehmer eines Senioren-Tenniscamps. Das österreichische Fernsehteam hatte ihn mit Wolf verwechselt.

Mittlerweile hatte das große Feilschen um das exklusive Interview mit dem Ex-HVA-Chef begonnen, wobei einzelne Stapo-Beamte sogar in die Vermittlerrolle schlüpften und bei Journalisten anriefen. Ein EBT-Beamter bot einem Wiener Magazinjournalisten telefonisch ein Wolf-Interview für umgerechnet rund 30 000 Mark an. Zu verhandeln sei allerdings mit dem Anwalt, fügte der altgediente Beamte hinzu.

Wer auch immer über solch eine Summe verfügen konnte, fragte sich, was Wolf im Gegenwert ausplaudern könnte. Kompromittierendes und Intimes über die politischen Machthaber im Westen? Schließlich bekam die Burda-Illustrierte »Bunte« den Zuschlag, über die Höhe des Honorars wurde noch lange gerätselt. Es soll zwischen 50 000 und 150 000 DM gelegen haben, wurde in Wiener Medienkreisen kolportiert.
Das journalistische Ergebnis war bemerkenswert: »Der Himmel war blau, und dort wo der gemeinste Spionagefilm, ›Der dritte Mann‹, gedreht wurde«, stellte sich Markus Wolf den »Bunte«-Reportern. Diese entlockten dem früheren »Mann ohne Gesicht« intimste Geheimnisse und portraitierten den früheren Haupthelden an der geheimen Front mit der durchdringenden Schärfe eines Röntgenapparats. »Er hat noch alle Zähne«, notierte die »Bunte« über den Mann mit dem »Paul-Newman-Kopf«[24]. Was Wolf schließlich zum besten gab, entsprach durchaus den Fragen, war also alles andere als aufregend. Herr Wolf, klebt Blut an Ihren Fingern? War Ihre bester Spion Guillaume? Könnte es für Sie gefährlich werden, wenn Sie auspacken? Haben Sie Angst vor einem Attentat? »Bunte«: »Zu Ihrem Arsenal gehörten also sexuelle Beziehungen? Gibt es vieles, was die Öffentlichkeit nicht weiß?« Wolf: »Wahrscheinlich, wahrscheinlich.« Schließlich wurde der alte Mann aus der DDR »mit den roten und müden Augen« samt Reportern zum Fototermin in den Wiener Prater chauffiert. In die Rolle der Taxifahrer schlüpften dabei die Personenschützer der EBT. Vor dem zweiten Wiener Wahrzeichen, dem Riesenrad, wurde ein Foto nach dem anderen geschossen. Natürlich durfte auch das falsche Spionage-Klischee vom »Dritten Mann« nicht fehlen. Im Café Prückl am Wiener Schubertring gab es als Draufgabe noch ein Shooting bei Kaffee und Apfelstrudel.
Dann wurde es den »Jungs von der österreichischen Staatspolizei« doch zu bunt mit der »Bunten«. Sie brachten Markus Wolf zur nächsten Anhörung, wie sie es höflicherweise nannten. Dreieinhalb Stunden dauerte das amtliche Frage-und-Antwort-Spiel diesmal. Besonders interessiert waren die österreichischen Spionagebekämpfer an der langjährigen Abhörtätigkeit des DDR-Geheimdienstes, am illegalen Technologietransfer durch DDR-Agenten und an Wolfs persönlicher Rolle. Doch der DDR-Geheimdienstchef außer Dienst, der am Vortag noch so gesprächig gewesen war, spielte erneut den nichts sagenden Coolen. Er ließ die Österreicher eiskalt im Regen stehen.

Das Verhör (Auszüge)[25]

Stapo: Wenn dennoch Aufträge für Telefonüberwachungen aus dem Bereich der HVA an die HA III gestellt wurden, über wessen Auftrag wurden diese durchgeführt, wer zeichnete dafür verantwortlich?
Wolf: Dazu kann ich aus eigenem Wissen keine Angaben machen.
Stapo: Können Sie Angaben zu nachrichtendienstlich gesteuerten Technologietransfers in die DDR und andere ehemaligen Ostblockstaaten machen, in welche österreichische Staatsbürger oder in Österreich etablierte Firmen verwickelt sind?
Wolf: Da dieser Komplex in der BRD meines Erachtens zu Unrecht unter Strafandrohung steht, möchte ich dazu ohne Beratung mit meinen deutschen Anwälten keine Angaben machen, da solche Aussagen in meinem eigenen Verfahren belastend gegen mich verwandt werden könnten.
Stapo: Ist Ihnen die (österreichische) Firma S. ein Begriff?
Wolf: Aus dem soeben genannten Grund möchte ich auch diese Frage nicht beantworten.
Stapo: Sie haben in einer Befragung die Verwicklung der Firma S. näher ausgeführt.
Wolf: Bei der Beantwortung der mir dazu gestellten Fragen konnte ich davon ausgehen, daß meine Mitteilungen für österreichische Bürger keine strafrechtliche Relevanz mehr haben würden. Da ich aber befürchten muß, daß dieser Komplex bei einem gegen mich in Deutschland anhängigen Verfahren belastend verwendet werden könnte, möchte ich aus den vorher bereits genannten Gründen hier keine Aussagen zu Protokoll geben.
Stapo: Welche Agenten hat die HVA in Österreich geführt?
Wolf: Ich kann nur das wiederholen, was ich wiederholt auch öffentlich zu einer solchen Fragestellung generell erklärt habe. Ich würde niemals Menschen, die ihr Wohl und ihre Sicherheit dem unter meiner Leitung stehenden Dienst anvertraut haben, durch mein Zutun einer Strafverfolgung aussetzen.
Stapo: Im Lauf der Jahre gab es immer wieder Hinweise auf größere Anstrengungen der HVA, Agenten in Österreich zu rekrutieren.
Wolf: Über derartiges bin ich nicht informiert, so etwas ging nicht über meinen Tisch.
Stapo: Es ist bekannt, daß die HVA in Österreich umfangreiche Operationen durchführte. Insbesonders wurden in Österreich zahlreiche Treffen mit Agenten und Inoffiziellen Mitarbeitern

durchgeführt, Konspirativwohnungen angelegt und Agenten aus Drittländern geworben. Würden Sie sich dazu äußern?
Wolf: Aus meiner Sicht wurden dadurch die Sicherheitsinteressen der Republik Österreich nicht betroffen. Es dürfte allgemein bekannt sein, daß Nachrichtendienste vieler Staaten die günstigen Möglichkeiten in Österreich für derartige Aktivitäten nützen, meines Wissens Dienste westlicher Staaten in weitaus größerem Umfang, als dies durch die HVA geschah.

Gegen 22 Uhr wurde das Gespräch beendet. Wolf las sich das schriftliche Protokoll durch und unterschrieb es schließlich. Auch die wenigen handschriftlichen Korrekturen dürften aus seiner Feder stammen.
Später wurde die Öffentlichkeit über den Inhalt und den Ablauf der »geheimen Sitzung« informiert. Die Presse wartete schon gespannt auf die eine oder andere Enthüllung. Doch statt dessen wurde eher Merkwürdiges von den Chefbeamten des Innenressorts verkündet. »Im Innenministerium zeigte man sich beeindruckt, daß Wolf über ein erstaunliches Gedächtnis verfügt«, zitierte eine Tageszeitung die Aussagen der Verhörspezialisten. Wolf wisse aber nicht über jeden Hühnerhof-Agenten Bescheid.[26]
Als die Wiener Staatsschnüffler schließlich Wolfs DDR-Reisepaß in die Hand nahmen, entdeckten sie Erstaunliches. Zahlreiche Einreisestempel belegten, daß Markus Wolf sich, nach seinem leisen Abzug aus Deutschland, wiederholt in Österreich aufgehalten hatte. Wolf, der sich stets in seine Ostberliner Gartenlaube zurücksehnte, wie er des öfteren bekannte, sei von der deutschen Hauptstadt aus nicht nur in die UdSSR gereist, sondern habe auch Ungarn und die Tschechoslowakei besucht. Österreich hatte es ihm anscheinend am meisten angetan.[27]
1990 reiste Wolf viermal nach Österreich, wie die Einträge im Paß bestätigen. Allein im August kam Wolf zweimal nach Österreich, unter anderem über den Flughafen Wien-Schwechat. Über die Grenzstellen Heghesshalom und Sopron fuhr er nach Ungarn und bei Petrschalka, der tristen Trabantenstadt Bratislavas, in die spätere Slowakei. Wolf schien die Reisefreiheit eines einfachen DDR-Rentners in vollen Zügen genossen zu haben. Anfang November 1991 zum Beispiel, als Presseagenturen meldeten, Wolf sei in Bulgarien gesehen worden,[28] passierte dieser tatsächlich und ganz unspektakulär von der Slowakei kommend bei Kleinhaugsdorf im niederösterreichischen Weinviertel die Grenze. Auch da hatte er

sich mit seinem offiziellen DDR-Reisepaß ausgewiesen. Diese Grenzübergangsstelle (GÜST), so hießen die Grenzposten im MfS-Jargon, durchfuhr Wolf übrigens nicht zum erstenmal.
Am Freitag, dem 20. September 1991, wurde Wolf zum Untersuchungsrichter ins Wiener Landesgericht zitiert. Die richterliche Einvernahme dauerte etwas mehr als eine Stunde. Wolf plauderte vor dem Herrn in der schwarzen Robe keine Geheimnisse aus. Die Vernehmung habe keine Sensationen gebracht, gestand der Untersuchungsrichter Rainer Engelberger später der Presse.[29]
Den Samstag nutzte das Ehepaar Wolf für private Erledigungen. Am nächsten Tag hatte sich ein familiärer Gast angesagt. Michael Wolf, ein Sohn, traf in Wien ein. Das älteste von vier Kindern aus zwei Ehen war dem Vater in der Körperlänge fast ebenbürtig und von trainierter Statur. Den Nachmittag dieses Sonntags verbrachte die Familie im südlichen Niederösterreich. Für die letzte Nacht, die die Wolfs im Wiener Raum verbrachten, wechselten sie nochmals klammheimlich ihre Unterkunft. Die umsichtigen Staatspolizisten mieteten für das Ehepaar ein Zimmer in einer Pension in Guntramsdorf, südlich von Wien. Die Rückkehr nach Deutschland stand unmittelbar bevor.
Bedingung für seine Rückkehr, ließ Wolf verkünden, sei die Gewährung einer Haftverschonung. Die deutsche Justiz gab sich öffentlich stur und ließ ihrerseits verbreiten, ein Deal käme überhaupt nicht in Frage.
Am späten Vormittag des 23. September 1991 erschienen sechs Beamte der Stapo-Sondertruppe »Einsatzgruppe zur Bekämpfung des Terrorismus« (EBT) vor dem Büro des Wiener Rechtsanwalts, Dr. Herbert Schachter, um Markus Wolf samt Anhang Richtung bundesdeutsche Grenze zu geleiten.
Gegen Mittag setzte sich Markus Wolfs Sohn Michael ans Steuer eines Renault, Markus und Andrea Wolf stiegen zu. Wenige Minuten später verließ der Fahrzeugkonvoi Wien in Richtung Salzburg. Nach zwei Stunden gemächlicher Fahrt auf der Westautobahn wurde eine Pause eingelegt. In der Raststätte Strengberg in Niederösterreich stillten die Reisenden ihren Hunger. Man hatte es nicht eilig. Kurz nach vier Uhr nachmittags traf das prominente Trio samt Personenschützern in Salzburg ein. Im Hotel Tannhof in der Gaisbergstraße waren Zimmer reserviert worden. Doch es war noch nicht aller Tage Abend. Knapp drei Stunden später rückte die Familie Wolf wieder aus. Ziel war das Hotel Goldener Hirsch in der Getreidegasse, im touristischen Herzen Salzburgs.

Markus Wolf hatte eine Verabredung mit seinen Hamburger Anwälten Senfft und Schwenn. Unter anderem waren die »Ausreisemodalitäten« zu besprechen. Während die Herrschaften so gemütlich im Nobelhotel saßen, machte Rechtsanwalt Dr. Schwenn einen Abstecher an die bayerische Grenze. Hier traf er, so erinnern sich österreichische Staatsschützer, auf Vertreter deutscher Behörden. Die Unterredung dauerte eine ganze Weile. Es galt einige Details der bevorstehenden Einreise Wolfs zu klären. Dann kehrte der Anwalt ins Hotel zurück, man besprach sich erneut eine knappe Stunde. Erst danach hatten die Versammelten die Muße, in einem nahe gelegenen Restaurant ein letztes österreichisches Abendmahl einzunehmen.
Kurz nach Mitternacht zog sich Markus Wolf in sein Zimmer im Hotel Tannhof zurück. Am nächsten Morgen saß er schon sehr zeitig am Frühstückstisch. Rund eine halbe Stunde später wurden das Ehepaar Wolf sowie ihr Anwalt Dr. Schwenn von den Staatspolizisten zum österreichisch-deutschen Grenzübergang Großgmain kutschiert.
Eine knappe Stunde später, um 8.32 Uhr[30], spazierte der per Haftbefehl gesuchte Geheimnisträger mit seiner Frau Andrea ins Bayerische, wo er von den Grenzpolizisten unter Aufsicht eines Bundesanwalts verhaftet wurde. »Nun ist er also doch gekommen«, frohlockte der »Bayernkurier« im September 1991 und unterstellte gleichzeitig den hinterfotzigen Österreichern, sie hätten – verlegen ob des ungebetenen Gastes – auf ihre spezielle Art bei der »nicht ganz freiwilligen« Ausreise Wolfs nachgeholfen.

Flucht nach Österreich

Am 21. August 1991 mietete ein Mann, der sich als Dr. Gerd Löffler aus Hamburg auswies, in der Salzburger Pension Vienna in der Gaisbergstraße 12 ein Zimmer. Er war am Vortag wie Tausende andere Touristen auch in Österreich eingereist. Der Deutsche trug sich in das Gästebuch ein und zahlte die Miete von rund 400 Schilling pro Tag bis zum Monatsende im voraus. Bemerkenswert an diesem sonst eher unauffälligen deutschen »Touristen« war nur, daß er jeden Morgen kurz vor acht Uhr die Pension verließ und zu Fuß Richtung Innenstadt spazierte.
Fünf Tage später langte im fremdenpolizeilichen Büro der Bundespolizeidirektion Salzburg ein Antrag eines Dr. Gerd Reinhold Löff-

ler auf »Erteilung eines unbefristeten Sichtvermerks« ein. Denn besagter Dr. Löffler »beabsichtigt nunmehr in Österreich länger Aufenthalt zu nehmen«, schrieb sein Salzburger Rechtsanwalt Dr. Leopold Hirsch in dem fünfseitigen Papier, »zumal seine wirtschaftliche Existenz in Deutschland gefährdet ist«.[1]

»Spionageverdächtiger BRD-Politiker setzte sich nach Österreich ab«, meldete tags darauf die österreichische Presseagentur APA und berief sich dabei auf eine dpa-Meldung, in der Gerd Löffler seine Ausreise ins neutrale Österreich mit einer »öffentlichen Rufmord-Kampagne vor einem rechtskräftigen Urteil und der damit verbundenen drohenden Existenzvernichtung« begründete. »Er könne dieser nur entgehen, wenn er ›den Schutz eines anderen Staates‹ suche«, hieß es in dem Agentur-Telex weiter.[2] Löffler hatte den Vorwurf, ein Agent der DDR gewesen zu sein, öffentlich vehement bestritten.

Im April 1991 hatte die Karlsruher Generalbundesanwaltschaft gegen Dr. Gerd Löffler Anklage erhoben, »von 1974 bis Anfang 1990 in Hamburg, Berlin-Ost, Budapest und an anderen Orten für den Geheimdienst einer fremden Macht eine geheimdienstliche Tätigkeit gegen die Bundesrepublik Deutschland ausgeübt zu haben, die auf die Mitteilung oder Lieferung von Tatsachen, Gegenständen oder Erkenntnissen gerichtet war«[3]. Dr. Löffler, so hieß es in der 39seitigen Anklageschrift, habe sich 1974 zur nachrichtendienstlichen Mitarbeit gegenüber der Verwaltung Aufklärung (VA) des Hauptstabes der Nationalen Volksarmee der DDR verpflichtet.

Die Verwaltung Aufklärung (VA), der militärische Geheimdienst der DDR, war mit ihren nur rund tausend Mitarbeitern neben dem Ministerium für Staatssicherheit ein fast unbekannter Zwerg. Zu den Hauptaufgaben der VA zählte die »Truppenaufklärung«, die Ausforschung und Beobachtung der »Stärke, Gliederung, Dislozierung und Ausrüstung der Bundeswehr und der verbündeten NATO-Truppen«[4]. In den siebziger und achtziger Jahren beschäftigte sich die VA zum Beispiel verstärkt mit der Stationierung amerikanischer Truppen, aber auch Briten und Franzosen waren Ziel ihrer Kundschafterei. So waren unter anderen auch deutsche Zivilangestellte bei den westlichen Streitkräften beliebte Zielpersonen der VA-Werbung. Wie die Kollegen von der »zivilen Spionage« plazierte auch die VA Illegale. Daneben wurden auch weniger spektakuläre Wege zur Informationsbeschaffung beschritten. Im Unterschied zum MfS bezeichnete die VA ihre Inoffiziellen Mitarbeiter als Agenturische Mitarbeiter (AM). Ein AM kannte den »nachrichtendienstlichen Charakter seiner Tätigkeit«, heißt es dazu im Lexikon der polizeilichen Spionagebekämpfung der Meckenheimer Staatsschützer. Der AM wurde von der VA verpflichtet und von der Zentrale geführt. Eine Anbindung an eine illegale Residentur war möglich.

Der militärische Geheimdienst der DDR wertete für seine Zwecke vor allem »wissenschaftlich-technische Studien« aus dem Westen aus. Da viele dieser wehrtechnischen Papiere nicht als »geheim« eingestuft und im Westen in zahlreichen Kopien im Umlauf waren, hatten die VA-Kundschafter leichtes Spiel. Die Produktsortimente von Rüstungsfirmen standen in der DDR besonders hoch im Kurs. Aus den offen zugänglichen Katalogen schöpften die militärischen Aufklärer aus Ostberlin ihre Grundinformationen. Anhand dieser Erkenntnisse wurden dann die Kundschafteraufträge erteilt.[5] Die NVA-Kundschafter hechelten wie ihre MfS-Genossen hinter der großen Palette westlicher EDV-Hard- und -Software her. Auch über Dr. Gerd Löffler sei die VA, laut Aktenlage, an diese wichtigen Informationen herangekommen. Er »machte der VA gegen Entgelt eine Fülle von Unterlagen zugänglich, vor allem aus den Bereichen Datenverarbeitung, EDV-Technologie, Elektronik, Energieversorgung und -erzeugung sowie aus dem Bereich Umweltschutz«[6].

Dr. Gerd Reinhold Löffler wurde 1939 in Bremen-Blumenthal geboren. Nach dem Abitur studierte er Physik und legte 1966 seine Diplomprüfung ab. Im gleichen Jahr trat der junge Techniker der CDU bei. Vier Jahre später erhielt Löffler die Doktorwürde, der eine Arbeit im Bereich der Kernphysik zugrunde lag. Löffler war mittlerweile verheiratet und zweifacher Vater. 1973 gründete er gemeinsam mit einem Technikerkollegen in Hamburg die Firma Systemtechnik GmbH, ein Unternehmen für EDV, Informations- und Verfahrenstechnik. Ein Jahr später trat Löffler erstmals als »nebenamtliche Lehrkraft« für Mathematik und Physik an der Bundeswehrschule für Logistik auf. Diesen Lehrauftrag führte er noch zweimal, 1975 und 1977, aus. In der Zwischenzeit war Löffler zum alleinigen Gesellschafter der Systemtechnik GmbH aufgestiegen. Neben der Abwicklung von Hard- und Softwareprojekten wurden auch Systemanalysen über Arbeits- und Produktionsabläufe sowie rechnergestützte Verfahren erstellt.[7] Die Firma war im Souterrain seiner Zwei-Etagen-Eigentumswohnung untergebracht. Anfang 1974 bot die Systemtechnik GmbH in einem Tageszeitungsinserat ihren Dienst feil. Auf die Chiffre-Annonce antwortete unter anderen ein Kombinat aus Dresden. Die Ostdeutschen bekundeten großes Interesse »an der Aufnahme von Geschäftsbeziehungen«.

Laut Karlsruher Ankläger kam es in der Folge zu mehreren Treffen mit den Ostdeutschen. »Zumindest eines fand im Osten Berlins statt.« Danach »wurde dem Angeschuldigten klar«, behaupteten die Ankläger weiter, »daß er es bei seinen Gesprächspartnern mit Mitarbeitern eines DDR-Nachrichtendienstes zu tun hatte«. Noch im selben Jahr habe sich Dr. Gerd Löffler schriftlich zur geheimdienstlichen Mitarbeit der Verwaltung Aufklärung der Nationalen Volksarmee verpflichtet. »Er tat dies«, heißt es in den Akten, »weil ihm für die von ihm zugesagten Materiallieferungen finanzielle Gegenleistungen versprochen worden waren.« Die Herren im Osten erhofften, durch die Technikfirma an nachrichtendienstlich brisantes Material heranzukommen. Dabei hatten die militärischen Kundschafter vor allem die Bundeswehr im Auge, aber auch den Rüstungsriesen Messerschmitt-Bölkow-Blohm (MBB).

Innerhalb der VA war die Dritte Verwaltung für die geheimdienstliche Aufklärung zuständig. In deren 12. Abteilung hatte eine erste Unterabteilung die Führungsaufgaben in Sachen Löffler übernommen. VA-Oberst Hartmut Eisenschmidt war über Jahre Löfflers Führungsoffizier, heißt es in der vom seinerzeitigen Generalbundesanwalt von Stahl unterzeichneten Anklageschrift.

Nach der Pensionierung des Militärgeheimdienstlers Eisenschmidt, gegen den später ebenfalls ein Strafverfahren eingeleitet wurde, übernahm Hauptmann Axel Meusel »in der letzten Phase des Tatgeschehens« die Führung. Auch gegen Meusel wurde wegen des Verdachts geheimdienstlicher Agententätigkeit ermittelt.[8]

Drei weitere Personen konnten als Personen des »Verbindungswesens« identifiziert werden: Dr. Peter Borkenhagen aus Halle, Ruth Czerny aus Berlin und ein gewisser Manfred Henze. Gegen alle drei wurden Ermittlungsverfahren wegen des Verdachts eines Vergehens nach Paragraph 99 des Strafgesetzbuches eingeleitet.

Löffler erhielt »Mittel zur Fertigung latenter Schriften« sowie eine Deckadresse und eine Decktelefonnummer, über die er Kontakt zu seinen Führungsoffizieren halten konnte. Die Generalbundesanwaltschaft behauptete sogar, daß zwischen Löffler und seiner Führungsstelle »jedenfalls eine Zeitlang« sogenannter A3-Funkverkehr stattgefunden habe. Für diesen einseitigen Funkkontakt, dem Empfang von codierten Meldungen via Kurzwelle, habe Löffler ein Kofferradiogerät der Marke Grundig benutzt. Außerdem habe er »Codetabellen zum Entschlüsseln von geheimen Nachrichtensendungen« erhalten. Doch diese habe Löffler, laut eigenen Angaben, wieder zurückgegeben, »weil er mit ihnen nicht zurechtgekommen« sei. Mosaikstein um Mosaikstein haben die Ermittler aneinandergereiht. So hatte sich Löffler auf »Anweisung seiner Führungsstelle« eine Spiegelreflexkamera gekauft. Dieser Fotoapparat der Marke Olympus diente ihm, behauptete die Anklage, »eine Zeitlang« zum Aufnehmen von »Verratsmaterial«. Doch das waren der geheimdienstlichen Werkzeuge noch nicht genug. Im Laufe seiner Agenturischen Mitarbeit gab man ihm verschiedenste Container, um darin das Informationsmaterial für die VA zu verstecken. Darunter war auch ein antiquarisches Lehrbuch der Physik, »in dessen Einband ein Versteck eingearbeitet war«. In einer weinroten Reisetasche war durch eine Trennwand ebenfalls ein »geheimes Versteck« eingebaut.

Die Treffs fanden bis etwa 1985 in Ostberlin statt. Bis zu fünfmal im Jahr traf er DDR-Militäragenten, sowohl hauptamtliche als auch Agenturische Mitarbeiter. Danach wurden die Treffs nach Hamburg, Bremen und Ahrensburg verlegt. Aber auch das Ausland bot sich an. Zweimal wurden die geheimen Meetings in der ungarischen Hauptstadt Budapest abgehalten. Zu beiden Zeitpunkten war Löffler »praktischerweise« auf Winterurlaub in Österreich und hatte so eine verkürzte Anreise.[9]

An die 15 Jahre hatte Löffler dem ostdeutschen Militärgeheimdienst so »eine Fülle von Unterlagen zugänglich gemacht«. Die Besonderheit daran war, so die Karlsruher Ankläger, daß er nicht nur Informationen lieferte, die von der Verwaltung Aufklärung »bestellt« worden waren, sondern er betrieb auch Fleißarbeit und »übergab teilweise unaufgefordert« Material. Das besagte »Material« bestand aus Unterlagen über Programmiersprachen, Betriebssysteme, Speichertechnologien, Datenfernverarbeitung sowie Techniken und Konzepte der Energieerzeugung und -versorgung. Großteils stammten diese aus Firmenbroschüren und einschlägigen Veröffentlichungen in Fachzeitschriften.

Seit Anfang der achtziger Jahre, so der Generalstaatsanwalt, kamen Seminarunterlagen und Lehrgangsmaterialien der Deutschen Gesellschaft für Wehrtechnik und der Carl Cranz Gesellschaft (CCG) hinzu. Bereits 1977 war Löffler der Deutschen Gesellschaft für Wehrtechnik (DWT) beigetreten, nach Absprache mit seinem Führungsoffizier. Die DWT fungiert als Plattform der Rüstungslobby sowie als deren Bindeglied zur Bundeswehr. Löffler wohnte den »Wehrtechnischen Seminaren« bei, die der Verlag Wehr & Wissen im Auftrag der DWT abhielt. Er besuchte Veranstaltungen über die Themen »Aufträge der Bundeswehr« und »Fernmelde- und elektronische Aufklärung und elektronische Gegenmaßnahmen«. Die Kosten trugen seine Auftraggeber aus dem Osten.

Daß es die Militärs des Arbeiter-und-Bauern-Staates nach diesen Informationen brennend dürstete, war bei der miesen Lage der DDR-Planwirtschaft verständlich. In Sachen Technologie lebte der SED-Staat fast ausschließlich vom »Abkupfern«. Dr. Gerd Löffler beziehungsweise seine Firma trat noch einem weiteren Technikerverein bei. »Ebenfalls in Absprache mit der Führungsstelle«, wußte man in Karlsruhe, ging er zur Carl Cranz Gesellschaft (CCG) in Oberpfaffenhofen. In den interessanten Seminaren der ursprünglich rein wehrtechnischen Vereinigung erfuhren die Teilnehmer die neusten Forschungserkenntnisse in den Fachgebieten der Aufklärungs- und Führungssysteme, Ballistik und Waffentechnik, Nachrichten- und Flugtechnik sowie Elektronik und Sensortechnologie. Das fachlich hoch geschätzte Angebot war ein Schlaraffenland für Abschöpfer. Löffler besuchte CCG-Vorträge über »Aufklärungsmittel der Luftwaffe, Einsatz militärischer Führungssysteme, Operations Research in der Wehrtechnik sowie Optische und elektrooptische Aufklärung«. Dr. Löffler war immer gut informiert. Doch der umtriebige Techniker konnte, wahrscheinlich aus Zeitgründen, nicht an allen Veranstaltungen teilnehmen. Um weiter auf dem laufenden zu bleiben, lieh er sich »Seminarunterlagen« aus, vermutlich auch um sie zu kopieren. Einige Male durfte er sogar die Originalunterlagen behalten. Die Löffler dabei überlassenen Lehrgangsmaterialien wurden nur an die Seminarteilnehmer ausgegeben. Im Schnitt waren dies nicht mehr als zwanzig Personen. Laut Ankläger von Stahl landeten diese, eher als Insider-Unterlagen zu bezeichnenden Schriften, schließlich beim militärischen Geheimdienst der DDR. »Von meinen Auftraggebern wurde mehrfach verlangt«, so Löffler, »daß ich bestimmte Studien beschaffe, die in diesen Seminaren behandelt wurden.« Nachsatz: »Ich habe dann das entsprechende Material geliefert.«[10]

Den Preis für die heikle Ware bestimmte die Führungsmannschaft der VA. »Meine Entlohnung richtete sich nach der Einstufung der Gewichtigkeit des Materials durch meine Auftraggeber«, so Löffler vor dem Ermittlungsrichter. In den achtziger Jahren kassierte

Löffler im Schnitt an die 800 Mark pro Treff. Später legten die militärischen Geheimdienstler der DDR 400 Mark drauf, immer noch ein Pappenstiel. Schließlich glichen sie die »Inflation« aus und erhöhten den Spionagesold nochmals auf 1500 bis 2000 Mark. In Ausnahmefällen gab es darüber hinaus 500 Mark extra, Spesen inklusive. Netto, so rechneten die westdeutschen Behörden später hoch, habe Löffler an die 60 000 DM aus dem Osten kassiert. Selbst bei seinem letzten Treff mit den VA-Mitarbeitern habe er noch Geld erhalten, gestand Dr. Löffler den Behörden.

Gerd Löffler soll seinen Auftraggebern aber auch Informationen ganz anderer Art zur Verfügung gestellt haben. Seit 1978 saß der CDU-Mann als Abgeordneter in der Bürgerschaft der Freien und Hansestadt Hamburg. Bis zu seinem Parteiaustritt im September 1990 war er Mitglied des Ausschusses für Hafen und Wirtschaft, Ernährung und Landwirtschaft sowie des Umweltschutzausschusses. Löffler nahm zwischen Dezember 1986 und April 1987 als stellvertretendes Mitglied des Kontrollausschusses in Sachen Verfassungsschutz und G-10-Kommission an mehreren Sitzungen dieser Gremien teil, heißt es in der Anklageschrift. Hinreichende Verdachtsgründe sahen die Ankläger zwar, Beweise blieben sie allerdings schuldig.[11]

Im Januar 1990 neigte sich die Kundschafterei für die VA ihrem Ende zu. Dr. Löffler übergab ein letztes Mal »Material«. Nach Informationen der Generalstaatsanwaltschaft erfolgte einen Monat später die sogenannte Entpflichtung. Während eines nachrichtendienstlichen Treffs in Rostock wurde Dr. Löffler seiner Kundschaftertätigkeit entbunden. Doch der Kontakt zur VA war damit noch nicht gänzlich abgebrochen.

Da sich zu dieser Zeit alle Augen auf das Ministerium für Staatssicherheit, deren Mitarbeiter und Akten, die noch nicht in die USA »ausgewandert« waren, richteten, konnte die VA relativ unbehelligt weiteragieren, niemand nahm sie so richtig wahr. Wegen seines geringen Bekanntheitsgrades blieb der militärische Dienst vom Auflösungsprozeß des MfS lange Zeit unberührt, heißt es dazu im Verfassungsschutzbericht 1990. Dem MfS war es bis Januar 1990 möglich, auch Aktenmaterial dorthin auszulagern und Personal in die VA einzugliedern. Erst im Februar wurde auch die VA von den Umwälzungen erfaßt. Eine rein kosmetische Operation machte aus der Verwaltung Aufklärung das »Informationszentrum beim Ministerium für Nationale Sicherheit«. Der Mitarbeiterstab wurde nach und nach halbiert. Bis Ende Mai 1990 funkten die VAler weiter durch den Äther und konnten auch auf andere Weise operativ agieren.

Noch im April 1990 nahm die Verwaltung Aufklärung einen Container von Löffler zurück, den er bis dahin genutzt haben soll. Denn die VA war am Großreinemachen und vernichtete die nunmehr nutzlose operative Technik. Einen weiteren Monat später soll Löffler, laut Anklagebehörde, seinen einstigen Auftraggebern zum allerletztenmal Material angeboten haben.

Am 6. September 1990 wurde Gerd Löffler dann durch einen Ermittlungsrichter des Bundesgerichtshofs vernommen. »Ab Ende 1974 habe ich geahnt «, gab Dr. Gerd Löffler damals zu, »daß ich es mit dem Geheimdienst der DDR zu tun habe.« Jedoch: »Es ist aber noch ein Zeitraum von zirka zwei Jahren vergangen«, setzte er fort, »bis mir klar bewußt geworden ist, daß ich mit Mitarbeitern eines Geheimdienstes Kontakt habe.«[12]

Dieser Einvernahme waren enorme politische Reibereien vorausgegangen. Dr. Gerd Löffler unterlag als Hamburger Abgeordneter der Immunität. Solange diese nicht aufgehoben war, mußte die Justiz die Finger von ihm lassen.

Bereits am 13. August 1990 hatte ein Ermittlungsrichter des BGH einen Durchsuchungsbeschluß gegen den Abgeordneten erlassen. Das Stadtparlament in Hamburg setzte in diesem heiklen Fall seinen Ausschuß für Verfassung, Geschäftsordnung und Wahlprüfung in Aktion. Der Ausschuß, so heißt es im Bericht Drucksache 13/6641, ließ sich von den Senatsvertretern die Schwere der Verdachtsmomente bestätigen. Und er empfahl der Bürgerschaft, die Durchsuchung des Abgeordneten, seiner Wohnung und Firmenräume zu genehmigen sowie die Beschlagnahme von Beweismitteln und Zufallsfunden, aber auch eine etwaige vorläufige Festnahme oder Verhaftung. Schon zwei Tage zuvor hatte die Präsidentin der Bürgerschaft festgestellt, »daß die Durchsuchung zur Sicherung des Beweises schon vor Beschlußfassung der Bürgerschaft zwingend geboten erscheint«. Die Begründung: Der Beschuldigte könnte vorzeitig davon Kenntnis erlangen und Maßnahmen zur Vereitelung der Aufklärung ergreifen. Eine Frage des Ermessensspielraums.

Dr. Gerd Löffler konnte mit der Entwicklung der Dinge selbstverständlich nicht einverstanden sein. Er rief das Bundesverfassungsgericht an, um den zugrundeliegenden Beschluß (13/1542) aus dem Jahre 1988, den er selbst als Politiker mitbeschlossen hatte, für nichtig und die Verfügung seiner Präsidentin für unwirksam zu erklären. In den Augen Dr. Gerd Löfflers lag »mehrfacher Verfassungsbruch« vor.

Am Nachmittag des 4. September 1990 durchsuchten Beamte des Bundeskriminalamts und des Landeskriminalamts Hamburg im Beisein des Bundesstaatsanwalts Schulz Löfflers Wohn- und Geschäftsräume sowie sein Abgeordnetenbüro. »Dr. Schulz kam in die Souterrain-Räume der Systemtechnik, in dem ich mich mit meinen Mitarbeitern befand, stellte sich vor und nannte den Anlaß seines Kommens«, notierte der Politiker in einem Gedächtnisprotokoll an seinen Anwalt. Dann präsentierte der Bundesstaatsanwalt Dr. Löffler den Durchsuchungsbefehl. Die 15 Mann der Ermittlungsgruppe durchkämmten gleichzeitig die besagten Räume nach verdächtigen Unterlagen. Dr. Löffler rief daraufhin seinen Anwalt an. Der riet Gerd Löffler, die Durchsuchung geschehen zu lassen.

Angeblich wurde Löffler daran gehindert, wie er schriftlich festhielt, seinen Söhnen mitzuteilen, sie sollten keinerlei Aussagen machen. Die rechtliche Belehrung der Sprößlinge übernahm, laut Löffler, kurzerhand der Bundesstaatsanwalt. Im Abgeordnetenbüro fanden die Ermittler in einem offenen Regal an die zwanzig Leitz-Ordner der Carl Cranz Gesellschaft und andere Unterlagen der Wehrtechnik. In diesem Arbeitsraum hatte Löffler nach eigenen Angaben zu 80 Prozent Politik-Unterlagen, auch solche vertraulichster Natur, gehortet. »Unterlagen über Vorgänge«, schrieb er wörtlich, »die sogar innerhalb der CDU nur in speziellen Kreisen streng vertraulich zu behandeln sind.« In den Schreibtischladen befanden sich wichtige Privatunterlagen, aber auch die Korrespondenz mit dem Bundeskanzler in einer CDU-internen Angelegenheit, die eineinhalb Jahre zuvor hohe Wellen geschlagen hatte.

Gegen 17.30 Uhr wurde Löfflers Frau ins LKA gebracht, etwas später auch Löffler selbst. Zuvor durfte er in einem Chinarestaurant noch seinen Hunger stillen. »Ich wurde massiv unter Druck gesetzt, den Vorwurf zuzugeben«, hielt Löffler fest. Doch er schwieg. Gegen halb neun Uhr abends waren alle Beteiligten wieder in den Büroräumen versammelt. Die Durchsuchung ging weiter. Erst gegen Mitternacht, nachdem mehrere Räume versiegelt worden waren, zogen die Fahnder ab. Am nächsten Morgen, wenige Minuten nach acht Uhr, kam Teil zwei der amtlichen Durchsuchung. Am Nachmittag mußte Löffler mit den Herren erneut ins LKA fahren. Kurz nach 16 Uhr an diesem 5. September hob die Bürgerschaft Löfflers Immunität auf. Wenige Minuten später wurde er verhaftet und am Abend in die Untersuchungshaftanstalt Hamburg eingeliefert.

Am nächsten Tag, also am 6. September 1990, ging es in Begleitung der BKA-Beamten nach Karlsruhe zur Einvernahme durch einen Richter des Bundesgerichtshofs. Gegen 19 Uhr wurde gegen Löffler formell Haftbefehl erlassen. Am 14. November 1990 wurde der Haftbefehl dann außer Kraft und Löffler gegen eine Kaution von 50 000 Mark auf freien Fuß gesetzt.

»Den Verdacht und Vorwurf der langjährigen Agententätigkeit für die ehemalige DDR weise ich strikt zurück«, sagte Dr. Löffler Mitte März 1991 in der Hamburger Bürgerschaft. Er habe im Rahmen seiner unternehmerischen Tätigkeit »allerdings völlig unbedeutende, geschäftliche Kontakte zur DDR gehabt und nach dem 9. November 1990 fortgesetzt beziehungsweise neuaufgenommen, um die Rahmenbedingungen zu erweitern«[13].

Am 10. April 1991 genehmigte die Hamburger Bürgerschaft die Erhebung der öffentlichen Anklage gegen Löffler.

Im August desselben Jahres kam der Hamburger schließlich nach Österreich. Bei der Staatspolizei herrschten helle Aufregung und böse Vorahnungen. »Dann kommen plötzlich 750 frühere Stasi-Leute«, zitierte der »Kurier« einen österreichischen Staatspolizisten. Die Staatsschützer in der Wiener Herrengasse fürchteten nicht ohne Grund, daß »Österreich ein sicherer Hafen für Ex-Spione« werden könnte. Denn: Spionage ist nach österreichischem Recht ein politisches Delikt und somit auslieferungsunwürdig. Löfflers Aufenthalt stand gegen die staatspolizeilichen Interessen Österreichs. Als einzige rechtliche Folge kam nur ein Aufenthaltsverbot nach dem fremdenpolizeilichen Gesetz in Frage. Löffler aber wollte ausgerechnet in Österreich seine neuen Zelte aufschlagen. Er sei weder in Deutschland noch in Österreich vorbestraft, er sei kein Agent des Geheimdienstes gewesen und außerdem gelte auch für ihn die verfassungsmäßig garantierte Unschuldsvermutung, ließ Löffler durch seinen Anwalt die ratlosen Salzburger Behörden wissen. In Deutschland könne er als Unternehmer nach den einseitigen Medienberichten einpacken. Löffler war außerdem der Überzeugung, ehemalige Parteifreunde hätten »unter Ausnutzung der Schwächen der Medien« eine Kampagne gegen ihn eingeleitet, um ihn aus seiner Position in der Hamburger CDU, die nicht gerade unumstritten war, zu entfernen. Seine wirtschaftliche Existenz sei darüber hinaus bereits vernichtet, hieß es in der schriftlichen Wehklage an die Salzburger Fremdenpolizei. Dies be-

sonders deshalb, weil er zum Beispiel in der Umwelttechnik von den Aufträgen der öffentlichen Hand abhängig sei. Derartige Aufträge seien ihm auf Grund der politischen Dimension der gegen ihn erhobenen Vorwürfe praktisch entzogen worden. »Ein Wirtschaftsembargo erstreckt sich gegen ihn auf ganz Deutschland«, meinte gar sein Anwalt. Der Anwalt wußte aber auch Positives zu berichten. Er legte den österreichischen Behörden einen Vertrag einer Firma ITC Impex-Trading und Consulting Inc. bei, den diese mit Dr. Gerd Löffler abgeschlossen hatte. Löffler sollte demzufolge nicht nur Österreich-Repräsentant der ITC werden, sondern vom alpenländischen Boden aus auch eine Südosteuropa-Zentrale aus dem Boden stampfen. Damit wäre eine neue Existenz gesichert, hieß es weiter. Ein cleverer Plan. Eine Gefahr für die öffentliche Ordnung, Ruhe und Sicherheit gehe von Löffler keineswegs aus, schrieb der Advokat weiter. Erstens, weil er kein DDR-Agent war, und zweitens, weil »durch das Verschwinden des Staates DDR ohnedies für eine solche Tätigkeit jegliche Basis entzogen wäre«.
Mitte September 1991 zog Löffler von der Salzburger Pension in die Salzburger Ortschaft Großgmain an der österreichisch-bayerischen Grenze.
Am 19. November 1991 verhängte die Bezirkshauptmannschaft Salzburg-Umgebung gegen Gerd Löffler ein unbefristetes Aufenthaltsverbot (6/90-54643-1991) für das Gebiet der Republik Österreich. Mit der Begründung, seine Anwesenheit laufe den Interessen und der nationalen Sicherheit Österreichs zuwider.
Dr. Gerd Löffler wollte sich mit dem De-facto-Rauswurf nicht abfinden. Sein Anwalt legte Berufung ein, die wurde Ende Mai 1992 abgewiesen. Nun wandte sich Löffler über seinen Salzburger Rechtsvertreter an den Verwaltungsgerichtshof in Wien. Er legte nicht nur Beschwerde gegen den Rauswurf ein, sondern beantragte eine »aufschiebende Wirkung« für die Dauer des Verfahrens. Ende Juli 1992 räumte Österreichs höchste Verwaltungsinstanz Gerd Löffler das Recht ein, bis zur Klärung der Rechtslage in der Alpenrepublik zu bleiben.
Und Löffler hatte mehr Glück, als die österreichische Fremdenpolizei erlaubte. Am 3. Dezember 1992 hob der Wiener Verwaltungsgerichtshof im Namen der Republik Österreich das Aufenthaltsverbot gegen Gerd Löffler wegen Rechtswidrigkeit auf. Da das Löffler zur Last gelegte Delikt in Österreich nicht strafbar sei und er deshalb auch nicht ausgeliefert werden könne, könne er auch keinesfalls die Ruhe und Ordnung im Alpenland gefährden. Die

Verwaltungsrichter ließen der zuständigen Salzburger Behörde jedoch ein praktisches Hintertürchen offen. Ihre Erkenntnis, so die Richter, sage nichts darüber aus, »in welcher Weise Löfflers Antrag über die Erteilung eines Sichtvermerks zu erledigen ist«. Löffler bekam danach weder einen Sichtvermerk noch eine Aufenthaltserlaubnis. So lebte er von nun an in einem rechtsleeren Raum, denn »von Amtswegen« war er somit gar nicht da – der typische österreichische Weg.

Mittlerweile hatte sich Löffler in Österreich eine neue Lebensgrundlage geschaffen, wie sein Freund Gerhard O. in einem Brief an den damaligen österreichischen Außenminister Dr. Alois Mock schrieb. Löffler hatte eine Niederlassung seiner ehemaligen Hamburger Firma Systemtechnik in Österreich aufgebaut und sie am Salzburger Handelsgericht eintragen lassen. 1993 gründete er eine weitere Firma für Unternehmensberatung.

Doch Löfflers Glück währte nur bis zum 25. Juli 1994. Zwei Tage zuvor hatte sein ehemaliger Parteikollege Gerhard O. ein Fahrzeug gemietet und damit Möbel und andere Gegenstände aus dem Hausrat Löfflers über die Grenze nach Österreich transportiert. Das Mobiliar stammte aus Löfflers Eigentumswohnung, die Gerhard O. in dessen Auftrag verkauft hatte.[14] O. durfte mit seiner Ladung die Grenze passieren, mußte aber die Zollbegleitpapiere für das »gebrauchte Übersiedlungsgut« auf österreichischer Seite hinterlegen. Denn es war Samstag, und die Zolldokumente konnten frühestens am folgenden Montag bearbeitet werden.

An diesem Montag, dem 25. Juli 1995, fuhr Gerlinde R., Löfflers Lebensgefährtin, zum österreichischen Zollamt Großgmain, um den lästigen Papierkram zu erledigen. Doch das genügte nicht, Löffler mußte persönlich erscheinen. Er wurde vorgeladen, um eine persönliche Klarstellung vor dem Zollamtsleiter abzugeben. Es ging darum zu klären, warum Löffler, der bereits fast drei Jahre in Österreich lebte, erst jetzt »Übersiedlungsgut« ins Land importierte. Am frühen Nachmittag erschien Dr. Gerd Löffler mit seiner Lebensgefährtin Gerlinde R. an der österreichischen Grenzstation. Das Grenzamt, ein sogenanntes österreichisch-deutsches Gemeinschaftszollamt auf der Grundlage eines bilateralen Abkommens, befindet sich auf österreichischem Hoheitsgebiet. In dem eingeschossigen Gebäude arbeiten die deutschen und österreichischen Zöllner fast Schulter an Schulter. Jedenfalls entgeht der einen Seite nicht, was die andere gerade macht und umgekehrt. Kurz vor 13.30 Uhr waren die Formalitäten erledigt. Gerd Löffler öffnete die

Tür des Amts und trat auf die Straße. »Dr. Löffler?« wurde er kurz angesprochen, wie seine Lebensgefährtin später in einem Gedächtnisprotokoll festhielt.[15] Sekunden später wurde er nach ihren Angaben »von den deutschen Beamten überwältigt, auf den Boden geworfen« und festgehalten. Ein Beamter kniete angeblich auf Löfflers Brustkorb.[16]

»Was ist los? Der Mann hat doch nichts getan. Er ist mein Lebensgefährte«, sagte Gerlinde R. zu den deutschen Beamten. »Die deutschen Zöllner wollten mir die Tasche mit unseren Dokumenten und Haustorschlüsseln, die ich am österreichischen Zollamt an mich genommen hatte, aus der Hand reißen«, so Gerlinde R. in ihrem telefonischen Diktat an Löfflers Hamburger Anwalt. »Sie haben mich angeschrien und unsanft angegriffen.« Ein österreichischer Zöllner soll gesagt haben: Seid vorsichtig, sie ist Österreicherin. Dann habe man sie in Ruhe gelassen.

Drei Tage später erstattete das Landeskrankenhaus Salzburg, Abteilung Unfallchirurgie, eine Verletzungsanzeige an die Bundespolizeidirektion Salzburg. Die Patientin war Löfflers Lebensgefährtin Gerlinde R. Im Attest hieß es: Patient wurde von einem deutschen Grenzpolizisten angegriffen, Verletzung der rechten Schulter, rechter Oberarm, Rücken.[17]

Dr. Löffler war in der Zwischenzeit zur deutschen Zollstation gebracht worden. Mit Mühe und Not konnte Gerlinde R. den deutschen Beamten noch Löfflers Medikamente übergeben. Der saß bereits mit Handschellen in einem Auto. Seine Lebensgefährtin konnte sich nicht des Eindrucks erwehren, daß die österreichischen Beamten informiert gewesen waren.

In den nächsten Tagen überschlugen sich die Pressemeldungen. »Stasi-Spion an der Grenze geschnappt«, titelte der »Kurier«. »Eine Verhaftung unter skurrilen Umständen«, nannten die angesehenen »Salzburger Nachrichten« die Festnahme Löfflers. Doch viele vermuteten einen tieferen Hintergrund. »Stasispion tappte an der Grenze in die Falle«, wußte Österreichs auflagenstärkste Tageszeitung, die »Neue Kronenzeitung«, zwei Tage später zu berichten. Löffler sei auf den recht simplen Trick, er müsse die Zollpapiere persönlich an der Grenze unterzeichnen, hereingefallen, hieß es dort. Löfflers Salzburger Anwalt schlug in die gleiche Kerbe. Sein Mandant sei gezielt in eine Falle gelockt worden.[18]

Daß österreichische Zöllner für die deutschen Behörden als Lockvögel eingesprungen sein sollen, stritten diese stets ab. Sie bestritten ebenfalls, den bayerischen Kollegen von der Ladung Löfflers

etwas erzählt zu haben. Sie wollten die »Aktion Löffler« überhaupt erst bemerkt haben, als das Geschrei bei der Festnahme unüberhörbar und das Handgemenge auf der Straße unübersehbar geworden war. Außerdem war Löfflers Lebensgefährtin Gerlinde R. in ihrer Panik ins Büro des österreichischen Zollamtsleiters geflüchtet. Eingeschritten seien die österreichischen Grenzer deshalb nicht, argumentierten sie, weil ja ihre bayerischen Kollegen alles im Griff gehabt hätten.
Doch mit rechten Dingen war es bei der Verhaftung Löfflers offenbar nicht zugegangen. Die österreichischen Behörden jedenfalls leiteten umgehend Ermittlungen ein. So hegte denn auch die Finanzlandesdirektion für Salzburg, der das zuständige Zollamt Großgmain untersteht, schon Mitte August Zweifel »hinsichtlich der Berechtigung der bayerischen Grenzpolizei, Dr. Löffler beim Verlassen des Amtsraumes des Zollamts Großgmain am dortigen Amtsplatz festzunehmen«. Und man kam zu dem Schluß, »die bayerische Grenzpolizei hätte rechtlich keinen Zugriff auf Dr. Löffler gehabt«. Auch bei den österreichischen Sicherheitsbehörden waren Ermittlungen angelaufen, bei der Salzburger Staatsanwaltschaft sogar Anzeigen eingegangen.
»Gegen 13.30 Uhr verließ Löffler das Zollamtsgebäude«, heißt es in einem Bericht der Sicherheitsdirektion Salzburg. »Unmittelbar nach dem Verlassen wurde er von den bayerischen Grenzpolizeibeamten H., Polizeimeister B. und Polizeiobermeister A. am Amtsplatz des Zollamts festgenommen.« Der Haftbefehl der Karlsruher Generalbundesanwaltschaft bestand noch. Auch der Grenzbeauftragte des Präsidiums der bayerischen Grenzpolizei führte Untersuchungen durch. Die bayerischen Grenzer gaben zu Protokoll, heißt es im Bericht der Salzburger Sicherheitsdirektion, sie hätten geglaubt, der ihnen unbekannte Mann sei aus Bayrisch Gmain gekommen und hätte gerade die Grenze überschritten. Daher wollten sie den Grenzgänger kontrollieren. Doch der »Unbekannte« wollte sofort flüchten, konnte aber trotz starker Gegenwehr überwältigt werden. Erst im Grenzpolizeiamt sei der Niedergerungene als Dr. Gerd Löffler identifiziert und auf Grund des aufrechterhaltenen Haftbefehls festgenommen worden.
Doch auch mit dieser amtlichen Erklärung war der Fall nicht erledigt. Die Zweifel waren noch lange nicht ausgeräumt. »Entführten BRD-Grenzer Ex-Politiker aus Österreich?« fragten sich dann auch österreichische Medien. Und Löfflers Freunde und Bekannte blieben ebenso dabei: »Man hatte Löffler offenbar in Absprache

mit den deutschen Zollbeamten und der dortigen Grenzpolizei eine Falle gestellt«, heißt es in einem Brief von Prof. Winfried St., an den Vorstand der Hamburger STATT Partei.[19] Andere gingen mit den Behörden noch schärfer ins Gericht. »Dieser völkerrechtswidrige Menschenraub mit Hilfe des Faustrechts gleicht dem Stil des Unrechtssystems der ehemaligen DDR«, klagte Löffler-Freund Gerhard O. dem österreichischen Außenminister. Als »Stasi-West« sei dieser Akt der Piraterie in der bundesdeutschen Presse bezeichnet worden, fügte er hinzu.

Am 29. November 1994 wurde Dr. Gerd Löffler vom 3. Strafsenat des Hanseatischen Oberlandesgerichts wegen geheimdienstlicher Agententätigkeit zu zwei Jahren und sechs Monaten Haft verurteilt.

Im Urteil wurden gewisse Details »Zur Sache« angeführt. »Der Angeklagte wurde unter dem Decknamen ›Händler‹ geführt«, was Löffler nicht wußte. Anfangs quittierte er den Geldempfang mit seinem Klarnamen, später auf Empfehlung seines Führungsoffiziers mit dem Decknamen Rolf Beck.[20] Die schriftliche Verpflichtung wurde in dem elfseitigen Urteil nicht angeführt. Sonst deckten sich viele Angaben mit der Anklage durch den Generalstaatsanwalt. Löffler erhielt außerdem »ein sogenanntes Intarsienbild, in dem ein auf einen Falschnamen lautender Paß, der mit seinem Foto versehen war, versteckt war«. Kurioser Zusatz: »Im Verlauf von häuslichen Aufräumarbeiten durch die Frau Löfflers wurde das Bild samt Paß versehentlich weggeworfen.«[21] Mindestens 2800 Filmaufnahmen hatte Löffler dem Kurier Dr. Borkenhagen übergeben. In mindestens zwei Fällen hatte Löffler auch die persönlichen Daten von Jobbewerbern an die VA weiterleiten lassen. Löffler war dabei klar, so die Richter, daß die VA dadurch in der Lage war, diese anzusprechen und unter Umständen nachrichtendienstlich zu verstricken. Die VA ging noch einen Schritt weiter. 1984 wurde Löffler gebeten, einen Techniker namens Peter Bettermann, der sich auf ein Inserat als Ingenieur mit langjähriger Erfahrung auf dem Gebiet der Forschung und Entwicklung von Waffen und Munition gemeldet hatte, zu überprüfen. Kurier Dr. Borkenhagen versuchte diesen Ingenieur daraufhin selbst als Agenten zu werben. Bettermanns Tod machte Borkenhagen einen Strich durch die Rechnung.[22] Apropos Rechnung: Das Verratsentgelt wurde von angenommenen 60 000 DM im Urteil auf die Hälfte herunterbeziffert. Dafür wurde vermerkt, daß »die Aufenthalte in Budapest vom Nachrichtendienst bezahlt wurden«.

Nach dem Fall der Mauer im November 1989, heißt es im Urteil weiter, fanden noch zwei Treffen statt: eines im Februar 1990 in Warnemünde sowie eines im April 1990 in Wittenburg. Löffler übergab dabei nochmals Material. Die pekuniäre Belohnung dafür blieb aber aus. Das Hamburger Gericht stellte auch fest, daß Löfflers Festnahme an der bayerisch-österreichischen Grenze dem Gesetz entsprochen habe und nicht gegen Regeln des Völkerrechts verstieß. Außerdem wäre es kein Verfahrenshindernis gewesen, wenn das Völkerrecht verletzt worden wäre.[23]

Die Österreicher blieben weiterhin bei ihrer Ansicht, daß die damalige Festnahme rechtswidrig gewesen sei. »Das Bundesministerium für auswärtige Angelegenheiten darf daher ersucht werden«, schrieb Ministerialrat Dr. Gert Felsenstein im Namen des österreichischen Justizministers am 21. November 1994 an die ministerialen Kollegen zu Wien, »bei der deutschen Regierung einen förmlichen Protest einzulegen und diese um Rückstellung des völkerrechtswidrig erlangten deutschen Staatsangehörigen Dr. Gerd Löffler zu ersuchen.«[24] Ein Ersuchen, das in die Rechtsgeschichte Österreichs eingehen wird.

Mitte Dezember 1994 wurde das Hamburger Urteil rechtskräftig. Ungefähr zur gleichen Zeit bestätigte der österreichische Generalanwalt und Sektionsleiter im Justizministerium, Dr. Christoph Mayerhofer, der Lebensgefährtin Löfflers die Ungesetzlichkeit der Verhaftung auf österreichischem Hoheitsgebiet. Österreich legte zweimal Protest beim Bonner Auswärtigen Amt ein.

Doch all der Protest der Österreicher beantwortete eine Frage nicht: Woher wußten die deutschen Beamten nun tatsächlich von Löfflers Besuch an der Grenze? Daß der BND Telefonate ins Ausland überwacht, ist kein Geheimnis. So äußerte Löffler dann auch im Mai 1995 den Verdacht, die Pullacher Schattenmänner hätten Telefongespräche zwischen ihm und dem Hamburger Gerhard O. abgehört. Diese These kursiert auch im Wiener Innenministerium. Hier will man sich jedoch nicht festlegen, beantwortet Anfragen mit einem Schulterzucken und kontert mit einer Gegenfrage: Warum hätten die Pullacher Löffler nicht abhören sollen?

Seit Anfang September 1995 lebt Dr. Gerd Löffler wieder in Österreich. Tage zuvor war er vorzeitig, zur Halbzeit, aus der Haft entlassen worden. Der Rest wurde zur Bewährung ausgesetzt. Zu diesem Zeitpunkt bedurfte Dr. Löffler keiner Aufenthaltsgenehmigung in Österreich mehr. Denn die Alpenrepublik war mittlerweile der EU beigetreten.

IV Der polnische Sicherheitsdienst SB

Ein Agent namens »Schranz«

Einmal im Monat schlenderte der großgewachsene, schlanke Herr mittleren Alters durch die Wiener Innenstadt, bog hinter dem Lugeck, zwei Gassen unterhalb des Stephansdoms, in einen Hauseingang, huschte die Treppen hinauf und betrat eine kleine Garconnière, in der eine junge Polin einen Kosmetiksalon betrieb. Der gut gekleidete, grauhaarige Mann mit den auffällig breiten Schultern kam immer vormittags und hatte die Eigenart, seine Besuche erst wenige Minuten vorher telefonisch anzukündigen. Zudem war der Kunde stets in Eile. Im Schönheitssalon öffnete er jedesmal seine Aktentasche, zog ein Bündel geheimnisvoller Papiere heraus, schälte diese aus unverkennbar amtlichen Umschlägen und übergab sie der Kosmetikerin. Die Polin verschwand daraufhin samt Aktenstoß und einer Kollegin in einem Nebenraum. Dort legten die beiden Frauen die Papiere fein säuberlich auf einen Tisch und knipsten eine Lampe an, die eigens dafür bereitstand. Während die eine auf den Auslöser ihrer Minikamera drückte, blätterte die andere Seite für Seite um. Nach rund zehn Minuten hatten sie alles im Kasten. Sie gingen wieder in den Vorraum, die Akten wanderten zurück in die Aktentasche. Schließlich drückte eine der Damen dem Überbringer ein Kuvert in die Hand, der öffnete es, nahm Geld heraus und quittierte den Erhalt, indem er auf das leere Kuvert den Namen »Schranz« schrieb. Dann legte er den Umschlag auf den Tisch und verabschiedete sich höflich mit dem Charme eines Hofrats. Im Hinausgehen wurde noch schnell der nächste Besuch terminiert, zum Plaudern blieb keine Zeit.

Wien, 1969 – der polnische »Sicherheitsdienst«, so heißt übersetzt die Służba Bezpieczeństwa (SB), die auch für die Auslandsspionage zuständig ist, führte eine Spitzenquelle in der österreichischen Hauptstadt. Diese erfolgreiche Operation der Polen sollte bis Ende der siebziger Jahre andauern.

»Schranz«, der anfangs auch unter dem Decknamen »Toni« geführt wurde, war durch seine berufliche Tätigkeit an den polnischen Kundschafterdienst geraten. Denn »Schranz« war Offizier der Wiener Staatspolizei und hieß mit bürgerlichem Namen Adolf G.[1] Als Staatspolizist hatte er reichlich Umgang mit ausländischen

Diplomaten und Botschaftspersonal. Spione und Spionage gehörten damals wie heute zum täglichen Geschäft der politischen Polizei Wiens. Die Wiener Stapo, ein aufgeblähter Apparat mit mehreren hundert Beamten, kümmerte sich in ihrer Selbstherrlichkeit um jegliche Art von Staatsfeinden. Daß der eine oder andere Spion aber in den eigenen Reihen saß, fiel dabei niemandem auf. Im akuten Notfall grub man die peinliche Hilflosenfloskel »in jeder Berufsgruppe gibt es schwarze Schafe« aus, um den Erklärungsnotstand kurzfristig zu lindern. Der nächste »Maulwurf« war da meist schon am Werk, wie die Akten belegen.

Adolf G. machte eine typisch österreichische Karriere. Er wurde 1913 im niederösterreichischen Weissenbach, im Bezirk Waidhofen an der Thaya, geboren und trat nach einer Lehre zum Elektrotechniker und seiner Gesellenzeit Mitte der dreißiger Jahre in den Polizeidienst ein. Nach Österreichs »Anschluß« an das Dritte Reich wurde er nahtlos in die Deutsche Polizei übernommen und diente auch während der NS-Herrschaft als Polizist. Er war in den besetzten Gebieten der späteren Tschechoslowakei, Polens und Rußlands eingesetzt, wie er angab, als Kradfahrer und »Panzerfahrer«. 1943 wurde er in seine Heimatstadt Wien zurückbeordert. Nach dem Krieg arbeitete Adolf G. still und unauffällig weiter, als Verkehrspolizist in Linz, als Kraftfahrer bei der Wiener Polizei und später als kriminalpolizeilicher Überwacher der Warenauspreisung. Er absolvierte die sogenannte Beamtenmatura und stieg schließlich zum Leiter der »Einbruchsgruppe« im Wiener Sicherheitsbüro auf. Anfang der fünfziger Jahre wechselte Revierinspektor G. in das staatspolizeiliche Büro (Abteilung I) der Bundespolizeidirektion Wien.

Der eifrige Staatspolizist G. verkehrte oft in einer kleinen, eher verruchten Nachrichtenagentur in der Wiener Innenstadt, dessen Inhaber gute Geheimdienstkontakte hatte.

Hier erhielt er, wie er später zu Protokoll gab, »Informationen aus erster Quelle, die von staatspolizeilichem Interesse« waren. Denn in dieser Redaktionskanzlei traf sich eine bunte Mischung mehr oder minder wichtiger Persönlichkeiten des öffentlichen Wiener Lebens – zum Kartenspiel, zu gemütlicher Trinkerei sowie zu privater Plauderei und zur Erörterung der großen Politik. Mit dem Inhaber der Agentur, einem kleinen, dürren Mann und starken Trinker, verband »Schranz« bald ein gutes Verhältnis. Über die Jahre führten sie sehr ergiebige Informationsgespräche, wie die Quellenabschöpfung in der amtlichen Terminologie genannt wird. In den verrauchten Räumen der Schreibstube traf »Schranz« damals erstmals den polnischen Botschaftsangehörigen Mieczysław Schwarz. Schwarz war Offizier des Warschauer Geheimdienstes. Seit Mitte der fünfziger Jahre gehörte er der Spionageagentur an. Ende Juni 1965 kam Schwarz unter der Legende eines Attachés an die polnische Botschaft in der Hietzinger Hauptstraße 42c, im 13. Wiener Gemeindebezirk. Schwarz war der direkte Nachfolger des Presseattachés Anton Knychala. Die Pressestelle war ein bevorzugter Arbeitsplatz der Geheimen. So konnte Schwarz ganz offen Kontakte knüpfen und ortsansässige Journalisten bei Konferenzen und Privatgesprächen aushorchen. In den Geheimdienstreihen der Botschaft, der Residentur, galt Schwarz als enger Mitarbeiter Zenon Mileks, eines leitenden Nachrichtendienstoffiziers. Ein Botschaftsangestellter hatte für Mieczysław Schwarz und seine Familie – Mutter, Frau und zwei Kinder – ein Stockwerk in einer nahen Villa angemietet. Stolze dreitausend Schilling mußten die Polen dafür im Monat hinblättern. Die Schwarz-Familie lebte dort sehr zurückgezogen. Ihren Nachbarn fiel sie nicht unangenehm auf. Besucher empfing sie keine.

Daß »Schranz« damals auf Schwarz traf, war kein Zufall, wie sich später herausstellen sollte. Denn auch der Nachrichtenagentur-Inhaber stand im Solde Warschaus, wie ein polnischer Überläufer Jahre später zu Protokoll gab. Er wurde unter dem Decknamen »Opa« geführt. Doch der in die Jahre gekommene Wiener Agent war ein Sorgenkind der Polen, »Opas« Trunksucht bereitete der SB-Führung großes Kopfzerbrechen. Da war eine neue Zielperson wie »Schranz« herzlich willkommen. Der Agent Mieczysław Schwarz interessierte sich für die polnischen Flüchtlinge in Österreich und deren antikommunistische Umtriebe. Schwarz und »Schranz« kamen schnell ins Geschäft. »Schranz« hatte zu einschlägigen Akten spielend leichten Zugang. Denn neben der Abwehr staatsschädigender Elemente und sonstiger Spione zählte damals auch das Asyl- und Fremdenpolizeiwesen zu den staatspolizeilichen Aufgaben.

Die Warschauer Agentenführer ließen sich dann auch einiges einfallen, um ihre Operationen in Wien professionell über die Bühne zu bringen. »Eine Polin war als Perspektivagentin in den sechziger Jahren angeworben und gezielt nach Österreich übersiedelt worden«, hieß es später in der österreichischen Presse. Der polnische Geheimdienst richtete ihr zur reibungslosen Materialübergabe eigens einen Kosmetiksalon ein, hieß es weiter.

Halina G.[2] wurde Mitte der dreißiger Jahre in Krakau geboren. Im Frühjahr 1966 stellte die ehemalige Reisebüroangestellte und diplomierte Schönheitspflegerin einen Ausreiseantrag nach Österreich. Kurz nach der Einreichung erhielt sie Besuch eines unbekannten Mannes. Er bot an, ihr bei der aufwendigen Prozedur der offiziellen Landesflucht behilflich zu sein. In Österreich, so eröffnete er ihr, würde sich dann im Gegenzug ein Landsmann an sie wenden. Keine Frage, das roch nachhaltig nach Geheimdienst.

Im Herbst 1966 kam Halina G. tatsächlich als Asylantin nach Österreich und gab an, in die Vereinigten Staaten auswandern zu wollen. Doch daraus wurde nichts. Monate später fand die polnische Kosmetikerin eine Anstellung in Wien. Es dauerte auch nicht lange, und der besagte »Landsmann« tauchte auf. Der kleine, dünne Mittvierziger stellte sich als Bekannter ihrer Eltern vor. Erst nach vielen Monaten und einigen Treffen in verschiedenen Kaffeehäusern Wiens gab sich der Unbekannte als »Handelsattaché« der polnischen Botschaft zu erkennen. Er war Mieczysław Schwarz. Nach einiger# Zeit lud der Diplomat seine Landsfrau Halina zum Essen ein und fuhr mit ihr in ein Restaurant außerhalb der Stadt. Dort wurden sie bereits erwartet. Der Unbekannte war Wiener und stellte sich als »Schranz« vor. Er wurde ihr als sehr einflußreich beschrieben. Der kulinarische Ausflug in den Wienerwald galt einem ersten Beschnuppern.

Im Herbst 1968 zog die fesche Schönheitspflegerin aus Krakau in eine kleine Garconnière in der Wiener Innenstadt. Im darauffolgenden Sommer eröffnete sie dort ihren Salon für Körperpflege. Da ihr das nötige Eigenkapital fehlte, mußte sie einen Kredit aufnehmen. Schwarz wußte vom finanziellen Engpaß Halinas und bot Hilfe an. Aber nur, wenn auch sie ihm helfe. Daß mit dem Landsmann nicht zu spaßen war, erfuhr die junge Polin wenig später. Schwarz untermauerte seine Forderungen mit garstigen Drohungen. Ihr oder gar ihren Eltern könnte plötzlich etwas zustoßen. Das saß tief. Schwarz gab Halina Anweisungen, was sie zu tun hatte. Jene Unterlagen, die »Schranz« vorbeibrachte, mußten in ihrem Laden umgehend abgelichtet werden. Die Papiere würden Informationen über polnische Staatsfeinde enthalten, rechtfertigte er sein Anliegen. Schwarz gab Halina eine Kleinstkamera von der Größe eines Feuerzeugs. Anfangs ging ihr bei der geheimen Dokumentenablichtung »Danuta«, eine kleine, rundliche Polin, zur Hand. Sie war die Ehefrau eines Botschaftsangehörigen. Mal fotografierte Halina, und Danuta blätterte um, mal war es umgekehrt.

Im Spätsommer 1969 übersiedelte Mieczysław Schwarz offiziell nach Polen. Doch nur für kurze Zeit. Der Agent diente in den siebziger Jahren an der polnischen Botschaft in London und stieg schließlich zum Leiter der 10. Abteilung (Gegenspionage) im Auslandsnachrichtendienst der SB auf. Die Wiener Operation lief unter seiner Aufsicht weiter.

Ende 1972 zog Halina mit ihrem Salon in den fünften Gemeindebezirk, unweit des Naschmarkts. »Danuta« war mittlerweile von der Polin »Kristina«, die ebenfalls von der Botschaft kam, abgelöst worden. Sonst blieb alles beim alten. Nach den »Schranz«-Besuchen nahm Kristina die Filme aus der Kamera, wickelte sie in Silberpapier und versteckte sie im hohlen Boden einer präparierten Haarspraydose. In diesem Container wurden die Filme zur Botschaft in Wien-Hietzing gebracht, wo sie von einem technischen Geheimdienstmitarbeiter entwickelt wurden. Später übernahm diese Aufgabe ausschließlich die SB-Zentrale in Warschau. Halina, die den Decknamen »Max« führte, erhielt für ihre Dienste rund sechstausend Schilling monatlich.

Etwa im Herbst 1974 wurde »Kristina« von der jungen Walentyna W. abgelöst. Die geborene Warschauerin Walentyna, damals 25, kam mit ihrem sieben Jahre älteren Mann Krzysztof nach Wien. Er war als Erster Botschaftssekretär an der Gesandtschaft der Volksrepublik akkreditiert und kümmerte sich um den Bereich »technisch-wissenschaftliche Kooperation«. Eine Position, die dem polnischen Geheimdienst SB zugerechnet wurde. Die Wiener Staatspolizei hatte den Botschaftssekretär später im Spionagevisier.

Die Polen hatten anscheinend besonders großes Glück mit ihrem Maulwurf in der Staatspolizei. Mitte der siebziger Jahre avancierte G. zum Ersten leitenden Kriminalbeamten der Wiener Staatspolizei. G. war damit die Nummer zwei der politischen Polizei in der Donaustadt und Herr über Hunderte Stapo-Agenten. Damit hatte er seinen beruflichen Gipfel erreicht. Er galt als Polens bester Agent in der Donaumetropole. Die Polen schätzten seine Lieferungen ganz ungemein, denn sie kamen direkt von der Quelle. Neben Informationen über seine emigrierten Landsleute war der polnische Geheimdienst auch an allem interessiert, was westliche Agenten in Österreich betraf. Und die SB sammelte Material über Abwehrmaßnahmen der österreichischen Polizei gegen die Dienste aus den kommunistischen Bruderländern.

G. soll unter anderem die Akte eines abgesprungenen polnischen Attachés, der in Wien um Asyl gebeten hatte, geliefert haben, und

auch die eines ehemaligen Beamten des Warschauer Außenamts, der über Österreich nach Australien ausgewandert war. Die Polen honorierten G.s Dienste angemessen. Über die Jahre verdoppelte sich die Verratsgage auf mehrere tausend Schilling monatlich. Eine äquivalente Summe wurde auf ein Sparbuch einbezahlt.
Mitte der siebziger Jahre schienen sich innerhalb der polnischen Agentenmannschaft in Wien Veränderungen abzuzeichnen. Halina wurde von Schwarz, der wieder einmal außertourlich angereist war, zu einem Treff in eine Wiener Gaststätte beordert. Ein großer, ungefähr fünfzigjähriger Mann mit blonden Haaren wurde ihr von Schwarz als neuer Führungsoffizier vorgestellt. Später kam Schwarz mit dem großen Blonden sogar im Schönheitssalon vorbei, als auch »Schranz« dort anwesend war. Nach einem intensiven Gespräch gingen die drei Herren wieder ihrer Wege. Den großen Blonden bekam Halina in Wien nicht mehr zu Gesicht.
Ungefähr im Sommer 1977 besuchte »Schranz« wahrscheinlich zum letztenmal die Damen im Kosmetiksalon, denn seine Pensionierung stand bevor. Tatsächlich wurde der Stapo-Oberst erst mit Jahresende 1978 pensioniert. »Vor seiner Versetzung in den Ruhestand hatte er versprochen, einen geeigneten Ersatz zu benennen«, behauptete später ein polnischer Überläufer. »Er hielt sich jedoch nicht an diese Abmachung.« Hunderttausend Schilling, umgerechnet rund 14 500 DM, wäre den Polen allein die Empfehlung eines Nachfolgers wert gewesen. »Schranz« lehnte ab, das behauptete der Ex-Stapo-Oberst jedenfalls im späteren Verhör durch ehemalige Kollegen.
Es traten aber noch andere Ungereimtheiten zutage. Warum ein Zeitraum von mehr als einem Jahr zwischen dem letzten Kontakt und der Pensionierung verstrichen sein soll, blieb bis zuletzt unklar. War es ein zeitlicher Irrtum? Oder hatten die polnischen Agentenführer ganz bewußt einen zeitlichen Sicherheitsraum geschaffen, um zu verhindern, daß mit der Pensionierung auch gleich die Spuren zu »Schranz« führten? Später tauchten Indizien auf, »Schranz« könnte den Polen doch noch länger gedient haben. Beweise dafür fanden sich aber nicht. Jedenfalls kam es bei einem sogenannten Abschlußtreff zur Abschaltung des Agenten »Schranz«. Stanisław Matusiak, seinerzeit Erster Sekretär und Chef der polnischen Konsularabteilung in Köln, übernahm die Verabschiedung. Matusiak war Offizier des polnischen Geheimdienstes und über Bratislava angereist. Eine Route, die sich auch bei den Schwesterorganisationen der kommunistischen Hemisphäre großer Beliebt-

heit erfreute. In der Regel reisten die Instrukteure des polnischen Geheimdienstes unter diplomatischer Tarnung vormittags mit dem Auto über den Grenzübergang bei Bratislava nach Österreich ein und fuhren nach getaner Arbeit am Nachmittag wieder zurück. Da konnte nicht viel schiefgehen. Der polnische Führungsoffizier traf den Stapo-Oberst in der Weinbauortschaft Gumpoldskirchen, wenige Kilometer südlich von Wien. Gemeinsam besuchten sie dort den Benediktinerhof, ein beliebtes Heurigenlokal. Agent Matusiak, der erst nach ihnen das Lokal betreten hatte, überbrachte »Schranz« die Endabrechnung und das Dankeschön des polnischen Geheimdienstes. Er steckte »Schranz« unauffällig ein Bündel Tausendschillingscheine in eine Tasche seines Mantels.

Decknamen »Tanne« und »Kratzbaum«

Während der Operation »Schranz« war es der Kosmetikerin Halina strengstens verboten, ohne Genehmigung der SB, des polnischen Sicherheitsdienstes, in ihre Heimat zu reisen. Ende der siebziger Jahre besuchte sie dennoch heimlich ihre Eltern in Krakau. Es dauerte nicht lange, und der Geheimdienst war auf ihrer Spur. Ein etwa 25jähriger schlanker Mann mit einem Oberlippenbart suchte sie auf und gab ihr Anweisungen für ein Zusammentreffen mit dem Agenten Schwarz in Warschau. Da nützte keine Ausrede. In Warschau angekommen, wurde sie wieder von jenem jungen Agenten betreut, der ihr die klare Botschaft überbracht hatte. Er hieß Ryszard Nosek und brachte sie am nächsten Tag mit dem Auto zu Mieczysław Schwarz. Das geheime Treffen fand in einem Wald etwas außerhalb von Warschau statt. Schwarz gab zu verstehen, daß mit der Pensionierung von »Schranz« Halinas nachrichtendienstliche Tätigkeit keineswegs beendet sei. Im Gegenteil, sie sollte sich eine neue Aufgabe suchen. Unter anderem schwebte Schwarz eine Tätigkeit im niederösterreichischen Flüchtlingslager Traiskirchen vor. Das Durchgangslager für Flüchtlinge im Süden Wiens unterstand damals wie heute dem österreichischen Innenministerium. Hier wurden auch die polnischen Flüchtlinge einquartiert und wie alle Emigranten von Beamten der niederösterreichen Sicherheitsdirektion befragt.
Östliche Militärangehörige wurden einer effizienten »Sonderbefragung« durch das Heeresnachrichtenamt, den österreichischen

militärischen Geheimdienst, unterzogen. Oft reichten schon die Angaben ehemaliger Wehrpflichtiger aus dem Ostblock aus, um die räumliche Verteilung und Verlegung der verschiedenen Truppenverbände nachvollziehen zu können.

Wer einen Antrag zur Ausreise in die USA oder nach Kanada stellte, durfte sich auch noch von deren Geheimdiensten ausquetschen lassen. Das war Usus im »neutralen« Österreich. Die westlichen Nachrichtendienste waren ganz gierig auf die Abschöpfung von Flüchtlingen.

Andererseits kam es immer wieder vor, daß östliche Spione, getarnt als Emigranten, in den Westen »flüchteten«. Dieser Methode bedienten sich unter anderem besonders der tschechoslowakische und der rumänische Geheimdienst.

Halina wurde nach der Unterredung mit Schwarz vom jungen Agenten Ryszard Nosek nach Warschau chauffiert, und er lud sie in ein Hotelrestaurant zum Essen. Anschließend brachte er sie in einem Taxi zum Bahnhof. Halina fuhr mit der Eisenbahn nach Wien zurück.

Dann war lange Zeit Funkstille. Die SB, der Geheimdienst, trat mit ihr angeblich über Monate nicht in Kontakt. Die Anweisungen von Schwarz, sich einen neuen Job zu suchen, ließ sie, gab sie später an, einfach links liegen. Halina pflegte in ihrem Salon weiterhin die Körper ihrer Kunden.

Anfang der achtziger Jahre trat der Agent Ryszard Nosek wieder an sie heran. Er vereinbarte mit ihr telefonisch ein Treffen in Wien. Nur – Nosek kam nicht. So lag die Vermutung nahe, daß die Polen nur abtesten wollten, ob die Luft noch immer rein sei. Oder gab es andere Gründe? Wenige Tage später klappte es nämlich doch. Ryszard und Halina trafen sich in einem Kaffeehaus. Der SB-Agent erkundigte sich über den Verbleib der einstigen Quelle »Schranz«. Nosek gab Halina die private Telefonnummer von »Schranz« und beauftragte sie, diesen anzurufen. Sie sollte Grüße von Schwarz übermitteln und ein Treffen vereinbaren. Doch »Schranz«, der vorgab, krank zu sein, lehnte jeglichen weiteren Kontakt mit dem polnischen Nachrichtendienst ab.

Daß sich die Agenten des polnischen Geheimdienstes in Wien von jeher fast wie zu Hause in Warschau fühlten, war nicht zu übersehen. Polnische Kundschafter kannten Wien meist wie die eigene Westentasche. Seit den frühen siebziger Jahren bauten Agenten der Służba Bezpieczeństwa (SB) in Wien ein dichtes und verästeltes Kundschafternetz auf. Gleichzeitig woben die Warschauer

Spione ein sehr großes Netz sogenannter Informationskontakte. Sie suchten Kontakte zu Journalisten, Dolmetschern, Politikern und Wissenschaftlern, um deren Wissen und Informationsstand abzuschöpfen. Gutgläubige »Opfer« wurden benutzt, ohne daß sie sich ihrer Rolle jemals wirklich bewußt geworden wären. Weniger naive merkten aber schnell, wie der polnische Hase lief.

Wien spielte für den polnischen Geheimdienst eine vielseitige Rolle. Die antikommunistische Emigration Polens hatte am Donaustrand eines ihrer Basislager aufgebaut. Eine Abteilung der Auslandsaufklärung der SB hatte die Aufgabe, in diese Zirkel einzudringen, sie auszuhorchen und zu zersetzen. Wie alle Nachrichtendienste der kommunistischen Hemisphäre nutzten auch die Warschauer Schnüffler den UNO-Sitz Wien und plazierten in den UN-Organisationen wie in der International Atomic Energy Agency (IAEA) ihre Spione.

Gleich ihren Genossen im Warschauer Pakt verbrachten auch die Polen westliche Hochtechnologie über den Ost-West-Knotenpunkt Wien still und leise in die Fertigungshallen ihrer Planwirtschaft. Gleichzeitig schätzten die Agenten der Volksrepublik Polen Wien als idealen Ort, um unauffällig und relativ ungefährdet nachrichtendienstliche Treffs über die Bühne gehen zu lassen. An Österreich selbst waren sie nur am Rande interessiert. Außer an Polizei- und Sicherheitskreisen, die sind schließlich in jedem Land von Interesse. Die österreichischen eher etwas mehr, wegen ihrer guten Beziehungen zum Nachbarland Deutschland. Deutschland stand traditionell an erster Stelle der »Zielländer« der polnischen Geheimdienste.

In der österreichischen Innenpolitik nahmen die Polen besonders die regierende SPÖ ins Visier. Als Ausgangsbasis für die zugereisten SB-Agenten diente seit eh und je der Botschaftskomplex in der Hietzinger Hauptstraße 42, im 13. Wiener Gemeindebezirk. Das großzügige Palais samt seinen Nebengebäuden war nach dem Zweiten Weltkrieg in den Besitz des polnischen Staates übergegangen.

Anfang der achtziger Jahre beherbergte die Botschaft der Volksrepublik Polen eine relativ kleine Kundschaftertruppe, glaubt man den Informationen von Überläufern. Bis zu 15 Mann hatte der polnische Geheimdienst an der Botschaft in Wien stationiert, schätzt die österreichische Staatspolizei. Von sechs Mitarbeitern des zivilen Geheimdienstes SB, die gleichzeitig als Diplomaten in Wien akkreditiert waren, wußten die Nachrichtendienste des Westens in der Regel ziemlich genau deren Positionen. Die Hälfte der polnischen Agentenmannschaft versah ihren Dienst in der Handelsdelegation, mindestens ein Mann saß im Konsulat, ein weiterer bei der Internationalen Atombehörde. Zusätzlich soll der zweite Mann in der Kultur- und Wissenschaftsabteilung des volkseigenen Polnischen Instituts im Ersten Wiener Gemeindebezirk aus den Reihen der SB gekommen sein. Die Residentur des polnischen Geheimdienstes in Wien war damals im allgemeinen mit der Beschaffung politischer Informationen befaßt.

Hatte der Dienst eine ergiebige Quelle erschlossen und eine Person an der Angel, so übernahm die Zentrale in Warschau die weiteren geheimen Geschäfte. Der direkte Führungsoffizier war stets ein Mitarbeiter aus dem Hauptquartier.

Ryszard Nosek war seit Mitte Juni 1981 an der polnischen Botschaft in Wien als Presseattaché akkreditiert. Unter dem Deckmantel seiner diplomatischen Tätigkeit fungierte der studierte Politologe als Geheimdienstoffizier der Służba Bezpieczeństwa (SB). Ryszard Nosek wurde 1951 in Chrzanow geboren, war mit 23 Jahren dem Sicherheitsdienst beigetreten und arbeitete im Department I, dem Auslandsnachrichtendienst, dessen Aufgabe es war, »geheime Nachrichten aus dem westlichen und neutralen Ausland« zu beschaffen.[3]

Politik, Wirtschaft, Wissenschaft und Technik waren die vier großen Schwerpunkte der SB-Kundschafter. Im Bereich der politischen Aufklärung wurden die Zielländer Deutschland, Schweiz, Österreich sowie die Niederlande, Dänemark, Schweden und Norwegen in der Abteilung 1 bearbeitet. Die Abteilung 2 kümmerte sich um die USA, Kanada, Australien, die Länder im Fernen Osten und Lateinamerika, und die 3. Abteilung erfaßte nachrichtendienstlich West- und Südeuropa, die Türkei sowie den Nahen und Mittleren Osten. Die Auswertung der geheim beschafften Informationen erledigte eine eigene Abteilung. Ferner gab es noch die gefürchtete Sicherheitsabteilung für die interne Kontrolle, einen Archiv- und Dokumentationsbereich sowie eine EDV- und eine Verwaltungsabteilung.

Die Kundschafterdienste des Warschauer Pakts unterstützten sich gegenseitig. So lieferten die Tschechen und Ungarn ihren Warschauer Kollegen im Tauschhandel aktuelle interne Telefonverzeichnisse des österreichischen Innenministeriums und anderer polizeilicher Dienststellen. Darunter war auch der »Almanach der österreichischen Bundesgendarmerie«, ein Verzeichnis aller österreichischen Gendarmeriedienststellen und Gendarmeriebeamten mit einem alphabetischen Register. Hier lag die Annahme nahe, daß auch Ungarn und Tschechen ihre eifrigen Maulwürfe im Wiener Sicherheitsapparat hatten. Jahre später wurde dies auch nachgewiesen.

Die Übergaben dieser »geheimen« Unterlagen waren gut ausgetüftelt. Zwischen 1981 und 1983 ließ der Resident des polnischen Geheimdienstes das nachrichtendienstliche Material, das seine operativen Hauptamtlichen herbeischafften, an bestimmten Örtlichkeiten sofort an extra dafür eingesetzte Geheimdienstoffiziere weiterreichen. Ein beliebter Übergabeort war unter anderem das Wienerwald-Restaurant in der Landstraßer Hauptstraße im dritten Wiener Gemeindebezirk.

Ab Juni 1983 war Nosek wieder in Polen. Der Warschauer Späher hatte – so sagte er später aus – mit einem Alkoholproblem zu kämpfen. Mitte Juli 1983 schied Ryszard Nosek aus dem operativen Dienst aus.

Nach seinem Ausstieg fand der Ex-Agent in der Nachrichtenagentur Interpress in Warschau ein kurzes Auskommen, bis er 1984 in die polnische Künstleragentur Polska Agencja Artystyczna (Partaga) eintrat. Als Manager organisierte er Auslandstourneen für Musikkapellen der Volksrepublik Polen und begleitete diese auf ihren Touren. Während einer dieser Orchesterreisen nach Deutschland wurde er von den Herrschaften des Bundesnachrichtendienstes (BND) angeworben. Im Juli 1987 lief Ryszard Nosek zum BND über. Dieser Aktenvorgang wurde beim BND unter dem Decknamen »Kratzbaum« geführt.[4]

»Wie es bei derartigen ›Überläufern‹ erfahrungsgemäß üblich ist«, schrieb im März 1988 Hofrat Gustav Hochenbichler, damals erster Mann des staatspolizeilichen Büros in Wien, an die Staatsanwaltschaft, »sind diese bemüht, einerseits durch möglichst umfangreiche und wahrheitsgetreue Aussagen ihre Loyalität unter Beweis zu stellen, andererseits dem immerhin bestehenden Verdachtsmoment einer ›Einschleusung‹ als Doppelagent auf solche Art entgegenzuwirken.« Zwei österreichische Stapo-Beamte reisten daraufhin nach Deutschland, um Licht ins Dunkel der »polnischen Operationen« in Wien zu bringen. Zurück kamen die Befrager mit einem Aktenkonvolut, dem Vorgang gaben sie den Decknamen »Tanne«. Die Quelle »Tanne« sprudelte ganz ordentlich. Auch der britische Geheimdienst, die Kanadier, die Australier, die Japaner und die Amerikaner waren hinter dem Wissen von »Tanne« her.

Und »Tanne« lieferte ausführliche Informationen über den polnischen Geheimdienst in Wien.

»Anfang der sechziger Jahre arbeitete ein gewisser Andrezej L. als Agent für den polnischen Nachrichtendienst in Krakau«, wußte »Tanne« zu berichten, »und nach seiner Emigration nach Österreich setzte L. seine Geheimdiensttätigkeit fort.« »Tanne« gab vor, dies deshalb so genau zu wissen, weil er während seiner Tätigkeit in der Warschauer Geheimdienstzentrale Mitte der siebziger Jahre an die Akten L.s herangekommen sei. Außerdem habe er in Wien selbst an Materialübergabe-Operationen L.s teilgenommen.

Andrezej L. wurde 1923 in Lwów (Lemberg) geboren. Nach dem Zweiten Weltkrieg studierte er in Krakau Rechtswissenschaften und arbeitete anschließend in der Krakauer Schwerindustrie. Im August 1962 setzte er sich, während eines Österreichurlaubs, samt seiner Familie ab. In Wien suchte er um Asyl nach und stieg hauptberuflich in die Führung eines Emigrantenvereins auf. L. hatte blendende Kontakte zur polnischen Exilregierung in London und zu anderen antisozialistischen Auslandsclubs. Auch zu Radio Free Europe. Glaubt man dem Überläufer, dann hatte er aber eine ganz andere, geheime Aufgabe zu erfüllen. »Tanne« äußerte den Verdacht, L. wäre ganz gezielt nach Österreich geschickt worden. »Er lieferte die Namen jener Flüchtlinge, die sich bei westlichen Botschaften für die Immigration beworben hatten und durch deren Nachrichtendienste befragt worden waren«, so die Quelle. L. hatte angeblich auch Zugang zu deren neuen Wohnadressen. Diese waren für den polnischen Geheimdienst von ganz besonderem Interesse, erleichterten solche Daten doch etwaige Werbungsversuche. Mehr noch, L. soll übersichtliche und informative Dossiers auf einer Schreibmaschine erstellt haben. Diese Berichte erhielten vom polnischen Nachrichtendienst SB eine hohe Bewertung. Anfang der achtziger Jahre sollen darunter wichtige Informationen über die Solidarność-Bewegung in Österreich gewesen sein. Mindestens zweimal im Monat habe L. seinen Führungsoffizier getroffen, sagte »Tanne«. Anfang der siebziger Jahre war das Viktor Boroziej, Mitglied der polnischen Handelsdelegation, 1975 übernahm der Diplomat namens Janusz Ignatiew, Deckname »Stanislawski«, von der polnischen Botschaft in Köln die Leitung. Vier Jahre später kam Czesław Kochmanski an die Reihe, der Ende der achtziger Jahre in der SB-Abteilung 10 (Gegenspionage) Karriere machte. »Tanne« half »Kochmanski« bei der Absicherung der Treffs mit L. Unter anderem in der Wiener Innenstadt, wo nach

»zwei sogenannten Reinigungsschleusen« der Blitztausch zweier Aktentaschen stattfand. In einer Tasche waren das Honorar und die Anweisungen, in der anderen das nachrichtendienstliche Infomaterial. Das Material wurde umgehend in die polnische Residentur nach Hietzing gebracht. L. hatte für seine Leistungen im Monat wenige tausend Schilling Sold erhalten. Für den Ernstfall – Flucht bei Entdeckung – hatten die polnischen Agenten allerdings vorgesorgt. In der polnischen Botschaft lag sogar ein »besonderer« Reisepaß für L. bereit.

Räuberpistole eines Überläufers oder gezielte Desinformation? Andrezej L. stritt diese Vorwürfe gegenüber den österreichischen Behörden vehement ab. Das Strafverfahren gegen ihn wurde schließlich eingestellt.

Der hauptamtliche SB-Agent Czesław Kochmanski zählte zu den eifrigen und erfolgreichen polnischen Spionen. Der Offizier des Referats Deutschland/Österreich in der Abteilung 10 hatte alle Hände voll zu tun. So wurde von ihm auch der polnische Staatsbürger Henryk L. für einen Österreich-Einsatz angeworben.

Henryk L. wurde 1949 in Warschau geboren. Bereits 1962 setzte sich seine Mutter nach Wien ab. Erst drei Jahre später durfte der 16jährige Henryk die Mutter zum erstenmal besuchen, für ganze 14 Tage. 1974 schloß der baumlange Pole sein Wirtschaftsstudium in Rekordzeit ab. Er wollte aber Polizist werden. Doch die Volksrepublikflucht seiner Mutter stand dem Berufswunsch im Weg. Ein Jahr später fuhr er wieder in die Donaustadt. Er wollte sich in Wien zum Dolmetscher ausbilden lassen. Da sein Reisepaß während seines Wien-Aufenthalts abgelaufen war, mußte er jedoch wieder nach Polen zurück. Und kam nun in Teufels Küche. Keine Verlängerung des Reisepasses, beschieden die Behörden. Nach einem halben Jahr und nachdem er für die Behörden mehrere Berichte über seine Wien-Besuche verfaßt hatte, wurde er erneut ins Amt bestellt. Zuerst mußte er stundenlang geduldig warten. Dann trat Czesław Kochmanski in die Amtsstube. Einem Studium in Wien stehe nichts im Wege, sagte Kochmanski, Henryk bekomme einen Reisepaß. Er solle im Gegenzug nur die polnischen Studenten in Wien aushorchen. Und er müsse sich jetzt hier auf der Stelle entscheiden. Der gut hundert Kilogramm schwere Hobbygewichtstemmer Henryk sagte zu, mit einem flauen Gefühl im Magen. Einen Paß bekam er trotzdem noch nicht. Er nahm einen zweiten Anlauf. Henryk mußte sich mehrmals mit einigen Herren treffen, die nur ihre Vornamen preisgaben. Einer davon diktierte Henryk

später eine Erklärung über »die Geheimhaltung der Sache«. Henryk unterschrieb.
Dann betrat ein anderer die geheimdienstliche Bühne, er nannte sich Wojciech Zilsinski und gab sich als Polizist aus. Zilsinski interessierte sich für »polnische Gauner« im Ausland. Er versprach, die nötigen Schritte zur Ausreise Henryks in die Wege zu leiten. Zuvor mußte Henryk aber noch eine Verpflichtungserklärung in einer kleinen Warschauer Wohnung unterzeichnen und eine Liste seiner Verwandten im In- und Ausland anfertigen. »Suchen Sie jetzt um einen Reisepaß an«, gab ihm Wojciech mit auf den Weg, »den Rest erledige ich.« Vier Wochen später hatte Henryk einen Paß mit einer Gültigkeitsdauer von einem Jahr. Einige Tage danach reiste Henryk L. nach Wien.
Er wohnte bei seiner Mutter im sechsten Gemeindebezirk. Alle zwei Monate schrieb er auftragsgemäß eine Ansichtskarte nach Warschau, adressiert an jene Wohnung, in der er von Wojciech verpflichtet worden war. Wichtig war, daß er auf jede Karte ein Treffdatum schrieb.
Im Sommer 1977 traf Henryk seinen Führungsoffizier in Budapest. Man hatte sich in einem Hotel nahe des Keleti Pályaudvar, des Ostbahnhofs, verabredet. Wojciech übergab Henryk eine Liste in Wien lebender Polen, über die er nähere Informationen haben wollte. Anderthalb Monate später kam es zum nächsten Treff in der ungarischen Hauptstadt. Diesmal kam Wojciech in Begleitung, ein älterer Herr mit Brille stand ihm zur Seite. Wojciech verhielt sich so, als sei der Alte ein hochrangiger Vorgesetzter. Ganz oben auf ihrer Wunschliste standen die israelische Hilfsorganisation HIAS, die Juden aus dem Ostblock herausbrachte, die Tolstoy Foundation, eine russische Emigrantenorganisation, und das Polish American Immigration and Relief Committee PAIRC, das in der Wiener Postgasse, Tür an Tür mit der Tolstoy Foundation, ein Headquarter hatte. Bei einem späteren Treffen in Warschau bekam Henryk den Auftrag, sich an eine Sekretärin des PAIRC, Leda B., heranzumachen und sie auszuforschen.
Agent Zilsinski wurde in der Zwischenzeit von der Führung Henryks abgezogen. Der neue Führungsoffizier war ein sehr großer, glatzköpfiger Mann.
Im Sommer 1979 fuhr Leda B. für eine Woche nach Warschau. Henryk meldete dies eiligst seinen SB-Führungsagenten. Doch die wußten bereits Bescheid. Damit lag die Vermutung nahe, daß der polnische Geheimdienst eine weitere »Quelle« direkt im Auswan-

derungsverein oder dessen Umfeld gehabt haben muß. Die Kundschafter des Referats Deutschland/Österreich im polnischen Nachrichtendienst schmiedeten prompt einen Plan. Henryk sollte sich Leda als Reiseführer anbieten und ihr die Schönheiten der Stadt zeigen. Henryk und Leda fuhren aber nicht gemeinsam nach Warschau. Sie fuhr mit der Bahn, er mit seinem Auto. In Warschau traf Henryk mit seinen SB-Betreuern in einer konspirativen Wohnung zusammen. Diesmal war auch Czesław Kochmanski wieder zur Stelle. Der SB-Agent gab Henryk die Weisung, mit Leda auszugehen. Anschließend sollte er sich mit ihr ins Hotel Forum auf sein Zimmer begeben. Doch Henryk wohnte gar nicht im Hotel Forum. Der Geheimdienst hatte ein Zimmer bereitgestellt und mit aller Wahrscheinlichkeit entsprechend technisch präpariert. Denn, laut SB-Order, sollte Henryk mit Leda auch und vor allem viel reden.

Henryk und Leda gingen tatsächlich zu Bett, tranken eine Kleinigkeit und sprachen über ihr Leben. Henryk fragte sie nach ihrem Arbeitgeber aus. Doch das war für Leda nichts Neues, auch in Wien hatte Henryk immer sehr viel und Genaues über das PAIRC wissen wollen. Schließlich schliefen sie miteinander, die polnischen Geheimdienstler hielten den Akt mit einer versteckten Kamera fest. Die Polen wollten die intimen Aufnahmen später als Druckmittel einsetzen, um Leda zur Mitarbeit zu zwingen.

Der Einsatz von sogenannten Kompromaten gehörte in Geheimdienstkreisen zum Handwerkszeug wie die Butter aufs Brot. Erpressung war immer schon ein probates Mittel, um jemanden zur geheimen Mitarbeit zu bewegen. Doch bei Leda lag der Fall anders. Sie war geschieden, ihr Mann lebte im Ausland. Hatten die Warschauer Spione Ledas Lebensumstände einfach schlecht recherchiert? Was wollten sie mit diesen intimen Fotos für ihre Zwecke tun? Wollten sie die Fotos Ledas Arbeitgeber vorlegen? Die SB-Geheimdienstler waren mit dem Ergebnis der Operation »Hotel Forum« jedenfalls sehr zufrieden. Sie hatten im großen und ganzen nichts zu beanstanden. Henryk hatte seine Aufgabe zur Zufriedenheit erfüllt.

In Wien verfaßte Henryk weiterhin nachrichtendienstliche Berichte über seine Landsleute. Er hatte gute Kontakte zu den Polen in Wien. Dementsprechend wurden seine Berichte vom Empfänger auch gut bewertet. Ganze Namenslisten fertigte Henryk für Kochmanski an.

Der SB-Führungsagent ließ seinen »Schützling« ein Dokument unterschreiben, in dem sich Henryk erneut dem polnischen Nach-

richtendienst unterwarf. Henryk bekam im Gegenzug einen Konsularreisepaß der polnischen Botschaft ausgestellt, mit dessen Hilfe er gewisse Reiseerleichterungen erlangte.
Um Weihnachten 1979, während eines Meetings in einer konspirativen Wohnung in Warschau, führte der SB-Offizier Kochmanski Henryk seinem Chef Janusz Jablonski vor. Jablonski war früher selbst in Wien tätig gewesen. Darauf war er stolz, und er brüstete sich, Wien gut zu kennen. Bei einem weiteren Treffen kam noch ein dritter Agent dazu. Dieser SB-Mitarbeiter hantierte an einer Art Polygraphen. Henryk wurde verkabelt, und schon ging's mit den Fragen los. »Arbeiten Sie im Auftrag der österreichischen Polizei?« lautete eine der Fragen. Henryk durfte nur mit Ja oder Nein antworten.
Ende 1979 übersiedelte Czesław Kochmanski als Handelsattaché nach Wien. Er gab Henryk eine Telefonnummer, die er nur im Notfall benutzen sollte. Ab Sommer 1980 wurden die Treffs ausschließlich in Wien und Umgebung abgehalten. Am Tiefen Graben, vor der Michaelakirche, in der Schottengasse, aber auch in Gumpoltskirchen, im Süden der Hauptstadt. Die Treffen mit dem SB-Agenten Jablonski fanden weiterhin ausschließlich in Warschau statt.
Im April 1983, Henryk war mittlerweile österreichischer Staatsbürger, wurde ihm anläßlich eines Warschauer Meetings eröffnet, daß Kochmanski seine diplomatische Mission in Wien beenden werde und ein neuer Führungsoffizier bestimmt werde. Im darauffolgenden Sommer war es dann soweit. Kochmanski stellte seinem »Schützling« bei einem Essen im Restaurant Wienerwald am Schottentor Andrzej Juraszczyk vor. Sie trafen sich von nun an in einem Café in der Wipplingerstraße oder an der Donau. Juraszczyks Interesse galt einem Dolmetscher der amerikanischen Botschaft, einem englischen Staatsbürger polnischer Abstammung, und einer Österreicherin, die angeblich für den BND arbeitete, sowie zwei Dolmetschern der Polizei. Vier Jahre sollte die geheime Verbindung dauern. Im Sommer 1987 verabschiedete sich Juraszczyk, der einen mittleren Offiziersrang in der SB innehatte, aus Wien.
Der nächste Führungsoffizier trat an. Der kleine Dicke mit der spitzen Nase, der sich Jurek nannte, interessierte sich vor allem für österreichisch-polnische Joint-venture-Firmen. Henryk und Jurek trafen sich in der Regel – ohne direkt zusammenzukommen – vor dem Eingang zum Bahnhof Wien-Mitte, in der Landstraßer

Hauptstraße. Zog Jurek, der schon immer etwas früher vor Ort war, ein weißes Taschentuch aus einer Anzugtasche und wischte sich damit über sein Gesicht, wußte Henryk, daß die Luft rein war. In einem Sicherheitsabstand folgte er Jurek daraufhin Richtung Heumarkt. In einer Pizzeria in der Salesianergasse trafen sie sich dann zum geheimen Nachrichtenaustausch.
Mitte September 1987 erhielt Henryk von Jurek einen Alarmanruf. Ein Nottreff wurde angesetzt. Der Führungsoffizier schenkte Henryk reinen Wein ein: Die österreichische Polizei habe vermutlich Witterung aufgenommen. Jurek bot Henryk eine Ausreisemöglichkeit über die polnische Botschaft in Budapest an. Doch Henryk wollte davon nichts wissen. So wurde vereinbart, daß Henryk am 15. eines jeden Monats vor dem Bahnhof Wien-Mitte erscheinen und einige Minuten warten sowie je nach Situation Zeichen geben sollte. Hätte Henryk nichts in Händen, signalisierte das: Alles paletti, keine besonderen Vorkommnisse. Trüge er aber eine Tageszeitung in der Hand, hieße dies, die Polizei hätte sich bereits gemeldet. Und noch eine Möglichkeit wurde in Betracht gezogen. Hätte die Wiener Polizei Henryk umgedreht, so sollte er einen Regenschirm mitführen.
Ende 1987 stellte Henryk seine geheimen Tête-à-têtes mit dem polnischen Nachrichtendienst in Wien ein, nachdem er von der Staatspolizei vernommen worden war. Anfang Januar 1990 wurde das strafgerichtliche Verfahren gegen Henryk L. eingestellt.

Wie wichtig Wien für den polnischen Geheimdienst war und wie gut sich nachrichtendienstliche Tätigkeiten an der Donau auf die Karrieren auswirkten, belegen die beruflichen Laufbahnen der Geheimdienstoffiziere Konrad Biczyk, Jahrgang 1933, und Marek Pietraszewski, Jahrgang 1944.
Konrad Biczyk war bereits in den siebziger Jahren als Handelsattaché in Wien akkreditiert, in Wirklichkeit aber Offizier im Department I des polnischen Geheimdienstes. Sein berufliches Interesse galt fast ausschließlich dem Wirtschafts- und Technologiesektor. Nach seinem Wien-Aufenthalt ging er nach Warschau zurück und wurde stellvertretender Abteilungsleiter in Sachen Wirtschaftsspionage. Anfang der achtziger Jahre ging es mit seiner Karriere weiter steil bergauf. Biczyk avancierte zum Vizechef der polnischen Auslandsspionage. Anfang November 1986 wurde Konrad Biczyk erneut nach Wien beordert. Offiziell fungierte er als Botschaftsrat für wirtschaftliche und wissenschaftliche Zusam-

menarbeit. Gleichzeitig war er auch in der Wiener UNO-City zu Hause. Der polnische Diplomat vertrat sein Land in der UNIDO. Biczyk, der mit seiner Frau in der Wittegasse, einige Straßen von der Botschaft entfernt, wohnte, wurde von westlichen Nachrichtendiensten damals als Resident des polnischen Geheimdienstes in Wien identifiziert.
Marek Pietraszewski kam Anfang Oktober 1987 als Erster Sekretär an die Botschaft nach Wien. Auch mit Pietraszewski kam ein hochkarätiger Nachrichtendienstler an die Donau. Anfang der siebziger Jahre war er in den Geheimdienst eingetreten und arbeitete in der Abteilung 14 – Illegale. Ende der siebziger Jahre war er nach Deutschland versetzt und als Zweiter Sekretär der Kulturabteilung an der polnischen Botschaft in Köln akkreditiert worden. Anfang der Achtziger in die Heimat zurückgekehrt, hangelte er sich in der Abteilung 1, zuständig unter anderem für Deutschland und Österreich, nach oben. Als er dann 1987 nach Wien kam, traf er schon einige SB-Top-Kollegen vor Ort. Die Residentur des polnischen Geheimdienstes war stark besetzt. Und die Agenten setzten weiterhin Landsleute in Wien unter Druck. So auch den Exil-Polen Krzysztof B.

Operation »Passat«

Krzysztof B. wurde 1939 in Warschau geboren. Nach dem Studium absolvierte er seinen Wehrdienst und verdingte sich Mitte der Sechziger als Lehrer. Im Sommer 1973 entschloß er sich zusammen mit seiner späteren Frau, nach Österreich auszureisen. Das kommunistische Regime hing ihm zum Hals heraus und die linientreuen Lügen, die er den Schülern tagtäglich vortragen mußte, ebenso. In Österreich fand er relativ rasch eine Stelle in einem metallerzeugenden Betrieb und konnte der Hilfsarbeit schon nach wenigen Wochen adieu sagen: In einer niederösterreichischen Grenzstadt zur Tschechoslowakei war eine Lehrerstelle frei geworden.
»Ungünstige private Umstände« zwangen das polnische Ehepaar jedoch zu einem Umzug nach Wien. Hier mußte sich Krzysztof mit allerlei Hilfsarbeiten und Jobs durchschlagen. Mitte der siebziger Jahre verdiente er sein Brot als Chauffeur, zuerst bei der Caritas, später bei einer Fleischhauereikette.
Ungefähr zu dieser Zeit fuhr der Kraftfahrer samt Frau mit seinem kleinen Fiat 850 nach Bratislava, um ihn in einer Autoreparatur-

werkstatt zum günstigen Ostblock-Tarif überholen zu lassen. Dafür mußte man nur etwas Zeit haben. Nach einigen Tagen war der Wagen wieder in Schuß, Krzysztof beglich die Rechnung. Doch als er anschließend heimreisen wollte, war seine Tasche samt den Reisedokumenten verschwunden. Nun saß das Paar in der slowakischen Grenzstadt fest. Nach Österreich ließ man sie nicht rein, und neue Pässe gab es für sie nur in Polen. Nach langem Hin und Her entschlossen sie sich doch, in die alte Heimat zu fahren. Sie sollten es bitter bereuen.

Das Ehepaar wurde von den polnischen Behörden ausdauernd schikaniert. So mußten sie mehrere schriftliche Berichte über den Dokumentenverlust verfassen und wurden immer wieder von verschiedenen Beamten dazu befragt. Gleichzeitig mußten sie detaillierte Angaben über ihre österreichischen Bekannten preisgeben. Die Prozedur dauerte einige Tage. Dann wurde Krzysztof plötzlich offenbart, daß eine Ausreise überhaupt nur in Frage komme, wenn er seine Loyalität zur Volksrepublik schriftlich bekunde. Er saß in der Falle. Ein großer, korpulenter Beamter mit kurzen Haaren, der das Sagen hatte, diktierte Krzysztof einen schwülstigen Text, in dem von der Beschaffung von Informationen, die der Volksrepublik Polen dienten, die Rede war. Als er mit der Niederschrift fertig war, unterschrieb Krzysztof das Blatt. Er verpflichtete sich damit, für den polnischen Geheimdienst zu arbeiten. Krzysztof wurde von nun an unter dem Decknamen »Passat« geführt.

Der große, korpulente Mann mit dem schmalen Gesicht, der Krzysztof angeworben hatte, so gab »Tanne« später zu Protokoll, war SB-Oberstleutnant Bolesław Lukasik von der Abteilung 10. Lukasik war ein weitgereister Agent. Ende der siebziger Jahre war er nach Bagdad versetzt worden, wo im Juli 1979 Saddam Hussein al Takriti die Macht übernahm. Lukasik arbeitete unter dem Deckmantel eines Konsuls für den Warschauer Kundschafterdienst. Doch das Klima im Irak bekam dem Agentenführer nicht. Er erkrankte schwer, und laut »Tanne« war er Jahre später nicht mehr im Department I tätig.

Nachdem Lukasik das Ehepaar angeheuert hatte, erhielt es umgehend die neuen Pässe, befristet jedoch auf drei Monate. Um die Gültigkeitsdauer verlängern zu lassen, mußten sie in der polnischen Botschaft in Wien vorsprechen. Im Sommer 1978 war es wieder soweit. Krzysztof mußte zur Paßverlängerung in die Hietzinger Hauptstraße 42c. Jozef Kowalski, von 1976 bis Januar 1980

Erster Sekretär der Konsularabteilung, war Krzysztofs Sachbearbeiter.
Doch die Konsularabteilung war schon immer Hoheitsgebiet des Sicherheitsdienstes. Und auch Kowalski gehörte zum geheimen Klub in der Wiener Residentur. Seine Kollegen in Wien nannten ihn »Sacz«. »Kowalski traf sich mindestens einmal im Monat mit Krzysztof«, behauptete der Überläufer mit dem Tarnnamen »Tanne«, »doch die Ergebnisse waren dürftig.«
Krzysztof B. selbst gab an, sich mit dem SB-Agenten nicht so regelmäßig getroffen zu haben. Er habe eher gelegentlich eine Telefonnummer der polnischen Botschaft angerufen, und erst dann seien Treffen vereinbart worden. Mal hätten sich die beiden Herren in ein Restaurant gesetzt, mal seien sie durch den nahen Park des Prachtschlosses Schönbrunn spaziert. Jozef Kowalski habe Krzysztof dabei immer wieder gefragt, ob er nicht österreichische Dokumente, Führerscheine, Reisepässe und Personalausweise besorgen könne. Dafür hätte der Agent auch etwas springen lassen, so sagte er jedenfalls. Doch wie hätte Krzysztof solches Material wohl besorgen sollen? Er habe doch, sagte er, keinen Zugang zu solcher Ware.
Dennoch bekam Krzysztof immer wieder kleine »Geldgeschenke« von Kowalski. Vor einer Urlaubsreise nach Jugoslawien war es sogar etwas mehr – angeblich um die dreitausend Schilling. Krzysztof mußte jedesmal Quittungen unterzeichnen. Die Gelder seien persönlicher Art gewesen und die Quittungen habe er eher für Schuldscheine gehalten, versuchte sich Krzysztof später vor der Polizei zu verantworten.
Kowalski wollte auch mehr über Krzysztofs Bekannte wissen. Über einen polnischstämmigen Tankstellenpächter in Wien-Simmering, eine Angestellte der Bank of America und einen polnischen Zahnarzt in einer kleinen niederösterreichischen Ortschaft.
Ende 1979 wurde dem Ehepaar die österreichische Staatsbürgerschaft verliehen. Jozef Kowalski wurde im Januar 1980 in die Heimat zurückberufen. Damit war diese geheime Verbindung zu Ende.
Kowalskis Nachfolger in der Wiener SB-Residentur war mit dem operativen Vorgang »Passat« nicht mehr befaßt. Angeblich wurde die Quelle zeitbegrenzt deaktiviert. »Passat« wurde vom Geheimdienst »eine langfristige Aufgabe übertragen«, vermutete hingegen die »Tanne«. Es blieb bei der Vermutung, Belege dafür blieb er schuldig.

Infiltrationsversuche im Innenministerium

Die Agenten des polnischen Geheimdienstes versuchten immer wieder ins Wiener Innenministerium »einzudringen«. Ihre Methoden dabei waren nicht immer besonders einfallsreich und führten, soweit es bekannt wurde, zu eher spärlichen Erfolgen. Da hatten ihnen die Genossen aus den kommunistischen Bruderländern einiges voraus.

»Mister Seven«, so hieß der wohl legendärste Agent, den die Genossen aus Prag im Wiener Innenministerium in der Herrengasse plaziert hatten. Bereits Ende der sechziger Jahre hatte man den verdächtigen Ministerialrat geortet.[5] Doch einmal hieß es, die Beweise reichten nicht aus, ein anderes Mal glaubte man, er sei durch Dilettantismus der Kollegen gewarnt worden. Schließlich wurde er, weil man doch irgend etwas unternehmen mußte, auf einen weniger wichtigen Posten versetzt.[6] Hauptsache kein Skandal, war die Devise. »Als die Vorgänge Mitte der achtziger Jahre durch eine andere Abwehroperation schließlich eindeutig geklärt wurden«, schrieb der Staatspolizist Erwin Kemper, »war ›Mister Seven‹ längst pensioniert und seine Spionagetätigkeit verjährt.«

Gerade als die Top-Quelle »Schranz« vor der Pensionierung stand, war die für Österreich zuständige Abteilung der polnischen Auslandsaufklärung nicht nur stark unter Druck, sondern auch vor dem Problem, einen gleichwertigen Nachfolger zu finden. In der Regel klapperten sie in so einem Fall all ihre Kontaktleute ab, um Hinweise auf geeignete Personen zu erlangen. Dieses sogenannte »Tippen« einer Person, also Agenten auf Personen aufmerksam machen, die für nachrichtendienstlichen Werbung in Betracht kämen, ist aller Spionage Anfang.

Nach diesen klassischen Regeln der »nachrichtendienstlichen Anbahnung«, wie der gesamte Vorgang vom Tippen bis zur Anwerbung im Jargon genannt wird, ging der polnische Geheimdienst auch im Fall des österreichischen Beamten Richard B. vor. Der Sicherheitsdienst SB hatte von seinen Agenten den Hinweis auf den Mitarbeiter im Wiener Innenministerium erhalten. Richard B. war Anfang der fünfziger Jahre in den Polizeidienst eingetreten und die Karriereleiter festen Trittes hinaufgestiegen. Anfang der siebziger Jahre wechselte Richard B. ins Innenministerium in der Wiener Herrengasse. Er wurde der Gruppe II/C – Staatspolizei zugeteilt und versah in der Unterabteilung 7, die sich mit der »Wahrnehmung staatsfeindlicher Vorgänge« beschäftigt, seinen Dienst.

So hatte er unter anderen auch den Fall eines polnischen Agenten zu bearbeiten, der seine geheime Tätigkeit dem Ministerium offenbart hatte. Nach einigen Jahren stieg Richard B. ins Ministerbüro auf. Mitte der achtziger Jahre bekam er eine Referatsleitung übertragen.

Im Juni 1978 fuhr Richard B. wie jedes Jahr auf Urlaub nach Istrien, ins malerische Örtchen Rovinj. Dort hatte er für vierzehn Tage ein kommodes Privatquartier gebucht. Die Ferien an der jugoslawischen Adriaküste waren so wie die Jahre davor erfrischend und erholsam. Nichts Außergewöhnliches passierte, bis kurz vor der Abreise.

Eines Morgens kam die Vermieterin zu Richard B. und teilte ihm mit, daß er Besuch bekommen habe. Ein fremder Herr wartete in der Diele. Schon am Vorabend hatte er sich nach dem Österreicher erkundigt, doch Richard B. war nicht im Quartier gewesen. Wer konnte das sein? Eine frühere Urlaubsbekanntschaft oder vielleicht ein Arbeitskollege? Wahrscheinlich eine Verwechslung, denn Richard B. hatte den Mann vorher noch nie gesehen. Der Unbekannte bat um eine Unterredung in einer nahe gelegenen Gaststätte, ließ Richard B. vorerst aber über sein genaues Anliegen im unklaren.

Im schattigen Garten des Restaurants kam der Unbekannte zur Sache. Der gut über 50jährige Mann, der deutsch mit einem leichten Akzent sprach, stellte sich als Oberst des polnischen Nachrichtendienstes SB vor. Er nannte sich »Tadeusz«. Später gab er seinen Namen mit Tadeusz Wojcik an. Der Geheimdienstoffizier bearbeitete sein österreichisches Gegenüber rund eine Stunde lang. Eines wolle er von vornherein nicht, so versicherte er wiederholt und mit Bestimmtheit, er wolle keine Informationen über Österreich und Österreicher. Damit versuchte er geschickt, seinen Anwerbungsversuch etwas zu entschärfen. Tadeusz Wojciks Interesse galt der polnischen Kolonie an der Donau und jenen Informationen über den polnischen Geheimdienst, die westliche Nachrichtendienste an die österreichischen Kollegen weiterleiteten. Richard B. lehnte eine Kooperation strikt ab. Doch »Tadeusz« ließ nicht locker. Er wollte dem ministeriellen Beamten die Mitarbeit mit finanziellen Argumenten schmackhaft machen. Rund um die Mittagszeit wurde ein weiteres Gespräch vereinbart.

Oberst Wojcik kam diesmal in Begleitung. Mehrere polnische Agenten deckten den Treff ab, was nicht zu übersehen war. Dies sprach für den Stellenwert, den die Aktion für die Polen hatte. Der polnische Geheimdienstoffizier holte die Katze aus dem Sack. Er sagte Richard B., wenn auch in kumpelhaftem Ton, genaue Einzelheiten aus dessen Privatleben auf den Kopf zu. Wojcik war außerdem über die Arbeitsstätte im Innenressort und deren Aufgaben äußerst gut informiert. Danach wurde Tacheles geredet. Bis 15 000 Schilling, umgerechnet etwas mehr als 2000 Mark, wollte der polnische Geheimdienst für Richard B.s Mitarbeit im Monat ausgeben. Als Gegenleistung erwartete Tadeusz Wojcik Aktenkopien über in Österreich lebende Polen und genaue Daten über westliche Agenten. Richard B. lehnte erneut ab. Doch der SB-Oberst ging nochmals in die pekuniäre Offensive und bot – wohl in der Annahme, der geschiedene Richard B. sei in finanziellen Schwierigkeiten – einen kräftigen Vorschuß an.

Am folgenden Abend kam es auf Drängen des Nachrichtendienstoffiziers zu einer dritten Zusammenkunft. Nun gab Richard B. vor, Bedenkzeit zu benötigen. Daraufhin gab ihm der Oberst eine bunte Ansichtskarte der slowenischen Stadt Maribor (Marburg an der Drau). Auf dieser war ein Restaurant abgebildet. Genau dort sollte das nächste Treffen Ende September stattfinden. Für alle Fälle gab der Oberst Richard B. noch eine Warschauer Deckadresse an, über die er jederzeit Kontakt mit ihm aufnehmen könne. Außerdem verschiedene codierte Texte, die Ausweichtermine für Treffen signalisieren sollten. »Mutter ist erkrankt, komme drei Wochen später« und so ähnlich lauteten die Tarn-Texte. Um alle möglichen Bedenken aus dem Weg zu räumen, bot der polnische Agentenführer zahlreiche Draufgaben als Sicherheitsnetz. Die SB wäre bereit, Richard B. jederzeit aufzunehmen, falls seine geheime Tätigkeit auffliegen würde. Außerdem wollte man ihm einen gefälschten westlichen Diplomatenpaß beschaffen, der ihm bei einer eventuellen Flucht sehr gute Dienste erweisen könnte.

Ende Juli fuhr Richard B. nach Wien zurück. Dort meldete er seinen Vorgesetzten, wenn auch mit einer kleinen Verzögerung, die Urlaubsbegegnung der konspirativen Art.

Der vermeintliche Führungsoffizier Tadeusz Wojcik war bei den Wiener Behörden kein Unbekannter. In den siebziger Jahren war der SB-Offizier mit der ausgeprägten Stirnglatze an der polnischen Residentur in Wien beschäftigt gewesen. Dabei hatte er Wien nicht nur schätzen-, sondern auch die Umgebung der Hauptstadt bis an den Neusiedler See besser kennengelernt. Nach seinem Wiener Auftrag brachte es der schlanke, mittelgroße Pole in der Warschauer Geheimdienstzentrale bis zum stellvertretenden Ab-

teilungsleiter. Danach kam Wojcik wieder in den Genuß eines Auslandseinsatzes. Wobei sein damaliges Zielland allerdings nicht gerade Vergnügungen versprach: Wojcik wurde für mehrere Jahre SB-Resident im brüderlichen Ostberlin.
Ende September 1978 sollte es zwischen Richard B. und Tadeusz Wojcik zum vereinbarten Geheimtreffen in der slowenischen Hauptstadt Marburg kommen. Für die Abdeckung des Treffs war die Residentur in Belgrad zuständig, die üblicherweise Mannschaft und Fahrzeuge stellte. Richard B. hielt den Termin allerdings nicht ein. Wojcik rief ihn noch am selben Abend zu Hause an. Er erkundigte sich scheinheilig nach seinem Befinden. Richard B. verbat sich jeden weiteren Kontakt. Der polnische Geheimdienst mußte schließlich annehmen, daß Richard B. sich seinem Dienstherrn offenbart hatte.
Wahrscheinlich über ein und denselben Tipgeber kam der polnische Geheimdienst auf Helmut P., damals Amtsdirektor im Innenministerium. Mitte der siebziger Jahre lernte der Staatsbeamte auf einer privaten Feier einen gebürtigen Polen kennen, der allerlei Geschäften nachging. Dieser Mann übergab den Agenten an der Wiener Residentur eine Visitenkarte Helmut P.s. Der geschäftige Pole war für den polnischen Sicherheitsdienst tätig. Er trug den Decknamen »Alois« und hing an der kurzen nachrichtendienstlichen Leine des Führungsoffiziers Wojcik. »Alois« war im Sommer 1978 von Wojcik auf einer Tschechoslowakei-Reise kontaktiert worden. Wojcik war aus naheliegenden Gründen an der Verbindung zwischen »Alois« und Helmut P. brennend interessiert. Er schrieb »Alois« eine Warschauer Telefonnummer auf und gab ihm gleichzeitig den Auftrag, dort unter dem Codewort »Dunaj«, das polnische Wort für Donau, anzurufen.
»Alois« kam mit Helmut P. relativ schnell ins Geschäft. Zuerst ging es um den Verkauf eines Geschäftslokals, das die Frau des Beamten erfolglos betrieben hatte. Danach um eine Firmengründung. »Alois« war Ausländer, und es bedurfte eines Österreichers, um eine Firma in der Alpenrepublik ins Leben zu rufen. Auch privat entwickelte sich ein freundschaftliches Verhältnis. So sprang der Beamte Jahre später für seinen polnischen Freund als Strohmann bei einem Grundstückskauf ein. »Alois'« Geschäfte gediehen auch in Deutschland, wo er einen weiteren Firmenstützpunkt hatte. Er lud Helmut P. ein, mal nach Deutschland mitzukommen. Im September 1979 stand dann erstmals die polnische Heimat von »Alois« auf dem Reiseplan. Hinter der freundlichen Einladung

steckte allerdings ein abgefeimter Plan des polnischen Geheimdienstes. Ziel dieser SB-Operation war, dem Österreicher ein Mädchen ins Hotelbett zu legen und die Bettszene in Bild und Ton festzuhalten. Die Warschauer Staatssicherheit hatte, wie andere Agenturen aus der geheimen Zunft auch, eine Reihe von Prostituierten an der Hand, die bei geheimdienstlichen Spezialmassagen zum Einsatz kamen. Mit den dabei gewonnenen Fotos wollte die SB den Wiener Beamten dann unter Druck setzen.

In »Alois'« noblem Mercedes ging es quer durch die Tschechoslowakei ins gebirgige Skigebiet Bielsko Biala an der polnisch-tschechischen Grenze, wo »Alois« aufgewachsen war. Nach einer Woche fuhren sie wieder nach Österreich zurück. Die Falle des Geheimdienstes hatte nicht zugeschnappt.

»Alois« wurde Wochen später nach Warschau beordert. In einem Kaffeehaus in der polnischen Hauptstadt traf er Wojcik und einen weiteren SB-Agenten, der als sein neuer Führungsoffizier vorgestellt wurde. Der Neue hielt »Alois« eine Standpauke. Die SB war mit ihm alles andere als zufrieden. »Alois«, so hatte es den Anschein, hielt sich an keine Vorgaben. Mit dem neuen Führungsoffizier war offensichtlich nicht gut Kirschen essen, und dessen aufbrausende Art zeigte Wirkung. So stimmte »Alois« dem Plan, seinen österreichischen Freund ein weiteres Mal nach Polen zu locken, kleinlaut zu.

Im Frühjahr 1980 reisten Helmut P., »Alois« und ein weiterer Freund namens Zbigniew ins polnische Wintersportgebiet. Der Beamte wurde im geräumigen Haus eines Jugendfreundes von »Alois« untergebracht. Zwei Tage später gesellte sich eine Bekannte des Hausherrn dazu, die sich Irina nannte. Da ihr kein deutsches Wort zu entlocken war und Helmut P. nicht Polnisch sprach, war die Verständigung mehr als mühsam. Am nächsten Tag fuhren die vier nach Krakau, um die Altstadt zu besichtigen, und nach Wadovice, dem Geburtsort Karol Wojtyłas, Papst Johannes Pauls II. Wie es sich für lockere Urlauber gehörte, fotografierte man sich gegenseitig. So entstanden auch Fotos, die Helmut und Irina gemeinsam zeigten. Näher brachte »Alois« seinen Freund an Irina nicht heran. Der Plan des Geheimdienstes war wieder nicht aufgegangen. Der Führungsagent kochte vor Ärger. War es reine Stümperhaftigkeit? Oder wurde die Sache von ihren »Kontaktpersonen« sabotiert?

Schließlich wurde ein dritter Anlauf genommen, um den hohen österreichischen Beamten aus dem Innenministerium in eine verfängliche Lage zu bringen. Im Herbst desselben Jahres sollte die Falle zuschnappen. Über die Zielperson Helmut P. wurde in der Warschauer SB-Zentrale mittlerweile ein sogenannter Arbeitsakt unter dem Decknamen »Cord« angelegt. Plan 3 mußte jedoch von vornherein als gescheitert gelten. Denn diesmal war die Ehefrau des österreichischen Beamten mit von der Partie. Eine Kontaktaufnahme durch eine der leichten Damen im Dienste der SB war unmöglich. »Alois'« Verbindung zum Geheimdienst riß daraufhin laut Aktenlage für einige Monate ab.

Das kommunistische Regime in Warschau und seine Kundschafter hatten damals aber noch andere Sorgen. Die Bedrohung kam diesmal von innen und hieß Solidarność. Am 13. Dezember 1981 rief der Regierungschef und Verteidigungsminister General Wojciech Jaruzelski, der gerade zehn Monate an der Macht war, das Kriegsrecht aus und trat an die Spitze des Rats der Streitkräfte für die nationale Errettung. Die Durchsetzung kommunistischer Linientreue mit allen Mitteln hatte nun auch für den zivilen Nachrichtendienst der Volksrepublik Priorität. Man besann sich der Wurzeln des Nachrichtendienstes: seiner Funktion als gnadenloser Unterdrückungsapparat.

Erst im Februar 1982 wagte sich »Alois« in Wien wieder in die polnische Botschaft, um Erkundigungen über die neuen Einreisemodalitäten nach Polen einzuholen. Der damals zuständige Botschaftsrat, ein mutmaßlicher Mitarbeiter der SB, versicherte, daß alles in Ordnung gehe. Aber der Diplomat verlangte von »Alois« die Bekanntgabe des Anreisetages und die ungefähre Uhrzeit des Grenzübertritts. Das war mehr als merkwürdig. Dies wäre keineswegs unüblich, versicherte der Botschaftsrat, sondern solle vielmehr »Alois'« Sicherheit dienen. Eine glatte Lüge im Auftrag des Geheimdienstes.

Wenige Tage später, an einem Samstag, passierte »Alois« die tschechisch-polnische Grenze. Viel weiter kam er nicht. Schon nach wenigen Kilometern stoppte ihn eine Polizeistreife und nahm »Alois« fest. Ein Polizist stieg zu ihm in den blauen Mercedes, und »Alois« wurde zur Polizeistation nach Bielsko Biala eskortiert. Zuerst nahm man ihm die Schlüssel, seine Seiko-Armbanduhr, das Bargeld und sein Scheckbuch ab, und schließlich legte man ihm Handschellen an. Der Grund seiner Verhaftung, so wurde ihm mitgeteilt, sei Verdacht auf Spionage. Nach dem zermürbenden polizeilichen Frage-und-Antwort-Spiel wurde er in die nah gelegene Haftanstalt Zywiec überstellt.

Erst am vierten Tag seiner Haft kam wieder Bewegung in die Sache. »Alois« wurde ins Polizeipräsidium Bielsko überstellt. In einem Büro im ersten Stock der Polizeihochburg erwartete man ihn bereits. Der griesgrämige Führungsoffizier vom Nachrichtendienst saß hinter einem Schreibtisch. Das Verhör begann von neuem. »Alois« wurde vor die Wahl gestellt, mehrere Jahre im Gefängnis abzusitzen oder ernsthaft mit der SB zusammenzuarbeiten. Da gab es nicht viel zu überlegen. Der SB-Offizier zauberte eine Verpflichtungserklärung aus seiner Tasche und hielt »Alois« das Papier vor die Nase. »Alois« nahm es und unterschrieb. Der SB-Offizier hatte erreicht, was er wollte. Mit dem Ergebnis schien er durchaus zufrieden zu sein. Nachdem er eher gelangweilt in der Polizeiakte seines »Opfers« gelesen hatte, nahm er das Bündel Papiere in beide Hände und zerriß es demonstrativ. Der Geheimdienst als unumstrittener Herr der Lage!
»Alois« war nun »frei« und durfte nach Wien zurückreisen. »Alois«, der eine deutsche Staatsbürgerschaft besaß und vier Jahre später in Österreich eingebürgert wurde, will danach vom polnischen Geheimdienst nie wieder etwas gehört haben.

Mißerfolge in der UNO-City

Der polnische Agent Ryszard Nosek, der auch unter den Falschnamen »Siemek« und »Sadkowski« auftrat, zählte, so schien es, nicht zu den mit Erfolg gesegneten polnischen Spionen, obwohl der kommunistische Kundschafter an der geheimen Front alles versuchte, um neue Quellen anzuwerben.
Zielscheiben der Polen waren auch die UN-Organisationen in Wien, die mit wenigen Ausnahmen im Wiener Stadtteil Kagran in der UNO-City jenseits der Donau in ihrer wolkenhohen Beamtenfestung residieren.
Ende November 1981 kam die Polin Jadwiga D. nach Wien, um bei den Vereinten Nationen zu arbeiten. Kurz nach ihrer Ankunft in der österreichischen Hauptstadt besuchte die blonde Juristin und Politologin einen Deutschkurs, um sich besser verständigen zu können. Englisch sprach sie fließend. Im Frühjahr 1982 traf sie, als sie einer Einladung in die polnische Botschaft folgte, ganz zufällig und zur beiderseitigen Freude ihren Studienkollegen Ryszard Nosek wieder, der sich als Presseattaché der außerterritorialen Gesandtschaft vorstellte. Für Nosek basierte das Zusammentreffen

keineswegs auf einem Zufall. Im Gegenteil. Er hatte gleich nach Jadwigas Eintreffen in Wien die Order aus Warschau erhalten, die junge Dame nachrichtendienstlich anzusprechen, anzuwerben und schließlich auch zu führen. Er wußte, daß dies keine leichte Aufgabe für ihn sein würde, da er die blauäugige, mittelgroße frühere Kommilitonin als äußerst intelligent in Erinnerung hatte. Der polnische Geheimdienst hatte sich schon generalstabsmäßig ausgemalt, an welche Informationen durch die neue Zielperson heranzukommen wäre. Galt doch die UNO in den Augen der polnischen Kundschafter als Hort westlicher Geheimdienste, in ihrer Vorstellung hatte vor allem die CIA die UN-Organisationen stark infiltriert und ging dort ungestört ihren »feindlichen Aktivitäten« nach. Damit wiederholten die Polen eigentlich nur jene Ansichten, die ihre spionierenden Kollegen aus den kommunistischen Bruderländern seit Jahren predigten. Jedenfalls nahmen die Kundschafterzentralen aus dem Ostblock die UN-Tätigkeit der Westdienste zum Anlaß, ihre Kundschafter ganz massiv in den UN-Organisationen unterzubringen und mögliche Quellen anzuzapfen. Jadwiga D. sollte, so sah es der SB-Plan vor, Wissen über westliches UNO-Personal und UN-Mitarbeiter, die für »gegnerische Geheimdienste« arbeiteten, sammeln. Der Plan sah sogar noch einen weiteren Schritt vor: Sollte die Polin von einem Geheimdienst der verruchten kapitalistischen Welt angesprochen werden, dann sollte sie sich zum Schein anwerben lassen. Polens Geheimdienst brauchte satte Erfolge.

Die Cocktailparty in der Hietzinger Hauptstraße ging zu Ende, und Nosek verschlug es mit zwei unbekannten Begleiterinnen in die Wohnung seiner Studienkollegin im neunten Wiener Gemeindebezirk. Das Trio war mehr als alkoholisiert, dementsprechend laut, und benahm sich gegen alle Regeln des gesitteten Umgangs. Der betrunkene Agent ging als letzter, kam aber nochmals zurück, weil er irgend etwas vergessen hatte, eine Jacke oder eine Tasche. Jadwiga D. war diese Eskapade ein Lehre. Der Presseattaché wurde nicht mehr in die Wohnung eingeladen. So wurden die Treffen zum Heurigen verlegt. Nosek rief meistens vorher an, fixierte den Termin und holte Jadwiga mit seinem alten Auto ab. Bei einem dieser Treffen bat Nosek um Gehaltstabellen von UNO-Angestellten sowie um Telefonverzeichnisse und Informationsmaterial von Pressekonferenzen. Mit der Zeit bekam er tatsächlich all die Unterlagen, die im allgemeinen aber keineswegs der Geheimhaltung unterlagen. Die Gehaltslisten waren noch dazu anonymisiert.

Damit konnte sich Ryszard Nosek zu Hause keine Lorbeeren verdienen. Rund zehnmal trafen sich die beiden. Seine nachrichtendienstliche Ausbeute vergrößerte sich am Ende um handschriftliche Aufzeichnungen von Wiener UN-Briefings. Bei diesen internen Vorträgen werden Diplomaten und sonstiges UN-Personal über aktuelle Ereignisse oder Themen informiert.
Nach kaum einem Jahr riß die Verbindung jedoch plötzlich ab. Der SB-Agent meldete sich nicht mehr bei seiner Landsfrau. Nosek war offiziell abberufen worden. Doch der polnische Nachrichtendienst hatte nicht nur UN-Mitarbeiter im Visier.

Sie nannten ihn »Milko«

Journalisten und Bildreporter standen ganz oben auf der Liste der sogenannten Zielpersonen oder anzuwerbenden Personen des polnischen Geheimdienstes SB. Journalisten galten in den Augen der Warschauer Späher deshalb als ergiebige Quelle, weil sie in den Augen der Warschauer Kundschafter fast überall Zugang hatten und meist gut informiert waren. Gleichzeitig konnte man von Berufsschreibern zum Beispiel Veranstaltungen und öffentliche Treffen abklären lassen, ohne daß der Gegner sofort über diese operative Aufklärung stolperte. So standen auf der Wunschliste des polnischen Nachrichtendienstes SB neben österreichischen Tageszeitungsjournalisten und Mitarbeitern des österreichischen Rundfunks auch Redakteure des Nachrichtenmagazins »profil«. Speziell auf die Ost-Korrespondenten der österreichischen Medien hatten es die Warschauer »Partisanen für den Frieden« abgesehen. So versuchte auch der polnische Presseattaché Bogusław Maciborski, Jahrgang 1941, österreichische Journalisten abzuschöpfen. Maciborski war unter der Legende eines Ersten Sekretärs von Juni 1973 bis Januar 1978 an der Wiener Residentur tätig.
Ein späterer ORF-Journalist, dem eine besondere Nähe zu Bundeskanzler Dr. Bruno Kreisky nachgesagt wurde, lag Maciborski besonders am Herzen. Doch der Medienmann hatte die plumpen nachrichtendienstlichen Annähungsversuche Maciborskis schnell durchschaut und hegte bald schweren Verdacht. Der Berufsneugierige war kurze Zeit mit einer Polin verheiratet gewesen und dadurch ins Fadenkreuz des polnischen Geheimdienstes geraten. Die Polen hatten sich offenbar ganz gut über ihre mediale Zielperson informiert. Denn der Journalist kam tatsächlich in den Ge-

nuß des Wohlwollens von Bruno Kreisky. Kreisky, seinerzeit unumstrittener Chef der österreichischen Sozialisten, verhalf dem Osteuropakenner zu einem Redakteursplatz im Parteiblatt »Arbeiterzeitung«. Daß der außenpolitische Redakteur anschließend seinen Parteichef und Kanzler auf vielen Reisen begleitete, zählte zu den ureigensten Aufgaben seines Außenpolitikjobs.
Ende der siebziger Jahre kam der Redakteur durch eine Meldung in einer amerikanischen Tageszeitung in den Geruch, »CIA-Agent« zu sein. Diese unfreiwillige und zweifelhafte Ehre wurde auch anderen österreichischen Kollegen zuteil. Nicht immer waren die Verdachtsmomente unbegründet, nicht selten stammten diese Gerüchte aus den Desinformations-Küchen östlicher Nachrichtendienste. Besonders die Ostberliner »Lügenbolde« hatten viel Erfolg und Spaß mit ihren Fälschungen und Irritierungen.
Maciborskis Annäherungsversuche an den Journalisten waren wie gesagt plump. Der Presseattaché gab vor, nebenbei Geschichte zu studieren und an einer Dissertation über die Sozialistische Internationale (SI) zu arbeiten. Deshalb wollte er von besagtem Journalisten Näheres darüber in Erfahrung bringen. Doch Maciborski kannte nicht einmal die Standardwerke zur Sozialistischen Internationale. Damit war dem Redakteur klar, die Sache mit der SI war nur ein Vorwand, Maciborski wollte einfach an interne Informationen über Bundeskanzler Dr. Bruno Kreisky und andere sozialdemokratische Politiker Europas herankommen. Doch da hatte er sich verrechnet. Der Redakteur schlug Maciborski vor, sich für weitere Recherchen zur SI an die SPÖ-Zentrale in der Löwelstraße zu wenden.
In einem anderen Fall dürfte der SB-Offizier etwas glücklicher agiert haben. »Der polnische Geheimdienst versuchte, einen Wiener Journalisten auf abenteuerliche Weise zu erpressen«, untertitelte das Nachrichtenmagazin »profil« im Februar 1989 die Spionage-Story »Tarnname Milko«. »Seine Geschichte ist ein Schulbeispiel für die ebenso plumpen wie schmutzigen Praktiken der Ostgeheimdienste und ein warnendes Beispiel für viele, die im Osten beruflich zu tun haben«, hieß es dort weiter. Was war geschehen?
Mitte der siebziger Jahre reiste der damals knapp 30 Jahre alte außenpolitische Redakteur einer Wiener Tageszeitung im Troß des österreichischen Staatspräsidenten Dr. Rudolf Kirchschläger zu einem offiziellen Staatsbesuch nach Warschau. Eine Woche dauerte die amtliche Polen-Rundreise. Betreut wurde der österreichische

Medientrupp, so war es in kommunistischen Landen üblich, von einer Staatsorganisation samt Dolmetscherin. Denn Vorsicht war auch gegenüber den neutralen Westlern geboten.

Die Übersetzerin hieß Barbara R., war an die 30 Jahre alt, attraktiv und durchaus interessant. Sie schrieb seinerzeit in der polnischen Tageszeitung »Życie Warszawy« und war für einen Kollegen als Aushilfe eingesprungen. Zwischen ihr und dem Wiener Kollegen lag gleich etwas mehr als nur Sympathie in der Luft, später entwickelte sich daraus eine enge Freundschaft.

Im Februar 1976 wurde »Milko« vom staatlichen polnischen Reisebüro Orbis eingeladen, die winterlichen Skigebiete zu besuchen. Anstatt Barbara dort anzutreffen, betreute ihn diesmal ein junger Pole. Der junge Dolmetscher machte dem Wiener merkwürdige Geständnisse. Im Krakauer Hotelzimmer offenbarte der Pole dem Österreicher, daß eine große Anzahl der Orbis-Mitarbeiter Agenten seien und »interessante Ausländer« in speziell präparierten Fremdenzimmern untergebracht würden. Zur Demonstration griff er zum Telefonhörer, schraubte die Plastikverkleidung der Sprechmuschel ab und deutete mit einem Finger auf einen winzigen technischen Baustein, den er als eine Art »Wanze« bezeichnete. Der Pole nahm auch den Lampenschirm der Deckenbeleuchtung ab, und siehe da, statt der Glühbirne steckte ein Fotoobjektiv in der Fassung. Der österreichische Journalist wußte nicht, wie ihm geschah. Was sollte diese unglaubliche Show? Wollte ihn der junge Pole wirklich nur warnen? Oder war er gar ein Agent provocateur? Dies würde zu den verächtlichen Äußerungen über das polnische KP-Regime passen, die der junge Reiseführer bemerkenswerterweise ungeniert von sich gab. Nach all dem filmreifen Klimbim reiste der österreichische Redakteur nach Warschau, um Barbara zu treffen.

Einige Zeit danach besuchte er mit seinem Schwiegervater, damals Leiter einer katholischen Nachrichtenagentur, einen Heurigen im zehnten Wiener Gemeindebezirk. Mit dabei war: Bogusław Maciborski von der polnischen Botschaft, der mit dem Schwiegervater bekannt war. Maciborski verstand es geschickt, den älteren Herrn mittels »Fangfragen« abzuschöpfen. Auch der Schwiegersohn kannte Maciborski von der Botschaft, da der ja als polnischer Presseattaché für die Akkreditierungen von Journalisten zuständig war. Wovon beide nichts wußten oder auch nichts wissen konnten, war Maciborskis Agententätigkeit. Er hatte vor seinem Wien-Einsatz an der polnischen Botschaft in Köln gedient.

Wien dürfte für ihn ein erfolgreiches Pflaster gewesen sein. Denn nach seiner Rückkehr nach Warschau stieg Maciborski laut Überläufer-Informationen zum Vizechef der Abteilung 17 (Auswertung Deutschland) auf. 1983 wurde er über den Ozean geschickt und kundschaftete intensiv in den USA. Aber nur kurz, denn ungefähr zwölf Monate später mußte er mit einigen Kollegen das Land der unbegrenzten Möglichkeiten Knall und Fall verlassen.

Zurück nach Wien. »Kurz vor Weihnachten 1977 bekam der Redakteur kommentarlos ›ein Kubikmeter großes Geschenkpaket‹ zugestellt«, wußte das Nachrichtenmagazin »profil« zu berichten. Absender – »mit herzlichen Grüßen, der Presseattaché an der polnischen Botschaft in Wien, Bogusław Maciborski«. Schallplatten, Teppiche, Kunsthandwerk und Getränke waren in der Kiste. Da gab es nur eines: Return to sender – und die Geschenke gingen ohne Umweg zurück. Der polnische »Gönner« war entsetzt über einen derartigen Affront und machte seinem Ärger bei einem Treffen im feinen Hietzinger Café Domeier Luft.

Im Frühjahr 1978 flog der österreichische Journalist zum Parteitag der polnischen Einheitspartei nach Warschau. Hier traf er nicht nur seine Freundin Barbara wieder, sondern auch Herrn Maciborski, der ihm zu seiner Überraschung über den Weg lief. Maciborski lud den Österreicher zum Essen ein, und danach ging es in eine schummrige Bar. Da zeigte Maciborski sein wahres Gesicht. Er wußte über die familiären Verhältnisse und Probleme des Redakteurs so genau Bescheid, daß dem kalte Schauer über den Rücken liefen. Maciborski brachte auch die Krankheit des Kindes des Redakteurs ins Spiel. Er könne vielleicht eine kostenlose Behandlung bei einer medizinischen Koryphäe Polens arrangieren. Genausogut könne er aber auch der Ehefrau des Redakteurs die heimliche Bekanntschaft mit Barbara auf die Nase binden, drohte der polnische Agent. Was würde die wohl davon halten? Nun steckte der Wiener ordentlich in der Klemme.

Kurz nach Mitternacht schlenderte der Österreicher gemeinsam mit dem polnischen Agentenoffizier Richtung Hotel. Kalter Wind pfiff ihnen um die Ohren, als zwei Milizionäre des Weges kamen und barsch die Ausweise der beiden verlangten. Maciborski wies sich aus und ging langsam weiter. Der Österrreicher saß endgültig in der Falle. Schließlich hatte er seinen Reisepaß, wie verlangt, an der Hotelrezeption abgegeben. Er bat Maciborski um Hilfe. Doch der wußte nur bedingt Rat. Der Journalist müsse diese harmlose Überprüfung der Polizei über sich ergehen lassen, dann sei alles vorbei, versicherte der »Diplomat«. Das »System« hatte voll zugeschlagen. Erst zwei Stunden später war der Österreicher tatsächlich wieder in seinem Hotelzimmer.

Die Einschüchterung hatte die beabsichtigte Wirkung: Gleich am nächsten Vormittag unterschrieb der junge Wiener auf Drängen des SB-Offiziers eine Verpflichtungserklärung. »Milko«, unter diesem Decknamen wurde er geführt, bekundete handschriftlich, dem polnischen Staat nützliche Erkenntnisse zukommen zu lassen. Nur der Republik Österreich wollte er keinesfalls Schaden zufügen, das wollte er ebenfalls festgeschrieben wissen, wie er später zu Protokoll gab. Vor der Stapo berichtete der Zeitungsmann, er habe den Erpressungsversuchen des polnischen Geheimdienstoffiziers zunächst mit der Überlegung nachgegeben, hieß es im Nachrichtenmagazin »profil«, »zuerst einmal raus aus dem Land, dann werde ich weiter überlegen«. Ein schwerer Trugschluß.

In Wien ging der Druck erst richtig los. Maciborski meldete sich ab sofort telefonisch in der Redaktion des Journalisten und vereinbarte unter einem beruflichen Vorwand die konspirativen Treffs. Wiens erstes Chinarestaurant in der Porzellangasse im neunten Gemeindebezirk oder ein Wienerwald-Lokal waren bevorzugte Rendezvous-Stätten. »Milko« wurde von Maciborski in die Tricks konspirativer Übergabe mitgebrachten Materials eingewiesen. Jeder der beiden hatte eine aktuelle Ausgabe jener Tageszeitung bei sich, bei der »Milko« angestellt war. Sie legten diese auf den Tisch und nahmen, beim Weggehen, jeweils die Zeitung des anderen mit. In »Milkos« Ausgabe waren die Unterlagen versteckt. Einige Male benutzte das ungleiche Paar auch Schließfächer am Wiener Westbahnhof zum geheimen Warenaustausch. »Milko« steckte seine »Ware« in ein unauffälliges DIN-A4-Kuvert, verschloß es und deponierte es in einem Schließfach. Dann warf er eine Zehnschillingmünze in den Geldschlitz, drehte den Schlüssel zweimal um und zog ihn ab. Anschließend spazierte er über den Europaplatz zum nahen Café Westend, gegenüber dem Bahnhof, wo bereits sein SB-Partner auf ihn wartete. Den Schließfachschlüssel legte er einfach auf den Tisch, und der Führungsoffizier steckte ihn ein. Im Laufe der Zeit hatten sie noch ein anderes Übergabeverfahren einstudiert. Trafen sie sich in einem Restaurant unweit des Wiener Landesgerichts, so deponierte »Milko« sein Kuvert auf der Toilette, hinter dem Spülkasten. Sein polnischer Kundschafter holte das Material später unauffällig aus diesem »toten Briefkasten«. Bei den Treffs erhielt »Milko« seine jeweiligen Aufträge, gleichzeitig wurden die Termine für Folgetreffen und Ausweichtermine bei Verhinderung festgelegt. »Milko« wurde von den Polen unter anderem zu bestimmten Empfängen in die deutsche Botschaft oder zu Cocktail-Small-talks in die US-Botschaft abkommandiert. Und er analysierte für Polens Geheime die politische Lage in Jugoslawien und brachte seine Analyse fein säuberlich zu Papier. Er habe derlei Papiere gegen geringen Spesenersatz, niemals gegen Honorar geliefert, nichts, was er nicht auch hätte in der Zeitung schreiben können, rechtfertigte sich der Journalist Jahre später in der österreichischen Presse.[7]

Da katholische Priester Hauptzielscheiben des kommunistischen Regimes waren, bekam »Milko« den Auftrag, einen älteren polnischen Pfarrer in Wien, Stanisław K., der mit dem einstigen Krakauer Bischof und jetzigen Papst Johannes Paul II. gut bekannt war, auszuhorchen. Unter anderem konnte der Journalist so in Erfahrung bringen, daß die Marienverehrer zu Polen ihren Brüdern in Litauen finanziell und personell tatkräftig unter die Arme griffen. Welche direkten Auswirkungen dieser »Verrat« auf die baltischen Geheimkirchen hatte, ist nicht bekannt.

Klar war, daß die kommunistischen Herrscher die Kirche fürchteten wie der Teufel das Weihwasser. Die Luft für religiöse Gemeinschaften im Osten war sehr dünn, oft mußten sie, da staatlich verfolgt, in den Untergrund abtauchen.

Wie alle Satelliten des Sowjetregimes lieferten auch die Polen ihre nachrichtendienstlichen Informationen umgehend an den großen Bruder in Moskau. Kirchenfragen waren da keine Ausnahme. Das Fünfte Direktorat der Fünften Hauptverwaltung des KGB kontrollierte das religiöse Leben in der Sowjetunion, es hatte die Russisch-orthodoxe Kirche fest im Griff. Viele Priester wurden erpreßt, ihr Kirchenvolk zu bespitzeln. Andere Kirchenmänner waren einfach williges Werkzeug.

Der Geheimdienst des kommunistischen Polen führte einen besonders erbitterten Krieg gegen die Kirchenfürsten. Die SB-Abteilung IV hatte die Aufgabe, die Kirche und ihre Aktivisten zu bespitzeln und zu terrorisieren; sie war auch für einen der tragischen Höhepunkte des Schattenkrieges, die Folterung und Ermordung des Priesters Jerzy Popiełuszko 1984, verantwortlich.[8]

Auf der großen Wiener Bühne hatten die polnischen Kundschafter aber noch ganz andere Interessen. Besonders spitz waren die polnischen Agenten auf eine Frau Schaller, eine Dame der deutschen Botschaft im dritten Wiener Gemeindebezirk. Frau Schaller, die als

Botschaftssekretärin fungierte, sollte – so die Annahme der östlichen Geheimdienste – in Wahrheit im Dienst des Pullacher BND stehen. Die Polen hielten sie für eine hochrangige BND-Beamtin. Auch hinter den Amerikanern waren die Polen her. Anfang der achtziger Jahre nahm »Milko« im Auftrag seiner Zeitung an einem Vortrag des damaligen US-amerikanischen Staatssekretärs Lawrence Eagleburger teil. Eagleburger, der später das Department of Defense (DOD) übernahm, parlierte vor Diplomaten und Politikern über die europäisch-atlantischen Beziehungen sowie die militärische und politische Lage. Vom Warschauer Pakt hatte man natürlich niemanden eingeladen.

Doch die Polen hatten ihren »Milko« dabei. Er brachte Eagleburgers Ausführungen zu Papier. Auch der Leiter der US-Delegation zur Konferenz für vertrauensbildende Maßnahmen und Abrüstung in Europa (KVAE) war ein Zielobjekt der Polen. »Milko« wurde auch auf ihn angesetzt. Was »Milko« über den hochrangigen US-Beamten in Erfahrung brachte, war gerade so viel, was er als Gast bei einem Galadiner zu hören bekam.

In den Genuß einer Geldausschüttung des Geheimdienstes kam »Milko« erstmals Anfang 1980. Maciborski übergab seinem »Schützling« einmal rund 20000 Schilling, knapp 3000 Mark, ein anderes Mal so an die 10000 Schilling. Da selbst Nachrichtendienste der Bürokratie untertan sind, mußte »Milko«, ob er wollte oder nicht, den Empfang des Spionagesolds quittieren. Für diese Treffen kam der polnische Agent extra nach Österreich angereist. Ende der siebziger Jahre war Bogusław Maciborski nicht mehr in Wien stationiert. Der SB-Offizier Lech Pintera vom Department I war sein Nachfolger als Leiter der botschaftlichen Pressestelle. Doch Pintera soll keine Befugnisse zu Kontakten mit dem Agenten »Milko« gehabt haben, so die Quelle »Tanne«. Maciborski wollte die Fäden anscheinend selbst in der Hand behalten.

Diese »Extra-Touren« Maciborskis führten oftmals über die damals noch tschechoslowakische Donaustadt Bratislava. So auch im April 1982, als der SB-Offizier im Schlepptau des in Preßburg stationierten polnischen Konsuls nach Wien reiste. Eine reine Absicherungsmaßnahme, der Konsul in der slowakischen Grenzstadt hatte diese heiklen »Transporte« für den Geheimdienst öfter durchzuführen. Maciborski nächtigte damals in einem der Gästezimmer der polnischen Botschaftsresidenz. Nach der Zusammenkunft mit »Milko« wurde Maciborski von einem in Wien stationierten SB-Agenten wieder in die ČSSR zurückchauffiert.

Wenige Monate später kam der Führungsoffizier erneut nach Wien. Anfang 1983 traf Maciborski seinen »Milko« in einer Restauration im Kaufhaus Herzmansky in der Mariahilferstraße. An die zwei Stunden hockten die beiden zusammen. Danach kehrte der aus Warschau angereiste Chefagent in die Wiener Residentur zurück. Dort begab sich Maciborski sogleich in ein Arbeitszimmer und schrieb stundenlang an einem ellenlangen Bericht. Dabei soll es auch zu den nachrichtendienstlichen Gepflogenheiten der polnischen Residentur in Wien gehört haben, daß die fertigen Geheimberichte einem in Funkangelegenheiten ausgebildeten Agenten übergeben wurden. Nachdem dieser den Klartext verschlüsselt hatte, wurde die »Krypto-Masse« an die Zentrale in Warschau gefunkt. Denn gefunkt wurde gern und viel, egal ob die Meldungen wichtig waren oder nicht.

1983 reiste Papst Johannes Paul II. zum zweitenmal in seine polnische Heimat. Kurz zuvor hatte das Militärregime Jaruzelskis das Kriegsrecht aufgehoben. Auch der österreichische Zeitungsmann reiste zum Großereignis mit dem katholischen Kirchenoberhaupt nach Polen. Als »Milko« nach Österreich zurückkam, eröffnete ihm der oft griesgrämige Führungsoffizier Maciborski, er habe in Polen mit falschen US-Dollar-Noten bezahlt, darauf stünden mehrere Jahre Kerker. Maciborski gab gleichzeitig vor, die Affäre umgehend bereinigt zu haben. Die Sache war oberfaul. Sie gehörte wohl zum abgekarteten Spiel der »feinen« Dienstleute. Eine Methode nach Maß: Der Agentenführer versuchte die Leine, an der er sein Opfer führte, kontinuierlich zu kürzen, bis dieses aus Mangel an Bewegungsfreiheit widerstandslos im nachrichtendienstlichen Gleichschritt mitmarschierte. Wahrscheinlich wollten die Polen »Milko« demonstrieren, daß es für sie ein leichtes sei, ihm bei seiner Arbeit zu schaden. Vielleicht hätte ein Einreiseverbot nach Polen für »Milko« schwere berufliche Konsequenzen nach sich gezogen? Schließlich reiste »Milko« innerhalb von sechs Jahren an die dreißigmal nach Polen. Auch beim ersten Papst-Besuch 1979 war »Milko« dabeigewesen.

Im Winter 1983 reiste der SB-Agent nicht über Bratislava, sondern mit der Bahn aus Budapest an. Am Westbahnhof wurde er bereits von einem jungen SB-Agenten erwartet. Ungefähr zu dieser Zeit präsentierte Maciborski »Milko« seinen Nachfolger. Er hatte den Wiener Redakteur schon länger auf den »Personalwechsel in eigener Sache« vorbereitet. An einem Nachmittag traf sich das ungleiche Paar am Fuße des sogenannten Flak-Turms im Esterhazy-Park an der Gumpendorferstraße. Sie drehten einige konspirative Runden, dann übergab der polnische Oberspion seinem Inoffiziellen Mitarbeiter das Original der Verpflichtungserklärung, die »Milko« 1978 abgefaßt hatte. Der Grund: »Milko« wollte aufhören, aussteigen, endlich Schluß machen mit der geheimen Kundschafterei, und Maciborski wollte mit dieser vermeintlich freundlichen Geste »Milkos« Absprung abwenden. Maciborski redete auf »Milko« mit der Geschwindigkeit eines Maschinengewehrs ein. Doch das Spionieren wider Willen hatte »Milko« so schwer belastet, daß »er von einer Depression in die andere fiel«[9]. Nach ungefähr einer Stunde stellte der Pole seine Überredungssuada fürs erste ein. Sie verabredeten ein Treffen für den nächsten Tag, in einem Chinarestaurant in der Wiener Porzellangasse. Auf dem Heimweg habe er dann, sagte »Milko« später vor der Polizei, die Verpflichtungserklärung zerrissen und die Schnipsel in einen Papierkorb geworfen. Ihm war natürlich klar, daß noch Kopien in der Warschauer SB-Zentrale lagerten.

Nächster Tag im Chinarestaurant. – Maciborski saß an einem Tisch gleich neben dem Eingang. Er stand zu »Milkos« Begrüßung auf und führte ihn in einen Nebenraum des Speisetempels. An einem Tisch saß ganz allein der junge Zbigniew Nowak, »Milko« kannte ihn bereits. Denn nachdem Ryszard Nosek im Mai 1983 an die Heimatfront zurückberufen worden war, war ihm Zbigniew Nowak als Presseattaché in Wien nachgefolgt. Nun bekam Nowak, Jahrgang 1950, von Maciborski wenige Monate nach seiner Akklimatisierung in der Donaustadt die Führungsrolle von »Milko« übertragen. »Milko« war etwas verwundert, daß er wieder von der Wiener SB-Residentur geführt werden sollte.

Die Situation war für beide Seiten nicht sehr befriedigend. »Milkos« fortschreitende depressive Erkrankung und seine Existenzängste quälten ihn unaufhörlich.

Maciborski soll den Vorschlag gemacht haben, »Milko« möge doch zumindest »die Berichte an die Japaner« liefern. Damit wäre den Polen schon geholfen. Seit Jahresbeginn 1982 verfaßte der österreichische Journalist nämlich für die japanische Außenhandelsstelle monatlich einen Bericht über die wirtschaftliche und politische Lage in Osteuropa. Die polnischen Agenten waren auf den Zug aufgesprungen und erhielten jeweils eine Kopie davon. Selbstverständlich war der polnische Geheimdienst sehr daran interessiert, was die Japaner über den kommunistischen Osten wissen wollten. »Milko« verfaßte unter anderem Dossiers über die Energiewirtschaft der Ostblockländer, über die Wirtschaftsreform unter Gorbatschow sowie eine Einschätzung zum Thema Gorbatschow und Osteuropa.

Zbigniew Nowak gab sich jedoch mit diesen Berichten allein nicht immer zufrieden. Damit konnte er selbst sicher keine gute Bewertung durch die SB-Zentrale erlangen, und schließlich wollte er seine Geheimdienstkarriere etwas vorantreiben. Nowak bedrängte »Milko« deshalb immer wieder mit der Frage, welche österreichischen Journalisten nun tatsächlich für welchen westlichen Nachrichtendienst arbeiteten.

Doch »Milko« wollte und konnte nicht mehr. Er war nervlich am Ende. Auf Grund seiner psychosomatischen Leiden mußte er sogar längere Zeit beruflich pausieren und befand sich in psychiatrischer Behandlung.

Im späten Frühjahr 1986 läutete in der Redaktion das Telefon. »Milko«, er war wieder an seinen Arbeitsplatz zurückgekehrt, hob den Hörer ab. Zbigniew Nowak meldete sich und wollte einen Treff arrangieren. »Milko« lehnte ab. Im August wiederholte sich das Spiel. »Milko« war völlig verzweifelt. Nowak traf seinen abtrünnigen Inoffiziellen Mitarbeiter schließlich in der Nähe des Wiener Rathauses. Der polnische Agent ließ einfach nicht locker.

Ein Jahr später, die gleiche Szene zu annähernd gleicher Zeit. Nowak hatte erfahren, daß »Milko« in Kürze eine USA-Reise antreten werde. Woher er das wußte, darüber schwieg er. Der Österreicher war baff. Nowak wollte genaue Informationen über die amerikanische Institution USIS. USIS, der U.S. Information Service, eine Propagandaabteilung des US-Außenamts, hatte den österreichischen Redakteur wie auch andere europäische Journalisten in die Staaten eingeladen. Einen Tag vor der Abreise im September 1987 kam Nowak sogar persönlich in die Zeitungsredaktion. Offiziell überbrachte er allgemeines Material zur Polen-Reise des österreichischen Bundeskanzlers Franz Vranitzky. Nach dem offiziellen Teil begleitete »Milko« seinen SB-Agenten auf dessen Wunsch noch ein Stück des Weges.

Nowak drängte »Milko« nochmals, während der US-Reise den U.S. Information Service zu bespitzeln. Dafür wollte Nowak sogar mehrere tausend Dollar auf den Tisch blättern. Nach »Milkos« Angaben wurde auch daraus nichts. Und später habe er von Nowak nichts mehr gehört. Kein Wunder, die »Tanne« war wenige Wochen zuvor übergelaufen.

So mußte dann auch »Milko« Anfang Dezember 1987 der Wiener Staatspolizei Rede und Antwort stehen. Strafrechtliche Konsequenzen blieben in diesem wie in weiteren 30 Fällen aus. Im Februar 1990 berichtete die »Kronenzeitung« unter der Schlagzeile »Spionageverfahren geplatzt, weil Kronzeuge untergetaucht ist«, daß die Staatsanwaltschaft Wien die Strafverfahren gegen insgesamt 36 Personen eingestellt habe. Tatsächlich wurden bereits im März 1989 die Hälfte der Verfahren mangels strafbaren Tatbestands gekippt, im Januar 1990 die übrigen. Mit der Begründung: »Der nach Westdeutschland übergelaufene polnische Führungsoffizier Ryszard Nosek konnte nicht vernommen werden.« Daher »fehlte der Nachweis, daß die Beschuldigten zum Nachteil Österreichs spioniert hätten«.

Neue Geheimdienste, alte Kader

Mit dem Untergang des kommunistischen Regimes in Polen und der friedlichen Machtübernahme durch die prowestliche Solidarność im Jahr 1989 hatte die Służba Bezpieczeństwa ausgedient. Die alte Führungsmannschaft der SB bewies jedoch eindrucksvoll, was sie unter Vergangenheitsbewältigung verstand. Unmengen an Akten wurden von den kommunistischen Chefagenten in Nacht-und-Nebel-Aktionen vernichtet. Akten, die ihnen und anderen wahrscheinlich zum Verhängnis geworden wären. Auf Anordnung des Ministerpräsidenten Tadeusz Mazowiecki wurden im August 1989 all jene geheimen Sichertheitsdienstabteilungen sofort aufgelöst, die ausschließlich zur Unterdrückung des Volkes und zur Aufrechterhaltung der Macht der kommunistischen Partei gedient hatten. 1990 wurde das postkommunistische Amt für Staatsschutz – der Urzad Ochrony Państwa (UOP) – ins Leben gerufen. Von den knapp 25 000 ehemaligen SB-Mitarbeitern wurden »nur« wenige tausend nach zentralen Überprüfungen von dem neuen Dienst UOP übernommen. »Der größte Anteil ›alter‹ Mitarbeiter wurde im Bereich der Spionageabwehr behalten. Rund 50 Prozent der Mitarbeiter der Auslandsaufklärung der SB wurden in den UOP übernommen.«[10]

So mancher polnische Agent kam an seine frühere Wirkungsstätte, wenn auch offiziell zu privaten Zwecken, zurück. Einer von ihnen war, nach Erkenntnissen professioneller Beobachter aus dem Westen, Andrzej P., der ab Sommer 1987 als Zweiter Sekretär, zuständig für Kultur und Wissenschaft, in Wien akkreditiert und SB-Agent gewesen war. P. kam nach dem Umbruch wieder nach Wien und gab vor, hier als Taxifahrer seinen Unterhalt verdienen zu wollen, da Wien seiner Ansicht nach gute Mietchauffeure benötige. Die Wiener Staatspolizei war da aber ganz anderer Ansicht. In Wien mangelte es an Taxifahrern keineswegs. Nach einer kurzen Kontaktaufnahme, die für beide Seiten unbefriedigend verlief, soll P. verärgert in seine Heimat zurückgekehrt sein.

Mindestens 6000 Agenten soll der UOP heute umfassen. Andere Schätzungen gehen von bis zu 10 000 Mitarbeitern aus. Das Amt für Staatsschutz UOP ist in drei Abteilungen gegliedert: Nachrichtendienst, Spionageabwehr und Ermittlungsdienst. Außerdem gibt es eine Auswertungs- und eine Schulungsabteilung, eine Verwaltung sowie eine Technische, eine Oberservations- und eine Chiffrierabteilung.

»Ungeachtet der Demokratisierung in der Republik Polen und der damit einhergehenden politischen und wirtschaftlichen Annäherung an den Westen verzichteten weder der zivile polnische Nachrichtendienst UOP noch der militärische Informationsdienst WSI auf eine effiziente Deutschlandaufklärung«, heißt es im deutschen Verfassungsschutzbericht 1995. Andere Insider behaupten sogar, die Polen hätten ihre nachrichtendienstlichen Operationen in Deutschland noch intensiviert. Wobei neben der wirtschaftlichen Aufklärung vor allem der politischen Aufklärung eine sehr wichtige Rolle zukomme. Denn die Urangst der Polen, zwischen Deutschland und Rußland aufgerieben zu werden, spiegele sich in der »politischen Aufklärung« wider.

In Österreich unterhalten beide polnischen Nachrichtendienste – UOP und der 1991 gegründete militärische Informationsdienst Wojskowe Służby Informacyjne (WSI) – wie ihre kommunistischen Vorgänger unter dem Deckmantel der Diplomatie ihre Residenturen an der Wiener Botschaft.

Mitte November 1990 kam Diplomingenieur Bogdan Libera mit seiner Frau nach Wien und übernahm im Range eines Botschaftsrats die Angelegenheiten für wirtschaftliche und wissenschaftliche Zusammenarbeit. Nach Erkenntnissen westlicher Nachrichtendienste eine Position, die traditionellerweise vom Geheimdienst besetzt wird. Sie sollten recht behalten. Der polnische Botschaftsrat Bogdan Libera hatte, wie viele seiner Kollegen auch, das Zentrum für die Ausbildung von Geheimdienstoffizieren, Osrodek Kształcenia Kadr Wywiadowczych (OKKW), absolviert und gilt als

Experte in wirtschaftlichen Nachrichtendienstangelegenheiten.[11] Libera vertrat seine Heimat, wie schon seine Vorgänger von der SB, unter anderem auch bei der UNIDO in Wien. Bis in den Spätsommer 1994 war er laut österreichischem Bundesministerium für auswärtige Angelegenheiten an der Wiener Botschaft akkreditiert. Dann wurde er nach Warschau zurückberufen, um höchste Weihen zu empfangen. Am 1. Oktober 1994 wurde Bogdan Libera Chef des polnischen Amtes für Staatsschutz UOP, Geheimdienstchef.

V Der tschechoslowakische Geheimdienst

Prags freche Agenten in Wien

Der tschechoslowakische Geheimdienst – Statni Bezpecnost (StB) – zählte zu den aktivsten Ostdiensten, die auf österreichischem Boden operierten. Eine Spezialität der kommunistischen Kundschafter aus Prag war das hohe Maß an professioneller Frechheit, das sie bei ihren geheimen Aktivitäten, nicht zuletzt in Wien, an den Tag legten. Die Spionagetätigkeit der Tschechen auf österreichischem Boden zeichnete sich sowohl durch lange Tradition als auch durch viele Erfolge aus. Der Schauplatz Wien bot nämlich gerade den Kundschaftern aus Prag immense Vorteile. Mit Sicherheit profitierten die StB-Agenten von den vielschichtigen familiären Banden zwischen Prag und Wien, die auf die Zeit der k.u.k. Monarchie zurückgehen. Wien war ja, besonders seit der Jahrhundertwende, auch ein böhmisches Dorf. Dieser Umstand ermöglichte es dem StB, eine Reihe leitender österreichischer Beamter, vornehmlich in Ministerien und bei der Polizei, auf seine Seite zu bringen. Manchmal gelang dies durch Erpressung, gelegentlich genügte auch schon ein finanzieller Anreiz.
Um die Dimension und Kontinuität der tschechischen Spionage auf österreichischem Boden erfassen zu können, muß man in die sechziger Jahre zurückblenden. Damals folgte ein Spionageskandal dem anderen. Am 6. September 1968 informierte ein »westlicher Nachrichtendienst« die Gruppe C (Staatspolizeilicher Dienst) im Wiener Innenministerium, daß der ČSSR-Geheimdienst über einen Agenten im ÖVP-Pressedienst verfüge, dessen Führungsoffizier der ehemalige Presseattaché der tschechoslowakischen Botschaft in Wien, StB-Major Jiri Stejskal, sei. Die Quelle, so gaben die Amerikaner bekannt, sei der Überläufer Dr. Ladislav Bittmann, von 1964 bis 1966 Vizechef der Abteilung Desinformation im StB. Bittmann, der von 1966 an unter Jan Prihoda als Agent in Wien gedient hatte, war drei Tage zuvor, also wenige Tage nach der Invasion der Sowjetarmee in der ČSSR, zu den Amerikanern übergelaufen. Der Name des mutmaßlichen österreichischen Spions, den er auf den Markt warf, war damals noch nicht bekannt.[1]
Später entpuppte sich dieser Fall als eine höchst politische Affäre, die sogar einen parlamentarischen Untersuchungsausschuß be-

schäftigte. Denn Mitte November desselben Jahres ließen die österreichischen Medien die Bombe platzen. Der Maulwurf, der Prag viele Jahre beliefert hatte, war niemand anderer als der Pressereferent des ÖVP-Innenministers. Doch nicht nur Prag, auch der BND in Pullach hatte sich seiner nachrichtendienstlichen Gunst regelmäßig erfreuen dürfen.

Fast zur gleichen Zeit wurde auch ein ehemaliger Staatspolizist und späterer Berufsdetektiv als ČSSR-Spion entlarvt. Er lieferte den Prager Chefagenten mit Hilfe einer Vielzahl von gutmütigen Ex-Kollegen die polizeilichen Vernehmungsprotokolle tschechoslowakischer Flüchtlinge. Die beiden Spione hatten zumindest eine nachrichtendienstliche Gemeinsamkeit: die Münchner Deckadresse »Irmgard Maennel«[2]. Der dritte im Geheim-Bunde war ein Beamter des Bundespressedienstes, der kurz zuvor ebenfalls als ČSSR-Agent entlarvt worden war.

Doch die eigentliche Stärke der tschechischen Agentenzentrale lag in der Desinformation. Nach den Sowjets waren die Tschechen lange Zeit die Nummer zwei dieses Geheimdienstgenres innerhalb des kommunistischen Blocks.[3] Tarnen, täuschen sowie die Herstellung von Fälschungen und deren Lancierung machte den StB-Agenten nicht nur Spaß, sondern verschaffte ihnen auch einen guten Ruf beim großen Bruder in Moskau. Die weltpolitischen »Lausbubenstreiche«, von der Westpresse oft arglos als investigative Sensationen publiziert, wurden meist in Absprache mit den Sowjets in Umlauf gebracht. Manchmal täuschten die Tschechen den Westen auch im Auftrag eines kommunistischen Bruderlands. So sprangen sie zum Beispiel regelmäßig für die Genossen in Budapest ein. Ende der sechziger Jahre brachten die Tschechen in Wien für die Magyaren Flugblätter in Umlauf, mit deren Hilfe der ungarische Geheimdienst im Namen eines österreichischen Monarchistenverbandes politische Unruhe stiftete.[4] Anfang der siebziger Jahre wurde unter anderen auch Simon Wiesenthal, der Leiter des jüdischen Dokumentationszentrums in Wien, Opfer der tschechoslowakischen Desinformation. Damals tauchte ein gefälschter Brief auf – der »Spiegel« berichtete ausführlich darüber –, in dem Wiesenthal die tschechoslowakischen Juden aufrief, den Demokratisierungsprozeß zu unterstützen und Material über den Antisemitismus in der ČSSR zu sammeln. Das getürkte Schreiben wurde jedoch schnell als solches enttarnt.

Später liefen allerdings nach Meinung von Experten die Desinformierer der ostdeutschen HVA den Tschechen den Rang ab, insbesondere als Lieferanten »harter Facts« für die westdeutsche Presse. Dem tschechischen Auslandsgeheimdienst gelang es immer wieder, tief in die Reihen der österreichischen Polizei einzudringen. 1970 war Alois L. als Kanzleioberoffizial der Bundespolizeidirektion Wien in den Ruhestand versetzt worden. Acht Jahre später stand der ehemalige Polizeibeamte wegen Spionage für den Geheimdienst der ČSSR vor dem Wiener Richter Dr. Paul Wieser. L., von der Wiener Presse als Sinnbild eines österreichischen Staatsbeamten beschrieben, hatte einst bei zahlreichen Besuchen in der Tschechoslowakei einen entfernten Verwandten seiner Frau, einen gewissen »Dr. Kuchar«, kennengelernt. Der Tscheche bat seinen neuen Bekannten ganz freundschaftlich, »in Österreich wohnende Verwandte und Kollegen ausfindig zu machen«[5].

»Kuchar« gab vor, die Sache deshalb nicht selbst in die Hand nehmen zu können, erklärte L. während des Prozesses dem Richter, weil er politisch schlecht angeschrieben sei und dadurch Schwierigkeiten zu gewärtigen habe.[6] »Kuchar« beauftragte den pensionierten Sicherheitsbeamten, die Zielpersonen auch privat zu durchleuchten. So wollte der ČSSR-Agent wissen, ob sie ledig oder verheiratet seien, ob sie mitunter einen über den Durst tränken oder gar fremdgingen, ob sie also »Weibergeschichten« hätten. Denn sollten sie einen »komischen Lebenswandel« haben, erinnerte sich Alois L. an »Kuchars« Rechtfertigung, dann würde dieser erst gar nicht an sie herantreten.[7]

Auffällig war, daß die zu bespitzelnden Österreicher allesamt Bundesbeamte waren. Darunter der für die Sicherheit des Bundeskanzlers verantwortliche Kriminalbeamte Franz E., der Rechnungssekretär des Verteidigungsministers Martin P., der Finanzbeamte Horst D., die Handelsministeriumsangestellte Elenore M. sowie der Kriminalbeamte Josef Czernansky, Sicherheitsbeauftragter im Parlament. Czernansky wurde Jahre später selbst der Spionage für den rumänischen Geheimdienst beschuldigt und überführt.

Alois L. durchforstete für seinen tschechischen Bekannten nicht nur das Wiener Telefonbuch, wie er später angab, sondern stellte sich darüber hinaus selbst wieder in den Dienst. Er hatte seinen Dienstausweis nach der Pensionierung behalten, und der war ihm nun bei seinen Recherchen für den ČSSR-Geheimdienst außerordentlich nützlich.

Alois L. klingelte bei Nachbarn und Hausmeistern der betreffenden Personen und holte Erkundigungen über diese ein. Manchmal kam er auch im Namen einer Versicherung oder des Magistrats, wie es ihm gerade in den Kram paßte. »Einmal bin ich dabei auf einen Polizeibeamten gestoßen«, gestand Alois L. dem Richter, »der nebenbei auch Hausmeister war. Das war peinlich.«[8] Rund fünfzehn derartige Aufträge der tschechischen Kundschafter gab der Wiener zu. Ende Oktober 1978 wurde der 70jährige Polizeipensionist Alois L. zu einem Jahr unbedingter Haft verurteilt. »Eine doch exemplarisch anmutende Strafe«, hieß es dazu in der »Presse«.

Begehrte Zielobjekte der Ostgeheimdienste waren auch Mitarbeiter von Radio Free Europe (RFE) oder Radio Liberty, dem amerikanischen Propagandafunk. Es galt die dort arbeitenden Exilanten »umzudrehen«, wobei das KGB und seine Bruderorgansationen aus den Satellitenstaaten äußerst erfolgreich waren. Das RFE-Büro in Wien war da keine Ausnahme, und so war es auch nicht verwunderlich, daß der Leiter der tschechoslowakischen Redaktion unter dem Decknamen »Dior« ebenfalls für den kommunistischen StB spionierte.[9]

Der Held der Nation

Eine der außergewöhnlichsten und aufsehenerregendsten Spionageaffären war der Fall des Dr. Josef Hodic, eine Geschichte, die 1981 platzte. »Er war schon als Spion nach Wien gekommen«, erzählt Przemysl Janyr senior, früherer Charta-77-Aktivist und Journalist im österreichischen Bundespressedienst. Im Frühjahr 1968 zählte Przemysl Janyr zu den Initianten der Bewegung für die Erneuerung der Sozialdemokratischen Partei, schrieb der Ex-StB-Agent Ladislav Bittmann über Janyr in seinem Buch »Geheimwaffe D«. Janyr kannte Dr. Josef Hodic gut. »Hodics Frau konnte sich nicht an das Leben hier in Wien gewöhnen«, erinnert er sich. »Sie hatten doch ihre Tochter und Enkelkinder in der Tschechoslowakei zurückgelassen.« Frau Hodic soll deswegen mehrere Selbstmordversuche unternommen haben.[10] Nach den Erinnerungen Janyrs hatte Hodic kurz vor seinem Verschwinden ein Treffen mit seiner Tochter in Rumänien geplant, von dem er dann nicht mehr nach Wien zurückkehrte. »Ich ging damals zur Staatspolizei«, erinnert sich der pensionierte Journalist, »und habe meinen Verdacht geäußert, daß Dr. Josef Hodic ein Spion sei.« Nach Janyrs Informationen fuhren die Beamten der Stapo am

nächsten Tag zu Hodics Wohnung und erhielten dort von den Nachbarn die Bestätigung, daß der »Professor« schon längere Zeit abwesend sei.
Josef Hodic kam 1924 als uneheliches Kind zur Welt, wurde später in eine Klosterschule gesteckt und verbrachte auch seine Gymnasialzeit in der Obhut von Ordensbrüdern. Nach dem Zweiten Weltkrieg trat der junge Tscheche in die Kommunistische Partei der Tschechoslowakei (KPČ) ein, damals der einzige Weg, um nach oben zu kommen, und begann Rechtswissenschaften und Philosophie zu studieren. Das tägliche Brot erwirtschaftete sich Hodic als Werkstudent in einer Textilfirma.[11] Ein Privileg, so behaupteten Experten, bei dem die »Partei« nachhalf. 1948 übernahmen die tschechischen Kommunisten in Prag endgültig das Ruder. Damit waren die Weichen für die politische Zukunft an der Moldau gestellt. Das Sagen hatten aber die Sowjets.
Im selben Jahr trat der 24jährige Dr. Josef Hodic in die Armee ein. Sieben Jahre später unterrichtete er als Offizier an der Prager Militärakademie. Sein Weg nach oben schien programmiert. 1960 begann er ein Studium der Geschichte und schloß es vier Jahre später ab. Hodic habilitierte sich über den Aufbau der tschechoslowakischen Volksarmee.[12] Zur Zeit des Prager Frühlings diente der ehrgeizige Militär-Akademiker in der Abteilung VIII (Militär und Sicherheitsfragen) im Zentralkomitee. Sein Vorgesetzter war General Václav Prchlik, der wenig später in Ungnade fiel und abgesetzt wurde. Prchlik soll den Sowjets ein Dorn im Auge gewesen sein.
Die Zeit des Prager Frühlings bescherte Dr. Hodic angeblich eine kurze, letzte berufliche Blüte. Nach Informationen der »Wochenpresse« war seine letzte Regierungsaufgabe die Untersuchung eines Anschlags auf das Aeroflot-Büro am Prager Wenzelsplatz im Sommer 1969.[13]
Nach dem Sturz der Reformer soll auch Hodic den Säuberungen in der KPČ zum Opfer gefallen sein. Er wurde aus dem Staatsdienst entfernt. Danach schlug sich der beruflich entwurzelte Akademiker in Prag als Kammerjäger und Rattenfänger durch. Später soll er diesem Ungeziefer-Vertilgungsunternehmen sogar als »Oberfänger« vorgestanden haben. Schließlich unterzeichnete Dr. Hodic die Charta 77, laut Informationen der »Wochenpresse«, um kurze Zeit später in Österreich um Asyl anzusuchen. Prezmysl Janyr erinnert sich, daß ein führender Kopf des Prager Frühlings sich bei Bundeskanzler Dr. Bruno Kreisky für Hodic verwendet hatte. Nach

Medien-Informationen genoß der ČSSR-Flüchtling jedenfalls ein überaus großes Maß an Unterstützung von seiten der österreichischen Sozialisten.

Ende der siebziger Jahre bekam Hodic eine Arbeitsstelle am Institut für Internationale Politik in Laxenburg und wurde im Eilverfahren im Juni 1980 Bürger der Alpenrepublik. »Ich arbeite an diesem Institut über die Problematik der Voraussetzungen und Perspektiven der Entspannungspolitik in Europa, unter besonderer Berücksichtigung der Ost-West-Beziehungen, der Sicherheitspolitik und der Rüstungskontrolle«, erklärte Dr. Hodic 1979 gegenüber der Staatspolizei.[14] Im nachhinein sahen einige Experten die Qualität von Hodics Studien in einem anderen Licht. Den Informationswert von Hodics militärpolitischen Arbeiten spielte der ehemalige österreichische General Wilhelm Kuntner in einem Interview als »Komprimate durchaus zugänglicher Literatur« herunter. General Kuntner: »Sie stellen meiner Einschätzung nach nicht mehr dar als eine Alibihandlung für die Verwendung in Österreich.«[15] Unter anderem befaßte sich der ČSSR-Agent mit der Afghanistan-Invasion der Sowjets und der Militärdoktrin seiner einstigen Heimatarmee.

Tatsächlich hatte Hodic aber ganz andere Aufgaben in Österreich zu erledigen. Nach Ansicht von Insidern hatte er die Emigrantenszene der Charta 77 in Österreich auszukundschaften. »Auffällig war er dabei aber nicht, er stellte auch nie viele Fragen«, so Przemysl Janyr. Weit auffälliger war da schon, daß Hodic, so Janyr, vor Gustav Husáks erstem West-Besuch in der Bundesrepublik Deutschland binnen zwei Tagen das sogenannte Husák-Memorandum besorgte. Ein Papier, das Husák ins schiefe Licht rückte und das Hodic Janyr zwecks Veröffentlichung im »Spiegel« übergab. »Wir wollen Teil der UdSSR werden«, titelte im Frühjahr 1978 der »Spiegel« über Husáks Pläne vom August 1944, die Tschechoslowakei an die UdSSR anzugliedern. Wes Geistes Kind der »große« tschechoslowakische Kommunist war, bewies er mit dem Satz: »Die jüdische Frage wurde vom rassistischen Standpunkt aus gelöst.« »Von diesem Dokument hat es lediglich zwei Exemplare gegeben. Das Papier muß er mir mit Wissen der Staatssicherheit zugespielt haben«, behauptet der frühere Journalist Przemysl Janyr.

Der tschechoslowakische Spion Hodic hatte aber noch einen weiteren Auftraggeber: den Bundesnachrichtendienst in Pullach. Von 1979 an soll der Oberst des ČSSR-Geheimdienstes gegen Bargeld

Informationen, Studien und Analysen über die ČSSR an die Pullacher Kundschafterzentrale geliefert haben.[16] Daß Hodic für den BND gearbeitet hat, behaupten auch heute noch ehemalige Bekannte. Diese äußern allerdings auch den Verdacht, daß Hodic vom ČSSR-Geheimdienst den Auftrag hatte, eine Verbindung zum BND aufzubauen.

Im Juli 1981 verschwand Dr. Josef Hodic wieder hinter dem Eisernen Vorhang. Freunden gegenüber soll er eine Urlaubsreise ins malerische Lunz am See in Niederösterreich vorgespiegelt haben. Doch die Heimkehr dürfte von langer Hand geplant gewesen sein. Denn er fand sogar noch Zeit, sein Girokonto bei einer Wiener Bank aufzulösen. Auch seine Sparbücher waren verschwunden.

Wenige Tage später, Anfang Juli 1981, trat Hodic als Held der Nation im ČSSR-Fernsehen auf. Ob dies tatsächlich freiwillig geschah, daran zweifelten viele seiner ehemaligen Bekannten. Auch Radio Prag lobte Hodic als bewährten Mitarbeiter des tschechoslowakischen Geheimdienstes.

Anfang Dezember 1981 berichtete dann der österreichische »Kurier«, unter Berufung auf gut informierte westliche Sicherheitsdienste, daß der Emigrantenauskundschafter Hodic in der psychiatrischen Abteilung des Prager Militärspitals festgesetzt worden sei.

Hodic war nicht der einzige, der die tschechoslowakische Emigrantenkolonie in Wien ausspionierte. Es gab noch weitere Spione in den Reihen der Charta-77-Leute in Wien. »Ich bin in meinen Akten darauf gestoßen«, erzählt der ehemalige Dissident Janyr, »daß auch Bodherszky über mich an den Geheimdienst berichtet hat.« Gemeint ist der mittlerweile verstorbene Schriftsteller Petr Bodherszky, der anfangs in Janyrs Wiener Wohnung gelebt hatte. Zwei Jahre vor seiner Ausreise nach Österreich soll er vom StB angeworben worden sein. Mit Decknamen hieß er von da an »Kovanda«.

Dem Journalisten Janyr, Kontaktmann der tschechischen Emigranten im Wiener Bundeskanzleramt, waren in Wien aber noch mehr Agenten auf den Fersen. Von 1970 bis 1989 trug der Geheimdienst StB 1320 Seiten über den Abtrünnigen zusammen, darunter auch ein umfangreiches Fotoarchiv über dessen Leben in der Emigration. Darauf zu sehen: Janyr mit seinem neuen Auto, Janyr mit einem Unbekannten auf der Straße – so oder ähnlich lauteten die Bildunterschriften. Przemysl Janyr selbst will von der jahrzehntelangen Beschattung nichts bemerkt haben.

Die Methoden der Tschechen

Der Statni Bezpecnost (StB) verfügte gegen Ende der achtziger Jahre über 18000 hauptamtliche Mitarbeiter und über 147000 Spitzel, Kundschafter und Informanten. Die 1. Hauptverwaltung des StB, Hlavni Sprava Rozvedka (HSR), die Auslandsaufklärung, zählte zu den eifrigsten und umtriebigsten Spionageagenturen auf österreichischem Boden. Die Auslandsspione nutzen dabei den geographischen Vorteil. Nur ein Katzensprung von rund 60 Kilometern sind es von der ehemaligen ČSSR-Grenze bei Nikolov nach Wien. So war es üblich, daß ganze Observationsteams des tschechoslowakischen Nachrichtendienstes am Morgen anreisten und sich abends wieder in die sicheren heimatlichen Gefilde zurückzogen. Die Kundschafter fuhren unter dem Deckmantel von Geschäfts- oder Urlaubsreisenden in die österreichische Hauptstadt. Dabei bedienten sie sich gefälschter Firmeneinladungen. Die geographische Nähe zum Westen wurde auch für Technologie-Schmuggeleien weidlich genützt. Als direkter Nachbar zu Österreich betrieben die Tschechen außerdem eine umfangreiche Grenzaufklärung.
Nach Informationen aus dem Wiener Innenministerium hatte die Prager Auslandsaufklärung bis zu 30 hauptamtliche Mitarbeiter permanent in Österreich stationiert. In den frühen Jahren arbeiteten die Tschechoslowaken in der Alpenrepublik massiv gegen die USA, aber auch gegen Großbritannien und Frankreich. Wie sehr der große Bruder aus Moskau den Prager Stiefbrüdern dabei auf die Finger sah, beweist wohl die Tatsache, daß bis zum Untergang des Kommunismus zumindest 50 Offiziere des KGB in der StB-Zentrale für die reibungslose »Zusammenarbeit« sorgten. Den Moskauer Spähern dürfte kaum etwas entgangen sein.
Die geographische Nähe machte es auch möglich, so Insider, daß Protokolle tschechoslowakischer Auswanderer aus dem Flüchtlingslager Traiskirchen oft noch am selben Tag in Prag eintrafen. Zu diesem Zweck interessierten sich die Prager Geheimdienstler intensiv für ehemalige Landsleute im Dienste der österreichischen Flüchtlingsbetreuung und der Caritas. Im Vertrag mit den Lauschspezialisten der DDR, die in der Nähe von Bratislava ihren Geschäften nachgingen, hatten die ČSSR-Geheimdienstler eine Reihe dieser Zielpersonen angeführt, über die sie von der HA III Informationen wünschten. Außerdem standen auch der Charta-77-Aktivist und frühere ZK-Sekretär Zdenek Mlynar, der Jour-

nalist Przemysl Janyr sowie der Schriftsteller Pavel Kohout an oberster Stelle der Abhörliste.

Der StB nutzte darüber hinaus die Reisen westlicher Staatsbürger nach Prag aus, um sich an sie heranzumachen und sie bei Erfolg später in ihren Heimatländern führen zu können. »Überwachung von Ausländern innerhalb der ČSSR, die im Interesse der Nachrichtendienste stehen«, betitelte ein bundesdeutscher Geheimdienst seine Analyse aus der internen Reihe »Aufzeichnung Gegnerischer Nachrichtendienst (GND)« aus dem Jahre 1987. »Das Interesse kann sich sowohl auf Möglichkeiten der Werbung als Agenten als auch auf den Schutz des Staatsgebiets aus Abwehrgesichtspunkten beziehen«, heißt es darin in den Vorbemerkungen. Grundlage der Geheimdienst-Analyse waren »Aussagen vieler ČSSR-Staatsangehöriger«.

Der StB hatte zusammen mit der tschechischen Polizei und Miliz eine Übersicht in Telefonbuchstärke zusammengestellt, in der die nachrichtendienstlichen Ziele aufgelistet waren: Zielpersonen, Behörden, Firmen, Objekte und Orte. Kopien dieses »Aufgabenkataloges« lagen in den Botschaften der ČSSR, unter anderem in den Visaabteilungen. Mit dem Ausfüllen eines Visumantrags in der ČSSR-Botschaft in Wien zum Beispiel waren die Reisenden bereits im Fadenkreuz des StB. Im Prager Innenministerium wurden die »Interessanten Personen« kategorisiert. Kategorie eins waren Angehörige westlicher Geheimdienste und Behörden, Nachrichtendienstverdächtige und Journalisten. Kategorie zwei: Personen westlicher Armeen, Grenzeinheiten, Zoll und Polizei. Kategorie drei: Personen aus der Wirtschaft oder dem wissenschaftlichen Bereich kapitalistischer Staaten sowie Personen, die auffällig oft in die Tschechoslowakei einreisten. Es gab auch verschiedene Stufen der nachrichtendienstlichen Maßnahmen. Maßnahme II bedeutete zum Beispiel, daß der Paß der Zielperson bereits bei der Einreise fotografiert und das Fahrzeug des Reisenden »konspirativ kontrolliert« wurde, also unter einem fadenscheinigen Vorwand, und der Fremde zu guter Letzt einer Observation durch den Nachrichtendienst ausgesetzt war. »Die Fahrzeuge der Observationskommandos sind sehr oft Fahrzeugtypen deutscher, französischer und italienischer Hersteller, die auch oft westeuropäische KFZ-Nummernschilder führen«, so die bundesdeutschen ČSSR-Experten in ihrem internen Bericht.

An den Grenzstellen der ČSSR lagen sogenannte Blockadekarten auf, an Hand derer der Grenzbeamte sah, welche Maßnahmen er zu ergreifen hatte. Scheinbar unverfängliche Befragungen der Grenzsicherer über Reisezweck, die Route, Übernachtungsorte und Bekannte halfen der ČSSR-Staatssicherheit dabei, sich ein Gesamtbild zu machen.

»Nach glaubhaften Aussagen eines früheren Angehörigen der Grenzsicherheitskräfte der ČSSR reden Staatsangehörige westlicher Länder an den Grenzübergangsstellen zuviel«, heißt es in dem vertraulich Bericht VS – Nur für den Dienstgebrauch – weiter. »Ihre Angaben bildeten nicht selten die Grundlage für einen Werbungsversuch der Dienste der ČSSR.«

Wie in den anderen Staaten des Ostblocks auch, hatte die Staatssicherheit der ČSSR in allen Touristiksparten ihre Finger. Das Hotel- und Gaststättenpersonal wurde genauso zu Spitzeldiensten eingesetzt, wie die Staatssicherheit auch bei der Zimmerbelegung und -reservierung mitzureden hatte. Interessante Fremde aus dem Westen wurden unter anderem beim »Schwarzwechseln« oder beim Antiquitätenkauf, eine Spezialität der ČSSR, in die Falle gelockt.

Eine andere miese Methode war »Ausnutzung familiärer Bindungen und Liebesbeziehungen von Ausländern zu tschechoslowakischen Staatsbürgern zur Herstellung nachrichtendienstlicher Verbindungen«. So wurden zum Beispiel Deutsche oder Österreicher, die mit Tschechinnen liiert waren, sich aber nicht bereit erklärten, dem ČSSR-Nachrichtendienst in ihrer Heimat behilflich zu sein, einfach ausgesperrt – man verweigerte ihnen kurzerhand die Einreise in die ČSSR. Die Geheimdienste zerstörten so grenzüberschreitende Beziehungen.

Im November 1989 ging mit dem Zusammenbruch des kommunistischen Regimes in Prag auch dessen Repressionsapparat zugrunde. Offiziell wurde der kommunistische Nachrichtendienst Statni Bezpecnost (StB) im Februar 1990 aufgelöst. Doch noch Wochen danach waren die StB-Dienststellen voll intakt. Mitte Juli 1990 erklärte dann der stellvertretende tschechoslowakische Außenminister Lubos Dobrovsky, daß auf Anordnung seines Chefs Jiří Dienstbier alle hauptamtlichen Agenten aus den Botschaften abgezogen worden seien.[17] Auch aus Wien wurden die Kundschafter unter den Diplomaten-Deckmänteln entfernt, wie die Wiener Staatspolizei bestätigt. Besonders berüchtigte »Schergen« wurden sofort aus den Chefetagen katapultiert.[18]

Ein neuer Geheimdienst wurde geschaffen: die Federalna Sluzba a Informacni Bezpecnosti (FSIB). Es dauerte aber nicht lange, und

ehemalige Nachrichtendienstler aus der kommunistischen Ära kehrten in den Dienst zurück, mittlerweile aufgenommene Bürgerrechtler mußten das Feld wieder räumen.
Stanislav Devaty, der Vizedirektor der FSIB, war noch im Herbst 1992 davon überzeugt, daß Agenten der früheren Auslandsaufklärung des StB, meist ausländische Bürger, nach wie vor aktiv seien. Diese Spione würden nun für andere Geheimdienste des ehemaligen Ostblocks arbeiten.[19] Devaty, der nach der Teilung der ČSSR dem neuen tschechischen Dienst BIS vorstand, soll andererseits selbst dafür verantwortlich gewesen sein, daß einige Dutzend ehemaliger StB-Mitarbeiter wieder eingestellt wurden.
Die tschechischen Dienste nahmen Kontakte zu den Amerikanern, Briten, Franzosen, vor allem aber auch zu den Deutschen und Österreichern auf. Die daraus resultierenden Auswirkungen auf die Spione des ehemaligen StB in Österreich wurden von der neuen Regierung in Prag offenbar bewußt in Kauf genommen. Als Hintergrund vermuten Experten sogenannte vertrauensbildende Maßnahmen. Die österreichischen Staatspolizisten hatten sich mit den »Kollegen« in Prag mittlerweile nicht nur bekanntgemacht, sondern sie auch in die engere Wahl der neuen »Befreundeten« genommen.
Nach Informationen aus Kreisen des Wiener Innenministeriums händigten die Prager Gesprächspartner den Österreichern eine Liste ehemaliger StB-Agenten aus, die in Österreich tätig gewesen waren beziehungsweise sich in Österreich niedergelassen haben. Auf diese geheime Liste, so behaupten Zeugen, hätten sich die österreichischen Ermittler bei ihren Nachforschungen sogar berufen.

Ein Wiener »Grünrock« im Dienst der Prager »Rotröcke«

Am 2. März 1993 übermittelte der damalige Leiter der Stapo-Sondereinheit EBT, Mag. Josef Dick, der Staatsanwaltschaft am Landesgericht Wien eine Anzeige gegen den Kollegen Erhard F., 49, bis dahin Wachkommandant eines Wiener Polizeikommissariats. »Erhard F. steht im Verdacht«, so schrieb der Stapo-Mann, »seit 1985 den Nachrichtendienst der Tschechoslowakei durch Weitergabe von Informationen aus dem Polizeibereich unterstützt zu haben.« Dazu kam die »Abklärung von Adressen tschechischer Emigranten und die Bekanntgabe von Zulassungsbesitzern von Kraftfahrzeugen«.

Dabei war Erhard F.s beruflicher Werdegang ganz der eines braven Österreichers gewesen. F. ging in der niederösterreichischen Ortschaft Blindenmarkt zur Schule, absolvierte in Amstetten die Hauptschule und danach eine Lehre als Maschinenschlosser. Nachdem er dem Ruf zu den Waffen im damals noch recht jungen Bundesheer nachgekommen war, wurde er im Oktober 1964 Polizist – genauer Sicherheitswachebeamter. Zwei Jahre später kam der 22jährige ins Kommissariat Hietzing, wo er seither seinen Dienst versah. Erhard F. heiratete, wurde Vater zweier Söhne und brachte sich durch polizeiinterne Fortbildung nach oben. Mitte der siebziger Jahre ging die erste Ehe in die Brüche, im Jahr darauf folgte die zweite, die dann ganze zehn Jahre währte. Irgendwie hatte es die Tschechoslowakei dem Wiener Polizisten, der von Kollegen als »Sparmeister« belächelt wurde[20], angetan. Es begann damit, daß er für eine internationale Mietwagenfirma im Bedarfsfall Fahrzeuge aus dem Nachbarland, meistens aus der tschechischen Hauptstadt, nach Wien zurückbrachte. Da die tschechoslowakische Botschaft in seinem polizeilichen Rayon lag, war der Kontakt zu den Prager Diplomaten nicht der schlechteste. Erstens, weil die Botschaft ganz offiziell von uniformierten Sicherheitskräften bewacht wurde, zweitens waren die Hietzinger Polizisten auch als Personenschützer – so der Polizeijargon für beamtete Bodyguards – für die Tschechoslowaken eingesetzt. Dabei lernte F. den einen oder anderen tschechischen Diplomaten, aber auch solche, die nur unter dieser Legende in Wien firmierten, kennen.

Auf diese Weise kam Erhard F. sehr bald in den Genuß des Privilegs, für Visa in den Böhmerwald keinerlei Zahlung leisten zu müssen. Irgendwann 1970 löste er das erste Visum. Erhard F. ging zum Botschaftsrezeptionisten, sagte klar und deutlich, daß er von der Hietzinger Polizei komme und ein Visum wolle. Danach übergab er dem Hilfsdiplomaten seinen Reisepaß. Etwas erstaunt rief der botschaftliche Türsteher daraufhin in der Visaabteilung im ersten Stock an. Erhard F. füllte in der Zwischenzeit seinen Visumsantrag aus. Mittlerweile war der Visa-Beamte die Treppen heruntergeeilt und fragte den Polizisten nach dem Reisegrund. Wenige Augenblicke später prangte der Visumsstempel in F.s Paß. Drei-, viermal im Jahr fuhr der Polizist mit dem Zug in die ČSSR, gab er später im Verhör an, um Mietautos von den böhmischen Nachbarn rückzuführen.

Nach ungefähr zwei Jahren kam es beim Grenzübergang Gmünd im niederösterreichischen Waldviertel zu ersten Problemen. Die tschechischen Grenzer hielten Erhard F. an und kontrollierten ihn, als hätten sie einen Auftrag von höherer Stelle erhalten. Danach hieß es für den Wiener Polizisten warten, warten, bis zwei Herren in steifem Ostblock-Zivil aus der nahen Stadt Tabor erschienen. Die waren vom Sicherheitsdienst, so nahm Erhard F. jedenfalls an. Sie befragten den Österreicher sehr penibel und wollten ihm danach eine formale Unkorrektheit, seinen Paß betreffend, unterstellen. Die Herren waren über Erhard F.s Arbeitsstelle, die Bundespolizeidirektion (BPD) Wien, gut informiert. Nur, die war ja für viele andere Dienste aus dem Ostblock ein offenes Buch. Daß Erhard F. der BPD Wien angehörte, erfuhren die Tschechoslowaken schon aus dem Visumsantrag, und die Herren vor Ort konnten dies auch noch vom ČSSR-Ausreisezettel, der F.s Paß beigelegt war, ablesen. Erstaunlicher war schon eher, daß sie über das österreichische Beamtendienstrecht außergewöhnlich gut Bescheid wußten.

»Ich hatte den Eindruck«, erinnerte sich F. vor seinen Stapo-Kollegen, »sie wollten mich im Hinblick auf meine Dienststelle kompromittieren.« Wahrscheinlicher ist, daß es sich dabei um eine bewußte Provokation gehandelt hat. Nach all dem Ärger und der lästigen Warterei ließen die tschechischen Geheimdienstler den Polizisten aus Wien dann doch ungeschoren weiterfahren.

Erhard F. sorgte nach seiner Rückkehr dafür, daß die Sache nicht auf sich beruhen blieb. Er machte in der tschechoslowakischen Botschaft in Wien seinem Ärger Luft und beschwerte sich über die schikanöse Kontrolle. Es würde nicht mehr vorkommen, sagte ein tschechoslowakischer Diplomat zu Erhard F. Er hielt Wort.

Erhard F. schränkte seine Trips zu den östlichen Nachbarn danach ein. Zwar riskierte er noch eine Reise samt Ehefrau Nummer zwei in die Gegend um Preßburg, aber drei Jahre lang wollte er dann gar nichts mehr von »drüben« wissen.

Erst Mitte der achtziger Jahre ging Erhard F. wieder in die tschechoslowakische Botschaft, um ein Visum für sich und seine Frau zu lösen. Da war es aber offenbar mit den Privilegien vorbei. Erstens mußte der Polizist, länger als er es gewohnt war, warten. Dann befragte ihn ein »Mann aus der Visaabteilung« detailliert über den Reisegrund. Und außerdem, so meinte der »Diplomat« schroff, möge Erhard F. für die Visa endlich bezahlen und, wie alle anderen Westler auch, Schilling zum Zwangsumtauschkurs in Kronen wechseln. Der gestrenge »Mann von der Visaabteilung« war Dr. Lubomir Forro.

Dieser im Juni 1954 im tschechischen Sumperk geborene Nachrichtendienstler stand damals noch in einem eher schlampigen Verhältnis zu Wien. Tatsächlich war Forro zu dieser Zeit noch nicht an der ČSSR-Botschaft in Wien akkreditiert. Der Tscheche, der ausgezeichnet Deutsch sprach, war Agent der Abteilung 26 (Gegenspionage) des kommunistischen ČSSR-Geheimdienstes StB. Diese StB-Abteilung kümmerte sich um die Aufklärung der österreichischen Staatspolizei und um die tschechoslowakische Emigrantenszene in Österreich. Forro warb Erhard F., so die Wiener Stapo in ihrer Anzeige, um das Jahr 1984/85 an. Der Österreicher bekam den Decknamen »Fren«. 1987 kam Dr. Forro dann unter dem Deckmantel eines ČSSR-Diplomaten an die Botschaft in Wien.

Zu dieser Zeit suchte Erhard F. wieder einmal um ein Visum an. Im Zuge des Gesprächs vereinbarten die beiden ein Treffen in einem Gasthaus im 15. Wiener Gemeindebezirk, gleich gegenüber der unansehnlichen Stadthalle. Einige Tage später war es dann soweit. Forro bezahlte das Essen, und die beiden plauderten ganz locker über Gott und die Welt. Zum Schluß wurde ein Folge-Treffen vereinbart.

Konnte Erhard F. »einen solchen Treff« aus irgendeinem Grund nicht wahrnehmen, gab es einen vorher festgelegten Ersatztreff. Konnte auch dieser nicht eingehalten werden, rief Erhard F. eine bestimmte Telefonnummer der ČSSR-Botschaft an. Forro war beim ersten Anruf jedoch nie sofort zugegen, und so mußte Erhard F. am nächsten Tag nochmals anklingeln, erst dann klappte der Kontakt.

Schon beim zweiten Treff fragte Forro den Wiener, ob er nicht einige Adressen von bestimmten Personen ausforschen könne. Für einen Polizisten war dies schließlich ein Kinderspiel. Das wußten beide, doch Erhard F. sagte damals noch nicht zu.

Bei der nächsten Zusammenkunft legte der Diplomat aus Prag dem Wiener Exekutivbeamten bereits ein Papier vor, auf dem einige Namen notiert waren, zu denen er die Wohnadressen suchte. Forro wollte sogenannte Meldeadressen überprüft haben. Erhard F. sagte zu, bat aber um genügend Zeit. Rund vier Wochen später brachte er die Ergebnisse.

Im Verhör gab der Polizist später an, er habe die Adressen lediglich aus einem öffentlichen Wiener Adreßverzeichnis eruiert, »die Daten ergänzt« und, wenn sich der gesuchte Name nicht gleich fand, die Bemerkung »nicht gemeldet« hinzugefügt. Auskünfte im polizeilichen Meldeamt eingeholt zu haben, stritt der ertappte Spion im Stapo-Verhör ab. »Forro konnte aus meinen Auskünften jedenfalls annehmen«, gestand Erhard F., »daß ich Meldeauskünfte eingeholt hätte.«

Anscheinend war der tschechische Führungsoffizier mit der Arbeit seines Agenten »Fren« vorerst zufrieden. Denn er übergab ihm einen neuen Auftrag. Zur Adressenermittlung kamen nun auch Autokennzeichen, zu denen der StB-Offizier die Besitzer suchte. Bis zu acht Aufgaben umfaßten die Aufträge in der Regel. Autokennzeichen aus Wien konnte Erhard F. ohne Schwierigkeiten abrufen und weitergeben. Denn er rief über die interne Polizeileitung in der Funkstelle am Wiener Schottenring an, gab seine Dienstnummer durch und bat um Auskunft. Wurde er nach dem Grund gefragt, sagte er einfach, es handle sich um einen Verkehrsunfall. Damit war die Sache auch schon erledigt. Die Autokennzeichen aus den Bundesländern konnte er nicht bearbeiten, da es in Österreich keine zentrale Erfassung dieser Zulassungsdaten gibt. So hätte er jeweils Kollegen vor Ort bemühen müssen, doch das kam anscheinend nicht in Frage.

Später bestellte der tschechische Führungsoffizier auch ganz spezielle Fachliteratur bei »Fren«: polizeiinterne Fachzeitschriften. So übergab »Fren« seinem Führungsoffizier Ausgaben der semiprofessionellen Schriften »Der Wachebeamte« und »Die Exekutive«, des Hobbyjournalisten-Magazins »Der Kriminalbeamte« sowie der »Öffentlichen Sicherheit«, des Fachmagazins des österreichischen Innenministeriums. Die Zeitschriften bekam F. als Polizeibeamter entweder persönlich zugeschickt, oder sie lagen auf dem Kommissariat aus. Geheim war an den Polizeiblättern tatsächlich gar nichts. Doch die Tschechen konnten sie sich damals nicht direkt beschaffen.

Doch Dr. Forro steigerte mit der Zeit die Qualität seiner »Literatur«-Wünsche. Fahndungsbücher standen nun auf dem nachrichtendienstlichen Wunschzettel. F. nahm ganz einfach die alten »Bücher« seines Kommissariats, die ungefähr alle sechs Monate durch aktualisierte Ausgaben ausgetauscht wurden, und übergab sie seinem Tschechen. Darunter nicht nur »rote Bücher«, in denen die tatsächlichen Fahndungen standen, sondern auch »blaue Bücher«, in denen die fremdenpolizeilichen Ausschreibungen nachzulesen waren.

Zwischen Forro und Erhard F. hatte sich bald ein freundschaftliches Verhältnis entwickelt. Die Spesen für die Treffs gingen auf das Konto der Tschechen. Geld will der Polizist für seine geheimen Dienste im Auftrag Prags nicht genommen haben.

Anfangs redete sich F. damit heraus, er hätte gedacht, seine Erkenntnisse dienten den Tschechen bei ihrer Arbeit an der Botschaft. Er wäre nie darauf gekommen, daß Forro ein Agent sein könnte, rechtfertigte er sich später.

»Ich habe nicht gedacht«, sagte er kleinlaut im besten Beamtendeutsch, »daß hier Spionagezwecke vorliegen.« Daß Fahndungsbücher und die Ermittlung von Fahrzeugbesitzern den Tschechen keinesfalls zur Erstellung von Einladungslisten für Cocktail-Empfänge an der Botschaft gedient haben dürften, sah er dann später aber doch ein.

Ende der achtziger Jahre wurde ein weiterer Treff, diesmal in der nahe gelegenen ungarischen Grenzstadt Sopron, vereinbart. Warum ausgerechnet dort, das wußte »Fren« später nicht mehr zu sagen. Nur, daß er mit seinem Führungsoffizier dort »aus unerklärlichen Gründen« nicht zuammentraf.

Später forderte er von Forro tausend Schilling Spesen ein, die der tschechische Agent auch prompt und bar übergab. Im Gegenzug mußte »Fren« aber eine handschriftliche Empfangsbestätigung ausstellen und Forro übergeben.

Ein weiterer Treff fand in der slowakischen Hauptstadt Preßburg statt. Erhard F. fuhr mit seinem Auto die wenigen Kilometer von Wien nach Bratislava und mietete sich dort im Hotel Devin ein. Am Abend stattete Forro seinem Wiener Polizisten in dessen Hotelzimmer einen Besuch ab. Er kam jedoch in Begleitung eines Vorgesetzten, der zwar durchaus verständliches Deutsch sprach, doch offenkundig schlechter Laune war. »Er hat sich beschwert, daß ich die Aufträge, die mir Forro gibt, besser ausführen soll«, erinnerte sich der Agent im strafrechtlichen Frage-und-Antwort-Spiel seiner Kollegen. Nachsatz: »Ich habe gesagt, ich kann es nicht besser.«

Daß der StB-Mann sich mit dieser Antwort zufriedengab, darf bezweifelt werden. Schließlich verabschiedeten sich die beiden Herren vom Geheimdienst und verließen das Hotelzimmer. Forro beglich umgehend die Hotelkosten seines Wieners und ließ diesen wie gehabt die »Spesenrechnung« gegenzeichnen.

Ende 1989 traf »Fren« seinen tschechischen »Dienstführer« in einem Café im Hietzinger Einkaufszentrum EKAZENT. Forro eröffnete ihm dabei, so erinnerte sich F., daß er bald in die ČSSR zurückkehren werde. »Die Beziehung zwischen uns war ja schon am Ausklingen«, behauptete F. im Verhör.

Doch Spion Dr. Lubomir Forro kehrte angeblich erst im Sommer 1990 in seine Heimat zurück. Am 18. Juli 1990 wurde er von der ČSFR-Botschaft in Wien jedenfalls offiziell beim Außenamt am Ballhausplatz abgemeldet. Bereits am Vortag hatte Prag via Reuter verlautbaren lassen, daß alle ČSSR-Spione von den Botschaften entfernt wurden. Wann Dr. Forro tatsächlich in die Heimat abtauchte, blieb offen.

Die Aufdeckung des Falls »Fren« beruhte »auf zwei unabhängigen Quellen, an deren Qualität der Informationen über den Nachrichtendienst der ehemaligen ČSSR kein Zweifel besteht«, schrieb der damalige EBT-Leiter Mag. Dick in seiner Anzeige an das Gericht. Damit war wohl klar, woher der Wind wehte. Trotzdem stritten die offiziellen Prager Stellen immer wieder ein mutwilliges »Verbrennen« ehemaliger kommunistischer Kundschafter ab. »Über ihre Identität wurden von offiziellen Stellen in Prag nie Angaben gemacht.«[21]

Gegen die Mittagszeit des 19. März 1993 wurde Erhard F. alias »Fren« von den Beamten der EBT, Referat III, zum Verhör geholt. Erst nach mehr als sechs Stunden war die Vernehmung des Wiener »Grünrocks« im Dienste der tschechoslowakischen »Rotröcke« durch die Beamten der EBT beendet. »F. gestand die Tat«, heißt es in den Polizeiakten, »wobei eine große Übereinstimmung mit den Quelleninformationen vorliegt.«

Ein Mesner und ein Psychologe als Spion

Der Tschechoslowake Josef M. sollte eigentlich Priester werden. Der Sohn eines tschechischen Untergrundpfarrers trat 1985 ins Sankt Pöltner Priesterkonvent ein. Die Ausbildungskosten übernahm eine österreichische Gräfin. Josef M. wurde später sogar Vorsitzender des Vereins »Priester in Not« und kam als Mesner in die Karlskirche nach Wien. Was niemand ahnte: Der Tscheche war gar nicht wegen seiner Gottesfürchtigkeit nach Österreich gekommen. Josef M. war vom tschechischen Geheimdienst ins Ausland geschickt worden. »Tarius«, so hieß er innerhalb des Nachrichtendienstes, sollte eigentlich nach Italien gehen und dem StB als Kundschafter im Vatikan dienen. Doch die geplante Einschleusung in den Kirchenstaat scheiterte schon an der österreichisch-italienischen Grenze: Italien ließ den Tschechen nicht ins Land. Da halfen auch keine Interventionen. So blieb er in Österreich hängen.

Der StB brauchte nicht lange zu suchen, um für den Spitzel neue Zielpersonen zu finden. Er bekam den Auftrag, über verschiedene emigrierte Unterzeichner der Charta 77 Informationen zu sammeln. Darunter auch über Ivan Medek, den späteren Kabinettschef des Präsidenten Václav Havel, der damals in Wien lebte. In Prag war Josef M. auf den vom kommunistischen Regime drangsalierten Kardinal Tomasek angesetzt gewesen.

Erst 1994 flog Josef M.s Doppelleben auf, und er wurde von der Stapo verhaftet. »Ich habe versucht, möglichst harmlose oder auch falsche Informationen nach Prag weiterzuleiten«, rechtfertigte sich der Spion, der aus der Kirche kam, im April 1995 vor dem Wiener Strafrichter.[22] Er bekannte sich schuldig, wollte aber über die Hintergründe nicht viele Worte verlieren. Trotzdem traf ihn die volle Milde der Geschworenen: Josef M. wurde zu drei Monaten bedingter Haft verurteilt.

Ein anderer Kundschafter des StB, Johann E., arbeitete für eine renommierte internationale Wirtschaftsauskunftei in Wien. Zu seinen professionellen Aufgaben zählte es, Informationen über Firmen und Personen herbeizuschaffen. Mitte der achtziger Jahre kam der tschechische Geheimdienst auf ihn zu. Die Prager Agenten bestellten bei ihm ganz spezielle Berichte. Zum Beispiel Auskünfte über den ehemaligen und mittlerweile verstorbenen österreichischen Wirtschaftsminister Robert (»Bobby«) Graf. Gleichzeitig forschte E. die Wohnadressen und Vermögenslagen früherer Mitarbeiter der österreichen Armee, von Polizeibeamten und amerikanischen Botschaftssekretären, die auch Kontakte zum Bundesheer hatten, aus. Gerade auf jene Firmen, die als Bundesheer-Lieferanten in Erscheinung traten, hatten es die Agenten von der Moldau abgesehen.

Doch auch eine Richterin des Wiener Handelsgerichts tschechischer Abstammung hatten sie im Visier. Von 1984 bis 1989 soll Johann E. 133 Berichte an den tschechischen Geheimdienst geliefert haben.[23] Die Informationen, die der Vater dreier Kinder den Pragern übergab, waren durchwegs nicht geheim. Seine Motivation, so gestand er, sei Geld gewesen, sonst habe er sich bei der ganzen Sache nichts gedacht. Dabei kassierte der geheime Nachrichtenhändler gerade mal insgesamt 50 000 Schilling für all seine Bemühungen. Die angefertigten Berichte übergab er bei konspirativen Treffen an tschechische Botschaftsangehörige.[24] Nach dem Zusammenbruch des kommunistischen Regimes in Prag sagten die tschechischen Kundschafter ihrem österreichischen Spitzel adieu.

Auch Johann E. fand milde Richter. Er bekam ein halbes Jahr Haft auf Bewährung.

Nicht alle Rechnungen des tschechoslowakischen Nachrichtendienstes gingen auf, aber selbst dann wußte man sich, auch außer Plan, erfolgreich zu helfen. So auch im folgenden Fall.

Am 23. Dezember 1980 wurde Jaroslav J. von Männern der Abteilung 31 des tschechoslowakischen Geheimdienstes für eine Zusammenarbeit gewonnen und als ideologischer Agent geführt, so die Aktenlage. J., Jahrgang 1938, erhielt den Decknamen »Rantas«. Wie aus den Akten des StB hervorgeht, bestand der Plan, J. als Emigranten nach London zu schicken, um dort die kirchlichen und Laien-Organisationen der Flüchtlinge zu durchdringen und so die Verbindung zwischen der Geheimkirche in der ČSSR und der Kirche im westlichen Ausland sowie deren Verbindungen zur polnische Kirche zu enttarnen.[25]

Ende November 1981, so erinnert sich Przemysl Janyr, der Zeuge in dieser strafrechtlichen Sache war, hätte J. seine Spionagetätigkeit in Großbritannien aufnehmen sollen. Doch die Briten gewährten dem »Ostflüchtling« kein Asyl. Nun mußte der ČSSR-Geheimdienst schnell umdisponieren, und man schickte J. umgehend nach Österreich. Hier stieß der Asylbewerber auf nicht minder fruchtbaren Boden und kundschaftete in Wien, so der Vorwurf, die tschechoslowakische Emigrantenszene aus. Deutsch konnte er anfangs nicht, erinnern sich Bekannte, doch er lernte es schnell und gut. Als Grund für seine Emigration nach Österreich gab er vor, sich im Prager Frühling 1968 gegen die Russen gewandt zu haben, und darüber hinaus sei die Situation in seiner Heimat für ihn unerträglich geworden. »J. war Psychologe. Er war freundlich, wußte die Leute zu nehmen und hörte ihnen zu«, erinnert sich eine frühere Bekannte, »er mußte die Leute gar nicht erst ausfragen, die haben ihm einfach alles erzählt.«

Nach übereinstimmenden Aussagen von ehemaligen Landsleuten und österreichischen Ermittlern war der StB-Agent von 1985 bis 1990 sogar Obmann des Kulturklubs »Tschechen und Slowaken in Österreich«. Damit saß der Spitzel »Rantas« direkt an der Quelle. Hier konnte er genüßlich für die Prager Zentrale abschöpfen. Ungefähr zehnmal im Jahr lieferte er Berichte nach Prag oder traf sich mit seinen Führungsagenten. J. zählte anscheinend zu den Eifrigen seiner Gattung. Eine seiner Zielpersonen war der Journalist Przemysl Janyr, den eine gute Bekanntschaft mit dem geheimen Späher verband. Wie sehr der StB-Agent J. alias »Rantas« diese ausnützte, konnte Janyr nach dem Zusammenbruch des Kommunismus in der ČSSR in den Akten nachlesen. So hat der Kundschafter unter anderem am 20. Oktober 1986 dem tschechoslowakischen Geheimdienst eine Skizze von Janyrs Wohnung im neunten Wiener Gemeindebezirk übergeben, auf der sogar der Standort des Computers eingetragen war.

Während seiner Österreich-Jahre soll Jaroslav J. überdies an einem Projekt für ein Rehabilitationszentrum im tirolerischen Imst mitgearbeitet haben. Nach Informationen aus seinem damaligen Umfeld platzte dieses Vorhaben jedoch, angeblich wegen einiger »Unregelmäßigkeiten« eines Mitarbeiters. Jedoch sei er dank dieses Projektes immer wieder mit verschiedenen österreichischen Politikern ins Gespräch gekommen. Auffällig an dem kleinen, als sehr unbeholfen beschriebenen Tschechoslowaken war auch, daß er des öfteren vorgab, mit Herren aus Fernost diverse Geschäfte in Planung zu haben. Doch daraus wurde nichts. Jaroslav J., so sagen frühere Bekannte heute, sei damals einem Betrüger aufgesessen.

Der Psychologe mit dem mangelnden Geschäftssinn hielt sich mehr schlecht als recht über Wasser. Er übernahm Übersetzungsarbeiten, von denen ihm viele von Freunden zugeschanzt wurden. Nach Aussagen seiner damaligen Bekannten soll J. auch für die jüdische Hilfsorganisation United Hias Service (HIAS) am Brahmsplatz im vierten Wiener Gemeindebezirk übersetzt haben. Bis 1991 brachte die HIAS Monat für Monat bis zu 10 000 russische Juden über Österreich in ein Auffanglager nach Italien; Juden aus anderen Ostblockstaaten wurden in Wien untergebracht. Der derzeitige Wiener HIAS-Direktor erinnert sich an Dr. Jaroslav J., der, nach seinen Angaben, zwar nicht fest angestellt gewesen war, aber gelegentlich für die jüdische Hilfsorganisation übersetzte. »Wir haben uns die Leute, die für uns gearbeitet haben, schon sehr gut angeschaut«, fügt der Wiener HIAS-Direktor hinzu. Nachsatz: An Geheimes sei J. sicher nicht herangekommen.

Für Österreich ist der Fall J. auch heute noch brisant, weil der StB-Agent auch für das Heeresnachrichtenamt (HNaA), den österreichischen Militärgeheimdienst, gedolmetscht haben soll, wie aus Kreisen der Staatspolizei und ehemaliger tschechoslowakischer Emigranten zu erfahren ist.

1990 wurde Jaroslav J. alias »Rantas« gleichzeitig von der Wiener Residentur und der StB-Zentrale in Prag von seiner Spionagetätigkeit entbunden. Trotzdem blieb er – im Gegensatz zu anderen »Kollegen« – weiterhin in Österreich. Die Staatspolizei-Sonder-

einheit EBT und ein Wiener U-Richter sollen Jaroslav J. zu den Spionagevorwürfen einvernommen haben. J. wurde jedenfalls auf freiem Fuß angezeigt.
Seine Wiener Freunde waren mehr als schockiert, als sie von Jaroslav J.s Agententätigkeit erfuhren. Dieser soll sich mit den Worten gerechtfertigt haben: Es sei alles ganz anders, er habe nichts weitergegeben, was jemandem hätte schaden können. J. ließ auch durchklingen, daß er nicht ganz freiwillig Agent geworden sei. Schließlich habe er seine Eltern, seinen Bruder und seine kranke Frau »zu Hause«, für den StB Möglichkeiten genug, ihn zum »Gehorsam« zu ermahnen. Da war wenig Spielraum für einen Freistoß. »Er war eben kein Held«, sagt ein Insider, »eher Täter und Opfer in einem.«
Bleibt trotzdem die heikle Frage, die auch der Journalist Przemysl Janyr stellt, welche Nachteile jene Tschechen und eingebürgerten Österreicher sowie deren Familien zu Hause erlitten haben, über die J. an den StB berichtete.
Warum er sich nicht der österreichischen Staatspolizei offenbart habe, wollte eine enge Bekannte von Jaroslav J. wissen. Dieser soll darauf, so erinnert sich die Dame, resigniert geantwortet haben: »An wen hätte ich mich denn wenden sollen, ich wußte ja, daß auch dort unsere Leute sitzen.«
Ende 1993 wurde es für Jaroslav J. besonders eng, auch finanziell. Er war seine Miete schuldig geblieben, stand mit rund 80000 Schilling in der Kreide und mußte mit der Zwangsdelogierung rechnen. Nach Informationen aus seiner Umgebung hat er damals die Wohnung noch selbst und freiwillig geräumt. Erst danach sei er in seine Heimat zurückgegangen. Anfang Dezember 1994 war die erste Hauptverhandlung wegen Spionage zum Nachteil Österreichs beziehungsweise militärischer Spionage angesetzt. Doch J. glänzte durch Abwesenheit. Nach einem zweiten Versuch, eine Hauptverhandlung Anfang März 1996 abzuhalten, wurde das Strafverfahren gegen Dr. Jaroslav J. wegen der Abwesenheit des Beschuldigten abgebrochen, so der Sprecher des Wiener Landesgerichts.

VI Der slowakische Geheimdienst SIS

Eine ganz besondere Entführung

»Am 31. August 1995 erstattete, gegen 17 Uhr eine anonyme Person, vermutlich slowakischer Herkunft, telefonisch Anzeige beim Gendarmerieposten Hainburg«, heißt es in einem Aktenvermerk der niederösterreichischen Sicherheitsdirektion. Die Stadt Hainburg, rund 50 Kilometer von der Bundeshauptstadt Wien entfernt, liegt nur wenige Kilometer vor der Grenze zur Slowakei. Der Anonymus teilte den Landpolizisten mit, daß »hinter ihrem Gendarmerieposten ein Pkw, Marke Mercedes abgestellt ist, auf dessen Rücksitz sich der Sohn des slowakischen Staatspräsidenten befindet«. Der geheimnisvolle Anrufer vergaß auch nicht hinzuzufügen, »diese Person wird per internationalen Haftbefehl gesucht«.
Wenig später entdeckten die Sicherheitsbeamten tatsächlich einen silbergrauen Mercedes mit slowakischem Kennzeichen, der neben ihrer Amtsstube parkte. Im Fond lag eine mit Handschellen gefesselte und zum Teil entkleidete Person, deren Gesicht und Oberkörper starke Blessuren aufwiesen. Auf dem Beifahrersitz war eine Kopie des besagten Haftbefehls deponiert worden. Der übel zugerichtete junge Mann war noch etwas benommen und wurde von den Beamten ins Krankenhaus gebracht. Dort stellten die Ärzte Verletzungen im Gesicht, darunter ein Hämatom um das rechte Auge, Prellungen und Verfärbungen im Penisbereich fest. Zuvor hatte Michal Kovac junior den Ermittlern in Kurzform sein »Unglück« geschildert. Der damals 33jährige Filius des slowakischen Staatsoberhaupts war das Opfer einer Entführung geworden.
Kovac junior war an diesem Donnerstag vormittag gegen elf Uhr in seinem 190er Mercedes Diesel auf der Stadtautobahn von der kleinen Ortschaft Sväty Jur, am Fuße des Javornik, Richtung Preßburg unterwegs gewesen. Eine Strecke von rund 15 Kilometern.[1] Nach wenigen Kilometern waren plötzlich zwei rote Seat Toledo mit slowakischen Kennzeichen herangerollt, hatten Kovac überholt und ihn von der Fahrbahn abgedrängt.[2] Ein ungefähr sechs Mann starkes Kommando, in Tarnanzüge gekleidet, war aus den Fahrzeugen gesprungen und auf den Mercedes zugestürmt. Einer hatte die Fahrertür aufgerissen, Michal Kovac einen Faustschlag ins Gesicht versetzt und ihn mit einer Faustfeuerwaffe in Schach

gehalten. Kovac junior war in der Folge mit einem Elektroschockgerät an den Hoden malträtiert worden.[3] Die Entführer hatten ihr Opfer aus dem Wagen gezerrt, gefesselt und ihm einen Sack über den Kopf gestülpt. Laut der österreichischen Tageszeitung »Kurier« hätten die Entführer Michal Kovac junior zur »Zusammenarbeit« gedrängt, dann »würden sie ihn am Abend freilassen«. Es kam aber anders. Kovac junior war, nach eigener Aussage, gezwungen worden, zwei Flaschen Whisky in sich hineinlaufen zu lassen. Dann hatte er das Bewußtsein verloren. Mit der »Whisky-Leiche« war das Kommando Richtung Österreich gefahren und hatte, anscheinend ohne die Aufmerksamkeit der Grenzer zu wecken, bei Berg die Grenze passiert. Ihr Opfer hatten sie wahrscheinlich gut »verpackt«. Danach hatten die Kidnapper den Mercedes samt dem Präsidentensohn in Hainburg abgestellt.

Zum Zeitpunkt des anonymen Anrufs, mutmaßten die österreichischen Ermittler, waren die Kidnapper längst über alle Berge.

Der brutalen Entführung war ein pikantes, befremdliches Vorspiel in Deutschland vorangegangen. Denn der im Mercedes gefundene Haftbefehl (ER IV Gs 6419/94) gegen Michal Kovac war am 14. November 1994 vom Münchner Richter Dr. Wolf ausgestellt worden. Der Vorwurf des Amtsgerichts München lautete: Betrug und Urkundenfälschung gemäß der Paragraphen 262 und 267 des deutschen Strafgesetzbuches. Als Höchststrafe drohen dafür fünf Jahre Freiheitsentzug. Über Interpol bat die bayerische Justiz dann auch »um Auslieferung an die Staatsanwaltschaft München«. »Bei Antreffen der genannten Person in ihrem Land wird hiermit offiziell die vorläufige Festnahme beantragt«, fügte Interpol Wiesbaden hinzu. Die Auslieferungsunterlagen würden auf dem üblichen bürokratischen Weg nachgereicht werden.

Die Münchner Staatsanwaltschaft beschuldigte den Jungunternehmer Kovac, er habe als Gesellschafter der Preßburger Handelsfirma Sycro gemeinsam mit Komplizen »einen Betrug zum Nachteil der slowakischen Außenhandelsfirma Technopol von langer Hand geplant und ausgeführt«. Michal Kovac junior hatte diese Anschuldigungen stets vehement bestritten.

In den Polizeiakten las sich der Vorwurf so: Am 29. September 1992 war ein gewisser K., der bis dahin beim amerikanischen Sender Radio Free Europe (RFE) in München gejobbt hatte, von der Staatsanwaltschaft München (Gz.: 320 Js 21314/92) festgenommen worden. K. hatte, laut Interpol-Akte, eine Firma betrieben, »die sich vor allem mit dem Import von tschechoslowakischen

Nahrungsmitteln nach Deutschland beschäftigte«. Über einen Mittelsmann, der in der Zwischenzeit verstorben war, sei er mit Rudolf W. in Kontakt gekommen. W. war mit Michal Kovac junior und Martin S. an der Firma Sycro beteiligt. Er war es auch, der im November 1991 ein Meeting zwischen K., den Sycro-Gesellschaftern und Marian K., dem Betreiber einer Preßburger Textilgroßhandelsfirma in München, arrangierte. Dabei soll, laut Akten, »das Geschäft« geplant worden sein. Zuerst sollte, so die Absprache, eine Briefkastenfirma Introcommerce gegründet werden, die der Technopol ein Lieferangebot über Textilien im Wert von 2,1 Millionen US-Dollar übermitteln sollte. »In den Plan waren ein bisher nicht identifizierter Direktor der Firma Technopol und eine Angestellte des Cescoslovenska Obchodnibanka eingeweiht«, behaupteten die Ankläger. Tatsächlich wurde eine Briefkastenfirma Introcommerce im niederländischen S'Hertogenbosch etabliert, in den Räumlichkeiten einer Büroservicefirma in der Hertog Jansstraat 4. Ankommende Telefongespräche und Faxe wurden von dort einfach umgeleitet. Die Scheinfirma wurde angeblich von einem polnischen Staatsbürger namens Marian J., der auch als Firmenleiter auftauchte, gegründet. Der hatte höchstwahrscheinlich keinen blauen Dunst davon. Denn bei einem weiteren Treffen kurz vor Weihnachten 1991 hatte Marian K., so steht es in den Akten, W. einen auf diesen Namen lautenden Paß zur Firmengründung ausgehändigt. W. war es auch, der eine Luxemburger Bank als Geschäftsbank finden mußte, um dort ein Akkreditiv zu eröffnen. Schließlich wurde ein Introcommerce-Konto bei der Banque Internationale du Luxembourg eingerichtet. Später ließen die findigen Kaufleute noch eine Reihe slowakischer Firmen- und Behördenstempel anfertigen.

Die Sache ließ sich gut an. Zuvor war das Vertragsvolumen noch auf 2,3 Millionen US-Dollar erhöht worden. Denn nicht alle waren mit ihrem Anteil an dem Deal zufrieden, und so wurde die zu erwartende »Beute« neu aufgeteilt. Schließlich wurde Technopol ein Muster samt Offerte übermittelt, und diese bestellte am 20. März 1992 bei der Introcommerce Textilien im Wert von 2 308 920 US-Dollar. Interpol-Vermerk: »Deren Lieferung mittels gefälschter Dokumente von K. zugesagt wurde.« Mehr noch, Technopol eröffnete daraufhin insgesamt vier Akkreditive. Die betrügerischen Lieferanten sollen in weiterer Folge gefälschte Ursprungszeugnisse der Europäischen Union, Speditionspapiere und Rechnungen vorgelegt haben. Anscheinend nahm niemand Anstoß an den fragwürdigen Dokumenten, denn die Akkreditive wurden ausbezahlt und am 5. Mai 1992 der Firma Introcommerce gutgeschrieben. »Die Textilien wurden aber nicht geliefert«, heißt es im Interpol-Fahndungsersuchen aus Wiebaden. K. soll 400 000 US-Dollar erhalten haben, ein ebenso großer Anteil stand, laut Abmachungen, W. zu. Kovac junior, K. und S. hätten gemeinsam rund eine Million US-Dollar kassiert, so die Wiesbadner. Der Präsidentensohn bestreitet alle Anschuldigungen aufs heftigste.

Michal Kovac junior war vor den deutschen Strafverfolgungsbehörden sicher, solange er sich in seiner slowakischen Heimat aufhielt. Dies änderte sich schlagartig durch seine Verschleppung nach Österreich, denn nun war er für die internationalen Polizeibehörden greifbar. Die Staatsanwaltschaft Wien beauftragte die niederösterreichischen Gendarmen, Kovac in Haft zu nehmen. Über Kovac wurde Untersuchungshaft verhängt.

Schon wenige Stunden nach dem Kidnapping eilte der aufgeregte slowakische Staatspräsident in die Donaumetropole, um seinen Sprößling mittels »diplomatischer Hebel« loszueisen.[4] Kovac senior begab sich noch in der Tatnacht zum österreichischen Bundespräsidenten Thomas Klestil am Ballhausplatz und setzte sich vehement für seinen Sohn ein. Doch vorerst ohne Erfolg.

Eines war klar: Die mysteriöse Entführung war der vorläufige Höhepunkt eines erbitterten Machtkampfes in Bratislava. Präsident Kovac und Regierungschef Meciar, ehemals HZDS-Parteikollegen, waren sich derart in die Haare geraten, daß die Wahl der Mittel bei der Auseinandersetzung offensichtlich keine Grenzen mehr kannte. Die slowakische Regierung weigerte sich dann auch, von den Österreichern die Rückführung des gewaltsam verbrachten Präsidenten-Filius zu fordern. Die Ultranationalisten ließen sogar verlauten, Kovac habe nur das bekommen, was er verdiente.[5] Die ganze Sache war oberfaul. Gleich nach Bekanntwerden dieser Entführung im Stil des Kalten Krieges machten Spekulationen die Runde, der slowakische Geheimdienst SIS habe den Junior entführt oder sei in die Affäre zumindest verstrickt.[6]

Verschwörungsmythen und Aktionen gegen den Präsidenten

Anfang Januar 1993 hatte sich die Tschechoslowakei endgültig in zwei unabhängige Staaten aufgespalten. Anläßlich dieser Volks- und Staats-Scheidung bedurfte es der Aufteilung aller Institutio-

nen, so zum Beispiel des Militärs, der Polizei und auch des Geheimdienstes StB. Fünf Monate nach der Trennung vom tschechischen Bruderland riefen die Slowaken ihren neuen Kundschafterklub offiziell ins Leben. Zum ersten Chef des neuen slowakischen Geheimdienstes Slovenska Informacna Sluzba (SIS) wurde im Mai 1993 der damals 43jährige Vladimir Mitro ernannt. Mitro hatte 1976 in Kaschau die rechtswissenschaftliche Fakultät absolviert und war als Ermittler in den Dienst der Polizei (VB) getreten. Seit 1980 hatte er die Ermittlungsabteilung geleitet, und 1987 war er »Konsultant des Büros für das Innenministerium« geworden, das er 1990 sogar noch für kurze Zeit leitete. Danach übernahm Mitro als Direktor das polizeiliche Ermittlungsamt der Slowakei. Gutinformierte Quellen wußten auch, daß er in den achtziger Jahren eine KGB-Ausbildung erhalten habe.[7]
Im Oktober 1992 übertrug ihm die Regierung die Leitung des Innenministerialamts. Mitro, der von Präsident Kovac in das »bedeutende Organ SIS« gelobt worden war, bekam kräftige Vorschußlorbeeren. »Herr Mitro wird seine Aufgabe der Verfassung gerecht erfüllen«, frohlockte der Präsident. »Die Slowakei hat lange darauf gewartet, daß jemand die Funktion des SIS-Chefs einnimmt.«[8] Doch Vladimir Mitro war zu Beginn der erste und einzige SIS-Mitarbeiter und mußte sich nun geeignete Leute suchen. So tüftelte er, nach eigenen Angaben, an einem »Mitarbeiter-Rahmenprofil«. »Es wird sehr streng individual sein«, sagte er damals und dachte daran, Psychologen und »Personen, denen dieser Dienst etwas bedeutet«, zum Auswahlverfahren mit heranzuziehen. Die Agenten können laut Gesetz ausschließlich vom Geheimdienstchef selbst angestellt werden. Die SIS untersteht dem Innenministerium und hat sich, laut Mitro, um folgende Aufgaben zu kümmern: Gegenspionage in bezug auf ausländische Nachrichtendienste, militärische Gegenspionage und militärische Aufklärung im Ausland. Dies alles, um »die Institutionen und Einrichtungen, die innere Ordnung und die Sicherheit der slowakischen Republik zu schützen« und den Präsidenten und die Regierung und »eventuell auch andere Organe« zu informieren. Mitros Motto hieß: Beschaffen, auswerten und bearbeiten. Die SIS wurde in vier Abteilungen gegliedert, wobei für Mitro die »analytische Division« noch vor der operativen ganz klar an erster Stelle stand. Die SIS konnte aber auch auf die alten Akten aus der Zeit der kommunistischen ČSSR zurückgreifen. Denn während der Trennungsperiode konnten sich auch die Slowaken die Akten des

ehemaligen Geheimdienstes StB kopieren und nach Bratislava schaffen.[9]

Vladimir Meciar soll schon viel früher auf die geheimen Akten zurückgegriffen haben, glaubt man den Aussagen des ehemaligen Hauptmanns des tschechoslowakischen Geheimdienstes StB, Leonard Cimo. In einem parlamentarischen Untersuchungsausschuß und in einem Interview mit dem österreichischen Nachrichtenmagazin »profil« behauptete der ehemalige enge Mitarbeiter Meciars, dieser habe ihn einst beauftragt, geheime Spitzelakten aus dem StB-Archiv zu entfernen. Nach Cimos Schilderung hat unter seiner Leitung am 26. Januar 1990 ein StB-Trupp einen Ausflug ins westslowakische Trencin gemacht und im dortigen StB-Archiv, untergebracht in der ehemaligen Tiso-Villa, »ein großes Paket« abgeholt. Er selbst, Cimo, habe kurz nach Mitternacht die Archivtür geöffnet, sei auf einen bestimmten Aktenschrank, der ihm genannt worden sei, zugegangen und habe das Material entnommen. Am nächsten Tag sei das ominöse Aktenpaket auf Meciars Schreibtisch gelandet.[10]

Leonard Cimo, der unter Meciar als Kontrolleur der Polizei im slowakischen Innenministerium gearbeitet hatte, wurde von Meciar prompt als Lügner bezeichnet, und Meciar verteidigte sich vor Journalisten damit, daß er bereits 1989 überprüft worden sei. In einem StB-Archiv in der slowakischen Hauptstadt waren aus dem Aktenregister einige Seiten entfernt worden, die zufällig auch den Namen Meciar enthalten haben sollen. In Bratislava, so war von westlichen Nachrichtendienst-Aufklärern zu erfahren, unterhielt der StB nicht nur ein Archiv, sondern auch eine Geheimdienstakademie. So griffen auch die Slowaken auf ehemalige StB-Kader zurück und stellten sie, mit dem Hinweis auf ihre Professionalität, wieder ein.[11] Bereits im Dezember 1991 machte sich HZDS-Parteichef Vladimir Meciar für die ehemaligen Geheimdienstschergen des StB stark und forderte die Reintegration der Agenten des Prager Kommunismus.

Als Meciar im November 1994 zum zweitenmal die Regierungsgeschäfte übernahm, besetzte er wie viele andere Stellen auch den Chefsessel der SIS mit einem seiner treuen Vasallen. Ivan Lexa war von nun an der neue Chefkundschafter. Zur »Inthronisierung« Lexas im Nachrichtendienst bedurfte es allerdings mehrerer Anläufe. Schon im Frühjahr 1993 hatte der ehemalige Boxer Meciar seinen Busenfreund Lexa an die Dienstspitze hieven wollen. Doch er war abgeblitzt. Opposition und Presse protestierten lauthals. Präsident Michal Kovac legte sich daraufhin ebenfalls quer und verweigerte seine Unterschrift auf der Ernennungsurkunde.[12] Das war der Anfang einer intimen Feindschaft. Lexa sollte daraufhin das Privatisierungsministerium übernehmen. Der Präsident verweigerte erneut seine Zustimmung. Der Eklat war nicht mehr zu verhindern. Meciar machte aus der Not eine Tugend und Lexa kurzerhand zum Staatssekretär im Privatisierungsministerium.

Daß Lexa später bei der Kovac-Entführung vermutlich die einen oder anderen Fäden gezogen hat, darüber waren sich nicht nur die oppositionellen Zeitungen in Bratislava einig. »Aus allen Richtungen deuten Hinweise darauf hin«, wußte der österreichische »Kurier«, »daß der Regierungschef oder zumindest sein Umfeld die Hände im Spiel hatten.« Meciar wurde sogar vorgeworfen, er hätte die Entführung von Preßburg nach Österreich persönlich überwacht. Prager Zeitungen berichteten außerdem, Meciar solle sich zum Zeitpunkt der Kovac-Verschleppung persönlich am Grenzübergang Berg aufgehalten haben. Prager Spitzen und platte Gehässigkeiten der ehemaligen Staatsbrüder?

Der slowakische Regierungschef wies die Beschuldigungen jedenfalls empört zurück. Doch die regierungstreue SIS geriet immer tiefer in den Strudel der Verdächtigungen. Geheimdienstchef Lexa konterte auf die »Unterstellungen« in bester stalinistischer Manier, indem er Klagen gegen einige Tageszeitungsjournalisten, unter anderem wegen »Verleumdung der Slowakischen Republik und des Geheimdienstes sowie der Gefährdung des Dienst- und Staatsgeheimnisses«, einbrachte.[13] Auch Lexa stellte eine persönliche Beteiligung am Fall Kovac in Abrede. »Ich stelle hiermit fest«, schrieb Lexa im Oktober 1995 in einem offenen Brief an den Präsidenten, »daß weder die SIS noch ich persönlich irgend etwas mit der angeblichen Entführung zu tun haben.« »Angeblich« deshalb, weil die Machtclique um Vladimir Meciar nicht verabsäumt hatte, ihre eigene Version des »Falles Kovac« in Umlauf zu bringen: Der Präsidentensohn habe seine Entführung selbst inszeniert, um so den Geheimdienst zu belasten.

Verschwörungstheorien, wo man auch hinsah. Die slowakische Regierung unter Meciar war damals und ist es vielleicht auch heute noch fast krankhaft anfällig für Verschwörungsmythen. War kein Schuldiger zur Hand, wurden über kurz oder lang die einstigen tschechischen Mitbürger und Politikerkollegen aus Prag bezichtigt.

»Nach den Erfahrungen, die wir mit der ehemaligen totalitären Staatspolizei gemacht haben, kann ich nur sagen, daß es sich um deren Handschrift handelt«, mutmaßte der frühere slowakische Innenminister Ladislaus Pittner Mitte September 1995.[14]

Erst im Frühjahr 1996 konnte der oppositionelle Parlamentarier und frühere Innenminister Pittner als Leiter einer unabhängigen Untersuchungskommission mit konkreten Informationen in Sachen Kovac-Entführung aufwarten. Die Kommission, von den Oppositionsparteien ins Leben gerufen, weil die Regierung eine parlamentarische Untersuchung verhinderte, veröffentlichte die Namen von sechs Geheimdienstagenten, die nachweislich an der Entführung beteiligt gewesen seien.[15] Als Grundlage dieser Erkenntnis diente ein aufgezeichnetes Telefongespräch zwischen dem Innenminister Ludovit Hudek und dem Geheimdienstchef Ivan Lexa. Beide besprachen dabei die Absetzung des zweiten Ermittlungsleiters Peter Vacok. Vacoks Vorgänger, Chefermittler Jaroslav Simunic, war schon zu Beginn seiner polizeilichen Recherchen auf Geheimdienstverstrickungen gestoßen und umgehend seines Amtes enthoben worden. Auch Vacok war bald auf eine Beteiligung zumindest eines SIS-Mannes gestoßen.[16]

Anfangs wurde die Echtheit des veröffentlichten Gesprächs nicht einmal dementiert. Erst Tage später outeten die beiden Belauschten den Inhalt als »Fälschung«. Etwas zu spät, um Glaubwürdigkeit zu vermitteln, waren sich die Beobachter einig.

Am Nachmittag des 2. Oktober 1995 wurde Michal Kovac aus der U-Haft entlassen. Gegen eine Kaution von einer Million Schilling, rund 150 000 DM, mit der ein befreundeter österreichischer Politiker dem Präsidentensohn zur Freiheit verhalf. Kovac mußte seinen Reisepaß abgeben und durfte Österreich nicht verlassen. Er zog sich ins Kloster der Salesianer in den dritten Wiener Gemeindebezirk zurück. Sein Vater soll diesem Orden eng verbunden sein.[17] Die Wiener Staatspolizei schlug sogleich Alarm. Sie fürchtete um die Sicherheit des prominenten Slowaken. Er sei im höchsten Maße gefährdet, ließ sie über den »Kurier« verlauten. Noch dazu, wo er im eigenen Wagen durch die Straßen Wiens kutschiere. Und man bot Kovac an, polizeiliche Bodyguards für ihn abzustellen.

Einen Tag nach seiner Freilassung bot der Junior den deutschen Behörden eine freiwillige Unterredung an. Er wollte durch diesen klugen Verteidigungsschachzug einer Auslieferung an Deutschland entgehen.

Michal Kovac junior hatte auch die österreichischen Richter auf seiner Seite. Obwohl die deutsche Justiz den Österreichern sämtliche Auslieferungsunterlagen übermittelt hatte, entschied das Oberlandesgericht Wien, den Junior nicht nach Deutschland zu überstellen. Mit der Begründung: Es bestünde der Verdacht, Kovac sei gewaltsam und unter Beteiligung staatlicher Organe aus der Slowakei verbracht worden.[18] Aus den vom Oberlandesgericht Wien einbezogenen Beweisergebnissen liegt der Schluß nahe, daß »bei der ›Aktion Kovac‹, vor allem bei der vorhergegangenen Observation, Beamte der SIS teilgenommen haben«, sagt auch Kovacs Wiener Anwalt, Dr. Elmar Kresbach.

Die Regierung in Bratislava hatte zu keinem Zeitpunkt auch nur den leisesten Protest geäußert, daß einer ihrer Staatsbürger verschleppt worden war. Meciar persönlich soll dies hintertrieben haben. Nun aber protestierte Bratislava lauthals gegen das Urteil und verlangte eine »Erklärung über das Vorgehen der Wiener Justiz«.

Je länger die Ermittlungen dauerten, desto stärker erhärtete sich der Verdacht gegen den slowakischen Geheimdienst. Bereits Ende September 1995 wurde der erste Verdächtige verhaftet. »Der Mann steht möglicherweise im Dienst der SIS«, berichtete die Tageszeitung »Novy Cas«, »drei weitere SIS-Mitarbeiter wären nächtens verhört worden.« Dabei schien eine Bombe geplatzt zu sein. »Einer der drei hätte seine Beteiligung an der Entführung zugegeben«, schrieb das Blatt weiter. Ein anderer SIS-Agent soll versucht haben, von einem Polizisten im südslowakischen Galanta ein Alibi für den Tattag zu bekommen. Doch dieser weigerte sich und meldete den Vorfall seinen Vorgesetzten.[19] Ein weiterer Mann, der sich in der Nähe von Kovacs Haus aufgehalten hatte, wurde von der Tageszeitung »Narodna Obroda« als SIS-Major J. N. identifiziert. J. N. wurde verhaftet, doch wenig später gab die Preßburger Staatsanwaltschaft einer Haftbeschwerde statt. »Der Beschuldigte hat sich bei der Einvernahme geweigert auszusagen«, klagte Ermittler Peter Vacok. Da der Verdächtige keinerlei Angaben zu seiner Person machte, mußte Vacok schließlich schriftlich beim Geheimdienstchef anfragen, ob J. N. einer seiner Mitarbeiter sei.

Anfang Oktober 1995 kam das erste Geständnis in schriftlicher Form über eine Tageszeitung an die Öffentlichkeit. Ein Anonymus, angeblich Mitglied der slowakischen SIS, beschuldigte sich selbst der Beteiligung an der Entführung. Er hätte außerdem auf Anweisung seiner Chefs den Präsidentensohn vor der Aktion drei Tage lang beobachten müssen. Die Polizei erhielt ebenfalls eine Kopie des eigenartigen Selbstbezichtigungswerks. Der Bekenner nannte auch die Namen jener Agenten, die an der Entführungsaktion beteiligt gewesen sein sollen, und forderte sie gleichzeitig auf, die Wahrheit über den Hergang zu erzählen und sich nicht für irgendwelche Machtspiele benutzen zu lassen.[20] Des weiteren schilderte er, wie die SIS-Leute die Straßen blockiert hätten, um Kovacs habhaft zu werden, und daß er mit seinen Kollegen die wahren Entführer abgedeckt hätte. Die Identität dieser »wahren Entführer« wollte er allerdings nicht kennen. So viele Ungereimtheiten machten die ganze Affäre nicht gerade durchsichtiger. Der mutmaßliche Bekenner und Agent fügte noch hinzu, daß er um sein Leben fürchte und sich daher verstecken müsse. Immer wieder wurde der Ex-SIS-Mitarbeiter Vladimir L. von der tschechischen Presse als Mittäter genannt. L. hätte die Verschleppung an der Grenze abgesichert und über ihn führe auch die Spur zum Geheimdienstchef Lexa, hieß es.[21]

Michal Kovac war auf der sogenannten Diplomatenspur bei Berg-Petrschalka über die Grenze gebracht worden. Ein namentlich bekannter SIS-Agent soll mit einem Diplomatenpaß dafür gesorgt haben, daß das Opfer die Grenze ohne Kontrolle passieren konnte. Daß dieser Agent tatsächlich vor Ort war, bestätigten Zeugen, darunter auch die diensthabenden Zöllner.

Die Prager Zeitung »Mlada fronta dnes« berichtete Anfang Oktober 1995, daß der Junior von der SIS observiert worden sei. Und zwar aus einem Kleinbus, den man für diese Zwecke in Tschechien ausgerüstet habe. Das Auto, so wußten die Prager Journalisten weiter, sei nach der Entführung in eine SIS-Garage gestellt worden, um per Befehl von oben in kleine Stücke zersägt zu werden. Chefermittler Vacok bestätigte, daß ein weißer Lieferwagen, ein Mercedes 208 Diesel, innerhalb seiner Ermittlungen eine Rolle spiele. »Wir wissen von dem Auto, können aber nicht ran, da wir keine Erlaubnis haben, SIS-Objekte zu betreten«, klagte der Chef-fahnder gegenüber der Zeitung.[22]

In den Polizeiakten sollen Zeugenaussagen festgehalten worden sein, die Brisantes bergen. Zwei Tage und zwei Nächte sei das Geheimdienstfahrzeug vor dem Kovac-Haus in Sväty Jur geparkt gewesen.

Das slowakische Innenministerium hatte bereits 1993 die Lieferung zweier Fahrzeuge, eines in Weiß, das andere in Dunkelblau, in Auftrag gegeben. In einem Autohaus in Vysoke Myto wurden dann im April die speziellen Standklimaanlagen eingebaut. Für die Mechaniker sei klargewesen, daß es sich dabei um Fahrzeuge für langfristige Beobachtungen handelte.[23] Am 5. Mai 1994 lieferte Mercedes Bohemia die Fahrzeuge in die Slowakei. Auch der ehemalige Innenminister Ladislav Pittner bestätigte den Handel. »Ich weiß von der Bestellung und auch davon, daß mindestens ein Mercedes dem Geheimdienst gegeben wurde.«[24]

Im Innenministerium in Bratislava zog man es vor, zu dieser Sache zu schweigen. Eine Aufklärung schien nicht opportun. Im Gegenteil. Auch der Ermittler Peter Vacok wurde abgesetzt und durch Major Jozef Ciz aus dem zentralslowakischen Banska Bystrica abgelöst, einer Hochburg von Meciars »Bewegung für eine demokratische Slowakei«.

Der Polizeiermittler Jozef Ciz behauptete am 28. März 1996, daß er den schriftlichen Beweis hätte, daß eine von Kovac junior als Kidnapper identifizierte Person zur Zeit der Entführung an einem ganz anderen Ort gewesen sei.[25] Am 22. Mai 1996 stellte Ciz die Untersuchungen aus Mangel an Beweisen vorläufig ein.

Doch schon am 13. Februar 1996 war der slowakische Staatsbürger Oskar F. bei der staatspolizeilichen Abteilung der Sicherheitsdirektion Niederösterreich erschienen, um eine Aussage zu machen. Der 27jährige Oskar F., ein ehemaliger Kriminalbeamter, gab an, im Sommer 1995 im Ressort 46 (Beobachtung und Observation) des slowakischen Geheimdienstes »in Verwendung« gewesen zu sein.[26] Am 27. August 1995 seien er und seine Kollegen vom Abteilungsleiter Robert B. ins Büro gerufen worden, um die Details einer bevorstehenden Observation zu besprechen. Die Zielperson sei Michal Kovac junior gewesen. Den Auftrag dazu soll der SIS-Direktor gegeben haben, sagte der Ex-Agent vor den österreichischen Beamten aus. Noch am selben Tag sei mit der Beobachtung begonnen worden. Oskar F. bestätigte auch den Einsatz des Mercedes-Busses. Gleichzeitig wurde nach seinen Angaben eine weitere Oberservation gestartet, deren Ziel es war, Kovac junior in eine kompromittierende Situation zu bringen. Dieser sollte dazu gebracht werden, mit einem SIS-Agenten einen »Massagesalon« zu besuchen, gab Oskar F. zu Protokoll.

Am 31. August 1995, gegen sieben Uhr früh, begannen sieben Mann der SIS mit sechs Fahrzeugen die Observation in Sväty Jur, dem Wohnort Kovacs. Robert B. saß in einem goldfarbenen Mazda 626, Mirko N. in einem grünen Ford Mondeo, Igor M. chauffierte einen dunkelroten BMW 323, Peter S. saß hinter dem Steuer eines dunkelgrünen Toyota Camry, und Oskar F. befand sich gemeinsam mit Dusan R. in einem dunkelroten Hyundai Lantra. Im weißen Mercedes-Bus saß ein weiterer Kollege.[27]

Kurz vor zehn Uhr vormittags meldete der SIS-Mann im Bus über Funk, daß Kovac in seinem PKW Richtung Bratislava unterwegs sei. »Über Funk kam die Anordnung«, so Oskar F., »daß bei einem unvorhergesehenen Vorfall auf der Straße diese gesperrt wird, um das Nachkommen privater Fahrzeuge zu verhindern.«[28] Als Oskar F. an der besagten Stelle eintraf, waren die anderen Observationsfahrzeuge am Fahrbahnrand abgestellt. Die gesamte Fahrbahn war gesperrt. Vor den Fahrzeugen stand der Mercedes von Kovac sowie drei Seats. Bei den Seats befanden sich drei Männer in schwarzer Kleidung, die Oskar F. nicht kannte. Was ihm aber auffiel, war, daß sie gelbe Armstreifen mit der Aufschrift »Polizei« trugen. Die Männer zerrten Michal Kovac aus seinem Mercedes und verfrachteten ihn in einen der Seats. Anschließend fuhr der Troß Richtung Bratislava. »Unser Observationsteam verblieb noch rund eine Minute vor Ort, um die Fahrbahn abzusperren«, erzählte der slowakische Beamte. Schließlich gab der Einsatzleiter Befehl, die Funkgeräte abzustellen und in die Dienststelle einzurücken. Damit war für Oskar F. der Einsatz beendet. Erst am nächsten Tag will er erfahren haben, daß Michal Kovac junior nach Österreich entführt worden war.

Oskar F. plagte offenbar ein schlechtes Gewissen. Am 24. September 1995 gab er seine Erinnerungen bei der Polizei in Bratislava zu Protokoll. Doch dort wurden diese nach seiner Ansicht unter den Tisch gekehrt. Für Oskar F. hatte seine Aussage schwerwiegende Konsequenzen. »Aus Angst um mein Leben habe ich danach die Dienststelle nicht mehr betreten«, sagte er vor den niederösterreichischen Staatspolizisten aus.

VII Die ungarischen Geheimdienste

»Die besten Spionagefälle werden niemals aufgeklärt«, schrieb der »Standard« im Oktober 1994 und bezog sich dabei auf eine der mysteriösesten Operationen des ungarischen Geheimdienstes in Österreich. Wie die anderen Nachrichtendienste des Ostblocks scheute auch der ungarische Geheimdienst vor keinem Mittel zurück, wenn es darum ging, seine Interessen durchzusetzen. Entführung und Menschenraub zählten zur Zeit des Kalten Krieges zu den gängigen Methoden.

»Wo waren Sie am 12. Oktober 1961?« fragte im Herbst 1994 ein Wiener Strafrichter den auf der Anklagebank sitzenden 71jährigen gebürtigen Ungarn Laszlo G.[1] 33 Jahre waren seither verstrichen, die Zeugen ergraut, Akten verschwunden oder amtlich skartiert. An diesem 12. Oktober 1961 war der Exil-Ungar und österreichische Staatsbürger Aurel Abrany, Mitarbeiter von Radio Free Europe in München und Informationslieferant des französischen Geheimdienstes, in Wien gekidnappt und nach Ungarn verschleppt worden. Fünf Tage nach dem mysteriösen Verschwinden Abranys wurde gegen Dr. Laszlo G. Haftbefehl erlassen. G. war, laut Anklage, nach dem Ungarnaufstand 1956 als Agent der Budapester Spionageabwehr nach Österreich beordert worden, um ungarische Flüchtlinge zu bespitzeln. Der spätere Geheimdienstoberst, der den flotten Außenhandelsbeauftragten mimte, soll damals die Order erhalten haben, eine Operation mit dem Decknamen »Der Ruderer« durchzuführen. Damit war nichts anderes als die gewaltsame »Heimholung« Abranys gemeint. G. soll das Opfer in seine Wiener Wohnung in der Kaulbachstraße in Wien-Meidling gelockt haben, wo es dann betäubt wurde. Danach habe G. sein Opfer in einen Teppich gerollt und so ins Magyarenland transportiert.[2] »Man fand in der Wohnung Haare, Blut und eine Spritze«, schrieb der Gerichtssaalreporter des Wiener »Kuriers«. Die Haare stammten von Aurel Abrany.[3] Für G. wurde der Boden in Wien zu heiß, und er tauchte nach Budapest ab.

Der entführte Jurist Aurel Abrany, damals 47, wurde in Ungarn zu 13 Jahren Haft verurteilt. 1974 soll Abrany ein Gnadengesuch gestellt haben. In diesem Jahr, behaupten die Ungarn, hätten sie

Abrany bei Sopron nach Österreich abgeschoben. Hier kam er jedoch nie an.[4]

Nach seiner Rückkehr aus Wien machte Laszlo G. in seiner Heimat eine steile Karriere. Als marktwirtschaftlicher Zampano im Dienste der ungarischen Kommunisten half er, die permanent klaffenden Löcher der Planwirtschaft zu stopfen. Von 1984 an logierte der ungarische Außenhändler G. wieder in Wien, wo er sogar polizeilich gemeldet war. Doch das fiel anscheinend niemandem auf. Denn Laszlo G. war im Wiener Zentralmelderegister mit einem anderen Geburtsdatum eingetragen. Der damals immer noch gültige Haftbefehl gegen G. war somit für die Katz.

Erst 1990 holte ihn seine kommunistische Kundschaftervergangenheit wieder ein. G. wurde im ungarischen Fernsehen zum Entführungsfall Abrany befragt. Das Interview dazu fand in Wien statt. Die österreichische Polizei bekam prompt einen vertraulichen Hinweis und exekutierte daraufhin den immer noch gültigen Haftbefehl. Ein Jahr lang schmorte der frühere AVH-Agent in Untersuchungshaft, bis er gegen eine Kaution freikam.

»Bekennen Sie sich schuldig?« fragte der Richter den Beschuldigten G. beim Prozeß. »Wie bitte?« gab sich der Angeklagte konsterniert. Nie und nimmer sei er der Schuldige, sondern vielmehr Opfer einer politischen Intrige.[5]

Weitere Gerichtsverhandlungen folgten, dann wurde vertagt, um Zeugen auszuforschen. Nach Informationen des Rechtsanwalts Dr. Rudolf Mayer, des Strafverteidigers Laszlo G.s, wurde der Prozeß wegen des schlechten Gesundheitszustands des Beschuldigten auf unbestimmte Zeit vertagt.

35 Jahre nach der Entführung Abranys ist der Fall noch genauso mysteriös wie zuvor.

Die ungarischen Geheimdienste richteten ihre Operationen hauptsächlich gegen Österreich, die Bundesrepublik Deutschland, Italien und, wie im Warschauer Pakt Usus, den Vatikan. Nach dem Aufstand von 1956 und dessen Niederschlagung durch die Rote Armee flohen viele Ungarn ins Ausland. So bildete die Emigration in Europa sowie in den USA und in Kanada einen äußerst fruchtbaren Nährboden für die Budapester Geheimdienste.[6] Der ungarische Staatssicherheitsdienst Allamvédelmi Osztály (AVO), später umbenannt in Allamvédelmi Hatóság (AVH), war fest im Griff des Moskauer KGB. Wie ihre nachrichtendienstlichen Brüder aus Prag fühlten sich auch die Agenten aus Ungarn in der österreichischen Bundeshauptstadt wie zu Hause. Dementsprechend umfangreich waren ihre geheimen Aktivitäten, die sie in der ehemaligen k.u.k. Metropole an den Tag legten. Nach Schätzungen österreichischer Experten soll die Budapester Kundschafterzentrale zur Zeit des Kalten Krieges bis zu dreißig »Außendienstmitarbeiter« in Wien stationiert gehabt haben.

Der Fall Peter K.

Das Nachbarland Österreich war für die Ungarn besonders aus militärischen Gründen von Interesse. Denn im Kriegsfall wäre der alpenländische Donauraum das Aufmarschgebiet der ungarischen Truppen gewesen. Darum kümmerten sich die magyarischen Agenten um alles, was mit der österreichischen Landesverteidigung zusammenhing. Im Grenzraum zum österreichischen Burgenland hatten die Ungarn ihre Aufklärungsstationen dicht am Eisernen Zaun stationiert, die, so erzählen Insider, nicht selten zum Beispiel als Heuhaufen getarnt waren. Die dort ansässigen Bauern durften nur mit Sonderbewilligungen ihrer Bodenbewirtschaftung nachgehen.

Was Ungarns militärischer Nachrichtendienst Vererkari Fönöksege, II Osztaly (VK-II) genau in Österreich trieb, erfuhren die Österreicher unter anderem von Überläufern und Aussteigern.

Am Vormittag des 7. August 1985 fuhr der Ungar Peter K., ein Magister der Ökonomie, von der oberösterreichischen Landeshauptstadt Linz nach München. Drei Tage zuvor war er mit seinem Auto von Ungarn nach Österreich gereist und bei seiner Linzer Freundin abgestiegen. Der junge Ungar war fest entschlossen, im Westen ein neues Leben zu beginnen. In München erkundigte er sich im Büro von Amnesty International über die Chancen eines Asylantrags in der Bundesrepublik. Doch die standen gleich Null. Also fuhr er wieder nach Österreich zurück und suchte am darauffolgenden Tag bei einer Dienststelle der Salzburger Bundespolizeidirektion um Asyl nach.[1]

Österreich empfing den jungen Ungarn mit offenen Armen, um ihm, ein knappes Jahr später, dann den Prozeß zu machen. Unter Ausschluß der Öffentlichkeit wurde der schlanke, schnauzbärtige Budapester zu fünf Monaten Haft auf Bewährung verurteilt. Die Anklage lautete auf Spionage.

Peter K., Jahrgang 1954, war 1973 nach Wien gekommen, wo sein Vater Rudolf als Zweiter Sekretär an der ungarischen Botschaft akkreditiert war. Der Filius studierte an der Hochschule für Welthandel und promovierte vier Jahre später in Ungarn zum Magister der Verkehrswirtschaft. Anschließend wurde er als Marketingreferent beim staatlichen ungarischen Schiffahrtskontor Mahart engagiert und von der Ungarischen Volksarmee (UVA) zum Militärdienst einberufen. Nach der Grundausbildung wertete Peter K. in einer Aufklärungseinheit unter anderem Meldungen westlicher Presseagenturen aus und übersetzte diese für seine Vorgesetzten. Gegen Ende der Zwangsverpflichtung traten zwei Herren des militärischen Nachrichtendienstes Vererkari Fönöksege, II Osztaly (VK-II) an ihn heran und offerierten ihm einen Job im westlichen Ausland, in einer Filiale des Schiffahrtskontors Mahart. Der junge Rekrut K. unterschrieb eine Verpflichtungserklärung, die da lautete, daß Informationen, die er im Ausland in Erfahrung bringe, an den ungarischen militärischen Geheimdienst weiterzuleiten seien. Was er konkret zu sammeln hatte, mußte er erahnen, ausgesprochen wurde es seinerzeit noch nicht. Doch vor dem Zuckerbrot schwangen die Agenten die Peitsche und machten dem jungen Mann die Nachteile einer »Weigerung« deutlich. Diese würde unweigerlich eine Einstufung als »politisch unzuverlässig« nach sich ziehen und Reisen ins westliche Ausland in Zukunft ausschließen. Das klang nach einem lebenslänglichen Dasein im Einflußgebiet des Gulasch-Kommunismus.

K.s Anwerbung lag ein bewährtes Kalkül zugrunde. Denn in Ungarn war es üblich, wie im übrigen Ostblock auch, die Kinder der Nomenklatura oder ihrer höheren Diener in die Kundschafterdienste aufzunehmen. Diese privilegiert aufgewachsenen Sprößlinge haderten verständlicherweise seltener mit der kommunistischen Ideologie. Kannten sie die Schattenseiten des Realsozialismus und das daraus resultierende Leid doch nur vom Wegsehen. Als Kinder der machthabenden obersten Klasse im klassenlosen Staat galten sie als gefestigt und zuverlässig. Es gab aber, wenn auch selten, Ausnahmen.

Die Mahart-Stützpunkte im Westen waren damals nachrichtendienstliches Hoheitsgebiet, sagen westliche Geheimdienstexperten. Die Wiener Zweigniederlassung, westliche Generalvertretung für die Obere Donau, befand sich am Wiener Karlsplatz Nr. 2.

In der Mahart-Filiale in Wien war unter anderen über Jahre ein sehr eifriger Agent tätig, erzählen Insider, dessen Aufgabe es war, für die Abdeckung der Treffs seiner Geheimdienstkollegen zu sorgen. Dies betraf nicht nur den Wiener Raum, sondern neben anderen Schauplätzen auch Salzburg. Der ungarische Geheimdienstoffizier wurde dabei tatkräftig von seiner Frau unterstützt, wie professionelle Beobachter aus dem Westen wissen. Das nachrichtendienstliche Pärchen aus Budapest engagierte sich jahrelang erfolgreich im Kampf gegen den Feind im Westen, vor allem gegen Westdeutschland, und war oft rund um die Uhr im Einsatz.

Im Frühjahr 1980 wurde auch Peter K. von seiten der Mahart mitgeteilt, daß man ihn bald nach Österreich versetzen werde, in die Filiale nach Linz. Kurze Zeit darauf meldete sich auch der Geheimdienst bei ihm. Einer seiner Kontaktleute stellte ihm einen gewissen Zoltan A. vor, der K. in den nächsten vier Wochen auf seine heikle Mission in Österreich vorbereiten sollte. Die Schulungen, man traf sich dreimal die Woche, fanden in einer konspirativen Wohnung nahe des Batthyany Ter am linken Donauufer statt. Der Geheimdienstoffizier klärte K. über die Struktur des österreichischen Bundesheeres auf und über das sogenannte Milizsystem (Reservistenkader). Zur Veranschaulichung legte man K. auch Fotografien »militärischer Objekte und Anlagen« in Österreich vor. Zoltan A., Jahrgang 1941, kannte sich in dieser Materie offenbar gut aus. Nicht umsonst wurde er später, von 1981 bis 1983, als Sekretär des Militärattachés der ungarischen Botschaft in Wien eingesetzt. Jozef K., der Mitte der achtziger Jahre Vize-Militärattaché in Wien werden sollte, überreichte Peter K. noch in dessen Budapester »Schulungszeit« einen Dienstvertrag auf den Namen »Klenner«. Unter diesem Decknamen sollte K. seine Operationen durchführen. Jozef K., damals um die Fünfzig, gab »Klenner« die Order, sich nach seiner Ankunft in Linz an der Donau mit der Botschaft in der Wiener Bankgasse persönlich in Verbindung zu setzen. Und zwar mit Laszlo R., dem ersten Stellvertreter des damaligen Militärattachés.

Am 1. August 1980 trat K. junior seine Stelle als Zweiter Verkehrsleiter der Mahart in Linz an. Das Büro der Agentie war im sogenannten Stadthafen, in der Regensburger Straße 9, etabliert. Peter K. hatte die Lade- und Löscharbeiten der ungarischen Frachtkähne zu überwachen und die Schiffsbesatzungen zu betreuen.

Pflichtbewußt, wie K. alias »Klenner« nun einmal war, meldete er sich, wie befohlen, bei Laszlo R. Der damals 53jährige Geheimdienstoffizier gab »Klenner« den Auftrag, Linz und Umgebung eingehend zu studieren, um sich die nötigen Ortskenntnisse für die operative Arbeit anzueignen. Gleichzeitig galt es, Kontakte zu Linzer Bürgern herzustellen. Außerdem schrieb sich »Klenner« als außerordentlicher Hörer für Wirtschaftsstudien an der Linzer Johannes-Kepler-Universität ein. Inoffiziell studierte der junge Ungar freilich die militärischen Anlagen in der oberösterreichischen Landeshauptstadt und deren Umgebung.[2] Seine geheimen »Forschungsergebnisse« landeten regelmäßig bei seinen Führungsoffizieren in der Residentur in Wien. Lediglich fünf Dutzend feste Verteidigungsanlagen, Brücken- und Straßensperren etc. will Peter K. damals ausgekundschaftet haben. Einmal im Monat begab er sich in die Wiener Residentur und verfaßte dort, auf Grund seiner Notizen, detaillierte Berichte. Über die »Weiterbehandlung« und Verarbeitung der Informationen entschied dann die Wiener Geheimdienstfiliale. So schickten die Chefagenten von Fall zu Fall Kundschafter los, um die Objekte auch fotografisch zu sichern.

Ein Besuch in der Residentur bedeutete für »Klenner« immer auch Arbeitsbesprechung mit den Vorgesetzten vom Dienst. So traf er Jozef R., Jahrgang 1931, von Ende Juni 1982 an Militärattaché und Resident des VK-II in Wien. Der kränkliche R., Deckname »Rolf«, gehörte der alten Garde an und hielt den Gulasch-Kommunismus für einen Segen. Wie alle anderen Residenten auch erhielt er seine Befehle aus der Budapester Zentrale, mal mit der Kurierpost, mal per verschlüsseltem Funk. Dem Residenten waren alle militärischen Agenten in Wien unterstellt, und diese mußten ihm regelmäßig Bericht erstatten. Egal ob sie an der Botschaft, bei der ungarischen Luftfahrtgesellschaft Malev, der Schiffahrtsagentie Mahart, der UNIDO oder der Internationalen Atomenergieorganisation (IAEA) tätig waren. Der Resident dirigierte auch jene Spione, die ihr Unwesen innerhalb der ungarischen Außenhandelsgesellschaften trieben. Sein erster Vize Jozef K., Jahrgang 1930, Deckname »Damasus«, kam drei Monate nach R. an die Wiener Botschaft. R. hatte mit ihm angeblich so seine Probleme, erzählen Insider hinter vorgehaltener Hand. R. hätte in seinem Untergebenen K. vor allem einen Konkurrenten gesehen – offenbar litt er am »Agenten-Brotneid-Syndrom«, einer weitverbreiteten Berufskrankheit. Schließlich bedurfte es schon immer einer guten Portion Paranoia, um in dieser unberechenbaren Branche Oberwasser zu behalten.

Jozef K. sei zuvor in der Budapester Zentrale tätig gewesen, gab »Klenner« später zu Protokoll, und hätte dort zum angestammten Kader gezählt. Außerdem sei er sehr von sich eingenommen gewesen, vor allem was seine Kenntnisse im Spionagebereich betraf. Botschaftsrat Miklos T., Jahrgang 1932, im ungarischen Militärischen Geheimdienst besser als »Truman« bekannt, fungierte zu dieser Zeit als zweiter Vize des Militärattachés. »Truman« war wenige Tage vor Jozef K.s Ankunft offiziell dem österreichischen Außenamt gemeldet worden. Inoffiziell war er seit Herbst 1982 »Klenners« Führungsoffizier. »Klenner« schätzte seinen VK-II-Vorgesetzten nicht sonderlich und beschrieb T.s Charakter mit mehr als unfreundlichen Attributen.

In der Wiener Residentur des ungarischen Militärgeheimdienstes gingen noch andere Landsleute ein und aus. So traf »Klenner« im Arbeitsraum der Residentur seinen Studienkollegen Dr. Istvan G., Jahrgang 1950, samt Gattin. G. war seit Sommer 1981 als Dritter Sekretär der ungarischen Delegation bei den internationalen Organisationen in Wien angemeldet, seine Ehefrau assistierte dem ungarischen Militärattaché als Sekretärin. Ob sie damals überhaupt auf der offiziellen Botschaftsliste stand, ist fraglich. Auch die Frau des Botschaftssekretärs Thurzo G. saß im Vorzimmer des Militärattachés. Sie dürfte gemeinsam mit ihrem Mann, einem Dritten Sekretär, Jahrgang 1950, im Januar 1983 nach Wien gekommen sein. Im Büro des Militärattachés gab es offenbar viel Arbeit. Denn dort werkte noch ein weiterer Sekretär, Simon C., Jahrgang 1945. Dieser war im Oktober 1983 an die Wiener Botschaft gekommen und soll laut »Klenner« für die Spesenabrechnungen in der Residentur verantwortlich gewesen sein. Auch »Klenner« verrechnete mit dem militärischen Geheimdienst zum Beispiel Kilometergeld und Bewirtungsspesen. Doch es gab noch mehr illustre Gestalten, die »Klenner« in der Residentur über den Weg liefen. Darunter Dr. Pal G., Jahrgang 1937, ein Erster Botschaftsrat, der von Anfang September 1981 bis Ende Juli 1985 dem Wiener Außenamt als Diplomat gemeldet war. Und Dr. Janos P., Jahrgang 1945, im Rang eines Dritten Sekretärs tätig. P. war erst Anfang September 1983 nach Wien zugeteilt worden. Auch Laszlo F., seit August 1984 stellvertretender Direktor des Ungarischen Kulturzentrums Collegium Hungaricum, in der Hollandstraße im zweiten Wiener Gemeindebezirk, will »Klenner« in einem Arbeitsraum der Residentur angetroffen haben. »Die angeführten Personen sind zweifellos als Mitarbeiter des Ungarischen Militärischen Nachrichtendienstes anzusehen«, heißt es dazu in den österreichischen Akten.

1982 stieg Peter K. alias »Klenner« zum Leiter der ungarischen Schiffsdependance zu Linz auf. Sein bisheriger Chef war nach Wien versetzt worden. K. blieb dann auch in dieser Position, denn die Stelle wurde nicht nachbesetzt.

Ungefähr zur gleichen Zeit bekam »Klenner« eine »Fleißaufgabe« aufgetragen, konnte man fünf Jahre später dem Nachrichtenmagazin »profil« entnehmen. Diese bestand darin, sogenannte Tip-Berichte über Personen zu verfassen, die er für nachrichtendienstlich geeignet hielt. Allen voran Politiker, Beamte, Journalisten und Wirtschaftsbosse.[3] »Klenner« kratzte daraufhin Lebensläufe zusammen, beschrieb die familiären Situationen, berichtete über die genaue berufliche Tätigkeit der Zielperson und ortete die kleinen und großen Schwächen wie finanzielle Notlagen, Trunksucht und außereheliche Frauengeschichten. Über zehn Österreicher legte er Dossiers an und leitete diese an seine Auftraggeber weiter.[4] Im Resümee jedes einzelnen Tip-Berichts, die er gewöhnlich in einem Arbeitsraum der Wiener Residentur erstellte, mußte er seinen Vorgesetzten vom militärischen Nachrichtendienst seine persönliche Einschätzung unterbreiten, welcher Anwerbungsweg am geeignetsten sei. Dabei waren die magyarischen Agenten in ihren Methoden bekanntlich nicht wählerisch.

Ende Juli 1985 mußte K. die Schlüssel der Agentie seinem Nachfolger Lajos G., Jahrgang 1953, übergeben. G. sprach nach Angaben »Klenners« sehr gut Russisch, was er damit erklärte, einige Zeit in Moskau verbracht zu haben. Der »Neue« war erst seit rund eineinhalb Jahren bei Mahart tätig und, so nahm der spätere »Aussteiger« K. an, der Nachfolger habe sein Handwerk wohl in der Budapester Zentrale gelernt.

Um sich in Österreich ein gutes Entree zu verschaffen, soll Peter K., schrieb das Nachrichtenmagazin »profil«, Berichte aus der ungarischen Geheimdienstresidentur zu Wien mit dem Sammeltitel »Die operative Lage Österreichs« mitgebracht haben. Darin befaßten sich die Budapester Geheimdienstler nicht nur mit militärischen und wirtschaftlichen Angaben zu Österreich, sondern setzten sich auch mit den politischen Parteien Österreichs und ihren führenden Köpfen auseinander.[5]

Das Spinnennetz der Magyaren – eine Blamage für die USA

Am 23. August 1988 wurde der amerikanische Staatsbürger Clyde Lee Conrad, ein pensionierter Sergeant First Class der U.S. Army, in der Bundesrepublik Deutschland festgenommen. Die Bundesrichter in Karlsruhe warfen dem damals 41jährigen Ex-Militär vor,

»Landesverrat in einem besonders schweren Fall für den militärischen Nachrichtendienst Ungarns und für einen Nachrichtendienst der ČSSR begangen zu haben«[1]. Einer der größten Skandale in der Geschichte der U.S. Army und der NATO war damit aufgedeckt.
Doch Clyde Lee Conrad war nur ein Glied in der Kette eines »Drei-Generationen-Spionage-Netzwerks, das über zwanzig Jahre geheime amerikanische Militärunterlagen und NATO-Papiere stahl«, so der amerikanische TV-Sender ABC in seinem World Report Mitte November 1989.[2] Conrad wurde in Deutschland zu lebenslanger Haft verurteilt. Eine Härte, die zuvor noch keinem Agenten in der Bundesrepublik widerfahren war. Das Ausmaß des Urteils war die Antwort auf den immensen Schaden, den der Ostagenten-Ring verursacht hatte.
Der Kopf dieses feingesponnenen Netzes war allerdings ein Mann, der noch heute in Österreich lebt. Der Sender ABC nannte ihn den »godfather« einer der größten Spionageoperationen gegen die USA und die NATO seit dem Zweiten Weltkrieg: Zoltan S., geboren am 9. August 1938 in der ungarischen Ortschaft Jadranhaza. 1956 war der knapp 18jährige mit seinen Eltern nach Österreich geflohen. Nach nur kurzem Zwischenaufenthalt schipperte die ungarische Familie über den großen Teich und siedelte sich im Land der unbegrenzten Möglichkeiten an. Zoltan S. ging zur Army und wurde ein braver Amerikaner.
Im Juni 1971 stattete der GI gemeinsam mit seiner Familie der alten ungarischen Heimat einen Besuch ab. Unter anderem stieg man in einem Hotel in Siofok ab. Dort kam es zu ersten Schwierigkeiten, als Zoltan die Herausgabe seines Reisepasses verweigert wurde. In der Folge mußte er auf der nah gelegenen Polizeidienststelle der ungarischen Abwehr Rede und Anwort stehen, die ihn der Schnüffelei für die USA bezichtigten. Wieder im Besitz seines Reisedokumentes, fuhr Zoltan S. nach Österreich, genauer nach Weiden am Neusiedler See, wo sich seine Eltern niedergelassen hatten. Dort tauchten überraschend zwei Besucher auf, die Zoltan Grüße von einem Schulkameraden überbrachten, bevor sie schnell zur Sache kamen. Sie legten dem Exil-Ungarn nahe, er solle doch für seine alte Heimat arbeiten. Kurz vor Weihnachten traf Zoltan S. die Schattenmänner – beide nannten sich »Lajos« – in einem Gasthaus im burgenländischen Donnerskirchen wieder. Der in Deutschland stationierte Neuamerikaner kam diesmal nicht mit leeren Händen. Er übergab seinen »Landsleuten« nach ausführ-

lichen Plaudereien ein internes Telefonverzeichnis der U.S. Army. Die beiden Spione interessierten sich für Exil-Ungarn in den US-Streitkräften. Auch damit konnte Zoltan helfen. Er nannte ihnen den Namen eines Kameraden, eines Unteroffiziers in der 2. Brigade G3/8. Division Baumholder.
Im darauffolgenden Frühjahr gab es ein weiteres Stelldichein in Donnerskirchen. Das konspirative Trio spazierte während des Gespräches durch die Weinberge. Diesmal hatte Zoltan S. Fragen über Truppenbewegungen und die Ausbildung der U.S. Army in Deutschland zu beantworten. »Lajos« der Jüngere übergab Captain Zoltan 500 US-Dollar als Spesenersatz sowie zwei Telefonnummern in Budapest, unter denen er immer zu erreichen sei. »Lajos« war von nun an Zoltans Führungsoffizier. Man traf sich jetzt regelmäßig. Die Haupttreffs verlegte man vor den Wiener Stephansdom. Sie besprachen die Alarmierungspläne der U.S. Army, und Captain Zoltan bekam den heiklen Auftrag, Kameraden in Schlüsselpositionen zu »tippen«.
1973 mußte Zoltan S. kurzfristig in die USA zurückkehren und wurde an der »Heimatfront«, wie üblich, einen Dienstrang niedriger eingestuft. Der Frust war groß. Im Herbst desselben Jahres kam Zoltan S. wieder zurück in Bad Kreuznach und erteilte seinem ungarischen Führungsoffizier umgehend Meldung darüber. Das Wiedersehen fand, wie gehabt, vor dem mächtigen Tor des Wiener Stephansdoms statt. Im Jahr darauf bekam Zoltans Spionagekarriere einen Knick, als ihm Anfang Januar 1974 die Verschlußakten-Berechtigung entzogen wurde. Hatte man ihn schon damals in Verdacht? Bei der U.S. Army war man jedenfall nervös, und Zoltan S. sollte sich einem Lügendetektortest unterziehen. Er stimmte der Prozedur zuerst zu, überlegte es sich dann aber wieder anders. Er begründete seine Weigerung damit, daß man ihn schon einmal einer derartigen Prüfung unterzogen habe. Seine Vorgesetzten gaben sich damit merkwürdigerweise zufrieden. Vielleicht hatte es sich nur um eine Routineüberprüfung gehandelt? Zoltans Führungsoffizier Lajos mahnte jedenfalls zur Ruhe, alle geheimen Aktivitäten wurden eingestellt. Nach einem Jahr wurde dem GI die Zugangsberechtigung zu Verschlußakten wieder zuerkannt, er wurde aber versetzt: zur Ausbildungsabteilung der 8. Infantry Division der U.S. Army nach Bad Kreuznach.
Mitte der siebziger Jahre lernte Sergeant S. dort einen Kameraden namens Clyde Lee Conrad kennen, der seit 1965 bei den US-Streitkräften war. Conrad und sein Vorgesetzter Zoltan S. fanden

schnell Gefallen aneinander. Conrad verfügte nicht nur über eine Zugangsberechtigung zu Verschlußakten, sondern auch über große wirtschaftliche Qualitäten. Sein hauptsächliches Betätigungsfeld war der militärische Schwarzmarkt, und der brachte viel ein. Als Conrad in die Planungsabteilung versetzt wurde, war für Zoltan S. klar, der Mann mußte angeworben werden. Zoltan S. informierte seinen ungarischen Geheimdienstführer. Dieser war über die gute Nachricht hoch erfreut, und die Ungarn traten sofort in Aktion. Es folgten Treffen zwischen Zoltan, seinem Führungsoffizier und dessen Chef beim militärischen Nachrichtendienst. Das Ziel der Meetings war es, die Anwerbungslinie festzulegen.

Bei diesen geheimen Verabredungen war noch ein weiterer Agent anwesend, Sandor K. »Unser Mann in Schweden«, wie er von den ungarischen Agentenführern vorgestellt wurde. Sandor K., 1939 in Budapest geboren, war im Januar 1957 nach Österreich geflüchtet. Er hatte seinerzeit angegeben, am Ungarischen Aufstand 1956 beteiligt gewesen zu sein. Mitte März desselben Jahres wanderte er nach Schweden aus. Später erhielt er, so wie sein jüngerer Bruder Imre, die schwedische Staatsbürgerschaft. Die Brüder waren in Schweden als Ärzte zugelassen, und auch Imre, er spielte den Kurier, war als Agent der Ungarn tätig. Sandor K. soll später in den Verhören angegeben haben, Zoltan S. bereits Ende der sechziger Jahre in Wien kennengelernt zu haben. Schon damals hätte er von Zoltan Unterlagen erhalten, die nach Ungarn weitergeleitet worden seien. Die beiden Exil-Ungarn hätten sich regelmäßig in Mainz zur Materialübergabe getroffen, die Papiere seien dann über Österreich hinter den Eisernen Vorhang verbracht worden, so K.s spätere Aussage. Zoltan S. wollte oder konnte sich an das Datum des Erstkontakts mit Sandor K. jedoch nicht mehr erinnern.

Die Ungarn hatten ihr neues Zielobjekt Conrad schnell in der Tasche. Die Magyaren köderten den eingefleischten Materialisten mit der Aussicht auf lukrative Geschäftsmöglichkeiten. Die Herrschaften trafen sich am Bad Kreuznacher Bahnhof und fuhren von dort in ein Gasthaus in Gaubickelheim. Sandor K., so steht es in den Akten, sprach Conrad auf dessen Geschäfte an und fragte unverblümt, was dieser denn so zu bieten habe. »Alles«, soll Conrad darauf geantwortet haben. Man war sich schnell einig. Conrad wußte, was gespielt wurde, zumindest vermittelte er diesen Eindruck. Noch am selben Abend, gegen 20 Uhr, fuhr Zoltan S. mit Conrad in die Kaserne zurück, um Material zu besorgen. Conrad griff sich zu diesem Zweck mehrere Handbücher der U.S. Army.

Ob deren Inhalt geheim war, sei dahingestellt. Der Army-Lesestoff wurde jedenfall Sandor K. übergeben.
Der militärische Nachrichtendienst der Ungarn war richtig aus dem Häuschen über diesen neuen, anscheinend wertvollen Mitarbeiter. Zoltan S. wurde nach Wien zitiert. Im zweiten Wiener Gemeindebezirk, in der Taborstraße, gleich unter den Arkaden des Modehauses Windsor, traf Zoltan seinen Major »Lajos«. Der übergab seinem Spion eine Prämie von 25 000 US-Dollar für die erfolgreiche Anwerbung Conrads. Der bisherige Spionage-Volontär wurde von nun an, laut Generalbundesanwaltschaft Karlsruhe, nachrichtendienstlich geschult und mit einer Fotoausrüstung sowie Funkunterlagen ausgestattet. Kurze Zeit nach der Anwerbung Conrads nahm ein neuer Führungsoffizier die Stelle von »Lajos« dem Jüngeren ein. Doch Zoltan kam mit dem neuen Vorgesetzten nicht gut zurecht, und dieser wurde daraufhin durch »Istvan Miklosvary« ersetzt. Dies war allerdings ein Deckname. Sein Klarname soll, nach der Erinnerung von Zoltan S., »Istvan Morvai« gelautet haben. Ob dies tatsächlich zutraf, blieb offen.
Im Sommer 1976 wurde Zoltan S. wieder einmal versetzt. Von nun an mußte er sich um Nachschub und Service der Army kümmern. Und seinem Major General als Dolmetscher für die Zusammenarbeit mit den deutschen Truppen dienen.
Zoltan S. schränkte nach eigenen Angaben den Kontakt zu seiner Budapester Führungsstelle in den nächsten Jahren etwas ein. Treffen soll es nur noch an die zwei Mal im Jahr gegeben haben, wobei er das von Conrad organisierte Material bei den Ungarn ablieferte. 1977 ließ sich Zoltan von seiner Frau scheiden, wodurch er in eine schwierige finanzielle Lage geriet.
Sergeant Clyde Lee Conrad wurde im selben Jahr Custodian, Dokumentenverwalter, und hatte dadurch Zugang zu Top-Material. Mit einer kleinen Unterbrechung. Von September 1979 bis November 1980 war Conrad in die USA zurückbeordert worden.
Zu diesem Zeitpunkt war sein ehemaliger Vorgesetzter bereits außer Dienst. Im April 1979 hatte sich Zoltan S. in den Ruhestand versetzen lassen. Er blieb aber für weitere zehn Jahre Reservist der U.S. Army. Die Führung in Ungarn hatte seinem Rentnerdasein zugestimmt, gab ihm aber die Order, weiterhin Kontakte zu Kameraden aufrechtzuerhalten. Die waren schon während seiner aktiven Zeit so gut gewesen, daß der eine oder andere von Zoltans Militärkameraden für den ungarischen militärischen Nachrichtendienst als Quelle anfiel.

Im Herbst 1973, als Zoltan bei den G 3 Operations war, lernte er Gunars A. kennen. A., den alle Garry riefen, stammte aus Litauen und war geschieden. Aus dem engen Freund Garry wurde schnell eine Zielperson. Etwa Mitte des Jahres 1974 gab die ungarische Militär-Agentenzentrale Zoltan S. das Okay, die nachrichtendienstliche Jagd auf Garry zu eröffnen. Die beiden Kumpels fuhren nach Rüdesheim am Rhein, wo ihm Zoltan S. dann auch reinen Wein einschenkte. In einem streng vertraulichen Gespräch versuchte der Sergeant den Kameraden ins ungarische Geheimdienstlager zu ziehen. Garry fand Gefallen an dem Angebot und willigte ein. Im Spätherbst 1974 kam es dann zum Treff mit der ungarischen Agentenführung. Lajos, Istvan, Garry und Zoltan trafen sich in Wien vor dem Bekleidungsgeschäft Windsor in der Taborstraße und schlenderten die wenigen hundert Meter zum Collegium Hungaricum in der Hollandstraße. Garry übergab dabei den Agenten aus Budapest das zum Einstand mitgebrachte Material.
Die Agenten der VK-II revanchierten sich mit einem Geschenk in US-Dollar. Damit Garry seiner Aufgabe auch professionell nachkommen konnte, statteten ihn die Ungarn mit einer Kleinbildkamera der Marke Konica aus. Im Schnitt lieferte Garry vier bis sechs Filme. Einige dieser Film-Transporte zu den Auftraggebern übernahm Zoltan.
Auch Garry kehrte Ende der siebziger Jahre der U.S. Army den Rücken und trat in den »verdienten« Ruhestand. Daß der geborene Litauer damit auch gleichzeitig seine Spionagetätigkeit für den ungarischen Militärgeheimdienst VK-II beendete, wird angenommen. Zoltan stand mit dem später kranken und schnell alternden Mann bis Mitte 1988, zumindest telefonisch, in Verbindung.
Der Pensionist Zoltan S. bekam nun den Auftrag, in Italien neue nachrichtendienstliche Kontakte zu knüpfen und geeignete Leute zu »tippen«. Zuerst trieb er sich in der Region Verona, später um den Stützpunkt in Vicenza herum. Zoltan S. knüpfte, wie befohlen, vor Ort Kontakte. Darunter auch mit einem Autohändler namens Gianni. Dieser verkaufte den dort stationierten GIs Autos und machte auch sonst Geschäfte mit den Amerikanern. Zoltan S. eröffnete im Gebäude von Giannis Firma ein Versicherungs- und Immobilienvermittlungsbüro, um so unauffällig an seine Landsleute herankommen zu können.
Es dauerte nicht lange, und wieder hatte er einen Ex-GI im Visier. Tomas M., einen US-Amerikaner italienischer Abstammung, verheiratet mit einer Zivilangestellten der Kaserne in Vicenza, Vater

von vier Kindern. Der kurz nach dem Zweiten Weltkrieg geborene Kalabrese mit US-Paß hatte sechs Jahre bei der Army gedient und einen großen Freundes- und Bekanntenkreis am US-Stützpunkt. Tomas M. wollte wieder in die Reihen der amerikanischen Boys zurückkehren. Das machte ihn für Zoltan höchst interessant, und er begann sich ein Bild vom zukünftigen Agentenkollegen zu machen. Gleichzeitig baute er ein freundschaftliches Verhältnis zu ihm auf. Anfang der achtziger Jahre war es dann soweit. Zoltan und Tomas fuhren nach Innsbruck. Am Hauptbahnhof wurden sie schon von zwei Herren erwartet. Einer war Zoltans Führungsoffizier Istvan, der andere ein Oberst, »Vince« genannt, der früher als ungarischer Diplomat in Italien akkreditiert gewesen war. Die Anwerbung funktionierte reibungslos, Zoltan erhielt für die Vermittlung eine Prämie von 15 000 US-Dollar.

Oberst »Vince« blieb die nächsten fünf Jahre lang der Führungsoffizier des US-Kalabresen. Dieser hatte bei den Fallschirmjägern in Livorno einen Freund, Leutnant Dario V., und »Vince« beauftragte ihn, diesen zu rekrutieren. Tomas M. war in der Zwischenzeit in Ungarn nachrichtendienstlich geschult worden, unter anderem wurde er im Agentenfunk unterwiesen. Doch die Anwerbung des Offiziers ging mehr als schleppend vor sich, lediglich militärische Ausbildungsunterlagen hatte der Fallschirmjäger bisher übergeben. Schließlich wurde Zoltan S. auf ihn angesetzt, um etwas Bewegung in die Sache zu bringen. Er sollte Leutnant Dario V. direkt ansprechen, so die Order. Gesagt, getan, doch der Erfolg blieb aus. Der überraschte italienische Offizier lehnte ab. Er versprach jedoch seinem Freund Tomas, wie dieser Zoltan S. später mitteilte, die Sache für sich zu behalten.

Die achtziger Jahre bedeuteten für Zoltan S. nachrichtendienstliche Schwerstarbeit. So bekam er den Sonderauftrag, eines der modernen HEAT-Geschosse des M60-A1-Panzers zu besorgen. Zoltan kannte aus vergangenen Dienstzeiten beim 12. Pionierbataillon in Dexheim, in der Nähe von Oppenheim, Eckhart St., ebenso wie Zoltan ein Vietnamveteran. Die Ungarn waren mit dem Werbungsvorschlag einverstanden, und bei einem Treffen in Budapest wurde das weitere Vorgehen in einer hochkarätigen Runde besprochen. General Ferenc S., Geheimdienstoffizier »Lajos«, Geheimdienstoffizier »Istvan« und der Geheimdienstoberst »Vince« nahmen daran teil. Mit dabei war ein Exil-Ungar aus dem schwedischen Göteborg und ein späterer Ungarn-Heimkehrer, Stefan G.-D., damals knapp 60 Jahre alt.

Zoltan S. orderte bei Eckhart St. das HEAT-High-Tech-Geschoß und versprach ihm einen Batzen Geld. Die Ware wurde auf dem Truppenübungsplatz Grafenwöhr in einem Ameisenhaufen gebunkert. Später holte Zoltan das Gerät dort ab und transportierte es in seinem Auto nach Ungarn. Erst danach kam es zum Treffen mit Agent Stefan G.-D., dem offiziellen Abnehmer. Er sollte, wie verabredet, 1500 US-Dollar für das Einzelstück hinblättern. Um die Konspiration gegenüber St. zu wahren, inszenierten Zoltan und Stefan einen kräftigen Streit. Zusätzlich zum Lohn für den First Sergeant Eckhart St. verlangte Zoltan nun eine Provision von 500 US-Dollar für die Vermittlung. Das Schauspiel kam gut an. In der Folge trafen sich der Sergeant und Stefan, der mittlerweile sein Führungsoffizier wurde, mehrere Male. Als Fleißaufgabe besorgte St. noch ein anderes Panzergeschoß, doch der ungarische Militärgeheimdienst war daran nicht interessiert. Sonst konnte der US-Militär nichts Besonderes liefern. Trotzdem hatte man mit ihm noch einiges vor. Der Oberfeldwebel galt fortan als »Perspektivagent«, denn er sollte S2, also Sicherheitsoffizier, in der U.S. Army werden. Es kam zwar noch zu mehreren Treffs, bis sich Eckhart St. Mitte der achtziger Jahre wie aus heiterem Himmel aus dem Ungarn-Abenteuer zurückzog. Zoltan S. bemühte sich noch ein letztes Mal um den Sergeanten, denn er wollte noch einen weiteren US-GI aus dessen Bekanntenkreis »tippen«. Ein Afroamerikaner, der in Kitzingen, südlich von Würzburg, stationiert war und Geschäfte mit Uniformen auf eigene Rechnung machte, schien dafür der Richtige zu sein. Zur tatsächlichen Rekrutierung soll es aber laut Zoltan S. nie gekommen sein.

Der ungarische militärische Geheimdienst war jedoch nicht gewillt, in der Sache des First Sergeants lockerzulassen. Die Herren aus Budapest wollten dem Ami mal von Angesicht zu Angesicht begegnen.

Anfang März 1988 trafen sich Eckhart und Zoltan aus diesem Grund in Wien. Zoltan reservierte im Novotel-West ein Zimmer für seinen Army-Kumpel. Der schlug dieses Angebot, aus welchen Gründen auch immer, aus und mietete sich in einer billigen Absteige gleich neben dem Wiener Westbahnhof ein. Obwohl der ungarische Militärgeheimdienst den Treff lange ausgetüftelt hatte, kam es gleich zu Beginn zu einer Panne. Zoltan sollte Eckhart zu einem »Italiener« in der Mariahilferstraße im 15. Wiener Gemeindebezirk ausführen. Dort glaubten die Ungarn einen guten operativen Überblick zu haben. Doch sie hatten die Rechnung ohne den

Wirt gemacht. Als Zoltan mit seinem Schützling Eckhart dort mittags ankam, hatte die Pizzeria noch geschlossen. Daß sie erst um 18 Uhr öffnete, war den Aufklärern aus Budapest entgangen. In ihrer Not wechselten sie in ein Lokal der Grillhendel-Kette Wienerwald in derselben Straße. Das ungarische Oberservationsteam, gut zwölf Leute stark, folgte den beiden unauffällig, klärte das Umfeld ab und bannte Eckhart St.s Konterfei auftragsgemäß auf Film. Zoltans Führungsoffiziere lauschten dem Gespräch vom Nebentisch. Und das war's dann auch schon. Für Ende des Monats wurde ein weiterer Treff festgelegt. Das paßte gut, denn Eckhart St. und seine Frau wollten sich in Budapest gegen wenige Forint ihre Zahnschäden beheben lassen. Die Behandlung sollte der Zahnarzt Dr. Peter S. übernehmen, und der stand selbstverständlich ebenfalls im Dienst der Geheimen. In einer konspirativen Wohnung im achten Budapester Stadtbezirk trafen sich Eckhart St., Zoltan S. und der ungarische Agent Lajos Th., der Eckhart St. 10 000 DM übergab. Ein satter Vorschuß auf künftige nachrichtendienstliche Geschäfte.

Zoltan S. hatte noch andere Aufgaben für den Dienst zu erledigen. So führte er Zielpersonen an die Führungsoffiziere heran, und das so geschickt, daß manche bis heute nicht wissen, wem sie damals gegenüberstanden.

Der Topspion Zoltan S. hatte sich in Spanien, in Calabardina unweit von Águilas am Golf von Mazarrón, ein Ferienhäuschen zugelegt. Ein Österreicher hatte dem Wahlwiener dieses Domizil verkauft. 1982 lernte er auf der Iberischen Halbinsel den gebürtigen Ungarn Mathias Sch. kennen, der Ende der vierziger Jahre mit seinen Eltern nach Deutschland gekommen war. Sch.s Sohn Armin war bei der Bundesluftwaffe in Landsberg stationiert, mit einer Spanierin verheiratet und wollte demnächst der Bundeswehr adieu sagen. Zoltan S. »tippte« den als besonders hilfsbereit bekannten Bundeswehr-Angehörigen für die Ungarn, verschwieg gegenüber seinen Vorgesetzten aber dessen Absicht, die Uniform gegen Zivilkleidung tauschen zu wollen. Als wäre es eine Szene aus einem der unsäglichen Heimatfilme der fünfziger Jahre, arrangierte Zoltan S. eine Reise ins Salzburgische, nach Sankt Wolfgang am Wolfgangsee. Kurz vor dem Reiseziel fiel den Touristen ein ungarisches Auto am Straßenrand auf, das anscheinend eine Panne hatte. Zoltan und Armin stoppten und boten den beiden Herren ihre Hilfe an. Armin konnte den Schaden am Verteiler relativ schnell beheben. Als Dankeschön luden die Magyaren ihre neuen

Bekannten ins berühmte und viel besungene »Weisse Rössel« zum Abendessen ein.

Von Zufall konnte natürlich keine Rede sein. Das ganze Schauspiel war eigens für Armin inszeniert worden. Die Herren aus Budapest waren vom Geheimdienst, und Zoltan spielte den Lockvogel. Einer von beiden soll sich, nach Angaben von Zoltan S., »Matias Tivadar« alias »Ivan Tivadar« genannt haben. Obwohl Zoltan S. 15 000 DM für seinen Tip erhalten haben soll, scheiterte die Anwerbung. Armin Sch. verließ wie beabsichtigt die Bundeswehr und übersiedelte nach Spanien.

Zoltan S. war von seiner Zentrale in Budapest auch im Agentenfunk geschult worden. Bereits 1980 fuhr er nach Ungarn, um sich mit der Entschlüsselung geheimdienstlicher Nachrichten über Morsefunk vertraut zu machen. Drei Jahre später wurde er einem Auffrischungskurs unterzogen und an einem Funkgerät samt Schnellgeber ausgebildet. Die Sendefrequenzen änderten sich jeden Monat, und Zoltan notierte sie verschlüsselt in seinem Kalender. Die Chiffrierunterlagen deponierte er in einem präparierten Luftverbesserer der Marke Johnson. Jeden Dienstag und Donnerstag gegen zehn Uhr vormittags lauschte er in den Kurzwellenäther, um etwaige Nachrichten zu notieren. Zuerst kam etwa zehn Minuten lang sein Erkennungszeichen STSMIM, dann folgten die Nummer der Sendung, die Anzahl der Fünfergruppen und das Datum. Den Empfang dieser Sendungen, meist waren es Aufträge oder Treffvereinbarungen, mußte Zoltan S. dann umgehend bestätigen. Er hatte zwei Telefonnummern der Geheimdienstzentrale, die er dazu abwechselnd anwählte.

Er verkehrte aber auch schriftlich mit der Zentrale, dafür hatte er zwei Deckadressen und ein spezielles, dünnes Luftpostpapier, DIN A4, erhalten. Er faltete es einmal in der Mitte, schrieb auf die Seiten 1 und 3 einen nichtssagenden Text. Die Rückseiten 2 und 4 wurden im Geheimverfahren beschrieben. Dazu hatte er Zusatzblätter erhalten, jedes nur für den einmaligen Gebrauch verwendbar. Er nahm einen normalen Bogen Papier, darunter legte er das Geheimpapier und darunter wiederum den Luftpostbogen. Nun beschrieb er mit einem Kugelschreiber das erste Blatt, der Text druckte sich durch, war aber nicht sichtbar. Das so präparierte Luftpostpapier schickte er an die Zentrale ab, die restlichen Unterlagen vernichtete er sofort auftragsgemäß.

Mitte der achtziger Jahre traf Zoltan S. wieder einmal mit seinem Freund Conrad in Bad Kreuznach zusammen. Später, Zoltan wohnte mittlerweile in Salzburg, trafen sich die beiden nochmals am Münchner Hauptbahnhof. Dabei deutete Conrad an, er hätte eine großen Coup mit den Amerikanern vor. Conrad hatte über einen Mittelsmann Verbindung zur CIA aufgenommen, erzählte Zoltan S. später im Verhör, und den Herren aus Langley mitteilen lassen, daß er als Agent für den Osten arbeite. Gegen das nötige Kleingeld, so Conrads Angebot, wäre er bereit, Informationen über die Ausspähungen amerikanischer Einrichtungen zu liefern. Zoltan S. äußerte Conrad gegenüber die Überzeugung, dieser habe mit seiner Hasard-Aktion wenn nicht andere, so zumindest ihn schwer gefährdet. Doch Conrad blieb dabei, die Sache sei sicher. 100 000 DM hatte der amerikanische Geheimdienst bei einem Treff in der Schweiz angeblich bereits an Conrad übergeben. Glaubt man der Army-Zeitung »The Stars and Stripes«, so waren auch die Brüder aus Schweden an diesem Deal beteiligt.[3] Außerdem war da noch ein Mister Martin aus Bad Godesberg, mit dem Conrad in Verbindung stand. Jedenfalls hatte auch er eine passende Telefonnummer, »für den Notfall«, wie es so schön hieß.

Zoltan ließ die leidige Angelegenheit keine Ruhe mehr. Er nahm mit seinen Agentenführern in Ungarn telefonisch Kontakt auf und teilte diesen verschlüsselt mit, daß ein Freund schwer erkrankt sei und er diesen am nächsten Tag im Spital aufsuchen werde. Das war der festgelegte Codespruch für akute Problemfälle. Zoltan S. checkte am nächsten Morgen in aller Frühe am Salzburger Flughafen Richtung Wien ein und flog von dort mit einer AUA-Linienmaschine nach Budapest weiter. Am Budapester Flughafen wurde er bereits erwartet. Vom Führungsoffizier mit dem Decknamen »Vince« und einem Agenten, der sich »Pista« nannte. Zuerst waren die beiden etwas mißtrauisch und wollten die Angaben Zoltans nicht so recht glauben. Er bekam den Auftrag, einen ausführlichen Bericht über die Affäre zu schreiben.

Nun ging der ungarische Geheimdienst in die Offensive. Zoltan wurde angewiesen, eine bestimmte Quelle von Conrad, den US-Soldaten »Ramsey«, zu suchen. Conrad hatte 30 000 DM für dessen Werbung erhalten und diesen »Ramsey« auch seinem Führungsoffizier vorgestellt. Zoltan S. fand heraus, daß Conrads Quelle bereits seit eineinhalb Jahren wieder in den Staaten war. Zoltan warf dies Conrad an den Kopf. Der ließ daraufhin, so Zoltan, seine ungarischen Führungsoffiziere links liegen und kam keinem Treff mehr nach. So wurde Zoltan ausgeschickt, um Conrad wieder in die »richtige« Bahn zu lenken. Mitte 1986 traf man

sich im Wienerwald-Restaurant in der Mariahilferstraße in Wien-Rudolfsheim. Chefagent »Vince« und ein weiterer Offizier der Ungarn waren ebenfalls anwesend. Der Unbekannte nahm Conrad zur Seite und plauderte mit ihm, während Zoltan und »Vince« etwas abseits ihr Essen einnahmen. Kurze Zeit später mußte Conrad für eine Woche nach Ungarn reisen. Er wurde in einem erstklassigen Budapester Hotel einquartiert und erhielt so nebenbei 10 000 DM Handgeld. Was war geschehen? Conrad mußte wohl sehr gute Ausreden parat gehabt haben. Eine eher plumpe Version, die später kolportiert wurde, lautete, Conrad habe Zoltan mit der CIA-Geschichte nur testen wollen.
Wie auch immer, die Luft sollte für Clyde Lee Conrad sehr dünn werden. Die U.S. Army Intelligence (USAI) und die Kölner Verfassungsschützer waren dem damals in Bosenheim lebenden Conrad schon länger auf der Spur. »Wir wußten schon Anfang der achtziger Jahre, daß es da ein Problem gab«, sagte der pensionierte Generalleutnant und ehemalige NSA-Direktor William E. Odom der »Army Times« im September 1988, »aber niemand wußte, daß es Conrad war.« Dabei war Eile geboten, denn den Sowjets waren über ihre Verbündeten Unterlagen mit den Geheimhaltungsgraden »Top Secret« und »Cosmic Top Secret« in die Hände gefallen, die laut Generalstaatsanwaltschaft zum Teil nukleare Operationen betrafen. Wieder einmal war es ein Überläufer, der die CIA bereits 1981, so ABC News in Washington, vor dem Maulwurf gewarnt hatte.
Am 25. August 1988 erfuhr Zoltan S., angeblich aus den Radionachrichten, von der Verhaftung seines ehemaligen Untergebenen Clyde Lee Conrad. Erst am nächsten Tag setzte sich Zoltan S. mit seiner jungen Frau nach Ungarn ab.
Conrad und seinen früheren Vorgesetzten Zoltan S. hatte in der Vergangenheit aber noch etwas anderes verbunden. Sie arbeiteten beide zugleich auch für den Geheimdienst der ČSSR. Conrad tat dies zumindest von 1981 bis 1986. Er übermittelte »seinen« Pragern, laut Generalbundesanwaltschaft in Karlsruhe, über Kuriere Fotos von geheimen militärischen Dokumenten und erhielt im Gegenzug an die 200 000 DM. Als die Ungarn den beiden durch einen Artikel in der »New York Times« auf die Schliche kamen, waren sie mehr als verärgert. Führungsoffizier »Lajos« soll sich Zoltan S. gegenüber »enttäuscht« gezeigt haben.
Am Tag, als Conrad verhaftet wurde, wurden – auf Grund einer konzertierten Aktion der beteiligten Polizeibehörden und Nach-

richtendienste – noch weitere Agenten dieses jahrelang äußerst erfolgreichen Spionagerings festgenommen. So auch die Brüder Imre und Sandor K. in Schweden. »The Stars and Stripes« berichteten Ende August 1988, daß man bei ihnen Chiffrierunterlagen und Kurzwellenempfänger gefunden habe. Die Brüder K. hätten nach Polizeiangaben schon lange unter Beobachtung gestanden. Im Oktober 1988 wurden die Ärzte von einem Göteborger Gericht zu je 18 Monaten Haft verurteilt.

Zoltan S. blieb eine Zeitlang in Ungarn auf Tauchstation. Hier konnten ihm die westlichen Nachrichtendienste kaum etwas anhaben.

In Wien lag derweil die Staatspolizei vor Zoltans Genossenschaftswohnung im 23. Wiener Gemeindebezirk, die er im Juni 1988 übernommen hatte, auf der Lauer. Am 6. Oktober 1988 nahmen die Anti-Terror-Fahnder Janos S., 35, fest, als er die Wohnung von Zoltan S. betrat. Der Ungar hatte von Zoltan S. den Auftrag erhalten, die Post und weitere Gegenstände aus der Wohnung nach Budapest zu schaffen. Der »einfache Mann mit dem niedrigen Intellekt«, hieß es über ihn im Stapo-Protokoll, hatte von Freund Zoltan genaue Anweisungen erhalten, wie er das Appartement unauffällig betreten könne. Da man ihm keine Agententätigkeit nachweisen konnte, schickten ihn die Österreicher per Abschiebung nach Hause.

Erst am 21. Mai 1989 konnte die österreichische Staatspolizei schließlich auch Zoltan S. verhaften. Wie die Aktion genau ablief, darüber hüllt man sich in Schweigen. Die Wahrheit, so wird gemunkelt, würde nachträglich schwere diplomatische Verstimmungen hervorrufen.

Zoltan S. wurde am 29. September 1989 von einem Wiener Strafgericht hinter verschlossenen Türen »wegen militärischen Nachrichtendienstes für einen fremden Staat«, gemäß Paragraph 319 des österreichischen Strafgesetzbuches, zu zehn Monaten bedingter Haft verurteilt. Die Öffentlichkeit war, »zwecks Hintansetzung der Gefährdung zwischenstaatlicher Beziehungen«, so die Begründung des Gerichts, von der Verhandlung ausgeschlossen.[4]

Zu deutsch: Man wollte den Amerikanern eine noch größere Blamage ersparen. Es steckte aber noch mehr dahinter. »Dieses harmlose Urteil«, schrieb eine österreichische Illustrierte, »rief verschiedenste Spekulationen über Zoltan S.s Kooperation mit den österreichischen Behörden hervor.«[5] Heute lebt Zoltan S. als Pensionist in Österreich.

Roderick James Ramsey, der von seinem Vorgesetzten Clyde Lee Conrad während seiner Dienstzeit in Deutschland geworben worden war, wurde 1990 von FBI-Agenten in Florida festgenommen.[6] Im August 1992 verurteilte ihn ein Gericht im Bundesstaat Florida wegen Spionage für Ungarn und die ČSSR zu 36 Jahren Haft. Sein Geständnis und seine Kooperation mit den Ermittlern bewahrte Ramsey vor einer Haftstrafe auf Lebenszeit. Diese wäre ihm sonst sicher gewesen, denn auch er hatte, laut Agenturmeldungen, Pläne und Stellungen von taktischen Atomwaffen der NATO an die Warschauer-Pakt-Staaten verraten.

VIII Der rumänische Geheimdienst CIE

Die Securitate in Wien

»Die Geheimdienstaktivitäten der Rumänen in Österreich sind beträchtlich gewesen«, sagte der seinerzeitige Innenminister Franz Löschnak wenige Tage nach dem Sturz des Bukarester Conducators Nikolae Ceauşescu im Dezember 1989.[1] »Securitate« hieß der gefürchtete Staatssicherheitsapparat Rumäniens in der Umgangssprache. Mehrere zehntausend Hauptamtliche, verläßliche Zahlen gibt es dazu nicht, und rund 400 000 Dauer-Informanten und Gelegenheitsspitzel sicherten dem Clan der Ceauşescus über ein Vierteljahrhundert ihre Allmacht im Gulag Rumänien. »Wenn zwei Rumänen auf der Straße zusammenkommen, sind mindestens drei von der Securitate«, spöttelte man in den achtziger Jahren in Bukarest hinter vorgehaltener Hand.[2]
Amtlich trug das Terrorinstrument die Bezeichnung Departamentul Securitatii Statului (DSS). Es unterstand auf dem Papier dem Innenminister und war in mehrere Hauptabteilungen gegliedert. Eine davon war die Hauptabteilung Auslandsaufklärung: Centrul de Informatii Externe, kurz CIE, früher auch Departamentul de Informatii Externe (DIE). Die Auslandsaufklärer stellten einen Großteil des Botschaftspersonals, saßen in den UN-Organisationen, waren äußerst stark in den Handelsmissionen sowie Außenhandelsfirmen vertreten und nutzten auch die Fluggesellschaft Tarom als Tarnung. So sollen unter anderem Offiziere der Abteilung Contrainformatie (CI), oft als Crew-Angehörige getarnt, ins Ausland geflogen sein. Rumänische Agenten werkelten eifrig und munter in den Wirtschaftsabteilungen der Botschaften und als »Repräsentanten« rumänischer Handelsunternehmen, zum Beispiel der Import-Export-Firma »Electronum« in Bukarest. Das Ziel hieß: Beschaffung westlicher Elektronik.[3] Innerhalb des Geheimdienst-Verbunds im Warschauer Pakt waren die Rumänen nicht sonderlich beliebt, ja sogar etwas isoliert. Dies entsprach ganz der politischen Rolle, die Rumänien im Ostblock spielte. So war die Bukarester Agentenzentrale auch nicht in das berühmte SOUD-Computersystem eingebunden, das 1979 installiert wurde. In dieses – vom KGB kontrollierte – »System für operative und institutionelle Daten« gaben die östlichen Geheimdienste ihre

»Gegner-Daten« ein und konnten im Gegenzug die »Feinddaten« ihrer Genossen abrufen.
Daß gerade Österreich hochgradig von der Securitate infiltriert war, behauptete schon der 1978 in den Westen abgesprungene ehemalige Abwehrchef Rumäniens, Generalleutnant Ion Pacepa. In seinem Buch »Red Horizons«, seinen 1988 erschienenen Memoiren, gab er an, daß zur Zeit der Regierung Bruno Kreiskys drei rumänische Agenten in dessen Umfeld, sprich im Kanzleramt, ihr Unwesen getrieben hätten. »Das hat vor Jahren niemand ernst genommen und nimmt auch heute niemand ernst«, tat dies Altkanzler Kreisky Anfang Januar 1990 in einem Gespräch mit dem »Standard« ab. »Eine furchtbar lächerliche Geschichte«, fügte er hinzu. Laut Pacepa sollen jedoch zwei Ministerialräte im Bundeskanzleramt gegen Honorar Amtsgeheimnisse nach Bukarest geliefert haben, und ein Agent, mit dem Decknamen »Orlando«, direkt in Kanzler Kreiskys Kabinett plaziert gewesen sein. Dieser hätte auch die Jugoslawen beliefert. Auch in der Nähe des Vizekanzlers und Finanzministers Dr. Hannes Androsch hätte ein CIE-Agent, »Daniel«, gesessen.
Eine der Hauptaufgaben der CIE-Agenten war die Bekämpfung und Infiltration der Aussiedler- und Emigrantenszene. Dabei schreckten die Agenten des »Titanen unter den Titanen«, so ließ sich der Diktator feiern, weder vor Entführung noch Mord zurück. Vereine, in denen sich Exilanten sammelten, standen an oberster Stelle ihrer nachrichtendienstlichen Begierde.
Mitte Januar 1986 reiste der rumänische Staatsbürger Emil B., Jahrgang 1940, über Wien-Schwechat ein. Der bullige, mittelgroße Bukarester war aus Madrid gekommen und hatte den Beamten der Grenzkontrolle einen rumänischen Dienstpaß vorgelegt. Zwei Tage später bat der Rumäne im Flüchtlingslager Traiskirchen, Bezirk Baden, um Asyl. Emil B., ein gelernter Wirtschaftswissenschaftler aus dem Bezirk Bacau, einer der ärmsten Gegenden Rumäniens, hatte das Ceauşescu-Regime bis obenhin satt, wie er angab. Er suchte die große Freiheit und gab vor, nach Kanada auswandern zu wollen.
Bei der anschließenden Routinebefragung durch die Fremdenpolizei gab der Asylant in spe an, 1972 in die KP eingetreten zu sein. Bis Mitte der siebziger Jahre habe er als Wirtschaftsfachmann gearbeitet, zuletzt in einer rumänisch-amerikanischen Gesellschaft für Computerwesen, »RomControlData« in Bukarest, danach sei er zur Fluggesellschaft Tarom gewechselt. Als Abteilungs-

leiter sei er dort für die Verträge mit ausländischen Reiseveranstaltern zuständig gewesen, wodurch er viel herumgekommen sei. Nachdem sich 1979 eine seiner Nichten nach Mexiko verheiratet habe, so gab er an, sei er »entlassen« und in das Ministerium für Verkehrs- und Fernmeldewesen, Abteilung Zivilluftfahrt, versetzt worden. Dieser Abteilung habe ein Generalmajor Dimitru Puiu, Jahrgang 1932, vorgestanden.

Seine Karriere sei damit so gut wie beendet gewesen, doch dann habe sich nochmals ein Lichtblick eröffnet. Anfang 1980 sei die Tarom-Repräsentanz in Paris plötzlich führungslos geworden und habe aus bürokratischen Gründen von verschiedenen Leuten interimistisch geleitet werden müssen. Längere Aufenthalte von rumänischen Staatsbürgern im Ausland hätten vom Zentralkomitee jedoch abgesegnet werden müssen, gab Emil B. an, und diese wären ausschließlich von Elena Ceauşescu, der Conducator-Gattin und Vize-Regierungschefin, abgezeichnet worden. Nur, das dauerte alles seine Zeit. Kurzaufenthalte unterlagen hingegen einem einfachen Genehmigungsverfahren. So kam auch Emil B., wie er erzählte, von Mitte Oktober 1980 bis Jahresende in den Genuß eines Aufenthalts an der Seine. Der Leutnant der Reserve wohnte, wie angeblich auch seine Kollegen, direkt in der Pariser Botschaft. Eine Regelung, die Kosten sparte und gleichzeitig die Kontrolle der eigenen Staatsbürger ermöglichte. Denn auf permanente Kontrolle wurde im finsteren Reich Ceauşescus mehr Wert gelegt als auf die glorreiche »permanente Revolution«.

Nach Emil B.s Angaben wurde er zum Jahresende 1980 wieder aus Paris abberufen. Später stellte sich jedoch heraus, daß er 1982 noch immer auf der Personalliste der rumänischen Botschaft in Paris als Wirtschaftsfachmann der Tarom geführt wurde.

Im September desselben Jahres wurde ihm auch ein neuer Dienstpaß, gültig für fünf Jahre, ausgestellt, versehen mit einem rumänischen »Ausreisevisum für alle Länder der Erde«. Dieser Paß belegte, daß der rumänische Ministerialbeamte für seine Tarifberechnungen sehr weit gereist war. Nicht nur zu den Genossen in die UdSSR, nach Polen oder in die DDR hatte es ihn verschlagen – 1982 war er auch in Österreich und in Singapur, im Jahr darauf in Kolumbien, danach sogar in Australien und später mehrmals in Portugal und Spanien gewesen. »Dienstreisen zwecks Geschäftsverhandlungen mit ausländischen Fluggesellschaften«, antwortete der angeblich strafversetzte Rumäne auf die Fragen der stutzig gewordenen österreichischen Beamten. Wie sich Jahre später heraus-

stellen sollte, war Emil B. bereits 1982 einem westlichen Nachrichtendienst als »Offizier des rumänischen Nachrichtendienstes« avisiert worden.
Wie bereits erwähnt, wollte Emil B. nun nach Kanada. Denn dort hatte er Verwandtschaft. Ein angeheirateter Cousin seiner Frau, Dr. Cornel Dima-Dragan, lebte in Toronto. Dima war Jahrgang 1936 und früher Professor für Literatur an der Universität Bukarest gewesen. Irgendwann in den siebziger Jahren hatte sich der Professor während eines Kongresses im Ausland abgesetzt. Fortan spielte Dr. Dima-Dragan eine wichtige Rolle im Kreise der Auslandsrumänen. Er war Generalsekretär eines internationalen Kulturbundes der Rumänen mit Sitz in Wien. Emil B. wandte sich dann auch im Namen Dimas an einen rumänischen Priester in Wien, der mit diesem befreundet war. Denn der Literaturprofessor war regelmäßig zu Besuch in Wien, wo er früher einige Zeit verbracht hatte. Vom 6. November 1984 bis 24. Oktober 1985 hatte der rumänische Geisteswissenschaftler in der Esterhazygasse 12, im sechsten Wiener Gemeindebezirk, logiert, so war es jedenfalls auf dem polizeilichen Meldezettel nachzulesen.
Anfang Februar 1986 suchte Emil B., laut eigenen Angaben, besagten Pfarrer in der rumänisch-orthodoxen Kirche in der Löwelstraße auf, einen Steinwurf vom Wiener Kanzleramt entfernt. Der Geistliche erzählte ihm von der Misere der rumänischen Flüchtlinge und der schlechten finanziellen Lage Dimas. Er erwähnte außerdem so nebenbei, daß er mit diesem an einem Buch arbeite. Zum Schluß lud er den Neuankömmling für den nächsten Sonntag zur Messe ein. In dieser Kirche, so behauptete der Flüchtling, hing zu seinem Erstaunen ein Bild des Conducators. Dem nicht genug, wurde auch die Liturgie mit einem Gebet für den großen Lenker in Bukarest beendet. Danach gab es Kaffee und Kuchen.
Der Kirchenmann nahm Emil B. an der Hand und stellte ihm einen Herrn vor, der sich »Zamfir« nannte. Der fragte sogleich, ob Emil schon den Asylantenstatus zuerkannt bekommen hätte und ob er ihm bei der Arbeitssuche behilflich sein könne. Später wurde der Verdacht laut, es könnte sich bei diesem »Zamfir« um einen Botschaftsangehörigen gehandelt haben. Denn nicht nur in westlichen Nachrichtendienst-Kreisen war es ein offenes Geheimnis, daß besagter Priester und einige seiner Schäfchen allzu gute Kontakte zu der rumänischen Botschaft, speziell zu deren Konsularabteilung in der Theresianumgasse, hatten. Auch Emil B. soll von einem »Unbekannten« auf diese Verbindung hingewiesen worden sein.

Acht Tage später, am 16. Februar 1986, wurde der Kulturvereinsfunktionär Dr. Cornel Dima-Dragan im kanadischen Toronto ermordet. Dima war nicht nur im Kulturbund tätig gewesen, sondern auch Herausgeber einer Zeitung mit dem Titel »Tricolor«. Er sei in seiner Wohnung erschossen worden, weil er Agenten des rumänischen Geheimdienstes »auf den Markt werfen« wollte, so lauteten jedenfalls die ersten Spekulationen.
Es dauerte einige Zeit, bis wirklich Licht in die Sache kam. Der Zusammenschluß der rumänischen Exilvereine unter einem Dachverband basierte, laut Aktenlage, auf einer nachrichtendienstlichen Operation der Rumänen. Die Idee zur Gründung eines derartigen Vereins soll der Professor gehabt haben. Ein Österreicher rumänischer Abstammung, Augustin O., ließ den Verein dann amtlich eintragen. »Dima-Dragan wurde als Mitarbeiter des rumänischen Nachrichtendienstes identifiziert«, zu dieser Erkenntnis kamen die österreichischen Staatsschützer nach ihren umfangreichen Recherchen. Und sie gingen von der Annahme aus, daß der rumänischen Botschaftssekretär Neculai Trandafir, Jahrgang 1948, Dimas Führungsoffizier gewesen sei. Trandafir war zu diesem Zeitpunkt freilich längst über alle Berge.
Seine Abberufung vom Wiener diplomatischen Parkett soll Ende 1980 überstürzt in Zusammenhang mit dem Absprung eines Chiffreurs der rumänischen Botschaft in Wien erfolgt sein. Offiziell wurde er jedoch nicht abgemeldet. Auch die Botschaftssekretäre Vasile Constanda und Teodor Iles waren mit Jahresende wieder zu Hause. Stand auch ihre Rückkehr nach Bukarest in Zusammenhang mit der Desertion eines »Kollegen«?
Am 23. November 1980 hatte der Chiffreur und rumänische Botschaftsattaché zu Wien, Florin Ovidiu Rotaru, die Seiten gewechselt. Der 28jährige hatte zuvor eine ansehnliche Menge Informationsmaterial in der Botschaft zusammengerafft, in einen Sack gestopft und war, über eine Zwischenstation in der Bundesrepublik Deutschland, der amerikanischen CIA in die offenen Arme gelaufen.[4] »Der abgesprungene Agent war nur ein kleiner Fisch«, meldete die »Presse« im Januar 1981. Doch unter den rumänischen Akten, die der Überläufer Rotaru entwendet hatte, fanden sich auch etliche verschlüsselte Aufzeichnungen aus der Residentur. Darunter Zahlungslisten der CIE-Führungsoffiziere, in denen diese genau aufgeschlüsselt hatten, wann sie wen getroffen hatten und welche Geldsummen und Geschenke dabei übergeben worden waren.

Ganz oben auf dieser Liste standen der Wiener Hofrat Edgar B., pensionierter Leiter der Wiener Fremdenpolizei, Deckname »Baby«, und der Wiener Stapo-Abteilungsinspektor Josef Csernansky, Deckname »Costea«. Csernansky, Jahrgang 1923, war bereits 25 Jahre lang bei der Wiener Polizei gewesen, als er 1970 vom leidigen Rechtsextremismus-Referat ins Referat Nachrichtendienste-Ost wechselte. Von da an hatte er die Rumänen zu bearbeiten. Ende März trat er mit Freunden eine Donaureise nach Rumänien an. Zwei seiner Begleiter filmten bei der Gelegenheit verbotenerweise eine rumänische Erste-Mai-Demonstration. Die Miliz schritt ein, und die Ostblock-Gastfreundschaft roch plötzlich ziemlich streng nach Gulag. Doch dann mischte sich Victor Hostiuc, seines Zeichens CIE-Offizier, ins Geschehen und erledigte die Sache zur Zufriedenheit der Wiener. Ein abgekartetes Spiel?

Victor Hostiuc, Jahrgang 1930, war seit Juli 1969 unter dem Deckmantel eines Zweiten Botschaftssekretärs in Wien akkreditiert. Er war Presseattaché sowie Konsul. Als Geheimdienstoffizier führte er den Decknamen »Moldoveanu«. Der Stapo-Beamte Csernansky müßte den Agenten schon aus Wien gekannt haben, was er später jedoch vehement bestritt. Nach seiner »Erinnerung« hätte er Hostiuc erst zwei Jahre später bei einem offiziellen Staatsbesuch eines Bukarester Regierungsmitglieds in Wien getroffen. Der Agent habe ihn dabei an die seinerzeitige »Hilfe« erinnert, und man habe sich danach auch privat getroffen. Schließlich bat der CIE-Agent um die Wohnadresse eines in Österreich lebenden Rumänen. Csernansky schob diese beim nächsten Treff über den Tisch und steckte im Gegenzug eine Stange Zigaretten und eine Flasche Wodka als Dankeschön in die Tasche. Mehr sei nicht gewesen.

Mitte Oktober 1974 wurde Hostiuc in die Bukarester Zentrale zurückbeordert. Doch zuvor hatte er dem Wiener Staatspolizisten noch seinen Nachfolger, Aurica Nicolae, vorgestellt. Der Bukarester, Jahrgang 1933, kam bereits Mitte September im Rang eines Ersten Botschaftssekretärs nach Wien und übernahm von Hostiuc die Leitung der Konsularabteilung. Doch nicht nur das, er war von nun an auch »Costeas« neuer Führungsoffizier, Deckname »Mircescu«. Laut Aktenlage gab der Stapo-Maulwurf »Costea« vornehmlich »sicherheitsbehördliche Interna« und Informationen über rumänische Exilanten weiter. Die CIE war dabei speziell an Material über Personen der »Eisernen Garde«, der rumänischen Faschisten, interessiert. Der Wiener verifizierte für die Securitate nachrichtendienstliche Angaben und gab sein Wissen über staatspolizeiliche »Vorgänge« auf dem Gebiet des arabischen Terrorismus weiter.[5] »Costea« diente den Rumänen außerdem bei ihrer »Vorfeldaufklärung«, sind sich westliche Nachrichtendienstexperten einig.

Doch auch Führungsoffizier Aurica Nicolae alias »Mircescu« mußte Anfang Juli 1979 wieder ins Karpatenreich des Ceauşescu-Clans zurück. Gheorge Marin, Jahrgang 1943, übernahm als Zweiter Botschaftssekretär die Konsularabteilung. Sein Securitate-Name in der Residentur war »Radu«. »Radu« lieh gleich zu Beginn seinem Maulwurf »Costea« eine Kamera der Marke Topcon, damit dieser sich in die »Dokumentenfotografie« einüben konnte. Zwar hatte »Costea« bereits eine Minox, doch scheiterte er an der »Lichttechnik«.

Offiziell wurde Gheorge Marin alias »Radu« erst im Januar 1981 nach Rumänien heimgeholt. Doch die österreichischen Ermittler bezweifeln diese Version stark. Es wird vielmehr vermutet, daß er sich kurze Zeit nach dem »Umstieg« Rotarus im November 1980 in die schützenden heimatlichen Gefilde zurückgezogen hat. Denn es waren ausgerechnet »Radus« schriftliche Aufzeichnungen, die der junge Rotaru hatte mitgehen lassen. Darin hatte »Radu« unter anderem notiert, daß er seit dem Januar 1980 6000 Schilling monatlich an Csernansky ausbezahlt hatte. Csernansky stritt diesen Betrag ab, er wollte insgesamt lediglich 18000 Schilling genommen haben.[6] Traf dies zu, so mußte sich wohl »jemand« an den »Operativ-Geldern« vergriffen haben – eine Todsünde in der Welt der Geheimdienste. »Bei Agenten östlicher Nachrichtendienste kam es immer wieder vor, daß sie sich am geheimen Finanztopf bereicherten«, beruft sich ein Wiener Experte auf westliche Erkenntnisse. »Gerade die Rumänen wurden von ihrer Zentrale finanziell sehr kurz gehalten.«

Am 16. März 1981 wurde der zuckerkranke Stapo-Abteilungsleiter Csernansky von seinen eigenen Kollegen verhaftet.[7] Am selben Tag wurde noch ein weiterer Beamter der Wiener Stapo wegen des Verdachts der Spionage für den Bukarester Geheimdienst festgenommen: Hofrat Edgar B., ehemals Leiter des Flüchtlingslagers Traiskirchen und Chef der Wiener Fremdenpolizei. Wenige Wochen nach Rotarus Flucht in die Vereinigten Staaten hatte sich »Baby«, so sein CIE-Deckname, aus gesundheitlichen Gründen in die Frühpension zurückgezogen. »B. war der Typ des gemütlichen Heurigengehers«, schrieb die »Kronenzeitung« seinerzeit. Der rundliche Staatsbeamte war ein leidenschaftlicher Esser und hob ganz gern ein Glas in geselliger Runde. Aber »im Dienst riß er sich keinen Haxen aus«, hieß es in der »Kronenzeitung«, so daß ihm sein amtliches Schneckentempo den Spitznamen »Nasenbohrer« eintrug.[8]

Der Hofrat versorgte die Securitate-Offiziere Hostiuc, Nicolae und Marin, die auch schon sein Kollege Csernansky bediente, über Jahre mit Daten rumänischer Flüchtlinge. Später lieferte er gleich die Asylansuchen mit sowie Informationen über interne Einrichtungen der Wiener Bundespolizeidirektion, insbesondere über deren Computerbereich und die Spionageabwehr.[9] Für sein »Entgegenkommen« wurde er von den Rumänen eher kläglich bezahlt. Beim erstenmal hatte der CIE-Offizier Hostiuc zwei Fünfhundertschillingnoten in einen Werbeprospekt gesteckt, den er B. zuschob. Der Hofrat nahm sie mit einem gottergebenen »Ach, was soll's«. Später gab es eine »Monatspauschale« von wenigen tausend Schilling.

»Herr Präsident, ich habe das, was Sie mir vorwerfen, gemacht«, gestand der Stapo-Pensionist dem Verhandlungsrichter, und auf gut schla-wienerisch fügte er hinzu: »Aber ich wäre nie auf die Idee gekommen, daß ich Geheimnisse weitergegeben habe.«[10] Trotz dieser wein- und rührseligen Ahnungslosigkeit erhielt »Baby« zwei Jahre Haft – jedoch nicht wegen Spionage oder des Verrats von Staatsgeheimnissen, wie der Oberste Gerichtshof im Oktober 1982 entschied, sondern »nur« wegen Mißbrauchs der Amtsgewalt.[11]

Auf Rotarus Liste sollen die Namen zwölf weiterer Österreicher gestanden haben, die allesamt verdächtig enge Kontakte zu rumänischen Agenten gehalten hätten. Unter anderen die Namen dreier Beamter des Wiener Außenamts, die laut »Presse« seinerzeit suspendiert wurden, sowie der eines Postsparkassenbeamten.[12] Später hörte man von diesen Fällen jedoch nichts mehr.

Zurück zum rumänischen Kulturverband in Wien. Die Wiener Stapo-Sondereinheit EBT legte sich auf die Lauer und wurde prompt fündig. Die wochenlangen Observationen ergaben, daß ein rumänischer Diplomat intensive Kontakte zu einem hochrangigen Vereinsfunktionär unterhielt. Der Botschaftsangehörige hieß Dorel Moldovan, Jahrgang 1949, und war als Zweiter Botschaftssekretär akkreditiert. Moldovan war bereits ein »erkannter« Securitate-Offizier, heißt es in den Akten. Sein Vereins-Kontaktmann war niemand anderer als Augustin O. Doch Moldovan stand auch mit anderen Personen des Vereins in enger Verbindung. Auch der

Rumäne Alexandru A. traf sich mehrmals mit dem CIE-Agenten. Dabei wurde beobachtet, wie Alexandru von Moldovan Geld entgegennahm. Somit konnte angenommen werden, daß es sich bei ihm mit großer Wahrscheinlichkeit ebenfalls um einen Geheimdienstspitzel handelte.

Mitte September 1987 mußte Dorel Moldovan Wien überstürzt adieu sagen. Der Grund: Man hatte ihm klar und deutlich zu verstehen gegeben, daß man ihm auf den Fersen war. Die Lücke, die Moldovan durch seinen Abgang hinterließ, soll dann kurzfristig wieder von Neculai Trandafir ausgefüllt worden sein, wie beobachtet werden konnte.

Im September 1989 hielt der Kulturverband seinen dritten Kongreß in Wien ab. Vorstand und Exekutivkomitee wurden neu gewählt.

Wenige Wochen später war die Herrschaft der Ceauşescus zu Ende. Am 12. Dezember 1989, drei Tage vor dem blutigen Massaker der rumänischen Securitate an der ungarischen Minderheit im westrumänischen Temesvar, war die Securitate auch Thema im Wiener Landesgericht. Emil Giurca, 36, CIE-Agent mit dem Diplomatenpaß D 23080, saß wegen Spionage zum Nachteil Österreichs nach sechs Monaten U-Haft auf der Anklagebank. Ein Jahr Haft bedingt, lautete das Urteil, sowie umgehende Abschiebung nach Rumänien.

Am 29. Juni 1989 war der Securitate-Agent Giurca über Jugoslawien nach Österreich eingereist. Hier wurde er bereits erwartet. »Emil Giurca hätte als zeitlicher Mitarbeiter zwei bis drei Monate in der Wiener Konsularabteilung arbeiten sollen«, behauptete Botschaftssekretär Marian Radu gegenüber einem österreichischen Monatsmagazin. Der Grund für Giurcas Engagement sei die Überlastung des Botschaftspersonals in den Sommermonaten gewesen, setzte Radu auseinander.[13] Doch nicht nur die Botschaft harrte der Ankunft Giurcas, auch die österreichische Staatspolizei wartete auf ihn – schon ein Jahr lang.

Anfang 1988 war Bogdan N., ein Exil-Rumäne aus der ungarischen Minderheit, in Österreich in die Fänge rumänischer Kundschafter geraten. Da er seine Familie in Rumänien hatte zurücklassen müssen, war er als Erpressungsopfer für die Securitate wie geschaffen. Die CIE-Kundschafter verlangten in erster Linie Informationen über Emigrantenvereine, bestimmte Mitglieder und Aktivisten und deren »Schwachstellen«. Auf die legte die CIE besonders großen Wert. Der Exilant bekam außerdem den Auftrag, einen An-

gehörigen der ungarischen Botschaft in Wien zu überwachen.[14] Bogdan N. übergab der CIE später unter anderem die Statuten eines Exilantenvereins. Zwischen den Kundschaftern in Rumänien und dem Emigranten in Österreich wurde ein konspirativer Briefverkehr eingerichtet. In einem Brief hieß es verschlüsselt: »Der Fußballer geht auf Tournee, er braucht dringend Medikamente.«[15] Der Fußballer war niemand anderer als Giurca. Am 1. Juli 1989 traf dieser seinen »Mann«, unter intensiver Beobachtung der EBT, am Wiener Südbahnhof. Nachdem das Gespräch beendet war, gab der CIE-Agent seinem »Spitzel« Bogdan N. 800 US-Dollar und ließ ihn eine dementsprechende Quittung unterzeichnen. Diese wurde später von Giurca zerrissen und eine neue Quittung auf den Betrag von 1000 US-Dollar gefälscht. Die damals von Giurca sorglos weggeworfenen Papierschnipsel wurden später vor Gericht als Beweise vorgelegt »Die Differenz von 200 Dollar behielt er sich als sogenanntes Körberlgeld«, ätzte der Ankläger, Staatsanwalt Dr. Sepp-Dieter Fasching.[16] Da Quellen östlicher Nachrichtendienste üblicherweise in Westwährungen ausbezahlt werden, so Stapo-Experten in einem internen Papier, wurden Führungsoffiziere dadurch oft zu Betrugshandlungen verleitet. CIE-Führungsoffizier Giurca stolperte am 3. Juli 1989 über seine Unprofessionalität direkt in die Handschellen der österreichischen Staatspolizei.
Nun mußte wohl oder übel auch die rumänische Botschaft verständigt werden. Diese intervenierte, wie nicht anders erwartet, umgehend: »Bei Giurca handelt es sich um einen Diplomaten.« Der Protest blieb allerdings ohne Erfolg. »Die Botschaft hatte keine Möglichkeit«, so Marian Radu, »Giurca nachträglich zu akkreditieren. Unsere Papiere wurden nicht akzeptiert.«[17] Dafür schickten die Rumänen Direktor Nicolae Piroska, einen hochrangigen Außenamtsbeamten aus Bukarest, nach Wien. Piroska soll Spitzenfunktionär der Securitate-Auslandsaufklärung gewesen sein und außerdem Giurcas Vorgesetzter, berichtete der »Kurier«.[18] In Anwesenheit des Untersuchungsrichters durften Direktor Piroska und der Konsul mit Giurca sprechen. Man plauderte in der Hauptsache Belangloses. Daß diese intensive Betreuung nur einen Zweck verfolgte, nämlich Giurca vor einer drohenden »Umpolung zu schützen«, war für den Ankläger klar. Nicht klar war dem Staatsanwalt hingegen, wie weit chiffriert gesprochen wurde. Harmlose Sätze wie »der Familie geht es gut, sie macht sich Sorgen um dich« entpuppten sich, bei genauerem Hinhören, oft als gewaltige Drohungen. Giurca hielt jedenfalls dicht.

Starke Familienbande nach Wien gab es auch an der Spitze des rumänischen Terrorregimes. Marin Ceauşescu, einer von Nikolaes Brüdern, war seit 20. März 1973 als Handelsrat an der Wiener Botschaft akkreditiert. Über ihn gab es von jeher die unterschiedlichsten Aussagen. Die einen wähnten in ihm einen maßgeblichen Geheimdienstmann, der von Wien aus den rumänischen Geheimdienst in Westeuropa gelenkt haben soll.[19] Diese Information stammte ursprünglich vom amerikanischen Sender Radio Free Europe. Der bekannte US-Sender berief sich dabei auf Angaben rumänischer Überläufer.[20] Sogar der Europarat nahm diese Information 1989 in seinem »Report über die Lage der Minderheiten in Rumänien« auf. Andere verdächtigten den damals 73jährige Marin Ceauşescu wiederum, arabische Söldner angeheuert zu haben, welche Schulter an Schulter mit der Securitate-Armee für den Conducator gekämpft hätten. Belege dafür gab es nicht.
Wenige Tage nach der Hinrichtung seines Bruders Nicolae und dessen Frau Elena galt der altgediente Diplomat Marin als verschollen. Am 28. Dezember 1989, gegen neun Uhr früh, fanden Botschaftsangehörige Marin Ceauşescu erhängt im Keller der rumänischen Handelsmission. Selbstmord, hieß es später amtlich, da die Tür von innen versperrt gewesen war. »In dem kleinen Kellerzimmer hatte er persönliche Dinge aufbewahrt«, schrieb die »Presse«. Einen Abschiedsbrief fand man nicht.

»An der rumänischen Botschaft in Österreich«, hieß es im Januar 1990 in einem vertraulichen Papier der Stapo-Sondereinheit EBT, »verblieben alle Botschaftsangehörigen, also auch die Mitglieder der Securitate.« Nach den Umwälzungen in Rumänien wurde aus dem DSS – insgesamt gibt es heute laut »Romanian Press Review« neun Geheimdienste – das Serviciul Roman de Informatii (SRI). Mehr als 30 000 Mitarbeiter soll heute die Geheimdienstgemeinde umfassen.[21]
Einer ihrer Zweige ist der Auslandsgeheimdienst Serviciul de Informatii Externe (SIE), der nach Meinung westlicher Experten wie die Mutterorganisation SRI auch nach wie vor auf das weitverzweigte Netz der ehemaligen Securitate zurückgreifen kann. Denn angeblich blieb der Auslandsgeheimdienst von den seinerzeitigen Umwälzungen im inländischen Staatssicherheitsdienst praktisch unberührt.[22] Außerdem fand ein hoher Prozentsatz ehemaliger Securitate-Mitarbeiter auch im SRI eine Aufgabe. Dies seien eben hochqualifizierte Fachleute, deren Ausbildung eine beträchtliche

Summme gekostet habe und die nicht selbst an den Repressionsmaßnahmen gegen die Bevölkerung teilgenommen hätten, heißt es nach der PR-Strategie des SRI. Böse Zungen behaupten allerdings, dies sei Schönfärberei und soll nur vom seinerzeitigen Securitate-Image der hohlköpfigen Schläger in ihren schwarzen Ledermänteln ablenken. Tatsächlich werden SRI-Mitarbeiter seit 1992 am Höheren Institut für Information in Bukarest ausgebildet.[23]

»Früher war es nicht unüblich, daß der rumänische Geheimdienst im Ausland Leute liquidiert hat, auch in Österreich«, zitierte die Austria Presseagentur (APA) 1995 einen Sprecher des Innenministeriums. Dieser fügte noch hinzu: »Ich bin mir nicht sicher, wie weit die Rumänen ihre Mittel und Wege geändert haben.«[24] Die kritischen Worte aus dem österreichischen Innenministerium hatten einen mehr als triftigen Grund. Die Wiener Rechtsanwältin Dr. Eva Maria Barki war am 24. November 1994 von der Wiener Staatspolizei informiert worden, daß der rumänische Geheimdienst SRI beschlossen habe, sie durch einen inszenierten Autounfall oder einen Giftanschlag »zu beseitigen«. Eine rumänische Tageszeitung warf der Juristin, unter Berufung auf den Geheimdienst SRI, vor, »Instruktionen für ihre antirumänische Kampagne erhalten zu haben«[25]. Gemeint waren damit Anweisungen, die sie angeblich von der österreichischen Staatspolizei erhalten haben soll, erklärt die Rechtsanwältin. Der Hintergrund: Dr. Barki setzt sich seit Jahren für die Rechte der ungarischen Minderheit in Rumänien ein.

In Bukarest hatte der Fall Barki höchste Priorität. Der rumänische Geheimdienstchef Dr. Virgil Magureanu legte am 15. Oktober 1994 dem Bukarester Parlament den SRI-Bericht Nr. 25639 vor, in dem heftig gegen die Wiener Juristin gewettert wurde. Dr. Barki, Leiterin einer ungarischen Diaspora-Organisation in Österreich, verbreite Haß und Verachtung gegen das rumänische Volk, hieß es in diesem Geheimdienstpamphlet. »In verfälschter Form berichtet sie über deren Situation [ungarische Minderheit] vor internationalen Organisationen und westlichen Entscheidungsträgern, mit dem Ziel das Image und die Interessen Rumäniens zu beeinträchtigen.«[26]

Der Bukarester Geheimdienstchef bat die Behörden, Frau Barki für mehrere Jahre die Einreise zu verweigern.[27] Die Wiener Strafverteidigerin wurde daraufhin von den Rumänen zur Persona non grata erklärt. Die österreichische Staatspolizei ergriff umgehend

Maßnahmen. Sie stellte Dr. Eva Maria Barki unter Polizeischutz. Kein Wunder, wähnt man doch ein großes Corps rumänischer Agenten in Wien.
Drei der insgesamt neun rumänischen Geheimdienste seien in Österreich präsent, zitierte die Zeitung »Erdélyi Napló« einen Insider, der darüber hinaus angab, daß neben Dr. Barki auch der bekannte Pfarrer Tökés Laszlo und andere Personen auf der »Mordliste« stünden. »Die Liste ist eine Beweis dafür, daß die ›Margureanus‹ auch im Ausland funktionieren und daß an der rumänischen Botschaft in Wien unter dem Deckmantel der Diplomatie auch weiterhin die Securitate-Leute aktiv sind.«[28]

Anmerkungen

Einleitung

Spionage leichtgemacht

1 Kurier, 03. 07. 1990
2 Österreichisches Strafgesetzbuch, Erläuterungen zu Paragraph 319 – Militärischer Nachrichtendienst für einen fremden Staat.
3 Egmont R. Koch, Das geheime Kartell, Seite 59
4 Mary Ellen Reese, Der deutsche Geheimdienst – Organisation Gehlen, Seite 175
5 rororo Filmlexikon, Filme T-Z 3, Seite 663
6 Guido Knopp, Topspione, Seite 137 f.
7 Evan Thomas, The very best men, Seite 128
8 Mary Ellen Reese, a.a.O., Seite 214
9 profil, Nr. 11, 12. 3. 1990
10 David Wise, Flucht nach Moskau, Seite 59
11 Philip Agee/Louis Wolf, Die CIA in Westeuropa, 1981
12 The Sunday Telegraph, 12. 5. 1991
13 The Washington Post, 28. 8. 1989
14 a.a.O.
15 Wiener Zeitung, Nr. 172, 27. 7. 1989

I Die Nummer eins: Das KGB

Der Krake lebt

1 Hugo Portisch, Österreich II, Seite 355 f.
2 John Barron, KGB, Index 468 ff. bzw. Hendrik van Bergh, Köln 4713, Seite 302
3 Kurier, 25. 11. 1974
4 John Barron, Spion aus Abenteuerlust. In: Die lautlose Macht, 1985, Seite 248
5 ebenda, Seite 252
6 ebenda, Seite 263
7 Wiener, Nr. 11/1992, Seite 48 ff.
8 ebenda
9 ebenda
10 Christopher Andrews/Oleg Gordiewsky, KGB, Seite 847
11 APA 376, 28. 1. 1991
12 Kurier, 6. 5. 1991
13 profil, Nr. 23, 15. 1. 1990, Seite 45
14 APA 003, 26. 12. 1992

Der Agent zwischen den Welten

1 Henry Hurt, The Spy who never came back, New York 1981
2 ebenda
3 Corson/Trento, Maulwürfe. Die geheimen Kriege des KGB gegen die USA, München 1989
4 ebenda
5 Newsweek, 25. 7. 1977
6 Corson/Trento, Maulwürfe. Die geheimen Kriege des KGB gegen die USA, München 1989, Seite 292
7 Christopher Andrews/Oleg Gordiewsky, KGB, Seite 555 f.
8 The Washington Post, 17. 7. 1977
9 The Washington Post, 14. 7. 1977
10 Corson/Trento, Maulwürfe. Die geheimen Kriege des KGB gegen die USA, München, Seite 312 ff.
11 Henry Hurt, Shadrin, Seite 226
12 Henry Hurt, Shadrin, Seite 237
13 Corson/Trento, Maulwürfe. Die geheimen Kriege des KGB gegen die USA, München, Seite 327
14 ebenda
15 BPD Wien, Staatspolizeiliches Büro, Aktenvermerk vom 23. 12. 1977
16 David Wise, Nightmover, Seite 139

Ein Norweger in Wien

1 John Barron, KGB, KGB-Liste, Seite 468 ff.
2 APA, 22. 1. 1984
3 Christopher Andrews/Oleg Gordiewsky, KGB, Seite 732
4 Die Zeit, Nr. 6, 3. 2. 1984
5 Die Zeit, Nr. 6, 3. 2. 1984
6 APA, 27. 2. 1985
7 APA, 24. 1. 1984
8 Die Zeit, Nr. 6, 3. 2. 1984
9 APA, 24. 2. 1985
10 APA, 1. 3. 1985
11 John Barron, KGB, Seite 481
12 Die Zeit, Nr. 6, 3. 2. 1984
13 APA, 1. 2. 1984
14 Die Presse, 21. 6. 1985
15 APA, 10. 10. 1984
16 APA, 25. 2. 1985
17 APA, 25. 2. 1985, APA, 1. 3. 1985
18 Salzburger Nachrichten, 21. 6. 1985, Wiener Zeitung, 21. 6. 1985
19 APA, 20. 6. 1985
20 APA, 23. 6. 1986
21 Guido Knopp, Topspione, Seite 37
22 Friedrich Schlomann, Die Maulwürfe, Seite 278

23 Wiener Zeitung, 24. 6. 1986
24 APA, 17. 4. 1991

Deckname »Emil«

1 Janusz Piekalkiewicz, Weltgeschichte der Spionage, Seite 512
2 ebenda
3 BfV, Bundesverfassungsschutzbericht 1984, Seite 213
4 Janusz Piekalkiewicz, Weltgeschichte der Spionage, Seite 513
5 ebenda
6 ebenda

Verrat an der NSA, an den USA

1 James Bamford, NSA, Amerikas Geheimster Nachrichtendienst, Orell Füssli 1986
2 Nathan Miller, Spying for America, Seite 489 f.
3 Christopher Andrews/Oleg Gordiewsky, KGB, Seite 786
4 Bob Woodward, Geheimcode Veil, Seite 581
5 Christopher Andrews/Oleg Gordiewsky, KGB, Seite 786 bzw. Nathan Miller, Spying for America, Seite 489 f.
6 Wochenpresse, Nr. 52, 23. 12. 1985
7 Bob Woodward, Geheimcode Veil, Seite 581 f.
8 Die Presse, 27. 11. 1985
9 David Wise, Flucht nach Moskau, Seite 22

Das Wiener Verfahren

1 John Barron, Spione für den KGB, Seite 184
2 Guido Knopp, Topspione, Seite 275
3 John Barron, Spione für den KGB
4 ebenda
5 Guido Knopp, Topspione, Seite 273
6 The New York Times, 9. 8. 1985
7 ebenda
8 Kopie der KGB-Anweisung
9 John Barron, KGB, Seite 473
10 John Barron, KGB
11 Christopher Andrews/Oleg Gordiewsky, KGB, Seite 676 f.
12 John Barron, Spione für den KGB, Seite 209
13 ebenda, Seite 94

Flucht in den Osten

1 David Wise, The Spy who got away, 1988, dt.: Flucht nach Moskau, Droemer Knaur 1988
2 John Barron, Spione für den KGB, Seite 162

3 David Wise, Flucht nach Moskau, Seite 44 ff.
4 NZZ, 8. 10. 1985
5 David Wise, Flucht nach Moskau, Seite 127 ff.
6 David Wise, Flucht nach Moskau, Seite 147 ff.
7 David Wise, Flucht nach Moskau, Seite 144
8 APA, 5. 10. 1995
9 David Wise, Flucht nach Moskau, Seite 148
10 The New York Times, 5. 10. 1985
11 Tim Weiner/David Johnston/Neil A. Lewis, Betrayal, The Story of Aldrich Ames, Seite 53
12 David Wise, Flucht nach Moskau, Seite 191
13 Guido Knopp, Topspione, Seite 43

Der KGB-Maulwurf in Langley

1 Unclassified abstract of the CIA Inspectors General's Report on the Aldrich H. Ames Case, 21. 10. 1994
2 Unclassified abstract of the CIA Inspectors General's Report on the Aldrich H. Ames Case, 21. 10. 1994
3 Tim Weiner/David Johnston/Neil A. Lewis, Betrayal, The Story of Aldrich Ames, Seite 179 f.
4 David Wise, Nightmover, Seite 14
5 Tim Weiner/David Johnston/Neil A. Lewis, Betrayal, The Story of Aldrich Ames, Seite 24
6 ebenda
7 Security Awareness Bulletin 4/94: An Assessment of the Aldrich H. Ames Espionage Case und Its Implications for U.S. Intelligence
8 Peter Maas, Killerspy, Seite 58
9 Unclassified abstract of the CIA Inspectors General's Report on the Aldrich H. Ames Case, 21. 10. 1994
10 Unclassified abstract of the CIA Inspectors General's Report on the Aldrich H. Ames Case, 21. 10. 1994
11 Unclassified abstract of the CIA Inspectors General's Report on the Aldrich H. Ames Case, 21. 10. 1994
12 David Wise, Nightmover, Seite 258
13 Unclassified abstract of the CIA Inspectors General's Report on the Aldrich H. Ames Case, 21. 10. 1994
14 David Wise, Nightmover, Seite 269
15 Tim Weiner/David Johnston/Neil A. Lewis, Betrayal, The Story of Aldrich Ames, Seite 40
16 David Wise, Nightmover, Seite 122
17 Tim Weiner/David Johnston/Neil A. Lewis, Betrayal, The Story of Aldrich Ames, Seite 254
18 Security Awareness Bulletin 4/94: An Assessment of the Aldrich H. Ames Espionage Case und Its Implications for U.S. Intelligence
19 Security Awareness Bulletin 4/94: An Assessment of the Aldrich H. Ames Espionage Case und Its Implications for U.S. Intelligence

20 Peter Maas, Killerspy, Seite 124
21 David Wise, Nightmover, Seite 187
22 Security Awareness Bulletin 4/94: An Assessment of the Aldrich H. Ames Espionage Case und Its Implications for U.S. Intelligence
23 Security Awareness Bulletin 4/94: An Assessment of the Aldrich H. Ames Espionage Case und Its Implications for U.S. Intelligence
24 Unclassified abstract of the CIA Inspectors General's Report on the Aldrich H. Ames Case, 21. 10. 1994
25 Statement of Frederick P. Hitz, Inspector General, Central Intelligence Agency before the Select Committee on Intelligence, United States Senate, 9. 11. 1995
26 Time Domestic, October 24, 1994; Volume 144, No. 17
27 Unclassified abstract of the CIA Inspectors General's Report on the Aldrich H. Ames Case, 21. 10. 1994
28 Unclassified abstract of the CIA Inspectors General's Report on the Aldrich H. Ames Case, 21. 10. 1994
29 APA 306, 27. 2. 1994
30 Time, March 7, 1994 Volume 143, No. 10
31 Statement of the Director of Central Intelligence on the Clandestine Services and the Damage Caused by Aldrich Ames, 7 December 1995

Ein Briefmarkensammler unter Spionageverdacht

1 Amt d. Wr. Landesregierung, MA 61/IV – B 396/94
2 The Washingtonian, March 1990
3 APA-Meldung 331, 8. 8. 89
4 Stern, 12/94
5 The Washingtonian, March 1990
6 Kleine Zeitung Graz, 28. 7. 89
7 Philip Agee/Louis Wolf – Die CIA in Westeuropa, O-Berlin 1981
8 OÖ-Nachrichten, 26. 7. 89
9 Stern 12/94
10 OÖ-Nachrichten, 26. 7. 89
11 Stern, 12/94
12 The Washingtonian, 3/1990
13 profil 31, 31. 7. 89
14 AZ Wien, 24. 7. 89
15 Angaben laut Meldezettel
16 Stern, 12/94
17 Stern, 12/94
18 Stern, 12/94
19 profil, Nr. 20, 14. 5. 90, Seite 69
20 Stern, 12/94
21 Viktor Suworow, GRU – Die Speerspitze, Seite 278
22 Stern, 12/94
23 IHT, 26. 7. 89

24 APA Nr. 225, 28. 7. 89
25 Sachverhaltsdarstellung an die Staatsanwaltschaft Wien, Juli 1989
26 News, Nr. 35/96, Seite 173
27 APA Nr. 396, 1. 9. 92
28 The New York Times, 13. 1. 1993
29 The Washington Post, 30. 1. 1993

Spionage auf italienisch

1 Arbeiterzeitung/Tagblatt, 22. 2. 1989
2 APA/AP, 21. 2. 1989
3 APA/Reuter, 15. 6. 1989
4 APA/AP, 19. 2. 1989
5 APA, 15. 6. 1989

Der Mann ohne Gesicht

1 Wiener, Nr. 1/1993, Seite 177
2 Wiener, Nr. 1/1993, Seite 177 f.
3 Gert Buchheit, Im Würgegriff der Politik, 1974, Seite 188
4 Wiener, Nr. 3/1992
5 Süddeutsche Zeitung, 26. 6. 1992 (AFP)

Operation »Singapur«

1 APA, 20. 7. 1995
2 Kurier, 21. 7. 1995
3 OÖ-Nachrichten, 20. 7. 1995
4 profil, Nr. 31/31. 7. 1989
5 ORF, Zeit im Bild 2, 14. 8. 1985
6 OÖ-Nachrichten, 20. 7. 1995

II Die Spione der Roten Armee

Die Geschäfte der GRU

1 Österreichische Militärische Zeitschrift (ÖMZ), Nr. 4/94, Seite 405
2 Viktor Suworow, GRU, Die Speerspitze, 1985
3 Soviet Acquisition of Western Technology, Exhibit Nr. 1, Hearings Before the permanent Subcommittee on Investigations of the Committee on Governmental Affairs, United States Senate, 97. Congress, 2. Session 4-12-5-9182, Update September 1985 (Soviet Acquisition of Militarily Significant Western Technology)
4 Soviet Acquisition of Militarily Significant Western Technology Update September 1985

5 Viktor Suworow, GRU, Die Speerspitze, 1985, Seite 149
6 John Barron, KGB, Namensindex Seite 468 ff.
7 Federal Ministry for Foreign Affairs, International Organizations in Vienna and permanent Missions, 08/1990
8 Kurier, 21. 4. 1991
9 Schmidt-Eenboom, Erich (Hrsg.): Nachrichtendienste in Nordamerika, Europa und Japan; Länderporträts und Analysen, 1995, 1.8.2 Die russische Föderation, CDROM
10 Schmidt-Eenboom, Erich (Hrsg.): Nachrichtendienste in Nordamerika, Europa und Japan; Länderporträts und Analysen, 1995, 1.8.2 Die russische Föderation, Kapitel: Die GRU, CDROM

Endstation Salzburg

1 Salzburger Nachrichten, 14. 12. 1990
2 Salzburger Nachrichten, 12. 12. 1990
3 APA, 11. 12. 1990
4 Salzburger Nachrichten, 12. 12. 1990
5 APA, 11. 12. 1990
6 APA, 12. 12. 1990

Absprung mit Kind und Kegel

1 The Sunday Telegraph, 12. 5. 1991
2 Kurier, 26. 4. 1991
3 APA, 12. 5. 1991
4 The Sunday Telegraph, 12. 5. 1991
5 The Sunday Telegraph, 12. 5. 1991
6 Kurier, 26. 4. 1991
7 The Sunday Telegraph, 12. 5. 1991
8 Intelligence Newsletter Nr. 224, 16. 9. 1993
9 Intelligence Newsletter Nr. 224, 16. 9. 1993

Der »Funkamateur« der GRU

1 Staatsanwaltschaft Wien, Strafanzeige vom 5. März 1992
2 Kurier, 16. 11. 1992
3 Staatsanwaltschaft Wien, Strafanzeige vom 5. März 1992
4 Kurier, 16. 11. 1992
5 Staatsanwaltschaft Wien, a.a.O.
6 Staatsanwaltschaft Wien, a.a.O.
7 Wiener 11/92, Seite 50
8 a.a.O.
9 ebenda
10 Erwin Kemper, Verrat an Österreich, Eigenverlag, Seite 15
11 ebenda

12 BMaA, Information für den Bundesminister, GZ.225.09.34833/11-I.1b/91
13 BMaA, Verzeichnis des Diplomatischen Korps, Juni 1994
14 Staatsanwaltschaft Wien, a.a.O.
15 Kurier, 16. 11. 1992

III Die Stasi, HVA-Kundschafter und der BND

Lauschangriff auf Wien: Die HA III

1 Verfassungsschutzbericht 1990, Seite 177 f.
2 BstU, MfS-Handbuch, Seite 308
3 Stadtführer Bratislava, 1991, Seite 81
4 Wiener, Telex, März 1992
5 ebenda
6 ebenda
7 ebenda

Die HVA-Agenten »Peter« und »Florian«

1 Pressemitteilung des Generalbundesanwalts, Karlsruhe, 29. 8. 1990
2 Urteil d. bayer. OLG 3 St 1/91 a-d (3 StE 1/90-3, 3 StE 4/91-3), 15. 11. 1991, Seite 76 ff.
3 ebenda, Seite 90
4 ebenda, Seite 11
5 ebenda, Seite 26
6 ebenda, Seite 27
7 ebenda, Seite 28
8 ebenda, Seite 29
9 ebenda
10 ebenda, Seite 60
11 ebenda, Seite 57
12 ebenda, Seite 58
13 ebenda, Seite 67
14 ebenda, Seite 15
15 ebenda, Seite 16
16 BStU, MfS-Handbuch, Die Organisationsstruktur des MfS 1989, Seite 365
17 Urteil d. bayer. OLG 3 St 1/91 a-d, 15. 11. 1991, Seite 97
18 ebenda, Seite 58
19 ebenda, Seite 75
20 ebenda, Seite 32
21 u.a. Peter Richter/Klaus Rösler, Wolfs Westspione, Seite 134 ff.

Fliegender Seitenwechsel in Wien

1 Günther Braun, Doppeltes Spiel, Criminal Digest 2/92, Seite 18
2 GBA Karlsruhe Pressemitteilung vom 9. 9. 1991
3 Der Spiegel, 2/1992, Seite 29 f.
4 Der Spiegel, 2/1992, Seite 30 bzw. Friedrich Schlomann, Die Maulwürfe, Seite 142
5 Peter Richter/Klaus Rösler, Wolfs Westspione, Seite 165
6 Der Spiegel, 2/1992, Seite 32

Wolfs bester Spion

1 Stern, Die mit dem Wolf tanzte, Serie
2 APA, 10. 10. 1990
3 GBA, Pressemitteilung, 5. 8. 1991
4 Stern, Die mit dem Wolf tanzte, Serie
5 GBA, Pressemitteilung, 5. 8. 1991

»Handlungsreisende« und ihre Routen

1 BStU, Das Wörterbuch der Staatssicherheit, Seite 332
2 BKA-Staatsschutz, Lexikon der polizeilichen Spionagebekämpfung, Seite 137
3 Richard Meier, Geheimdienst ohne Maske, Seite 173

Die Pullacher am Donaustrand

1 Zitiert nach persönlichen (schriftlichen) Unterlagen eines HVA-Offiziers, datiert mit August 1996
2 Mary Ellen Reese, Der deutsche Geheimdienst – Organisation Gehlen, Seite 174
3 Schriftliche Aufzeichnung eines Gesprächs, vor Zeugen, mit einem früheren BND-Mitarbeiter im Sommer 1996
4 Brief an den Verteidigungsminister Dr. Otto Rösch, betr.: befehlswidrige Kontakte von HNaA-Offizieren mit dem BND, Wien, 29. 1. 1979.
5 Schriftliche Aufzeichnung eines Gesprächs, vor Zeugen, mit einem früheren BND-Mitarbeiter im Sommer 1996
6 Schriftliche Sachverhaltdarstellung zur Operation RUN
7 dito
8 dito
9 MfS, Abt II, Operativ-Information 415/80, 03. 12. 1980 Schm/St – App. 571 II/2 /80, BStU 000082
10 Erich Schmidt-Eenboom, Der BND, Seite 176
11 Bericht zum Treff mit dem BND-MA »Förster« am 25. März 1987 in der Zeit von 11 Uhr bis gegen 14.30 Uhr in Westberlin, Berlin, den 31. März 1987

12 KSZE-Treffen in Wien:
Vorbereitungstreffen vom 23. 6.–6. 10. 86
3. KSZE-Folgetreffen vom 4. 11. 86–19. 1. 1989
Konferenz über Vertrauensbildende- und Sicherheitsbildende Maßnahmen und Abrüstung in Europa (KVAE) ab 9. 3. 1989; nach Wilfried von Bredow, Der KSZE-Prozeß, 1992

Der Maulwurf in der Stapo

1 Erich Schmidt-Eeenboom, Der BND, Seite 175
2 Zitiert nach persönlichen (schriftlichen) Unterlagen eines HVA-Offiziers, datiert mit August 1996
3 BMI 5.380/64–II/C/94, 10. 9. 94, Beantwortung (6877 AB) einer parlamentarischen Anfrage des Grünen-Sicherheitssprechers Rudi Anschober (7029/J)
4 Erwin Kemper, Verrat an Österreich, Eigenverlag, Seite 45 ff.
5 News, Nr. 20/1994, Seite 32 f.
6 ebenda
7 News, Nr. 09/1994, Seite 48 f.
8 Erwin Kemper, Verrat an Österreich, Eigenverlag, Seite 59
9 Neue Kronenzeitung, 14. 1. 1994
10 Wochenpresse, Nr. 29, 17. 7. 1989, Seite 16
11 ebenda
12 News, Nr. 20, 19. 5. 94
13 Erwin Kemper, Verrat an Österreich, Eigenverlag, Seite 56

Unter falscher Flagge

1 Rita Sélitrenny/Thilo Weichert, Das unheimliche Erbe, Seite 112 f.
2 GBA Anklageschrift 3 Bjs 820/91-4, 3 StE 14/94-4 (7) (3 St 17/94)
3 GBA, Pressemitteilung, 20. 1. 1995
4 Gerhard Baumann, Bemerkungen zur Anklageschrift, vollständige Fassung vom Januar 1995
5 ebenda
6 GBA Anklageschrift 3 Bjs 820/91-4, 3 StE 14/94-4 (7) (3 St 17/94), Seite 16
7 ebenda, Seite 39
8 Rita Sélitrenny/Thilo Weichert, Das unheimliche Erbe, Seite 265
9 GBA Anklageschrift 3 Bjs 820/91-4, 3 StE 14/94-4 (7) (3 St 17/94), Seite 48
10 ebenda, Seite 48
11 Rita Sélitrenny/Thilo Weichert, Das unheimliche Erbe, Seite 265
12 Laut GBA im Januar 1994 verstorben
13 GBA Anklageschrift 3 Bjs 820/91-4, 3 StE 14/94-4 (7) (3 St 17/94), Seite 31
14 ebenda
15 GBA Anklageschrift 3 Bjs 820/91-4, 3 StE 14/94-4 (7) (3 St 17/94), Seite 33
16 ebenda, Seite 42

Schiffbruch in Kärnten

1 Erich Schmidt-Eeenboom, Der BND, Seite 70
2 ebenda
3 ebenda
4 Heiner Emde, Spionage und Abwehr in der BRD, Seite 251

Die Roßtäuscher des MfS

1 Günter Bohnsack/Herbert Brehmer, Auftrag: Irreführung, 1992, Seite 15 ff.
2 BstU, Das Wörterbuch der Staatssicherheit, Seite 71
3 Günter Bohnsack/Herbert Brehmer, Auftrag: Irreführung, 1992, Seite 222 ff.

Die dreifachen Bergers

1 Richard Meier, Geheimdienst ohne Maske, Seite 162 f.
2 Verfassungsschutzbericht 1986, Seite 244 f.
3 Peter Richter/Klaus Rösler, Wolfs Westspione, Seite 34
4 Verfassungsschutzbericht 1986, Seite 244 f.
5 Verfassungsschutzbericht 1985, Seite 241 f.
6 ebenda
7 Verfassungsschutzbericht 1986, Seite 245 f.
8 ebenda
9 ebenda
10 Verfassungsschutzbericht 1986, Seite 246

Stasi-Überfall am Neusiedler See

1 Bundesministerium des Inneren, Verfassungsschutzbericht 1985, Seite 241
2 ebenda
3 ebenda
4 ebenda

Deckname »Wachtel«

1 Wiener, Nr. 09/ 1994
2 Wiener, 1994
3 BstU Reihe A/ Das Wörterbuch der Staatssicherheit, Seite 372
4 Kurier, 27. 10. 94
5 Wiener, 9/94
6 Kurier, 27. 10. 1994

Der Spion aus Dresden

1 Der Spiegel, 45/1990, Seite 135
2 Name vom Autor geändert

Sinologe und Spion

1 Der Standard, Spitzenmäßiges Spionagenetz, 20. 9. 1991
2 Erwin Kemper, Verrat an Österreich
3 Salzburger Nachrichten, 27. 1. 1996
4 Salzburger Nachrichten, 27. 1. 1996
5 Rudi Leo, Operation SPÖ, Seite 7
6 ebenda
7 BStU, IM Weber, 000038,39
8 BStU, IM Weber, 000033-000037
9 Rudi Leo, Operation SPÖ, Seite 15
10 Salzburger Nachrichten, 27. 1. 1996, Die Seite Drei
11 profil, Nr. 44, 31. 10. 1994, Seite 48
12 Rudi Leo, Operation SPÖ, Seite 23
13 BStU, IM Weber, 000026
14 ebenda
15 ebenda
16 BStU, IM Weber, 000061-64
17 BStU, IM Weber, 000061-64
18 BStU, IM Weber, 000061-64
19 BStU, IM Weber, 000061-64
20 BStU, IM Weber, 000249
21 Rudi Leo, Operation SPÖ, Seite 42 f.
22 ebenda
23 Rudi Leo, Operation SPÖ, Seite 33
24 BStU, IM Weber, 000177
25 ebenda
26 BStU, IM Weber, 000178, 000174
27 BStU, IM Weber, 000168
28 BStU, IM Weber, 000184
29 BStU, IM Weber, 000372
30 ebenda
31 ebenda
32 BStU, IM Weber, 000374
33 BStU, IM Weber, 000326
34 profil, Nr. 3, 15. 1. 96
35 BStU, IM Weber, 000153
36 Rudi Leo, Operation SPÖ, Seite 51
37 Rudi Leo, Operation SPÖ, Seite 59
38 Rudi Leo, Operation SPÖ, Seite 84
39 profil, Nr. 44, 31. 10. 1994, Seite 50

40 Rudi Leo, Operation SPÖ, Seite 4
41 Erwin Kemper, Verrat an Österreich, Seite 90
42 Der Standard, 15. 1. 1996
43 Salzburger Nachrichten, 27. 1. 1996
44 profil, Nr. 44, 31. 10. 1994

Der Wolf im Schafspelz

1 siehe BGH-Akten: 4 Bjs 42/89-3 bzw. II Bgs 220/89
2 BGH-Karlsruhe, Haftbefehl vom 20. Juni 1989
3 Kurier, 7. 9. 1991
4 Kurier, 10. 9. 1991
5 Kurier, 10. 9. 1991
6 Aeroflot-Flugtickets, Seriennummern 42105363339-41
7 Kurier, 7. 9. 1991
8 APA, 7. 9. 91
9 Kurier, 8. 9. 91
10 Wochenpresse Nr. 39, 19. 9. 1991
11 Wochenpresse Nr. 39, 19. 9. 1991
12 Kurier, 10. 9. 1991
13 profil, 39, 23. 9. 1991, Seite 21
14 Wiener AZ, 19. 9. 1991
15 zitiert aus: BMI, Information für den Herrn Bundeskanzler, 16. 9. 1991
16 Laut telefonischer Auskunft des LG Wien ist das Verfahren gegen die Firma S. eingestellt worden.
17 Akt der Staatanwaltschaft Wien, 15a St 83658/91
18 Werner Stiller, Im Zentrum der Spionage, Seite 406 ff.
19 Pretterebner, Das Netzwerk der Macht, Seite 267
20 LG Wien, 26c Vr 9853/91, Staatsanwaltschaft Wien 15 a St 83658/91, Bericht der Befragung durch die EBT vom 17. Sept. 91
21 ebenda
22 Laut Auskunft des LG Wien vom 03. 09. 1996 wurde das Verfahren 26c Vr 9853/91 gegen Markus Wolf nach § 412 der österreichischen StPO wegen Abwesenheit vorläufig abgebrochen, was aber keinen Rücktritt des Anklägers von der Verfolgung bedeutet, und das Verfahren somit weiterhin offen ist.
23 Kurier, 23. 9. 1991
24 Bunte, Nr. 40, 26. 9. 1991
25 BMI, EBT-Niederschrift vom 19. 9. 1996
26 Der Standard, 19. 9. 91
27 Die Presse, 23. 9. 91
28 APA, 24. 9. 91
29 APA 238, 23. 9. 91
30 Frankfurter Rundschau, 25. 9. 91

Flucht nach Österreich

1 Antrag auf Aufenthaltsgenehmigung, datiert mit 23. 8. 91
2 APA, 27. 8. 91
3 GBA/BGH Anklageschrift vom 25. 4. 91, 3 BJs 261/90-2(86), 3 StE 7/91-2(2)
4 Verfassungsschutzbericht 1990, Seite 181
5 Verfassungsschutzbericht 1986, Kapitel Spionageabwehr Seite 23 ff.
6 GBA/BGH Anklageschrift vom 25. 4. 91, 3 BJs 261/90-2(86), 3 StE 7/91-2(2), Seite 4
7 GBA/BGH Anklageschrift vom 25. 4. 91, 3 BJs 261/90-2(86), 3 StE 7/91-2(2), Seite 20
8 GBA/BGH Anklageschrift vom 25. 4. 91, 3 BJs 261/90-2(86), 3 StE 7/91-2(2), Seite 23
9 ebenda, Seite 29
10 GBA/BGH Anklageschrift vom 25. 4. 91, 3 BJs 261/90-2(86), 3 StE 7/91-2(2), Seite 33
11 ebenda, Seite 29
12 GBA/BGH Anklageschrift vom 25. 4. 91, 3 BJs 261/90-2(86), 3 StE 7/91-2(2), Seite 32
13 GBA/BGH Anklageschrift vom 25. 4. 91, 3 BJs 261/90-2(86), 3 StE 7/91-2(2), Seite 33
14 Brief von Prof. Dr. Winfried St. an den Vorstand der STATT Partei, Hamburg, 27. 7. 94
15 Süddeutsche Zeitung, Nr. 203, 3. 9. 94
16 Gedächtnisprotokoll v. Gerlinde R., 25. 7. 1994
17 Verletzungsanzeige Prot. Nr. 7636/94 v. 28. 7. 94.
18 Salzburger Nachrichten, 28. 7. 94
19 Brief von Prof. Dr. Winfried St. an den Vorstand der STATT Partei, Hamburg, 27. 7. 94
20 Urteil d. Hanseatischen Oberlandesgerichts, 29. 11. 1994
21 Urteil d. Hanseatischen Oberlandesgerichts, 29. 11. 1994, Seite 8
22 Urteil d. Hanseatischen Oberlandesgerichts, 29. 11. 1994, Seite 9, 10
23 Urteil d. Hanseatischen Oberlandesgerichts, 29. 11. 1994, Seite 10
24 BMJ, Schreiben GZ 1.23805/8-IV 1/94

IV Der polnische Sicherheitsdienst SB

1 BMI, Zl. 5.380/64–II/C/94 Beantwortung einer parlamentarischen Anfrage der Grünen durch Innenminister Dr. Franz Löschnak
2 Name geändert
3 BKA-Meckenheim, Lexikon der polizeilichen Spionagebekämpfung, 1987
4 profil, Nr. 6, 6. 2. 1989, Seite 55
5 Erwin Kemper, Verrat an Österreich, Seite 97

6 Hans Pretterebner, Der Fall Lucona, Seite 97
7 profil, Nr. 6, 6. 2. 1989, Seite 55
8 Schmidt-Eenboom, Erich (Hrsg.): Nachrichtendienste in Nordamerika, Europa und Japan, Weilheim, 1995, Seite 461
9 profil, Nr. 6, 6. 2. 1989
10 Schmidt-Eenboom, Erich (Hrsg.): Nachrichtendienste in Nordamerika, Europa und Japan, Weilheim 1995, Seite 464
11 ebenda, Seite 468

V Der tschechoslowakische Geheimdienst

1 Protokoll des parlament. Untersuchungsausschusses 22. 10. 69, Seite 13189
2 Protokoll des parlament. Untersuchungsausschusses 22. 10. 69, Seite 13208
3 Ladislav Bittmann, Geheimwaffe D, Bern 1973
4 Ladislav Bittmann, Geheimwaffe D, Bern 1973, Seite 161 f.
5 Kurier, 24. 10. 1978
6 ebenda
7 ebenda
8 ebenda
9 laut Angaben von Przemysl Janyr
10 Kurier, 4. 12. 1981
11 Kurier, 11. 7. 1981
12 Wochenpresse Nr. 28, 15. 7. 1981
13 ebenda
14 Wochenpresse, 19. 8. 1981
15 Wochenpresse, 19. 8. 1981
16 ebenda
17 APA 208, 18. 7. 1990
18 ND-CD, 1.3.9. Tschechische Republik, Jo Angerer/Erich Schmidt-Eenboom
19 APA 044, 22. 10. 1992
20 Wiener, Nr. 5, 1993, Seite 210, Spione in Uniform
21 APA, 22. 10. 1992
22 Kurier, 22. 4. 1995
23 Neue Kronenzeitung, 22. 10. 1994
24 Kurier, 22. 10. 1994
25 StB-Aktenband 47541

VI Der slowakische Geheimdienst SIS

1 Kurier, 2. 9. 1996, Seite 9
2 Focus, Nr. 37, 11. 9. 1995
3 Focus, Nr. 37, 11. 9. 1995

4 Focus, Nr. 37, 11. 9. 1995
5 Wiener Zeitung, 5. 9. 1995
6 Frankfurter Rundschau, 5. 9. 1995
7 Schmidt-Eenboom, Erich (Hrsg.): Nachrichtendienste in Nordamerika, Europa und Japan; Länderporträts und Analysen, 1995, CDROM, Kapitel Slowakei
8 undatiertes Papier, dt. Übersetzung eines slowakischen Presseartikels
9 Schmidt-Eenboom, Erich (Hrsg.): Nachrichtendienste in Nordamerika, Europa und Japan; Länderporträts und Analysen, 1995, CDROM, Kapitel Slowakei
10 profil, Nr. 15, 6. 4. 1992
11 Intelligence Newsletter, 21. 1. 1993
12 Kurier, 13. 9. 1995
13 Kurier, 13. 9. 1995
14 Focus, Nr. 37, 11. 9. 1995
15 NZZ, Nr. 118, 23. 5. 1996
16 Süddeutsche Zeitung, Oktober 1995
17 Kurier, 29. 9. 1995
18 NZZ, Nr. 46, 24. 2. 1996
19 APA, 26. 9. 1995
20 APA, 4. 10. 1995
21 Kurier, 13. 9. 1995
22 APA, 6. 10. 1995
23 APA, 6. 10. 1995
24 ebenda
25 OMRI Daily Digest, Nr. 64
26 Sid NÖ, Akt Zl I-8079/95
27 ebenda
28 ebenda

VII Die ungarischen Geheimdienste

1 Neue Kronenzeitung, 19. 10. 1994
2 Kurier, 19. 10. 1994
3 Kurier, 17. 11. 1990
4 Kurier, 19. 10. 1994
5 Der Standard, 19.10.1994
6 Ladislav Bittmann, Geheimwaffe D, Seite 158

Der Fall Peter K.

1 Kurier, 28. 6. 1986
2 Kurier, 28. 6. 1986
3 profil, Nr. 10, 9. 3. 1987
4 Die Presse, 28. 6. 1986
5 profil, Nr. 10, 9. 3. 1987

Das Spinnennetz der Magyaren – eine Blamage für die USA

1 Der Generalbundesanwalt Karlsruhe, Pressemitteilung vom 1. 9. 1989
2 John McWethy, ABC World Report, 11. 11. 1989
3 The Stars and Stripes, 30. 12. 1988
4 Salzburger Nachrichten, 29. 9. 1989
5 Wiener, 01/1990, Seite 40 f.
6 APA, 29. 8. 1992

VIII Der rumänische Geheimdienst CIE

Die Securitate in Wien

1 Oberösterreichische Nachrichten, 30. 12. 1989
2 Romanian Press Review
3 Verfassungsschutzbericht 1983, Seite 196
4 Süddeutsche Zeitung, 19. 3. 1983
5 Die Presse, 14. 10. 1981
6 Die Presse, 14. 10. 1981
7 Josef Csernansky wurde im Oktober 1981 in erster Instanz zu zwei Jahren Haft verurteilt. Das Strafmaß wurde in der Berufung auf 15 Monate reduziert. 1992 ist er verstorben.
8 Neue Kronenzeitung, 18. 3. 1981
9 Die Presse, 29. 1. 1982
10 Kurier, 29. 1. 1982
11 Salzburger Nachrichten, 28. 10. 1982, OGH 12 Os 89/82
12 Presse, 1. 4. 1981
13 Wiener, Nr. 02/1990, Seite 8 ff.
14 ebenda
15 Neue Kronenzeitung, 13. 12. 1989
16 APA, 12. 12. 1989
17 Wiener, 02/1990, Seite 10
18 Kurier, 21. 1. 1989
19 Die Presse, 29. 12. 1989
20 RFE research, New Ambassadors in Western Capital. Sr.10, 26. 6. 1985
21 Erdélyi Napló, 12. 6. 1995, Nachrichtendienste, wie die Pilze
22 Schmidt-Eenboom, Erich (Hrsg.): Nachrichtendienste in Nordamerika, Europa und Japan; Länderporträts und Analysen 1.3.12. Dan Ionescu, Rumäniens Geheimdienstgemeinde, CDROM
23 Schmidt-Eenboom, Erich (Hrsg.): Nachrichtendienste in Nordamerika, Europa und Japan; Länderporträts und Analysen 1.3.12. Dan Ionescu, Rumäniens Geheimdienstgemeinde, CDROM
24 APA, 1. 2. 1995
25 ebenda
26 Rapport Nr. 18/15. 10. 1994, Romania – Serviciul Roman de Informatii, 10/93–09/1994, Kapitel 1, Seite 6–7
27 Uj Magyarorszag, 25. 11. 1994
28 Erdélyi Napló, 12. 6. 1995, Nachrichtendienste, wie die Pilze